KB179554

중국
인플레이션
Chinaflation
신규 메커니즘연구

중국
인플레이션
Chinaflation
신규 메커니즘연구

초판 1쇄	인쇄 2018년 6월 20일
초판 1쇄	발행 2018년 6월 26일
지 은 이	류위안춴(刘元春)
옮 긴 이	김승일·김기노·김창희
발 행 인	김승일
디 자 인	조경미
펴 낸 곳	경지출판사
출판등록	제2015-000026호

판매 및 공급처 도서출판 징검다리
주소 경기도 파주시 산남로 85-8
Tel : 031-957-3890~1 Fax : 031-957-3889 e-mail : zinggumdari@hanmail.net

ISBN 979-11-86819-90-6 93300

중국
인플레이션
Chinaflation
신규 메커니즘 연구

류위안춘(刘元春) 지음 | 김승일·김기노·김창희 옮김

경지출판사

'국가 철학 사회과학 성과 문고' 출판 설명

전국 철학 사회과학 기획지도 팀에서는 철학 사회과학 연구의 우수성과를 충분하게 보여주고 우수인재의 시범 선도 역할을 적극적으로 발휘시켜 우리나라의 철학, 사회과학의 번영과 발전을 촉진토록 하기 위하여 2010년부터 『국가 철학 사회과학 성과 문고』를 설립하기로 결정했다. 그리고 그 연구 성과는 해마다 한 차례씩 심사를 하고 같은 분야 전문가들의 엄격한 심사를 거쳐서 그것이 현 단계의 해당 분야 학술 연구에서 앞선 수준을 대표하고 우리나라의 철학, 사회과학계의 학술 창조력을 구현했다고 판단되면 '일치된 로고, 일치된 표지, 일치된 규격, 통합적 기준' 이라는 총체적인 요구에 따라 출판하기로 했다.

전국 철학 사회과학 기획 사무실

2011년 3월

들어가는 말

2009년 3분기 이후 중국경제는 성공적으로 연착륙을 실현하고 경제 회복의 길에 들어섰다. 하지만 2010년 2분기 물가가 급등하는 바람에 인플레이션은 사회 각계의 이슈로 떠올랐다. 이번 인플레이션에 대한 추산, 형성원인, 발전추세, 통제방법을 둘러싸고 엄청난 논쟁이 벌어졌다. 류위안춘 중국인민대학교 교수 등이 이끄는 '중국 거시경제 포럼'은 이 같은 논쟁에 대하여 많은 특별 연구를 진행했다. 이 연구는 '성과요점 보고', '내부 참고자료', 그리고 학술 논문의 형식으로 사회 각계와 교류했는데, 이제 와서야 책으로 묶게 되었다. 이 책의 구조와 주요 견해는 다음과 같다.

이 책은 모두 17장으로 되어 있는데, 각각 6가지 측면으로부터 현 단계의 인플레이션 문제를 연구했다.

제1편 '개술'은 제1장과 제2장으로 이루어졌는데, 주요한 내용으로는 총체적 각도에서 2010년 이후의 물가 상승의 기본 특징과 주요 형성 원인을 분석했다.

제1장의 '이번 물가 상승의 새로운 특징과 메커니즘 그리고 대응책'에서는 2010년부터 시작된 인플레이션에 나타난 새로운 특징을 밝혔다. 첫째, 소비자물가지수는 그다지 높지 않은데도 주민들의 물가 만족도는 도리어 사상 최저였다. 둘째, 거시적인 총공급과 총수요는 거의 균형을 이루고 있는데도 소비자물가지수는 도리어 지속 상승하고 있다. 셋째, 농업은 연속 몇 년 동안 풍작을 거두었는데도 농산물 가격은 도리어 대폭 상승했다. 넷째, 소비자물가지수가 등귀하는 국내 요소가 두드러졌는데도 글로벌 인플레이션의 동조성 추세는 도리어 날로 강해지고 있다. 이 같은 새로운 특징은 중국 물가를 형성하는 메커니즘이 지니고 있는 몇 년 동안의 4대 변화를 포함하고 있다.

첫째, 과잉유동성이 중국 물가와 집값의 상승을 초래하고 중국경제의 거품화를 초래하였으며, 거품화가 만연되면서 전통 통화의 전염성 메커니즘을 변화시키고 일부 공급이 부족한 제품의 가격형성 메커니즘을 변화시켰다. 둘째, '루이스 전환점(劉易斯拐点)'이 도래하고 또한 도시 생활비가 상승하면서 저가 노동력 임금을 지속 상승하게 한데서 농업생산의 기회비용이 대폭 상승하고 저가 서비스 비용과 농산물 가격이 상승했다. 셋째, 기대치나 유휴자금 유동 그리고 경상계정 등의 채널을 통하여 중국 농산물과 원자재 가격에 대한 국제 농산물이나 석유 등의 국제적 대종 상품가격의 영향이 증강되면서 수입인플레이션이 대거 부풀려졌다. 넷째, 인플레이션에 대한 일부 주민들의 내구력이 급감하면서 개별적인 사건, 그리고 일부 대중들의 가격 반응이 인터넷 세계화로 인한 강력한 '뉴스 효과' '전염 효과'를 낳으면서 주민들의 기대 가격을 형성하는 메커니즘에 변이를 일으켰다. 그러므로 이번 물가 상승을 통제하려면 현 단계에서 정부가 제출한 여러 가지 정책을 실현하는 것이 필요할 뿐만 아니라 동시에 여러 방면에서 신규 조치를 강구할 필요가 있다.

제2장 "국내외의 충격을 받고 있는 중국 인플레이션"에서는 국내외의 충격을 받고 있는 중국의 인플레이션의 기본 특징을 소개했다. 개방이라는 환경 속에서 한 나라의 인플레이션 수준은 국내와 국외라는 두 가지 요소의 영향을 받게 된다.

글로벌 유동 환경, 1차 제품 가격의 변화, 외화보유액의 급증, 그리고 위안화 가치 상승에 대한 기대라는 핫머니의 유동상황으로 볼 때, 현 단계의 우리나라는 수입인플레이션의 특징이 뚜렷하다. 실증 분석 결과도 우리나라 인플레이션을 초래한 여러 가지 요소 중에서 외적 요소의 구조적 충격이 주요한 채널의 하나라는 점을 가일 층 밝혔는데, 상대적 중요도가 기대인플레이션보다 약하기는 하지만 국내 요소보다는 높았다. 이 같은 배경 하에서 인플레이션에 대처하는 정책을 선택함에 있어서 마땅히 주민들의 기대인플레이션을 안정시킴과 아울러 국내와 국외 두 개의 영역을 동시에 고려해야 한다.

제2편 "내적 시각에서 본 인플레이션 형성 원인"은 3장, 4장, 5장으로 이루어졌는데, 주로 인플레이션에 영향을 주는 국내 요소를 소개했다.

제3장 "우리나라의 통화와 인플레이션의 전도 관계: 내부통화에 대한 한 가지 관점"에서는 우리나라의 통화량은 내생성이라는 것, 즉 통화는 신용(信貸)으로 인해 늘어났다는 점을 발견했다. 투자 수요는 신용을 생성하고, 신용을 하려고 보니 준비금은 예금으로 변해 있었다. 예금을 통화로 만들려면 중앙은행이 통제하는 외생성 준비금을 방출하지 말아야 했다. 그래야만이 통화량이라는 이 역효과적인 인과 체인을 통제할 수 있다. 내부통화 하에서, 2010년 우리나라에서 생긴 거센 인플레이션은 2009년부터 시작된 대량 투자로 인한 결과였다. 대량 투자는 동시에 고액의 통화를 증발하게 하여 인플레이션을 유발시켰다. 따라서 양자의 공생 현상은 모두 투자가 조장한 것이지 중앙은행의 과도한 통화 증발로 인한 것이 아니었다. 2009년부터 시작된 대량의 투자 수요는 신용공급을 유발시키고 신용공급은 통화 저장량을 늘리도록 했다. 이 부분의 통화가 늘어난 미시적 현상이라면 국내의 핫머니가 넘쳐나면서 여러 가지 조작 현상이 생겨났다. 거시적으로, 대량 투자는 이윤 상승을 초래하여 인플레이션을 유발시켰다. 그러므로 우리나라의 인플레이션은 중기 현상으로 향후 일정 기간 동안 근원인 인플레이션(core inflation, 실제 인플레이션 중에서 식품가격 및 에너지가격 파동을 뺀 인플레이션)이 속등하는 현상을 피할 수 없게 될 것이므로 인플레이션에 대해 꾸준히 대처할 필요가 있다. 이 같은 상황을 겨냥하여 본장은 장기적으로는 경제성장 방식을 조정하여 인플레이션을 근본적으로 통제할 필요가 있으며, 단기적으로는 중앙은행에서 금리를 조정하고 차별화 신용의 충당금을 통해 고정자산 신용을 통제함으로써 물가 수준을 안정시켜야 한다고 제안했다. 이밖에 한 가지 아주 중요한 것은 내부통화 하에서의 인플레이션 상승이 취업에 이로우므로 우리나라 경제가 인플레이션을 감당할 수 있을뿐더러 어느 정도의 인플레이션은 필요하다는 점이다. 하지만 내부통화 하에서

의 인플레이션은 이윤이 임금을 압출한 결과이므로 이 또한 임금 소득자들에게 엄청난 복지(복리후생) 손해를 초래할 수 있다. 때문에 경제 전체와 부분적 대중들의 민생 간에 꽤나 심각한 충돌이 일어날 수 있으므로 정부에서 보상을 해주어서 균형을 잡아줄 필요가 있다.

제4장 "소비자물가지수(CPI)와 생산자물가지수(PPI)의 '허위적 파급' 그리고 수정: 비교적 믿을 수 있는 한 가지 실증 구조"에서는 국내외의 관련 문헌을 정리하면서, 국내 소비자 물가지수와 생산자 물가지수 간의 영향 메커니즘을 연구한 기존의 경험적 문헌에 보편적으로 실증 방법을 잘못 선택했거나 변수를 누락한데서 '허위적 영향' 문제가 존재하고 있다는 것을 발견하게 되었다. 본장은 Guglielmo 등 (2002)의 분석에서의 사고의 맥락을 참고한 통화정책 분석 구조를 도입하여 가격 전도 메커니즘을 검토했는데, 시차성(滯后性, 타임래그)으로 늘어나는 위험관리를 토대로 하고 부트스트랩(杠杆拔靴, bootstrap)적인 그레인저의 인과관계 검증(格蘭杰因果檢驗)을 활용하여, 소비자 물가지수는 생산자 물가지수의 그레인저 원인이 되며 반대라면 오히려 성립될 수 없다는 비교적 확실하면서도 포괄적인 결론을 얻어냈다. 더 나아가, 현 단계의 인플레이션은 주도형에 필요한 것이지만 '체계적'인 느슨한 통화 조건이 왕성한 수요를 조장하는 요인이라는 결론을 이끌어냈다. 그러므로 인플레이션을 다스리려면 유동성부터 착수하는 동시에 통화가 생산 분야로 유입되도록 인도해야 한다고 밝혔다.

제5장 "유통시스템으로부터 농산물 가격이 오른 현상 투시"에서는 2010년의 농산물 가격 특히 토마토와 배추 등의 채소 가격이 현저히 오른 현상을 발견하게 된다. 유통시스템으로 볼 때 채소를 비롯한 농산물 가격이 오르게 된 주요 원인이, 농산물 유통시스템이 원활하지 못하고 유통 절차 간에 효과적인 통합(Conformity)이 결핍되어 중간 절차에서 층층이 독점하고 할증하는 바람에 소매가 대폭 인상하게 되었다. 또한 농산물의 수급불균형과 생산원가의 상승은 계속적으로 층층이 독점을 함으로서 물가를 대폭 올리게 하여 결국 소매가가 속등하게 되었다. 우리의

추정 성장률 모형에 따르면, 유통절차 하나를 늘리면 농산물 가격이 한배나 올랐다. 우리는 농산물 유통 절차에서 수직적(종적) 통합을 실행하고 도매상이나 판매상 간에 경쟁시스템을 도입하여 중간 절차에서의 경제적 부가가치를 높이며 최종 절차에서 농산물과 관련된 경영 활동 공간을 넓히는 작업을 지원할 것을 제안했다. 우리는 농산물가격을 조작하는 핫머니를 무턱대고 압박하기 보다는 유통 절차의 수직적 통합에 투자하도록 인도하거나 경쟁시스템에 참여하도록 인도하여 분업 수준을 높이는 것이야 말로 사회 복지 수준을 향상시키는 것이라고 생각했다.

제3편 "외적 시각 하에서의 인플레이션 형성 원인"은 6장, 7장, 8장으로 이루어졌는데, 주로 개방이라는 조건 하에서 중국 인플레이션에 대한 국외 요소의 영향을 소개했다.

제6장 "국제 농산물 가격이 어떻게 중국 농산물 가격에 영향을 주는가?"에서는 월간 데이터(통계 수치)를 인용하여, 국제 농산물 가격이 중국 농산물 가격에 영향을 주는가? 그 영향이 어느 정도인가? 영향을 줄 수 있는 메커니즘은 무엇인지를 고찰했다. 다른 요소를 통제하는 조건 하에서 본장에서는 국제 농산물 가격이 국내 농산물 가격에 경제적 의미에서의 뚜렷한 영향을 주고 있다는 것을 실증했다. 국내 여러 가지 농산물 가격이 동종의 국제 농산물 가격에 대한 반응 정도에서 꽤나 큰 차이를 보여주었다. 옥수수, 쌀, 콩 가격의 국제 가격 신축성은 0.19-0.33 사이였고, 소맥의 국제 가격 신축성은 0.05 가량 되었다. 중국이 곡물 가격의 안정을 유지하려면 향후 농업에 대한 부축(副軸) 강도를 강화하는 동시에 국제 농산물 시장에서의 자체 협상력을 향상시켜야 하며, 농산물 무역 조건을 적극 개선하고 국내 농산물 비축량을 늘리며 농산물 무역을 합리적으로 통제하고 농산물 가격 조기 경보시스템을 구축해야 할 뿐만 아니라 재정 보조 등의 방법을 가지고 국제가격의 파동으로 인하여 국내 농산물 가격이 오르는 것을 억제시켜야 한다.

제7장 "대종 상품의 국제무역이 우리나라 경제에 미치는 영향"에서는 영향시스템의 각도에 입각하여 대종 상품가격이 우리나라 전체 물가 수준에 미치는 영향을

분석했다. 우리나라가 에너지자원과 금속 원자재 등의 주요 대종 상품에 대한 대외 의존도가 꽤나 높을 뿐더러 지속적으로 늘어나고 있다. 그러므로 국제시장에서 이러한 상품의 가격파동은 우리나라에 큰 영향을 미친다. 국제 대종 상품의 가격이 상승하므로 인하여 우선 채굴류 제품의 가격지수를 큰 폭으로 오르게 하여, 최종 생산재 가격과 공산품 출하 가격지수를 인상하도록 부추기고 있다.

본장에서는 대종 상품가격이 상승세를 타게 된 주요 원인을 분석했다. 2차 세계대전 후 대종 상품이 세 차례의 상승세를 타게 된 원인을 분석하면서, 기타 요소의 영향(예컨대 정치적 간섭, 대종 상품의 금융화 등)이 있기는 했지만 산업화와 도시화가 급속 발전하는 단계에 들어서면서 인구가 급증하는 바람에 대종 상품에 대한 수요가 늘어난 것이 가격이 단기간 내에 상승한 주요 원인이라는 점을 발견하게 되었다. 장기간의 수급 상황을 분석한데에 따르면, 향후 10년 동안 계속해서 대량의 인구가 산업화와 도시화의 급성장 시대에 들어서게 되면서 대종 상품의 수요는 급증할 수 있다. 동시에 장기적인 견지에서 보면, 자원 총 공급량은 충족한다고 할 수 있지만 주요 광물제품의 공급능력의 증가에서 시차를 고려한다면, 만약 우리가 어느 정도 미래지향적인 투자를 유지하지 않을 경우 대종 상품의 가격은 오랜 동안 고공행진을 할 수도 있다.

우리는 국제와의 비교를 통해, 국제무역 분야에서의 우리나라 대종 상품의 특징을 분석하다가 다음과 같은 세 가지 특징을 찾아냈다. 첫째, 전반적으로 외국무역에서 대종 상품에 대한 의존도가 2001년 이후 급속히 상승했다. GDP에서 차지하는 원자재 순수입 비율을 예로 들어 비교한다면, 우리나라는 이미 주요 경제대국 중에서 원자재 수입 의존도가 비교적 높은 경제대국으로 부상했다. 둘째, 종류 별로 본다면, 다른 경제대국에 비하여 우리나라의 대종 상품은 구조상에서 아주 뚜렷한 특징을 가지고 있다. 주로는 금속광물과 금속제품의 수입 비례가 다른 경제대국보다 훨씬 높다. 게다가 광물 에너지자원과 농산물 분야에서의 상대적 지위가 두드러지지 못하다. 셋째, 국제시장에서의 우리나라 제품의 시장 점유율을 놓고 볼 때, 우리나라는 국제무역시장에서 금속광물과 금속제품이 차지하는 지위가 아주 두드러지는데, 전 세계 무역액의 절반이나 되는 광사(鑛砂)를 수입하고 있다. 그러나 광물 에너지자원 시장과 농산물 시장에서 우리나라는 규모가 비교적 큰 참여자에 지나지 않는다. 서로 다른 시장에서의 중국 지위에 따라 우리는 마땅히 각기 다른 정책을 강구해야 한다. 우리나라가 주도적 위치를 차지하지 못하는 시장에 대해서는 단기간 동안에 기존의 국제시장 정가시스템과 리스크 분산 메커니즘을 이용해 국가에서 정당하게 비축하여 리스크 헤지 메커니즘을 구축해야 한다. 우리나라가 주도적 위치를 차지하는 금속광물시장에 대해서는 상하가 일체화된 회사를 만드는 것이 최적의 방법이다. 금속광물 선물거래소를 설립하는 것에 관한 제안은 마땅히 신중해야 하는데, 이를 대체할 수 있는 방법은 기존의 무역시스템을 점차 개혁하는 것이다.

제8장 "환율만이 아니다"에서는, 위안화 환율 탄력성이 커지는 상황에서 우리는 어떻게 위안화 가치가 절상하는 기회를 충분히 활용하여 우리나라의 무역 조건이 끊임없이 악화되는 불리한 추세를 반전시킬 것인가 하는 새로운 과제에 봉착했다는 점을 밝혔다. 본장에서는 2005년부터 2008년까지 수익률이 두 자리 숫자인 산업을 세분화하여 무역 조건에 영향을 주는 요소를 분석했다. 구체적으로 우리는 환율과 산업 집중도, 소유제 비례, 무역량 등 산업 방면의 요소가 무역 조건에 주는 영향을 분석했다. 분석을 통해 우리는 위안화 평가절상이 확실히 산업의 무역 조건을 개선하는데 영향을 줄 뿐만 아니라, 기타 산업의 요소도 무역 조건에 큰 영향을 준다는 것을 발견했다. 산업별로 말하면, 요소가 다름에 따라 미치는 영향도 큰 차이를 보였다. 이는 우리가 더욱 구체적인 정책을 강구하여 우리나라의 무역 수익을 늘리는데 온갖 노력을 다할 것을 요구하고 있다.

제4편 "인플레이션의 전도(傳導) 그리고 충격"은 9장, 10장, 11장으로 이루어졌는데, 주요 내용으로는 인플레이션이 우리나라 경제에 미치는 영향을 소개했다.

제9장 "1차 상품가격 상승이 우리나라 경제에 주는 영향"에서는 1차 상품가격의

지속적인 상승이 최근 연간 우리나라 경제 발전과정에서의 한 가지 두드러진 문제라는 것, 특히 경제 성장 속도가 비교적 빠른 상황에서 물가 상승의 압력이 더욱 뚜렷해진다는 점을 발견하게 된다. 우리나라 경제 규모가 끊임없이 늘어남에 따라 국내에서 허다한 종류의 1차 상품 공급이 부족해지고, 여기에 상응하여 1차 상품 수입량이 지속적으로 늘어나는 바람에 생산물 수입가격 또한 지속적으로 오르고 있다. 1차 상품가격상승은 우리나라 경제의 지속가능한 발전을 직접적으로 제약하고 있다. 앞에서 제시한 문제에 관하여 우리는 1차 상품가격상승의 영향, 가격전도 패턴 변화, 그리고 영향을 주는 채널 이 세 가지 면을 에워싸고 분석을 진행하면서, 1차 상품수요가 늘어나고 가격이 상승하는 것이 우리나라 경제 전체와 산업에 어떠한 영향을 미치는가? 1차 상품가격이 패턴의 내적구조에 어떠한 변화를 주는가? 국제와의 비교를 통해 중국의 구조조정의 방향과 채널을 찾는다면 어떠할까? 등의 세 가지 문제에 답을 주려 시도했다.

제10장 "투입 산출 데이터에 의한, 임금 인상이 중국경제에 주는 영향에 대한 실증적 연구"는 연해지역에서 나타난 '인력난(民工荒)'으로부터 착수하여 '루이스 전환점'과 그 뒤를 따라 야기된 임금 인상에 대해 연구했다. 중점적으로, 임금 인상 문제가 산업별 간에 점차 확대된 상황 하에서 총체적 임금 인상이 중국경제에 미치는 영향을 탐구했다. 본장에 사용한 방법과 데이터는 투입 산출 방법과 연도별 산업 연관 표에 의거했다. 구체적으로 우리는, 임금 인상으로 인한 노동력 원가 변화 그리고 물가에 대한 영향, 수출 규모에 대한 영향, 기술 및 경제 구조 전환에 주는 영향에 대해 분석했다.

제11장 "중국의 경기변동, 인플레이션 변동과 주식시장 변동"에서는 중국의 경기변동, 인플레이션 변동, 주식시장 변동 등 3대 변동 간의 관계를 연구했다. 우리나라는 인플레이션 변동과 경기변동 간에 안정적인 시차(滯后) 관계가 존재한다. 따라서 이에 의하여 이번의 경기변동을 네 가지 단계로 나눌 수 있다. 2012년은 성장과 인플레이션이 나란히 상행한, 전면 회복 단계라고 할 수 있다. 2003년 특히 최

근 2년 동안 거시경제 추세와 주식시장 경기 추이와의 관련성이 뚜렷이 증강되면서 국민경제에 대한 주식시장의 척도 기능이 드러나기 시작했다. 인플레이션은 주로 금리 메커니즘을 통해 주식시장에 영향을 주고 있다. 중국의 역사적 경험에 따르면 인플레이션이 일어나는 면에서, 통화주의 이론이든 실물경기변동 이론이든 모두 설득력이 부족하다. 통화량이 급증한다고 필연적으로 인플레이션을 유발하는 것이 아니고 생산 능력의 과잉 또한 필연적으로 인플레이션을 억제할 수 있을 것도 아니다. 통화량이 인플레이션을 유발하거나 그 정도가 어떠냐 하는 것은 총생산량이 얼마나 부족한지를 보아야 할뿐더러 구조적 생산량이 얼마나 부족한지도 보아야 한다.

제5편 "자산 그리고 소득 분배의 시각에서 본 인플레이션"은 12장과 13장으로 이루어졌는데, 주로 인플레이션이 우리나라 계층별 주민들의 자산 분배와 복지에 미치는 영향을 소개했다.

제12장 "인플레이션으로 인한 자산 재분배 효과"에서는 중국의 Aldo(奧爾多) 조사 데이터와 미국의 SCF(소비자 금융조사, 消費者金融調査) 데이터를 인용하여 양국의 인플레이션으로 인한 자산 재분배 효과를 연구했다. 본장에서는 우선 중미 양국 도시 가계의 순수 명의로 된 보유 자금 상황을 상세히 기록한 다음, 이를 토대로 하여 아직 예기하지 않은 인플레이션의 충격을 도입하여, 인플레이션이 가계의 순수 명목으로 된 보유 자금에 대한 영향과 자산에 대한 영향을 추산해냈다. 본장에서는 연구를 통하여, 인플레이션의 충격이 중국 가계의 자산을 잠식할 뿐더러 가계 간의 자산분포를 진일보적으로 악화시키기는 하지만, 미국의 상황을 보면 도리어 빈부 격차를 개선하는 데에는 이롭다는 점을 발견하게 되었다.

제13장 "중국 인플레이션으로 인한 복지비용 이질성 연구"는 중국경제의 기본 상황 그리고 중국 인플레이션의 주요 특징을 인식한 토대 위에서, 불완전시장과 개체 이질성을 포함한 Bewley 모형을 구축하고, 아울러 이 모형과 데이터를 조정하는 방법을 가지고 중국 인플레이션이 복지비용에 미치는 영향 그리고 인플레이

선이 계층별에 미치는 각기 다른 복지비용을 산출해냈다. 산출 결과에 따르면, 인플레이션이 중국경제에 가져다 준 복지비용이 엄청남과 동시에 각기 다른 계층에 미치는 인플레이션의 영향은 판이했다. 통상 인플레이션 수준이 가장 낮을 때에는 서민층이 입는 손해가 상류층보다 적어야 했다. 하지만 자산분포 차원에서 보면, 인플레이션이 중국의 자산분포 상황을 악화시켰는데, 서민층의 자산 보유 비율은 인플레이션 수준이 상승함에 따라 소폭 하락하고, 상류층의 자산 보유 비율은 인플레이션 수준이 상승함에 따라 소폭 향상하는 바람에 중국 자산분포의 지니계수가 인플레이션 수준이 상승함에 따라 소폭 상승했다.

　제6편 "인플레이션에 관한 추산 그리고 도구 선택"은 14장, 15장, 16장, 17장으로 이루어졌는데, 주로 인플레이션에 관한 추산과 관련 정책이 정한 목표를 소개했다.

　제14장 "몇 가지 자가 주택 처리 방법에 의하여 재차 추정한 우리나라 도시 소비자물가지수"에서는, 자가 주택을 어떻게 소비자물가지수에 계상할 것인가 하는 이론적 방법에 의하여 중국의 1997년부터 2008년까지의 도시 소비자물가지수를 계산하고 수정했다. 우리는 세 가지 다른 모형의 활동 기준 원가 계산 방법을 채택하여 사용했다. 동일하지 않은 변수를 취하여, 우리는 최종 10가지 주거류(주택, 居住類)의 가중치(權重)를 수정한 소비자물가지수를 얻어냈다. 계산 결과는 다음과 같다. (1) 준공된 주택 가치를 자가 주택의 단가 추정 데이터로 간주하여야 만이 도출한 가중치와 통계청의 결과가 거의 비슷할 수 있다. 분양 아파트 가격을 자가 주택 가격으로 응용했을 경우에는 주거류 가중치가 현재 통계청에서 응용한 주거류 가중치보다 훨씬 높았다. (2) 만약 통계청의 품목별 가격 지수를 응용할 경우 가중치가 변한다 하더라도, 여러 가지 방법을 통해 얻은 수정된 소비자물가지수는 통계청에서 반포한 결과와 역시 아주 비슷하다. (3) 만약 통계청에서 반포한 주거류 가격 지수를 자가 주택 가격 지수로 응용한다면, 수정한 소비자물가지수가 통계청에서 반포한 소비자물가지수보다 보편적으로 높을 수 있다. (4) 2010년 11월의 각 품

목별 물가지수에 따르면, 수정한 가중치를 응용하여 계산한 소비자물가지수는 절대다수가 5%를 초과했다. 끝으로 우리도 현 단계의 우리나라 개인주택 가격 지수를 추정하는 가운데서 존재하는 자체 문제에 대해 토론을 진행했다.

　제15장 "예측 시각에 의한 중국의 근원인플레이션의 추산: 관성에 의한 가중치"에서는 통화정책과 소비자물가지수 예측 각도로부터 중국의 물가상승의 관성 가중치에 의한 근원인플레이션 지수를 작성했다. 기존의 국내 관성인플레이션을 계산하는 연구와는 달리 본장에서는 연관상대비율(聯關相對比率)의 상승률을 가지고 그 관성을 계산함으로써 동기대비 상승률 지수가 관성을 과대평가할 수 있는 가능성을 피했다.

　전통적인 핵심적 인플레이션 배제방법 그리고 소비자물가지수를 대비하는 방법을 통하여 본장에서는 관성 가중치에 의한 근원인플레이션은 소비자물가지수의 선행지표로서 단기적인 소비자물가지수의 변화에 비교적 강한 예측 기능을 가지고 있으므로 이로 인하여 비교적 높은 정책적 참고 가치가 있다는 점을 발견하게 되었다. 우리 모형의 예측 결과에 따르면, 2010년 10월의 물가지수 전월대비 상승률은 하락하고 11월 후부터 상승하게 된다. 만약 미연방준비은행의 2라운드 양적완화 통화정책으로 인한 핫머니까지 흘러 들어온다면 중국이 봉착한 인플레이션의 압력은 더욱 커질 수 있다.

　16장 "중국 통화 당국이 중간목표로 삼는데 어떤 종류의 인플레이션이 가장 적합한가?"에서는, 근원인플레이션은 학술계와 중앙은행의 폭넓은 관심을 끌고 있지만, 이론적으로나 실증연구에서나 근원인플레이션에 대한 일치하는 정의가 없을뿐만 아니라 근원인플레이션에 대한 정의가 다르고 연구목표가 다르기 때문에 추산 방법도 천차만별이라는 점을 밝혔다. 본장에서는 향후의 소비자물가지수를 예측하려는 각도로부터 착안하여 최근 몇 년 동안 국내에서 근원인플레이션을 계산하는 주요 방법을 비교함으로써 인플레이션을 예측하는데 가장 적합한 근원인플레이션 추산 방법을 산출하려 시도했다. 결과는 다음과 같았다. 첫째, 평가지표가 다름에 따라 여러 가지 계산 방법을 통해 얻어낸 핵심적 인플레이션의 우열 순서도 각기 달랐다. 둘째, 인플레이션 변화 추세를 반영하는 면에서 양호한 표현을 보여줬던 구조적 벡터자귀회귀(SVAR)는 근원인플레이션이 인플레이션을 예측하는 면에서 뚜렷한 우위가 없고 단지 중등수준에 처해있었으며, 또한 인플레이션 예측 면에서 표현이 양호했던 배제방법, 분산방법, 관성 가중치 방법으로는 근원인플레이션이 인플레이션의 변화 추세를 반영하는 면에서 보여주는 모습이 도리어 보통이어서 역시 중등 수준에 처해 있었다. 셋째, 여러 가지 평가지표 하에서 8가지 유형의 근원인플레이션 우열순서가 완전히 같지는 않았지만 일부 면에서는 뚜렷한 일치성을 보여주었다. 근원인플레이션 표준편차(標准差), 소비자물가지수 추이에 대한 적합도(fitting, 擬合), 그리고 소비자물가지수를 예측하는 면에서 합동 추세 분석법, 평균치 제거 분석법, 중앙치 가중 분석법은 근본적으로 인플레이션을 표현하는데 있어서 모두 비교적 차이가 있었다.

제17장 "글로벌 통화정책 조정과 중국 통화정책 조율"에서는 주로 포스트 위기 시대에 통화정책을 어떻게 로그아웃하며 로그아웃 과정에서 어떻게 조화롭게 처리할 것인가 하는 문제를 연구하면서, 중국 통화정책이 봉착할 수 있는 도전과 통화정책을 조정할 수 있는 방법에 치중하여 연구했다.

본 저서는 중국인민대학교 "중국 거시경제 포럼"의 단체적인 연구 성과로서 국가 사회과학재단 중대 프로젝트인 "경제의 안정적이고 비교적 빠른 발전을 유지하고, 경제구조 조정과 기대인플레이션의 관계를 연구"(09&ZD018), 국가 사회과학재단 정책입안 자문 프로젝트인 "중국 거시경제 분석과 예측"(09GJZ001)에 선정되었을 뿐만 아니라, 교육부 철학 사회과학 발전 보고 자금 지원 프로젝트인 "중국 거시경제 분석과 예측"(10JBG03)의 자금 지원을 받았다.

이밖에 본 저서는 국가 사회과학재단 중화학술저서 외국어 번역 프로젝트 및 베이징 사회과학 이론저서 출판 자금 지원 프로젝트의 자금 지원을 받았다. 본 저서의 각 장은 류위안 (劉元春), 자오융(趙勇), 위저(于澤), 류펑량(劉鳳良), 루쉬(魯旭),

니에훼이화(聶輝華), 마오쉐펑(毛學峰), 왕쇼우송(王孝松), 펑쥔신(馮俊新), 판즈용(範志勇), 장훙샤(張紅霞), 샤밍(夏明), 뤄라이쥔(羅來軍), 손지우원(孫久文), 펑웨이(彭薇), 런저핑(任澤平), 리즈빙(李志兵), 샤오정옌(肖爭豔), 청동(程冬), 다이이췬(戴軼群), 천옌빈(陳彦斌), 천쥔(陳軍), 손원카이(孫文凱), 장펑롱(張鵬龍), 주루이(朱蕊)가 집필했다. 동시에 양루이롱(楊瑞龍), 마오쩐화(毛振華), 주커민(朱科敏), 이엔이엔(閏衍), 주롱(朱戎), 궈제(郭傑), 레이다(雷達), 왕진빈(王晉斌) 등 "중국 거시경제 포럼"의 구성원들과 참여자들도 본 프로젝트에 많은 기여를 했다.

CONTENTS

제1편 개술

제1장 이번 물가 상승의 새로운 특징과 메커니즘 그리고 대응책   … 24

제2장 국내외의 충격을 받고 있는 중국 인플레이션   … 34

제2편 내적 시각에서 본 인플레이션 형성 원인

제3장 우리나라 통화와 인플레이션의 파급 관계: 내부통화에 대한 한 가지 관점   … 64

제4장 소비자 물가지수(CPI)와 생산자 물가지수(PPI)의 '허위적 파급' 그리고 수정   … 104
   : 비교적 믿을 수 있는 한 가지 실증 구조

제5장 유통시스템으로부터 농산물 가격이 오른 현상 투시   … 130

제3편 외적 시각으로 본 인플레이션 형성 원인

제6장 국제 농산물 가격이 어떻게 중국 농산물 가격에 영향을 주는가? ··· 154

제7장 대종 상품 국제무역이 우리나라 경제에 미치는 영향 ··· 196

제8장 단지 환율만이 아니다 ··· 238

제4편 인플레이션 파급 그리고 충격

제9장 1차 상품가격 상승이 우리나라 경제에 미치는 영향 ··· 278

제10장 투입 산출 데이터에 의한;
  임금 인상이 중국경제에 주는 영향에 대한 실증적 연구 ··· 308

제11장 중국의 경제 주기, 인플레이션의 주기와 주식시장 주기 ··· 330

CONTENTS

제5편 자산 그리고 소득 분배의 시각에서 본 인플레이션

제12장 인플레이션으로 인한 자산 재분배의 영향 ··· 350

제13장 중국 인플레이션으로 인한 복지비용의 이질성에 관한 연구 ··· 390

부록 ··· 432

제6편 인플레이션에 관한 추산 그리고 도구 선택

제14장 몇 가지 자가 주택 처리 방법에 의하여   ⋯ 440

     재차 추정한 우리나라 도시 소비자물가지수

제15장 예측 시각에 의한 중국의 근원(코어)인플레이션 추산   ⋯ 496

     : 관성에 의한 가중치

제16장 중국 통화당국이 중간목표로 삼는데   ⋯ 532

     어떤 종류의 인플레이션이 가장 적합한가?

제17장 글로벌 통화정책 조정과 중국 통화정책 조율   ⋯ 558

참고문헌   ⋯ 578

제1편 개술

제1장
이번 물가 상승의 새로운 특징과
메커니즘 그리고 대응책

제1장
이번 물가 상승의 새로운 특징과
메커니즘 그리고 대응책

개요: 이번 인플레이션은 네 가지 새로운 특징이 나타났다. 첫째, 소비자물가지수가 그다지 높지 않은데도 주민들의 물가 만족도는 도리어 사상 최저 수준이다. 둘째, 거시적 공급과 총수요가 거의 균형을 이루고 있는데도 소비자물가지수는 지속적으로 상승하고 있다. 셋째, 농업은 해마다 풍작을 거두고 있는데도 농산물 가격은 도리어 대폭 상승하고 있다. 넷째, 소비자물가지수가 천정부지로 뛰어오르는 국내 요소가 부각되고 있는데도 글로벌 인플레이션의 동조성은 오히려 날로 강해지고 있다. 그러므로 이번의 물가 상승을 억제하려면 정부에서 최근에 출범한 여러 가지 정책을 구체화해야 할 뿐만 아니라 여러 방면에서도 새로운 조치를 취해야 한다.

키워드: 인플레이션, 새로운 특징, 신규 메커니즘

1. 현재 물가 상승의 새로운 특징

현 단계 물가의 지속적인 상승은 각 분야가 주목하는 초점이 되었다. 특히 주목할 점은 이번 물가상승을 이전의 물가상승과 비교해보았을 때 새로운 표현과 특징이 있다는 점이다.

첫째, 현 단계 소비자물가지수가 그다지 높지 않은데도 물가에 대한 주민들의 만족도는 도리어 사상 최저 수준이다.

2010년 우리나라 소비자물가지수 상승폭(3.3%)은 개혁개방 이래의 평균 상승폭(5.4%)보다 낮았다. 가장 높았던 11월분 소비자물가지수도 동기 대비 상승폭이 5.1%여서 2007년과 2008년의 인플레이션 최고치보다도 낮았다. 하지만 2010년 주민들의 물가 만족 지수는 도리어 사상 최저 수준이었다. 그중 4분기 물가 만족도는 1999년 4분기 이후의 최저치였는데, 73.9%의 응답자들이 물가가 높아 받아들이기 힘들다고 답했다. 따라서 물가상승은 깊은 사회적 중시를 불러일으켰다.

둘째, 소비자물가지수가 지속적으로 등귀하고 있지만 거시경제의 총 공급과 총 수요는 도리어 거의 균형 상태에 처해 있다.

현 단계의 인플레이션이 불거진 거시적 배경은 이전의 인플레이션과 현저한 다른 점이 존재하는데, 2010년의 실물경제는 과열 현상이 나타나지 않았는데도 물가가 지속적으로 상승했다. (1) 경제 성장률이 안정적이다. 2010년 GDP가 동기 대비 성장률이 14%에서 점차 9.6%로 하락해 동기 대비 성장률이 대체로 -2% 내지 -3% 사이를 유지했다. 동시에 이전의 물가 상승 때면 늘 나타나던 석탄, 전기, 오일, 운송 분야의 보틀넥 현상이 지속적으로 나타나지 않았다. (2) 식품과 에너지자원을 제외한 근원 소비자물가지수가 줄곧 1.5% 안팎의 수준을 유지했고, GDP 디플레이터는 대체로 4% 가량 유지했다. (3) 생산량이 부족한 현상이 심각하지 않다. 2010년 아웃풋 갭(실질GDP 성장률과 잠재GDP 성장률 차이, 産出缺口)이 2009년의 토대 위에서 어느 정도 개선되면서 이제는 정상적인 상태에 들어섰는데, 매개변수 값(參數值)이 -0.56%로 경제과열 시기 한창 아웃풋 갭 때보다 훨씬 적다. 예컨대 1984년에는 성장률이 5.09%, 1992년에는 4%, 2007년에는 0.47%였다. 그러므로 물가 상승이 전통적 거시경제가 균형을 잃은 데서 비롯되었을 수 있다고 귀결을 짓기는 어렵다.

셋째, 농업이 연속 7년 간 풍작을 거두었는데도 농산물 가격이 폭등하면서 현재 물가가 급등하는 핵심요소로 되었다.

2010년까지 중국 농업은 연속 7년 간 풍작을 거두었는데, 연간 곡물 수확고가 5

억 4,641만 톤으로 전해보다 1,559만 톤 증가하여 2.9% 증산됐다. 하지만 식품가격이 7.2% 상승, 그중 곡물 가격이 11.8% 상승했다. 식품가격 상승 요소가 전 물가상승익 70%를 차지했다. 그러므로 단순히 공급 요소만 가지고는 농산물 가격이 상승한 원인을 제대로 설명하기 어렵다.

넷째, 글로벌 인플레이션이 기승을 부리는 상황 하에 우리나라와 신흥국 시장과의 소비자물가지수 동조성이 뚜렷이 증강되면서 전 세계에 만연되는 인플레이션 현상이 날로 주도적인 발전 추세로 되고 있다.

2009년 이래 물가가 속등하는 현상은 중국에만 나타난 현상이 아니라 전 세계적인 현상이다. 모든 신흥국과 개발도상국은 보편적으로 심각한 인플레이션에 봉착했다. 예컨대, 대부분 개발도상국의 월 평균 인플레이션은 4.45%에 달한다. 그중 'BRIC'의 인플레이션은 특히 심각한데 브라질, 인도, 러시아의 월 평균 인플레이션은 각기 5.04%, 12.1%와 6.86%에 달한다. 이와 동시에 유로존의 인플레이션은 2011년부터 머리를 들기 시작했는데, 그 지수가 2.4%에 달해 통제 목표를 벗어났다. 우리나라의 무역 의존도와 외국환평형기금이 공급통화에서 차지하는 비례 등의 지표가 2008년 이후 어느 정도 내려가기는 했지만, 물가상승이라는 세계적인 물결의 충격에 의해 중국과 글로벌 인플레이션의 동조화가 대폭 강화되었다. 예컨대, 우리나라 소비자물가지수와 신흥 소비자물가지수의 상관계수는 2007년 전의 0.38에서 2008년-2010년의 0.59로 올라갔다. 이는 수입 인플레이션 루트가 전통 수입루트를 뛰어넘었을 수 있다는 점을 말해주고 있다. 단순한 폐쇄적인 시각으로는 현재 그리고 향후 물가가 상승하게 된 원인을 설명하기 힘들다.

2. 현재 물가상승을 초래하는 신규 메커니즘

앞에서 제시한 네 가지 현상은 현재 중국의 물가상승을 형성하는 메커니즘에 있어 새로운 특징이 있을 뿐만 아니라 전통 인플레이션 메커니즘에 비해 큰 변이가 있다는 점을 말해주고 있다.

첫째, 과잉유동성이 중국 물가와 주택가격 상승을 초래하고 중국경제의 거품화를 초래했으며 거품화가 만연되면서 재래의 통화전달 과정 그리고 균형을 유지하던 곡물 등 품귀 생산품 가격의 형성 과정을 변화시켰다.

2009년에 9.6조 위안, 2010년에 7.9조 위안의 대출을 대거 방출함으로서 현재 광의통화가 GDP에서 차지하는 비중이 사상 최고치에 이르러 유동성이 범람하는 아주 심각한 상태에 직면했다. 실물경제 발전이 느려지고 금융시장이 불경기라는 배경 하에 과잉유동성이 농산품시장이나 부동산시장에서 출구를 찾는 바람에 물가와 주택가격 상승을 유발하면서 거품경제가 속성되었다. 기대 가격 상승과 과잉유동성이라는 이중적 작용 하에서 대량의 실물자금이 투기성 활동에 유입되었을 뿐만 아니라 품귀 생산물을 투기 대상으로 삼는 바람에 통화를 방출하는 채널에 변이가 생기게 했으며, 투기자금이 현물가격과 선물가격을 좌지우지하면서 농산물과 일부 투자 상품이 정상적인 가치와 수급을 이탈하는 현상을 초래했다.

둘째, '루이스 전환점'의 도래, 그리고 도시 생활비 상승이 저가 노동력의 임금을 지속적으로 올리는 바람에 농업 생산에서의 기회비용이 대폭 상승하고 저가 서비스와 농산물 가격이 대폭 상승했다.

이번 물가상승은 통화구동(貨幣驅動)이라는 특징 외에 원가 촉진이라는 요소도 가지고 있다. 원가에 이변이 생기게 된 데는 두 가지 직접적 요인이 있다. 하나는 '루이스 전환점'이 도래하면서 저가 노동력 시장의 수급 관계가 역전되는 바람에 저가 노동력 시장의 임금이 대폭 상승했다. 2010년 도시 노동력의 수요와 공급의 비례가 1대 1.01이 되어, 노동력 수요량이 처음으로 구직인 수를 능가했으며, 일부 지역에는 '인력난' 현상이 재차 나타났다. 뿐만 아니라 동부 연해지역으로부터 중부와 서부 지역으로 확산되는 추세가 나타났다. 동시에 2010년 전 3분기 농촌 가계의 1인당 평균소득 증가폭이 15%를 능가하여 임금 평균 증가폭을 훨씬 앞질렀다. 각 성의 최저 기준임금 평균 증가폭은 20%를 능가했다. 다음, 부동산 가격, 집

세 그리고 기타 도시 생활비가 오르는 바람에 각종 고용비용이 현저히 올랐다. 이렇게 되어 저가 노동력 임금 상승→ 농업 기회비용 상승→ 농산물 가격 상승→ 동시 생활비 상승→ 농업 기회비용 상승→ 농산물 가격 상승…이라는 악순환이 이루어졌다.

셋째, 기대 가격, 핫머니 유동 그리고 경상계정 등의 채널을 통하여 중국 농산물과 원자재 가격에 대한 국제 농산물과 석유 등 국제 벌크상품의 영향이 커지면서 수입인플레이션을 대거 부풀렸다.

국제 농산물 가격이 국내 물가에 미치는 영향은 주로 선물 시장 그리고 무역 의존도가 높은 일부 농산물을 통해 전염되었다. 예컨대, 2010년 7월 이후 시카고거래소의 주요 곡물 선물가격이 줄곧 상승세를 유지하자 국내의 다롄, 정저우의 상품거래소 곡물 선물가격 지수 역시 대부분 상승하였으며, 그 바람에 관련 상품의 현물 가격도 동반 상승했다. 콩을 예로 든다면 국제 가격 상승은 국내 유류 가격 상승을 초래했고, 나아가 기타 농산물 가격의 상승을 유발했다. 다른 한편, 국제 원자재 가격이 급등하면서 국내 농산물 가격이 상승하게 되었다. 영향을 주게 된 주요 채널은, 국제 원자재 가격 상승→ 국내 자원류 제품 가격 상승→ 국내 농업생산재 가격 상승→ 농산물 가격 상승 이런 순이었다.

넷째, 인플레이션에 대한 일부 주민들의 내구력이 급감하면서 개별적인 사건 그리고 개별적 대중들의 가격 반응이 인터넷 세계화의 작용으로 인해 강력한 '뉴스 효과'와 '전염 효과'를 낳으면서 주민들의 기대 가격을 형성하는 메커니즘에 변이를 일으켰다.

만약 경제적 주체인 기대 가격 형성 메커니즘이 '뉴스 효과'와 '전염 효과'에 편입되면 기대 가격에 '문턱효과'(閾値效應)가 나타난다. 즉 가격이 어느 정도 임계치까지 상승하면 급등할 수 있다는 기대 현상이 나타난다. 이렇게 되면 대중들이 개별 사건, 일부 상품가격이 오르는데 대해 몹시 민감해지고, 그 여파가 주변으로 파급되면서 전 국민의 공명을 불러일으키게 된다. 이 같은 현상은 다음과 같은 데서 집중적으로 구현된다. (1)기후 변화에 몹시 민감하다. (2)일부 생필품 가격이 오르는 데는 각별히 신경 쓰지만, 다른 상품가격이 떨어지는 데는 관심이 없다. (3)정부 측이 밝힌 가격 데이터를 거의 믿지 않는다. (4)사회적 약자 특히 가난한 사람들의 물가에 대한 감수가 대중들의 감수를 대변할 뿐만 아니라 매스컴을 통해 끊임없이 부풀려진다. (5)국제와 국내의 각종 핫머니가 이 기회를 틈타 물가 인상을 부추기어 공황시세가 조성된다.

3. 2011년 물가 추이 예측

중국인민대학교 중국 거시경제 분석과 예측 모형(CMAFM)의 추산에 따르면, 2011년 우리나라에는 온화한 인플레이션이 존재하는데, 연간 인플레율이 4.5%이고 절정기는 2분기에 나타났다. 또한 '상반기에 높고 후반기에 낮은' 발전 태세를 보일 수 있다. 하지만 여전히 다음과 같은 몇 가지 불확실성과 물가를 통제해야 하는 어려움에 봉착할 수 있다.

첫째, 유동성 비축량이 많고, 신용의 관성이 크고, 외국환평형기금이 차지하는 비례가 높으며, 그리고 지방 정부의 과열 투자가 중앙은행의 공급통화를 강요하는 등의 요소가 존재하여 2011년 물가상승은 여전히 비교적 충족한 유동성을 토대로 하기 때문에, 유동성 회수가 적절한 수준에 도달하느냐 여부는 우리가 봉착하는 불확실성이 될 수 있다.

둘째, 봄철 가뭄, 수입 가격(輸入型价格) 상승, 농업 노동력 기회비용 증가, 국가 곡물 수매 가격 인상, 대량 유휴자금의 유입 등의 영향으로 말미암아 2011년의 농산물 가격이 가일 층 상승할 수 있다. 동시에 도시화와 산업화가 진일보적으로 가속화 되면서 곡물 수요량이 보다 급속히 늘어나 공급 부족으로 인한 농산물의 불균형을 더 한층 악화시킬 수 있다.

셋째, 선진국에서 양적완화 정책을 지속적으로 펴고, 그리고 2011년 글로벌경제의 기대 이상의 반등 등의 요소로 인하여 석유, 농산물, 기초원자재를 비롯한 국제 대종 상품 물가를 가일 층 인상함으로서 중국의 수입인플레이션 압력은 더 심해질 수 있다.

4. 정책적 건의

우리나라의 물가상승에는 앞에서 제시한 네 가지 새로운 현상이 나타났고, 물가 형성 메커니즘에서 제시한 네 가지 새로운 변화와 향후 물가 추세에 관한 예측에 비추어 2011년 물가를 통제함에 있어서 국가에서 이미 출범한 각종 정책을 구체화 함과 아울러 다음과 같은 새로운 조치를 강구해야 한다.

첫째, 기대인플레이션에 대한 거시적 관리에 진력해야 한다. 유동성 범람으로 인해 초래된 각종 후유증을 다스리는 데로부터 입각하여, 확실하게 잡을 수 있는 통화정책을 실시해야 하며, 지나치게 넘쳐나는 유동성을 회수하는데 진력함으로 써 거품경제의 만연을 다스리기 위한 양호한 통화 환경을 마련해야 한다. 동시에 통화를 관리하고 대출을 감독하는 업무범위를 반드시 부외거래와 민간의 융자 활 동에까지 확대해야 한다.

둘째, 기대인플레이션에 대한 미시적 관리를 강화해야 한다. 한편으로, 반드시 물가에 민감한 사회적 약자들을 안위하고 그들의 이익을 보상해줘야 하며, 소외계 층의 물가 보조 메커니즘을 구축해야 한다. 다른 한편으로, 시장 질서를 바르게 관 리함으로써 각종 유휴자금이 주민들의 불안해하는 심리를 이용하여 투기를 하는 행위를 제지해야 한다. 동시에 매스컴에 대한 관리를 강화하여 '뉴스 효과'와 '전염 효과'를 조성하는 경로를 차단해야 한다.

셋째, 수입인플레이션에 대한 관리를 강화해야 한다. 하나는, 수입관세를 낮추 어 수입량을 늘림으로써 본국의 제품이 부족한 부분을 미봉해야 한다. 다음, 위안 화 가치를 적당히 평가절상하여 국제 물가 상승으로 인한 손실을 분산해야 한다.

그 다음, 국제 핫머니에 대한 관리를 강화해야 한다. 특히 특수 산업을 겨냥한 국제 핫머니의 새로운 투자 방식에 대하여 구체적인 조치를 취해야 한다. 예컨대, 부동산 시장에서의 합자 붐, 콩 산업에 대한 외국 자본의 독점 등 이다.

넷째, 공급에 대한 관리를 강화해야 한다. 그중에서 가장 중요한 것이 바로 농업에 대한 지원을 크게 늘리고 농업 종합 생산능력을 강화하며 농업의 기초적 지위를 가일 층 강화하고 공고히 함으로써 식량 안전을 보장하는 것이다. 다음은 중요한 생산물 비축시스템을 강화해야 한다. 그 다음, 물가에 민감한 일부 제품의 수출을 통제해야 한다.

다섯째, 체제 개혁을 점진적으로 추진하고 중앙은행의 독립성을 강화하며 중국의 신용대부를 늘릴 수 있는 부도장치를 타파해야 한다. 첫째, 통화정책에서 권력이 분산되어 있는 현황을 개변하려면 중국인민은행(중앙은행)에 강력한 통화정책 의사 결정권을 부여해야 한다. 다음은, 마땅히 지방정부와 기타 행정 부처에서 프로젝트를 결정하고 투자를 결정할 수 있는 권한을 규제하여, 각급 정부의 투자 과잉으로 인해 초래되는 대출 강요 현상을 막아야 한다.

제1편 개술

제2장
국내외의 충격을 받고 있는
중국 인플레이션

제2장
국내외의 충격을 받고 있는 중국 인플레이션

개요: 개방을 한 상황에서 한 나라의 인플레이션 수준은 국내와 국외라는 두 가지 방면의 영향을 받는다. 글로벌 유동성이라는 환경에서 1차 제품의 물가 변화, 외화 보유액 급증, 그리고 위안화 가치 절상 기대 하에서의 핫머니 유동 상황으로 볼 때 현재 우리나라의 인플레이션은 뚜렷한 수입인플레이션 특징을 가지고 있다. 실증분석 결과 역시 우리나라 인플레이션에 영향을 미치는 여러 가지 요소 중에서 외부적 요소의 구조적 충격이 중요한 경로의 하나이며, 그 상대적 중요도가 기대 인플레이션보다는 약하지만 국내 요소보다는 강하다는 점을 가일 층 표명했다. 이 같은 배경에서 인플레이션 정책을 선택함에 있어서 마땅히 주민들의 기대인플레이션을 적극 안정시킴과 아울러 국내와 국외 두 가지 방면을 두루 고려해야 한다.

키워드: 인플레이션, 외적 충격, 아웃풋 갭

1. 들어가는 말

2007년 이래 우리나라는 인플레이션으로부터 긴축통화, 재차 인플레이션이라는 쾌속적인 전환 과정을 거쳤다. 2007년 3월, 우리나라의 소비자물가지수는 뚜렷이 상승했는데 2008년 2월에 8.7%라는 최대치에 이르렀다. 이후 국제 금융위기의 영향이 점차 심화되는 배경 아래에서 소비자물가지수는 끊임없이 반락, 2009년 2월에는 -1.6%까지 떨어졌다. 그 후 소비자물가지수는 연속 9개월 동안 하행선을 긋다가 2009년 11월부터 재차 반등하기 시작, 2010년 7월부터 가속화되어 2010년 4분기 매달 소비자물가지수가 각기 4.4%, 5.1%, 4.6%에 이르면서 우리나라 경제는 재차 심각한 인플레이션의 압력에 봉착했다.

현 단계의 우리나라 물가 수준이 큰 폭으로 오르내리는 현상은 이번 인플레이션의 복잡성을 드러냄과 아울러 정책을 채택하기 어려운 현실적 난제를 가져다 주었다. 그리고 인플레이션이 형성된 원인을 정확하게 판단하는 일이 인플레이션을 통제하는 키포인트로 되었다. 인플레이션에 영향을 주는 요소로 볼 때, 초기의 연구는 대부분 전통적인 필립스곡선에 의거하고 국내 인플레이션과 성장률 간의 관계로부터 입각하여 일국의 내부화폐의 양, 아웃풋 갭, 임금코스트 등의 요소가 물가 수준의 변화에 주는 영향만 강조하면서 유동성 과잉, 요소물가의 상승, 생산성 향상이 일국의 내부 물가가 오르는 요인으로 작용한다고 여기었다.(Gordon, 1988; Hansen, 1999;Laurence and Moffitt, 2001; Mehra,1991, 2004 등) 그러나 글로벌경제가 끊임없이 심화되는 배경 하에서 점차 많은 학자들은 외적 충격 요소가 일국의 내부 인플레이션에 미치는 영향을 강조하고 있다. 학자들은, 글로벌경제 협력이 점차 밀접해짐에 따라 외부의 1차 제품 물가 충격이 일국의 인플레이션 수준에 그대로 영향을 미칠 뿐만 아니라, 무역과 금융 협력을 강화하는 작업 역시 일국의 인플레이션의 동태적 성질을 변화시켜 인플레이션이 아웃풋 갭과 유동성 등 국내 요소의 민감도를 낮추면서 전통적 필립스곡선을 평탄하게 만든다고 여기고 있다.(Borio and Filardo, 2007; Mumtaz and Surico, 2007; Ciccarelli and Mojon, 2010 등)

사실 외적 요소가 어떻게 일국의 인플레이션에 영향을 주느냐 하는 문제에 대해서는 아직도 쟁론이 있기는 하지만, 개방이라는 배경 하에서 인플레이션에 영향을 미치는 국내외 두 가지 방면의 요소를 동시에 고찰하는 작업은 여전히 절대적으로 필요하다. 이 같은 배경 하에서 우리는 중국의 현실적 실천에 입각하여 현 단계 우리나라의 인플레이션에 미치는 외적 충격의 특징에 대해 초보적으로 고찰한 토대 위에서 우리나라 인플레이션에 영향을 주는 국내와 국외 요소에 대해 포괄적으로

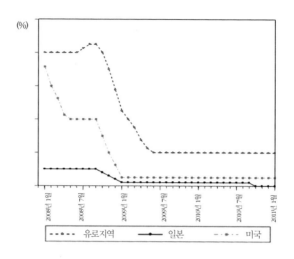

(%)

2008년 1월   2008년 7월   2009년 1월   2009년 7월   2010년 1월   2010년 7월   2011년 1월

----- 유로지역   ——— 일본   -·•·- 미국

그래프 2-1 주요 선진국이나 지역 시장의 기준 금리 변화 그래프
(2008년 1월부터 2011년 1월까지), 자료 출처:Trading economics 데이터 뱅크

고찰했다. 또한 각기 다른 유형의 충격 변수의 영향과 상대적 중요도를 구별하고
비교하면서 우리나라 인플레이션에 영향을 주는 심층적 원인을 더욱 세밀하게 연
구했다.

2. 현 단계 중국의 수입인플레이션의 특징: 몇 가지 대표적 사례

1) 국제 유동성 환경

금융위기가 터진 후 금융시장을 안정시키고 실물경제의 활력을 유지하고자 세
계 주요 경제대국은 재정 완화 정책과 통화 완화 정책을 실시했다. 각국에서 금융
시장을 끊임없이 조정하고 또한 상응한 경제 활성화 정책을 실시함에 따라 글로벌
경제는 지속적으로 호전되는 추세를 보였다. 글로벌경제는 회복세를 보이기는 했
지만, 미국과 일본이 양적 완화 정책을 연속 출범함에 따라 글로벌유동성 환경이

점차 번영하는 추세를 나타나면서 시장 유동성이 세계적으로 끊임없이 누적되었다. 구체적으로 말하면 이러하다. 한편으로, 글로벌 금리 차원에서 볼 때, 금융위기가 터진 후 주요 선진국의 기준 금리가 지속적으로 하락했다. 2008년 8월, 유로존 시장의 금리는 4.25%였다. 연속 9차례나 기준 금리를 하향 조정한 바람에 2009년 6월에 이르러 유로존 시장의 금리가 1%라는 사상 최저치를 기록했다. 미국 시장의 기준 금리는 2009년 1월부터 0.25%라는 낮은 위치에 머물렀다. 일본 정부는 2009년 1월에 기준 금리를 0.1%로 하향 조정했다가 2010년 10월부터는 완전히 무이자 정책을 실시했다.(그래프 2-1 참고) 다른 한편, 글로벌 금리가 점차 하행선을 긋는 동시에 세계 주요 선진국의 공급통화 역시 상응하게 증가되었다.

그래프 2-2에서 알 수 있다 시피 금융위기가 터진 후 미국, 유로존, 일본의 총통화는 전반적으로 지속적이고 안정적인 증가세를 보이고 있다. 2010년 3분기에 이르러 미국, 유로존, 일본의 총통화 잔액은 각기 8.7조 달러, 8.3조 유로, 780조 엔에 달했고, GDP에서 차지하는 비중은 각기 59%, 91.6%, 162%에 달했다.

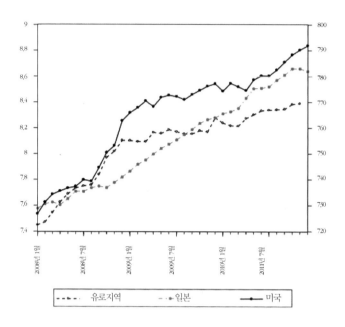

그래프 2-2 주요 선진국이나 지역 총통화 변화 상황(2008년 1-2010년 12월)

설명: 그래프 왼쪽 축과 대응되는 데이터는 미국과 유로존의 데이터이며, 단위는 각기 조 달러와 조 유로이다. 오른쪽 축과 대응되는 데이터는 일본 데이터이며, 단위는 조 엔이다.

자료 출처:Trading economics 데이터 뱅크

2) 국제 1차 제품 물가 변화로 인한 영향

우리나라의 경제가 급성장 하는 과정에서 외국무역은 줄곧 중요한 작용을 하였다. 그리고 우리나라가 세계 제조업 중심이라는 위치를 확립함에 따라 우리나라의 경제는 공업 원료 수입, 에너지와 금속 등의 원자재에 대한 수요도 점차 늘어났다. 국제 대종 상품 물가의 변화가 우리나라 국민경제에 주는 충격이 상응하게 증강되었는데, 이는 수입 에너지와 1차 제품 물가의 상승으로 인한 기업의 생산 원가 증가에서 두드러지게 반영되었다. 그래프 2-3은 2005년 1월부터 2010년 12월까지의 국제 대종 상품 물가 지수의 변화 상황을 보여주고 있다. 그래프 2-3에서 알 수

있다시피, 금융위기가 발생한 후 달러 환율이 파동치고 세계경제가 불안해짐에 따라 국제 대종 상품 물가가 오르내리는 특징이 아주 뚜렷이 드러났을 뿐만 아니라 2009년 이후부터 재차 상승선을 그었다. 2010년 12월에 이르러 모든 대종 상품 물가 지수가 2009년 초보다 68.3% 상승했다. 에너지, 식품, 공업 원자재, 비연료유 제품의 물가 지수는 각기 75.2%, 38.3%, 86.6%, 58.3% 상승했다. 이와 동시에 원자재 물가의 변화로 인해 우리나라 수입품 물가 지수도 비슷한 변화 양상을 보이었다.

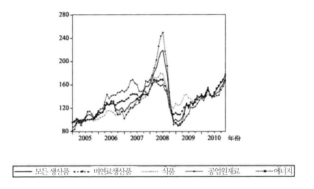

그래프 2-3 국제 대종 상품 물가 지수(2005년 1월-2010년 12월)
자료 출처: 국제 금융 통계 데이터 뱅크

그래프 2-4에서 알 수 있다 시피 2009년 이후 우리나라 수입품 물가지수 특히 1차 제품 수입 가격지수는 재차 대폭 상승했다. 2008년 연말과 비교하면 2010년 12월 우리나라 전체 수입품 물가지수가 44%나 늘어났다.

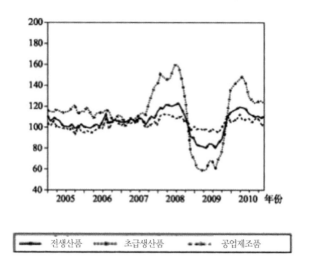

그래프 2-4 2005년 1월-2010년 12월까지 우리나라 수입품 물가지수(전년=100)
자료 출처: CEIC 데이터 뱅크

3) 거액의 외화보유액 하에서의 본원통화 방출 압력

외국무역의 급성장은 우리나라 경제가 지속적으로 성장하는데 원동력이 되었을 뿐만 아니라 글로벌경제에 대한 우리나라 경제의 의존도를 점차 심화시켰다. 그중 무역수지 흑자 하에서의 엄청난 외화보유액은 우리나라의 통화정책을 견제하는 하나의 주요소로 되었다. 환율에 유연성이 부족한 상황에서 국제 수지의 변동은 일국의 외화보유액의 변동을 통하여 중앙은행의 통화 자산 구조에 영향을 주어 외국환평형기금 형식으로 존재하는 공급통화량을 늘리게 한다. 중앙은행은 헤지가 불완전한 상황에서 외수 증가로 인해 늘어난 이 부분의 유동성을 국내시장에 전환하게 되는데 이는 인플레이션 압력을 가중시키게 된다.

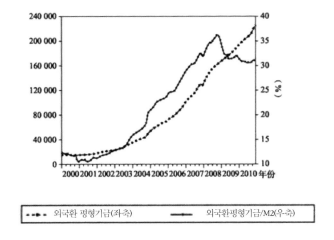

외국환 평형기금(좌측)   외국환평형기금/M2(우측)

그래프 2-5 우리나라 외국환평형기금 변동추세도 (2000년 1월-2010년 12월)
자료 출처: CEIC 데이터 뱅크

   2000년 1월, 우리나라 외국환평형기금은 1.5조 위안으로 총통화의 12.4%를 차지했다. 2008년 10월 말, 우리나라 외국환평형기금은 16.4조 위안으로 2000년 초보다 거의 10배나 늘어나 총통화의 36%를 차지하여 사상 최고치를 기록했다. 2009년 이후 우리나라 외국환평형기금이 총 통화량에서 차지하는 비례가 어느 정도 내려가기는 했지만, 2010년 말 우리나라 외국환평형기금 액수는 여전히 22.6조 위안에 달하여 그래프 2-5에서 밝힌 것처럼 총 통화량에서 차지하는 비례가 30%를 넘었다. 외국환평형기금으로 인한 본원통화 공급에 있어서, 중앙은행이 채권이나 어음을 발행하고, 예금 기준금리를 인상하는 등의 방식으로 헤지를 확대할 수는 있지만, 우리나라 외국환평형기금 액수가 지속적으로 늘어나는 상황에서 중앙은행의 헤지가 장기간 동안 효과를 보기 어려우므로, 거액의 외화보유액 하에서 본원통화를 투입하고, 또한 국내 인플레이션 압력을 받는 것은 불가피한 일이다.

4) 위안화 평가절상 기대 하에서의 핫머니 유동

현재 우리나라는 국내 인플레이션의 심화와 함께 위안화 평가절상이라는 거대한 압력에 봉착하는 바람에, 대내로는 위안화가 평가절하하고 대외로는 평가절상하는 선명한 대조 국면이 형성되었다. 이론적으로 말하면, 모종의 의미에서 개방이라는 상황에서 환율 평가절상은 국내 인플레이션 압력을 억제할 수 있는 효과적인 방법이다. 한편으로, 수입 원자재에 대거 의존하는 상황에서 환율의 평가절상은 원자재 가격 상승으로 인한 업체의 생산 원가가 상승하는 것을 어느 정도 상쇄하고 수입인플레이션의 영향을 줄일 수 있다. 다른 한편으로, 환율 변동의 전가 효과가 존재하는 조건 하에서 위안화 평가절상은 국제 수지를 효과적으로 조절하여 수입을 늘리고 수출을 줄이며, 엄청난 외화보유액 하에서의 통화 공급 압력을 낮출 수 있어서 국내 인플레이션의 충격을 줄일 수 있다. 그러나 문제는 환율 평가절상이 국내 인플레이션을 안정시킴에 있어서 자본 유동과 같은 금융 관련 효과를 선결조건으로 하지 않는다는 점이다. 위안화 평가절상과 금리 인상이라는 이중적 기대 하에서 엄청난 국제 단기자본이 빈번하게 유동하면서 우리나라 국내의 상품 가격과 자산 가격의 변동성을 심화시킬 뿐만 아니라 국내 인플레이션에 대한 환율 평가절상의 수축성 효과를 대폭 제한하기도 한다.

그래프 2-6은 2000년 1월부터 2010년 12월까지 우리나라 외화보유액, 외국인 직접투자, 무역수지 흑자의 변화 그래프이다. 그래프 2-6에서 알 수 있다시피, 2005년 이후 우리나라 월(홀수) 외화보유액의 파동이 심해지면서 무역수지 흑자와 외국인 직접투자의 파동 폭을 대폭 추월했는데, 이는 핫머니가 존재하는 기본적 특징을 반영한 것이다. 이 특징은 2010년에 들어선 후 더욱 뚜렷해졌다. 2010년 10월을 예로 든다면 우리나라 월(홀수) 외화보유액이 1,126억 달러 늘어났다. 하지만 무역수지 흑자와 외국인 직접투자 유입 총액은 348억 달러 밖에 안 되었고, 유입 경로를 딱히 밝힐 수 없는 자금이 777.9억 달러에 달했다. 이는 우리나라에 근간에도 핫머니가 대거 흘러들어오고 있음을 말해준다.

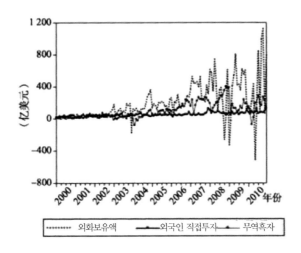

그래프 2-6 우리나라 외화보유액, 외국인 직접투자, 무역수지 흑자의 변화 주세 (2000년 1월-2010년 12월)
자료 출처: CEIC 데이터 뱅크

3. 중국 인플레이션에 영향을 주는 요소: 한 가지 실증 검정

기존의 연구 자료를 볼 때, 일국의 인플레이션 수준의 영향을 전통적 의미에서의 국내 요소를 배제한다면, 우리는 일국의 내부 인플레이션 수준에 영향을 주는 외부 요소를 대체적으로 외부적 공급으로 인한 충격, 외부적 수요로 인한 충격, 그리고 국제 유동성 환경이라는 세 가지 방면으로 귀납할 수 있다.

외부적 공급으로 인한 충격이다. 외부적 공급으로 인한 충격은 주로 일국의 제품생산 과정에서 상위의 원자재 물가 파동을 통하여 실현된다. 국제 대종 상품 물가 상승을 예로 든다면, 원자재를 수입에 의존할 경우 국제 대종 상품 물가의 상승은 생산 업체의 생산 원가가 늘어난다는 것을 의미한다. 이는 기타 원자재 물가의 동시적 상승을 초래할 뿐만 아니라, 물가 파급효과를 통하여 기타 제품 물가와 서비스 물가의 상승을 진일보적으로 유발시킨다. 나아가 물가 수준이 총체적으로 상승한 배경 하에서 생활비용의 증가는 반드시 명목임금이 상승하도록 압력을 가져다준다. 그리고 이는 물가 상승을 가일 층 부추겨 임금과 물가 사이에 지속적인 나선식 상승 압력을 형성하여 일국의 내부 인플레이션의 상승을 가속화한다.

외부적 수요로 인한 충격이다. 우리가 여기서 말하는 외부적 수요로 인한 충격은, 주로 국외 생산량의 주기적 변화를 가리킨다. 글로벌경제가 끊임없이 심화되는 상황에서 일국의 내부 물가의 수준은 일국 내부의 수급 변화의 영향을 받을 뿐만 아니라, 글로벌 수급 변화의 영향도 받는다. 이에 상응하여 국내 아웃풋 갭에 대한 국내 인플레이션 수준의 민감도가 떨어진다. 그리고 글로벌 아웃풋 갭은 오히려 일국의 내부 인플레이션 수준의 높고 낮음에 중요한 영향을 준다. 때문에 특정 나라로 말하면 국내 인플레이션 수준과 아웃풋 갭 관계를 반영하는 필립스곡선이 그 변화가 상대적으로 안정적이다. 언급할 필요가 있는 점은, 외부 아웃풋 갭이 일국의 인플레이션 수준에 주는 영향은 경제적 연계가 꽤나 밀접한 국가에만 미치는 것이 아니라는 것이다. 글로벌경제라는 배경 하에서 양국 간의 경제적 거래가 상대적으로 느슨하다 하더라도 일국의 국내 생산량의 파동 나아가 수요의 파동 역시 국제 시장 요소 물가의 파동에 영향을 주어 다른 국가의 수입 가격 수준에 가일 층 영향을 줌으로써 다른 국가의 국내 물가 수준에 충격을 형성한다.

국제 유동성 환경이다. 실물경제 차원에서의 글로벌 수급 변동이 일국의 내부 물가 수준에 영향을 주는 것과 마찬가지로 개방이라는 배경 하에서 일국의 인플레이션 수준은 국내의 유동성 환경과 관련될 뿐만 아니라, 글로벌 유동성 환경의 영향도 받는다. 여기서 말하는 유동성 환경은 어떠한 시점에서 글로벌 유동성의 동적 특징을 포괄할 뿐더러 서로 다른 국가의 통화정책에 상호 영향을 주는 동적 변화도 포괄한다. 즉 통화정책의 스필오버효과도 고려했다. 국제 유동성 변화가 일국의 물가 수준에 영향을 주는 경로와 메커니즘의 각도에서 볼 때, 무역 조건의 변화와 자본의 다국적 유동은 두 가지 가장 주요한 경로이다. 즉 일국의 환율 조정이 외적 통화정책의 충격이나 유동성 충격을 완전히 상쇄하지 못하는 상황에서, 국제 유동성은 수입품 물가에 대한 일국의 무역 조건, 그리고 생산 원가나 생활비용에 대한 영향을 통하여 전도될 수도 있고, 자본의 유동성을 통하여 일국의 내부에 전도될 수도 있다.

　일국의 인플레이션 수준에 영향을 주는 외적 충격의 메커니즘과 경로를 간단히 분석한 토대 위에서 우리는 모형을 인용하여 중국의 인플레이션에 영향을 주는 요소를 분석하려 한다.

1) 모형 설정 그리고 데이터 설명

　인플레이션에 영향을 주는 요소를 분석하는 방법으로 볼 때, 필립스곡선은 인플레이션을 연구하는 전형적인 모형이다. 기대인플레이션에 대한 상이한 처리방법으로 볼 때, 필립스곡선을 대체로 Rudebusch and Svensson(2002)의 연구를 대표로 하는 사후적 관리(backward-looking) 모형과 Gerlach and Svensson(2003)을 대표로 하는 사전적 관리 모형으로 나눌 수 있다. 하지만 Stock and Watson (2002)과 Ihrig 등(2010)이 지적했듯이 특정한 의미에서, 사후적 관리 모형은 경험적 분석에 더욱 적합하다. 즉 "사후적 관리 모형은 거시경제 예측 그리고 인플레이션과 실업률 관련 정책을 분석하는데 아주 유력한 분석 도구이다." 때문에 우리는 Ihrig 등(2010)과 Rudebusch and Svensson(2002)의 필립스곡선 모형을 토대로 하여 글로벌 아웃풋 갭 그리고 기타 경제 변수를 도입하여 중국 인플레이션에 영향을 주는 국내와 국외 요소를 분석했다. 그러므로 사용한 모형(2—1) 형식은 다음과 같다.

　$\pi t = c + \alpha \pi t\text{-}1 + \beta Gapt + \lambda Gap\_t^{\text{"*"}} + Xt\delta + \varepsilon t$(2—1) 식 중에서 πt, $\pi t\text{-}1$, $Gapt$와 $Gap\_t^{\text{"*"}}$는 각기 인플레이션, 인플레이션율의 1회 지체 변수, 국내 아웃풋 갭과 글로벌 아웃풋 갭이며, X는 인플레이션에 영향을 주는 기타 변수로서 국내 공급통화량, 국제 에너지 가격, 국제 식품 가격, 국제 유동성 환경 변수, 환율 변수 등을 포함한

다. 각 변수를 구체적으로 설명하면 다음과 같다.

인플레이션율: 인플레이션율을 계산할 때 우리는 주로 소비자물가지수에 근거했다. 상대적으로 동년 대비 데이터가 전년 동기 대비 데이터에 비해 단기적인 변동을 더욱 정확하게 제공할 수 있다. 그리하여 실질 분석을 할 때 우리는 주로 전분기 대비 데이터를 도입하여 분석했다. 우리나라는 소비자물가지수 전년 분기 동기 대비 변화와 전월 대비 데이터만 반포하므로 전 분기 대비 데이터가 부족한 상황이다. 그리하여 우리는 전월 대비 데이터를 전 분기 대비 데이터로 전환하고 또한 지수로 지정한 다음 다시 인플레이션율을 진일보하여 산출했다.

국내 아웃풋 갭: 아웃풋 갭은 실질성장률과 전부 자원을 충분히 이용한 후의 성장률 간의 차액을 비교하는 것이다. 국내 아웃풋 갭을 계산할 때 우리는 가장 상용하는 Hodrick-Prescott(HP) 필터 방법을 주로 응용했다. 즉 다시 말하면, 실질성장률 수열이라는 추세적 요소를 잠재성장률의 대리변수로 삼은 다음, 잠재성장률과 실질성장률을 비교한 나머지 값을 통하여 실질성장률이 잠재성장률을 괴리한 정도를 계산해냈다. 즉 국내 아웃풋 갭이다.

글로벌 아웃풋 갭: 글로벌 아웃풋 갭은 외부 수요의 충격으로 인한 주요 변수를 기준으로 하므로 국내 아웃풋 갭을 계산하는 것과는 다르다. 글로벌 아웃풋 갭은 서로 다른 세계 국가 간의 아웃풋 갭의 총 데이터를 더한 것이다. 우리는 Borioand Filardo(2007)의 연구보고를 참고하여 다음과 같은 방법으로 글로벌 아웃풋 갭을 산출했다.

$Gap\_^{\text{“*”}}$ = 【"Σ" $\top$(i=1)】$^{\top}$NwiGapi wi=(export_(j",” i)+import_(j",” i))/ (export_j+import_j)(2—2) 식에서 Gapi는 i국의 아웃풋 갭을 표시하고, wi는 서로 다른 국가의 아웃풋 갭의 가중치를 표시한다. 이 책에 사용한 무역 가중(加權) 지수의 형식에서 wi는 j국과 i국의 무역량이 전체 무역량 중에서 차지하는 비례를 표시한다. 상응하여 exportj, i,importj, i,exportj와 importj는 각기 j국이 I국에 대한 수출 변수와 수입 변수, 그리고 j국의 총 수출 변수와 총 수입 변수를 표시한다. 실질 분

석을 할 때 글로벌 아웃풋 갭을 계산하고자 우리는 우리나라 무역액보다 상대적으로 많은 미국, 일본, 독일, 영국, 네덜란드, 오스트레일리아, 프랑스, 이탈리아, 캐나다, 스페인, 스웨덴, 스위스, 노르웨이, 터키, 벨기에, 뉴질랜드 등의 16개 선진국과 한국, 러시아, 싱가포르, 말레이시아, 인도, 태국, 필리핀, 브라질, 아르헨티나, 멕시코, 인도네시아, 남아프리카 12개 신흥국을 선택했다.

기타 변수: 국내 아웃풋 갭과 글로벌 아웃풋 갭이 우리나라의 인플레이션에 미치는 영향을 연구한 외에 우리는 인플레이션 수준에 영향을 줄 수 있는 기타 변수도 연구했다. (1) 국내 유동성 변수는 광의통화 증가율을 통해 가일 층 표시했다. (2) 외부적 공급 충격은, 주로 국제 에너지 가격 변화와 식품 가격 변화가 우리나라 인플레이션 수준에 미치는 영향을 연구했다. 실질 분석을 할 때 우리는 중국사회과학원 프로젝트팀(2008)의 방법을 참고했는데, 미국의 실질 실효환율을 통하여 에너지 가격 지수와 식품 가격 지수를 조정함으로써 대미 환율의 영향을 제거한 동시에 미국 국내 인플레이션 수준의 영향을 가일 층 제거하여 진실한 에너지 가격과 식품 가격의 변동성 지수를 얻어냈다. 이를 토대로 하여 우리는 이 두 가지 변수의 전반기 성장률을 산출해내어 외부적 공급 충격의 변화를 나타냈다. (3) 국제 유동성 변수를 연구할 때, 우리는 주로 미국의 광의통화의 성장률과 연방자금금리 수준의 변화를 통하여 국제 유동성 환경의 변화를 가일 층 비교했다. 특히 현재 위안화의 대외 평가절상과 국내 인플레이션이라는 이중적 압력, 그리고 환율과 인플레이션의 밀접한 관계를 고려하여 우리는 환율 변화가 우리나라 인플레이션에 주는 영향을 실질 분석에 도입함으로써 위안화 실질 실효환율 지수의 절대치와 변화율을 통해 환율 변화를 가일 층 나타냈다.

실질 분석을 할 때 계절성이 비교적 뚜렷한 변량에 대해서는 XII 방법을 인용하여 계절성 요소를 조정했다. 소비자물가지수와 실질성장률 데이터는 CEIC 데이터뱅크에서 인용했고, 기타 데이터는 국제 통화기금의 국제 금융통계 데이터뱅크에서 인용했다. 표본의 시간적 간격은 1995년 1분기부터 2010년 3분기까지이다.

2) 필립스곡선 확장에 관한 측정 결과 그리고 토론

계량 분석을 할 때, 시계열 데이터는 흔히 어느 정도의 자기상관(autocorrelation) 특징을 가지고 있으므로 부득불 이를 진일보적으로 식별하고 배제했다. 회귀분석에 지체설명변수를 포괄한 상황에서 우리는 자기상관 값의 차(residual)의 LM 통계량을 검정하는 것을 통하여 데이터의 자기상관 특성을 진일보적으로 식별했다. 동시에 가능하게 존재할 수 있는 자기상관을 배제하고자 해당 변수(相應變量)를 1-ρL로 처리하여 전환했다. 그중 L은 해당 변수에 대한 지체 처리를 표시한다. ρ를 예측할 때 우리는 Cochrane-Orcutt 반복 추정방법을 인용해서 산출했다. 표 2-1은 외부적 충격 요소를 넣은 후의 필립스곡선 추정 결과를 열거한 것이다. LM 통계량과 Durbin-Watson 값의 상황으로 볼 때, 회귀분석 중의 계차수열이 결코 뚜렷한 자기상관으로 나타나지 않았다. 이는 우리가 진행한 회귀분석 추정 결과가 전체적으로 유효함을 말해준다.

예컨대, 표 2-1이 제시하다시피, 계량 분석할 때 우리는 우선, 모형(1)을 이용하여 전통적인 필립스곡선을 측정했다. 측정 결과를 볼 때, 인플레이션 지체 변수와 국내 아웃풋 갭 변수의 기호가 모두 플러스이고 또한 통계적으로 아주 뚜렷하게 나타났다. 이는 기대인플레이션의 존재와 국내 아웃풋 갭의 확대가 확실히 인플레이션 수준을 끌어올리는데 추진 역할을 했다는 것을 설명해준다. 이는 분명 전통적인 이론 분석과도 일치한다. 이러한 토대 위에서 우리는 모형(2)을 이용했는데, 전통적 필립스곡선을 토대로 하여 글로벌 필립스곡선 변수를 도입한 다음 외적 수요의 충격이 국내 인플레이션 수준에 미치는 영향을 연구했다. 연구를 통하여 우리는 글로벌 아웃풋 갭 변수를 도입한 후 기대인플레이션 변수와 국내 아웃풋 갭 변수의 기호, 그리고 통계적 유의성(統計顯著性)의 변화가 크지 않고, 비교적 강한 강인성(robustness, 穩健性)이 나타났다. 그리고 글로벌 아웃풋 갭 변수는 플러스 기호이지만 통계적으로는 뚜렷하지 않았다. 이는 외적 충격이 폐쇄적인 조건 하에서 필립스곡선의 형태를 변화시켰다는 충분한 증거가 없다는 것을 표명한다.

표 2-1 필립스곡선 확장 후의 측정 결과

설명변수	(1)	(2)	(3)	(4)	(5)	(6)
상수항	0.002** (0.001)	0.002** (0.001)	0.002** (0.001)	0.002* (0.001)	-0.004 (0.003)	-0.004 (0.003)
인플레이션 지체 변수	0.554*** (0.098)	0.551*** (0.099)	0.474*** (0.090)	0.487*** (0.086)	0.422*** (0.092)	0.420*** (0.088)
국내 아웃풋 갭	0.195* (0.010)	0.189* (0.104)	0.205** (0.093)	0.203** (0.088)	0.169* (0.089)	0.166* (0.083)
글로벌 아웃풋 갭		0.124 (0.548)	-0.269 (0.499)	-0.565 (0.486)	-0.054 (0.557)	
국제 식품 가격			0.066*** (0.017)	0.056*** (0.016)	0.052*** (0.016)	0.052*** (0.016)
국제 에너지 가격				0.018*** (0.007)	0.017*** (0.006)	0.017*** (0.006)
국내 공급 통화					0.031* (0.018)	0.032** (0.015)
R2	0.473	0.474	0.589	0.636	0.656	0.656
D.W.	1.900	1.900	1.946	2.072	2.097	2.094
LM	0.833	0.838	0.369	0.644	0.521	0.530
관측값	61	61	61	61	61	61

설명: 괄호 안의 수자는 해당 변수의 표준편차이다. ***와*** 각기 변수가 10%, 5%와 1%의 유의수준이라는 것을 표시한다. (1)—(6)은 각기 다른 설명변수의 모형을 포괄하고 있음을 표시한다.

이어서 누락변수가 회귀 결과에 미치는 영향을 피하고, 그리고 인플레이션에 영향을 주는 기타 요소를 고찰하고자 우리는 모형(2)의 토대 위에서 국제 식품 가격과 에너지 가격 등 기타 변수를 일일이 추가하여 모형 (3)부터 (5)까지의 예측 결과를 얻어냈다. 예측 결과를 보면, 외부적 공급 충격 변수 그리고 국내 유동성 변수를 추가함에 따라 기대인플레이션 변수와 국내 아웃풋 갭 변수는 통계에서 플러스로 뚜렷이 나타났지만 글로벌 아웃풋 갭 변수는 도리어 통계에서 뚜렷하지 않고 기호도 플러스에서 마이너스로 바뀌어졌다.

이는 최소한 1995년부터 2010년 사이 외부적 수요의 충격이 우리나라 인플레이션 수준에 아예 영향을 주지 않았다는 것을 설명한다. 외부적 충격은 주로 공급 면에서 구현되었는데, 국제 에너지 가격과 식품 가격의 변화는 우리나라 인플레이션 수준에 영향을 주는 주요한 외적 요소로 되면서 외부적 충격으로 인한 구조적 특징이 비교적 두드러지게 나타났다.

표 2-1에서 인플레이션 지체 변수 등 6가지 변수의 예측 결과만 열거했지만, 우리는 또 국제 유동성 변수(예컨대, 미국 총통화 증가율과 연방자금금리) 및 환율 변동이 인플레이션에 미치는 영향도 고찰했다. 그결과 이 같은 변수가 우리나라 국내 인플레이션에 영향을 주었다는 증거를 찾아내지 못했다. 마지막으로 우리는 뚜렷하지 않은 글로벌 아웃풋 갭 변수를 제거하고, 표 (2-1)을 예측하여 모형(6)의 예측결과를 얻어낸 다음, 이에 의하여 인플레이션 수준을 피팅(擬合)했다.(그래프 2-7 참고)

그래프 2—7 인플레이션의 참값과 적합 값(확장된 필립스곡선)

3) 강인성 검정

그래프 2-7을 통해 알 수 있다시피, 적합한 인플레이션과 실질 인플레이션 수준 간에 비교적 강한 일관성을 드러내고 있다. 이 점에서 2007년 이후의 표현이 특히 뚜렷하다. 이는 우리 모형의 측정 결과의 효과성을 한층 더 검증했다.

Borioand Filardo(2007)는, "대다수 신흥국은 뚜렷한 구조적 변화를 거치었다. 그러므로 데이터 품질 문제로 인해 국내 아웃풋 갭의 크기가 수요 제약 지수를 비교할 수 있는 만족스런 데이터가 아닐 수도 있다"고 해다. 2010년 Ihrigetal, 2009년 판 아이쥔(范愛軍)과 한칭(韓靑)도 필립스곡선에서의 이른바 속도제한효과(speed limited effect)를 고찰한 다음, 실질성장률이 잠재성장률보다 낮은 상황에서, 실질성장률(實際産出)이 잠재성장률(潛在産出)보다 빠르다면 인플레이션 압력이 형성 될 수도 있다.

이 같은 배경 하에서 국내 아웃풋 갭을 비교할 때 생길 수 있는 문제를 배제하기 위해 우리는 실질성장률과 잠재성장률의 격차 크기를 통하여 수요 측면이 인플레이션에 조성하는 상승 압력을 비교하면서 표 (2-1)에 대해 재차 측정하고 그 강인성을 검증했다. 예측의 논리적 순서는 위와 같으며, 결과는 표 2-2를 보라.

표 2—2 강인성 측정 검정 결과

설명변수	①	②	③	④	⑤	⑥
상수항	0.002* (0.001)	0.002* (0.001)	0.001* (0.001)	0.001 (0.001)	-0.004 (0.003)	-0.004 (0.003)
인플레이션 지체 변수	0.638*** (0.087)	0.633*** (0.087)	0.698*** (0.067)	0.556*** (0.079)	0.502*** (0.083)	0.502*** (0.082)
국내 아웃풋 갭	0.286*** (0.100)	0.256** (0.103)	0.273*** (0.097)	0.235** (0.090)	0.208** (0.090)	0.211** (0.087)
글로벌 아웃풋 갭		1.121 (1.004)	0.765 (0.737)	0.203 (0.920)	0.124 (0.903)	
국제 식품 가격			0.062*** (0.015)	0.053*** (0.016)	0.051*** (0.016)	0.051*** (0.016)
국제 에너지 가격				0.014** (0.007)	0.015** (0.007)	0.016** (0.006)
국내 공급통화					0.027* (0.015)	0.027* (0.015)
R2	0.508	0.519	0.617	0.647	0.667	0.667
D.W.	2.186	2.246	2.116	2.298	2.314	2.309
LM	0.234	0.168	0.253	0.177	0.253	0.112
관측값	61	61	60	61	61	61

설명: 괄호 안의 수치는 해당 변수의 표준편차이다. *, **과 ***은 각기 대표변수가 10%, 5%와 1% 유의수준 상에서의 유의성이다.

표 2-2에서 알 수 있다시피, 속도제한변수가 전통적인 아웃풋 갭 변수에 대체된 후에도 각 종속변수의 부호 크기와 통계 유의수준에 큰 변화가 생기지 않았으며, 위에서 분석해 얻은 결론과 대체로 일치성을 보였고, 회귀분석 결과에서 강한 강인성을 드러냈다. 구체적으로 말하면, 국내 인플레이션 수준에 영향을 주는 요소 중에서 인플레이션의 1차 지체 변수의 계수가 대체로 0.6쯤에서 안정을 보였다. 이 밖에 국내 수요와 국내 유동성 환경 역시 국내 인플레이션 수준의 상승에 내적 압

력을 조성하여 일국의 인플레이션 수준에 영향을 주는 가장 중요한 파워로 작용했다. 그리고 국제 식품 가격과 국제 에너지 가격 이 두 가지 외적 공급 충격의 변수는 국내 인플레이션 수준에 영향을 주는 외적 요소를 형성하면서 국내 인플레이션 수준에 대한 외적 충격의 영향이 뚜렷한 구조적 특징을 드러냈다.

아울러 표 2-1과 유사한 결과를 나타냈다. 글로벌 아웃풋 갭 변수의 부호가 모두 플러스이기는 했지만 통계적으로 뚜렷하지 않았다. 이는 외적 수요의 충격이 국내 인플레이션 수준을 변화시키는 결정적인 요소라는 분명한 증거가 없다는 것을 말해준다. 마지막으로 우리는 통계적으로 분명하지 않은 설명변수를 배제한 다음 모형(6)을 재차 측정했으며, 이에 의하여 인플레이션 변화의 적합 값을 산출해냈다.

결과는 그래프 2-8을 참고하라. 그래프 2-8과 그래프 2-7의 분석 결과는 비슷하지만 적합 우량도는 그래프 2-7보다 소폭 나았다. 전 표본 기간 내에 특히 2007년 이후 인플레이션의 적합 값은 실질 인플레이션 수준의 심도를 잘 반영하면서 비교적 강한 일치성을 보였다.

그래프 2-8 인플레이션의 참값과 적합 값(속도제한효과의 필립스곡선 도입 후)

4) 임펄스 응답 분석(脉冲響應分析)

앞부분에서 우리는 국내 인플레이션 수준에 영향을 주는 국내외 요소를 분석할 때, 일국의 국내 기대인플레이션, 수요 수준과 유동성 수준의 상승, 그리고 외부 공급 충격이 국내 인플레이션 수준에 영향을 주는 주요소라고 인정했다. 하지만 주의할 것은 이 같은 분석이 인플레이션에 대한 각 변수의 일방적인 영향만 강조하고 각 변수 간의 상호 작용 관계를 고려하지 않았다는 점이다. 아울러 회귀계수 추정치(回歸估計)의 계수가 반영한 것은 전 표본기간의 총체적 특징이고, 서로 다른 변수가 인플레이션 수준에 영향을 주는 시간 효과와 중요성의 상대적 크기를 고찰하지 않았기 때문이다. 그리하여 우리는 계속하여 VAR(벡터자기회귀)모형을 구축하고, 임펄스 응답 함수와 분산 분해 방법을 통하여 각 변수가 변화에 영향을 주는 시간 루트와 상대적 중요도를 토론했다.

앞부분의 분석을 근거로 하여 우리는 인플레이션 수준 국내 아웃풋 갭 국내 유동성 환경 국내 에너지물가 국내가격의 다섯 가지 변수의 VAR 모형을 구축했다. 실제분석을 할 때 우리는 아카이케 정보기준(赤池信息准則)과 슈바르츠 정보기준(施瓦茨信息准則)을 통해 시차를 선택했으며, 시차를 두 개 단계(분기를 한 단계로 설정)로 설정했다. 촐레스키 직교 분해 계차 행렬(Cholesky, 正交分解殘差矩陣)을 통해 충격 정보를 진일보적으로 식별했다.

촐레스키의 직교분해 기술을 도입할 때는 변수의 배열순서가 아주 중요하다. 때문에 순위 앞자리를 차지하는 변수가 순위 뒷자리를 차지하는 변수와 동시에 영향을 받지 않는다는 원칙을 따름과 아울러 중국사회과학원 연구팀의 2008년 연구결과와 지민(紀敏)의 2009년 연구결과를 참고하여 변수를 국내 아웃풋 갭 국제 에너지물가 국제 식품가격 인플레이션 수준 국내 유동성 환경 순으로 잡았다. 표 2-9부터 2-12는 각 해당 변수 표준편차의 순방향 시뮬레이션 충격이 인플레이션에 영향 주는 변화 추이를 제시했다.

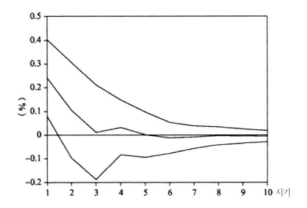

그래프 2-9 국내 아웃풋 갭이 인플레이션 변화 추이에 주는 영향

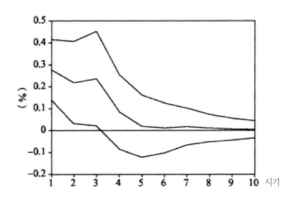

그래프 2—10 국제 식품 가격이 인플레이션 변화 추이에 주는 영향

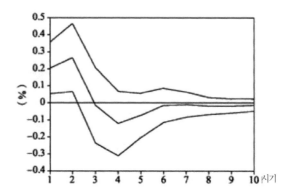

그래프 2—11 국제 에너지물가가 인플레이션 변화 추이에 주는 영향

표 2-9부터 2-12를 통해 우리는 다음과 같은 몇 가지 결론을 얻어낼 수 있었다.

(1) 국내 아웃풋 갭이 우리나라 인플레이션 수준에 미치는 영향이 전반적으로 플러스이지만, 그 효과가 시간이 흐름에 따라 점차 감소세를 보이다가 4 내지 5분기가 지난 후에는 점차 사라졌다.

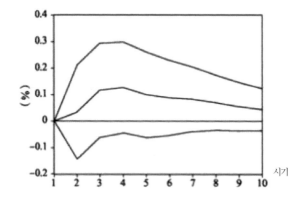

그래프 2—12 국내 유동성 환경이 인플레이션 변화 추이에 주는 영향

(2) 국제식품가격이 인플레이션 수준에 미치는 영향은 아웃풋 갭과 유사했다. 첫 단계의 영향이 최대치에 이르렀다 그 영향이 점차 감소세를 보이다 4 내지 5분기가 지난 후 제로가 되었다. 하지만 전반적으로 여전히 순방향의 영향을 나타내면서, 국제식품가격 상승은 국내 인플레이션에 대하여 순방향 압력을 드러내 보이고 있다.

(3) 국제 에너지물가가 국내 인플레이션 수준에 미치는 영향은 어느 정도 복잡한 양상을 보이고 있는데, 국내 인플레이션 수준에 미치는 영향이 시초에는 플러스였고, 두 번째 단계에서는 최대치에 이르렀다 그 후부터 점차 감소세를 보이다가 3분기가 지난 후에는 플러스가 마이너스로 전환했고, 최종 6개 분기 후에는 그 영향이 점차 사라졌다.

(4) 국내 유동성 환경이 인플레이션 수준에 미치는 영향은 전형적인 시차 양상을 보였는데, 1분기가 지나서야 인플레이션 수준에 미치는 영향이 점차 나타나다 4분기가 되어서는 최대치에 이르렀으며, 그 후 유동성 환경의 영향이 점차 약세를 보이다가 9분기가 지난 후에는 점차 안정세를 보였다.

앞에서 얘기한 바를 종합하면 임펄스 응답의 결과가, 각 변수는 우리나라 인플레이션 수준에 미치는 영향으로 인한 변화 추이를 부각한 동시에, 한편으로 우리가 앞에서 한 분석을 방증하기도 했다. 즉 우리나라 아웃풋 갭이 끊임없이 확대되고, 국내 과잉유동성 환경이 형성되며, 국제 에너지물가와 식품 가격이 끊임없이 상승됨에 따라 우리나라 국내 인플레이션의 상승 압력 역시 끊임없이 심해진다.

5) 분산 분해

임펄스 응답 분석 방법을 이용하여 서로 다른 변수가 국내 인플레이션 수준의 변화 추이에 미치는 영향을 고찰한 후 우리는 이어서 서로 다른 변수가 인플레이션 수준을 결정하는 분산 변동에서의 상대적 중요도를 분석했다. 임펄스 응답 함수와 유사하게 분산 분해의 상황은 변수의 순서 배열에 대해 역시 엄격하다. 그리하여 우리는 계속하여 이전 변수의 배열 순서를 받아들여 설정했다. 상세한 분석 결과는 표 2-3을 보라.

표 2-3 인플레이션 분산 분해 결과

분기	분산	기대인플레이션	국내 아웃풋 갭	국제 식품 가격	국제 에너지 가격	국내 유동성 환경
1	0.006 5	58.55	13.50	18.02	9.93	0
2	0.007 7	48.76	11.42	20.77	18.87	0.19
3	0.008 2	44.58	10.08	26.54	16.65	2.15
4	0.008 5	42.56	9.61	25.92	17.67	4.25
5	0.008 6	41.97	9.36	25.29	17.93	5.46
6	0.008 7	41.59	9.26	25.00	17.73	6.42
7	0.008 7	41.24	9.18	24.78	17.56	7.24
8	0.008 8	40.99	9.11	24.61	17.47	7.82
9	0.008 8	40.84	9.07	24.49	17.43	8.18
10	0.008 8	40.74	9.04	24.42	17.40	8.39

　표에서 알 수 있다시피, 인플레이션에 영향을 주는 여러 요소 중에서 기대인플레이션은 여전히 가장 주요한 결정적인 요소로서, 1분기 기대인플레이션의 분산 변동을 58.55%였다고 설명할 수 있는 인플레이션 변동이었다. 기대인플레이션의 중요성이 시간이 흐름에 따라 어느 정도 약화되기는 했지만, 10분기 이후 인플레이션 분산 변동에 대한 기대인플레이션 설명 강도는 여전히 40%를 초과했다. 이는 인플레이션을 통제하는 여러 가지 정책 중에서 국민들의 기대인플레이션을 어떻게 안정시키느냐가 가장 결정적인 요소라는 것을 말해준다.

다음, 인플레이션에 영향을 주는 국내 요소를 볼 때, 국내 아웃풋 갭의 변화와 국내 유동성 환경 역시 전 인플레이션 분산의 변동에 대해 어느 정도 설명력을 가지고 있다. 그중 국내 아웃풋 갭이 1분기에서의 설명 강도가 13.50%이지만, 그 후 점차 약세를 보이다 9분기 이후부터는 9% 안팎에서 안정되는 설명 수준을 나타냈다. 그러나 인플레이션 분산 변동에 대한 국내 유동성 환경의 설명 강도는 도리어 비교적 강한 시차를 보이다 2분기 후에야 점차 나타나 급증세를 보였으며, 10분기에는 설명 강도가 8%를 초과했다.

그 다음, 인플레이션에 영향 주는 국제 요소를 볼 때, 국제식품가격과 국제 에너지가격이 우리나라 국내 인플레이션 수준에 미치는 충격을 소홀히 할 수 없다. 1분기, 이 두 가지 외적 공급 충격 변수가 국내 인플레이션에 미치는 설명 강도는 각기 18.02%와 9.93%였다. 2분기 이후, 국제식품가격과 국제에너지가격의 충격이 어느 정도 파동치기는 했지만, 8분기 이후 결국 24%와 17% 안팎의 수준에서 점차 안정되었다. 동시에 국내 인플레이션에 대한 영향으로 볼 때 국제식품가격의 충격이 국제 에너지물가의 충격보다 강하다는 점에 중시를 돌릴 필요가 있다. 이는 우리가 소비자물가지수를 가지고 인플레이션 지표를 구축한 것과 관련될 수도 있고, 인플레이션이 진행 중인 요즘 민생 문제에 주목해야 하는 중요성을 반영한 것일 수도 있다.

끝으로, 인플레이션에 영향을 주는 국내외의 요소를 비교하면서 우리는, 국내 인플레이션에 대한 국제 요소의 영향이 국내 요소보다 현저히 크다는 것을 발견하게 되었다. 사실 외적 수요의 충격과 국제 유동성 환경의 영향을 따지지 않고 공급 충격만 놓고 본다 하더라도 이 같은 사실이 존재한다. 1분기, 인플레이션 분산 변동에 대한 국내 요소의 설명 강도는 13.50%였지만, 외적 공급 충격의 영향은 28% 안팎이었다. 그 후 국내 요소 영향의 중요도가 상대적으로 상승하면서 10분기에는 17%를 초과했다. 하지만 여전히 같은 시기 42% 안팎이었던 국제 요소의 영향보다는 낮았다.

4. 결론 및 정책 제안

우리는 위에서 말한 우리나라 인플레이션에 영향을 주는 국내외 요소를 종합하여 다음과 같은 몇 가지 결론과 건의를 얻어냈다.

(1) 전통적인 국내 요소를 배제할 경우, 현 단계의 우리나라의 인플레이션 역시 전형적인 수입인플레이션 특징을 가지고 있다. 두드러진 표현은 글로벌 과잉 유동성 환경 조성, 1차 제품 물가의 대폭 상승, 엄청난 외환보유액 하에서의 통화량 압력, 위안화 평가절상이라는 기대 하에서의 핫머니의 빈번한 유동 등이다.

(2) 우리나라 인플레이션에 영향을 주는 요소 중에서 국내 요소와 국제 요소 모두 우리나라의 인플레이션에 영향을 주는 주요소였다. 국내 요소는 주로 국내 아웃풋 갭 확대 하에서의 수요 충격과 과잉 유동성으로 인한 통화 충격에서 비롯되었다. 그러나 국제 요소는 주로 국제 에너지물가와 국제식품가격이라는 외부 공급 충격이었다. 상대적인 중요도를 놓고 말하면, 외적 요소가 내적 요소보다 강했다, 하지만 인플레이션에 대한 양자의 영향은 기대인플레이션의 영향보다 약했다.

(3) 우리나라 인플레이션에 대한 외부 충격의 영향은 주로 공급 충격 방면에 집중되었고, 외부 수요의 충격과 국제 유동성 환경의 변화가 우리나라 국내 인플레이션에 미치는 영향은 아직까지 뚜렷이 나타나지 않았다. 그러므로 외부 환경이 우리나라의 인플레이션에 미치는 영향은 구조적 충격이라는 특징을 가지고 있다. 이 같은 배경에서 단순하게 환율 수단을 이용하거나 국제 통화 협력 정책만을 이용한다면 우리나라의 인플레이션에 영향을 주는 외부 충격 요소를 완전히 제거할 수 없다.

(4) 인플레이션을 통제하는 정책을 채택함에 있어서, 정부는 마땅히 국내와 국제 측면을 동시에 고려하고, 인플레이션에 영향을 주는 요소를 종합적으로 고려한 다음에 분리하여 처리해야 한다. 국내 방면에서는, 유동성이 지나치게 급증하는 것을 통제해야 할 뿐만 아니라, 긴축 통화정책을 제때에 출범하고, 국민들의 기대인

플레이션을 안정시키는 중요성을 강조해야 한다. 아울러 농산물 가격에 대한 조정과 통제를 강화하여 물가가 심하게 요동치는 현상을 막아야 한다. 국외 방면에서는, 정부는 글로벌경제 형세와 유동성 환경에 각별히 주목하는 동시에 국제 공급 충격에 대응할 수 있는 정책을 채택하는데 치중해야 한다. 그중에는 경제성장 방식을 진일보적으로 전환하고, 국내 자원배분을 조정하는 요소물가 형성시스템을 합리적으로 조절하여 기업이 외부 구조성 충격에 대처하는 주체로 되게 하는 것이 우리나라가 외부 충격에 대처하고 국내 인플레이션 압력을 완화하는 근본적 수단이다.

제2편
내적 시각에서 본
인플레이션 형성 원인

제3장
우리나라 통화와 인플레이션의 전도 관계:
내부통화에 대한 한 가지 관점

제3장
우리나라 통화와 인플레이션의 전도 관계: 내부통화에 대한 한 가지 관점

개요: 본장에서는 분석을 통하여 우리나라 통화량은 내생성(內生性)이라는 것, 즉 통화는 대출 때문이라는 것을 알아내게 된다. 투자 수요가 신용을 발생하고 신용 지급준비금이 예금으로 전환되어 통화로 된 것이지, 중앙은행이 통화 내생성이론 하에서 지급준비금 공급을 통제하면, 따라서 통화량을 통제할 수 있다는 이 역인과(反向因果) 관계 때문에는 아니라는 것이다. 통화의 내생성하에서 2010년 우리나라에서 발생한 높은 인플레이션은 2009년부터 시작된 고투자의 결과이다. 고투자는 동시에 고액의 통화 증발을 조장하고 인플레이션을 유발했다. 그러므로 이 양자는 투자가 조장한 공생 현상이지 중앙은행이 통화를 지나치게 증발한데서 생긴 현상은 아니다. 2009년부터 시작된 고투자 수요는 신용공급을 유발하고, 신용공급은 통화량으로 전환했다.

유휴자금이 넘쳐흐르면서 여러 가지 투기현상이 생긴 것이 이 부분 통화량이 늘어났다는 미시적 표현이다. 거시적으로, 고투자는 이윤 상승을 초래하고 인플레이션을 유발했다. 때문에 우리나라 인플레이션은 중간 단계 현상이며 향후 한 시기 동안 근원인플레이션의 상승은 불가피한 현상이므로 꾸준히 인플레이션에 대처할 필요가 있다. 이 같은 상황에 대비하여 본장에서는, 장기적으로 볼 때 경제성장 방식을 조정하여 인플레이션을 근본적으로 통제할 필요가 있으며, 단기적으로 볼 때, 중앙은행이 금리 조정과 차별화한 신용 충당금(撥備)을 통하여 고정자산 투자 대출을 통제하고 물가수준을 안정시킬 필요가 있다는 제안을 내놓았다. 이밖에 아주 중요한 점은, 화폐의 내생성하에서 인플레이션의 상승은 일자리 창출에 이롭다는 것이다. 그러므로 우리나라 경제는 어느 정도의 인플레이션이 필요할 뿐 아니라 감당할 수 있다. 하지만 화폐의 내생성 하에서의 인플레이션은 이윤이 임금을 압출한 결과이므로, 이 역시 임금 소득자들의 복지에 큰 손해를 주게 된다. 이는 경제 전반과 부분적 서민들의 민생 간에 심각한 갈등을 유발할 수 있으므로 정부는 중간에서 경중을 고려하고 보상해줄 필요가 있다.

키워드: 화폐의 내생성, 인플레이션, 투자

1. 들어가는 말

2010년, 소비자물가지수로 산출한 것에 따르면 인플레이션율은 전년 동기대비 3.3% 성장하면서 지속적인 고공행진(그래프 3-1 참고)을 보였다. 이 같은 현상은 2011년에도 지속세를 크게 보이면서 광범위하게 화제를 모았다. 2008년 이래로 글로벌 금융위기에 대처하려고 우리나라 통화량 증가율은 고공행진을 하고 있는데, 미시적 방면에서의 현상은 유휴자금이 넘쳐흐르면서 투기가 끊이지 않는 현상이며, 거시적 방면에서의 현상은 이번의 높은 인플레이션이라는 것이 널리 유행된 한 가지 관점이다. 만약 이것이 근본적 원인이라면 우리가 단지 통화량만 긴축하면 인플레이션을 억제할 수 있을 것이다. 하지만 우리나라의 인플레이션은 통화가 조장한 것인가? 본장의 목적은 우리나라의 통화와 인플레이션 간의 전도 관계를 정리하면서 그에 적합한 대책을 찾아보려는데 있다.

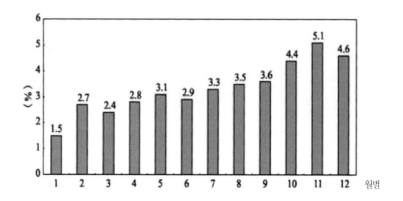

그래프 3-1 2010년 동기대비 월간 소비자물가지수 증가율
자료출처: 중국 국가통계청 사이트

현재의 통화 경제학 이론 중에 통화와 인플레이션간의 관계에 대한 서로 다른 이해를 표 3-1로 개괄할 수 있다.

표 3—1 통화와 인플레이션 관계에 대한 다른 이해

	수요 촉진	원가 조장
화폐 외생성	통화량 이론	현대 통화 이론
화폐 내생성	실질 경제 주기 신케인즈주의(신고전파 종합)	구조주의 후기 케인즈주의

그러므로 중국 통화와 인플레이션의 전도시스템을 규명하려면 우선 중국의 통화량이 내생성인가 아니면 외생성인가를 분명히 밝혀야 한다.

2. 화폐 외생성과 내생성의 의미

　주류적인 경제학에서 통화량은 외생성에 의해 결정된다. 중앙은행이 본원통화의 공급량을 통제하면 본원통화는 승수를 통하여 통화량이 결정된다.(Anderson andJordan, 1968; Balbach, 1981; Bofinger, 2001; Brunner, 1968; Meltzer, 1982) 만약 H가 고성능 통화(高能貨幣)라면, 통화총액 M은 M=mH라 할 수 있다. 그중 m은 통화승수로서 (1+b)/(b+r)와 같다. 그중 b는 은행 지급준비금과 예금 비율이고 r은 예금에서 차지하는 준비금 비율이다. 준비금은 법정준비금과 초과지급준비금의 두 가지 부분으로 나뉜다. 이 같은 구조 하에 실물경기에서 통화량의 파동은 본원통화와 통화승수 두 가지 부분에서 생겨난다. 중앙은행이 통화승수를 정확하게 예측할 수 없을 경우 본원통화량을 통제하려고 애를 쓴다 해도 불필요한 통화량의 파동을 불러올 수 있다. 현실에서의 통화량 파동 상황을 분석하고자 앨런 멜처(Meltzer, 1982)는 통화총액에 대한 중앙은행의 통제를 '잠재적 통제'와 '실질적 통제'로 나누었다. 그는 이렇게 생각했다.

　중앙은행이 많은 방법을 통하여 통화총액을 상대적으로 정확하게 통제할 수 있지만, 미 연방준비은행은 할 수 있으면서도 동기가 부족해서인지 통화총액을 제대로 통제하지 않고 있다. 그러므로 각국의 중앙은행은 마땅히 더욱 훌륭한시스템을 강구하여 통화총액을 통제해야 한다. 만약 화폐가 외생성이라면, 화폐교환방정식 MV=PY의 인과관계는 왼쪽에서 오른쪽으로의 관계이다. 즉 통화량 (M)의 변화가 명목소득 (PY)의 변화를 초래한다. 통화유통속도 (V)가 안정을 유지할 경우 인플레이션율은 통화증가율에서 실질 경제 성장률을 빼버린 것과 같다. 그러므로 인플레이션 발생 원인이 바로 중앙은행이 통제하는 화폐 외생성 공급 속도가 지나치게 빠른데 있다.

　하지만 일부 학자들은(Moore, 1988; Wray, 1990)은 이렇게 생각하였다.

　앞에서 이야기한 화폐의 외생성 이론 중의 M=mH는 단지 계산 방식이며, 본원통화에서 통화량에로의 일종의 운동 법칙을 표명할 뿐이다. 그리고 인과적 사슬은 마땅히 H=1/mM이어야 한다. 이 같은 인과적 사슬은 은행이 기업에 대출을 해줄 때부터 시작되는데, 신용이 통화량 M을 유발한다. 중앙은행이 이 같은 통화량을 공급하려면 준비금이 필요한데, "신용이 예금을 창조하는 것, 신용이 준비금을 찾는 것"(Holmes,1969)이 법칙이다. 그러므로 통화량은 경제의 내생적 변량으로서 기업의 대출 의욕과 은행의 신용 기준 등이 결정한다. 이 같은 인과적 사슬을 통화의 성질(채무 계량 단위)이 결정한다. 통화량의 외생성 이론에서 통화를 일반적으로 교환 매개물이라 정의한다. 이 정의는 통화의 사용에 주목하면서, 통화는 일종의 도구이기에 경제의 실질치(實際値)에 영향을 주지 않고, 명목치(名義値)에만 영향을 주므로, 한 층의 베일과 같다고 주장한다. 그러나 화폐 내생성 이론은 통화의 출처에 주목한다. 즉 화폐가 어떻게 만들어지고 시장경제에 흘러들어 가느냐에 주목한다. 개괄한다면, 통화는 인류사회가 만들어낸 일종의 물가산정 단위이다.(Wray, 1990) 개인 자산권이 생긴 후 참여하는 사람들 사이에 대차 관계가 발생하게 되고, 대차계약서 중의 계량 단위가 바로 통화이다. 그러므로 통화 현상을 분석함에 있어서 교환 매개물이나 가치 저장 수단이라는 기능으로부터 착수할 것이 아니라 채무의 성질에 주목해야 한다.

서로 다른 신용시스템 하에서 다른 채무증서(債務工具)가 생길 수 있다. 현대 사회에서는 시중은행과 중앙은행이라는 다단식 체제 하의 신용을 통해 표현되고 있다. 현대 시장경제 활동과정 중 생산과 판매에서 시간이 걸리므로 기업은 직원들에게 자금을 선불할 필요가 있다. 그리하여 대출 수요가 발생한다. 은행은 기업을 믿는다는 전제 하에서 기업에 대출을 하게 되는데, 이는 기업의 은행계정을 통해 자금을 투입하거나 기업에 신용한도를 부여하는 등의 방식을 통해 이루어진다. 기업은 이를 토대로 하여 지급(노임)하거나 매입을 한다. 기업은 노동력과 자본을 확보하면 생산에 들어간다. 이 같은 신용 과정이 통화를 발생한다.(Lavoie,2003,2007) 이런 창조 과정이 바로 무(無)에서 유(有)를 발생하는 과정이며, 그 선결조건은 은행의 부채를 반드시 광범위하게 받아들여야 한다는 것이다. 이래야 만이 기업이 은행의 대출을 요구할 수 있고, 은행 역시 그 요구에 만족을 줄 수 있다. 그러지 않고 만약 직원들이 기업에서 은행으로부터 대출을 받아 수익으로 하는 것을 접수하지 않는다면 직원들과 기업 간의 계약을 시행할 수 없게 될 것이고, 생산 또한 진행할 수 없게 될 것이다. 은행이 예금을 통화로 받아들였기 때문에 대출을 할 수 있게 된 것이다. 한 가지 간단한 대차대조표 변동을 통해 통화 발생 과정을 보여줄 수 있다.(표 3-2)

표 3-2 은행 통화 창조

은행	
자산	부채
회사 대출 L	직원 예금 D

기업이 대출 L을 받아 직원들에게 노임을 지급하면, 직원들은 수입 D를 얻게 되는데, 그것은 은행의 예금 방식으로 구현된다.   직원들이 은행 예금 D를 소비하면, 잔액 부분은 은행 예금 및 기타 금융자산(주식, 펀드 등)으로 배분된다. 이때 통화(예금)는 스톡으로 전환하여 직원들이 보유하고 있는 금융 포트폴리오(資産組合)의 일부분으로 상응하게 된다. 그리고 직원들이 통화를 보유하게 된 이유는 통화의 유동성 때문이다. 물론 직원들도 현금을 보유할 수 있다. 하지만 현금은 본질적으로 중앙은행이 발행한 은행권이다. 직원들이 현금을 선택하는 과정을 다음과 같은 대차대조표(표 3-3)를 통해 밝힐 수 있다. 직원들이 예금의 일부분을 중앙은행의 은행권으로 바꾸면, 시중은행은 중앙은행으로부터 빌리는 형식으로 현금을 얻는다. 한마디로 말하면, 은행의 신용 L이 이 사회의 통화량(은행 예금과 현금)을 창조한다.

표 3-3 은행권 성질의 통화 창조

시중은행		중앙은행	
자산	부채	자산	부채
신용 L	예금 D'=D-B	대 시중은행 신용 B	은행권 B
	중앙은행으로부터 빌린 자금 B		

　이 같은 분석의 결과가 바로 통화의 내생성이며, 그 내생성은 통화의 채무 성질 때문이다. 통화는 순환을 시작하고 종료될 때까지 수요가 결정한다. 생산 순환을 시작할 때의 화폐 유통량(통화량)은 신용의 유통 수요에 의해 결정되고, 종료될 때의 통화량은 포트폴리오의 의사 결정 수요에 의해 결정된다.

　통화 내생성 이론의 특징은 대출 통화 생산 간의 관계에 있다. 통화 외생성 이론에서 가계 포트폴리오의 변화는 통화총액에 대한 통화승수의 영향을 통해 이루어진다. 하지만 통화 내생성 이론에서는, 가계 포트폴리오의 변화가 생산의 금융으로 될 수 없어서 신용 능력을 발생할 수 없을 뿐만 아니라 통화도 발생할 수 없다. 신용은 생산 과정을 지원하고 수입을 창조할 수 있다. 기업이 지급하면 통화는 신용에서 창조되어 나와 직원들의 수입으로 되며, 그리고 소비에 활용 된다. 때문에 신용과 화폐가 감당하고 있는 기능이 완전히 다르다. 그러므로 화폐는 생산의 윤활제가 아니라 생산 과정에서 기업의 은행 부채로 인해 발생한다. 따라서 화폐는 여러 가지 기능으로 인해 필요로 하는 것이 아니라, 생산 과정을 통해 경제에 유입된다.

　이 같은 발상에 따르면, 중앙은행은 통화량을 통제할 수 없다. 통화량은 기업의 대출 의욕과 시중은행의 신용 기준 등이 결정하기 때문이다. 은행은 기업과 직원들의 부채를 결산하는 회계 역할을 하고, 계산서 단위가 바로 화폐이다. 생산을 해야 만이 기업과 직원들 사이에 부채 관계가 형성되며, 은행은 양측에 대하여 기장하게 되는데 기업에 있어서는 대출이고 직원들에게 있어서는 예금이다. 때문에 시장경제에서 화폐는 언제나 내생성이다.

만약 화폐가 내생성이라면, 화폐교환방정식 MV=PY(M은 통화량, V는 화폐 유통 속도, P는 물가수준, Y는 국민실질소득-역자 주)의 인과 관계는 오른쪽으로부터 왼쪽으로의 관계여서 화폐 외생성 이론과 상반된다.

즉 은행 신용을 통한 명목소득의 변화가 통화량(M)의 변화를 초래했다. 그러므로 이 같은 상황에서 통화량의 변화가 인플레이션율을 변화시킨 원인인 것이 아니라, 인플레이션율을 동시에 결정하는, 최초의 신용 구조와 관련되어 있다. 현실에서, 인플레이션율 데이터와 통화량 데이터가 동시에 움직이는 양상을 보이고 있는데, 사실 이 양자 모두 보다 심층적인 제3자의 요소에 의해 결정되기 때문이다.

우리나라의 일부 학자들은, 이 같은 통화 공급(통화량) 과정을 분석하는 이론을 활용하여 몇 가지 실증적 검증을 진행했다.[왕차이링(王彩玲, 2002년), 왕란팡은(王蘭芳, 2001년), 탕빈(唐彬, 2006년) 등] 우리나라의 통화량은 어느 정도 내생성이라 할 수 있다고 검증에 대해 인정했다. 하지만 이 검증은 일부 결함이 존재한다. 우선, 부분적 검증에서 통화승수의 변화가 통화총액의 불안정을 초래한다고 생각했는데, 이 같은 사고의 맥락은 통화 내생성 이론이 아니라 외생성 이론에서 비롯되었다. 다음, 이 같은 검정은 그레인저(Granger)의 전통적인 인과관계 검정만 하고 시차 정보의 효과만 반영했기에 그 결과가 온건하지 못하였다. 끝으로, 통화 내생성의 구체적인시스템을 심도 있게 분석하지 못했다. 그런 까닭에 본장에서는 통화 내생성 이론을 가일 층 검정하고 그 배후의 형성시스템을 탐구하려 한다. 그러므로 본장에서 신용이 통화를 발생하고 통화량이 본원통화의 유통을 초래한다는 명제를 검정할 필요가 있다. 우리나라 통화가 내생성인가 외생성인가를 설명해야 만이 우리는 우리나라 인플레이션의 발생 원인을 밝힐 수 있고 또한 상응한 대책을 강구할 수 있기 때문이다.

3. 실증적 검정

이 부분에서는 계량경제학 방법을 이용하여 우리나라의 통화 내생성을 검정하게 된다. 우리는 검정 기간을 2008년 6월 전과 후 두 개의 부분으로 나누어 검정하려 한다. 2008년 6월 전의 경제는 정상적 상황에 속하지만, 6월 후에는 글로벌 금융위기라는 외생성 충격이 나타났기 때문이다. 이 부분에서는 2008년 6월 전의 데이터를 이용하여 검정한 다음, 우리의 결론을 이용하여 6월 후의 데이터를 예측했다. 만약 추정과 실제 데이터가 서로 일치하다면 우리의 결론을 지지한 것으로 된다. 즉 우리나라의 통화는 내생성이라는 관점이다.

1) 2008년 6월 전의 우리나라 통화량의 성질

앞에서 기술한 명제를 검정하려고 우리는 넬(Nell, 1999년)을 참고했다. 여기에서의 실증적 검정은 그레인저의 인과관계 유형의 검정 방법을 채택했다. 그러나 표준적인 그레인저의 인과관계 검정의 단기 인과관계만 이용하는데 만 국한되지 않고 공적분(共績分) 검정법을 도입하여 장기적인 인과관계를 분석했다. 그중 공적분을 분석할 때 자기회귀시차모형(ARDL) 방법을 채택했다.

자기회귀시차모형의 주요 장점은 회귀 항이 I(0)든 I(1)든 모두 검정하고 추정할 수 있다는 점이다. 그리고 표준적인 공적분 분석을 진행하기 전에 반드시 변수를 I(0)와 I(1)로 분류해야 한다. 이 방법에서 만약 변수가 공적분 관계라면 다음의 자기회귀시차모형(p, q)

$$y_t = \alpha_0 + \left\{ \text{``}\Sigma\text{''} \top (i=1) \right\} \bot_p \varphi_i y_{t-i} + \beta' x_t + \left\{ \text{``}\Sigma\text{''} \top (i=0) \left[\text{``}\Sigma\text{''} \bot (q\text{``-''} 1) \beta^{*'} \Delta x_{t-i} + \eta_t \right. \right. \quad (3\text{-}1)$$

을 고려해야 한다. 식 (3-1)으로부터 y_t와 x_t는 장기적인 관계인

$$y_t = \alpha_1 + \delta x_t + \mu_t \quad (3\text{-}2)$$

라는 것을 얻어낼 수 있다. 식 (3-2)의 계차 μ_t를 이용하여 다음의 오차 수정 모형

(ECM)

$$\Delta y = \alpha 2 + \left[\text{``}\Sigma\text{''} \ \top (i=1) \right] \top r\beta yi \Delta yt{-}i + \left[ \text{``}\Sigma\text{''} \ \top (i=0) \right] \top s\beta xi \Delta xt{-}i + \alpha 3\mu t{-}1 + \varepsilon t \ (3{-}3)$$

을 고려할 수 있다. 그중 $\mu t{-}1$은 식 (3-2)에서 얻어낸 시차오차 수정 항이다. 식 (3-3)에서 만약 귀무가설(原假說)이 x이고 y의 그레인저 인과관계가 아니라고 생각한다면, F 검정과 왈드(Wald) 검정을 이용한 βxi가 통합 유의성(聯合顯著性)이 될 경우, 우리는 귀무가설(原假說)을 기각(拒絕)할 수 있다. 같은 방법을 이용하여 y가 x를 위한 그레인저 인과관계가 옳은지 아닌지를 검정할 수도 있다.

$\mu t{-}1$은 그레인저 인과관계를 검정하는데 다른 사고의 맥락을 제공해주고 있다. 표준적인 순서는, 한 변수의 과거의 변화가 다른 한 변수의 현재 변화에 설득력을 가지는 것이다. 하지만 만약 변수가 공동의 추세를 가지고 있다면 변수 y가 장기 균형점을 향한 조정 역시 어느 정도 변수 x의 현재 변화의 영향을 받는다. 만약 $\mu t{-}1$이 식 (3-3)에서 유의성이라면 이런 인과관계를 검정해낼 수 있다.

검정을 기다리는 명제에 관련하여, 우리는 예금성 금융사 대 비금융회사 채권, 광의통화(M2)량과 고성능 통화량 이 세 가지 지표를 선택하고 그 로그를 각기 취한 다음 LOGLENDING, LOGM2와 LOGHM로 표시했다. 2002년 1월부터 2008년 6월까지의 월간 데이터를 선택하고, 데이터는 중국인민은행(중앙은행) 사이트에서 인용했다. 2002년부터의 데이터를 선택하게 된 것은, 2002년 중국인민은행에서 국제 통화 기금의 "통화와 금융 통계 매뉴얼(Monetaryand Financial Statistics Manual, October 2000)"에 따라 통화 금융 통계 제도를 개정했기 때문이다. 이는 2002년 1분기, 그리고 이후 각 기간의 데이터를 이전의 데이터와 아예 비교할 수 없을 정도로 만들었다.

ARDL 모형을 응용하기 위해서 우선 우리는 이 같은 변수가 안정적인가, 공적분을 위한 것인가 하는 것을 확정할 필요가 있었다. 단위근(unit root)을 검정하고자 ADF 검정법을 채택했다. 표 3-4에서 검정 값을 보면, 귀무가설이 세 개 변수와 관련된 제1계 계차(一階差分)의 한 단위근을 포함하고 있다. 표에서 알 수 있다시피,

LOGHM, LOGM2와 LOGLENDING 모두 I(1)의 수열이기에 ARDL 모형을 이용할 수 있었다.

이 같은 변수의 공적분을 검정할 때 우리는 Johansen 검정 방법을 채택하고, Trace 통계량과 Max-Eigen 통계량(표 3-5)을 통하여 이 같은 변수의 둘 둘 사이에 공적분 관계를 포함하고 있다는 것을 알아낼 수 있었으며, 따라서 ARDL 공적분 방법을 이용하여 인과관계를 분석할 수 있었다.

표 3-4 단위근 검정 통계표

	수준 값		제계 계차	
	통계량	p값	통계량	p값
LOGHM	-1,609 629	0.780 3	-7,607 753	0.000 0
LOGM2	-0.143 531	0.940 1	-8.794 293	0.000 0
LOGLENDING	-1.528 778	0.811 1	-7.801 090	0.000 0

표 3-5 공적분 검정표

	귀무가설의 공적분 관계양	Trace 통계량	p값	귀무가설의 공적분 관계양	Max-Eigen 통계량	p값
LOGHM과 LOGLENDING	제로*	27.069 96	0.0001	제로*	26.509 99	0.000 1
	기껏해야 하나	0.559 971	0.516 4	기껏해야 하나	0.559 971	0.516 4
LOGLENDING과 LOGM2	제로*	56.356 58	0.000 0	제로*	52.471 72	0.000 0
	기껏해야 하나	3.884 859	0.429 5	기껏해야 하나	3.884 859	0.429 5
LOGHM과 LOGM2	제로*	53.262 56	0.000 0	제로*	51.892 12	0.000 0
	기껏해야 하나	1.370 444	0.282 8	기껏해야 하나	1.370444	0.282 8

설명: *는 0.05의 수준에서 기각한 귀무가설임

Microfit4.1 통계 프로그램을 이용하고, LOGHM,LOGM2와 LOGLENDING 간의 ARDL 모형에 의한 장기 탄력성 예측 및 대응하는 오차수정 모형 결과는 표 3-6을 참고하라.

표 3-6 장기 탄력성 예측과 오차수정 모형

회귀	ARDL 모형에서 얻은 장기 탄력성	장기 탄력성이 0일 때의 Wald 검정	ECM 모형의 시차 계수(階數)	합동 유의성	오차 항	최종 결과
본원통화 대 광의통화	1.273 9 [6.708 0]	2.080 7 [0.149]	(0,3)	35.457 66 [0.000 0]	4.242 453 [0.039 4]	광의통화는 본원통화의 원인
광의통화 대 본원통화	0.824 79 [5.517 9]	1.374 0 [0.241]	(0,1)	24.166 93 [0.000 0]	2.815 966 [0.093 3]	본원통화가 광의통화의 원인으로 될 수 있다
광의통화 대 신용	1.449 7 [1.168 4]	0.131 35 [0.717]	(0,2)	81.094 55 [0.000 0]	0.286 193 [0.592 7]	신용은 광의통화의 원인이 아니다
신용 대 광의통화	0.829 46 [17.046 1]	12.284 1 [0.000]	(1,2)	78.534 48 [0.000 0]	2.551 810 [0.110 2]	광의통화는 신용의 원인이 아니다
본원통화 대 신용	1.448 9 [8.914 1]	7.627 0 [0.006]	(0,3)	8.661 493 [0.034 1]	5.133 311 [0.023 5]	신용은 본원통화의 원인이다
신용 대 본원통화	0.760 56 [10.592 9]	11.121 2 [0.001]	(0,1)	0.800 555 [0.670 1]	6.241 467 [0.012 5]	본원통화는 신용의 원인이 아니다

설명: 장기 탄력성 계수 아래의 괄호 안의 데이터는 t값이고, 그 외의 데이터는 p값 관련 검정 결과이다.

우리는 인과관계 검정의 표준으로 통합 유의성과 오차항 유의성을 동시에 충족시키려 했다. 그렇다면 표 3-6을 통해 우리는, 10%의 유의수준에서 광의통화(M2)와 본원통화는 상호 인과 관계이고, 광의통화와 신용은 인과 관계가 존재하지 않으며, 신용은 본원통화의 일방적 원인의 인과관계라는 것을 알 수 있다. 5%의 유의수준에서 광의통화는 본원통화의 일방적 원인의 인과관계이고, 광의통화와 신용은 인과관계가 존재하지 않으며, 신용은 본원통화의 일방적 원인의 인과관계이다.

온건을 보장하려고 우리는 표준적인 그레인저 인과관계 검정을 재고했다. 우리는 EViews 5.0을 이용하여 검정했는데, 그 결과가 표 3-7이다. 표 3-7을 통해 우리는, 5%의 유의수준에서 광의통화가 본원통화의 원인이지만, 본원통화는 광의통화의 원인 DL 아니며, 신용이 본원통화의 원인이지만 본원통화는 신용의 원인 DL이 아니며, 광의통화와 신용 사이에는 인과관계가 존재하지 않는다는 것을 알 수 있다.

표 3-7 그레인저 인과관계 검정

귀무가설	F값	p값
LOGM2는 LOGHM의 그레인저 인과관계 원인이다	6,000 98	0,001 09
LOGHM은 LOGM2의 그레인저 인과관계 원인이 아니다	1,761 19	0,162 85
LOGLENDING은 LOGHM의 그레인관계 원인이 아니다	3,443 82	0,021 42
LOGHM은 LOGLENGDING의 그레인저 인관관계 원인이 아니다	1,312 67	0,277 43
LOGLENGDING은 LOGM2의 그레인저 인과관계 원인이 아니다	0,232 25	0,873 61
LOGM2는 LOGLENGDING의 그레인저 인과관계 원인이 아니다	1,433 20	0,240 72

위의 두 가지 검정을 종합하면, 광의통화는 본원통화의 원인이고, 신용 역시 본원통화의 원인으로 될 수 있지만, 광의통화와 신용 사이에는 원인 관계가 존재하지 않는다는 결론을 얻어내었다. 이 같은 결론은 우리나라 통화량이 내생성이라는 관점에 힘을 실어주었다.

신용은 통화량의 제한을 받지 않으므로 통화승수 문제를 거론할 필요가 없다. 본원통화는 은행 대 기업의 대출로 인해 발생한다. 즉 중앙은행이 시중은행에 신용을 지급한 후, 제한하는 것이 아니라 주동적으로 그에 상응한 준비금을 제공해준다. 광의통화 역시 신용의 원인으로 되지 않는다. 이는 통화 외생 이론중의 대부자금설 견해가 정확하지 않다는 것을 말해주는데, 은행 신용은 사전 저축을 필요로 하지 않기 때문이다. 하지만 이 같은 결론에서, 신용이 광의통화의 원인이 아니라는 관점과 통화 내생성 이론이 어딘가 모순되는 것 같다. 통화 내생성 이론에 따르면, 신용은 광의통화를 통하여 고성능 통화를 유발한다. 이렇게 되면 신용은 마땅히 광의통화의 원인이 되어야 한다.

그러나 우리는 검정을 통하여 이 같은 현상이 성립되지 않는다는 것을 발견했다. 이는 아마 우리나라 통화 수요의 불안정과 관련되는 듯하다. 앞에서 언급했듯이, 직원들이 노임 소득을 얻은 다음 소비를 할 수 있게 되는데, 그 소득을 은행에 예금하거나 기타 금융자산(주식, 펀드 등) 등에 나누어 투자하게 된다. 직원들이 통화를 보유할 수 있는 주요 원인은 통화의 유동성 때문이다. 만약 사람들의 유동성 선호에 변화가 생기면 통화 수요에도 변화가 생기면서 사람들의 포트폴리오를 개변시킨다. 이때 기업 대출이 창조한 은행 예금은 통화 자금 순환이 종료된 후에도 일부분 자금이 증권시장에 흘러드는 등 여전히 은행 예금과 현금 비례에 변화가 생기게 된다. 그렇게 되면 최초의 대출과 예금 사이의 대응 관계가 사라지면서, 신용이 광의통화의 원인으로 될 수 없게 된다.

이 해석의 정확 여부를 검정하기 위해 우리는 우리나라 통화 수요 함수가 안정적인가를 검정할 필요가 있었다. 통화 수요의 불안정은 이론적으로 통화 유통속도

불안정과 등가를 이루므로 이 문제를 검정하기는 쉽다. 그리하여 우리는 이 명제를 각도를 바꾸어 생각할 수 있다. 우리나라 통화 유통속도가 떨어질 때 많은 학자들이 이 문제를 토론했다. 광의통화의 유통속도에 대한 검정을 통하여 ADF 검정값이 -0.552703, p값이 0.9684이며, 따라서 광의통화 유통속도가 포함하고 있는 단위근이 불안정하다는 것을 알 수 있다. 이로부터 신용이 광의통화의 원인이 아니고 또한 통화 내생 이론과 모순되지 않으며, 우리나라 주민들의 불안정한 유동성 선호와 관련된다는 것을 밝혀낼 수 있었다.

이로부터 우리는, 우리나라 통화량은 내생성을 가지고 있고, 기업의 대출 수요와 은행의 신용 기준 등의 요소에 의해 결정되므로 중앙은행이 통화총액을 효율적으로 통제할 수 없으며, 그리하여 통화량의 경기순응성(順周期) 현상이 자연적으로 발생하게 되었다는 결론을 얻어낼 수 있었다. 그렇다면 이 같은 내생성은 어떠한 경로를 통하여 형성되는가?

2) 우리나라 통화 내생성의 채널

앞에서 기술했듯이, 통화 내생성의 근본 원인은 통화의 성질이 채무라는 데서 비롯되었다. 하지만 그 제도를 구체적으로 실현하는 데는 여러 가지 방식이 있으며, 서로 다른 신용시스템 하에서 다른 채무 수단이 존재한다. 현대 사회에서는 은행 신용이라는 방식으로 표현된다. 그러므로 현대 시장경제에서의 통화(화폐) 공급 내생성을 분석하려면 현대 은행의시스템을 고려할 필요가 있다. 이 절에서는 우선 이 각도에서 출발하여 현대 은행시스템 중에서 통화 내생성 채널을 찾아낸 다음 우리나라의 실황을 한발 앞서서 설명하려 한다.

현대 은행시스템을 그래프 3-2를 통해 설명할 수 있다. 통화 내생성 이론에 따르

면, 이 표를 아래로부터 위로 설명하는 것이 논리적이다.[1]

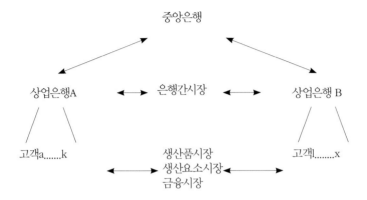

그래프 3-2 현대 은행시스템

그래프 3-2에서 밝히다시피, 아래층은 경제의 참여자 즉 시중은행의 고객인 기업과 직원들이다. 기업과 직원들은 제품시장, 생산요소시장, 금융시장이라는 상호 연계를 통하여 경제적 흐름과 순환을 형성한다. 이 흐름과 순환이 두 번째 층의 시중은행에 의존할 수 있는 데에는 은행이 기업과 직원들이 협의한 회계 역할을 하기 때문이다.

이 회계 역할의 구체적인 방식은, 시중은행이 기업에 대부금을 지급하면 기업은 생산요소시장에서 구매하여 생산에 들어가 제품을 얻게 된다. 생산요소공급자는 생산요소시장에서 얻은 수익으로 제품을 구매한다. 기업은 매출액이 발생하면 대출을 갚게 된다. 이때 생산 순환이 종료되면서, 생산요소공급자의 잔액인 은행 예금과 현금은 사회 통화량을 구성한다. 이 때문에 시중은행이 자율적으로 대부를 지급할 수 있어야 통화의 내생성이 가능성이 있다. 이는 현대 은행시스템에서 통화가 내생할 수 있는 첫 번째 조건이다. 즉 은행은 대출 제한을 받지 말아야 한다.

---

1) 통화 외생성 이론에서는 위로부터 아래로 설명하는 것이 논리이며, 동시에 위의 두 층은 명목값만 결정하고, 실질값은 완전히 아래 층 즉 시중은행의 고객- 기업과 직원들의 경제적 순환에 의해 독자적으로 결정된다.

만약 이 조건이 이루어진다면 시중은행은 무진장한 통화 창조능력을 갖춘 것이나 다름없다. 직원들이 은행을 믿기만 한다면 그 은행은 통화를 발행할 수 있는 권력을 가지게 되며, 따라서 주조세 (brassage, 鑄幣稅) 같은 수익을 얻을 수 있다.

국가는 이 같은 상황이 나타나도록 내버려두지 않기에 중앙은행을 설치하고 시중은행의 대부 행위에 관여하여, 세뇨리지(seigniorage, 주조세)를 국고에 반입하게 한다. 중앙은행이 시중은행에 관여하는 방식에는 두 가지가 있는데, 한 가지는 시중은행에 준비금을 납부하도록 요구하는 것, 다음은 시중은행이 상호 결제할 때 반드시 중앙은행의 예금을 사용(Lavoie,2003)하도록 요구하는 것이다. 우선, 법정준비금제도를 보자.

이 같은 요구에 따라 시중은행은 대부를 한 후 상응한 예금이 있어야 하며, 이 같은 예금을 위해 반드시 준비금을 납부해야 한다. 시중은행은 이 같은 준비금을 지급하려면 반드시 중앙은행으로부터 돈을 빌려야 한다.(표 3-8 참고) 만약 중앙은행이 시중은행에 대부를 제공하지 않으면 시중은행은 기업에 대출을 내줄 수 없게 된다. 통화 내생성은 중앙은행 대 시중은행의 대부 수요는 '적응성'을 필요로 한다. 즉 대출을 승인해야 한다. 때문에 법정준비금의 적응성 공급은 통화 내생성의 다른 한 가지 조건으로 된다.

표 3-8 법정준비금제도 하에서의 은행시스템

시중은행		중앙은행	
자산	부채	자산	부채
대부 L	예금D	대 시중은행 대부B	시중은행 예금 (준비금R)
준비금R	중앙은행으로부터 차입한 자금R		

동시에 어떤 은행은 대부를 하는데 보다 능하고, 어떤 은행은 예금을 받아들이는데 보다 능한 등 은행 사이에 분업이 생기기에 상호간의 자금 수수(授受)가 필요하다. 표 3-9에서 밝혔듯이, A은행이 대출을 한 후 그에 대응한 예금 일부분은 B은행에 전이된다. 그리하여 A은행은 B은행으로부터 돈을 빌릴 필요가 있다. 이 같은 차입을 은행 간의 결제라 할 수 있다. 현대 은행시스템에서 이 같은 결제는 시중은행이 반드시 중앙은행의 예금을 활용하여 완성해야 한다.

이것 역시 시중은행이 중앙은행으로부터 돈을 빌리거나 중앙은행에 예금하는 업무를 발생하게 한다.(표 3-10) 이때 시중은행이 만약 이 같은 결제 자금을 얻을 수 없게 된다면, 은행 간의 지급에 영향을 줄까봐 해당 은행은 대출 업무를 아주 조심스레 취급하게 된다. 때문에 중앙은행은 시중은행에 자금 결제를 할 때 '적응성'을 요구하게 된다. 이것이 통화 내생성의 세 번째 조건이다.

표 3-9 두 개 시중은행 사이 자금 수수

A은행	
자산	부채
비금융기관에 대한 대출	예금
	B은행으로부터 자금 차입
	자기자본

B은행	
자산	부채
비금융기관에 대한 대출	예금
A은행에 대한 대출	자기자본

표 3-10 중앙은행에 설정한 두 개 시중은행 계정

A은행		B은행	
자산	부채	자산	부채
비금융기관에 대한 대출	비금융기관 예금	비금융기관에 대한 대출	비금융기관 예금
	중앙은행으로부터 차입한 자금 (마이너스 결제 잔액)	중앙은행 예금 (플러스 결제 잔액)	

개괄하면, 통화 내생성에 필요한 채널은, 시중은행이 대출을 자유롭게 취급할 수 있으며, 중앙은행이 법정준비금에 대해 '적응성' 공급을 하고 은행의 결제자금에 대해 '적응성' 공급을 하는 것이다.

아래에 우리는 이 세 가지 조건이 우리나라에 존재하는가를 분석해보자.

우리나라 시중은행은 신용 규모의 규제를 받아 독자적으로 대출하기가 어려운 상황인 것 같으므로 중앙은행 역시 준비금을 대출해주거나 결제 자금을 대출해줄 필요가 없는듯하다. 그렇다면 통화 내생성 공급의 이 세 가지 채널은 어떻게 실현되는가?

우선, 통화 내생성 이론의 논리에 따르면, 신용 규모를 통제할 수만 있다면 중앙은행이 통화총액을 제대로 통제할 수 있을 듯싶다. 하지만 은행은 재테크 상품과 신디케이트론(銀團貸款) 양도 등의 방식을 통하여 이 같은 통제를 회피하면서 중앙은행이 통화총액을 효과적으로 통제할 수 없도록 만든다.

신용대부나 어음 자산(票据資産)에 의존하는 재테크 상품은 은행이 신용대부 규제를 회피하면서 기업에 대출을 제공할 수 있게끔 도와준다. 다음의 사례를 통해 상세히 알아보자.

예컨대, 광대은행의 "양광 재테크 'T계획' 2008년 17회 상품7"을 한 가지 대부신탁(信托貸款)으로 할 경우, 상품을 다롄 화신신탁주식회사에 투자하여 발행하게 할 수 있다. 신탁 자금으로 한 국유은행에서 탕산철강그룹, 탕산철강주식회사, 허베이성(河北省)교통청 프로젝트사무실 등에 지급했던 대출을 매입할 수 있으며, 신탁 기한이 되면 해당 은행이 그 대출을 환매한다. 초상은행의 "'금해바라기' 자산 불리기와 신용 자산 422호 재테크 계획"의 투자 대상은 초상은행의 신용 자산 자금을 양도하는 신탁 계획이다. 즉 신탁 위탁인으로서의 초상은행이 선전국제신탁투자유한회사에 위탁하여, 선전 국제신탁투자유한회사에서 수탁인의 명의로 초상은행으로부터 신용 자산을 매입하는 것이다.

이 두 가지 사례에서 본다면, 시중은행(모 국유은행, 초상은행)이 자기의 대출 자산을 매각하고 신용대출 규모를 가일 층 비워내어 신규 대출을 지급하게 되면 새로운 통화가 발생하게 된다. 보익재부사이트(普益財富網)의 통계에 따르면, 최근 2년 사이 재테크 상품 발매양이 꽤나 빠른 속도로 늘어나고 있다.

신디케이트론 양도 법칙은 재테크 상품과 비슷한데, 대출 은행이 환매 협의를 맺거나 영영방매 협의를 맺고 다른 은행에 양도할 수 있다. 이러면 신용대출 규모가 곧 소진하게 되는 은행이 대출 양도를 통하여 신규 대출을 지급할 수 있게 되며, 따라서 통화총액을 늘릴 수 있게 된다. 신디케이트론 양도는 은행 내부의 대출 규모를 조정하고, 자원 배당효율을 향상할 수 있다. 이는 총액 상에서는 신용대출 규모를 돌파할 수 없지만, 신용 대출 규모를 보다 충분히 이용하여 이 신용 대출 규모 하에서의 최대 통화량을 보장할 수 있다. 한마디로 말하면, 우리나라에서 대출규모를 규제하지만, 은행이 재테크 상품 발행 등의 방식을 통하여 규제를 피해갈 수 있고, 또한 자유 대출을 취급할 수 있으므로 통화 내생성이라는 하나의 선결 조건을 갖추고 있다.

다음, 법정준비금 비율 영향을 살펴보자. 현재 우리나라의 준비금제도는 시차 관리 모드를 취하고 있다. 중앙은행은 금융기관의 법정준비금을 열흘에 한 번씩 계산하는 제도를 실행하고 있어서 시차가 닷새이고, 보유기가 5일부터 하순의 4일까지이다. 이 같은 시차 관리 모드에서, 시중은행은 자기에게 필요한 준비금이 얼마나 되는지 분명하게 알 수 있으며, 중앙은행은 금융기관의 법인이 날마다 합계하는 전 계통의 보통 예금 대차대조표와 일계표에 의하여 시중은행에서 준비금이 얼마나 소요되고, 현재 보유하고 있는 준비금이 부족한지 아니면 잔액이 있는지를 정확하게 알 수 있다. 이 같은 제도 하에서, 통화량 외생성 이론에 따라 중앙은행은 법정준비금 비율을 조정하는 방법을 통하여 통화량을 조절할 수 있다. 만약 통화가 내생변량으로 된다면, 중앙은행은 준비금이 부족할 경우 반드시 은행 법정준비금을 보유하고 있는 상황에 의하여 준비금을 공급해야 한다. 그렇다면 우리나라 중앙은행은 법정준비금을 공급하는 것이 '적응성' 때문인가?

현재 우리나라는 은행 계통에 자금을 공급함에 있어서 공개시장운영(公開市場業務) 방식을 취하고 있고, 주요 도구는 중앙은행의 어음과 환매이다. 그러므로 중앙은행이 법정준비금을 공급하는 것이 '적응성'을 위한 것인가를 알려면 중앙은행이 법정준비금 비율을 높인 후 통화시장에 유동성을 투입하느냐에 주목할 필요가 있다.

그것은 법정준비금 비율을 높인 후, 법정준비금을 처음 납부할 때 준비금이 달리는 현상이 흔히 나타나기 때문이다. 만약 통화 긴축정책을 시행한다면 시중은행의 형편을 고려하지 않고 시중은행이 대출을 줄이고 예금을 줄이라고 강요함으로써 납부해야 할 법정준비금 비율을 낮출 수 있다. 하지만 만약 적응성이라면, 중앙은행이 법정준비금 비율을 높인 다음에 시중은행에 유동성을 투입함으로써 시중은행에서 법정준비금을 납부하도록 할 수 있다. 표 3-11은 우리나라 2007-2008년 매번 법정준비금 비율을 상향조정한 후 중앙은행이 발행한 어음과 만기 상환액을 개괄한 것이다. 그중 날짜는 법정준비금을 납부하기 시작한 시간이다.

표 3-11 법정준비금 비율 조정 및 중앙은행 어음

준비금 조정 날짜	중앙은행 어음(억 위안)		순 투입(억 위안)
2007 06 05	전 일주일 만기	전 일주일 발행	
	1150	510	640
	후 일주일 만기	후 일주일 발행	
	1050	680	370
2007 08 15	전 일주일 만기	전 일주일 발행	
	321.3	1200	-878.7
	후 일주일 만기	후 일주일 발행	
	700	740	-40
2007 09 25	전 일주일 만기	전 일주일 발행	
	1000	60	940
	후 일주일 만기	후 일주일 발행	
	1100	130	970
2007 10 25	전 일주일 만기	전 일주일 발행	
	1880	60	1820
	후 일주일 만기	후 일주일 발행	
	750	30	720
2007 11 26	전 일주일 만기	전 일주일 발행	
	240	65	175
	후 일주일 만기	후 일주일 발행	
	300	240	60
2007 12 25	전 일주일 만기	전 일주일 발행	
	330.5	580	-249.5
	후 일주일 만기	후 일주일 발행	
	780	520	260
2008 01 25	전 일주일 만기	전 일주일 발행	
	710	600	110
	후 일주일 만기	후 일주일 발행	
	580	1 280	-700

	중앙은행 어음(억 위안)		순 투입(억 위안)
2008 03 25	전 일주일 만기	전 일주일 발행	
	1280	1420	-140
	후 일주일 만기	후 일주일 발행	
	800	2320	-1520
2008 04 25	전 일주일 만기	전 일주일 발행	
	1120	3320	-2200
	후 일주일 만기	후 일주일 발행	
	600	990	-390

준비금 조정 날짜	중앙은행 어음(억 위안)		순 투입(억 위안)
2008 05 20	전 일주일 만기	전 일주일 발행	
	870	660	210
	후 일주일 만기	후 일주일 발행	
	540	600	-60
2008 06 15	전 일주일 만기	전 일주일 발행	
	1150	240	910
	후 일주일 만기	후 일주일 발행	
	710	260	450
2008 06 25	전 일주일 만기	전 일주일 발행	
	710	310	400
	후 일주일 만기	후 일주일 발행	
	931	145	786

자료 출처: Wind 정보

법정준비금 비율을 상향조정하기 전 일주일, 중앙은행에서 준비금을 조정함과 함께 유동성을 긴축한 것이 아니라 대부분의 경우에 유동성을 투입했으며, 시중은행은 그 중에서 중앙은행으로부터 해당 열흘 사이에 납부에 필요한 준비금을 얻을 수 있었다는 것을 표를 통해 쉽게 알 수 있다. 우리나라 중앙은행은 사실 법정준비금 비율을 상향조정하는 동시에 유동성을 투입하기 때문에 시중은행의 포트폴리오에 영향을 주지 않았다. 이는 시중은행으로 하여금 대출을 지급할 수 있는 충분한 공간을 얻게 했을 뿐만 아니라 예금을 확보할 수 조건을 마련해주었다. 동시에 만약 준비금이 적응성 공급이라면, 은행 간의 시장금리 동향에 영향을 주는 주요소가 준비금 비율 조정이 아니라 통화 시장을 교란하는 요소이다. 표 3-3을 통해 알 수 있다시피 2007-2008년, 7일 동안 상하이 은행 간 사이보 금리(SHIBOR, 拆放利率)의 고점은 주식시장에서 최초로 기업공개(IPO)를 함에 따라 나타났다.[2] 하지만 준비금 비율의 상향조정은 사이보 금리(품종이 7일 내지 3개월)에 별로 영향을 주지 못했을 뿐더러 도리어 사이보 금리가 하락하면 따라서 이따금 약세를 보일 때도 있었다.(표 3-4 참고) 이 또한 공개시장운영이 실질적으로는 '적응성'이며, 시중은행에서 유동성이 필요할 때 중앙은행이 공개시장운영을 통하여 유동성을 투입한다는 것을 입증해주었다. 그리하여 통화 내생성의 다른 하나의 선결조건도 갖추어지게 되었다.

무엇 때문에 우리나라 중앙은행이 준비금 공급에서 적응성을 고려하는가? 이는 중앙은행이 금융시장의 안정을 반드시 보장해야 하기 때문이다. 시중은행이 대출 규모를 늘리면 예금이 늘어나게 되고, 그로 인해 은행 계통에서 준비금이 달리는 현상이 나타날 경우, 만약 중앙은행에서 시중은행에 준비금을 융자해주지 않는다면 콜 시장(同業拆借市場)의 금리가 대폭 상승하게 된다. 하지만 이 같은 금리 상승은 효율성이 없다. 그 것은 어느 은행이나 준비금이 없기 때문에 금리가 상승한다 해도 이 국면을 타개할 수 없기 때문이다. 그리고 금리 상승은 금융시장의 혼란을 조성할 수 있다. 중앙은행의 직능 중 하나가 바로 금융시장의 안정적인 운영을 보장하는 것이다. 그러므로 반드시 시중은행에 준비금을 융자해줘야 한다. 따라서 중앙은행은 한 은행의 요구는 거절할 수 있지만, 시중은행 계통의 요구는 거절할 수 없으며 또한 반드시 준비금을 제공해야 한다.

---

2) 시보(SHIBOR)금리 기간을 7일로 선택한 것은 은행 간의 시가 변동을 가장 잘 나타낼 수 있기 때문이다.

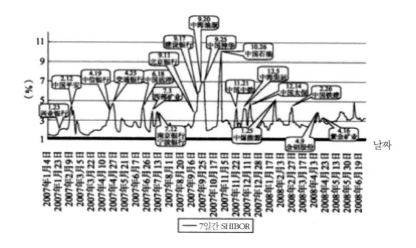

그래프 3-3 SHIBOR와 IPO

설명: 표 중 네모꼴 안의 내용, 예컨대 '1.23 흥업은행(興業銀行)'은 1월 23일 흥업은행의 ZPO이다.

자료 출처: www.shibor.org

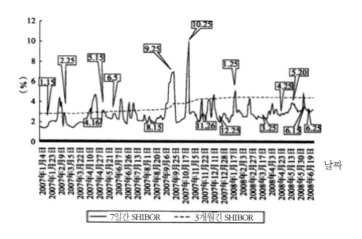

그래프 3-4   SHIBOR와 준비금 비율 조정

설명: 표 중 네모꼴 안의 날짜는 준비금 비율 조정 후 납부 날짜이다.

자료 출처: www.shibor.org

끝으로 우리는 우리나라 중앙은행에서 은행 결제자금을 '적응성'있게 공급하는가를 살펴보자. 현재 우리나라 지급시스템은 두 개 부분으로 이루어졌다. 즉 고액지급시스템

(HVPS)과 소액 대량지급시스템(HEPS)으로 이루어졌다. 이 지급시스템을 지원하고자 우리나라에서는 현재 고액 지급시스템에 융자자동담보(自動質押融資, automatic pledge financing) 제도를 도입했다. 이 제도에서, 만약 시중은행은 지급시스템 결제계정에 일일 보유자금이 부족할 경우 융자자동담보시스템을 통해 중국인민은행(중앙은행)에 채권 저77당(質押, pledge)을 하고 자금을 유입하여 보유자금을 보충할 수 있으며, 자금을 반환한 후 채권 질권이 자동적으로 해소된다. 이는 중앙은행이 결제자금을 적응성적으로 공급한 것이나 다름없다. 그리하여 통화내생성 세 번째 조건도 갖추어졌다. 그러하다면 무엇 때문에 우리나라 중앙은행은 결제자금의 적응성 공급을 제공해야 하는가? 만약 중앙은행이 은행에 부족한 결제자금을 제공해주지 않는다면, 시중은행은 고객들에게 돈을 지급할 수 없게 될 것이며, 그렇게 되면 뱅크런(擠兌)이 발생하면서 전 은행계통의 위기를 초래하여 경제위기를 유발할 수 있다. 때문에 지급시스템의 순조로운 운영을 보장하기 위해 중앙은행에서 적응성 결제자금을 제공하게 된다.

이렇게 우리나라 은행 계통은 통화 내생성에 필요한 세 가지 선결 조건을 충분히 갖추게 되었다. 중앙은행은 금융 계통의 안정을 보장하고자 적응성 수단을 채택했다. 따라서 통화량은 경제 내생성이 결정하는 것이지 중앙은행이 정책적으로 결정하는 것이 아니다.

3) 2008년 6월 이후 우리나라 통화량의 성질

우리는 2008년 이후의 데이터를 가지고 우리가 앞에서 한 분석을 검정해보자. 앞에서 한 통화 내생성 결론을 자기고 우리는 예측해보려 하는데, 만약 서베이데

이터(預測數据)와 실제 데이터가 일치한다면 우리의 결론을 보다 확신할 수 있다. 이렇게 하는 것은 2008년에 발생한 글로벌 금융위기라는 외생성 충격을 하나의 자연 실험으로 간주할 수 있기 때문이다. 비교적 대략적인 한 가지 예측 계산법은 역사 상황에 의한 것으로서, 광의통화가 2007년에는 2006년보다 5조 7,838.62억 위안이 새로 늘어났고, 2008년에는 2007년보다 7조 1,724.39억 위안이 새로 늘어났다. 정상적인 해에 따르면, 2009년에는 2008년보다 9조억 위안 가량 새로이 늘어나고, 2010년에는 2009년보다 11조억 위안 가량 새로이 늘어나는 것이 마땅했다.

하지만 2008년 후반기, 우리나라는 글로벌 금융위기의 충격을 받았다. 미국 발 글로벌 금융위기는 주로 두 가지 채널을 통하여 다른 나라에 영향을 주었다. 첫째, 미국은 경제가 하락하자 수입을 줄였다. 둘째, 미국 서브프라임 모기지 파생상품을 보유하고 있던 외국 금융기관의 자산 가치가 절하하면서 신용긴축을 초래했다. 나라마다 금융위기 영향을 받은 채널의 중요성이 같은 것은 아니었다. 우리나라는 금융기관에서 보유하고 있던 미국 서브프라임 모기지 관련 자산은 총자산 대비율이 아주 낮아 이 채널의 영향을 크게 받지 않았다. 하지만 수출 하락은 우리나라에 엄청난 영향을 주었다. 국가통계청에 따르면, 현재 우리나라의 무역 의존도는 64.5%에 달한다. 2008년 11월부터 우리나라의 무역은 하락세를 보이다가 2009년에 더욱 심각해졌다. 외국무역의 하락은 우리나라 경제의 정상적 발전에 영향을 주었다. 우리나라 경제성장폭이 2007년 4분기에 13.8%이라는 최대치에 이르렀다가 점차 하락세를 보이면서 2008년 4분기에는 6.8%, 2009년 1분기에는 6.1%로 하락했다.

이 같은 상황에 의하여 우리나라 정부는 4조 위안을 투자한다는 방대한 경기 부양 계획을 내놓았다. 투자의 추진과 더불어 4조 위안이라는 외생성 투자 계획이 해당 대출에 대응할 수 있게 되었다. 글로벌 금융위기가 발생했을 때 사람들이 유동성을 선호했으므로, 이 4조 위안이라는 투자는 기타 금융자산 관련 대응책이 아니라 저축성예금 관련 대응책이었다. 그러므로 앞에서 한 예측에 더해보면 광의통화가 2009년에 대략 13조 위안 늘어난 것으로 추정할 수 있다.

실질 데이터를 볼 때, 2008년보다 2009년에 광의통화가 13조 5,057.92억 위안이 새로 늘어났다. 그리고 2010년은 2009년보다 광의통화가 실제로 11조 5,627.27억 위안이 새로 늘어나 정상적인 회귀라 할 수 있다. 이는 통화 내생성에 의한 우리 예측과 비교적 일치한다. 따라서 2009년 외생성 투자의 증가는 때마침 우리가 활용할 수 있는 하나의 '사회 실지 실험'이 되었는데, 통화의 인과는 신용→예금→준비금 이 같은 관계이지 준비금→예금→대출이라는 상반되는 논리 관계가 아니었다. 이로부터 우리는 우리나라 통화는 신용이 유도한 내생성 통화라는, 비교적 믿을만한 결론을 도출했다.

이 같은 환경에서, 인플레이션이 발생하게 된 원인은 무엇인가?

4. 통화량의 내생 하에서 우리나라 인플레이션이 발생하게 된 메커니즘

경제 내생성이 통화량을 결정한다면, 즉 신용 수요가 통화를 발생한다면, 인플레이션은 통화량의 급성장에 의해 유발한 것이 아니라, 신용 수요에 의해서 통화 발생과 동시에 결정된다. 우리나라 인플레이션이 발생하게 된 보다 중요한 원인은 무엇인가? 이 문제에 대한 해답은 소득 계산법 항등식으로부터 확인할 수 있다. GDP 소득 계산법 항등식은 $pq=wL+p\Pi$를(표 3—4) 의미한다.

등식에서, p는 일반 물가 수준을 가리키고, q는 생산량을 가리키며, Π는 실질이익을 가리킨다. 등식 양변에 실제 생산량 q를 제외하면 $p=w/(y("1-"\pi)")$를(표 3—5) 얻을 수 있다.

등식에서, y는 1인당 생산성(人均産出) q/L를 가리키고, π는 실질이익이 총생산성에서 차지하는 비율을 가리킨다. 즉 소득에서 이익이 차지하는 비율 Π/q를 가리킨다. 등식 $p=w/(y("1-"\pi)")$에서 성장률 $(p^\perp)/p=(w^\perp)/w-(y^\perp)/y-(\kappa^\perp)/\kappa$를(표 3—6) 얻어낼 수 있다. 즉 인플레이션율은 임금 상승률에서 생산성 성장률을 던 다음 다시 노동소득이 차지하는 증가율을 던 것과 같다. 그중 κ 1-π 즉 노동소득이 차지하는 비율이다. 때`문에 임금 상승이 1인당 생산성 성장을 추월하고, 국민소득에서 차지하는 이익률이 상승하는 두 가지 요소가 인플레이션의 요인으로 된다. 만약 균형 시기, 임금 상승이 상대적으로 안정되게 1인당 생산성 성장을 추월한다고 가정한다면, 사후에 국민소득에서 차지하는 이익이 인플레이션의 주요소라 볼 수 있다. 따라서 통화 내생성이라는 조건 하에서 인플레이션의 근원을 분석할 때 이익이 어떻게 변동하는지를 고찰할 필요가 있다.

Wray(2001)에 따르면, 대체적인 상황에서 총이익은 총투자에 정부의 적자와 무역 흑자를 더한 것과 같다. 총이익은 정부의 적자와 무역 흑자를 포괄한다고 생각하면 이해하기가 상대적으로 쉽다. 통화 내생성 환경에서 기업은 우선 금융기관에 융자하고, 제품을 판매한 다음 융자를 상환한다. 경제 경영에서 정부에 적자나 무역 흑자가 생길 때, 통화 공급에서 기타의 원천과 가치가 같다. 즉 기타 주체와 대출이 발생하여 판매가가 인상하고 총매출액이 대출 총액을 능가하면서 이익이 생기게 된다. 아래에는 무엇 때문에 투자가 이익을 발생하는가를 중점적으로 분석하려 한다.

전반적으로 생산 기업을 두 가지로 분류한다면, 소비품 생산 기업과 투자 상품 생산 기업으로 분류할 수 있다. 소비품을 생산하는 기업은 자본을 투입하고 원자재를 구입해야 생산을 진행할 수 있는데, 자본은 10년을 사용할 수 있는 등 꽤나 오랫동안 사용할 수도 있다. 경제순환을 시작하는 초기에 기업은 은행 측에 융자를 하게 되는데, 그 자금을 원자재 구입, 노임 지급 등에 투입하게 된다.[3] 원자재 구입이나 임금 지급에 들어가는 대출을 단기 대출이라 한다면 자본 투입 대출을 장기 대출이라 할 수 있다. 이를테면 자본 사용기와 같은 시간이 소요된다. 만약 소비품

---

3) 물론 기업은 자기자금을 이용하여 부분적 생산을 진행할 수 있다. 하지만 자기자금은 이전의 이익을 누적한 것이다. 그러므로 일반성을 유지하면서 이익의 발생 과정을 설명하려면 기업이 생산을 할 때 자기자금을 필요로 하지 않는다고 가정할 수 있다.

생산 기업이 은행으로부터 대출하여 임금을 지급하고 원자재를 구입하는데 900위안을 투입했다면, 100위안은 자본 매입에 투입할 수 있다. 일반성을 유지하려면, 투자 상품 기업에서 100위안을 융자하여 노임을 지급하는데 사용했다고 가정할 수 있다. 직원들은 임금을 받은 후 제품 구입 시에 편리하고자 은행에 당좌예금을 할 수 있다. 가장 간단한 상황에서, 만약 직원들에게 저축이 없다면, 소비품 생산 기업은 제품을 생산한 후 1,000위안이라는 수입을 얻을 수 있다. 임금을 지급하고 원자재를 구입하느라 낸 대출 900위안, 그리고 자본 대출 10위안을 상환한 후 90위안이라는 순이익을 얻을 수 있다. 동시에 90위안은 은행 저축으로 표현되다가, 최종 통화량 증가량으로 표현된다. 따라서 이 과정이 투자가 이익을 결정함과 아울러 통화 증가율을 결정한다는 논리를 표명하고 있다.

한마디로 이 과정을 놓고 볼 때, 통화 내생성 하에서의 인플레이션은 정부의 적자, 무역 흑자와 투자에 근원을 두고 있다. 이 삼자는 이익 발생을 촉진하고 통화 누적을 촉진했으며, 이익률 상승은 인플레이션을 유발했다. 이 같은 통화량 증가와 인플레이션의 공생은 데이터 상에서 통화가 증가할 때 인플레이션이 나타나는 것으로 드러났다. 하지만 인플레이션은 제3자가 조장한 것이므로 통화량 증가와 인플레이션은 인과 관계가 존재하지 않는다. 따라서 이는 통계적인 현상에 지나지 않는다. 이 세 가지 요소 중 우리나라의 비교적 뚜렷한 특징이라면 무역 흑자와 투자라 할 수 있다. 그중 투자가 가장 중국의 특색이라 할 수 있다.

그래프 3-5, 3-6, 3-7은 이와 같은 논리를 잘 설명해주고 있다. 인과관계를 식별하고 또한 머니터리즘 이론을 보다 잘 비교하기 위해 우리는 밀턴 프리드먼(Milton Friedman)의 『미국의 통화역사, 1867-1960』중에서 통화가 인플레이션의 원인인가를 식별하고자 활용한 역사 사건방법(歷史事件法)을 응용했다. 즉 외생성 충격이 발생한 후 변수 간의 발전 변화 관계를 분석하면서 인과 관계를 식별했다.

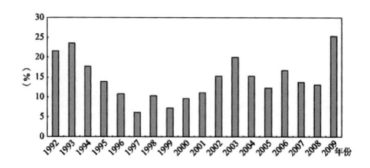

그래프 3-5 : 불변물가로 계산한 고정자산투자 증가율
자료 출처: 국가통계청 사이트

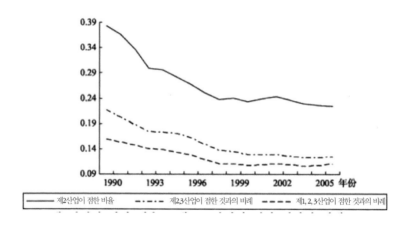

표 3-6 각종 국민소득에서 차지하는 임금 소득 비율
자료 출처: 궁강(龔剛) 등 "국민소득에서 차지하는 임금 소득 비율의 변화 발전을 논함", 〈관리 세계〉2010년 5호.

우리는 1992년을 분석의 기점으로 정했다. 그것은 이전에는 경제체제개혁의 방향이 분명하지 않았을 뿐더러, 물가시스템의 시장화가 제대로 이루어지지 못했기 때문이다. "물가가 관문을 돌파(价格闖關)" 한 후 시장화 된 물가시스템이 어느 정도 형성되었다. 1992년, 덩샤오핑이 남부지역을 순방하며 연설을 발표한 후 시장화 구축의 물결이 거세지면서 투자도 증가되었다. 이는 중국경제에 있어서 하나의 외생성 사건이었다. 그래프 3-5에서 알 수 있다시피, 1992년부터 1994년까지 투자가 고공행진을 보이고 있는데, 이는 중국경제계에서 '연착륙' 문제를 거론하는 계기를 마련해주었다.

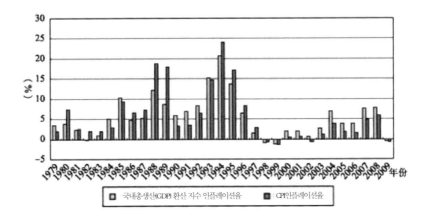

그래프 3-7 역년 인플레이션율

앞에서 한 분석에 따르면, 이는 이익이 차지하는 비율을 상승시키고 노동소득이 차지하는 비율을 하락시켰다. 그래프 3-6에서 알 수 있다시피, 이 기간 동안은 마침 노동소득 비율이 큰 폭으로 하락하던 시기였다. 동시에 표 3-7에서 알 수 있다시피, 이는 그 후인 1993-1997년의 인플레이션의 고공행진을 유발했다. 이 사건은 다른 한 외생성 사건으로 말미암아 중단되었는데, 1997년에 발생한 아시아 금융위기는 우리나라의 경제에 심각한 영향을 미치었다. 아시아 금융위기는 우리나라 투자 수준을 하락시켰다. (그래프 3-5 참고) 하지만 노동소득의 비율을 1997년부터 대체로 안정시키는 작용을 불러오기도 했다.

이 과정이 바로 1998-2002년의 인플레이션율을 크게 낮추게 했고, 심지어 통화 긴축 현상을 초래하기도 했다. 2003년 이후 경제가 회복됨에 따라 투자가 다시 늘어나고, 무역수지 흑자가 큰 폭으로 늘어나기 시작했다. 불행한 것은, 이 같은 현상이 나타남에 따라 노동소득 비율이 급속히 하락하면서 인플레이션이 발생했다. 국내총생산을 이용한 환산 지수와 소비자 물가 지수를 이용하여 계산한 인플레이션율은 2003년 이후 전면 회복되면서 대체로 고공행진을 보이다가 2007년과 2008년에 최대치에 이르렀다. 이 과정은 다른 하나의 사건- 2008년 글로벌 금융위기로 인해 어느 정도 둔화되었다. 2008년 글로벌 금융위기 이후 우리나라 수출은 크게 하락하면서 무역수지 흑자가 큰 폭으로 줄어들었다. 앞에서 기술했듯이, 이는 이익하락을 유발하면서 인플레이션을 끌어내리게 되었고, 따라서 2009년 통화긴축을 초래했다. 2009년 우리나라에서 투자를 대규모로 하면서 그 효과가 다시 나타나기 시작, 2010년부터 인플레이션이 반등하기 시작했다.

총괄하면, 장기적으로 볼 때 우리나라 인플레이션은 투자가 조장했다는 것을 상기 분석을 통해 알 수 있다. 대규모 투자는 통화량을 대거 늘려주고 인플레이션율을 대폭 상승시켰다. 무역수지 흑자도 어느 정도 부채질하는 역할을 했다. 이 과정에서 시간적 간격을 두고, 대규모 투자를 하는 그 해에 이익률이 상승하면서 통화량이 늘어나는 현상이 발생했다. 잇달아 높은 인플레이션율이 발생했다. 이는 통계적으로 통화 급증이 먼저이고 인플레이션이 후인 것처럼 나타나 사람들에게 통화 급증이 인플레이션을 발생시켰다는 착각을 주었다. 하지만 사실 이 양자 모두 내생성 변수이고, 모두 투자가 조장한 것이었다. 위에서의 사건 분석을 통하여 외생성 사건이 우리나라의 투자에 영향을 미친 후 따라서 이익률이 변화하고, 인플레이션도 따라서 변화했다는 것을 알 수 있다. 이로부터 통화 내생성이라는 환경하에서 우리나라에 높은 인플레이션이 발생하게 된 한 가지 아주 중요한 원인이 대규모 투자라는 것을 알 수 있다.

5. 결론 및 정책적 건의

앞에서 기술한 분석에 의하여 우리는 다음과 같은 결론을 얻어냈다.

1) 우리나라 통화는 내생성이다. 통화는 신용이 초래한 것이며, 중앙은행에서 주동적으로 공급하고 통제하는 것이 아니다. 투자수요는 대출을 발생하고, 대출이 준비금을 찾다가 예금으로 변하면서 통화로 되었다. 중앙은행이 외생성 이론 하에서 준비금을 공급한 것이 아니기에 통화량이라는 이 역방향의 인과 고리를 통제할 수 있게 되었다.

2) 통화 내생성 하에서 2010년 우리나라에서 발생한 높은 인플레이션은 2009년부터 시작된 대규모 투자가 만들어낸 결과이다. 대규모 투자는 동시에 고액의 화폐 증발과 인플레이션을 발생시켰다. 따라서 양자는 투자가 조장한 공생 현상이며, 중앙은행의 지나친 화폐 증발로 인해 인플레이션이 발생한 것은 아니다. 구체적으로 말하면, 2009년부터 시작된 대규모 투자가 고액의 화폐 공급을 발생했고, 동시에 높은 인플레이션을 유발했다. 즉 투자 수요가 신용공급을 발생하고 신용공급은 통화량 증가로 전환했다. 국내에 핫머니가 넘쳐흐르면서 여러 가지 투기 현상이 일어난 것이 이 부분 통화 증가의 미시적 표현이었다. 대규모 투자는 이익 상승을 초래했다. 예컨대, 2009년 중앙 정부 직속기업의 이익은 동기대비 14.6% 증가했고, 2010년에는 1조 위안을 능가해 사상 최고치에 이를 것으로 예측하고 있다. 이 업적은 중앙 정부직속기업이 2009년 이룩한 797,702억 위안이라는 이익에 비해 동기대비 25.3% 증가한 것이다. 거시적인 인플레이션은 바로 이 같은 투자가 조장한 것이다. 그러므로 2010년의 고액의 통화 증가와 높은 인플레이션 현상의 배후에는 공통의 요소가 존재한다. 즉 2009년부터 시작된 대규모 투자이다.

3) 외부 충격이 없는 상황에서 이번 인플레이션은 중기적인 현상이 될 수 있으므로 지속적으로 대응할 필요가 있다. 이는 세 가지를 의미한다.

(1) 인플레이션이 꽤나 오랫동안 지속될 수4 있다. 현재 인플레이션은 주로 식품 가격에서 구현되고 있으며, 이후 한시기 동안 핵심 인플레이션 발생도 불가피한 일이다.

(2) 우리나라 인플레이션은 오랜 시간의 기억력을 가지고 있다. 이는 통계적으로, 만약 인플레이션 데이터가 생성되는 과정에 근사 단위근을 가지고 있다면 외생성 충격의 작용이 감퇴된다 하더라도 감퇴되는 속도가 아주 느리어 시계열(時間序列)의 변화 추이 과정에 꽤나 긴 시간 동안 '기억력'을 가지도록 한다. 류진취엔(劉金全) 등도 2007년에 실질 통계 데이터에 의하여 이 같은 현상을 발견했지만 해석을 내놓지 않았다.

(3) 우리나라 인플레이션은 향후 소비자물가지수가 상승하면서 생산자물가지수가 상승하는 현상을 초래할 수 있다. 그러므로 향후 생산자물가지수가 지속적인 고공행진을 할 수 있다. 2010년 하반기에 시작된 생산자물가지수 상승이 바로 이 과정을 반영한 것이다. 이 같은 상황에 비추어 필자는 다음과 같은 종합적인 정책을 고려해야 한다고 여긴다.

① 우리나라의 높은 인플레이션을 근본적으로 대처하려면 경제성장 방식을 조정하여 투자 성장 지향성(導向型)과 외국무역 성장 의존도를, 인력자본 축적을 토대로 하고 국내 수요를 버팀목으로 하는 성장 방식으로 조정해야 한다. 만약 향후 경제 성장에 있어서 인력자본 축적을 위주로 한다면 노동소득 비율이 상승하면서 인플레이션 급상승을 억제할 수 있을 것이다.

②우리나라의 인플레이션 발생 원인이 중앙은행의 화폐 증발(增發)로 인한 것

이 아니라 할지라도 중앙은행이 신용 조건에 영향을 행사하여 인플레이션을 조절할 수 있으므로, 현재 상황에서 할 일이 매우 많다고 할 수 있다. 하지만 현재 중앙은행에서 통화정책을 구체적으로 집행함에 있어서 여전히 통화 외생성을 지침으로 하기 때문에 구체적인 행위 방식에서 두 가지 점을 조정할 필요가 있다.

첫째, 수량적 도구를 포기하고 물가적 도구에 보다 주목해야 한다. 우리나라 통화는 신용이 리드, 즉 통화 내생성이므로 통화량 통제가 비현실적이기 때문이다. 마땅히 금리 조절을 통하여 신용 수요 측의 금융비용(融資成本)에 영향을 주어 신용 수요를 억제시켜야 한다.

둘째, 예금지급준비금 조절을 포기하고 자산 측에 중시를 돌리어, 거시건전성 감독(宏觀審慎監管)이라는 종지 하에서 차별화된 대부 비축 정책을 실행해야 한다. 통화 내생성 환경 하에서 예금지급준비금을 조절한다는 것은 아무런 가치도 없다. 우선, 만약 시중은행에 자금이 전반적으로 달릴 경우, 중앙은행이 반드시 통화를 공급해야 하므로 역시 시중은행에 '적응성' 공급을 해야 하기 때문이다.

예컨대, 로이터 통신에서 2011년 1월 20일 상하이, 홍콩, 베이징에서 보도한 것처럼 준비금을 상향조정하는 바람에 시장 자금이 전반적으로 달리게 되자 중앙은행이 부분적 은행과 역환매(逆回購) 방식으로 자금을 지급하여 시장의 유동성 압력을 완화하려 했다. 중앙은행이 부분적 은행과 역환매한 금액은 최소한 500억 위안에 달한다. 다음, 법정 예금지급준비율을 여러 차례 상향조정한 후 중앙은행은 중앙은행어음 발행을 일시 중지했을 뿐 아니라 환매조건부매매(正回購)를 하지 않았다. 그리하여 공개시장에 모두 6,250억 위안을 연속 10주 순공급 할 수 있었다. 차후 2011년 1월 24일, 중앙은행은 재차 역환매를 가동했고 또한 그 규모가 3,000억 위안 이상에 달했다. 그 밖에 중앙은행은 24일, 중앙은행에서 발행하는 어음을 계속하여 일시 중지한다고 선고, 두 번째 주까지 연속 발행을 중지했다.

다음, 현재의 부채 관리기술은 시중은행으로 하여금 준비금 요구를 회피하고 부외거래(表外業務)를 통하여 상응한 업무를 진행하여 준비금이 효과를 발생할 수 있는 공간이 없도록 만들 수 있다. 그러므로 통화 내생성이라는 상황에서 예금 준비금의 주요 목적은 시중은행이 중앙은행의 부채 수요를 보증하여, 이로써 은행 간 시장금리(Shibor)를 통제하려는데 있다. 은행 간 시장금리를 정책적 도구로 삼는다면 예금 준비금은 내생성의 시차 값으로 되므로 예금 준비금 비율 조정이 경제에 별로 큰 의미가 없다. 우리나라에서 예금 준비금을 조정하는 정책을 지속적으로 시행하고 있는 것은 사실 통화 외생성 공급에서 비롯된 상습적 발상의 영향 때문이다.

준비금은 사실 은행으로 말하면 일종의 납세 부담으로 작용하면서 은행의 수익에 영향을 주기 때문에 현재 제기되고 있는 차별화된 준비금 비율 역시 큰 의미가 없다. 그러므로 차별화된 준비금 비율의 유일한 효과라면 은행의 수익을 통제하는 것이며, 경제에는 아무런 영향도 미치지 못한다. 이 같은 정책을 한때 미국에서 실천한 적이 있는데, 후에 포기했다. 차별화된 준비금 비율이 은행의 경영 조건에 영향을 주면서 부당경쟁을 유발할 뿐이라는 인식을 했기 때문이다. 통화 내생성 하에서 자산 측에 주목하는 것을 통하여 문제를 해결할 필요가 있다. 자산 측에 주목한 가장 유명한 규제가 바로 '바젤 협약'이다. 하지만 이 문제는 금융의 경기순응성(順周期性)이 존재하기 때문에 '바젤 협약Ⅲ'에서는 이 문제를 해결하는데 주력했다. 우리는 단기간 내에 '바젤 협약Ⅲ'을 도입할 방법이 없으므로 차별화 대출 확보 정책을 채택하여 대출이 상이하게 흐르도록 인도함으로써 은행의 자산 확장을 통제해야 한다.

③ 우리나라는 한동안 어느 정도의 인플레이션을 유지할 필요가 있다. 따라서 디스인플레이션이 인플레이션을 완전히 제거하려는 것이 아니라 인플레이션을 통제하려는데 있다. 투자와 무역수지 흑자가 인플레이션을 발생하기는 했지만 이 양자 역시 일자리를 창출한데에서 취업과 인플레이션 간의 대체 관계를 발생시켰다. 만약 인플레이션을 제거한다면 취업이라는 우리나라가 직면한 엄청난 문제를 해

결하기 어려울 수 있다. 그러므로 우리는 인플레이션을 일정 수준으로 유지할 필요가 있는데, 이는 우리나라의 노동력 상황에 의한 것이다.(우리나라는 마땅히 인플레이션을 4%-5% 수준에서 통제해야 한다. 이는 2011년의 노동력 부족 현상이 몇해 전보다 심각해지면서 임금이 더욱더 상승할 수 있다. 이는 인플레이션을 더한층 조장할 수 있으므로 통제할 필요가 있다.)

④ 사회보장시스템을 가일 층 구축하여 저소득층과 임금 소득자들의 생활을 보장해줘야 한다. 인플레이션 진행 과정에 가장 피해를 보는 사람들이 임금 소득자들인데, 그들의 수익 분배율은 상대적으로 하락하는데 물가 수준은 도리어 상승하면서 복지 손실이 꽤나 클 수 있기 때문이다.

제2편
내적 시각에서 본
인플레이션 형성 원인

제4장
소비자물가지수(CPI)와 생산자물가지수(PPI)의 '허위적 파급'
그리고 수정: 비교적 믿을 수 있는 한 가지 실증 구조

제4장
소비자물가지수(CPI)와 생산자물가지수(PPI)의 '허위적 파급' 그리고 수정: 비교적 믿을 수 있는 한 가지 실증 구조

개요: 본장에서는 국내외의 관련 문헌을 정리하면서, 국내의 소비자물가지수와 생산자물가지수 간의 전도시스템을 분석한 기존의 경험적 문헌에서 보편적으로 실증 방법을 잘못 선택했거나 변수를 누락한데서 '허위적 파급'이라는 문제가 존재한다는 것을 발견하게 된다.

본장에서는 Guglielmo 등(2002)의 분석에 있어서의 사고의 맥락을 참고한 통화정책 분석 구조를 도입하여 물가 전도 메커니즘을 검토하였는데, 시차(時差) 때문에 늘어나는 위험관리를 토대로 하고 부트스트랩적인 그레인저 인과관계 검정을 활용하여, 소비자 물가 지수는 생산자 물가 지수의 그레인저 원인으로 되며 반대라면 오히려 성립될 수 없다는 비교적 확실하면서도 포괄적인 결론을 얻어냈다. 더 나아가 현 단계의 인플레이션은 주도형에 필요한 것이지만 '체계적'인 느슨한 통화 조건이 왕성한 수요를 조장하는 요인이라는 추단을 이끌어냈다. 그러므로 인플레이션을 다스리려면 유동성부터 착수하는 동시에 통화가 생산 분야에로 유입되도록 인도하여야 한다.

키워드: 물가 지수, 물가의 파급, 누락 변수, 경험적 부트스트랩

1. 들어가는 말

현재 인플레이션은 우리나가 경제가 안정적으로 발전하는데 감춰진 걱정거리로

부상하면서 물가 수준을 비교하는 두 가지 주요 지표인 소비자물가지수와 생산자 물가지수가 여러 차례의 신기록을 세웠다. 2010년 10월, 11월, 12월의 소비자 물가 지수는 각기 4.4%, 5.1%와 4.6%를 기록했고 생산자물가지수는 각기 5.0%, 6.1%와 5.9%를 기록했다.[4] 2010년 연간 소비자 물가 지수는 동기대비 3.3% 상승했고 소비자물가지수는 5.5% 상승할 것으로 예측하고 있다. 이와 동시에 공업부가가치와 고정자산투자 등의 지표는 여전히 비교적 높은 증가세를 보이고 있는데, 2010년 연간 국내 총생산 증가율이 10.3%에 달할 것으로 예측하고 있다.

가히 고도성장과 높은 인플레이션이 현재 중국의 거시경제 운영에서의 대표적 특징으로 되었다고 말할 수 있다. 이 같은 배경 하에서 물가 총수준을 안정시키는 작업이 한층 중요한 위치에 놓여졌다. 하지만, 물가 통제가 경제 성장에 영향을 줄 수 있지 않을까? 어떻게 물가를 통제해야 만이 경제성장에 영향을 주지 않을 수 있는가? 이와 같은 문제에 대한 답은 인플레이션의 성질이나 원인과 밀접히 관련되어있다. 소비자 물가 지수와 생산자 물가 지수 이 두 가지 지표 간의 관계 그리고 영향시스템을 연구하는 것은 우리가 인플레이션의 성질을 식별하는데 유용한 조건인데, 인플레이션이 비용인상(成本推動型) 인플레이션인지, 수요인플레이션(需求驅動型通貨膨脹)인지를 판단한 다음 이에 의하여 상응한 정책을 채택할 수 있기 때문이다.

현재 생산 라인의 영향이라는 이론을 토대로 하고, VAR 모형과 VECM 모형에 의한 그레인저 인과관계 검정 방법을 운용하는 것은 국내외 실증 문헌에서 양자 간의 과계를 판별하고 영향시스템을 판별하는 표준 모듈로 되었다. 만약 소비자물가지수가 생산자물가지수의 그레인저 원인이라면 인플레이션에서 수요 요소가 공급 요소보다 우위를 차지한다거나 수요인플레이션이라고 설명해야 한다는 것이 통상적인 견해이다.

---

4) 국가통계청 사이트를 참조하라.

반대로 만약 소비자물가지수가 소비자물가지수의 그레인저 원인이라면 마땅히 비용인상인플레이션이라 설명해야 한다. 그러나 이에 관한 국내 연구에서 실증 모형을 구축하는데 다음과 같은 단점이 보편적으로 존재하고 있다. 만약 우리가 인플레이션이 본질적으로 일종의 통화 현상이라는 견해에 동감할 경우, 통화(공급량) 요소를 분명하게 파악하지 못한 상황에서 인플레이션을 연구하는 것이 합리적이라 할 수 있는지? 두 개의 변수만 가지고 양자의 관계를 연구한다면 단순화된 표면적 연구에 더욱 몰두하면서 체계적인 심층 연구를 할 수 없게 된다.[5] 두 개 변수로 구축한 VAR 검정 모형이나 VECM 검정 모형은 모형 중의 두 개 변수와 공통으로 관련되어 있는 제3의 변수를 누락할 가능성이 있으며, 그로 인해 모형의 불완전성 문제를 초래하여 그릇된 그레인저 인과관계 결론을 도출할 수 있다.

이를 감안하여 본장에서는 통화량(화폐 공급량)을 포괄한 통화 파급 메커니즘을 이 문제 연구에 도입하여 광의통화와 국내 총생산을 포함한 4개 변수가 시차에 늘어난 VAR 모형(lag-augmented VAR,LAVAR)을 구축했다. 이밖에 우리는 실증 검증 중의 오차항 정규 분포 가설(正態假設)이, 가능하게 존재하는 조건부 이분산성 효과(條件異方差效應, ARCH)를 충족시킬 수 없어 점근분포(漸近分布)의 불확실성 문제를 초래할 수 있다는 것을 진일보적으로 고려한 데서 본장에서는 부트스트랩 검정(leveraged bootstrappedtests) 방법을 이용[6]하여 보다 정확한 통계적 추단을 진행, 소비자물가지수는 생산자물가지수의 그레인저 인과관계이며, 그렇지 않으면 성립

---

5) 숭궈칭(宋國靑)은 2005년 "토끼가 늑대를 뒤쫓는 격"이라며 이 같은 분석을 "여우가 호랑이의 위세를 빌리는" 모형이라고 비유했다. 이 간단한 비유가 본장의 모형을 구축하는데 한 가지 발상을 제공한 것은 틀림없는 사실이다.
6) 이 방법은 Monte Carlo 실험과 비슷하다. 하지만 양자는 본질적인 차이가 있다. Monte Carlo 실험에서 연구자들은 하나의 규정된 분포(정규분포)에 의하여 확률변수를 구축했다. 이 방법의 좀 다른 점이라면, 확률변수를 그들이 관찰하여 얻어낸 분포에 의해 도출해냈다는 점이다. 본질적으로 이 방법은 확률변수의 관측 분포는 실제분포의 최적의 예측이라는 plug-in의 원리를 이용했다. 이러면 실증적 분포 함수를 정규분포처럼 미리 지정할 수 없게 된다.(Enders,1998) 따라서 이 방법은 오차항 분포를 모르고 있을 때 계량경제 모형 문제를 해결하는데 아주 효과적인 하나의 연구 경로를 제공하고 있다. Davidson and MacKinnon(2006) 등도 연구를 통하여 이 방법이 대표본(大樣本)에 의한 점근이론보다 낫다는 것을 입증했다.

될 수 없다는 비교적 믿을 만한 포괄적인 결론을 얻어냈다. 이는 현재 인플레이션이 수요인플레이션이라는 관점을 어느 정도 입증했다. 이 결론은 우리가 소비자물가지수와 생산자물가지수의 관계를 보다 깊이 이해하며, 체계적이고 포괄적으로 통화량을 이해하고 인플레이션과 경제 성장 등 관련 문제를 이해하는데 어느 정도 계시적 의미가 있다.

2. 문헌 논평

1) 국내외 연구 현황

소비자물가지수와 생산자물가지수 간의 상호 관계, 그리고 이와 관련된 인플레이션과 통화 정책 등의 문제는 줄곧 국내외의 학술계 연구에서 이슈거리였다. 생산자 물가는 충격을 받은 후 생산 라인을 거쳐 스필오버 효과(溢出效應)를 형성하고 확산하여 최종 소비자물가 수준에 영향을 주게 된다는 것이 통상적인 견해이다. 이 영향 역시 상위 생산라인에 나타난, 비용 상승 인플레이션의 영향을 받은 후 하위 생산 라인에 영향을 미치는 과정으로 묘사되고 있다. 때문에 생산자 물가와 소비자 물가는 경제 모형 중에서 일종의 일방적(one-side)으로 앞서가는 시차 구조로 묘사되고 있다.

Silver and Wallace(1980)는 이에 의하여 양자 간의 시차 분포(lag distribution) 계수를 예측하면서, 생산자의 물가 정보는 통화당국이 비용 상승 충격을 식별하거나 인플레이션을 예측하는데 있어서 모두 중요한 참고적 근거로 작용한다고 밝혔다. 상위 물가가 하위로 파급되는 동안 통화당국은 상위 물가의 변동을 관찰하는 것을 통하여 소비자물가지수를 대표로 하는 인플레이션의 추세를 예측할 수 있는바, 거시적 컨트롤 정책을 제때에 강구하여 물가 급등을 통제할 수 있다.

하지만 일부 학자들은 진일보적인 연구를 하는 과정에서 소비자물가지수와 생상물가지수 간에 생산자물가지수가 소비자물가지수에 일방적으로 영향만 주는 관계가 아니라는 점을 알게 되었다.

비교적 이른 경험적 연구는 Clark(1995)로부터 시작되었다. 그는 생산자물가지수는 생산라인을 통하여 소비자물가지수에 영향을 준다면 효과가 미약할 수 있으므로, 생산자물가지수 상승이 필연적으로 소비자물가지수 상승을 초래한다고 말할 수 없다고 역설했다. Clark는 세 가지 각도에서 해석했다. 첫째, 노동과 자본의 중요성이 투입품(생산과정에 투입되는 각종 물질적 생산자료)의 물가 상승을 희석시킨다. 둘째, 경제의 주기적인 확장 단계에 있어서 생산성의 상승은 어느 정도 원가 상승으로 인한 충격을 상쇄시킨다. 셋째, 설령 원가 상승의 충격을 받는다 해도 제조업체가 소비층을 확보하거나 확장하고자 노력하기 때문에 상승폭이 원가 상승폭보다 낮을 수 있다.

끝으로 Clark는 이항 VAR 모형(二元VAR模型)에 의하여 미국의 소비자물가지수와 생산자물가지수에 대해 그레인저 인과관계 검정을 진행, 생산자물가지수 중에 체계적이고 분명하게 향후 소비자물가지수를 예측하는데 도움이 되는 요소가 포함되어 있지 않다는 것을 발견했다.

그러나 Dion(1999)은 캐나다의 다양한 근원인플레이션 지표를 연구, 생산자물가지수 중의 전자제품 요소만이 향후 일어날 인플레이션을 예측하는데 신호 역할을 할 뿐 기타 요소는 이 같은 예측 능력을 구비하지 않고 있다는 사실을 발견했다. Caporale와 Katsimi and Pittis(2002)은 알프레드 마셜(Alfred Marshall)의 파생수요이론(引致需求理論)과 노동공급의 각도에서 소비자물가지수로부터 생산자물가지수로의 파급 메커니즘을 상세히 논술했다. 그들은, 파생수요의 각도에서 볼 때 최종상품(생활용 상품)과 서비스에 대한 소비자들의 수요가 중간재 투입의 수요를 결정한다고 밝혔다.

따라서 최종상품의 물가 상승이 투입품(Input) 가격 상승을 결정, 이는 소비자물가지수 상승이 생산자물가지수 상승을 촉진하는 것을 통해 표현된다. 그러나 노동공급 각도에서 볼 때, 물가가 상승함에 따라 노동자들은 임금 구매력이 변하지 않는 전제하에서 근로계약을 수정할 것을 요구할 수 있다. 이는 생산가격의 상승을 부추기게 된다.

하지만 Caporale와 Katsimi and Pittis는 미국, 캐나다, 독일, 프랑스, 이탈리아, 영국, 일본 등 선진 7개 국가(G7)의 데이터 검증을 할 때 여전히 생산자물가지수가 소비자물가지수에 영향을 준다는 전통적인 견해를 지지했다. 따라서 그들은 G7이 확립한 통화정책의 신용도가 소비자물가지수의 피드백효과(反饋效應)를 발생할 수 없게 한다는 암시를 주었다.

소비자물가지수와 생산자물가지수의 파급 관계에 관하여 국내 학계에서도 마찬가지로 규범적인 도구를 운용하여 양자 간의 관계에 대해 유익한 실증적 탐구를 진행했으며, 따라서 열띤 학술 논쟁을 불러왔다. 허리핑(賀力平) 등은 2008년에 이항 VAR 모형을 구축하고, 중국 소비자물가지수와 생산자물가지수에 대해 그레인저 원인 검정을 진행했다. 결과 그들은 표본 검정 기간 내에 소비자물가지수는 생산자물가지수가 변동하는 그레인저 인과관계의 원인이 되고, 후자는 1-3개월이라는 시차를 거쳐서 전자의 변동에 반응을 보인다는 것을 밝혀내었으며, 이에 의하여 소비자물가지수 측정에 영향을 주는 국내 인플레이션에서 수요 측면의 요소가 공급 측면의 작용보다 상대적으로 크다는 결론을 도출해냈다. 쉬워이캉(徐偉康)은 2010년 허리핑 등이 이용했던 상동한 데이터에 요한슨(Johansen)의 공적분 검정법을 통하여 구축한 이항 VECM 모형으로, 단기간 동안이나 장기간 동안에 소비자물가지수와 생산자물가지수는 상대방의 상호 그레인저 인과관계라는 결론을 도출, 허리핑 등과는 상이한 결론을 도출하면서 그들의 주요 결론에 강력한 질의를 표했으며, 생산자물가지수와 소비자물가지수는 양방향의 파급 관계라는 결론에 힘을 실어주었다.

그 후, 허리핑 등은 2010년 '중복 검사' 원칙에 쫓아 기준시 대비 데이터(定基比數据)를 이용하여 허리핑 등이 2008년에 진행했던 관련 작업에 대해 신규 계량 검증을 진행, 허리핑 등이 2008년 도출한 결론과 거의 일치한 결론을 도출했다. 장청스

(張成思)는 2010년 VECM 모형에 의하여 실증연구를 진행, 상위와 중류 물가가 하위 물가에 대해 뚜렷한 동태적 파급효과를 가지고 있으며, 하위 물가 대 중류 물가 그리고 중류 물가 대 상위 물가는 각기 역파급적인 부도장치(倒逼机制)가 존재한다는 법칙을 발견, 2008년 허리핑 등이 도출한 결론과 대조적인 결론을 도출하면서, 생산자물가지수와 소비자물가지수는 양방향의 파급 메커니즘이라는 결론을 지지하게 되었다. 정청스는 또 허리핑 등이 사용한 인과관계 검정 방법에 부적절성이 심각하다고 역설했다.[7]

2) 현 단계 국내의 연구 발상과 방법에 존재할 수 있는 문제

이론 방법과 실증 방법을 테스트한 국내 관련 문헌들이 우리들에게 참고와 계발을 제공해 준 것은 틀림없다. 하지만 이 문헌들은 소비자물가지수와 생산자물가지수의 관계에 결론을 내리는데 아직 확실한 증거를 제공해주지 못하고 있다. 이는 어느 정도 통화당국에서 거시적 컨트롤 정책을 제정함에 있어서, 거시 조정(통화정책)을 위주로 할 것인가? 아니면 공급 조정을 위주로 할 것인가? 하는 난제를 던져주었다. 국내외의 관련 문헌을 반복적으로 연구하면서 우리는 앞에서 기술한 두 가지 상이한 결론을 조성하게 된 주요 원인이 실증 방법을 선택하고 모형을 설정하는 두 가지에 있다는 점을 발견하게 되었다.

첫째, Toda and Yamamoto(1995)가 지적했듯이, 단위근 검정 결과 확정이나 공적분 검정 결과 확정 모두 그레인저 인과관계 검정 결과에 '잠재적'인 영향을 주므로, 수평 VAR이든 차분 변수 VECM이든 결코 가장 적합한 인과관계 검정 방법이 아니다. 상대적으로 안정적인 요한슨의 공적분 검정법을 예로 든다면, 요한슨의 공적

---

7) 학계에 이 문제에 관한 여러 가지 논쟁이 존재하기는 하지만, L tkepohl and Reimers(1992)과 Toda and Philips(1993)의 연구에 근거하면, 공적분 검정(協整檢驗)이 이항시스템(소비자물가지수와 생산자물가지수)에 공적분 관계가 존재하고 있음을 논증함으로써 수평 VAR에 의한 그레인저 인과관계 검정 통계량이 표준 점근분포를 따르도록 보장했으며, 통계 추정에 있어서 그대로 사용한 비정상시계열(非平穩序列)이 엄중한 부당함이 존재하지 않도록 보장했다고 추단할 수 있다.

분 검정법을 채택함에 있어서 연구자들은 결정적 추세(確定性趨勢項, Deterministic trend)는 없고, 선형 경향성(線性趨勢, Linear Trend)과 2차 경향성이 있는 세 가지 상황에서 5가지 모형을 선택할 필요가 있는데 통상 상이한 검정 방정식으로 인해 상이한 인과관계 검정 결론을 도출할 수 있다. 따라서 정확한 그레인저 인과관계 검정은 요한슨 공적분 검정 방정식을 선별하는 과정과 관련된다. 하지만 도대체 어떠한 방정식이 가장 적합한가를 알려면, 연구자들이 변수의 데이터 생성과정(data generate process)을 정확하게 파악할 필요가 있다.

그러나 기존의 관련 문헌은 검정 모형을 선택함에 있어서 주로 일부 실증적 준칙(예컨대 Pantula 원칙 등)에 의거하고 있을 뿐더러 서로 다른 연구자들이 상이한 준칙에 의거하고 있다. 이는 연구 결과가 주관성을 띠고 있다는 논란을 불러왔다. Toda and Yamamoto(1995)는, 수평 VAR에 의한 인과관계 검정이라고 하여 반드시 변수 간에 균형(공적분)관계가 존재해야 한다고 요구해서는 안 되므로, 마땅히 시차의 확장 VAR(LAVAR)을 채택하여 그레인저 인과관계를 검정해야 한고 밝혔다. Yamada and Toda(1997)는 Monte Carlo의 모의실험을 도입하여, 유한모집단(finite sample, 有限樣本) 하에서 Toda and Phillips(1993, 1994)의 공적분에 의한 수평 VAR의 그레인저 인과관계 검정과 Toda and Yamamoto(1995)의 LAVAR에 의한 그레인저 인과관계 검정을 비교했는데, 표본의 강인성 용량의 각도에서 볼 때 Toda and Yamamoto(1995)의 방법이 한결 타당하다는 사실을 발견하였다.

둘째, 국내에서 이 문제를 연구할 때, 모형을 구축함에 있어서 '(중요)변수를 누락'하는 문제가 존재할 가능성이 있다. VAR이 내포할 수 있는 변수를 모두 내생변수로 간주해야 주관적 판단으로 설정한 모형의 단점을 모면할 수 있다는 것이 보편적인 생각이다. 하지만 이는 기초이론을 벗어나 분석을 간소화해야 한다는 뜻은 결코 아니다. Caporale, Maria and Pittis(1997), Guglielmo 등(2002)은, 지나치게 간소화된 이항시스템(VAR이나 VECM)에 변수 누락에 따른 편향(omitted variable bias)

이 존재할 수 있다고 밝혔다. 즉 제3 요소의 영향을 상실하면서 계량 모형의 '불완전성'을 초래하여 '허위적'인 그레인저 인과관계 결과를 진일보적으로 도출할 수 있다.[8] 즉 만약 우리가 통화주의자들의 "그 어느 경제권(經濟圈)에서나 인플레이션의 첫 번째 요소는 통화이다"라는 견해에 동감한다면, 생산라인에서의 상위와 하위 물가(생산자물가지수와 소비자물가지수 수열)이 통화로 인해 제각기 상승할 수 있다. 일부 조건 하에서 상위(하위) 물가의 변동이 선행하고 하위(상위) 물가의 변동이 후행할 수 있는데, 이 현상은 상위나 하위 물가가 통화 요소에 대해 공동으로 보인 한 방향의 '계통성' 반응의 결과이다.

그러나 양자 사이에는 결코 파급 관계가 존재하지 않는다.(숭궈칭 2005년) 그리하여 실증연구 종사자들이 간단하게 이항 VAR 모형에 의하여 그레인저 인과관계 검정을 진행, 소비자물가지수와 생산자물가지수가 모종 형식의 선행과 시차 관계로 최종 표현된다는 결론을 도출하기는 했지만, 이는 계통적인 본질적 연구가 아니라 현상에 대한 포착에 불과하기에 중앙은행에서 인플레이션을 대처하는 방법을 강구하는데 불리하다. 앞에서 기술한 바를 종합하면, 주요 변수가 누락된 '불완전'(논홀로노믹)한 VAR를 일종 '허위성 파급'의 '호가호위'(狐假虎威) 모형으로 간주할 수 있다.

이상의 문제에 비추어 본장에서는 비교적 안정적인 실증 구조를 제공하여 소비자물가지수와 생산자물가지수의 관계를 검증하려 시도했다. 이러한 문헌에 비해 본장의 내용은 다음과 같은 특징이 있다. 첫째, Guglielmo 등(2002)의 사고의 맥락을 거울로 삼아 통화파급 메커니즘을 도입하여 물가 파급 메커니즘을 연구하고

---

8) 변수의 누락이 그레인저 인과관계 검정에 영향을 주게 된다는, 이 문제에 관한 연구는 일찍 L tkepohl(1982)로부터 비롯되었다. 차후 Caporale 등(1997)과 Triacca(1998)도 관련 연구에 착수했다. Caporale 등(1997)은 변수 누락이라는 조건 하에서 인과관계 검정에 관한 추정통계가 불변한다는 근거를 내놓았다. 가령 이항 VAR 하에서 xt와 yt가 인과관계를 분석할 때 제3의 변수 wt를 누락할 수 있다. 이때 이항과 삼항이라는 조건 하에서 인과관계 결론을 뒤집을 수 없게 하려면 wt가 이항시스템 중 그 어떤 변수((xt이나 yt)의 원인으로 되지 말아야 한다. 하지만 xt와 yt가 wt의 원인으로 되느냐 여부는 고려하지 말아야 한다.

LAVAR 모형을 구축하여 그레인저 인과관계를 검정했다. 둘째, Guglielmo 등(2002) 연구의 토대 위에 우리는 또 계차항(殘差項)과 오차항(誤差項) 분포가 미지수라는 상황에서 점근 분포가 부정확하다는 점을 충분히 고려하여, 진보된 Hacker and Hatemi-J(2006)이 Lavar 구조 하에서 발전시킨 부트스트랩 검정을 참고하여 보다 정확한 추정통계를 진행함으로써 비교적 강인한 결론을 얻어내려 했다.

3. 모형 구축 논리와 개진 후의 실증 구조

1) 통화정책 분석 구조

'교정(calibration)' 방법과 VAR 방법을 현대 거시경제학의 두 가지 주요 실증 분석 방법으로 간주하고 있지만, 근거로 하는 철학적 기초는 확연히 다른데, 교정 방법은 이론 주도형 (theory-driven, 理論驅動)이고, VAR 기술은 데이터 주도형(data-driven, 數據驅動)이다. 교정 방법의 이론 주도형 특징은, 경제이론이 정확하다는 신념을 유지하고, 실증의 목적에서 데이터와 이론을 서로 일치시키려는데 있다. VAR 기술의 데이터 주도형은, 이론적으로 도출한 선험적 규제(prior restriction, 先驗約束)를 지나치게 강조하는 것이 아니라 '데이터를 보고 말하게 하는데'서 표현되며, 실증의 목적에서 관찰 데이터가 이론과 일치하느냐를 발견하고, 심지어 이론과 실천의 격차를 발견하는데 있다. 후자는 본장에서 실증 검정을 하는 논리적 출발점으로 된다.

여기서 검정 방법의 적합성을 잠시 논하지 않더라도, 그레인저 인과관계 검정을 VAR을 분석하는 한 가지 '부산물'로 간주할 경우 여전히 근거로 삼는 모형의 완전성을 강조해야 한다. VAR시스템을 구축함에 있어서, 한편으로는 중요 변수를 누락하지 말아야 하는데, 만약 그렇지 않으면 추정 결과의 믿음성에 영향을 주게 된다. 다른 한편으로는 모수 추정(待估參數)이 비교적 많고 데이터 수요가 비교적 크다는 등의 원인으로 인해 VAR시스템 변수가 너무 많아서는 안 된다. 따라서 실증연구자들은 양자 간의 균형을 유지할 필요가 있다. 이때 이론 모형의 중요성은, 변수를 분명히 하여 VAR의 분석 구조에 포함시킨다는 데에서 드러난다. Guglielmo 등(2002)은 통화정책시스템을 도입하여 물가 파급 문제를 분석하기를 바랬다.

최근연간의 서방의 주요 문헌들은 통화정책을 연구함에 있어서 주로 미시적인 것을 토대로 하여 도출한 신케인스 모형(Clarida 등, 1999년)을 근거로 하고 있다. 기대조정(附加預期)의 IS곡선, 필립스 곡선, 중앙은행의 최적의 금리 준칙은 실질소득 수준(實際産出), 인플레이션과 통화정책수단(금리)이 상호 결정하는 3차원 변화 추이시스템을 통해 표현되면서 통화정책을 전달하는 기준 모델로 부상했다.(장스청, 2008)[9]

$$yt = Ety_{t-1} - \varphi(it - Et\pi^{t+1}) + \varepsilon_t^y \qquad \text{IS곡선}$$

$$\pi t = \beta Et\pi_{t+1} + \kappa yt + \varepsilon_t^y \qquad \text{필립스곡선}$$

$$i_t = i_{t-1} + \gamma_\pi(\pi_t - \pi^*) + \gamma_y y_t + \varepsilon_t^y \qquad \text{통화당국 금리 준칙}$$

공식에서, yt는 실질 소득 수준; π_t는 인플레이션율; i_t는 금리 수단;E_t为는 기대 공식; ε_t^y는 총수요 교란; ε_t^y는 자본금 충격; ε_t^y는 통화정책 충격;π^*는 균형인플레율; φ, β, κ, $\gamma\pi$, γy는 변수 모형의 심도계수이다. 구체적인 경제적 함의는 여기에서 구구히 설명하지 않는다.

구체적으로 보면, 실질금리 하락은 투자를 활성화하고 산출(국민 총생산) 증가(IS곡선)를 촉진하며, 산출(총수요) 증가는 인플레이션 압력(필립스곡선)을 초래하게 된다. 이때 중앙은행은 금리 준칙에 의하여 중간목표(中介目標)인 금리를 컨트롤한다. 그러면 금리는 IS곡선을 통해 재차 산출을 촉진하게 된다. 이와 같이 통화

---

9) 만일 통화 공급 방정식을 도입했다면 신케인스 구조 하에서, 통상 제약 조건으로 최적의 금리 준칙의 답을 얻으려 하고 있다.

정책은 인플레이션과 산출의 균형적 선택이라는 변화추이 과정을 실현한다. 이 견해에 의한 VAR모형(벡터자기회귀모형, 向量自回歸模型)을 구축(구조)하여 거시변수 간의 동태적 변화 관계를 밝힐 수 있다.

하지만 강조할 점은, 여기서 최적의 금리 준칙을 확정하거나 중앙은행이 거시규제를 조건으로 하는 견지에서 금리를 중간목표로 삼아 사회(통화당국) 전체의 복지를 최대화한다거나, 외생에 직접 금리 수단을 규정하여 거시변수에 반응을 일으킨다거나 하는 것은 테일러 준칙(Taylor rule)이나 맥컬럼 준칙(McCallum rule)과 비슷하다. 그러나 중국의 금리 시장화 정도는 선진국과 그 격차가 아주 크다. 그러므로 이론적 구조를 참고함에 있어서 실행 가능성을 고려해야 할 뿐만 아니라, 모형을 구축하는 배경이 다르다는 점도 고려해야 한다. 중국은 현재 경제체제를 전환하는 단계에 처해있고 금리 규제를 아직 해제하지 않아 금리가 정책을 전달하는 가운데서 응분한 작용을 하기 어렵기 때문에 정책당국은 여전히 통화량 통제라는 수단에 의존하고 있다. 1994년, 중앙은행이 제정한 금융제도는 통화정책 중의 중간목표를 대부금을 조정하던 것으로부터 통화량을 조정하는 것으로 전환한다고 결정했으며, 1998년부터 공식적으로 통화량을 중간목표로 정하고 '자유재량'(相机抉擇, discretionary)에 의한 통화정책을 시행했다.

그러므로 우리나라가 금리 시장화를 완전히 달성하지 못한 상황에서 우리는 본원통화를 통하여 우리나라 통화정책 상에서의 반응을 측정하게 된다. Guglielmo 등(2002)의 5가지 변수 모형과는 좀 다르게 광의통화 ▲실제 GDP 수준 ▲물가 수준(생산자물가지수와 소비자물가지수)의 4가지 변수만 포함된 VAR모형을 가지고 통화정책의 동태적 특징을 기술하려 한다.

2) 실증 모형 소개

본장에서는 일반 문헌의 방법을 따라 그레인저 인과관계 검정 방법을 도입하여 물가 수준(생산자물가지수와 소비자물가지수) 간의 파급 관계를 밝히려 한다. VAR모형시스템에 의하여 정의한 전통적인 그레인저 인과관계 검정을 "수평 VAR 모형에 의한 인과관계 검정"과 "계차(差分, difference)에 의한 VAR모형의 인과관계 검정"으로 나눌 수 있다. 통상 전통적 수평 VAR모형은 안정된 변수를 요구한다. 만약 변수가 검정을 진행한다면 검정 통계량의 표준 점근 분포(예컨대 Wald 통계량에 대응하는 χ^2 분포)가 더는 효과가 없어서 일부 '오류'적인 결론을 얻을 수 있다.(Sims, Stock and Watson, 1990) 직접 계차법(DFDM)에 의한 비정상 VAR 모형은 장기적으로 추진하는 정보를 잃어버릴 수 있으므로 비정상시계열(非平穩序列) 그레인저 인과관계를 검정할 때 우선 변수의 공적분에 대해 판단할 것을 요구한다. 공적분 관계가 성립되는 조건하에서 만이 VECM의 구조 하에서 인과관계를 검정할 수 있기 때문이다. 이 주장대로라면, 변수의 비정상 속성 및 변수 간의 공적분 관계라는 선결 조건은 전통적인 방법을 응용하는 것을 크게 제한하고 있다.

따라서 연구자들은 변수의 공적분 성질에 주목하는 것이 아니라 그 인과관계에 주목하거나 공적분이 존재하지 않는다는데 주목한다. 하지만 정보의 완전성을 아울러 고려하는 전제하에서 연구할 것을 요구하며, 그 인과관계를 연구할 때 일종의 참신한 검정 패턴을 필요로 한다. 즉 변수의 단정성(單整性)과 공적분을 고려하지 않는 상황에서 변수 간의 인과관계를 검정한다. 그리하여 Todaand Yamamoto(1995)는 시차 확대 VAR 모형에 의한 인과관계 검정을 제의했다.

우선 하나의 VAR(p) 모형을 고려하여 최적 시차 계수(最优滯后階數)를 정보 준칙에 따라 확정한다.

$$yt=B0+B1yt-1+\cdots+Bpyt-p+\varepsilon t$$

식에서, yt, B0, εt를 n의 벡터공간(維向量)으로 삼고(그중 n은 모형 중 변수의 개수); Br을 시차 계수(滯后階數)가 r일 때의 nxn 계수 행렬(矩陣)(그중 r=0,1,$\cdots$,p)로 삼으며; 벡터오차(誤差向量) ε_t를 제로 평균값(零均值)의 독립동일분포(獨立同分布) 과정으로 삼는다. LAVAR 모형을 도입하여 인과관계 검정을 진행할 때 연구자들은 사전 검정(pre-test) 모형에서 변수의 강인성 그리고 변수 간의 공적분을 필요로 하지 않는바, 수평 VAR(p) 과정에서 만 추가 시차 계수 d(그중 d를 각 변수의 최대 홀수의 계수로 삼는다)를 도입하고 SUR 방법을 운용하여 VAR(p+d) 모형(Rambaldi and Doran,1996)을 추정하며, 그 결과에 근거해 인과관계 검정을 진행한다. 한 마디로, 이 방법은 수평 VAR 모형의 인과관계 검정을 토대로 하여 추가 시차 계수 d의 검정결과에 대한 영향을 고려하고 있다.

Toda and Yamamoto (1995)가 제의한 VAR(p+d) 모형을 다음과 같이 표시할 수 있다.

$$y_t = C_0 + C_1 y_{t-1} + \cdots + C_p y_{t-p} + \cdots + C_{p+d} y_{t-p-d} + e_t$$

y_t중의 第k个元素不是第j个元素的格蘭杰原因的原假設, 可以記做:

$H_0 : C_r$ 中行, k 列元素均爲零

지적할 점은, 그레인저 인과관계 검정에서 추가 시차 d항의 계수는 비한정(无約束)이라는 것이다. Toda and Yamamoto (1995)는, 계차가 정규분포(Normal distribution, 正態分布)를 충족시킨다고 가정할 때 이 d항의 비한정 계수가 점근분포 이론의 적용성을 보증한다는 것을 증명했다.

위에서 기술한 그레인저 인과관계를 검정하기 위해 Toda and Yamamoto (1995)는 우선 수정한 Wald 통계량(이하 MWALD라고 약칭)을 정의했다. 차후 Zapata and Rambaldi(1997)가 Monte Carlo을 통해 MWALD와 이 가설을 검점하고자 그 근거로 삼았던 다른 두 가지 통계량- Wald와 LR를 실증 비교를 한 후, 수평 왜곡(size distortion, 水平扭曲)과 검정력(power of the test, 檢驗勢)으로 볼 때 MWALD가 표본이 50 이상일 때 더욱 뛰어난 표현을 보이고 있다는 것을 발견하였다.

MWALD의 해석적인 식을 얻으려면 우선 추정할 VAR(p+d) 모형을 다음과 같이 '치밀하게' 표시해야 한다.(Hacker and Hatemi-J, 2006):

$Y=CZ+\delta d$

식에서, $Y=[y_1 \cdots y_T y_1 \cdots y_T]$를 $n{\times}T$ 행렬(T 는 표본 용량);

$C=[C_0 \ C_1 \cdots C_p \cdots C_{p+d} C_0 \ C_1 \cdots C_p \cdots C_{p+d}]$는 $n{\times}(1+n(p+d))$ 행렬;

$Zt=[1 \ y'_t \ y'_{t-1} \cdots y'_{t-p-d+1} 1 \ y'_t \ y'_{t-1} \cdots y'_{t-p-d+1}]'$는 $(1+n{\times}(p+d)){\times}1$ 행렬;

$Z=[Z_0 \cdots Z_{T-1} Z_0 \cdots Z_{T-1}]$는 $(1+n(p+d)){\times}T$ 행렬;

$\delta d=[e_1 \cdots e_T e_1 \cdots e_T]$는 $n{\times}T$ 행렬로 삼는다.

이상의 치밀한 표시에 의하여 MWALD를 MWALD=$(q\beta)'[q((Z'Z)^{-1} \Omega U)q']{-1}(q\beta)$ $\sim\chi^2(p)$로 표시할 수 있다.

식에서, q를 $pxn(1+n(p+d))$의 지표 행렬(즉 무제약 행렬, 零約束矩陣)로 삼는다 할 때 그 표시 형식은 다음과 같다.

$$q = \begin{bmatrix} o_1 & \alpha & o_2 & \cdots & o_2 & o_2 & \cdots & o_2 \\ o_1 & o_2 & \alpha & \cdots & o_2 & o_2 & \cdots & o_2 \\ \vdots & \vdots & \vdots & \cdots & \vdots & \vdots & \cdots & \vdots \\ o_1 & o_2 & o_2 & \cdots & \alpha & o_2 & \cdots & o_2 \end{bmatrix}$$
$$\underbrace{\qquad\qquad\qquad}_{p\uparrow} \quad \underbrace{\qquad\quad}_{d\uparrow}$$

식에서, o1을 n차원 영행벡터(n維零行向量); o2를 n2차원 영행벡터; α를 n2차원 행벡터로 하고 제 (n(k-1)+j)개 원소를 1로, 기타 원소를 영(零)으로 삼으며; ΩU는 귀무가설(영가설, 原假設)는 조건의 구속 하에서 계차의 공분산행렬(協方差矩陣)을 표시; β=vec(C)에서 vec는 열거 연산자(列堆積算子)를 표시한다. MWALD 통계량으로 말하면, 자유도는 검정을 구속하는 양 즉 p가 필요하다. 오차항이 정규 분포에 복종하게 될 때 MWALD 통계량은 자유도를 p로 하는 표준 χ2.분포에 점근적으로 복종하게 된다.

하지만 Hacker and Hatemi-J (2005)는 Monte Carlo의 시뮬레이션을 통해 오차항이 정규성 가정(正態性假定)이나 자기회귀라는 조건적 이분산성(异方差, ARCH) 효과가 존재할 때 MWALD 통계량이 존재하지 않는 그레인저 인과관계의 귀무가설을 흔히 과도하게 거부한다는 것을 발견했다. 그리하여 Hacker와 Hatemi-J은 그레인저 인과관계 검정을 할 때 부트스트랩 검정을 도입할 것을 제의했다. 즉 레버리지(杠杆, leveraged)의 힘을 빌리어 계차를 조정하고 MWALD의 실증적 분포를 재차 만듦으로써, 이로부터 보다 정확한 임계치를 제시하여 통계 추정에서의 편차를 줄이는 것이다.

단계별 연산 방법은 다음과 같다.

첫 번째 단계: 존재하지 않는 그레인저 인과관계라는 귀무가설의 제약 하에서 SUR 방법을 도입하여 Near-VAR 모형을 추정, 계수 C와 계차 δ를 얻는다.

두 번째 단계: Near-VAR시스템 중의 단일방정식 투영 행렬(單方程投影矩陣, project matrix)을 사용하여 δ를 '레버리지 조정'(leveraged adjustment)을 하며, 다음 재차 분권화(去中心化, decentralized)하여 얻어낸 제로 평균값 또한 불변 분산의 신규 계차수열 δ*이다.

세 번째 단계: 회귀식 추정계수 C, 원시 데이터 Z와 부트스트랩을 통하여 재차 계차 δ*를 표본으로 추출하고 생성하여 Y*를 얻는다. 즉 Y*=CZ+δ*를 얻는다.

네 번째 단계: Y*를 새로운 견본을 추정하는 무제약 모형으로 삼아 귀무가설 하에서의 MWALD를 산출한다.

다섯 번째 단계: 세 번째 단계와 네 번째 단계의 B 횟수(즉 부트스트랩 횟수)를

반복하여 MWALD 통계량 실증 분포를 얻는다. 이어서 실증 분포에서의 α분포 자릿수, 즉 α수평의 부트스트랩 임계치 MWALD*α를 찾아낸다.

여섯 번째 단계: 원시 데이터의 실제적 MWALD 통계량을 산출한다. 만약 α유의 수준 하에서 실제적 MWALD가 MWALD*α보다 크다면, 존재하지 않는 그레인저 인과관계의 귀무가설을 기각할 수 있다.

4. 실증 결과

1) 데이터 설명

국내 동류 연구자들의 연구 결과와 비교를 하고자 우리는 허리핑 등(2010)이 부록에서 산출한 소비자물가지수와 생산자물가지수의 기준시 비교지수(可比定基指數)를 그대로 사용했으며, 기간은 2001년 1월부터 2009년 12월까지, 모두 108가지 데이터를 사용했다. 우리는 동기대비 시계열 데이터를 그대로 사용할 경우 문제가 아주 많아서 그 경제적 함의도 아주 모호하다고 생각된다. 소비자물가지수 시계열을 예로 든다면, 이것과 전년 동월 물가수준을 대비할 때, 연접한 두 달간 동기대비 지표에서는 직접 비교성을 구비하지 않고 있었다. 따라서 연접한 두 달간 동기대비 시계열을 가지고 계차를 한다면 경제적 함의를 상실할 수 있다. 허리핑 등(2010)도 마찬가지로 이 같은 사용법에 단점이 있다는 것을 인식하고 쉬웨이캉(徐偉康)의 문헌에 답장을 할 때 기준시 비교지수를 선택하여 사용했다. 하지만 국내 기타 일부 문헌(예컨대 장청스, 2010)에서는 오히려 동기대비 데이터를 직접 이용했을 뿐더러 기준 대비 수계열(定基比數列)을 산출하지 않는 바람에 부분적 실증 결론에 대해 다시 검토해야 하는 숙제를 남겼다.

본 글의 광의통화 원시 데이터와 GDP 원시 데이터는 Wind 거시경제 데이터에서 인용했다. 생산량(GDP)에 월간 데이터가 없는 것을 고려하여 '공업기업 부가가치'를 월간 GDP의 대리변수로 대체했다. 현행의 통계제도에 의하면 국가통계청에서 2007년부터는 더 이상 공업 부가가치를 통계하지 않고 동기대비 공업 부가가치 성장폭(누계 성장폭 포괄)만을 발표하기에, 필자는 성장폭에 따라 2007년 이후의 공업 부가가치를 추정하고, 참값(實際値)은 소비자물가지수에 따라서 조절하여 도출해냈음을 여기에서 특히 밝힐 필요가 있다. 실증 분석에서 모든 변수는 계절조정을 거친 후 모두 자연로그의 형식으로 나타났다. 주요 변수의 시계열 그래프는 그래프 4-1에서 드러난 것과 같다.

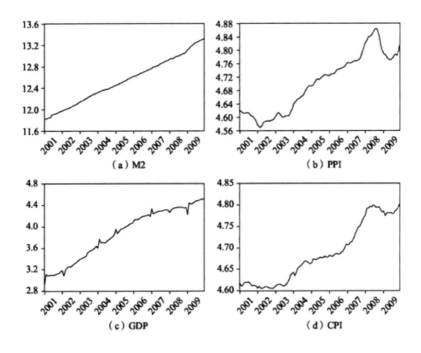

그래프 4-1 주요 변수 시계열 그래프

2) 계량 검정 과정

우리는 소비자물가지수와 생산자물가지수의 2항 VAR모형을 각기 추정함과 아울러 통화정책을 전달하는 4항 VAR모형을 추정하여 2항 모형의 전달 패턴이 허위 전달을 하느냐 여부를 가일 층 확인하려 했다. 그중 2항 VAR모형에서 yt=[ppit cpit]이지만 4항 VAR모형에서 yt=[m2t   gdpt   ppit   cpit]'었다.

결론의 강건성(穩健性)을 보증하고자 본장에서는 ADF, PP 그리고 KPSS를 동시에 도입하여 검정을 진행, 최대 단정수(單整數) d를 진일보적으로 확정했다. ADF와 PP 검정에서는 소표본 데이터에 대해 효과가 부족한 것으로 나타났지만, KPSS 안정성 검정에서 비교적 낮은 시차 절단 매개변수(滯后截斷參數, lag truncation parameters)를 선택할 때엔 소표본에 대해 어느 정도 효과가 있는 것으로 나타났다. ADF와 PP 검정과는 달리 KPSS 검정의 귀무가설은 수열이 안정적이어서 대립가설(備擇假設, alternative hypothesis)을 비정상 수열로 삼았다. 상세한 검정 결과는 표 4-1을 참고하라. ADF, PP 그리고 KPSS 검정 모두 이 4개 변수가 1차 홀수 과정을 충족시키는 특징이 있으므로, 이로부터 d=1이라고 확정할 수 있다.

표 4-1 단위근 검정 수평수열 통계량과 계차수열 통계량

	수평 수열 통계량			계차 수열 통계량		
	ADF	PP	KPSS	ADF	PP	KPSS
m2t	0.782 0	1.518 0	1.187 3***	-4.350 3***	-10.163 6***	0.227 1
gdpt	-1.536 1	-2.450 4	1.159 6***	-11.710 7***	-21.381 2***	0.484 5
ppit	-0.346 2	-0.413 9	1.089 4***	-4.348 3***	-3.282 4***	0.111 7
cpit	1.132 3	0.551 3	1.108 5***	-8.372 7***	-8.858 1***	0.230 6

설명:(1) *, **와 ***의 각기 변수가 10%, 5% 그리고 1%라는 유의 수준일 때의 유의성을 표시한다. (2) 방정식을 검정하는 과정에 무릇 시차 계수(滯后階)거나 대역폭(帶寬, BandWidth)과 관련된 것은 모두 AIC 준칙에 의하여 확정했다. (3) 방정식 검정에서 상수항을 포함했다.

실질 최적의 시차계수 p는 IC와 SIC를 합동하여 확정, 만약 양자 사이에 모순이 발생할 경우 최적의 계수를 동시에 각기 추정했다. 최대 시차계수를 8이내로 하여 최적의 계수를 선택했고, 이항모형 AIC는 p를 선택하여 3으로 삼았으며, 소표본 경향을 가지고 있는 SIC는 2를 선택했고, 4항모형의 AIC와 SIC 모두 2를 최적의 계수로 지향했다.

이원모형(二元模型)의 정보기준이 결코 명확한 답안을 내놓을 수 없으므로, 실증의 강인성을 고려하여 우리는 p를 2와 3으로 삼을 때의 상황을 아울러 추정했다. 상세한 검정 중에서, 부트스트랩(Bootstrap) 횟수를 10,000회로 할 때 우리는 부트스트랩의 경험 임계치가 이론적으로 점점 가까워지는 임계치보다 보수적이라는 점을 발견했다. 이는 이론적 임계치를 근거로 하면 MWALD 통계량이 존재하지 않는 그레인저 인과관계의 귀무가설을 기각하는 방향으로 보다 치우치며, 부트스트랩에 의하여 얻어낸 경험적 임계치로 진행한 그레인저 인과관계 추정 역시 상대적으로 강인하다는 것을 말해준다.

p=2와 d=1을 가지고 이원(二元) LAVAR(3) 모형을 확정할 경우 그레인저 인과관계 검정 결과는 표 4-2와 같다. 표 4-2에서 밝힌 것처럼, 소비자물가지수와 생산자물가지수 간의 그레인저 인과관계는 단지 소비자물가지수로부터 생산자물가지수로의 지향성뿐이다. 그리고 p=3과 d=1로 확정한 이원 LAVAR(4) 모형을 가지고도 일치한 결론을 얻어냈는데, 시차계수가 증대함에 따라 소비자물가지수로부터 생산자물가지수로의 지향성을 기각하는 인과성 수반 확률(伴隨概率)이 0.033에서 0.008로 줄어들었다. 이는 소비자물가지수로부터 생산자물가지수로 파급되는 과정에 가능하게 시차 효과가 존재한다는 것을 말해준다. 생산자물가지수로부터 소비자물가지수로의 인과성 수반 확률은 시차계수가 증가됨에 따라 높아졌는데, 생산자물가지수로부터 소비자물가지수로의 무인과성(无因果性)을 진일보적으로 확인할 수 있었다. 한마디로 말하여, 소비자물가지수와 생산자물가지수의 파급 관계는 일방향성(單向), 즉 소비자물가지수로부터 생산자물가지수로의 지향성이다.

표 4-2 이항 LAVAR 모형에 의한 그레인저 인과관계 검정

二元LAVAR(3):p=2(based on SIC);d=1					
Null Hypothesis	The estimated test value (MWALD)	1% Bootstrap 임계치	5% Bootstrap 임계치	10% Bootstrap 임계치	인과의시 결정
PPI ⇒ CPI	4.351(0.137)	10.268[9.351]	6.635[5.960]	5.056[4.588]	수락
CPI ⇒ PPI	7.181**(0.033)	9.651	6.330	4.836	기각
二元LAVAR(4):p=3(based on AIC);d=1					
Null Hypothesis	The estimated test value (MWALD)	1% Bootstrap 임계치	5% Bootstrap 임계치	10% Bootstrap 임계치	인과의사 결정
PPI ⇒ CPI	3.562(0.331)	12.628[9.506]	8.433[6.214]	6.688[4.785]	수락
CPI ⇒ PPI	13.148***(0.008)	12.774	8.487	6.726	기각

설명:(1)A ⇒B는 A가 B의 그레인저 인과관계가 아님을 표시한다.
(2)***, **와 *는 각기 부트스트랩 임계치에 의한 1%, 5%, 10% 유의수준을 표시한다. 1%, 5%, 10% 부트스트랩 임계치는 각기 MWALD 통계량의 한개 경험 분포 99%,95%와 90%에 대응하는 분위수(分位數)이다.
(3)()안의 숫자는 부트스트랩에 의하여 도출한 수반 확률이다. [ ]안의 숫자는 무작위로 생성(隨机生成)되어(표본 크기가 부트스트랩 횟수(10000)와 같음)99%, 95%와 90%에 대응하는 분위수, 즉 이론적 임계치이다.

이상의 결론이 정확하냐는 제3의 구동(驅動) 요소를 누락했느냐에 달려있으므로 통화정책 전달 과정을 도입하여, 4변수 LAVAR시스템 하에서 검정하는 작업이 특히 필요했다.(결과는 표 4-3 참고) 검정 결과를 볼 때, 4항 LAVAR 모형은 여전히 CPI(소비자물가지수)로부터 PPI(생산자물가지수)에로의 그레인저 인과관계만 나타내고 있다. 이는 이원 LAVAR 모형 검정 결과와 일치한다. 하지만 누락변수 M2와 GDP 모두 PPI이거나 CPI의 그레인저 인과관계를 구성하고 있다.

이는 이원 VAR 모형에 의한 인과관계 검정이 효과적인 점근이론을 근거로 하지 않아 Caporale 등(1997)이 도출한 인과 결론이 변하지 않는 조건에서 만족스러운 결론을 얻을 수 없어서 이원모형을 통해 얻어낸 인과성 결론에 '허위 전달'이 존재하는 게 아니냐는 의심을 받을 수 있다는 것을 뜻한다. 그중 '누락변수' M2가 CPI의 그레인저 인과관계를 구성하기는 하지만, 우리가 기대한 것과 마찬가지로 PPI

변동을 구동하지 않았다. 그 원인은 현재 중국의 물가시스템이 완벽하지 못하다는 데에 있으며, 특히 정부에서 상위의 부분적 자원 물가(예컨대, 전력, 석탄 등 에너지 가격)를 엄하게 통제하기 때문이다. 동시에 '누락 변수' GDP는 PPI와 CPI의 그레인저 인과관계를 이루고 있다.

하지만 여전히 CPI로부터 PPI로의 단방향 전달(전가) 관계를 지지하면서, 이항 조건 하에서 CPI로부터 PPI로의 그레인저 인과관계 원인이라는 결론을 결코 흔들지 못했다. 이 같은 검정은 Guglielmo 등(2002)의 실증 검정에서도 나타났다. 그들은 프랑스의 데이터를 가지고 검정을 하면서, '누락'한 통화 요소 M1(통화량)은 동시에 PPI와 CPI의 그레인저 인과관계 원인으로 되고 있음을 발견했다. 이는 PPI와 CPI 인과관계를 추정하는 검정 과정에서의 천이행렬(轉移矩陣, transition matrix)이 확실히 영향을 받았다는 것을 의미한다. 하지만 이원모형과 5항 모형이 획득한 PPI로부터 CPI로의 단방향 그레인저 인과관계 패턴을 여전히 개변하지는 못했다.

표 4-3 4항 LAVAR 모형에 의한 그레인저 인과관계 검정

4항 LAVAR(3):p=2;d=1					
Null Hypothesis	The estimated test value (MWALD)	1% Bootstrap 임계치	5% Bootstrap 임계치	10% Bootstrap 임계치	인과의사 결정
PPI ⇒ CPI	0.258(0.883)	10.074[9.351]	6.299[5.960]	4.908[4.588]	수락
CPI ⇒ PPI	6.459**(0.046)	9.973	6.326	4.888	기각
M2 ⇒ CPI	7.998**(0.022)	9.914	6.108	4.686	기각
M2 ⇒ PPI	3.042(0.223)	9.655	6.303	4.705	수락
Y ⇒ CPI	15.292***(0.001)	10.785	6.608	5.049	기각
Y ⇒ PPI	4.937*(0.098)	10.062	6.319	4.902	기각

설명:(1) A ⇒B A가 B의 그레인저 인과관계 원인이 아님을 표시한다. (2)***, **와 *는 각기 Bootstrap 임계치에 의한 1%, 5%와 10% 유의수준이다. 1%, 5%와 10% Bootstrap 임계치는 각기 MWALD 통계량이라는 하나의 경험 분포인 제99%, 95%와 90% 분위수에 대응한다. (3) ()안의 숫자는 Bootstrap에 의하여 얻은 수반 확률이다. [ ]안의 숫자는 임의로 생성되어[표본 크기가 Bootstrap의 횟수(10000)와 같다] 99%, 95%와 90% 분위수에 대응하는 숫자이다. 즉 이론적 임계치이다.

5. 결론 및 계시

CPI와 PPI는 인플레이션을 식별하고 판단하는 두 가지 주요 지표이므로 양자 간의 관계와 전가시스템을 연구하는 것은 우리가 인플레이션 성질을 판별하고 또한 관련 거시 조정 정책을 제정하는데 유익하다. 그렇지만 우리는, CPI와 PPI 모두 경제시스템의 표면적 현상이며, 이 같은 현상 그리고 그 연관성을 연구하는 작업이 우리가 관련 경제 문제를 인식하는데 유익하다고 인정했다.

그러나 만약 표면적 현상을 연구하는 데만 머무른다면 얻어낸 결론이 흔히 겉보기에는 맞는 것 같지만 실제로는 그렇지가 않을 수 있으며, 설령 결국에 정확한 결론을 얻어냈다 하더라도 순전히 우연의 일치일 수 있어서 우리가 경제 현상을 심도 있게 이해하고 또한 상응한 정책을 제정하는데 불리할 수 있다. 인플레이션은

본질적으로 일종의 통화 현상이므로 통화(공급량) 요소를 명확히 고려하지 않은 상황에서 인플레이션이 합리적인가를 연구하며, 두 가지 변수만 가지고 두 변수의 관계를 연구한다면 체계적인 심도 있는 연구가 이루어지지 않고 흔히 단순화된 표면적 연구가 발생할 수 있다고 우리는 생각했다. 모형 중에서 통화량, 생산량과 같은 결정적 변수가 누락되었기에 이전의 연구에서 얻은 결론은 강인성이 없었다.

우리의 연구에 따라 다음과 같은 결론과 계시를 도출할 수 있다

1) CPI는 PPI의 그레인저 인과관계 원인이 되며, 이와 반대되면 성립될 수 없다. 이 결론은 과거의 문헌과 본질적으로 차이가 있으며, 이는 통화 통제라는 한계효용(邊際影響) 후에 얻어낸 강인성 결론이라는 점을 여기서 밝힐 필요가 있다. 이 밖에 최근 연간 물가 수준과 경제성장이 고공 행진을 하는 전형적인 사실에 비추어 우리는 현재의 인플레이션은 수요가 주도하고 있으며[10], '체계적'으로 완화된 통화 조건은 오히려 왕성한 수요를 조장하는 요인이 되고 있다고 판단할 수 있다. 따라서 인플레이션을 다스리는 각도에서 분석해 볼 때, 이 요소를 통해 급상승하는 상품가격(예컨대 식품 가격)을 통제하는 것을 고려하지 않고, 유동성을 통제하는 데로부터 착수한다면 더욱 좋은 효과를 거둘 수 있다.

지나친 유동성을 효과적으로 통제하지 못한다면 설사 현재의 급상승하는 부분 상품의 물가를 통제한다 하더라도 인플레이션은 결국 공급이 달리는 일부 상품의 물가를 통하여 표현될 것이다. 정부의 단기적인 물가 통제 정책이 적극적인 역할을 할 수 있다 하더라도 장기적인 4차원에서 보면 근본적인 방법이 아니다. 아울러 중국 통화량이 경제성장을 '연계'(釘住)하는 내생적(內生的) 특징이 있다는 점을 고려한다면 단순히 중앙은행의 광의통화를 조정한다고 하여 결코 효과를 볼 수 있는 것도 아니다. 통화량을 통제하고 물가 수준을 인하할 수 있는 근본적인 해결책은,

---

10) 물론 우리는 결코 공급의 작용을 배제하지는 않는다. 단지 우리는 근년의 중국 거시경제 중 우수한 공급을 추구하는 경향의 추세를 더욱 믿는다. .

통화량이 생산 분야로 흘러들도록 인도하고, 물가 상승을 부추기지 않는 분야[11]로 흘러들도록 인도하는 것이다.

2) 위로부터 아래로 라는 전통적 물가 파급의 견해와는 달리 본장에서는, PPI가 CPI에 있어 거의 물가상의 파급을 하지 않는다는 결론을 도출해 냈다. 따라서 우리는 PPI와 CPI의 관계를 다시 상세히 검토할 필요가 있다. 현재 우리나라 경제성장은 소비수요에 의존하는 것이 아니라 주로 투자에 의존하고 있다.

일부 고유의 체제적 요소는 여전히 투자가 늘어나는 요인으로 작용하고 있다. 예컨대, 일부 지방정부는 치적 평가를 통과하는 데에 입각하여 본 지역의 경제성장을 계획한데서 확장성 투자 과열을 야기했다. 그리하여 관련 정책을 출범하여 PPI로부터 CPI로의 만연을 저지하면서 인플레이션을 억제하려고 시도하고는 있지만 효과가 뚜렷하지 못할뿐더러 필요한 조치도 아니다.

인플레이션을 억제할 수 있는 효과적인 방법은 지나치게 왕성한 투자 수요(지방정부)를 억제시키는 것이며, 최소한 넘쳐나는 통화로 인한 맹목적인 투자와 투기 수요를 억제시키는 것이다.

3) 수입인플레이션을 재차 인식해야 한다. 통상 수입인플레이션을 비용인상인플레이션이라고 여기고 있다. 하지만 문제는 수입품 물가가 무엇 때문에 인상하느냐 하는데 있다. 사실 국제 대종 상품과 원자재에 대한 국내의 엄청난 수요가 물가 상승을 부추기고 있다. 그러므로 수입인플레이션은 본질적으로 '수출품 국내 판매' 유형의 인플레이션이다. 때문에 국내 수입상들의 물가 협상 능력을 높이어 국제 바이어들의 물가 결정력을 앞장서서 깨버리는 것도 국내 인플레이션 압력을 어느 정도 완화할 수 있는 방법이다.

---

11) 저우샤오촨(周小川)의 '통화 늪 이론(貨幣池子理論)과 비슷하다. 사실 중국의 통화총량은 아주 강한 내생적 특징을 지니고 있다. 여기에는 수출 주도로 인한 외국환평형기금, 지방정부의 융자투자 플랫폼 대출 등이 포함된다. 통화정책 역시 반드시 이 분야를 겨냥한 특별 정책을 출범해야 한다.

제2편
내적 시각에서 본
인플레이션 형성 원인

제5장
유통시스템으로부터 농산물
가격이 오른 현상 투시

유통시스템으로부터 농산물 가격이 오른 현상 투시

개요: 2010년, 농산물 특히 마늘 토마토 배추 등의 채소 값이 뚜렷이 올랐다. 유통시스템으로 볼 때, 채소를 비롯한 농산물 가격이 오른 요인이, 농산물 유통시스템이 원활하지 못하고 유통 단계 간의 효율적인 통합(Conformity)이 부족하여 중간 단계에서 층층이 농산물을 독점하고 값을 할증하는 바람에 소매가가 대폭 오르는 현상을 초래하게 되었다. 그리고 농산물의 수급불균형과 생산 비용 상승은 단계마다 독점하고 물가를 할증, 최종 소매가에 반영되게 되었다.

우리의 모형 추정에 따르면, 유통 단계가 하나씩 늘어날 때마다 농산물 가격이 배로 올랐다. 우리는, 농산물 유통 단계를 수직적으로 통합하고 도매상과 소매상 간에 경쟁을 도입하여 중간 단계에서의 경제 부가가치를 향상하고 최종 단계에서 농산물 관련 영업장소를 늘리는 것을 격려해야 한다고 본다. 우리는, 농산물 유통 분야의 유휴자금을 무턱대고 축출하려 하기보다는 유통 단계의 수직적 통합이나 경쟁에 유입되도록 인도하고 분업 수준을 향상한다면 사회 복지수준을 개선할 수 있다고 본다.

키워드: 농산물, 물가 상승, 유통, 독점

들어가는 말

　인터넷 선정 결과에 따르면, 2010년 검색 키워드가 '오르다'(漲)였다. 이는 물가 상승이 대중들의 가장 관심을 가지는 문제 중의 하나로 부상했다는 점을 말한다.

　1. 농산물 가격은 대중들의 일상생활과 밀접하게 관련되어 있으므로 물가가 오른 모든 상품 중에서 농산물 가격 상승은 대중들의 최대 관심사로 되었다.

　그래프 5-1은 최근 5년 동안의 전국 농산물 가격 시세이다. 표에서 알 수 있다 시피, 2010년 물가 총 지수이든 부식물 지수(菜籃子指數)이든 농산물 가격이 예년보다 더욱 높았을 뿐더러 지속적인 상승세를 보이었다. 특히 2005년 9월 말부터 201년 9월 말까지 물가 총 지수는 126에서 173으로 올라가 동기대비 37% 상승, 5년 동안 해마다 평균 7% 상승한 셈이다.

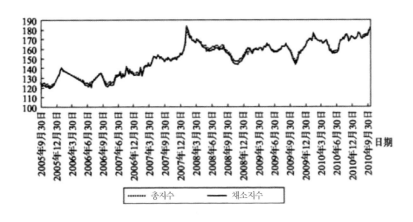

그래프 5-1 전국 농산물 도매가 지수
설명: 일간 지수를 물가지수로 했고, 2000년=100으로 산출했음.
자료 출처: 농업청

　물가가 상승한 각종 농산물 중에서 채소의 물가 상승이 두드러진다. 국가통계청의 자료에 따르면(그래프 5-2 참고), 2010년 1월부터 11월까지 채소의 물가지수가

100을 뛰어넘었는데, 평균 120에 가장 높을 때는 135에 달했다. 이는 2010년 채소 물가가 전반적으로 전해보다 20% 올랐다는 것을 의미한다. 여러 가지 채소 중에서 마늘 물가 상승폭이 특히 사람들의 주목을 받았다. 국제 마늘무역 넷의 통계에 따르면(표 5-3 참고), 2010년 마늘 생산 지역 물가 지수와 도매물가 지수는 각기 연초의 1,505.2와 496.06에서 연말의 2,091.20과 712.85로 상승, 1년 내에 40% 상승했다. 2010년 중기 이후 전월대비 물가 지수가 소폭 하락하기는 했지만, 동기대비 물가 지수는 여전히 비교적 높았는데, 마늘 물가는 전년 동기대비 최소 40%로 상승, 최다로 9배 상승했다. 마늘 이외에 콩, 배추, 토마토 물가도 급상승했다.

이 같은 현상은 언론매체와 정부의 광범위한 관심을 불러일으켰다. 2010년, 농산물시장에서 물가 급상승 외에도 주목할 만 한 문제는 대량의 유휴자금이 흘러들어와 물가를 조작했다는 점이다. 물가 조작의 대상은 주로 생산량이 집중되어있고 저장하기 쉬운 채소와 같은 생필품이었다.

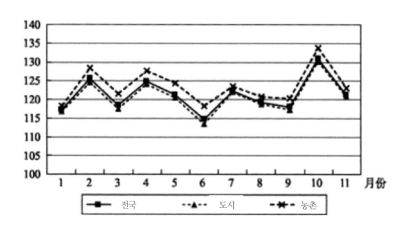

그래프 5-2　2010년 1—11월 주민소비 분류 지수 중 채소물가 지수
설명: 물가 지수는 전해 같은 달의 100을 기준으로 했음.
자료 출처: 국가통계청 넷

표 5-1 마늘 물가지수

시간	마늘 생산 지역 물가 지수			마늘 도매가 지수		
	기준시 지수	전월대비 지수	동기대비 지수	기준시 지수	전월대비 지수	동기대비 지수
2010년 12월	2 091.20	94.45	143.14	712.85	92.42	147.54
2010년 11월	2 213.97	84.99	143.55	771.34	93.43	184.06
2010년 10월	2 605.12	98.02	191.13	825.59	100.96	239.80
2010년 9월	2 657.69	113.11	250.26	817.73	106.96	264.13
2010년 8월	2 349.63	102.98	255.22	764.55	107.94	285.28
2010년 7월	2 281.74	145.83	337.33	708.3	127.39	331.37
2010년 6월	1 564.69	92.66	286.67	556.02	95.85	350.05
2010년 5월	1 688.63	85.48	1 042.56	580.08	95.54	514.71
2010년 4월	1 975.42	128.44	—	607.18	120.24	—
2010년 3월	1 537.99	100.07	—	504.99	97.594	—
2010년 2월	1 536.9	102.10	—	517.44	104.31	—
2010년 1월	1 505.26	103.04	—	496.06	102.67	—

설명: 기준시는 2009년 5월, 기준시 지수는 100이다. 샘플은 크기가 5.5 센티미터 되는 마늘을 선택, 일일 물가는 국제 마늘 무역 넷에서 인용, 물가 샘플 채취 지역은 진샹(金鄉), 피저우(邳州), 치현(杞縣), 중무(中牟), 라이우(萊) 등 5대 마늘 생산 지역이며, 이 5개 지역의 마늘 생산량은 전국 마늘 생산량의 95%를 차지한다.
자료 출처: 국제 마늘무역 넷

농산물 가격이 지속 상승하는 원인은 무엇인가? 정부 측을 대표하는 국가 발전과 개혁위원회는, '일부 유휴자금이나 불법 경영자들이 사기 결탁 사재기 등의 부당한 수단을 통하여 관련 상품 물가를 조작하는 바람에 부분적 농산물 가격이 상승했다.'[12]고 밝혔다.

---

12) 〈인민일보〉 논설위원의 글: 법에 따라 시장물가 감독과 관리를 강화해야- '소비물가 총 수준을 안정시켜 대중들의 기초 생활을 보장하는데 관한 통지' 관철 실행 상황을 세 번째로 논함, 2010년 11월 24일자 〈인민일보〉.

만약 유휴자금이 농산물 가격을 천정부지로 뛰어 오르게 한 주모자라고 한다면, 유휴자금은 어떻게 되어 농산물 분야로 흘러들게 되었는가? 정승이 죽으면 문상객이 없어도 정승 댁 개가 죽으면 문상하러 오는 사람이 있다는 속담이 있다. 농산물 시장에서 큰 이익을 챙길 수 있고 조작할 수 있는 공간이 있을 때만이 유휴자금이 흘러들 수 있다. 산업벨트(産業鏈)의 각도에서 보면, 흔히 고가는 폭리와 연결된다. 그러므로 문제는, 농산물시장에서 어찌하여 다년간 지속적인 폭리 현상이 나타날 수 있었느냐? 무엇 때문에 시장경쟁이 이 같은 폭리 현상을 제거하지 못했느냐? 하는데 있다.

기존의 문헌에서도 다각도로 농산물 가격이 오르는 현상에 대해 토론했고, 통상 그 원인을 다름과 같은 몇 가지로 귀결하고 있다.

첫째, 수급불균형이다. 예컨대, 2009년 네이멍구자치구와 간쑤성은 가뭄이 들어 가을에 감자 수확고가 줄어들었고, 2010년 광시자치구와 윈난성 등의 지역도 가뭄으로 인하여 봄철 감자를 제때에 출시하지 못했다. 공급이 달리는 바람에 산시성 뤼량시 란현의 감자 도매가는 2009년의 킬로그램 당 0.5위안에서 2010년의 2.4위안으로 껑충 뛰어올랐다.[13]

둘째, 국제무역이다. 대표적인 농산물이 콩인데, 매년 우리나라 콩 생산량은 1,000만 톤이지만 수요량은 약 6,000만 톤에 달한다. 엄청나게 부족한 부분은 국제시장에서 수입해야 하므로 우리나라 콩 물가는 거의 국제무역 시세가 좌우하고 있다.

셋째, 생산원가이다. 최근 몇 년 동안 동남 연해 지역에 농민공(農民工)이 부족하

---

13) 왕페이항(王飛航): '조그마한 감자의 물가 여행을 추적·충충이 물가를 할증하며 물가를 인상', 신화넷 2010년 6월 4일.

고 농민들이 외지에서 벌어들이는 수익이 높아지면서, 농산물을 재배하는 노동 비용이 상대적으로 상승했다. 이밖에 농약 화학비료 농업용 비닐 디젤유 등의 농업용 생산재 물가가 오르면서 역시 농산물 생산 원가가 보편적으로 상승하도록 작용했다. 이 같은 상황에서 농산물 가격 상승은 필연적 현상이라 할 수 있다.

상술한 견해와는 달리 본장에서는 유통시스템의 각도에서 농산물 가격이 오른 현상을 투시하고 또한 해결 방도를 내놓았다.

농산물은 종류가 다양하고 물가 형성 메커니즘과 물가 상승 원인에서 차이가 크므로 본장에서는 채소를 대표적인 농산물로 삼았다. 이는 한편으로는 중국 국내 채소 물가 상승이 전반적인적으로 국제무역과 큰 관련이 없기 때문이며, 다른 한편으로는 채소 물가 상승이 기타 농산물과 마찬가지로 생산 원가 상승의 영향을 받았기 때문이다. 따라서 채소 물가가 상승하게 된 원인을 분석하는 것을 통하여 전반적인적인 농산물 가격이 상승하게 된 원인을 어느 정도 투시할 수 있다. 우리가 유통시스템이라는 각도를 선택하여 분석하게 된 데는 농산물 유통 문제는 하나의 제도적 문제로써 날씨로 인한 수급불균형이라는 이유를 배제한 이후에도 여전히 봉착해야 할 장기적인 문제이며, 동시에 기존의 문헌에서 등한시했던 문제 중의 하나이기 때문이다. 농산물(채소) 유통 단계를 정리한 토대 위에서 우리는 산업조직론 중의 수직적 제약 모형을 이용하여 농산물의 여러 생산 단계와 유통 단계를 일괄적인 게임이론이라는 구조(프레임워크) 하에 놓고 농산물 가격이 상승하게 된 메커니즘, 그 후와 그리고 해결책을 논의했다.

우리는, 농산물 유통 단계가 원활하지 못하고, 중간 단계에서 층층이 독점하면서 물가를 올린 것이 2010년 농산물 가격이 껑충 뛰어 오르게 된 체제적 원인이라고 인정했다. 이밖에 수급불균형과 농산물 생산 원가 상승도 유통 단계에서 층층이 독점하고 할증하는 등의 현상을 통하여 최종 소매가에 그대로 반영되었다. 만약 농산물의 중간 단계를 효과적으로 통합한다면 소매가가 하락하면서 균형거래량은 늘어날 것이며, 아울러 복지수준도 개선될 수 있을 것이다. 효과적인 통합을 저해하는 원인은 농산물의 비표준화 특징을 비롯하여 지역 보호주의, 소매시장의 차별화 등이다.

생산단계에서 농산물의 조직화 수준을 향상하고 농민들의 집단적 물가협상 능력을 향상하며, 유통 단계에 경쟁시스템을 도입하고 중간 단계에서의 경제 부가가치를 통합하도록 격려하며, 최종 단계에서 농민들과 관련되는 경영활동 공간을 확대해줄 것을 우리는 건의한다. 농산물 유통 분야의 유휴자금을 무턱대고 배제할 것이 아니라 합리적으로 여러 단계에 분산되도록 인도하고 분업 수준을 향상한다면 사회복지 수준을 개선하는데 유익할 것이다.

본장의 제2절에서는 채소를 비롯한 농산물 유통시스템을 기술했고, 제3절에서는 수직적 제약 모형을 구축한 다음 본장의 주요 명제를 증명했으며, 제4절에서는 결론 그리고 정책적 건의를 밝혔다.

2. 유통시스템과 물가 상승

채소 역시 대부분의 농산물과 마찬가지로 유통 과정에서 '농가-중개인(중간상)-소비자'라는 이 '세 단계 도약'을 거쳐야 한다. 물론 농촌지역에서는 생산자로서의 판매 측과 소비자로서의 구매 측이 농산물시장이나 재래시장에서 직접 거래할 수 있다. 1990년대 이래로 도시화가 대규모로 가속화됨에 따라 많은 도시들에서 재래식 노천시장을 철거하고 전문적인 농산물시장을 만들었을 뿐만 아니라, 슈퍼마켓(마트)도 대량으로 나타났다. 그리하여 더는 농산물시장을 자유롭게 드나들 수 없게 된 많은 농민들이 채소를 중개인에게 팔면, 중개인이 다시 시장에 매장이 있는 도매상에게 되넘기고, 도매상은 다시 소매를 하는 채소가게나 슈퍼마켓에 되넘기며, 최종 소비자들은 채소가게나 슈퍼마켓에서 채소를 구입하게 된다. 따라서 대표적인 유통 라인은 농가-중개인-한 자리에서 장사를 하는 상인(도매시장)-채소가게나 슈퍼마켓-소비자 순이다. 물론 규모가 크고 구입량이 많은 일부 슈퍼마켓에서 중개인을 거쳐 직접 농가들과 거래를 하는 경우도 있다.

이른바 "농가와 슈퍼마켓의 도킹" 형식이다. 최종 소매 단계의 규제는, 농가와 관련된 매장이 줄어듦과 아울러 비용이 오르는 직접적 후과를 초래했다. 그중 매장 비용, 관리비, 중간비용(선별 작업 비용, 등급 분류 비용, 포장비)이 모두 대폭 올랐다. 더욱 중요한 것은 각 단계에서의 협상력 분포에 현저한 변화가 생겼다는 점이다. 도시는 인구가 밀집되어 있고 운송비용이 높은데서, 최종 소매상은 일인 당 소비자에 대해 아주 강한 시장 지배력(市場勢力, market power)을 소유하게 되었다. 전반적으로 유통단계에서 다른 한쪽 끝인 채소 재배 농가는 생산물이 고도로 동질화되어 있고, 집중 수매하는 중개인에 비해 분산적인 농가들은 협상력이 거의 전무한 상황인지라, 생산자로서의 농가들은 완전경쟁 시장과 근사한 시장과 거래하는 것이나 다름없었다. 이는 농산물 가격 상승이 결코 농가들에 별도의 수익을 창출해 주지 못했음을 의미한다. 집중 수매하는 중개인, 도매상은 하위의 소매상과 마찬가지로 어느 정도 독점력을 가지고 있어서 그 관계는 쌍방독점이나 다름없었다. 하지만 상대적으로 말하면, 양호한 지리적 위치 쾌적한 쇼핑 환경 유명 시장 브랜드 모두 엄청난 자금이 소요되어 최종의 소매시장에 진출하는 문턱이 더욱 높다. 게다가 소매상은 소비자들의 수요를 짧은 시일 내에 충족시킬 수 없어서 여러 도매상들로부터 농산물을 들여와야 한다.

유통시스템의 변화는 협상력 분포를 변화시켰고, 후자는 직접적으로 물가 형성 메커니즘과 이윤 폭을 결정하게 되었다. 토마토 물가가 상승하는 과정을 보도한 한 편의 기사[14]가 협상력과 물가의 관계를 형상적으로 밝히었다. 한 중개인이 토마토 한 트럭을 지린성(吉林省) 위수시(楡樹市)에서 베이징까지 들여오는데, 농민들 한테서 1kg 1.6위안에 수매하여 도매시장에 2.2위안에 넘기고, 다음 2급 도매상이

14) 저우즈훙(周治宏): '토마토 물가가 겅충 뛰어오르는 과정도매로부터 음식상에 오르기까지 최소 두 배 인상'〈베이징 조간〉2010년 9월 3일자

슈퍼마켓이나 채소시장에 3.6위안에 넘기며, 최종 슈퍼마켓의 소매가는 6위안에 이른다. (표 5-4 참고) 이 간단한 계산법은, 중개인과 도매상, 소매상의 총이윤 비례가 각기 13.6%, 31.8%, 54.5%임을 밝히고 있다. 이로부터 최종 유통단계의 이윤이 총이윤의 절반 이상을 차지하고 있음을 알 수 있다.

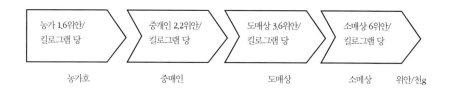

그래프 5-3 토마토 한 트럭 물가가 껑충 뛰어오르는 과정

3. 수직적 제약 모형

아래에 우리는 수직적 한 가지 제약 모형을 구축하려고 한다.[15] 가령 대표적인 농산물(예컨대 채소)을 유통함에 있어서 최소한 농가, 도매상(혹은 중개인)[16], 소매상과 소비자라는 네 개의 단계를 거쳐야 한다면, 이러한 네 단계는 농산물 가격 형성 메커니즘에서의 네 개 게임이 주체를 이루고 있다. 농가들은 분산되어 있으므로 완전 경쟁에 처해 있다 할 수 있으며, 또한 그들은 불변적 한계비용(邊際成本) c로 인해 농산물을 독점력을 가지고 있는 도매상에게 판매한다고 볼 수 있다.

가령 소매상이 소비자를 독점하고 있다면, 아울러 그 유보효용(保留效用)이 0으로 표준화될 수 있다. 그래서 도매상은 독점적 도매물가 pw에 좇아 농산물을 소매

---

15) Spengler(1950)가 최초로 이중으로 독점하고 할증하는 문제를 거론하기는 했지만 게임이론에 관한 분석이 부족했다. Tirole(1988)은 선형 함수라는 한 가지 간단한 버전을 제공했다. 우리 모형은 지수 함수를 선택한데서 결론이 한결 다양해졌다.

16) 편리를 도모하여 우리는 중개인 단계와 도매상 단계를 한 개 단계로 통합했다. 하지만 본장의 결론을 더욱 많은 단계로 확장할 수 있다.

상에게 판매하면, 소매상은 이를 토대로 하여 독점적 도매물가 p에 좇아 최종 소비자에게 소매한다.[그래프 5-5(a) 참고] 시장수요함수를 q=kp-ε로 한다면, 그중 상수 k〉0, 수요의 물가탄력성은 ε〉1이다.

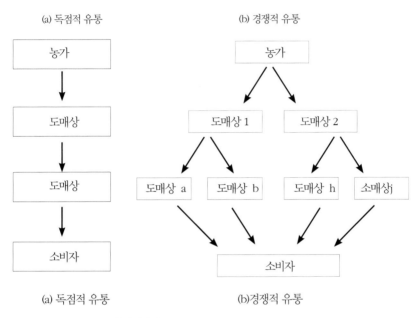

(a) 독점적 유통   (b) 경쟁적 유통

그래프 5-4 농산물 독점적 유통과 경쟁적 유통

우리는 주로 두 가지 상황을 토론하려 한다.

1) 유통단계가 비일체화 된 상황에서, 도매상과 소매상은 각기 독자적으로 물가를 책정하게 되므로, 소비자들은 반복독점물가책정(双重加价, double marginalization)에 봉착하게 된다.

2) 유통단계가 일체화 된 상황에서, 도매상과 소매상은 쌍방 이윤을 최대화 할 수 있는 물가를 책정했다. 그 연후에 우리는 중간 단계에 경쟁 대상을 도입했다.[그

래프 5-5(b) 참괴 우리는 세 가지 유형 시장의 물가, 판매량, 이윤, 사회복지 수준을 비교했다.

마지막으로 우리는 중개인의 경제적 부가가치를 토론했다.

(1) 비일체화

자산권 비일체화라는 구조 하에서 상위의 도매상과 하위의 소매상은 두 개의 독립적인 물가 책정 주체이므로, 비협력적으로 자기 한계비용(MC)과 시장 수요에 의하여 이윤을 최대화 할 수 있는 독점적 물가를 책정했다. 이는 현실에서의 중개인(仲介人)이나 도매상, 슈퍼마켓이나 채소 가게에서 시장 수요에 의하여 스스로 독점 물가를 책정하는 상황에 대응한 것이다. 도매상과 소매상은 상호 예속 관계가 아니고 그들 간에 구속력 있는 협의가 없으므로 사실상 이 역시 현 단계의 농산물 유통 분야에서 가장 보편적인 상황이라 할 수 있다. 이 게임에서 도매상이 우선 자기 이윤을 최대화 할 수 있는 독점 물가를 책정하면, 소매상은 이 물가를 토대로 하여 자기 이윤을 최대화 할 수 있는 독점 물가를 책정한다. 따라서 이는 한 가지 완전정보게임(完全信息動態博弈, the Folk Theorem)이라 할 수 있다. 표준적인 역행귀납법(逆向歸納法)에 의하여 우리는 우선 하위 소매상의 최적화 문제 관련 답을 구했다.

소매상이 도매상에게 지불한 물가 pw 즉 자기의 한계비용이 pw라면, 소매상과 마찬가지로 q=kp-ε 로 하는 시장수요에 직면하게 되므로, 그 최적의 정가를 p로 했다. 그러므로 소매상의 문제는

$\max \div p \ (p-p_w)kp^{-\varepsilon}$ (5—1)이다.

그 1단계 조건(FOC)을

$(1-\varepsilon)kp^{-\varepsilon}+\varepsilon p_w kp^{-\varepsilon-1}=0$ (5—2)로 하면,

$p=,q=k()^{-\varepsilon},\Pi^r=k()^{-\varepsilon}(pw)^{1-\varepsilon}$ 라는 답을 얻을 수 있다.

도매상이 농가에 지불한 채소 물가를 농산물의 한계비용 c로 한다면, 도매상의 문제는

$\max(p_w-c)kp^{-\varepsilon}$ (5—3)이다.

상술한 물가 p의 함수를 대입한 후 그 FOC는

$k(1-\varepsilon)\varepsilon^{-\varepsilon}(pw)^{-\varepsilon}+kc\varepsilon^{1-\varepsilon}(pw)^{-\varepsilon-1}=0$ (5—4)이다.

구한 답은 $p_w=,q=k()^{-2\varepsilon}c^{-\varepsilon},\Pi w=k()^{-2\varepsilon}c^{1-\varepsilon}$

위에서 기술한 결과를 재차 소매상의 풀이에 대입하여 우리는 소매상의 정가 결과 $p=()2c,q=k()^{-2\varepsilon}c^{-\varepsilon},\Pi^r=k()^{-\varepsilon}()^{1-\varepsilon}$을 얻었다.

자산권 비일체화라는 구조 하에서 상위와 하위 기업의 총이윤을

$\Pi^{ni}=\Pi^w+\Pi^r=k()^{-2\varepsilon}()^{1-\varepsilon}$ (5—5)로 한다면,

최종 시장에서의 소비자 복지와 하위 기업의 총이윤을 덧셈한다면 비일체화 하에서의 사회 복지순준

$W^{ni}=kx^{-\varepsilon}dx+\Pi^r=()^{-2\varepsilon}c^{1-\varepsilon}[1+()^2]$ (5—6)를 얻을 수 있다.

(2) 일체화

이어서 도매상과 소매상 두 기업의 일체화 상황을 고려해 보자. 여기서의 '일체

화'란 두 기업의 자산권을 합병한 것만 말하는 것이 아니라 일종의 수직적 제약 (vertical constraint)을 말하며, 두 기업이 구속력이 있는 협의를 통하여 물가 동맹을 구축하거나 공동경영을 하는 상황까지 포함한다.(Tirole,1988) 뒷부분과 같은 상황에서, 도매상과 소매상은 법적으로 두 개의 독립적인 기업이지만 그들은 일괄 판매 물가를 책정하여 쌍방의 총이윤을 최대화 한 다음 쌍방은 내부적으로 일방적 이전지출이라는 방식을 통하여 각자의 참여제약(参与约束)과 유인일치제약(激勵相容約束) 조건을 충족시킨다. 즉 쌍방은 일종의 기업연맹이라 할 수 있다. 자산권 일체화 구조 하에서 일체와의 기업이나 기업연맹의 문제는

$$\max \div p(p-c)kp^{-\varepsilon} \qquad (5\text{—}7)이고,$$

그 FOC는

$$(1-\varepsilon)kp^{-\varepsilon}+\varepsilon ckp^{-\varepsilon-1}=0 \qquad (5\text{—}8)이며,$$

구한 답은 $p=, q=k(c)^{-\varepsilon}, \Pi i=k()^{-\varepsilon}c^{1-\varepsilon}$이다.

일체화 하에서 사회 복지 수준은

$$W^i=kx^{-\varepsilon}dx+(-c)k()^{-\varepsilon}=()^{-\varepsilon}(+c) \quad (5\text{—}9)이다.$$

다음 우리는 비일체화와 일체화라는 두 가지 상황을 비교해보자. $\varepsilon\rangle 1$可知$\rangle 1$로부터, $()^2c), 且 k()^{-2\varepsilon}c^{-\varepsilon}\langle k(c)^{-\varepsilon}$이 되기 때문이다. 즉 비일체화 구조의 물가가 일체화 구조의 물가보다 높기는 했지만, 비일체화 구조의 판매량이 일체화 구조의 판매량보다 적었다. 재차 양자의 총이윤을 비교하여 우리는,

$$\Pi^{ni}-\Pi^i=k()^{-\varepsilon}c^{1-\varepsilon}\langle 0 \qquad (5\text{—}10)이라는 식을 세웠다.$$

우리는 위에서 기술한 결과를 종합하여 다음과 같은 답을 얻었다.

명제1: 도매상과 소매상 간의 비일체화와 일체화를 비교해볼 때 비일체화 하에

서, 판매 물가는 높았지만 판매량도 적었고, 총이윤 역시 더욱 적었다.

명제1의 함의는 아주 직관적이다. 비일체화 하에서 도매상과 소매상이 소비자들에게 이중적인 독점 물가를 실행하여 판매가를 올리는 바람에 판매량과 이윤은 가일 층 줄어들었다. 이는 물가경쟁이 불러온 전형적인 부정적 외부성(負外部性)이다. 일체화거나 수직적 제약은 내부 조정을 통하여 물가를 인하하는 동시에 판매량을 늘리어, 도리어 총이윤을 올릴 수 있었다. 때문에 시장구조는 비일체화에서 일체화에로의 변천이며, 일종의 파레토개선(帕累托改進)이다.

농산물 유통 분야에서, 수직적 제약은 대형 슈퍼마켓에서 공동판매장(終端市場)이라는 독점적 위치를 이용한, 물가연맹(Price alliance)을 통하여 상위의 중개인이나 도매상의 정가를 제약하고 있으며, 심지어 자체 물류시스템을 구축하거나 농산물 재배단지를 조성하여 '농가와 슈퍼마켓 도킹'을 실현, 물가를 낮추고 판매량을 늘리며 이윤을 높이는 상황 등을 통해 표현되고 있다.[17] 그러나 소형 슈퍼마켓이거나 채소가게들은 시장 지배력이 상대적으로 취약해 중개인이나 도매상들의 정가를 규제할 수 없으므로, 물가가 높고 판매량이 적으며 이윤이 낮아지는 상황 등을 통해 표현되고 있다.

데이터 부족으로 말미암아 우리는 대표본(大樣本)의 증거를 구하기가 무척 어려웠다. 하지만 우리는 베이징 시내의 대표적인 일부 슈터마켓을 조사 연구하면서 명제1을 지지할 수 있는 일부 증거(표 5-2 참고)를 확보했다. 월마트는 대표적인 대형 슈퍼마켓으로 2007년부터 '농가와 슈퍼마켓 도킹'을 시행, 중국 7개 성과 시에 구매 기지 11개를 구축했다.[18] The supermarket sends(超市發)는 베이징시의 대표적인 중급 슈퍼마켓이며, 주민구역 상점은 허다한 주민구역 채소가게를 대표한다고 할 수 있다.

---

17) 가전제품 분야에서, 귀메이(國美)와 수닝(蘇寧)은 자체 시장 위치를 이용하여 상위의 제조업체로부터 일괄 납품을 받는 바람에 물가가 낮고 판매량이 많으며 이윤이 큰 현상을 초래하고 있다. 이 역시 일종의 수직적 제한이다.
18) 월마트 사이트 http://www.wal-martchina.com/news/2009/20091103.htm.

표 5-6에서 밝혔다 시피, 토마토와 호박 등 대표적인 10가지 채소를 볼 때, 월마트의 물가가 The supermarket sends의 물가보다 현저히 낮고, The supermarket sends의 물가가 주민구역 상점 물가보다 대부분 낮다. 개별적인 상품이 상반되는 물가가 나온데 대해서는 다음에 설명하려 한다.

표 5-2 슈퍼마켓 채소물가 대비(위안/킬로그램)

채소 종류	우리마트	Thesupermarket sends	주민구역 상점
감자	3,6	3,76	4,4
배추	1,8	1,80	3,0
토마토	6,6	7,6	7,0
연근	5,2	7,8	8,0
호박	5,0	5,8	6,0
오이	3,8	5,8	6,0
당근	2,5	2,4	3,0
마늘	—	6,3	6,0
고추	4,6	5,6	7,0
파프리카	9,8	14,0	—

자료 출처: 작자의 조사 자료

명제1은 우리가 두 가지 측면으로, 2010년 농산물 가격이 치열하게 오른 현상을 분석하는데 도움을 주고 있다.

한편으로, 현재 중국의 농산물 유통시스템 하에서 농산물이 농민들 손을 떠난 후 중개인, 도매상, 소매상이 층층이 할증하므로 소비자들이 구입할 때는 당연히 물가가 비쌀 수밖에 없다. 우리의 모형이 밝히다 시피, 농산물이 중간 단계 하나가 늘어날 때마다 물가가 원래의 ε/ε-1배로 뛰어올랐다. 이를테면, 어떤 종류의 농산물 수요물가탄력성이 2라면 유통 단계가 하나 늘어날 때마다 물가가 1배로 뛰어올랐다. 뿐만 아니라 수요물가탄력성이 낮은 필수 채소일수록 할증 폭이 컸다. 이는 마늘이나 생강, 배추 등의 주요 채소 물가가 다른 채소보다 왜 급상승했는가를 설명해주는 부분이다. 다른 한편으로, 2010년 농산물 가격이 급상승한 원인은 체제적 원인을 제외한 이외, 그해 농산물의 수급불균형과 생산 원가 인상과도 관련되어 있다. 최종 소매가 p가 생산 원가 c의 증가함수와 수요물가탄력성 ε의 감소함수라는 점에 주의할 필요가 있다. 이는 농가에서 채소를 배재하는 기회비용이 많이 들어갈수록 당연히 채소 물가가 높아진다는 것을 의미한다.

반드시 직면해야 할 흥미 있는 한 가지 문제가, 농산물 유통 분야의 수직적 제약이나 상위와 하위의 통합이 여러 측의 파레토개선에 도움을 줄 수 있는 한 가지 방법이라 하면서도 어찌하여 도매상과 소매상 간에 주동적으로 통합을 모색하지 않는 것일까? 하는 문제이다. 우리는, 일부 뛰어넘을 수 없는 장애물이 농산물 분야의 통합을 가로막고 있다고 여긴다.

첫째, 농산물은 통상 수량이나 품질이 날씨와 지리적 위치 등 외적 요소의 영향을 잘 받는 비표준적 상품이다. 따라서 농업 계약은 전형적인 불완전 계약이기에 흔히 기회를 이용하여 물가를 마구 올리어 폭리를 얻으려 하거나(敲竹杠, hold-up) 계약을 어기는 문제가 초래되고 있다. '농가와 슈퍼마켓이 도킹'하는 형식에는 '선두 기업+농가', '선두 기업+농장'이라는 두 가지 모형을 포함하고 있다. 하지만 이 두 가지 형식 모두 계약을 어기는 문제를 해결하지 못하고 있다. 농가와 선두 기업 간에 장기적인 협력관계가 존재할 뿐 아니라, 농가 측에 재판매할 수 있는 많은 자본금을 가지고 있으면 몰라도, 그러지 않으면 시장을 통해 거래하는 것 보다 못하기 때문이다.[네후이화(聶輝華), 2010]

둘째, 중개인과 도매상은 통상 현지에서 각종 사회관계를 가지고 있어서 거래비용과 원가를 줄일 수 있다. 그러므로 독립적 위치를 유지하고자 소매상의 수직적 조종을 받아들이려 하지 않는다. 역으로 중개인과 도매상은 통상 소매상을 조종할 수 있는 충족한 자금이나 관리력이 부족하다.

셋째, 소매상 간에 완전 경쟁이나 효과적인 통합이 부족하여 상위 도매상과 후방 통합(后向整合, backward integration)을 이루기 어렵다. 고급 중급 저급이라는 등급 확정이 다름에 따라 슈퍼마켓이나 채소가게에서 일정하게 물가차별화를 실행하기에 다른 소비자 계층을 가지게 되었다. 이로 인하여 소매상 간에 완전경쟁을 하지 못하고 있다.

(3) 완전경쟁

유통 분야의 도매상과 소매상이 통합을 하기 어렵다면 우리는 다른 한 가지 발상 즉, 중간상 간에 더욱 많은 경쟁을 도입하도록 압박하여 소매가가 농가의 한계 비용으로 회귀하도록 강요하는 방법을 쓸 수 있다.[표 5-5(b) 참고] 경쟁적인 농가가 경쟁적인 도매상을 상대하고, 도매상은 또 경쟁적인 소매상을 상대한다면, 이는 경쟁적인 소비자가 완전경쟁적인 비용으로 농산물을 구입하도록 확실히 보장해주는 거나 마찬가지이다.

이때 $p=c, q=kc-\varepsilon$이다. 사회복지 수준 W_c는

$W_c = \int_p^\infty kx-\varepsilon dx+(p-c)p-\varepsilon = kc1-\varepsilon/\varepsilon-1$ (5—11)이다.

비일체화, 일체화, 완전경쟁 세 가지 상황을 비교해보면, 명백히 완전경쟁 하에서 물가가 가장 낮고 생산량이 가장 많은 것을 알 수 있다.

사회 복지 수준에 대한 비교를 통하여 우리는

$W_c-W_i = kc_1-\varepsilon/\varepsilon-1)[1-2\varepsilon-1/\varepsilon-1)(\varepsilon/(\varepsilon''-''1))-\varepsilon]\rangle 0$ (5—12)

$W_c-W_{ni} = k/(\varepsilon''-''1)c1-\varepsilon\{1-(\varepsilon/(\varepsilon''-''1))-2\varepsilon[1+(\varepsilon/(\varepsilon''-''1))2]\}\rangle 0$ (5—13)이라는 답을 얻었다.

위에서 기술한 결과를 귀납하여 우리는 명제2: 완전경쟁이라는 시장시스템을 비일체화와 일체화의 상황과 비교해볼 때 농산물 가격이 가장 낮고 판매량이 가장 많으며 사회 복지 수준이 가장 높다는 결론을 얻었다.

명제2 : 완전경쟁은 일종의 극단적인 이상적 상황이기는 하지만 위에서 기술한 분석이 현실성이 없다는 뜻은 결코 아니다. 우리는 완전경쟁이라는 가설을 잠시 제쳐 두고, 국부적인 단계는 완전경쟁이라 가정할 수도 있다. 예컨대, 도매상 간의 완전경쟁을 말한다. 그렇게 되면 소매상은 한계비용 물가 c로 농산물을 획득한 다음 한차례 독점적 할증만 하여 최종 소비자들에게 판매할 수 있는데, 이는 사회 복지 수준 역시 일체화되는 상황이나 다름없다.

도매상 간의 경쟁을 심화하려면, 정부는 민간 자본이 유통 단계에 유입되도록 격려하는 것이 핵심이다. 이밖에 도시에 농민들과 관련된 판매장을 더욱 많이 설치하여 소비자들과 직접 거래할 수 있는 기회를 더욱 많이 마련해줌으로써 소비자들에 대한 슈퍼마켓이나 채소가게의 독점력을 약화시키는 것도 농산물 공급을 늘리고 물가 상승폭을 줄일 수 있는 효과적인 방법이다. 실제로, 미국처럼 시장경제가 고도로 발달한 국가에서도 농민들이 도시의 지정된 구역에서 정기적으로 '농산물 직매'를 할 수 있도록 인가하고 있다.한마디로 말하면, 이 결론은 긍정적이다. 그것은 우리가 농산물 유통 분야의 그 어느 단계에든 간에 완전 경쟁할 수 있는 메커니즘을 도입하기만 한다면 사회 복지 수준을 개선할 수 있기 때문이다.

(4) 투기성 유휴 자본

앞에서 열거한 세 가지 시장시스템의 평형 결과에 대한 토론에 의하여 우리는 다음과 같은 비교정학(比較靜態學) 결론을 도출할 수 있다.

명제3: $\partial p/\partial \varepsilon \langle 0, \partial''L/\partial \varepsilon \langle 0, \partial \Pi)/\partial \varepsilon \langle 0, \partial q/\partial k \rangle 0, \partial W/\partial k \rangle 0$

p/ $\varepsilon \langle 0$은 독점적 소매물가는 수요탄력성과 역상관(負相關) 관계라는 점을 명시해주고 있다. 직관적인 느낌에 아주 잘 부합되는 명제이다. 소비자들의 수요물가탄력성이 낮을수록 공급업자가 값을 더 올릴 수 있으며, 나아가 독점력 L이 점점 강해질 수 있기 때문이다. 독점력이나 시장 지배력을 측정하는 표준공식은, L=P-MC/p 이다. 즉 러너지수(勒納指數)이다.

표준적인 산업 조직론에 따르면, 독점업체의 최적의 정가는 마땅히 L=1/ε이라는 결과를 가져오게 된다. 이는 독점력과 수요물가 탄력성 역시 감소와 관련된다는 것을 의미한다.[19] 이윤함수는 물가의 덮개 함수(包絡函數)이므로, 최적의 독점 물가 역시 기업 이윤 Π를 자연스레 수요의 물가탄력성과 역상관 관계로 만든다. 우리는 수요함수를 통하여 q/ ∂k〉0는 것을 쉽게 알 수 있다. 그 어떤 시장시스템 하에서든 사회복지 수준 W는 언제나 상수 k의 증가함수임은 분명하다.

위에서 기술한 비교정학의 결론은 우리가 투기성 유휴자금 문제를 분석하는데 다양한 의미를 가지고 있다. 유휴자금이 농산물 투기에 흘러들려면 두 가지 조건이 구비되어야 한다. 첫 번째는 유동자금이 충족해야 하고, 두 번째는 이윤이 높아야 한다. 2008년 이후, 우리나라에서 은행 대출 규모를 크게 늘리는 바람에 과잉 유동성이 심각해졌다. 그리고 2010년 부동산시장과 주식시장이 재차 정부의 엄한 규제를 받으면서, 대량의 여유자금이 발생했다. 이는 투기성 유휴자금에 첫 번째 조건을 제공해주었다. 명제3에 따르면, 농산물의 수요 물가탄력성이 떨어질수록 물가 상승폭이 더욱 커지면서, 중간상의 독점력이 강화되고 독점이윤이 늘어난다. 이는 투기성 유휴자금에 두 번째 조건을 제공해주었다. 이렇게 되어 대량의 여유자본이 생산지 집중 지역 그리고 마늘이나 생강과 같이 저장하기 쉽고 수요의 탄력성이 비교적 낮은 필수 채소에 대거 몰려들었다.

---

19) 우리가 1차 방법을 통하여 얻은 최적의 독점 물가 모두 이 법칙에 부합된다는 것을 검증할 수 있다.

명제1의 각도에서 볼 때, 현재 우리나라의 분산적인 농산물 유통시스템 역시 투기성 유휴자금에 이윤 폭을 제공해주고 있다. 일단 유휴자금이 유통단계에 유입되어 분산적인 중개인, 도매상 심지어 소매상들까지 수직적 통합을 진행한다면, 더욱 높은 이윤을 얻게 될 것이다. 이 같은 상황에서 유휴자금의 진입은 사실 농산물 시장의 순조로운 발전에 유익하다.

명제2에 따르면, 국부적인 경쟁 역시 사회 복지를 개선할 수 있다. 따라서 투기성 유휴자금이 농산물 분야에 흘러드는 것이 결코 나쁜 일만은 아니다. 관건은 어떻게 인도하느냐에 달려있다. 막는 방법이 잘 흐르게 하는 방법만 못하다는 말이 있다. 정부에서 무작정 유휴자금을 봉쇄할 것이 아니라, 농산물 유통시스템의 수직적 통합에 참여하도록 격려하거나 유통 단계의 경쟁에 참여하도록 격려하는 편이 나을 것이다. 이 모두 농산물 유통 효율을 향상하고 사회 복지 수준을 개선하는 데 유익하기 때문이다. 더욱 많은 유휴자금이 농산물 유통 분야에 유입된다거나 균형적 이윤이 기타 산업의 평균 이윤보다 낮아진다면 유휴자금이 더는 유입되지 않을 것이고, 정부 또한 봉쇄할 필요가 없게 될 것이다.

시장 수요나 사회복지 모두 상수 k의 증가함수라는데 주목할 필요가 있다. 우리의 모형에서 k를 중간상의 일종 부가가치 서비스로 이해할 수 있다. 예컨대, 농산물에 관한 양호한 등급 냉장 포장 사후 서비스 등을 제공하는 것이다. 부가가치 서비스가 증가될수록 농산물에 대한 수요 또한 한결 증가된다. 기존 원가 하에서 소비자의 효용성을 향상시켰기 때문이다. 물론 이 또한 소매가를 인상할 수 있다. 표 5-6을 보면, The supermarket sends의 부분적 채소 물가가 예컨대 마늘이나 토마토 물가보다 더 높으며, 심지어 주민구역 상점의 물가보다도 소폭 더 높다. The supermarket sends에서 상품을 간단하게 등급을 나누고 포장을 하면서 부가가치가 증가되었기 때문이다.

현재 문제는 다수의 중개인과 도매상들이 되넘기는 역할만 할 뿐 충분한 경제적 부가가치를 제공하지 않는다는 것이다. 많은 도시의 농산물 도매 시장이나 농산물

시장은 장소적 여건이 아주 열악한데, 심지어 바닥재도 깔지 않았다. 소상인들 역시 농산물에 대해 등급을 나누고 포장을 하는 비즈니스 의식이 부족하거나 농산물을 냉동하는 기술도 부족하다. 그리하여 장거리 운송 후 채소의 신선도가 크게 떨어지는 현상을 초래하고 있다. 이는 공연한 손실이다. 이 같은 손실은 결국 유통업자의 원가에 반영되어 역시 최종 소매가 인상을 부추기고 있다.

4. 결론과 정책적 함의

농업문제는 언제나 우리나라의 근본 문제의 하나였으며, 농산물 유통 문제는 농민들의 생계와 소비자들의 복지와 관련되는 문제였다. 오랫동안 농업 생산은 정부의 깊은 중시를 받았지만 농산물 유통시스템의 원활하지 않은 문제는 줄곧 적절한 해결을 받지 못했다. 본장에서는 산업조직론 중의 수직적 제약 모형을 채택하여, 농가 중개인이나 도매상 소매상과 소비자를 하나의 일괄적인 게임 프레임 속에 놓은 다음, 유통 단계의 비일체화 일체화 혹은 수직적 통합, 그리고 완전경쟁 세 가지 상황 하에서의 균형적 물가 판매량 이윤 및 복지 수준을 비교했다.

비교를 통하여 우리는 농산물의 도매상과 소매상 각자가 층층이 독점하고 물가를 올리는 바람에 결국 소매물가가 껑충 뛰어올랐으며, 이것이 농산물 가격이 인상하게 된 체제적 원인이라는 것을 알게 되었다. 그리고 2010년 농산물 수급불균형과 생산원가 상승은 층층이 독점하고 물가를 올릴 수 있는 물가 메커니즘을 통하여 사회 복지 수준을 악화시켰다. 만약 유통 단계를 수직적 통합으로 진행한다면 물가가 내려가고 판매량이 늘어나 이윤도 높아지게 될 것이다.

하지만 수직적 통합을 저해하는 원인에는 농산물의 비표준화 특징, 지방보호주의와 소매시장의 차별화 등이 포함된다. 특히 우리는 농산물에 대한 유휴자금의 투기 현상을 토론했다. 우리는 토론을 거쳐 투기성 유휴자금은 그 원인이 거시적으로 유동성 과잉 현상이 존재하고 미시적으로는 투기할 수 있는 공간이 존재하기 때문이라고 인정했다. 우리의 모형과 결론은 다양한 정책적 함의를 가지고 있다. 우리는 다음과 같이 인정했다.

첫째, 농산물 가격이 오르는 가운데서 농가의 수익을 향상시키려면 반드시 농민들의 생산에서의 조직화 수준을 개선하여 농민들이 중개인이나 도매상과의 협상력을 강화해야 한다.

둘째, 지방보호주의를 타파하고, 민간자본이 유통 분야에 투자하는 것을 격려하거나 유휴자금이 유통 분야에 흘러들도록 인도하여, 유통 단계에서 수직적 통합을 실행하거나 중간 단계의 경쟁에 참여하는 것을 추진해야 한다.

셋째, 중간 단계의 분업을 심화하고, 농산물 등급 나누기, 포장 기술과 냉동 기술을 보급해야 한다.

넷째, 여건이 갖춰진 지방에서는 '농가와 슈퍼마켓의 도킹'을 격려하여 유통 단계를 줄여야 한다.

다섯째, 도시에 농산물과 관련된 영업장소를 늘리어 농민들이 소비자들에게 직매할 수 있는 경로를 넓혀주며, 슈퍼마켓과 채소가게 등 소매상들 간의 경쟁을 심화시켜야 한다.

제3편
외적 시각으로 본
인플레이션 형성 원인

제6장
국제 농산물 가격이 어떻게 중국의
농산물 가격에 영향을 주는가?

제6장
국제 농산물 가격이 어떻게 중국의
농산물 가격에 영향을 주는가?

개요: 본장에서는 월간 데이터를 이용하여, 국제 농산물 가격이 중국 농산물 가격에 영향을 주는가, 영향을 준다면 어느 정도이며, 영향을 줄 수 있는 메커니즘은 무엇인가를 분석했다. 영향을 줄 수 있는 기타 요소를 통제한 조건 하에서, 본장에서는 국제 농산물 가격이 국내 농산물 가격에 미치는 경제적 의미에서의 뚜렷한 영향을 실증했다. 국내 각종 농산물 가격이 국제의 동종의 농산물 가격에 대한 반응 정도에서 비교적 큰 차이를 보이고 있었는데, 옥수수 쌀 콩 물가의 국제 물가 탄력성은 0.19-0.33 사이에서 오르내렸고, 소맥의 국제 물가 탄력성은 0.05가량 되었다.

중국이 가격의 안정을 유지하려면 향후 농업에 대한 지원 폭을 늘리고 국제 농산물시장에서의 자체 협상력을 강화해야 하며, 농산물 무역 조건을 적극 개선하고 국내 농산물 비축을 강화해야 한다. 농산물 무역을 합리적으로 통제하고 농산물 가격 조기 경보시스템을 구축해야 하며, 아울러 재정 보조 등의 방법을 통하여 국제 농산물 가격 파동으로 인한 국내 농산물 인상을 안정시켜야 한다.

키워드: 농산물 가격, 시장 통합, 국제 물가 탄력성, 농산물 무역

1. 머리말

최근 몇 년간 중국 농산물 가격은 지속적인 파동 속에서 급격하게 뛰어올랐다. 2006년 초부터 2010년 말까지 재래시장에서의 소맥 물가는 킬로그램 당 1.16위안에서 2.14위안, 쌀은 2.93위안에서 4.41위안, 옥수수는 1.27위안에서 2.12위안으로 인상, 그 인상폭이 각기 47%, 50%와 67%에 달했다. 같은 시기, 재래시장에서의 대두 물가는 2006년 1월의 킬로그램 당 3.48위안에서 거듭되는 파동을 거쳐 2010년 11월에 킬로그램 당 5.84위안으로 인상, 인상폭이 68%에 달했다. 위안화 대 달러 가치가 평가절상하는 바람에 중국 농산물 가격이 폭등하는 사태가 나타났는데, 2006년 1월부터 2010년 11월까지 소맥과 쌀 물가는 인상폭이 각기 785와 82%였고, 옥수수와 대두 물가는 인상폭이 100%를 뛰어넘었다.[20]

곡물 물가 인상 역시 전 식품가격지수를 통해 체현되었는데, 2005년 1월의 지수를 100이라 할 때 2006년 1월의 지수는 98.07이었지만, 2010년 11월의 지수는 188.63으로 급상승해 상승폭이 92%에 달했다.(그래프 6-1 참고)[21]

국가 통계청에 따르면, 2010년 상승한 중국 소비자물가지수 가운데에서 70%가 식품이다. 이는 식품에 대한 사회 각계의 중시를 불러일으켰으며, 특히 농산물 가격 상승이 큰 이슈로 떠올랐다.

실제로는 일부 제품의 가격 상승폭이 농산물 가격 상승폭보다 엄청 증가되었다. 하지만, 농산물은 가장 기초적인 생필품이기에 저소득층의 생활에 어려움을 조성할 수 있었고, 이는 사회적인 문제와 정치적인 문제를 야기할 수 있었다.(Trostle,2008) 전 사회가 농산물 가격 상승에 주목하게 되자, 각계는 잇달아 농

---

20) 농산물 가격 데이터는 연도별《중국 농산물 가격 조사 연감》에서 인용했고, 환율 데이터는 국가 외환관리국 사이트에서 인용했다.

21) 국제통화기금이 제공한 방법에 따르면, 식품 가격 지수는 곡물, 오일, 육류, 해산물, 설탕, 과일, 채소 등 일련의 제품 물가 지수를 가중 평균하여 얻는다. 1차 데이터는《중국 농산물 가격 조사 연감》에서 인용했다. 지수 구축 방법은 http://www.imf.org/external/np/res/commod/index.asp를 보라.

산물 가격이 상승하게 된 원인을 분석하는데 착수하게 되었다.

　중국 농산물 가격이 급등한데에는 경제 성장과 인구 증가 등의 장기적인 추세를 포함하여, 농업생산 원가 상승과 기대인플레이션과 같은 중기 요소, 그리고 과도한 통화량 과 자연재해 빈발과 같은 단기 요소 등 그 원인이 아주 다양하다. 물론 국제 농산물 가격 파동 및 성장의 영향 같은 것도 소홀히 해서는 안 된다. 본장에서는 이 면을 집중적으로 분석하려 한다.

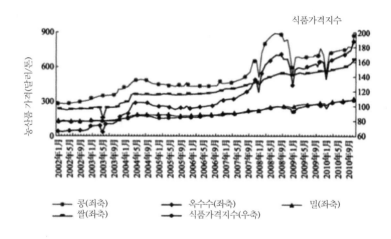

그래프 6-1 중국 농산물 가격 추이(2002-2010년)

　2006년 이래, 국제 농산물 가격에 격렬한 파동이 생겼을 뿐만 아니라, 급등하는 추세가 나타났다. 2006년 1월의 식품 가격 지수는 106.06, 2008년 6월에는 최고치가 188.02로 증가해 그 증가율이 77.3%에 달했다. 그러다 폭락과 상승을 거쳐 2010년 11월에 이르러 173.35라는 높은 수준으로 회복했다. 이 기간 옥수수, 소맥, 쌀, 대두 등 주요 농산물의 국제 물가 역시 급등, 5년 사이에 각기 130%, 64%, 91%, 115%(그래프 6-2 참고) 상승했다.

　국제 농산물 가격과 중국 국내 농산물 가격이 동시에 상승하는 상황이 나타났고, 양자의 파동 역시 고도의 일치성을 나타냈다.(그래프 6-3 참고) 이는 국내 농산물 가격이 국제 농산물 가격의 영향을 받는다고 명시하는 것 같았다. 아울러 최근 연간 중국이 국제 농산물시장에서 날로 주요한 역할을 하게 되면서 농산물 무역액이 신속히 증가하고 있다. 이는 국제 농산물 가격이 중국 농산물 가격에 주는 영향을 등한시해서는 안 된다는 것을 의미하고 있다.

식품가격지수

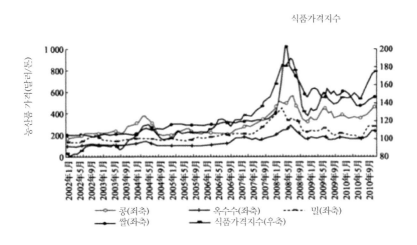

그래프 6-2 국제 농산물 가격 추이(2002-2010년)
자료 출처:IMF 사이트:http://www.imf.org/external/np/res/commod/index.asp

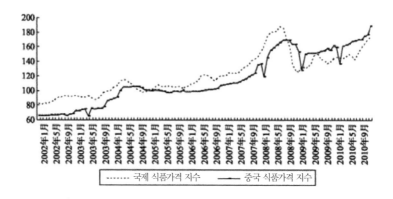

그래프 6-3 중국과 국제 식품 가격 추이(2002-2010년)
자료 출처:IMF 데이터 뱅크와 중국 국가 통계청 데이터 뱅크

그러하다면, 국제 농산물 가격이 중국 농산물에 가격에 어떠한 뚜렷한 영향을 주는가? 만약 영향을 준다면, 영향을 받는 메커니즘은 어떠한가? 영향을 받는 정도는 어떠한가? 기타의 영향 요소와 비교해 볼 때 국제 농산물 가격 요소가 미치는 중요성이 어느 정도인가? 이 모든 것은 현재 존재하는 문헌에서 깊이 발굴하지 못한 문제들로서, 국내 농산물 가격의 파동을 이해하고 (수입)인플레이션의 형성 메커니즘을 이해하는데 아주 중요한 이론적 의미를 가지고 있으며, 아울러 중국 각계에서 국제 농산물 가격 파동에 적극 대처하고, 국내 곡물 안전과 물가 안정을 수호하는데 심각한 계시와 통견을 제공해 줄 수 있다. 본장에서는 이 같은 문제를 진일보적으로 돌파하기 위하여 국제 농산물 가격이 중국 농산물 가격에 영향을 주는가, 어떻게 영향을 주는가 하는 문제를 탐구하면서, 그 영향력을 분석하고 나아가 그 작용 메커니즘을 정리하는데 중점을 두었다. 본장은 6개 부분으로 조성되었는데, 제1부분 머리말 외에 기타 부분의 구조적인 배치는 다음과 같다. 제2부분은 문헌 논평, 제3부분은 이론적 구조, 제4부분은 경험 분석 방법 및 데이터 소개, 제5부분은 경험 분석 결과 보고, 제6부분은 결론적 논평이다.

2. 문헌 논평

국내 농산물 가격과 국제 농산물 가격 간의 관계를 연구함에 있어서 주로 공적분 검정(協整分析) 방법을 응용하여 두 시장의 물가 간에 공적분 관계가 존재하느냐 하지 않느냐를 검정했다. Alexander와 Wyeth(1994)는 엥글&그레인저의 두 단계 표본추출 방법(兩步法, 고정 효과 모형과 랜덤 효과 모형)을 도입하여 인도네시아 쌀 시장에 대해 검정을 진행하여, 국내 시장 물가와 국제 시장 물가 간에 장기적인 통합관계가 존재한다는 것을 발견했다.

Dercon(1995)은 오차수정모형(ECM) 검정방법에 의하여 엥글&그레인저의 두 단계 표본추출 방법을 개선한 다음, 단기적인 통합관계를 검정했다. 학자들은 공적분 검정 방법과 오차수정모형을 토대로 하여 방법을 가일 층 개선하였다. 예컨대 Johansen(요한센) 검정방법으로 두 단계 표본추출 방법을 대체하고(Goodwin, 1992) 벡터오차수정(向量誤差修正, VEC) 모형을 구축한 다음 시장 일체화 정도를 판단(Asche, 1999; Gonzalez, 2001) 하였으며, 누락변수와 자기상관 문제를 극복하기 위해 ECM을 개선했다.(Goodwin, 2001)

국내 학자들은 위에서 기술한 기술을 응용하여 중국 농산물 가격과 국제 농산물 가격 간의 관계를 대대적으로 연구했다. 비교적 빠른 연구 중에서, 장쥐융(張巨勇) 등(1999)과 우라핑(武拉平)은 상관분석과 ECM 등의 방법을 이용하여 국내외 각종 곡물 물가의 통합 정도를 고찰하면서, 전체적으로 보면 국내외 시장 통합 정도가 부족하기는 하지만, 역시 곡물 품종이 다름으로 인해 차이가 있다는 것을 발견했다.

최근의 연구 결과 대부분이 국내 농산물시장 간에 고도의 통합 관계가 존재하고 있음을 입증했다. 저우잉헝(周應恒)과 저우린강(鄒林剛)은 2007년 VAR 모형을 이용하여 분석, 중국 콩 선물시장과 국제 콩 선물시장 간에 통합 관계가 존재하며, 미국 시카고 상품거래소(CBOT)의 물가가 세계 선물 물가 형성에서 지배적 지위를 차지하고 있다는 것을 발견했다. 자오룽(趙榮)과 차오쥐안(喬娟)은 2008년 공중합 방법(共聚合法, copolymerization)과 VAR 모형을 이용하여 중국과 미국의 면화 선물시장과 현물시장 간의 물가 파급 관계에 대한 비교연구를 진행, 양국의 국내 면화 선물 물가와 현물 물가 간에 쌍방향 인과관계와 장기적인 균형관계가 존재한다는 결과를 얻어냈다. 띵서우하이(丁守海)는 2009년 Johansen의 공적분 검정과 VAR 모형을 이용하여 4가지 주요 곡물 물가를 관찰 대상으로 하여 분석, 장기적이든 단기적이든 국제 곡물 물가의 변동이 상당한 정도로 우리나라에 수입된다는 것을 발견했다. 뤄펑(羅鋒)과 뉴바오쥔(牛宝俊)은 2009년 공적분 모형과 VAR 모형을 운용하여, 국제 농산물 가격의 변동이 국내 농산물 가격에 뚜렷한 영향을 주며, 국제 선물 물가의 정보 반응 메커니즘이 수입 가격의 파급효과보다 더 크다는 것을 실증했다.

본장의 연구 목적과 비슷한 다른 한 가지 문헌에서는, 공적분 모형과 오차수정 모형(ECM)을 운용하여 중국 농산물이나 국제 농산물 등의 대종 상품 물가가 중국 전체 물가 수준에 미치는 영향을 검정했다. 즉 대종 상품 물가와 소비자물가지수 간의 자원 통합 관계를 검정했다.

2002년 루펑(盧鋒)과 펑카이샹(彭凱翔)이 벡터오차수정 모형을 이용하여 진행한 중국 곡물 물가와 소비자물가 간의 관계에 대한 연구는 자못 대표적이라 할 수 있다. 그들은 1987년부터 1999년 사이, 인플레이션과 시장 물가 간에 장기적인 균형 관계가 존재했기에 인플레이션이 그레인저 인과관계 의미에서 곡물 물가의 변동에 영향을 준다는 견해가 도리어 성립되지 않는다는 점을 발견했다. 차후 일부 연구자들은 루펑과 펑카이샹(2002)의 방법에 의하여 연구를 진행, 하지만 루펑과 펑카이샹과 상반되는 결론을 도출했다.

우타이위에(吳泰岳)는 2006년에, 농산물 가격과 인플레이션 간에 장기적인 균형 관계가 존재하며, 게다가 물가 변동이 곡물 물가에 영향을 주는 것이 아니라 곡물 물가가 물가 변동에 영향을 준다고 인정했다. 류샤오밍(劉小銘)은 2008년 연구에서, 중국 곡물 물가와 소비자물가지수 간에 쌍방향의 그레인저 인과관계가 존재한다고 밝혔다.

샤오정옌(肖爭艶) 등은 베이예즈(貝叶斯) VAR 모형을 도입하여 연구를 진행, 국제 곡물 물가가 단기간 내에 중국의 소비자물가지수에 현저한 영향을 준다고 밝혔다. 다른 방법으로 이 문제를 연구한 학자들도 있다. 예컨대 청궈챵(程國强) 등은 2008년 거시계량모형을 이용하여 연구를 진행, 돼지고기 물가 인상이 소비자물가지수에 뚜렷한 추진 역할을 하며, 품종이 다른 농산물 간의 물가 파동에 파급성과 동시성이 존재한다는 것을 발견했다. 린신(林鑫) 등은 2010년 산출할 수 있는 일반균형(CGE) 모형을 이용하여 연구를 진행, 수입 농산물 가격 상승이 국내 물가 상승을 초래하기는 하지만, 영향 폭이 아주 제한되어 있다는 것을 발견했다.

현재의 문헌을 종람하면, 국내 농산물 가격의 변동에 영향을 주는 요소를 연구함에 있어서 대부분 정성분석을 도입했는데, 통계데이터나 논리적 추리로부터 착안하여 중국 농산물 가격 파동을 해석했다. 국내외 시장 통합 그리고 곡물 물가와 물가 관계를 연구함에 있어서, 조기에 사용하던 공적분 등 표준 시계열 분석 방법의 연구는 단기적 통합 관계에 대한 고찰에서 어느 정도 단점이 있었다.

그리고 벡터오차수정 모형을 이용한 분석은 통합 정도를 고찰하고 단기적 통합 관계를 고찰할 수 있었지만, 국내 농산물 가격 간의 인과관계나 농산물 가격과 소비자물가지수 간의 인과관계를 판단하는데 만 국한되어 있었기에 경제적 가치에서의 영향이 존재하느냐는 판명할 수 없었고, 한 가지 물가가 다른 한 가지 물가에 미치는 영향력, 그리고 많은 영향 요소 중에서 차지하는 지위를 고찰할 수 없었다. 거시계량 모형을 이용하거나 일반균형 모형을 이용하여 진행한 연구는 모형 설정 형식, 매개변수의 교정 방법 등의 문제의 영향을 받기 때문에 신뢰도가 높지 않으며, 결과적으로는 흔히 질의를 받게 된다.

물론 공적분이나 벡터오차수정 등의 시계열 분석 방법으로 국내외 농산물 가격 간의 인과관계를 검정하는 것은 양자의 관계를 깊이 인식하는데 아주 큰 의미를 가진다고 할 수 있다. 본장에서는 우선 획득한 최신 모든 데이터를 운용한, 시계열 분석을 통하여 최근 연간 국제 농산물 가격 변동이 중국 농산물 가격에 영향을 주었느냐를 탐구했으며, 이를 토대로 하여 기존의 연구 성과와 중국의 현실 상황에 의하여 중국 농산물 가격이 경제적 의미에서 국제 농산물 가격의 영향을 받았느냐를 탐구했을 뿐만 아니라 일련의 중요한 영향 요소를 통제한 전제 하에서 국제 농산물 가격 요소의 영향적 작용을 상세히 분석했다.

이 같은 분석은 우리가 국제 농산물 가격이 국내 농산물 가격에 미치는 영향력과 작용 메커니즘을 확인할 수 있게 하여 이왕의 문헌에서 밝힌 그레인저 의미에서의 인과관계를 진일보적으로 추진한 것이 됨으로, 현재의 연구에서 중요한 돌파라 할 수 있다.

3. 이론적 구조

사실상, 본장의 연구는 크게 두 가지 부분을 포함하고 있다.

첫 번째 부분에서는, 국내 농산물 가격과 국제 농산물 가격 간의 그레인저 인과관계를 검정, 주로는 국제 농산물시장과 국내 농산물시장 간의 통합 관계를 고찰했다. 두 번째 부분에서는, 만약 통합 관계가 존재할 경우, 국제 농산물 가격이 국내 농산물 가격에 경제적 의미에서의 현저한 영향을 미칠 수 있는가? 얼마나 큰 정도로 국내 농산물 가격에 영향을 미치는가? 영향을 미치는 경로와 메커니즘은 무엇인가? 하는 것을 분석했다.

첫 번째 부분의 검정은 주로 VAR 원리에 근거했고, 두 번째 부분은 이왕의 연구와 현실 상황에 의하여 국내 농산물 가격에 영향을 주는 요소를 취사선택한 다음, 상관 변수를 계량 모형에 포함시켰다.

1) 국제 농산물시장과 국내 농산물시장의 통합 관계

저우장웨(周章躍)와 완광화(万广華)의 1999년 연구에 따르면, 농산물시장에 완전경쟁이라는 시장구조가 나타났다고 가정할 경우, 만약 두 개 시장 간에 완전통합이 이루어진다면 농산물 가격의 차액은 마땅히 운송원가와 맞먹으므로 한 시장의 물가 파동이 다른 한 시장에 완전히 파급될 수 있다. 그러나 만약 두 시장 간에 통합 관계가 이루어지지 않았다면 물가 파급 현상이 더는 존재하지 않게 된다.

데이터 자체의 특징을 이용하여 두 시장의 물가 간의 관계를 분석할 경우, 우리가 시장 운영 중의 실제 상황에 의하여 국내 농산물 가격이 국제 농산물의 시차 물가(滯后价格)에 의존한다고 가정할 수 있다. 중국 농산물시장과 국제 농산물시장 사이에는 비교적 큰 공간적 거리가 존재하고 또한 농산물 무역이 결코 자유무역이라는 '진공' 상태에만 처해 있는 것이 아니라, 무역 장벽이라는 보호주의가 광범위하게 존재하며, 생산 운송 결제 등의 과정에서 시차가 존재하기에, 이 모든 상황은 우리더러 국내의 당기 물가가 국제 시차 물가의 영향을 받는다고 가정할 것을 요구하고 있다.

이는 본장에서 VAR 모형 그리고 VEC 모형을 구축하는데 기초를 마련해 주었다. 우리는 이론과 현실(표 6-1부터 6-3을 돌이켜보며)에 의하여 다음과 같은 가설을 내놓았다.

명제1: 국제 농산물시장과 중국 농산물시장 간에는 고도의 통합 관계가 존재한다. 이 같은 통합 관계는 제반 식품 가격 지수에서 구현될 뿐만 아니라 주요 단일종의 농산물 가격에서도 구현되고 있다.

명제1은 두 시장의 농산물 가격 간에 그레인저 의미에서의 인과관계를 가지고 있다는 것을 밝혔을 뿐, 인과관계의 발전적 추세를 명시하지 않았다. 본장의 연구목적에 따라 우리는 한층 더 검증해야 할 두 가지 명제를 내놓았다.

명제2: 국제 농산물 가격의 변동은 국내 농산물 가격 변동의 주요인(뚜렷한 원인)이다.

명제3: 국내 농산물 가격의 변동은 국제 농산물 가격 변동의 주요인이다.

여기서 말하는 '원인'은 그레인저 인과관계를 초월한 것으로서, 경제적 의미에서의 원인을 가리킨다. 명제3은 분명 본장에서 주목해야 할 핵심적 내용은 결코 아니지만 검정 과정에서의 '부산물'로 되어, 거짓 명제가 아닌지를 입증하는 내용으로 삼을 수 있다. 그레인저 인과관계 검정과 VEC 모형을 통해서 우리는 명제2가 거짓 명제가 아닌지를 확정할 수 있을 뿐이다. 만약 시계열을 통하여 분석하려면 이 명제가 반증(証僞)을 거치지 않았기 때문에 다음 단계의 분석을 진행해야 만이 그 진위를 확정지을 수 있다.

2) 국제 농산물 가격이 국내 농산물 가격에 미치는 영향

이 부분의 키포인트는 이왕의 연구에 의하여 국내 농산물 가격에 영향을 주는 주요 변수를 확정하는 것이며, 따라서 국내 농산물 가격에 영향을 주는 요소의 계량 모형을 구축하고 고찰하는데 이론적 토대를 제공해주는데 있다.

본장의 핵심적 요지가 국내 농산물 가격에 대한 국제 농산물 가격의 영향적 작용을 고찰하려는데 있기 때문에 명제2에서 이 요소를 고찰 대상으로 삼았다. 사실상, 기존의 일부 문헌은 서로 다른 측면에서 이 문제를 초보적으로 해석했다. 예컨대, 띵서우하이(丁守海)는 2009년, Johansen의 공적분 검정에 대입시켜 간접무역이 일부 식품가격의 국제적 수입을 초래했다는 연구결과를 내놓았다. 뤄펑과 뉴바오쥔은 2009년 분산분해(方差分解)를 통하여, 국제 선물 가격의 정보 반영 메커니즘이 국내 농산물 가격의 파동에 중요한 영향을 발생한다고 인정했다. 만약 이렇게 국제 농산물 가격이 국내 농산물 가격에 뚜렷한 영향을 미친다면, 오히려 기타 영향 요소를 통제한 상황에서, (설명변수)국제 가격과 국내 가격은 정적 상관관계(正相關關系)를 나타낸다.

Trostle(2008)은 곡물 가격에 영향을 주는 공급과 수요의 주요 요소를 밝혔다. 수요 면에서, 경제 급성장과 인구 급증 그리고 육류 소비의 급증이 곡물 수요를 촉진하는 3대 요소로 작용한다. 곡물 수요에 대한 인구 급증의 영향은 분명하다. 그리고 그 밖의 두 가지 요소는 사실상 동일한 문제의 두 가지 측면이라 할 수 있는데, 바로 경제성장이 소비구조를 업그레이드하면서 육류 소비를 늘렸기 때문에, 육류 소비 증가 역시 경제(소득)성장이라 귀결할 수 있다. 루펑과 셰야(謝亞)는 2002년 우리나라 곡물 소비와 소득 증가의 관계를 연구하고 이를 토대로 하여, 현재의 소득 증가 수준에 따르면 향후 20-30년 사이 해마다 반드시 생산량을 0.3% 내지 0.5%를 증가해야 한다는 예측을 내놓으면서, 이로서 경제성장이 곡물 수요 및 곡물 물가를 촉진하는 작용을 한다는 사실을 입증했다.

공급 면에서, Trostle(2008)은 농산물 재고 감소, 생산원가 상승, 생물연료 생산 확대, 미 달러 평가절하, 곡물 수입국 외화 보유고 급증, 자연재해 및 수출입국 정책 등을 언급했다. 구체적으로는 중국의 농산물 공급까지 언급, 최소한 다음과 같은 몇 가지 영향 요소를 언급했다.

최근 연간, 토지 임대료와 물질적 비용이 대폭 상승(程國強 등 2008년), 그리고 유가 상승이 농업의 생산비용을 상승시켰다(李國祥, 2008년). 생물 연료의 대량 생산과 사용은 옥수수 등의 농산물 수요를 대폭 증대시켰다(仇煥廣 등 2009년). 중국 곡물 재고량은 늘 파동이 생겼고, 재고량 감소는 곡물 가격을 요동치게 했다(黃季焜, 仇煥廣, 2007년). 과도한 통화량은 화폐와 농산물의 비례 관계에 영향을 주어 인플레이션 효과를 발생시켰다(胡冰川 등 2009년). 자연재해의 빈발, 생산의 주기적 변동 등 농업생산의 특유 요소가 농산물 공급이 달리는 현상을 초래했다(鍾甫寧, 2008년).

위에서 기술한, 중국 농산물 가격에 영향을 주는 모든 공급 요소를 국제 농산물

가격의 '통제요소'로 간주할 수 있다. 위에서 기술한 논술에 의하여 다음과 같은 명제를 개괄할 수 있다.

명제4: 경제성장 수준이 개선될수록, 인구 증가 속도가 빠를수록, 농업 생산비용이 높을수록, 유가가 높을수록, 생물연료 사용량이 많을수록, 곡물 재고량이 적을수록, 통화량이 증가될수록, 외화 보유고가 증가될수록, 자연재해가 엄중할수록 국내 농산물 가격은 더욱 상승한다.

명제4는 허다한 명제를 포괄하고 있지만, 본장에서 주목해야 할 핵심적 내용은 아니다. 그러나 계량 분석을 할 때 여러 명제의 지위를 검정할 수는 있다.

4. 경험적 분석 방법과 데이터

1) 경험적 분석 방법

첫 단계의 시계열 분석은 이전의 연구에서 채택한 방법과 같다. 우리는 국내와 국제의 총체적 식품 가격 지수, 그리고 옥수수·밀·쌀·대두 네 가지 곡물 물가에 대해 공적분 분석과 오차수정 분석을 진행했다.

우선 각 조의 시계열 데이터에 공적분 관계가 존재하는가를 검정했다. 만약 공적분 관계가 존재한다면 두 가지 물가에 장기적인 균형 관계가 존재하거나 적어도 한 조에 인과관계가 존재한다는 것을 표명하므로, VEC 모형을 이용하여 두 가지 물가 간의 그레인저 의미에서의 인과관계 발전 추세를 분석할 수 있다. VEC 모형의 표현식(익스프레션)은 다음과 같다.

$\Delta p_{(x", t)}^c = \beta_0 + \beta_1 E_{t-1} + \left[\text{``$\Sigma$''} \top_{(i=t"-"1)} \bot^{(t"-"1)} \beta_i \Delta p_{(x", i)}^c + \left[ \text{``Σ''} \top_{(j=t"-"k)} \bot^{(t"-"1)} \beta_j \Delta p_{(x", j)}^f + \varepsilon_t^c \quad (6-1) \right. \right.$

$\Delta p_{(x", t)}^c = \beta_0 + \beta_1 E_{t-1} + \left[\text{``$\Sigma$''} \top_{(i=t"-"1)} \bot^{(t"-"1)} \beta_i \Delta p_{(x", i)}^c + \left[ \text{``Σ''} \right. \right.$

$\top$(j=t"-" k)】⊥(t"-" 1)βj △ p_(x"," j)^f+ε_t^c (6—2)

식에서 p는 곡물 물가, E는 1기(期) 시차의 오차 수정항, △은 제1계의 계차(一階 差分), x=g,c,w,r과 s를 각기 전체 식품 옥수수 소맥 쌀 대두, t는 시기, l과 k는 시차 계수, 차승(上標) c과 f는 각기 국내와 국제, ε는 추정방정식(Estimate Equation, 估計方程)의 잔차항(殘差項, 낱낱의 측정값에서 측정값 전체의 평균값을 뺀 차이를 말한 항 역자 주)이다.

β와 γ를 계수로 하고, 만약 β1이 유의성(顯著)이라면, 국제 농산물 가격이 장기적으로 국내 농산물 가격에 그레인저 의미에서의 인과관계를 갖고 있다는 것을 표명한다. 만약 γ1을 유의성이라 한다면, 국내 농산물 가격이 장기적으로 국제 농산물 가격에 그레인저 의미에서의 인과관계를 갖고 있다는 것을 표명한다. 만약 최소한 하나의 βj가 유의성이라면, 국제 농산물 가격이 단기간 내에 국내 농산물 가격에 영향을 줄 수 있다는 것을 표시한다. 만약 최소한 γj가 유의성이라면, 국내 농산물 가격이 단기간 내에 국제 농산물 가격에 영향을 줄 수 있다는 것을 의미한다. 추정 과정에서, 비유의적인 시차항을 제거하기 위해 먼저 공분산(協整方差)을 도입하여 잔차항을 구하고, 다시 첫 번째 기간 시차의 잔차를 E로 하며, 연립방정식(6-1)과 식(6-2)을 추정한 다음 step의 순차적 회귀에 따라 비유의적인 시차항을 점차 제거한다.

두 번째 단계의 회귀분석은 제3부분의 이론적 구조를 토대로 하여 구축했다. 국내 농산물 가격을 피설명 변수로 하고, 관련 수요와 공급 요소를 설명변수로 할 경우, 국내 농산물 가격 p의 결정 방정식은,

p=f(Foreign,Eco, Pop,Stock,Cost,Wea,M,Exch,Bio) (6—3)이다.

식에서, Foreign은 국제 농산물 가격 그리고 국제 선물시장 가격과 중국 농산물

무역량을 포함한 국제 요소를 표시, Eco는 1인당 GDP, 공업 부가가치, 소비자 신뢰도지수 등을 포함한 구개 경제성장 상황을 표시, Stock은 국내 곡물 재고량을 표시, Cost는 농업 생산비용을 표시, Wea은 자연재해 상황을 표시, M은 통화량을 표시, Exch은 환율 및 국제준비금(國際儲備) 등 요소를 표시, Bio는 생물연료 사용 상황을 표시한다. 계량분석을 할 때, 현실적 의의와 통계상의 요구에 의하여 상술한 요소를 여러 구체적인 변수를 통해 표시했으며, 계량모형을

$$px/f,t=\alpha+\delta p_{(x'',''t''-''1)}^{f+''}\ \ \top_{i}\theta_{i}w_{i}'',''t''-''l_i\ )+\varepsilon t \quad (6{-}4)로 했다.$$

우리는 표준 최소제곱법(普通最小二乘法, OLS)을 사용하여 추정했다. 시계열 데이터가 비정상일 수 있어서 국내 농산물 가격을 피설명변수로 했다. 따라서 회귀 시에 물가 변동(제1계의 계차)을 피설명변수로 삼았다. px/f는 국제 농산물 가격을 표시하고, x는 구체적인 식품 종류를 표시한다. wi는 국내 농산물 가격에 영향을 미치는 기타 여러 요소를 표시하는데, 본장에서는 이 같은 요소를 통제한 조건 하에서 국제 농산물 가격의 영향 작용을 상세히 분석했다. 국제 물가의 파급 시차가 대개 1개월(연구팀, 2007) 간이라는 점을 고려하여 px/f를 첫 번째 기간의 시차 데이터로 삼았다. 국내 농산물 가격에 대한 기타 각 요소의 영향 역시 시차성이 존재하므로, 통제변수(控制變量) wi를 li 기간의 시차 데이터로 삼았으며, li은 기존의 문헌과 경제의 실제 운영 상황에 의하여 확정했다. α는 상수항, δ(델타)와 θ(세타)는 추정 계수, ε는 잔차항이다.

2) 변수 설명 및 데이터 기술

국내 농산물 가격과 국제 농산물 가격 간의 인과관계를 검정할 때, 즉 시계열을 분석할 때, 전체 식품가격 지수와 대두 옥수수 쌀 밀 네 가지 농산물 가격 지수를

포함한 5가지 물가 변수 데이터만 취급했다. Trostle(2008)의 기술 가운데서 우리는, 국제 농산물 가격이 2002년부터 현저한 상승세를 나타내기는 지만, 이 전에는 특별한 해에 비교적 큰 파동이 발생한 외에 줄곧 비교적 안정세를 나타냈다는 사실을 발견했다. 이밖에 중국이 2001년 말 세계무역기구에 가입한 후, 국내 농산물 가격은 국외 농산물과의 연관성이 더욱 강화되었다.

따라서 우리는 2002년 1월부터 2010년 11월까지의 월간 데이터를 사용했는데, 국내 물가는 연도별 '중국 농산물 가격 조사 연감', 그리고 국무원개발연구센터(Development Research Center of the State Council)의 거시적 데이터 뱅크에서 인용했고, 국제 물가는 IMF의 주요 상품물가 데이터 뱅크에서 인용했다.[22]

전체 식품 가격 지수의 1차 데이터를 동기대비 데이터와 전월대비 데이터로 했는데, 우리는 2005년 1월을 100이라는 기준 데이터로 전환했다. 농산물 무역과 선물시장의 정보 반영 메커니즘으로 하여 예상한 국내 물가와 국제 물가가 정적 상관관계를 가지었다.

회귀분석을 할 때 관련된 변수가 많고, 게다가 일부 변수의 월간 데이터를 얻을 수 없는 어려움이 있었다. 연도 데이터를 인구 데이터로, 분기 데이터를 GDP 데이터로 삼았으며, 데이터는 국무원개발연구센터 사이트 거시적 데이터 뱅크에서 인용했다. 경제성장 수준을 평가할 때, GDP 외에 공업 부가가치도 한 가지 중요한 지표이며, 어느 정도 국가의 생산 상황과 번영 수준을 반영한다. 이밖에 소비자 신뢰지수 역시 한 측면으로 일국의 경제성장 상황을 반영한다. 본장의 경험 분석을 월간 데이터에 근거하려고 우리는 회귀분석을 할 때 공업 부가가치거나 소비자 신뢰지수로 GDP 지수를 대체했다. 이 두 가지 변수의 데이터는 각 시기의 '중국경제 경기 월보(中國經濟景气月報)'와 국무원개발연구센터 사이트 거시적 데이터 뱅크에

---

22) 국무원개발연구센터 사이트: http://data.drcnet.com.cn/web/OLAPQuery.aspx?; IMF 데이터 뱅크 사이트: http://www.imf.org/external/np/res/commod/index.asp.

서 인용했다. 민감성 검정을 할 때, 우리는 역시 GDP를 이용했는데, 이용할 때 그 변수의 월간 데이터를 분기 데이터와 합쳤다. 경제성장 상황이 좋을수록 농산물 수요가 증가되므로, 우리가 예정한 농산물 가격은 상술한 지표처럼 정적 상관관세를 나타냈다.

국제 농산물 선물가격은 시카고상품거래소 사이트에서 인용, 데이터를 얻는데 한계가 있어서 콩 선물가격만 인용했다. 곡물 재고량은 미국 농업부 예측 정보에서 인용했다.[23] 농업 생산비용을 측정할 때 우리는 농업생산 지출지표와 생산성 고정자산 구입에 든 지출지표를 인용, 데이터는 국무원개발연구센터 사이트 거시적 데이터 뱅크에서 인용했다. 본장에서는 연도별 농업 재해 면적을 가지고 자연재해 요소를 측정했으며, 2008년 이전의 데이터는 '중국 농업 통계연감'에서 인용했고, 2009년과 2010년의 데이터는 중앙 기상대에서 발표한 '농업 기상재해 감시 측정 조기경보 평가'를 정리하여 인용했다.[24] 분명, 국 내 농산물 가격은 생산비용과 재해 면적과 정적 상관관계를 가지고 있었다.

광의통화량(M2) 데이터는 각 시기 '중국경제 경기 월보'에서 인용했고, 외화 보유고와 위안화 대 달러 환율은 국가 외환 관리국 사이트에서 인용했다.[25] 우리가 예상한 국내 농산물 가격은 광의통화량과 외화보유고와 정적 상관관계였고, 직접 표시 환율과(直接標价法)는 부적 상관관계였다. 에너지 정책은 생물연료 사용량을 얻을 방도가 없어서 우리는 더미 변수(dummy variable, 虛擬變量)로 중국이 생물연료를 대량 사용하기 시작한 특정 시기를 표시했다. 2007년 중국 정부가 대체 에너지 활용을 제창하는 일련의 재생에너지 정책을 발표(처우환광, 2009)했기 때문에 가변수에 대해 2007년 1월 이후의 시간대 밸류에이션(賦值)은 1로, 이전의 밸류에

---

23) 시카고상품거래소 사이트: http://www.cmegroup.com/market-data/datamine-historical-data/datamine.html;
　　미국 농업부 '세계 곡물 수급 예측' 사이트: http://www.fas.usda.gov/psdonline/psdHome.aspx.

24) 조기경보 평가 사이트: http://data.drcnet.com.cn/web/ChannelPage.aspx?.

25) 사이트 주소: http://www.safe.gov.cn/model_safe/tjsj/rmb_list.jsp?.

이션은 0으로 정했다.

이밖에 석유 등의 에너지물가는 두 가지 방면으로부터 농산물 가격에 영향을 주고 있다. 첫 번째는 에너지물가 상승이 농산물 가격 상승을 불러왔고, 이로부터 농산물 가격이 올라갔다. 다음은 에너지가격 상승이 생물연료 사용량 증가를 불러왔고, 역시 농산물 가격 상승을 이끌었다. 우리는 회귀 모형에 중국 수입원유가격을 포함시켰으며, 데이터는 '중국경제 경기 월보'에서 인용했다.

물가 변수의 단위가 절대량일 경우에 우리는 소비자물가지수(CPI)를 도입해 디플레이터(平減指標)로 삼았으며, 이 분산성을 제거하고자 모든 변수를 로그(對數)에서 가져왔다. 회귀분석 중에서 각 변수의 함의, 표본수(sample number, 樣本數), 기술통계(descriptive statistic, 描述性統計), 설명변수의 예상 기호는 표 6-1 중에 배열했다.

표 6-1 변수 설명 및 기술통계

변수	함의(단위)	표본수	평균값	표준 편차	예상 기호
피설명 변수					
p_c/g	중국 식품 가격 지수 로그값(지수는 1995년 1월의 기준치 100을 근거로 했음)	107	4.698	0.310	
p_c/c	중국 재래시장 옥수수 물가 로그값(달러/톤)	107	5.235	0.285	
p_c/w	중국 재래시장 소맥 물가 로그값(달러/톤)	107	5.287	0.281	
p_c/r	중국 재래시장 쌀 물가 로그값(달러/톤)	107	5.949	0.330	
p_c/s	중국 재래시장 대두 물가 로그값(달러/톤)	107	6.209	0.333	

변수	함의(단위)	표본수	평균값	표준편차	예상 기호
	설명변수				
	국내 물가변수				
p_f/g	국제 식품 가격 지수 로그값(지수는 1995년 1월의 기준치 100을 근거로 했음)	107	4.776	0.221	+
p_f/c	미국 2호 노란 옥수수 멕시코만 FOB 물가 로그값(달러/톤)	107	4.898	0.303	+
p_f/w	1호 겨울 소맥 멕시코만 FOB 물가 로그값(달러/톤)	107	5.259	0.298	+
p_f/r	분쇄율 5% 쌀 방콕 FOB 물가 로그값(달러/톤)	107	5.816	0.450	+
p_f/s	시카고거래소 2호 대두 선물 가격 로그값(달러/톤)	107	5.638	0.315	+
	경제 성장 및 인구 변수				
GDP	중국 1인당 GDP 로그값	36			+
Vad	중국 1인당 공업 부가가치 로그값(위안)	107	3.662	0.517	+
Conf	소비자 신뢰지수 로그값(지수는 2005년 1월 기준치를 100으로 함)	107	4.571	0.046	+
Pop	중국 인구 로그값(만명)	9	11.79	0.016	+
	에너지 변수				
Coal	호주 뉴캐슬 석탄 FOB 물가 로그값(달러/톤)	107	4.000	0.521	+
Crudeoil	브렌트, 텍사스, 두바이 원유가격 로그값(달러/배럴)	107	3.876	0.491	+
Biofuel	중국이 널리 사용하고 있는 생물연료의 가변수	107	0.327	0.471	+
	농업 생산원가 및 재해 변수				
Proexp	1인당 농업생산에 지출한 로그값(위안)	36	4.700	0.522	+
Fixexp	1인당 생산성 고정자산 구입에 지출한 로그값(위안)	36	3.403	0.338	+
Disa1	농업 피해 면적 로그값(1천 헥타르)	9	10.67	0.133	+

변수	함의(단위)	표본수	평균값	표준편차	예상 기호
Disa2	농업 재해 면적 로그값(1천 헥타르)	9	10.02	0.213	+
화폐 금융 변수					
Exch	위안화 대 달러 환율 로그값(위안/100달러)	107	6.654	0.079	-
M2	중국 광의 통화량 로그값(억 위안)	107	12.57	0.424	+
Reser	중국 외화보유고 증가율(%)	107	2.472	1.545	+
Future	CME 콩 선물 가격 로그값(달러/톤)	107	5.531	0.285	
변수	**함의(단위)**	**표본수**	**평균값**	**표준편차**	**예상 기호**
농산물 비축 변수					
Stockg	품종별 식품 재고량 평균값 로그값(1천 톤)	107			-
Stocks	콩 재고량 로그값(1천 톤)	107	8.568	0.685	-
Stockc	옥수수 재고량 로그값(1천 톤)	107	10.73	0.220	-
Stockr	쌀 재고량 로그값(1천 톤)	107	10.64	0.163	-
Stockw	소맥 재고량 로그값(1천 톤)	107	10.71	0.196	-

5. 경험분석 결과

1) 국제 농산물시장과 국내 농산물시장의 통합 관계

우리는 우선 물가 데이터의 안정성을 검정했다. 만약 각조의 물가 서열이 불안정하기는 하지만 같은 계열의 단정(單整)일 경우에는 Johansen 공적분 검정 방법으로 국내외 농산물 가격 간의 장기적 관계를 고찰했다. 이어서 VEC 모형을 이용하여 물가 간의 장기적 관계 경향과 단기적 영향 관계를 고찰하고, 동시에 공적분 벡터를 산출했다.

표 6-2에서 알 수 있다 시피, 국내 농산물 가격이든 국제 농산물 가격이든 그리고

국내 전체 식품가격 지수이든 모두 불안정적 시계열이다. 하지만 이 시계열의 1차 차분은 모두 안정적이다. 따라서 매 한 쌍의 물가(혹은 물가지수)에 대해 균등하게 공적분 검정을 진행할 수 있었다.

표 6-2 ADF 검정 결과

변수		p_c/c	p_c/w	p_c/r	p_c/s	p_c/g	p_t/c	p_t/w	p_t/r	p_t/s	p_t/g
수준값	검정형식	(C,t,1)	(C,t,0)	(C,t,2)	(C,t,12)	(C,t,1)	(C,t,1)	(C,t,1)	(C,t,1)	(C,t,1)	(C,t,1)
	ADF통계량	-2.41	2.03	-0.72	-1.35	-2.90	-2.36	-2.43	-2.58	-2.73	-1.43
1차차분	검정형식	(C,0,12)	(C,0,0)	(C,0,1)	(C,0,11)	(C,0,0)	(C,0,0)	(C,0,0)	(C,0,0)	(C,0,0)	(C,0,0)
	ADF통계량	-2.61*	-9.64***	-11.5***	-1.92*	-12.9***	-7.98***	-7.75***	-3.84***	-7.10***	-6.02***

설명: 검정 형식 (C,t,P) 중의 자모 혹은 숫자는 각기 상수항 유무, 시계열 경향 유무와 시차 계수(階數)를 표시한다. 시차 계수는 슈바르츠(Schwarz) 준칙에 의해 확정했다. ***,**와 *는 각기 1%, 5%와 10%의 유의 수준상 기각한 단위근의 귀무가설이다.

표 6-3은 Johanson 공적분 검정 결과에 관한 리포트이다. 주어진 시계열 사이에는 공적분 관계의 귀무가설이 존재하지 않으므로 5쌍의 물가 시계열에 대해 트레이스 통계량(迹統計量)이든 최대고유치 통계량(最大特征值統計量)이든 모두가 5%의 임계치 보다 크다. 그리하여 귀무가설이 모두 기각되었다.[26].이렇게 각종 농산물의 국내외 물가 간에 공적분관계가 존재한다는 것을 검정했다. 즉 국내외 농산

---

26) 월간 데이터서 우리는 공적분 검정을 할 때 루펑과 평카이상(2002)의 처리 방법에 따라 시차 계수(滯后階數)를 12로 했다.

물시장 간에는 장기적인 통합 관계가 존재한다는 것을 검정했다. 이것으로 본장의 명제1 중의 가설을 실증했다.

표 6-3 Johanson 공적분 검정 결과

	고유치	트레이스 통계량	5% 임계치	최대고유치 통계량	5% 임계치
식품	0.16	18.78	15.49	18.34	14.26
옥수수	0.07	7.19	3.84	7.19	3.84
소맥	0.06	6.42	3.84	6.42	3.84
쌀	0.05	5.58	3.84	5.58	3.84
대두	0.16	19.55	15.49	18.20	14.26

각 쌍의 물가 시계열 사이에 공적분 관계가 존재하기에 공적분을 제약할 수 있는 VAR 모형, 즉 VEC 모형으로 국내외 농산물 가격의 인과 경향 그리고 그 영향의 강도를 분석할 수 있었다. 우리는 식 (6—1)과 식 (6—2)에 대해 VEC 추정을 하고, 동시에 step 회귀 절차에 따라 유의성의 시차항을 점차 제거했다. 추정 결과는 표 6-4 중에 밝혔다.

표 6-4 국내외 농산물 가격의 VEC 추정

	식품		옥수수		소맥		쌀		대두	
	국내물가	국제물가	국내물가	국제물가	국내물가	국제물가	국내물가	국제물가	국내물가	국제물가
공적분 벡터	[1,-0.721]		[1,-1.117]		[1,-0.977]		[1,-1.582]		[1,-0.968]	
오차수정항	0.194 (3.002)	-0.056 (-1.098)	0.037 (2.164)	-0.064 (-1.473)	0.030 (2.210)	-0.033 (-0.817)	0.094 (1.616)	-0.032 (-1.001)	0.153 (3.028)	-0.057 (-0.860)
국내1기 (期) 시차	-0.307 (-3.412)						-0.516 (-4.207)		-0.235 (-2.989)	
국내2 기시차	-0.179 (-2.080)					-0.624 (-2.121)	-0.237 (-2.112)		-0.211 (-2.715)	
국내 5기 시차					0.153 (1.605)					-0.194 (-2.118)

	식품		옥수수		소맥		쌀		대두	
	국내물가	국제물가	국내물가	국제물가	국내물가	국제물가	국내물가	국제물가	국내물가	국제물가
국내8 기 시차					-0.174 (-1.846)					
국내9 기 시차		0.150 (2.226)							-0.153 (-1.959)	
국내10 기 시차								-0.095 (-1.831)	-0.214 (-2.519)	
국내11 기 시차	-0.173 (-1.677)								-0.341 (-3.601)	

국내 12 기 시차	0.352 (3.538)	-0.163 (-2.081)	0.560 (6.279)		0.284 (2.878)				0.525 (5.667)	
국제 1 기 시차		0.526 (4.701)	0.132 (3.148)	0.268 (2.539)				0.706 (5.693)		0.415 (3.473)
국제 2 기 시차	0.308 (1.917)									
국제 4 기 시차							-0.516 (-2.076)			
국제 7 기 시차		-0.264 (-2.500)								
국제 10 기 시차								0.211 (2.196)		
국제 11 기 시차										0.259 (2.308)
국제 12 기 시차		-0.238 (-1.989)	-0.073 (-1.698)							

설명: 괄호 안의 t값은, 본 통계표에서 t값이 1.6보다 큰 각 항 계수만 밝혔다. t값이 1.6보다 작은 추정 계수는 비유의적이라고 인정하여 통계표에 밝히지 않았다.

5개 국내 물가 방정식 중의 오차 수정항 모두는 유의적이지만, 5개 국제 가격 방정식 중의 오차 수정항 모두는 비유의적이다. 이는 국내외 물가의 장기적인 균형 관계의 효과적 방향은, 국제 농산물 가격의 변동이 국내 농산물 가격의 변동을 불러왔으며, 이 같은 단방향의 그레인저 인과관계가 명제3을 반증(証偽)하면서 명제2를 초보적으로 지지함을 표명하고 있다. 하지만 그레인저 인과관계는 선발(先動)과 후발(后動)의 관계일 뿐, 경제적 의미에서의 인과관계를 설명할 수는 없다. 때문에 국내 농산물 가격에 대한 국제 농산물 가격의 영향은 진일보적인 검정이 필요하게 된다.

표 6-4 중의 시차항의 추정 결과는 국내외 물가 사이의 단기적인 상호 영향 관계를 반영했다고 할 수 있다. 국내 농산물 가격은 자체 시차항의 현지한 영향을 받았다. 대두를 예로 든다면, 제 1, 2, 9, 10, 11, 12기의 시차항은 모두가 국내의 대두 물가에 현저한 영향을 주었다. 특히 제 12기의 시차항은 부호가 플러스이지만 t값이 아주 크다. 이는 1년 전의 국내 대두 물가가 그 기간의 물가와 정적 상관관계를 가지고 있었음을 의미하며, 농산물 생산과 판매에 아주 강한 주기성을 가지고 있음을 말해준다. 기타 몇 가지 물가 역시 유사한 상황이 나타났다. 국제 농산물 가격의 시차항은 소량의 몇 개에서만 유의적이었는데, 이는 국내 가격에 대한 국제 가격의 단기적 효과가 분명하지 않다는 것을 말해준다. 이밖에 여러 품종별 국제 농산물 가격의 1기 시차항은 모두가 유의적이었지만, 국내 및 국제 가격의 기타 각 단계의 시차항은 소량에서만 유의적이었다. 이는 국내 농산물 가격이 국제 농산물 가격에 대해 단기적인 영향이 극히 제한적이라는 것을 말해준다.

표 6-4 중의 공적분 벡터는 국내외 농산물시장의 통합 정도를 밝혔다고 할 수 있다. 전 식품가격의 지수를 볼 때, 공적분 벡터 [1, -0.721]은 국제 식품 가격 지수가 1% 상승하면 국내 식품 가격 지수도 0.721% 상승했다. 이는 양자의 협동 정도가 꽤나 높다는 것을 말해준다. 농산물 단일 품종 물가를 볼 때, 국내외 농산물시장은 고도의 통합 관계를 이루고 있다. 소맥과 대두를 볼 때, 국제 가격이 1% 상승하면 국내 가격도 거의 1% 상승했고, 옥수수와 쌀을 볼 때, 국제 가격이 1% 상승하면 국내 가격의 상승폭은 각기 1.117%와 1.582%에 달했다. 이 같은 '대통합 상태'는 한편으로 국내외 가격의 고도의 일치성을 설명하며, 다른 한편으로 국내 가격 변동 폭이 국제 가격 변동 폭을 능가한 것 또한 국내 농산물 가격 변동은 국제 가격의 영향 뿐만 아니라, 기타 방면의 영향도 받는다는 것을 의미한다.

국내 농산물 가격이 국제 농산물 가격의 충격을 받고 나타내는 동적 반응을 관찰한 후 우리는 그 결과를 상응한 임펄스 응답 함수로 그려보였다.(그래프 6-4 참고)

그래프에서 밝혔다시피, 전체 식품 가격을 놓고 보면, 당기(本期)에 국제물가의 한 가지 표준편차의 충격을 제시할 경우, 국내 식품 가격에 대한 영향이 점차 확대되다가 제6기에 이르러 그 영향이 절정에 이르렀으며, 차후 대체로 같은 수준을 유지했다. 옥수수시장에서, 국제 가격 충격의 영향은 우선 지속 상승하다가 제8기 이후부터 하락, 그러다 제13기 이후부터 대폭 상승, 제22기 이후부터 비교적 안정적인 수준을 유지했다.

소맥시장에서, 국제 가격의 충격으로 인한 국내 물가의 반응은 오히려 24기(期) 동안 지속적인 상승세를 나타내다가 중간에 간혹 소폭적인 요동을 보이기도 했다. 쌀 시장에서, 충격으로 인한 반응은 제11기에 절정에 이르렀다가 차후 소폭 요동을 쳤고, 제24기에 이르러서 완만한 하락세를 보이었다. 이 같은 상황은, 국제 농산물 가격이 국내 농산물 가격에 지속적인 영향을 미친다는 것을 설명한다.

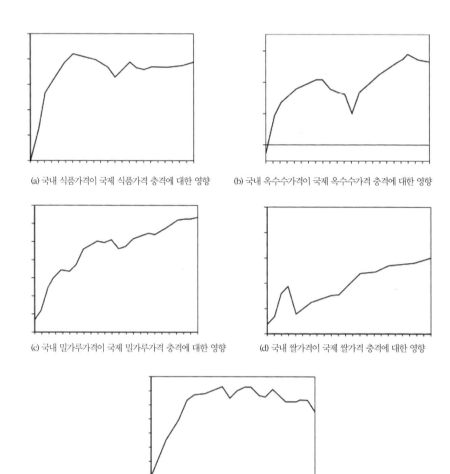

(a) 국내 식품가격이 국제 식품가격 충격에 대한 영향   (b) 국내 옥수수가격이 국제 옥수수가격 충격에 대한 영향

(c) 국내 밀가루가격이 국제 밀가루가격 충격에 대한 영향   (d) 국내 쌀가격이 국제 쌀가격 충격에 대한 영향

(e) 국내 콩가격이 국제 콩가격 충격에 대한 영향

그래프 6-4 국제 농산물 가격의 충격에 대한 국내 농산물 가격의 반응

이어서 분산분해를 진행했는데, VEC 모형의 예측 오차를 상등하게 분산분해를 하여 국내외 물가 충격의 기여율로 되게 한 다음 매 품종의 물가 충격의 상대적 중요도를 고찰했다.(표 6-5 참고)

표 6-5 중국 농산물 가격 파동의 분산분해

API	국내 식품가격지수			국내 옥수수 가격			국내 소맥 가격			국내 쌀 가격			국내 대두 가격		
	표준편차	국내 가격	국제 가격	표준편차	국내 가격	국제 가격	표준편차	국내 가격	국제 가격	표준편차	국내 가격	국제 가격	표준편차	국내 가격	국제 가격
1	0.038	99.92	0.082	0.027	99.11	0.892	0.024	98.85	1.153	0.091	99.44	0.555	0.053	97.05	2.947
2	0.045	93.94	6.058	0.038	93.87	6.129	0.034	97.41	2.589	0.097	97.40	2.595	0.066	88.03	11.97
3	0.055	73.06	26.94	0.047	88.09	11.91	0.041	92.24	7.759	0.108	88.99	11.01	0.078	70.64	29.36
4	0.067	59.73	40.28	0.055	83.32	16.68	0.047	86.83	13.17	0.121	81.82	18.18	0.094	57.97	42.03
5	0.078	50.24	49.76	0.063	79.39	20.61	0.052	82.31	17.69	0.126	81.70	18.30	0.110	48.63	51.37
6	0.090	42.76	57.24	0.069	76.04	23.96	0.058	80.23	19.77	0.132	80.96	19.04	0.130	39.07	60.93
……															
24	0.203	25.39	74.61	0.156	59.30	40.70	0.127	44.07	55.93	0.260	37.05	62.95	0.324	11.83	88.17

제2기에서, 국내 식품 가격 지수의 파동을 거의 전부 자체의 정보로 해석할 수 있지만, 제3기에 이르러서 자체의 영향적 기여율이 73.06%로 급락하고, 제6기에 이르러서는 50% 이하로 하락했다. 비교적 긴 기간을 고찰해보면, 제24기에 이르러 국내 물가 변동에 대한 국제 식품 가격 지수의 기여율이 거의 4분의 3에 가까웠다. 이 같은 결과는 국제 식품 가격이 국내 식품 가격에 매우 강한 영향력을 가지고 있다는 것을 가일 층 설명한다.

구체적인 제품의 가격에서도 이와 유사한 상황이 나타났다. 제24기에 이르러 국제 가격의 기여율이 가장 적은 제품은 옥수수이지만, 역시 40.70%에 달했으며, 소맥 쌀 대두의 국제 가격 기여율은 각기 55.93%, 62.95%와 88.17%에 달했다.

이렇게 VEC 분석 결론은, 국제 농산물 가격이 국내 농산물 가격에 그레인저 의미에서의 영향 작용을 한다는 것을 진일보적으로 실증하면서 명제2의 가설을 어느 정도 지지해주었다. 국제 가격이 국내 가격에 경제적 의미에서의 영향을 미칠 수 있느냐, 그리고 그와 관련된 구체적인 영향 메커니즘이나 영향 강도에 대해서는 뒤 부분의 회귀분석에서 토론하려 한다.

2) 국내 농산물 가격에 대한 국제 농산물 가격의 영향

우리는 식(6-4)에서 우선 월간데이터를 사용, 각종 농산물의 국내 물가를 피설명변수로 하고 상관 영향 요소를 설명변수로 하여 OLS 회귀분석을 진행했다. 표 6-5에서 밝힌 것처럼, 인구 수재 상황 곡물 재고량을 연간데이터로 삼고, 농업 생산 원가를 분기 데이터로 삼은 다음, refler(2004)의 방법에 따라 연간 데이터와 분기데이터와 대응하는 월간데이터를 어울리게 사용함으로써 비교적 큰 표본수를 담보했다.

일부 변수는 유사한 경제적 의미를 가지고 있고 그들 사이의 상관계수 또한 비교적 높기 때문에 유사한 영향적 요소를 측정할 때 우리는 회귀분석을 여러 번 진행하면서 유사한 의미를 가지고 있는 변수를 순서대로 대입했으며, 그렇게 함으로써 핵심 설명변수 예측 결과의 강인성을 고찰했다. 이어서 우리는 두 가지 민감성 검정을 진행했다. 첫째로는, 월간 데이터를 합하고자 분기데이터를 도입하여 회귀분석을 진행했다. 둘째로는, 존재할 수 있는 내생성 문제를 극복하고자 입방 방정식을 도입하여 회귀분석을 진행했다.

(1) 표준 검정(基准檢驗)

국내 식품 가격 지수의 영향 요소를 고찰할 때, 국제 식품 가격 지수의 예측계수가 0.393으로 1% 이하의 유의수준이었다.(표 6-6 참고) 변수가 모두 대응 형식이기에 예측 계수가 탄력적인 함의를 가지고 있다. 즉 국제 식품 가격 지수가 1% 상승할 때마다 국내 식품 가격 지수가 거의 0.4% 상승했다. 추정치를 기타 일련의 영향 요소를 통제한 전제 하에서 도출했기 때문에 국내 가격 대 국제 가격 변동의 탄력성이 0.4%쯤 되어 직감과 일치할 뿐 더러, 경제적 의미상에서도 합리적이다.

조정한 R^2가 0.967에 달하고 F 통계량이 280.7이어서, 계량모형의 적합도가 아주 훌륭하다는 것을 설명한다. 물론 시계열 데이터를 사용하면 가성회귀(虛假回歸)가 존재할 수 있으므로, 우리는 잔차서열에 대해 단위근 검정을 진행, ADF 통계량이 -5.467로서 1% 수준의 임계치보다 작았다. 이는 잔차서열이 안정적이어서 가성회귀의 가능성을 배제할 수 있다는 것을 의미한다. 이 같은 결과는 국제 가격 지수가 국내 식품 가격 지수에 대해 경제적 의미에서의 영향을 미친다는 것을 말하며, 국내 물가가 변동하게 된 뚜렷한 원인이라는 것을 말해준다. 앞부분에서 한 공적분 분석과 VEC 분석을 결합하여 명제2의 이론적 가설을 실증할 수 있다.

표 6-6 중국 농산물 가격에 영향을 주는 요소

파생변수 / 설명변수	식물가격지수		옥수수 가격		소매 가격		쌀 가격		대두 가격	
	(1)	(2)	(3)	(4)	(5)	(6)	(7)	(8)	(9)	(10)
상수	104.3*** (30.52)	74.36*** (21.28)	21.41 (28.30)	13.31 (18.47)	78.15*** (25.09)	38.89** (15.43)	129.9*** (42.31)	102.9*** (31.58)	170.9*** (40.08)	134.3*** (30.04)
	0.393*** (0.074)	0.381*** (0.064)								
			0.219*** (0.034)	0.219*** (0.031)						
					0.043* (0.021)	0.056*** (0.021)				
							0.191** (0.085)	0.265*** (0.076)		
									0.329*** (0.046)	0.199*** (0.048)
Vad	-0.015 (0.060)		0.122** (0.054)		0.032 (0.038)		0.035 (0.083)		0.033 (0.077)	
Conf		0.598*** (0.227)		0.710*** (0.220)		0.059 (0.173)		0.971*** (0.356)		0.877** (0.352)
Pop	7.935*** (2.760)	5.378*** (2.000)	27.61*** (2.564)	56.87*** (1.710)	18.10*** (1.762)	20.37*** (1.460)	10.55*** (3.775)	9.435*** (2.864)	13.33*** (3.460)	10.572*** (2.711)
Coal	0.037*** (0.013)		0.092*** (0.023)		0.052*** (0.016)		0.050*** (0.004)		0.068* (0.035)	

| 피설명변수 | 식품가격지수 | | 옥수수 가격 | | 소맥 가격 | | 쌀 가격 | | 대두 가격 | |
설명변수	(1)	(2)	(3)	(4)	(5)	(6)	(7)	(8)	(9)	(10)
Crudeoil		0.050* (0.027)		0.116*** (0.022)		0.213*** (0.017)		0.061* (0.035)		0.034** (0.015)
Biofuel	0.245*** (0.048)	0.430*** (0.041)	0.242*** (0.043)	0.339*** (0.037)	0.034** (0.015)	0.055** (0.027)	0.156** (0.074)	0.158*** (0.064)	0.274*** (0.065)	0.437*** (0.094)
Proexp	-0.007 (0.018)		-0.006 (0.016)		-0.006 (0.011)		0.054** (0.025)		0.002 (0.023)	
Fixexp		-0.007 (0.032)		-0.026 (0.029)		0.021 (0.023)		-0.031 (0.048)		0.033 (0.045)
Disa1	0.326*** (0.063)		0.315*** (0.059)		0.278*** (0.024)		0.427*** (0.087)		0.802*** (0.118)	
Disa2		0.241*** (0.034)		0.151*** (0.030)		0.271*** (0.023)		0.274*** (0.046)		0.507*** (0.082)
Exch	-1.352*** (0.472)	-1.118*** (0.388)	-1.739*** (0.409)	-0.721*** (0.319)	-1.371*** (0.295)	-1.409*** (0.288)	-0.930** (0.532)	-1.306*** (0.542)	-1.159* (0.590)	-0.406 (0.481)
M2	0.506*** (0.180)	0.458*** (0.126)	0.386*** (0.171)	0.603*** (0.103)	0.342*** (0.121)	0.381*** (0.089)	0.884*** (0.251)	0.772*** (0.170)	0.667*** (0.214)	0.694*** (0.137)
Reser	0.0003 (0.004)	0.001 (0.003)	0.001 (0.003)	0.002 (0.003)	-0.0003 (0.003)	-0.001 (0.002)	-0.002 (0.005)	-0.002 (0.005)	-0.001 (0.005)	0.001 (0.005)
Stockg	-0.171*** (0.057)	-0.118** (0.06)								
Stockc			-0.136*** (0.051)	-0.170** (0.087)						

파생변수\설명변수	식물가격지수		옥수수가격		소맥가격		쌀가격		매두가격	
	(1)	(2)	(3)	(4)	(5)	(6)	(7)	(8)	(9)	(10)
Stockw					-0.219*** (0.042)	-0.266*** (0.050)				
Stockr							-0.775*** (0.092)	-0.239*** (0.096)		
Stocks									-0.229*** (0.043)	-0.229*** (0.060)
조정한 R2	0.967	0.974	0.968	0.975	0.984	0.984	0.944	0.951	0.951	0.954
F 통계량	280.7	355.1	283.7	361.2	573.4	566.2	158.1	179.7	182.6	195.5
ADF 통계량	-5.467	-7.311	-3.737	-5.670	-4.013	-6.475	-8.980	-9.607	-6.779	-8.256

설명: 괄호 안의 숫자는 표준편차이다. ***, **, *는 각기 1%, 5%, 10%의 유의 수준 상에서 기각된 단위근의 귀무가설을 표시한다. 표 6-7과 6-8도 이와 같다.

기타 통제변수 예측 결과는 본장에서 주목할 중점이 아니지만, 이 같은 결과를 통하여 국내 곡물 가격의 변동에 영향을 주는 요소를 더욱 충분히 이해할 수 있다. 대다수 변수의 부호가 기대에 부합되었고 아울러 유의적(顯著)이었다. 곡물 가격은 인구 에너지물가 수재 면적 통화량과 정적 상관 관계였고, 환율과는 부적 상관관계였으며, 생물연료의 대규모 사용은 식품 가격 상승을 부추겼다. 1인당 공업 부가가치, 1인당 생산적 경비(生産支出), 외화 보유고는 유의성이 없었다(不顯著). 공업 부가가치와 GDP 간의 변동 추세에 차이가 존재하여 경제 성장 상황을 제대로 반영하지 못하고, 1인당 생산적 경비가 농업경비의 일부분 밖에 안 되어 농업 생산원가를 포괄적으로 반영하지 못하며, 외화 보유고가 환율과 엄중한 다중공선성(多重共線性)을 가지고 있지는 않지만 곡물 가격에 대한 영향적 작용이 환율 요소에 흡수된 것이 그 원인일 수 있다.

소비자 신뢰지수로 1인당 공업 부가가치를 대체, 원유가격으로 석탄 가격을 대체, 농업 고정자산 투자로 생산적 경비를 대체, 재해 면적으로 피해 면적을 대체하면, 회귀분석 결과 (2)와 (1) 사이에는 결코 유의차(顯著性差異)가 없었는데, p_g/f의 예측 계수가 0.381이었을 뿐더러 1%의 유의수준이었다. 이는 우리가 한 예측결과가 강인하다는 것을 표명한다.[27] 이때 소비자 신뢰지수가 유의적 플러스(顯著爲正)여서 경제의 급성장이 식품 가격의 상승을 부추겼다는 가설을 지지했다. 원유가격의 예측계수는 여전히 플러스로서 유의수준이 소폭 하락했다. 국제 유가의 파동이 중국 농업 생산원가에 간접적인 전가 효과만 존재하기 때문일 수 있다.

이와 유사하게, 구체적인 농산물을 사용한 국내 물가를 설명변수로 한 예측결과는 표 6-6 중의 (3)부터 (10)까지이다. 옥수수가격의 국제 가격 탄력성을 0.219로 삼았는데, 합리적인 경제적 의미를 가지고 있었고, 게다가 통제변수를 변환한 후의

---

27) 사실상 우리는 설명변수를 하나하나 변환하여 회귀분석을 진행했는데, 예측결과의 차이가 크지 않았다. 편폭의 제한으로 말미암아 표 6-6에는 동시에 변환한 4개의 설명 변수의 결과만 밝혔다.

예측결과가 아주 강인했다. 소맥의 국제 가격 탄력성은 0.05쯤 밖에 안 되어 비교적 작았고, 게다가 (5)중의 유의수준 역시 소폭 하락했다. 이는 국내 소매 가격에 대한 국제 소매가격의 영향적 작용이 매우 제한적이라는 것을 설명한다. 이는 중국 소맥 무역량이 아주 적어, 국외의 소맥시장과 단절되어 있는 상황을 어느 정도 반영하고 있다. 쌀과 대두 가격 예측결과 역시 국제 농산물 가격이 국내 가격에 뚜렷한 영향을 미친다는 사실을 실증, 국외 가격 탄력성의 추정치가 0.19-0.33 사이였다. 모든 방정식의 적합도(擬合优度)가 아주 높아 장차 시계열이 단위근 검정을 모두 통과했다. 따라서 표 6-6의 결과는 명제2의 이론적 가설을 실증하고 아울러 명제4의 부분적 결론도 실증했다.

(2) 민감성 검정

이상 통제변수의 변환을 통하여 회귀분석을 진행, 국제 가격의 예측계수가 줄곧 유의적 플러스(顯著爲正)여서, 예측결과의 강인성이 이미 증명되었다. 아래에 우리는 여러 가지 민감성 검정을 진일보적으로 진행하게 된다.

경제성장 수준을 비교하는 가장 집적적인 지표가 1인당 GDP이지만, 2004년 이후부터 국가 통계청에서는 분기 GDP 데이터만 공개하고 있다. GDP 데이터의 빈도와 정합하려고 우리는 월간 데이터를 분기 데이터에 합친 다음 소표본 통계치라는 조건 하에서 국내 농산물 가격에 대한 국제 농산물 가격의 영향적 작용을 고찰했다. 표 6-7에서 밝혔듯이, 국제 농산물 가격 지수는 여전히 플러스이고, 게다가 대다수가 5% 이상의 유의수준이며, 예측한 국외 가격 탄력성 역시 합리적인 구간의 범위 내에 있다.[28] 하지만 이때 소맥 가격과 방정식의 예측계수는 모두 유의성이 없었다. 표 6-6의 예측결과마저 마찬가지이다. 이는 소맥시장에서, 국외시장과 국내시장의 분할이 비교적 분명하여 국내 소맥 가격에 대한 국제 소맥 가격의 영

---

28) 편폭의 제한으로 말미암아 표 6-7과 6-8에는 핵심 설명변수의 예측 결과만 밝혔다.

향적 작용이 제한적이라는 것을 설명한다.[29] 쌀 가격 방정식의 두 차례 예측 중에서, 한 차례는 유의성이 없었는데, 이는 어쩌면 데이터를 합치면서 일부 정보가 손실되는 바람에, 소표본 회귀분석에서 편차적인 결과를 초래했을 수 있다. 각각의 방정식에서, 1인당 GDP의 예측계수가 모두 유의적 플러스였는데, 이는 명제4 중의 경제성장 수준이 높을수록 농산물 가격이 상승한다는 가설을 실증했다. 여러 방정식 잔차 모두 안정성 검정에 통과되었다. 한마디로 말하면, 분기 데이터를 이용한 회귀분석은 국제 농산물 가격이 국내 농산물 가격에 현저한 영향을 주고 있다는 것을 밝혀냈고, 따라서 명제2를 진일보적으로 실증했다.

표 6-4의 분석 결과는, 국내 농산물 가격이 국제 가격에 대해 그레인저 의미에서의 인과관계를 장기적으로 가지고 있는 것은 아니지만, 단기적으로 어느 정도 영향적 작용을 한다는 것을 설명한다. 게다가 최근 몇 년간 중국이 국제 농산물 무역에서의 참여도가 지속적으로 심화되면서, 국내 농산물 가격이 무역 루트를 통해 국제 시장의 수급 관계에 영향을 주고, 따라서 국제 가격에 영향을 줄 수 있다.

이는 핵심 설명변수 p_g/f가 내생성을 가질 수 있음을 뜻하므로, p_g/f를 위해 도구변수(工具變量)를 취하여 회귀분석을 진행할 필요가 있다. 우리는 국제 농산물 선물 가격을 현물 가격의 도구변수로 취했다. 국제 대종 상품 교역 중에서 선물거래는 흔히 정보 전달이나 기대효과 등의 경로를 통해 선물 가격에 영향을 주지만, 국제 선물거래가 국내 재래시장에서의 농산물 가격에 미치는 영향이 매우 제한적이기 때문이다. 데이터를 얻는데 한계가 있어서 우리는 시카고상품거래소(CME) 대두 선물 가격만 이용하여 내생성 극복을 시도해 보았다. 우리는 완전정보 최대우도법(FIML, 完全信息极大似然法)을 도입하여 연립방정식 예측을 진행, 회귀분석 결과는 표 6-8 중에 열거했다.

---

29) '작용이 제한적이라고 해서 작용이 없다는 말이 아니다. 소표본 예측은 편차를 초래할 수 있으므로 유의성이 없다는 결과를 전적으로 믿을 수 없기 때문이다. 이밖에 검정 기준을 완화할 경우, 이제까지 한 소표본 회귀분석에서의 국제 소맥 가격이 모두 15% 유의수준이기 때문이다.

표 6-7 민감성 검정: 분기 데이터 회귀분석

피설명변수 설명변수	식품가격 지수		옥수수 가격		소맥 가격		쌀 가격		대두 가격	
	(1)	(2)	(3)	(4)	(5)	(6)	(7)	(8)	(9)	(10)
	0.298** (0.133)	0.289** (0.107)	0.174** (0.067)	0.195*** (0.068)	0.085 (0.053)	0.066 (0.040)	0.153 (0.103)	0.186** (0.088)	0.455*** (0.059)	0.310*** (0.068)
GDP	0.923*** (0.093)	1.071*** (0.109)	0.126*** (0.036)	0.298*** (0.096)	0.115*** (0.038)	0.145** (0.070)	0.829*** (0.110)	0.430*** (0.121)	0.198*** (0.096)	0.120*** (0.017)
調整的R2	0.973	0.980	0.975	0.974	0.973	0.986	0.978	0.975	0.978	0.969
F統計量	115.6	156.3	123.0	118.0	110.5	220.5	150.0	121.7	138.0	98.75
ADF統計量	-2.919	-5.114	-5.130	-4.935	-4.266	-3.875	-6.498	-6.478	-4.639	-4.900

표 6-8 민감성 검정: 연립방정식 회귀분석

피설명변수 설명변수	식품가격 지수		옥수수 가격		소맥 가격		쌀 가격		대두 가격	
	(1)	(2)	(3)	(4)	(5)	(6)	(7)	(8)	(9)	(10)
	0.423*** (0.113)	0.386*** (0.093)	0.266*** (0.062)	0.231*** (0.048)	0.173*** (0.055)	0.087** (0.038)	0.279* (0.149)	0.308*** (0.127)	0.329*** (0.067)	0.190*** (0.070)
Future	0.661*** (0.054)	0.656*** (0.052)	0.910*** (0.070)	0.901*** (0.069)	0.761*** (0.093)	0.750*** (0.094)	1.175*** (0.132)	1.170*** (0.126)	1.082*** (0.021)	1.080*** (0.023)
R2(I)	0.959	0.973	0.964	0.974	0.949	0.982	0.934	0.945	0.950	0.953
R2(II)	0.724	0.718	0.734	0.728	0.524	0.514	0.604	0.594	0.958	0.957
대수 가능성비	243.8	247.6	218.9	226.5	213.0	221.7	116.1	115.9	268.9	271.1

연립방정식을 이용하여 예측한 결과, 국제 농산물 가격의 예측계수는 여전히 유의적 플러스였고, 또한 추정치가 최소 제곱법(OLS)의 예측결과보다 약간 컸다.(표 6-6 중의 결과와 비교) 식품 가격 지수의 국제 가격 탄력성 추정치는 0.4 안팎, 옥수수는 0.25 안팎, 쌀은 0.3 안팎이지만, 소맥의 국제 가격 탄력성의 추정치는 비교적 큰 폭으로 상승했다. 아주 흥미로운 일은, 도구변수가 대두 선물 가격이기에 대두의 국제 가격 탄력성 최소자승추정법의 예측결과와 거의 일치하다는 점이다.

도구변수 대 국제 가격의 설명력 방면에서, Future의 예측계수는 모두 유의적 플러스였고, 국제 가격 방정식의 정합도 역시 꽤나 좋았다. 대두가격에 대한 예측에서 적합도가 가장 좋았는데, 조정한 R2가 0.95를 웃돌았다. 이 같은 결과는 도구변수의 선택이 합리적이었음을 설명해줌과 아울러 본장의 예측결과가 강인함을 진일보적으로 입증해주었다. 이에 따라, 내생성 문제의 계량 검정 역시 명제2의 이론적 가설을 지지했음을 고려할 수 있었다.

6. 결론적 논평

2002년 1월부터 2010년 11월까지의 월간 데이터를 사용한 시계열분석을 통하여 우리는 국내외 농산물 가격 간의 인과관계를 검정했다. 공적분 검정은 국내외 농산물 시장은 고도의 통합관계가 존재한다는 것을 밝혔고, VEC 모형의 예측결과는 장기이든 단기이든 국제 농산물 가격이 국내 농산물 가격에 모두 그레인저 의미에서의 인과적 작용을 한다는 것을 검정했으며, 임펄스 응답과 분산분해는 국제 농산물 가격이 국내 농산물 가격에 비교적 지속적인 영향을 미친다는 것을 나타내 보였다.

이를 토대로 하여 우리는 국내 농산물 가격에 영향을 주는 일련의 변수를 도입하여 회구분석을 진행, 영향을 미치는 기타 요소를 통제한 조건 하에서 국제 농산물 가격이 국내 농산물 가격에 경제적 의미에서의 유의적 영향을 미친다는 것을 실증했다. 각종 농산물 가격은 동종 제품의 국제 가격에 대한 반응정도에 비교적 큰 차이가 있었는데, 옥수수 쌀 대두의 국제 가격 탄력성은 0.19-0.33이라는 구간의 범위 내에 처해있었지만 소맥의 국제 가격 탄력성은 0.05 안팎 밖에 안 되었으며, 전 식품가격지수의 국제 가격 탄력성은 0.4에 근접했다. 본장의 경험 연구결과는 실질적인 농업 정책과 농업 개발에 일부 유익한 통찰과 계시를 제공해 주었다.

현재 중국의 주요 농산물 가격은 여전히 국제 가격의 영향을 크게 받고 있다. 또한 국제 농산물 가격의 최근 연간 파동이 아주 빈번한데다가 물가 파동의 촉진 요소가 여전히 아주 활약을 하고 있다. 예컨대 석유가격의 불안정성, 생물에너지의 진일보적인 개발과 사용, 자연재해, 주요 수출국의 수출 규제 정책 등이다. 이렇게 중국의 농산물 가격은 향후 심각한 불확정성이 존재한다.

농산물은 국가 경제와 국민의 생활과 관계되기에 물가 파동이 일시적이라 할지라도 국민경제에 엄중한 영향을 미칠 수 있다. 특히 최근 몇 해 동안 농산물 수입량이 지속적으로 늘면서, 국제 농산물 가격의 격렬한 파동은 심지어 중국의 식량 안보 문제를 어느 정도 야기할 수 있다. 본장의 결론은, 향후 중국이 식량 안보를 보장하고 곡물 가격의 안정을 유지하려면 내부와 외부 두 가지 방면으로부터 착수하여 문제를 해결할 필요가 있다. 한 편으로, 농업의 기초적 지위를 대폭 강화해야 한다. 농업을 명실상부한 의식(衣食)의 근원으로 생존의 근본으로 간주하여 자금 과학 기술 유통시스템 등의 방면으로부터 농업에 대한 지원 폭을 확대함으로써 농업의 안정적인 발전을 보장해줘야 한다.

다른 한편으로, 국제 농산물시장에서의 자체 협상력을 강화하고 농산물 무역 조건을 적극 개선해야 하며, 이왕의 대종 상품 무역 중에서 '중국이 구매하려면 가격이 상승하고, 중국이 판매하려면 가격이 하락'하는 불리한 상황을 개변함으로써 국제 농산물 가격 파동으로 인한 중국 농산물 가격의 상승을 근본적으로 억제해야 한다.

본장의 계량 결과는, 국내 농산물시장과 국외 국제 농산물시장 간의 고도의 통합 관계는 주로 국제 무역을 통해 이루어진다는 것을 설명한다. 중국이 소맥시장에서 엄격한 무역 규제를 실시하기에 소맥 수입량이 아주 적다. 때문에 다른 제품에 비해 소맥의 국제 가격 탄력성이 아주 낮았다. 이 같은 결론은, 국내 농산물 비축을 강화하면, 농산물 무역에 대한 규제가 상당한 정도에서 국제 농산물시장의 물가 파동으로 인한 국내 농산물 가격의 영향을 막을 수 있다는 것을 의미하고 있다. 이는 물론 국내 농산물 생산량을 확대하고 비축량을 확대하는 중요성을 강조한 것이지 무턱대고 자급자족을 강조하려는 것이 아니다. 이밖에 농산물 무역, 특히 농산물 수입은 일정한 범위 내에서 장기적으로 존재하게 된다.

그러므로 국제 농산물시장 가격에 대한 감시와 통제력을 강화하고 농산물 가격 경보 메커니즘을 구축함과 아울러 재정 보조 등의 방법을 통하여 국제 가격의 파동으로 인한 국내 농산물 가격 상승을 억제하는 작업이 정부가 향후 노력해야 할 또 하나의 방향이다.

제3편
외적 시각으로 본
인플레이션 형성 원인

제7장
대종 상품의 국제무역이 중국경제에 대한 영향
-국제 비교와 장기적 성장이라는 시각에 의하여 분석

제7장
대종 상품의 국제무역이 중국경제에 대한 영향
-국제 비교와 장기적 성장이라는 시각에 의하여 분석

개요: 우선, 본장에서는 전가 메커니즘이라는 각도에서 출발하여 국제 대종 상품 가격이 우리나라(중국)의 전체 물가수준에 미치는 영향력을 분석했다. 우리나라는 에너지자원과 금속 원료 등의 주요 대종 상품에 대한 의존도가 비교적 높을 뿐만 아니라 지속적으로 늘어나는 바람에 국제시장에서 이 같은 제품의 가격 파동은 우리나라에 큰 영향을 미치게 되었다. 국제 대종 상품의 가격 상승은 우선 채굴(광물)류의 제품 가격지수를 대폭 상승하게 하여 결과적으로 생산재 가격 지수와 공산품 출하 가격 지수를 상승시켰다.

다음, 본장에서는 대종 상품가격이 강세를 유지하도록 만든 근본적 원인을 토론했다. 제2차 세계 대전 이후 세 차례 발생한 대종 상품의 강세장을 분석하면서, 영향을 준 기타 요소가 존재[예컨대, 정치적 간섭, 대종 상품의 금융화(金融化) 등]하기는 했지만, 산업화와 도시화가 급성장하는 단계에 들어서면서 인구가 증가하고 수요가 증가한 것이 대종 상품가격을 단기 내에 상승하게 된 근본적 원인이라는 것을 발견했다.

장기적인 수급 상황에 대한 분석에 따르면, 향후 10년 동안 대량의 인구가 급성장하는 산업화와 도시화 시대에 들어서면서 대종 상품의 수요가 지속적으로 늘어날 수 있다. 동시에 장기적으로 보면 자원 공급총량이 충족하지만, 주요 광물 제품의 공급능력 성장의 시차성(滯后性)을 고려할 경우 우리가 어느 정도의 예견적인 투자를 유지하지 않는다면 대종 상품의 가격이 장기간 동안 고공 행진을 할 수 있다. 그 다음 국제 비교를 통하여, 대종 상품의 국제무역 분야에서의 우리나라 특징을 분석, 다음과 같은 세 가지 특징을 발견했다.

첫째, 대종 상품의 총체적 대외 의존도가 2001년 이후 급상승했다. GDP에서 차지하는 순수입 원자재 비율로 평가할 때, 우리나라는 이미 주요 경제체(경제권, 經濟体) 가운데서 원자재 수입 의존도가 비교적 높은 경제체의 하나로 부상했다.

둘째, 종별로 볼 때, 기타 주요 경제체에 비해 우리나라에서 수입하는 대종 상품은 구조적으로 아주 뚜렷한 특징을 가지고 있다. 주로는 금속광물과 금속제품 수입 비중이 기타 경제체보다 높은 반면, 광물 에너지원과 농산물 분야는 그 지위가 상대적으로 두드러지지 못하다.

셋째, 각종 상품시장에서의 점유율(份額)로 볼 때, 우리나라는 금속광물과 금속제품 국제무역시장에서의 지위가 아주 두드러지는데, 세계 무역액의 절반을 웃도는 광사를 수입하고 있지만, 광물 에너지원 시장과 농산물 시장에서는 규모가 비교적 큰 참여자에 불과하다.

시장별 우리나라 지위에 따라 우리는 마땅히 다른 정책을 제정해야 한다. 우리나라가 주도적 지위를 차지하지 못하는 시장에 대해서는 단기 내에 기존의 국제시장 정가시스템과 리스크 분산 메커니즘을 활용하여 국가 비축을 비롯한 적절한 조치를 강구하는 것으로 리스크 헤징(對冲)을 할 수 있다. 우리나라가 주도적 지위를 차지하는 금속광물시장에 대해서는 상위 기업과 하위 기업을 일체화 하는 것이 최적의 방법이다. 금속광물 선물거래소를 설립해야 한다는 제안에 관해서는 마땅히 신중하게 처리해야 하며, 기존의 무역시스템을 점차적으로 개혁하는 방법으로 이를 대체할 수 있다.

키워드: 국제 대종 상품, 물가 전가

1. 국제 대종 상품가격 파동이 우리나라 물가 수준에 미치는 영향

산업화와 도시화를 한창 빠른 속도로 이룩하고 있는 경제체로서의 우리나라는 세계적으로 원자재 수요가 가장 왕성한 경제체 중의 하나로 부상했다. 하지만 자원 분포의 불균형으로 말미암아 많은 품종의 원자재를 국제무역에 의존해야 하는 상황이다. 따라서 원자재 수입은 우리나라 전반 외국무역에서 아주 중요한 위치를 차지하고 있다.

원유를 예로 든다면, 2010년 우리나라 연간 일반무역 수입총액은 7,680억 달러인데, 그중 원유와 완제품 기름 수입액이 각기 1,352억 달러와 223억 달러에 달해, 이 두 가지 제품만 수입총액의 21%를 차지했다. 우리나라는 국제시장에서의 원료성 대종 상품에 대한 의존도가 아주 높다. 원유를 예로 든다면, 2010년 표관 소비량(Apparent Consumption)이 최초로 4억 톤을 돌파, 대외 의존도가 53.8%(중국 석유 및 화학공업 연합회가 2011년 1월 발표한 데이터)에 달했다. 철광석 대외 의존도는 2010년에 소폭 하락하기는 했지만, 60% 안팎(중국 철강공업협회 2010년 12월 언론에 발표한 데이터)에 달했다.

2009년 우리나라 주요 원자재 제품 수입 상황에 관하여서는 표 7-1을 참고하라,

표 7-1 2009년 중국 주요 원자재 제품 수입 상황

품종	수입액(억 달러)	일반무역에서 차지하는 비중(%)
원유	892.6	16.7
철광석 및 그 정광	501.4	9.4
완제품 기름	169.8	3.2
석탄	105.7	2.0
곡물 및 곡물가루(밀가루)	89.8	1.7
구리광 및 그 정광	84.8	1.6
원목	40.9	0.8
액화 석유가스 및 기타 탄화수소 가스	33.7	0.6
합성고무(라텍스 포괄)	30.0	0.6
천연고무(라텍스 포괄)	28.1	0.5
목화(원면)	21.1	0.4
비료	20.1	0.4
합계	2,018.0	37.9
일반무역 수입총액	5,338.7	

자료 출처: 중화인민공화국 통계청 『중국 통계연감(2010)』, 베이징, 중국통계출판사 201년. 수입액이 20억 달러를 웃도는 주요 수입 품목만 밝혔다.

표 7-1을 통해 우리는 앞의 6가지 제품 즉 원유 철광석 및 그 정광 완제품 기름 석탄 곡물 및 곡물가루 구리광 및 그 정광만 해도 우리나라 일반무역 수입액의 34.6%를 차지한다는 것을 알 수 있다. 그리고 모든 제품들 가운데서 곡물 및 곡물가루 그리고 석탄 수입액이 절대액 상에서 비교적 많기는 하지만, 국내 생산량 역시 많기 때문에 대외 의존도가 별로 높지 않다. 그러므로 우리나라로 말하면, 수입량이 많을 뿐더러 대외 의존도가 높은 대종 상품들로는 주로 원유 철광석 및 그 정광 구리를 비롯한 비철금속 이 세 가지 종류이다.

그래프 7-1에서 우리는 1999년 이래 국제시장에서의 이 제품의 가격 파동 추이를 그려보았다. 우리는 그래프를 통해 1999년 1월부터 2010년 11월까지 이 세 가지 제품의 가격 상승폭이 대체로 비슷한 500%-700% 사이였다. 하지만 세 가지 제품의 가격 파동 폭도는 오히려 비교적 큰 차이를 보였는데, 원유가 가장 높고 다음은 구리, 그리고 철광석 순이었다. 금융 속성이 강한 제품일수록 가격 파동 폭이 더욱 크다는 것을 알 수 있다.(원유와 구리는 주로 선물거래소를 거쳐 가격이 정해지지만, 철광석은 여전히 주로 공급과 수요 양측이 직접 협상하여 가격을 정한다.)

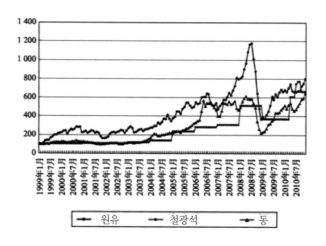

그래프 7-1 몇 가지 주요 대종 상품의 국제 가격 파동 상황(1999년 1월=100)
설명: 원유가격은 브렌트, 두바이와 서부 텍사스의 경질유의 평균 가격을, 철광석 가격은 브라질이 유럽으로 운송하는, 품위가 67.55%인 철광석의 선적 가격을, 구리 가격은 런던금속거래소의 A등급 인도가격(交割價)을 채택했다.
자료 출처: 국제통화기금 IFS 데이터 뱅크, 파동 폭도와 상승폭을 비교하는데 편리를 도모하여 작자의 정리를 거쳐 동일한 시점을 기준으로 했다.

상기의 분석을 통하여 우리는 대종 상품 무역이 우리나라 전반 무역에서 아주 중요한 위치를 차지하고 있는 반면, 지난 10년 동안 국제시장에서의 대종 상품가격 파동이나 상승폭이 아주 컸다는 것을 발견했다. 따라서 우리는 이것이 우리나라 전체의 물가 수준에 어느 정도 영향을 미친다고 예상할 수 있다. 대종 상품은 주로 원자재이고, 주로 생산자의 원가를 인상하는 경로를 통하여 물가 수준에 전반적으로 영향을 주기 때문이다. 그리하여 우리는 아래에 생산자 물가 파동을 통하여 그 영향을 분석하려 한다.

우리는 생산자 물가 지수(공산품 출하 물가 지수)를 도입하여 생산 단계의 물가 변동 상황을 비교했다. 우리는 1999년 이래 우리나라 생산자물가지수 전월 대비 데이터에 대한 분석을 통하여 전체 생산자물가지수가 2002년부터 뚜렷이 상승했다는 것을 발견했다.(그래프 7-2 참고) 1998년 연간 기준치를 100이라 할 때, 전 생산자물가지수가 2002년에는 96.8, 2008년에 이르러서는 125.2로 상승해 누계적으로 28.3 상승했고, 연평균 4.7% 상승했다.

품목별 지수에 대한 진일보적인 분석을 통하여 우리는 전체 과정에서 소비자물가지수(생활물자 물가지수)가 줄곧 안정세를 유지했으며, 생산자물가지수가 상승한 주요인이 바로 생산재 물가지수의 상승 때문이라는 것을 밝혀냈다. 생산재에서 품목별 간의 물가 변동 추세 차이가 아주 뚜렷했다. 그래프 7-2를 통해 우리는, 가공제품 가격은 줄곧 안정세를 유지했고, 채굴류 제품 가격 상승폭이 가장 크며, 원료제품 가격 역시 어느 정도 상승했다는 것을 알 수 있다. 즉 채굴류 제품과 원료류 제품의 가격 상승이 전체 생산재 가격 상승을 초래했다.

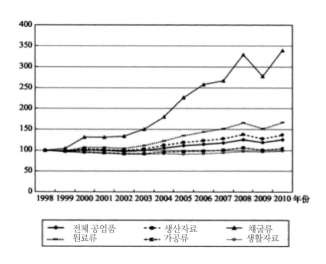

그래프 7-2   용도별 생산자물가지수-연간 전월 대비 지수(1998년 연간=100)
자료 출처: 중국경제넷 통계 데이터 뱅크, 작자가 정리했음.

  즉 생산자의 각도에서 고찰할 때, 물가 상승의 주요인이 생산재 가격 상승이고,
생산재 가격 상승을 초래한 원인이 채굴류 제품 가격과 원료류 제품 가격의 상승
이다. 채굴류와 원료류 제품의 가격은 2002년부터 2008년까지(2000년부터 2002년
사이 물가 상승폭이 비교적 크기는 했지만, 1998년 아시아 금융위기 후 지나치게
하락했던 물가의 합리적인 반등 현상이라 할 수 있다.) 지속적으로 상승하다 2009
년 글로벌 금융위기의 영향으로 인하여 소폭 하락하기는 했지만, 2010년 이후 빠
르게 반등, 2010년에 연간 각항 지수가 2008년 수준을 회복했거나 심지어 넘어섰
다. 이 같은 동향은 우리가 그래프 7-1에서 밝힌 글로벌 주요 대종 상품가격의 동
향과 대체로 일치한다. 우리나라가 채굴류 제품의 대외 의존도가 높아 국내 시장
의 가격 동향이 국제시장의 영향을 크게 받는 다는 점을 고려하면, 그 동향이 대체
로 일치성을 유지하는 것은 당연한 현상이라 할 수 있다.

  결론적으로 우리나라는 일부 주요 대종 상품의 대외 의존도가 꽤나 높기 때문에

국제시장에서의 이 같은 제품의 가격 파동은 우리나라에 큰 영향을 미칠 수 있다. 국제시장에서 적지 않은 대종 상품의 가격이 21세기에 들어선 이후 대폭 상승, 그 상승폭이 2003년 이후에 특히 뚜렷해졌다. 국제시장에서의 가격 상승의 영향이 국내 관련 산업에 전가되면 채굴류 제품의 가격 지수가 대폭 상승하고, 그 영향으로 생산재 가격 지수와 공산품 가격 지수가 따라서 상승하게 되었다. 이 같은 전달 루트를 통하여 우리는 국제 대종 상품시장에서의 가격 파동이 우리나라 물가 수준에 전반적으로 영향을 준다는 것을 알 수 있다.

사실, 많은 학자들이 2003년 이래의 새로운 라운드 인플레이션이 국제 대종 상품시장의 가격 파동과 밀접히 관련되어 있다고 여겼다. 예컨대, 류위안춘(劉元春)과 옌원타오(閻文濤2008)는 2003년 이래의 인플레이션을 분석한 후, 국제 원유, 곡물 그리고 금속류 등 1차 제품 가격의 대폭 상승이 그 당시 인플레이션의 주요인이라고 밝혔다. 천옌빈(陳彦斌, 2008) 역시 2003년 이래의 인플레이션이 구조적인 특징이 있으며, 그중 국제 곡물 가격과 에너지 가격의 보편적인 상승이 주요 영향을 미쳤다고 인정했다.

구체적인 영향의 크기를 측정하고자 많은 학자들이 투입산출표(레온티예프표)를 도입하여 대종 상품가격 파동이 우리나라 물가 수준과 산업 생산 구조에 미치는 영향을 측정했다. 예컨대, 샤밍(夏明, 2007), 런저핑(林澤平) 그리고 판원칭(潘文卿)과 류치윈(劉起運, 2007), 린바이창(林伯强)과 왕펑(王鋒, 2009) 등인데, 그들은 주로 에너지 가격의 파동으로 인한 영향에 분석을 집중했다.

우리나라 경제에 대한 국제 대종 상품의 충격을 인식한 후 학자들은 자기 의견을 제기했다. 예컨대 루펑(2008)은, 국외 대종 상품가격의 파동이 중국 물가에 충격을 조성하기는 했지만, 중국은 많은 대종 상품시장에서 수요량 증가로 인한 기여율이 아주 높다. 때문에 제품 가격이 대폭 상승하게 된 최종 원인이 중국의 총수요량이 지나치게 많은데 있으므로 중국 자체의 긴축 정책과 위안화 평가절상을 통하여 이 같은 '구조적' 인플레이션을 해결해야 한다고 인정했다. 류위후이(劉煜輝,

2007)는, 중국이 원자재 수요량이 급증한데는 중국 요소가격의 왜곡으로 인한 지나친 투자 경향성 때문이므로, 통화 조정 정책이나 환율 조정 정책에 의해서만 해결하려 하지 말고 반드시 체제개혁을 통해서 해결해야 한다고 밝혔다.

그러나 이 두 가지 분석 모두 경제성장 과정에서의 한 가지 객관법칙을 홀시했다. 산업화와 도시화가 급성장하는 과정에서 원자재 수요가 증가하는 것은 당연한 일이며, 이 같은 증가는 경제성장 과정에서 구조적 전환의 수요이므로 통화정책과 큰 관련이 없기 때문이다. 예컨대, 린바이창(2009), 펑쥔신(馮俊新) 그리고 리다오쿠이(李稻葵)와 왕진(汪進, 2010) 모두 경제성장 과정에서 에너지 수요의 단계적 현상을 언급했다. 경제성장의 기본 법칙으로 말미암아 도시화와 중화학 공업화가 진척됨에 따라 경제가 성장하는 어느 한 단계에 단계적인 에너지 수요가 급증하게 된다. 중국도 물론 이 같은 세계 산업구조와 에너지 소비라는 기본 법칙을 따르는 것이다.

이어서 본장에서는 다음과 같은 문제를 토론했다.

(1) 역사적으로 몇 차례 발생한 대종 상품 강세의 시간적 특징을 토론하면서, 대종 상품가격이 대폭 상승하게 된 장기적 원인을 분석했다.

(2) 다국적 비교를 통하여 우리나라 대종 상품 시장의 지위를 분석했다.

(3) 우리나라의 제품별 위치 그리고 향후 제품 수급에 관한 예측에 의하여 상응한 정책을 제안했다.

2. 대종 상품가격이 강세를 보이게 된 원인 분석

제2차 세계대전 이후 가격 강세는 모두 세 차례 발생했다. 이 강세의 지속시간에 관하여 논쟁이 있기는 하지만, 개시 시간에 관해서는 학자들의 견해가 거의 일치한다. 세 차례의 가격 강세는 각기 1950년, 1973년, 2003년에 개시되었는데, 강세를 유발한 주요인을 거시경제의 급속한 확장으로 인한 수요 충격(Radetzki,2008) 때문이라고 보편적으로 인정하고 있다.(그래프 7-3 참고)

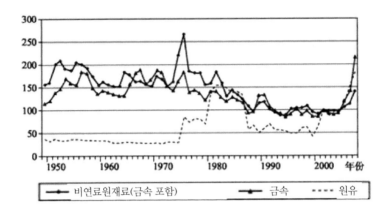

그래프 7-3 제2차 세계대전 이후 대종 상품가격의 세 차례 강세 시세
설명: 그래프에서의 세 곡선은 각기 원유, 금속, 비연료 원자재(금속 포괄)의 장기 가격 지수 추이를 나타내며, 2000년의 기준치를 100으로 하고, 유엔 제조품 가격 지수(manufactured unit value index, 외국무역 가격 지수)를 디플레이터로 삼았다. 추이를 원자재 제품 대비 제조업 제품의 상대적 가격을 표시한다고 할 수 있다.
자료 출처: Radetzki, M.A Handbook of Primary Commodities in the Global Economy, Cambridge University Press, p67.

구리, 철, 원유 세 가지 주요 제품의 가격 추이에 대한 관찰(그래프 7-4)을 통하여 우리는, 세 가지 제품의 가격 추이가 일치하지는 않지만, 위에서 언급한 1950년, 1973년, 2003년에 확실히 상향 추세가 나타난 것을 발견할 수 있었다. 하지만 진일보적인 분석을 통하여 우리는 세계 거시 경제 추이가 결코 대종 상품가격 추이와 완전히 일치한 것은 아니라는 점을 발견하게 되었다. 한 가지 주요 사례가 바로 1960년대 초와 1980년대 말의 세계 경제의 급성장이 대종 상품가격을 뚜렷이 상승시키지 못했다는 점이다.(그래프 7-5 참고)

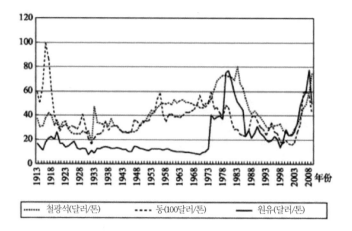

그래프 7-4 세 가지 주요 제품의 장기 가격 추이

설명: 모든 가격을 2000년도 달러 가격으로 전환했음.

자료 출처: 1850-1998년의 구리가격 기본 데이터는 'Metal Prices in the United States Through 1998' ,U.S Department of the Interior,U.S. Geological Survey에서 인용, 1999년 이후의 구리가격 은 'Mineral Commodity Summaries 2000,2010', U.S.Department of the Interior, U.S. Geological Survey에서 인용, 철광석가격 기본 데이터는 'Historical Statistics for Mineral and Material Commodities in the United States, U.S. Geological Survey,version 2010에서 인용, 원유가격 데이 터는 'BP Statistical Review of World Energy,2010'에서 인용, 그중 1861—1944 US Average, 1945— 1983 Arabian Light posted at Ras Tanura, 1984—2009 Brent dated에서 인용했다.

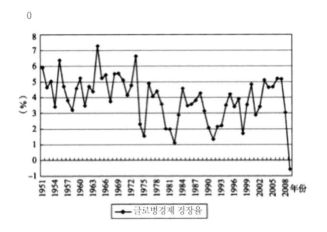

그래프 7-5 세계 경제성장율(구매력 평가), 1951-2009년
자료 출처: 2006년 이전의 데이터는 Maddison(2008)에 근거해 산출했고, 2007-2009년 데이터는 중화인민공화국 통계청에서 만든 『중국 통계연감(2010)』, 중국통계출판사 2010년 판에서 인용했다.

무엇 때문에 매번의 글로벌경제의 번영이 상품시장에 상응한 강세를 불러오지 못하는가? 각기 다른 경제성장 단계에 처해있는 경제체에 있어서, 그 경제성장이 대종 상품에 대한 수요의 탄력성이 다르기 때문이라고 우리는 생각한다. 그리고 매번 글로벌경제가 번영하는 과정에서 각기 다른 성장 단계에 처해있는 경제체의 표현 또한 일치하지 않는다. 따라서 이 같은 차이를 초래한다. 인프라 시설을 구축하려면 대종 상품과 같은 원자재가 대량 소요된다. 그러므로 도시화와 산업화가 급성장하는 단계에 처해있는 경제체로 말하면, 그 지역(국가)의 경제성장은 통상 대종 상품 수요를 급증하게 한다. 때문에 전체 거시 경제 성장 속도라는 각도에서 대종 상품에 대한 수요가 급증하는 현상을 분석할 것이 아니라, 세계 각국의 경제 성장 단계라는 각도에서 분석해야 한다고 우리는 생각한다.

일반적으로 1인당 GDP가 3,000-7,000 달러(1990년 G-K 달러로 평가) 사이를 경제의 산업화와 도시화가 신속히 성장하는 단계라고 여긴다.

펑쥔신(2009)은 여러 나라의 장기 시계열이라는 패널 데이터(面板數据)를 이용하여 도시화 속도와 경제 성장 수준 간의 비선형 관계를 분석, 대다수의 국가에서 경제가 성장하는 어느 한 단계에서 도시화가 급성장하는 현상이 확실히 존재한다는 것을 발견했다.

펑쥔신, 리다오쿠이와 왕진(2010)은 여러 나라의 장기 시계열 패널 데이터를 이용하여, 경제성장의 어느 한 단계에서 에너지 소비가 급증하는 단계가 존재한다는 것을 발견했다. 우리는 1인당 GDP 3,000달러를 산업화가 급성장하는 기점으로 하고, 7,000달러를 산업화가 급성장하는 단계의 종결점으로 한 다음, 이 두 개의 임계(門檻)에 의하여 경제체를 세 개의 팀으로 나누었는데, 1인당 GDP가 3,000달러를 밑도는 팀을 산업화가 급성장하기 전의 경제체로, 1인당 GDP가 3,000-7,000달러인 팀을 산업화와 도시화가 한창 급성장하는 단계에 있는 경제체로, 1인당 GDP가 7,000달러를 웃도는 팀을 산업화를 거의 이룩한 경제체로 간주했다. 이밖에 향후 산업화가 급성장하는 단계에 늘어나는 인구를 예측하고자 우리도 2,500-3,000달러 사이의 인구 비례를 열거하면서, 이 같은 인구가 가시적인 장래의 산업화 단계에 진입하여 대종 상품 수요를 늘리는 잠재적 역량으로 부상한다고 여겼다.

표 7-2에서는 세계 인구의 소득에 따라 팀을 나눈 다음, 세계 인구에서 차지하는 각기 다른 팀별의 인구 비례를 밝혔다. 대종 상품가격이 세 차례 강세가 나타난 전후 10년은 때마침 제2차 세계대전 이후 세계가 산업화 인구 비례의 변화가 가장 빠르던 세 개의 기간과 맞먹는다.

1945년 제2차 세계대전이 종전된 후부터 1955년까지 10년 동안, 한편으로는 전후 재건으로 인해 수요가 급증하는데다가 대부분의 국가들이 이 기간에 산업화가 급성장하는 단계에 들어서게 되면서, 산업화 단계에 들어선 인구의 비례가 1945년 제2차 세계대전이 종전될 때의 16.2%에서 1955년의 26.1%로 급증, 증가율이 60%에 달했다. 하지만 1955년부터 1960년 사이, 인구 증가의 절대치는 여전히 컸지만, 증가폭은 다소 둔화되었다. 따라서 이 기간 대종 상품 수요도 그 증가폭이 다소 둔화되면서, 대종 상품의 가격이 어느 정도 하락세를 보이었다.

표 7-2 소득에 따라 나눈 팁별 세계 인구 구성비율

연도	>3000달러 그중			<3000달러 그중	
	3000~7000달러	>7000달러		2500~3000달러	
1940	18.8%	13.0%	5.8%	81.2%	3.7%
1945	16.2%	6.4%	9.8%	83.8%	2.3%
1950	19.1%	11.7%	7.4%	80.9%	7.7%
1955	26.1%	16.0%	10.1%	73.9%	8.1%
1960	33.0%	19.1%	13.9%	67.0%	1.3%
1965	34.2%	18.4%	15.8%	65.8%	2.7%
1970	37.8%	19.1%	18.8%	62.2%	1.2%
1975	38.8%	19.4%	19.4%	61.2%	1.4%
1980	38.7%	19.7%	19.0%	61.3%	2.0%
1985	39.3%	21.5%	17.8%	60.7%	0.4%
1990	37.2%	15.7%	21.5%	62.8%	6.1%
1995	38.0%	19.2%	18.8%	62.0%	23.2%
2000	58.7%	37.8%	20.9%	41.3%	3.9%
2006	60.8%	35.5%	25.3%	39.2%	20.9%

자료 출처: Maddison A.Historical Statistics for the World Sconnmy,1 2006 AD,2008, 작자의 정리를 거쳤음.

　1960년 이후부터 1995년까지의 단계에 세계 경제가 여전히 지속 성장을 하기는 했지만, 산업화의 인구 비례는 제 자리 걸음을 했으며, 단지 1965-1975년 사이에 34.2%에서 38.8%로 상승하는 비교적 큰 증가세를 나타냈을 뿐이다. 이 기간에도 30여년이라는 상품가격의 강세가 발생했다.(이 기간의 대종 상품가격 파동 또한 기타 일부 요소로 인해 유발되었다. 하지만, Barsky와 Kilian(2004)은, 수출입 금지, 카르텔 조직 등 여러 가지 비경제 요소로 인해 작용을 일으킬 수 있었으며, 근본적 원인은 역시 배후의 경제력 즉 공급과 수요 간의 취약한 균형 때문이었다고 밝혔다.) 1995년 이후, 더욱 정확하게는 2000년부터 시작해(1990년 G-K 달러로 이 해를 평가할 때, 중국은 공식적으로 1인당 GDP가 3,000달러라는 임계에 접어들었다.) 산업화에 들어서는 세계 인구 비례가 재차 급증, 이 또한 대종 상품시장의 강세를 불러왔다.

2003년 이래의 이 한 차례 대종 상품의 강세장에서 중국의 수요가 늘 거론되었다. 사실상, 역사적으로 여러 차례 발생한 대종 상품의 강세에 대한 회고에 따르면, 부분적 주요 경제체가 산업화와 도시화의 급성장 단계에 진입한 것이 대종 상품의 강세가 발생한 근본적 원인이었으며, 이번에도 예외는 아니다. 그중 가장 중요한 역할을 한 나라가 바로 중국이다. 표 7-3은 1992년 이래 대분류(大類) 주요 원자재를 순수입한 상황이다.(플러스는 순수출을 의미하고, 마이너스는 순수입을 의미한다.) 표 7-3에 대한 분석을 통하여 우리는, 중국이 2001년과 2002년경에 몇 가지 주요 원자재 무역에서 중대한 전환을 가져왔다는 것을 발견할 수 있다. 농산물에서, 2002년 이후 중국은 순수입국으로 부상, 금속광물이 GDP에서 차지하는 비율도 2002년 이후 기존의 0.25% 안팎에서 오르내리다가 상승하기 시작했다. 마찬가지로 순수입 에너지 광물이 GDP에서 차지하는 비율 역시 2002년 이후부터 대폭 상승하기 시작했다. 사실상, 중국이 주요 원자재 무역에서 전환을 가져오던 때가 바로 국제 대종 상품가격이 대폭 상승하던 때였다. 이 또한 대종 상품가격이 강세를 보인 배후의 근본적 역량이, 주요 경제체가 산업화 단계에 빠른 속도로 진입하기 시작했기 때문이라는 것을 재차 검증했다.

표 7-3 중국 주요 원자재 순수입이 GDP에서 차지하는 비율, 1992—2009년(%)

연도	농산물(HS01~15)	금속광물(HS26)	에너지 광물(HS27)
1992	0.99	-0.25	0.27
1993	1.09	-0.26	-0.39
1994	0.95	-0.22	0.01
1995	0.20	-0.125	0.03
1996	0.30	-0.25	-0.11
1997	0.51	-0.24	-0.35
1998	0.39	-0.22	-0.16
1999	0.25	-0.20	-0.39
2000	0.16	-0.25	-1.07
2001	0.12	-0.31	-0.69
2002	0.15	-0.28	-0.75
2003	-0.04	-0.42	-1.10
2004	-0.32	-0.86	-1.74
2005	-0.15	-1.10	-2.06
2006	-0.12	-1.15	-2.63
2007	-0.29	-1.52	-2.41
2008	-0.53	-1.88	-3.04
2009	-0.36	-1.39	-2.08

설명: 플러스는 순수출, 마이너스는 순수입을 의미한다.
자료 출처: 유엔 Comtrade 데이터 뱅크, HS 분류 기준에 따라 분류하여 작성했음.

하지만 우리가 앞부분에서 밝혔듯이, 중국은 각기 다른 상품 시장에서 처한 위치와 역할이 다르다. 금속광물시장 같은 데에서는 중국이 세계 무역 판도의 변화에 확실히 심각한 영향을 미치기는 했지만, 곡물시장 같은 데에서는 큰 영향을 미치지 못했다.(중국이 순수출국에서 순수입국으로 전환하기는 했지만, 세계 곡물 무역에서의 점유율은 줄곧 아주 낮다. 표 7-7과 7-8 참고) 세계 곡물 가격 변화에 주도적 작용을 하는 나라는 여전히 미국 등의 서방 국가들이다. 따라서 중국 때문에 세계 곡물 가격이 상승한다는 견해는 이치에 맞지 않는다.

역사적으로 볼 때, 산업화가 급성장하는 단계에 인구의 급증으로 인한 수요가 늘면서 단기간 내에 공급이 달리는 현상을 초래하고 물가상승을 부추기기는 하지만, 지난 두 차례의 강세를 보면, 이와 같은 물가가 상승하고 공급이 달리는 상황이 줄곧 지속되는 것은 아니었다. 투자가 늘어남에 따라 공급이 달리는 국면이 사라지면 물가가 장기 균형 수준 이상으로 회복하게 된다. 이 배후에는, 대종 상품 특히 광물류 제품 생산의 특성(투자 주기가 길다. 통상 천연 오일이나 가스는 탐사로부터 대량 생산을 하기까지는 10년이라는 시간이 소요되며, 기타 광산물도 통상 5년 이상이라는 시간이 소요된다.)으로 인하여 생산능력 이용률이 비교적 높을 때 단기공급곡선은 아주 가파르게 경사지면서(탄력성 부족), 따라서 수요 급증을 초래, 물가가 대폭 상승하게 된다. 그러나 대부분 광물로 말하면, 장기간 동안 투자가 늘어남에 따라 장기 생산능력이 일반적으로 비교적 빨리 성장하기에 장기공급곡선의 가격 탄력성이 비교적 크다. 즉 장기공급곡선이 비교적 평탄하다. 그러므로 장기적으로 볼 때 신규 생산능력을 추가하여 생산에 들어가면 장기 균형 가격 파동이 줄어들게 된다.

아래에 우리는 공급의 각도에서 몇 가지 주요 상품의 장기적 가격 변화의 가능성을 간단히 분석해보자. 수요의 각도에서 볼 때, 2006년에 이르러 산업화가 쾌속 발전하는 임계에 들어선(1인당 GDP가 1990년 G-K 기준 2,500-3,000달러) 인구 역시 13억(주로는 인도)에 달했다. 이 인구가 산업화가 급성장하는 단계에 접어듦에 따라 대종 상품에 대한 수요 역시 증가할 것이라고 우리는 예기할 수 있다. 그러하다면 이것이 대종 상품의 공급이 부족한 현상을 초래하지 않을까? 우리는 공급 능력의 차원에서 이 문제를 분석할 수도 있다.

공급 능력을 검토하고자 우리는 우리나라에서 대량 순수입하고 있는 원유, 철광

석, 구리 광석 세 가지 주요 광물의 매장량 대비 채굴량을 분석했다.(표 7-4 참고)

표 7-4에서 알 수 있다 시피, 2009년에 이르러 이 세 가지 주요 광물의 매장량 대비 채굴량이 여전히 비교적 높았다. 하지만 변화의 추이라는 각도에서 보면, 매장량 대비 채굴량 비율이 비교적 낮은 원유와 구리 광석 모두 상승 추이가 나타났다. 철광석의 매장량 대비 채굴량이 하락하기는 했지만, 여전히 70년 이상 채굴할 수 있다.

표 7-4 주요 광물의 매장량 대비 채굴량

연도	원유(10억 배럴)			철광석(억 톤)			구리 광석(100만 톤)		
	생산량	탐사 매장량	매장량 대비 채굴량	생산량	탐사 매장량	매장량 대비 채굴량	생산량	탐사 매장량	매장량 대비 채굴량
1999	26.4	1 085.6	41.1	10.2	1 400	137.3	12.8	340	26.6
2000	27.3	1 105.5	40.5	10.7	1 400	130.8	13.2	340	25.8
2001	27.3	1 130.0	41.4	10.4	1 400	134.6	13.7	340	24.8
2002	27.2	1 190.7	43.8	11	1 500	136.4	13.6	480	35.3
2003	28.1	1 204.3	42.9	12.1	1 500	124.0	13.8	470	34.1
2004	29.3	1 210.4	41.3	13.6	1 600	117.6	14.7	470	32.0
2005	29.7	1 220.2	41.1	15.5	1 600	103.2	15	470	31.3
2006	29.8	1 233.5	41.4	18.4	1 600	87.0	15.1	480	31.8
2007	29.7	1 253.0	42.1	20.4	1 500	73.5	15.4	490	31.8
2008	29.9	1 332.4	44.5	22.1	1 500	67.9	15.4	550	35.7
2009	29.2	1 333.1	45.7	22.4	1 600	71.4	15.9	540	34.0

자료 출처: 원유 관련 자료는 BP그룹의 보고에서 인용, 철광석과 구리 광석은 미국 지질조사국 (U.S. Geological Survey)의 연도별 '광물 적요'(minerals summary)에서 인용했다.

사람들이 가장 걱정하는 화석에너지, 이를테면 석유 같은 것은 탐사 매장량이 끊임없이 늘어날 뿐 아니라, 대량의 비전통적(非常規的) 화석 에너지를 채굴할 수 있다. 향후의 에너지 구조에 관한 예측에 따르면, 생산 기술이 진보하는 상황에서, 각기 다른 유형의 에너지를 접속함으로써 전체 에너지 공급량을 충족하게 보장하는데, 2020-2030년까지 전통 석유 생산량을 41.5억 톤이라는 최고치에 도달시키며, 그 후부터는 비전통 석유로 전통 석유를 보충하면서 전통 석유 생산량을 점차 줄임과 아울러 천연가스 생산량을 증속한다. 2040년 쯤, 천연가스 생산량이 석유를 능가하면서 천연가스 시대가 도래, 2070-2080년에는 천연가스 생산량이 100억-120억 TOE(석유환산톤, 油当量)이라는 최대치가 나타난다. 이와 동시에 핵분열 활용 고효율화, 핵융합의 초보적 상업 응용 실현, 재생에너지의 경쟁력 등도 강화된다. 2070년부터 21세기 말까지, 석탄을 제외한 비 재생에너지는 점차 고갈되어, 재생에너지 시장 점유율이 늘어난다.

이 예측대로라면, 전통 석유 매장량이 제한되어 있기는 하지만, 기타 대체에너지가 나타남에 따라 세계적인 에너지 부족 현상이 발생할 확률은 희박하다.(펑렌융, 천다언 2009) 물론 이 같은 예측이 지나치게 낙관적이라는 견해를 배제할 수는 없지만, 장기간 동안 에너지 잠재력이 여전하다는 한 가지 문제를 설명해주고 있다. 그리고 금속광물 중에서, 우리나라가 철광석과 구리 광석 수입량이 가장 많다 하더라도 매장량 대비 채굴량은 여전히 각기 70년 이상과 34년가량 된다. 더욱 중요한 것은, 이 두 가지 광물의 전 세계 자원 매장량이 2008년 각기 3,500억 톤과 10억 톤에 달해, 남사 매장량의 2배 가량이 된다는 점이다. 게다가 과거에 비용 하락으로 말미암아 탐사 수준이 상대적으로 낮았기 때문에, 향후 이 데이터가 지속 증가할 수 있어서 멀지 않은 장래에도 자원 희소성 현상이 발생하지 않을 것이다.

한마디로 말하면, 현재 주요 대종 상품의 저장량은 의연히 풍족하다. 우리가 현재 진행하고 있는 성장 방식 하에서 계속하여 개발을 방임한다는 뜻은 물론 아니다. 세계적인 기후 변화와 에너지 절약 및 온실가스 감축에 중시를 둠에 따라 우리는 마땅히 성장 방식을 대폭 전환해야 한다. 여기서 우리는, 자연 자원 공급량은 향후에도 여전히 충족하므로, 투자가 충분하기만 하면 세계적인 공급 부족 현상이 나타나지 않을 것이라는 점을 강조하고 싶다. 하지만 주요 광물제품의 공급 능력 증가에서의 시차성을 고려해야 한다. 만약 우리 투자가 어느 정도 선도성(超前性)을 유지하지 않고 대종 상품 특히 광산품의 공급 능력을 개선하지 않는다면 대종 상품의 가격이 장기간 고공행진을 할 수도 있다.

위에서 기술한 바를 종합하면, 우리는 제2차 세계대전 이후 발생한 세 차례 대종 상품의 강세에 대한 분석을 통하여, 기타 영향 요소가 존재하기는 하지만(예컨대 정치적 간섭, 대종 상품의 금융화 등), 산업화와 도시화가 급성장하는 단계에 진입하면서 인구의 증가가 수요의 증가를 초래했고, 이것이 대종 상품가격을 단시일 내에 상승시킨 근본적 원인이라는 점을 발견하게 되었다. 그리고 2003년 이래의 한 차례 강세에 대한 분석을 통하여, 중국이 산업화가 급성장 단계에 진입한 이후, 해외 자원 수요에 대한 급증 시간과 국제 대종 상품가격이 상승한 시간이 일치한다는 점을 발견하게 되었다.

2. 대종 상품의 국제무역에서 우리나라의 지위

아래에 우리는 국제적 비교를 통하여 대종 상품의 국제무역에서 우리나라의 지위를 분석함과 아울러 우리나라 원자재 수입 수요의 특징을 분석함으로써, 진일보적인 정책적 건의를 제기하는데 근본적인 지원을 제공했다. 우리는 세 가지 각도에서 분석을 진행했다.

(1) 원자재 수입 관련 중국경제의 전반적인 의존도를 분석했다.

(2) 중국 원자재 수입의구조적 특징을 분석했다.

(3) 서로 다른 종류의 상품시장에서 중국의 지위를 비교해 분석했다. 국제적 비교를 한 국가들로는 미국과 유럽연합(독일 포함)이라는 최대 선진 경제체(경제권)

를 비롯하여, 일본과 한국 두 동아시아 이웃 나라, 인도와 브라질 두 개발도상국, 그리고 독일이다.

1) 원자재 수입 관련 중국경제의 전반적 의존도

우리는 우선 원자재 수입 관련하여 주요 경제체의 의존도를 비교했다. 우리는 각기 두 가지 시점에서 비교를 했다. 즉 우리나라가 원자재를 대규모로 수입하기 전인 2000년과 최신 데이터를 입수할 수 있는 2009년을 비교했다.(표 7-5와 7-6 참고) 2000년, 중국 광물 에너지 순수입이 GDP에서 차지하는 비율이 약 1.07%, 몇몇 거대 경제체 가운데에서 비율이 가장 낮은 국가에 속했다. 그러나 금속 광사와 애벌 가공(粗加工) 금속제품이 GDP에서 차지하는 비율은 합계로 0.82%였지만, 이 경제체들 가운데에서 가장 높은 수준이었다. 종합적으로 보면, 에너지원을 비롯하여 금속과 농산물 등의 순수입은 GDP에서 차지하는 비율이 2000년에 1.72%에 달하여 미국과 브라질 두 자원 대국을 능가하고 유럽연합과는 엇비슷했지만, 일본 한국 인도 그리고 독일보다는 훨씬 낮았다. 2000년, 중국은 전반적으로 원자재를 순수입하는 상황이지만, 원자재 순수입 의존도는 주요 거대 경제체 가운데서 높은 수준이 아니었다고 할 수 있다.

하지만 2009년에 이르러 상황이 크게 변했다. 중국 광물 에너지 순수입이 GDP에서 차지하는 비율은 비교에 참여한 여러 경제체 중에서 맨 나중에 중등수준으로 전환한 국가로서, 이미 미국과 유럽연합의 수준을 능가했다. 그러나 금속 광사와 애벌 가공 금속제품의 수요는 중국이 기타 국가들을 크게 웃돌고 있다.

또한 농산물에서도 순수출국으로부터 순수입국으로 전환했다. 한마디로 말하면, 중국은 원자재 순수입에서의 전반적인 의존도가 유럽연합이나 미국을 훨씬 능가했으며, 심지어 일본이나 독일과 같은 수출 주도형 경제체까지 능가하면서 한국과 인도에 버금가는, 주요 경제체 중에서 원자재 의존도가 가장 높은 경제체의 하나로 부상했다.

2) 중국 원자재 수입의 구조적 특징

횡적인 정태적 비교를 제외하고, 또한 우리는 중국 원자재 수입의 동태적 변화 상황을 알고 싶어 중국 수입 원자재의 구조적 특징을 분석했다. 우리는 1988-2009년 주요 경제체의 금속 광사와 광물 에너지원 순수입이 GDP에서 차지하는 비율을 비교했다.(그래프 7-6과 7-7 참고) 우리는 비교를 통해 중국 수입 원자재의 구조적 특징, 즉 원자재 수입의 구조상에서 중국은 금속 광사의 상대적 수요가 기타 국가보다 훨씬 많을 뿐만 아니라 상승폭이 놀라울 정도이며(그래프 7-6 참고) 그리고 광물 에너지원에 대한 중국의 수요량 또한 급증하고는 있지만, 대다수 주요 경제체에 비하면 이 비율이 결코 특별히 두드러지지 않다는 점을 발견했다.(그래프 7-7 참고)

표 7-5 2000년 여러 주요 경제체 주원자재 순수출이 GDP에서 차지하는 비율(%)

제품	HS 코드	미국	유럽	#독일	일본	한국	중국	브라질	인도
광물 에너지원 합계	HS27	-1.28	-1.38	-1.87	-1.63	-5.38	-1.07	-1.14	-3.89
그중: 석탄	HS2701-2704	0.01	-0.07	-0.06	-0.12	-0.41	0.19	-0.10	-0.23
원유	HS2709	-0.94	-1.08	-1.15	-0.95	-4.73	-1.06	-0.47	-3.42
완제품 오일	HS2710	-0.21	0.01	-0.28	-0.16	0.78	-0.13	-0.42	-0.09
석유 가스 및 기타 탄화수소소계 가스	HS2711	-0.12	-0.23	-0.38	-0.38	-0.97	-0.11	-0.14	-0.05
금속광석 합계	HS26	-0.01	-0.10	-0.13	-0.15	-0.39	-0.25	0.45	0.03
그중: 철광석 및 정광	HS2601	0.00	-0.04	-0.07	-0.07	-0.18	-0.15	0.47	0.07
구리 광석 및 정광	HS2603	0.00	-0.01	-0.02	-0.05	-0.13	-0.07	-0.04	-0.05
1차 가공 금속제품 합계	HS72-81	-0.25	-0.05	0.21	0.19	-0.27	-0.57	0.59	0.10
그중: 철강(HS)	HS72	-0.11	0.02	0.10	0.20	-0.01	-0.50	0.46	0.04
#폐철강	HS7203-7204	0.00	0.00	0.03	0.00	-0.21	-0.04	0.00	-0.07
#생철	HS7201-7202	-0.02	-0.03	-0.03	-0.02	-0.17	0.10	0.13	0.02

철강제품	HS73	-0.06	0.05	0.13	0.07	0.23	0.32	0.00	0.13
구리 및 제품	HS74	-0.02	-0.03	0.03	0.03	-0.10	-0.32	-0.04	-0.02
알루미늄 및 제품(HS)	HS76	-0.04	-0.05	-0.01	-0.08	-0.23	-0.18	0.17	0.01
농산물	HS01-15	0.05	-0.18	-0.50	-0.75	-0.76	0.17	0.56	0.60
그중: 곡물	HS10	0.07	0.01	0.05	-0.08	-0.28	0.09	-0.19	0.14
상술 제품 누계		-1.49	-1.71	-2.28	-2.34	-6.80	-1.72	0.46	-3.17
순수출/GDP(%)		-3.86	0.22	0.35	1.45	2.86	2.41	-1.76	-0.92

설명: 정수는 순수출을 의미하고 부수는 순수입을 의미한다. 1차 데이터는 유엔 Comtrade 데이터뱅크에서 인용, 필자의 정리를 거쳤다.

표 7-6 2009년 주요 경제체 주원자재 순수출이 GDP에서 차지하는 비율(%)

제품	HS 코드	미국	유럽	독일	일본	한국	중국	브라질	인도
광물 에너지원 합계	HS27	-1.59	-1.93	-2.49	-2.80	-8.15	-2.08	-0.17	-4.48
그중: 석탄	HS2701-2704	0.03	-0.12	-0.15	-0.43	-1.20	-0.17	-0.14	-0.62
원유	HS2709	-1.41	-1.34	-1.30	-1.58	-6.10	-1.75	0.01	-4.95
완제품 오일	HS2710	-0.13	0.04	-0.16	-0.07	1.17	-0.09	-0.09	1.42
석유 가스 및 기타 탄화수소계 가스	HS2711	-0.09	-0.39	-0.91	-0.72	-2.05	-0.05	-0.15	-0.31
금속광석 합계	HS26	0.00	-0.09	-0.18	-0.39	-1.05	-1.39	0.87	0.18
그중: 철광석 및 정광	HS2601	0.00	-0.04	-0.09	-0.17	-0.42	-1.01	0.84	0.40
구리 광석 및 정광	HS2603	0.01	-0.02	-0.05	-0.16	-0.40	-0.17	0.01	-0.23
1차 가공 금속제품 합계	HS72-81	-0.12	0.13	0.41	0.59	-0.62	-0.40	0.27	-0.27
그중: 철강(HS)	HS72	0.02	0.06	0.06	0.46	-0.36	-0.29	0.29	-0.31

	HS								
#폐철강	HS7203-7204	0.04	0.02	0.04	0.06	-0.27	-0.11	0.00	-0.14
#생철	HS7201-7202	-0.01	-0.03	-0.05	-0.03	-0.16	-0.06	0.15	0.05
철강제품	HS73	-0.08	0.10	0.31	0.10	0.23	0.50	-0.04	0.10
구리 및 제품	HS74	-0.01	0.00	0.04	0.10	-0.17	-0.52	-0.05	0.04
알루미늄 및 제품(HS)	HS76	-0.03	-0.02	0.03	-0.06	-0.19	0.02	0.07	-0.03
농산물	HS01-15	0.16	-0.22	-1.28	-0.74	-1.11	-0.35	1.62	0.16
그중: 곡물	HS10	0.11	0.01	0.01	-0.13	-0.34	-0.01	-0.01	0.23
상술 제품 누계		-1.54	-2.10	-3.54	-3.34	-10.93	-4.22	2.59	-4.40
순수출/GDP(%)		-2.74	0.88	4.94	0.30	3.92	4.41	-0.08	-4.66

설명: 정수는 순수출을 의미하고 부수는 순수입을 의미한다. 1차 데이터는 유엔 Comtrade 데이터뱅크에서 인용, 필자의 정리를 거쳤다.

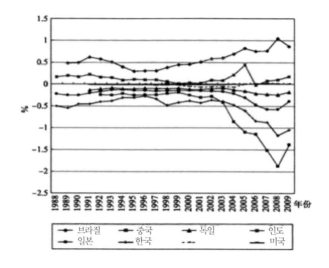

그래프 7-6 주요 국가 금속광물 순수입이 GDP에서 차지하는 비율, 1988-2009년

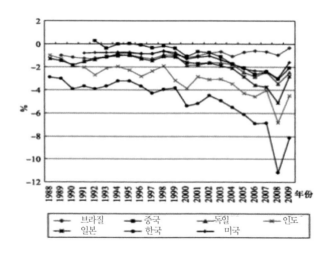

그래프 7-7 주요 국가 광물 에너지원 순수입이 GDP에서 차지하는 비율, 1988-2009년

3) 중국이 각이한 종류의 상품시장에서 차지하는 지위 비교

우리는 중국이 몇 개의 시장에서 차지하는 지위를 가일 층 비교하여 분석하면서, 이 특징이 한결 두드러지다는 점을 발견했다.(표 7-7과 7-8 참고) 2009년, 세계 광물 에너지원 시장에서 중국은 어느 정도 중요한 참여자에 불과했다. 중국 광물 에너지원 순수입이 세계 무역액에서 차지하는 비율은 5.99%로서 일본, 미국과 유럽연합보다 훨씬 낮았다. 원유시장에서 우리나라의 수입량이 급증하기는 했지만, 세계 무역액에서 차지하는 비율은 여전히 미국이나 유럽연합과는 격차가 아주 컸다. 그러나 금속 광사와 애벌 가공 금속제품 시장에서 중국은 꽤나 중요한 위치를 차지했다. 중국은 2009년, 세계 금속 광사 무역총액의 50.1%를 차지하는 금속 광사를 수입, 그중 철광석 및 정광 수입량은 세계 무역액의 66.46%를 차지했고, 구리 광석 및 정광 역시 27.90%를 차지해 두 종류 모두 세계 1위를 차지했다. 애벌 가공 금속제품 시장에서 중국의 중요성이 낮기는 하지만, 수입이 차지하는 비율은 여전히 세계 1위를 차지했다. 그중 구리 및 구리제품 순수입량은 세계 무역총액의 26.67%나 차지했다. 농산물시장 특히 곡물시장에서 세계무역 점유율로 볼 때 중국은 참여자에 불과했다.

한마디로 개괄하면, 여러 대종 상품 시장에서 차지하는 중국 점유율에 의하여 분석해볼 때, 중국은 세계 금속광물 및 제품 시장에서 최대 수요자일 뿐만 아니라, 점유율도 기타 경제체를 훨씬 웃돌았고, 광물 에너지원 특히 원유시장에서 중국의 위치가 상대적으로 중요하기는 했지만 미국이나 유럽연합보다는 크게 뒤졌으며, 농산물시장 특히 곡물시장에서 중국은 최근 연간에도 그 지위가 별로 중요하지 않다는 것을 발견할 수 있었다.

4) 소결론

이 절에서 우리는 세 가지 각도에서 중국 대종 상품 수입의 중요성과 그 구조를 분석했다. 첫째, 대종 상품의 전반적인 의존도라는 각도에서 볼 때, 우리나라는 2001년 이래 원자재 순수입국으로 신속히 부상했는데, 원자재 순수입이 GDP에서 차지하는 비율이 주요 경제체 중 중간 위치에서 수입 의존도가 꽤나 높은 경제체의 하나로 신속하게 부상했다. 둘째, 분류의 각도에서 볼 때, 기타 주요 경제체에 비하여 우리나라의 수입 대종 상품 구조는 뚜렷한 특징을 가지고 있다.

즉 금속광물과 금속제품의 수입 비율이 기타 경제체보다 훨씬 높은 반면, 광물 에너지원과 농산물 분야에서는 상대적으로 두드러지지 않다. 셋째, 여러 상품시장에서 우리나라가 차지하는 점유율 각도에서 볼 때, 세계 금속광물과 금속제품 무역시장에서 우리나라 지위가 아주 두드러진바, 2009년 세계 금속 광사 무역총액의 절반 이상을 차지하여 애벌 가공 금속제품의 최대 수입국으로 되었다. 하지만 광물 에너지원과 농산물시장에서는 중국은 수입량이 어느 정도 큰 참여자에 불과했다. 원자재 수입 대국으로서의 우리나라는 세계 대종 상품 무역시장에서의 의존도가 상승하고 있다. 그러나 우리는 반드시 서로 다른 시장에서 우리나라 역할의 차이를 어느 정도 인식해야 해야 만이 보다 훌륭한 대책을 강구할 수 있다.

4. 우리나라가 대종 상품가격 파동에 대응할 수 있는 정책적 건의

원자재나 대종 상품은 공급과 수요 면에서의 일부 특징으로 말미암아 일반적으로 물가 파동이 꽤나 크다. 수요 면에서, 원자재는 최종 제품 수요로 인한 파동적 영향을 한결 심각하게 받는데, 최종 제품 수요로 인하여 잔파동마저 생산과정 중 매 단계의 최적 재고 수준을 변경시키면서 최상위의 원자재 수요에 큰 파동을 생성할 수 있다. 공급 면에서, 많은 원자재 제품 특히 광물제품은 투자 주기가 비교적 길어서 공급 곡선의 강성이 단기간 내에는 비교적 강하다.

쉽게 파동을 하는 수요와 강성이 아주 강한 단기 공급 곡선은, 단기 파동이 비교적 큰 것을 원자재 제품 가격의 한 가지 주요 특징으로 되게 한다. 산업화와 도시화가 급성장하는 단계에 처해있는 개발도상국으로서의 우리나라는 대종 상품의 주요 소비국가일 뿐만 아니라, 여러 가지 주요 대종 상품의 주수입국이다. 대종 상품의 가격 파동이 거시 경제에 미치는 단기적 영향을 분산하고자 우리는 우리나라 대종 상품시장에서의 지위와 수입 구조에 의하여 각이한 유형의 대종 상품에 상이한 정책을 강구할 수 있다.

표 7-7 2000년 여러 경제체의 주요 원자재 순수출이 세계무역 총액에서 차지하는 비율(%)

제품	HS코드	미국	유럽	독일	일본	한국	대만	브라질	인도
광물 에너지원 합계	HS27	-19.43	-17.99	-5.45	-11.67	-4.41	-1.97	-1.13	-2.75
그중: 석탄	HS2701-2704	5.44	-25.95	-4.84	-23.91	-9.57	10.11	-2.78	-4.69
원유	HS2709	-24.76	-24.42	-5.79	-11.81	-6.68	-3.37	-0.80	-4.17
완제품 오일	HS2710	-13.96	0.42	-3.55	-5.14	2.80	-1.03	-1.85	-0.29
석유 가스 및 기타 탄화수소계 가스	HS2711	-14.84	-24.88	-9.03	-22.45	-6.45	-1.65	-1.14	-0.27
금속광석 합계	HS26	-2.19	-27.47	-7.78	-22.72	-6.77	-9.96	9.47	0.41
그중: 철광석 및 정광	HS2601	-1.87	-28.66	-10.34	-25.76	-7.50	-14.83	24.33	2.72
구리 및 제품	HS2603	2.71	-14.90	-4.81	-38.41	-10.71	-12.60	-4.03	-3.87
1차 가공 금속제품 합계	HS72-81	-7.18	-1.12	1.15	2.53	-0.41	-1.95	1.10	0.13
그중: 철강(HS)	HS72	-8.27	1.61	1.47	7.41	-0.03	-4.66	2.31	0.14

#폐철강	HS7203-7204	4.58	-2.12	5.25	2.44	-12.60	-5.61	-0.01	-3.45
#생철	HS7201-7202	-18.30	-25.80	-6.13	-9.25	-9.50	12.28	9.33	0.78
철강제품	HS73	-6.80	5.18	2.87	3.64	1.40	4.32	0.03	0.68
구리 및 제품	HS74	-4.67	-6.23	1.68	3.69	-1.41	-9.74	-0.68	-0.20
알루미늄 및 제품(HS)	HS76	-5.97	-6.56	-0.15	-6.10	-1.92	-3.38	1.72	0.10
농산물	HS01-15	1.67	-5.50	-3.31	-12.26	-1.41	0.72	1.27	0.96
기타: 곡물	HS10	19.85	3.55	2.87	-10.91	-4.42	3.13	-3.58	1.83
상술 제품 누계		-11.20	-11.04	-3.30	-8.31	-2.76	-1.57	0.23	-1.11

설명: 정수는 순수출을 의미하고 부수는 순수입을 의미한다. 1차 데이터는 유엔 Comtrade 데이터뱅크에서 인용. 필자의 정리를 거쳤다.

표 7-8 2009년 여러 경제체의 주요 원자재 순수출이 원자재 무역 총액에서 차지하는 비율(%)

제품	HS編碼	美國	歐盟	#德國	日本	韓國	中國	巴西	印度
광물 에너지원 합계	HS27	-12.97	-18.25	-4.80	-8.21	-3.93	-5.99	-0.15	-3.39
그중: 석탄	HS2701-2704	4.33	-20.18	-5.14	-22.70	-10.30	-8.61	-2.33	-8.31
원유	HS2709	-22.35	-24.65	-4.87	-8.99	-5.71	-9.80	0.02	-7.30
완제품 오일	HS2710	-4.37	1.70	-1.31	-0.81	2.35	-1.07	-0.35	4.51
석유 가스 및 기타 탄화수소계 가스	HS2711	-5.36	-25.77	-12.37	-14.94	-6.96	-1.00	-0.96	-1.65
금속 광석 합계	HS26	0.44	-11.18	-4.32	-14.43	-6.30	-50.10	9.87	1.70
그중: 철광석 및 정광	HS2601	-0.07	-8.88	-3.76	-11.52	-4.69	-66.46	17.55	6.93
구리 광석 및 정광	HS263	2.88	-13.25	-5.40	-27.08	-10.83	-27.90	0.59	-9.94
1차 가공 금속제품 합계	HS72-81	-2.28	3.03	1.87	4.14	-0.72	-2.75	0.59	-0.49
그중: 철강(HS)	HS72	0.90	3.75	0.71	9.05	-1.15	-5.52	1.75	-1.57
#폐철강	HS7203-7204	19.96	11.61	4.48	10.19	-7.66	-18.56	0.15	-6.24

#생철	HS7201-7202	-8.51	-22.12	-7.63	-6.31	-6.22	-13.91	11.16	2.88
철강제품	HS73	-5.50	7.92	4.82	2.47	0.89	11.61	-0.30	0.60
구리 및 제품	HS74	-1.39	0.59	1.31	5.21	-1.46	-26.67	-0.73	0.51
알루미늄 및 제품	HS76	-3.47	-3.29	1.00	-2.68	-1.54	0.91	1.00	-0.42
농산물	HS01-15	3.75	-5.89	-7.09	-6.18	-1.53	-2.92	4.21	0.35
기타: 곡물	HS10	22.02	2.22	0.71	-9.50	-4.14	-0.37	-0.19	4.30
상술 제품 누계		-6.81	-10.78	-3.70	-5.30	-2.85	-6.59	1.27	-1.81

설명: 정수는 순수출을 의미하고 부수는 순수입을 의미한다. 1차 데이터는 유엔 Comtrade 데이터뱅크에서 인용, 필자의 정리를 거쳤다.

1) 일부 상품에 대하여서는 기업이 현재의 국제 교역시스템을 활용하여 리스크 헤지에 나서도록 해야

우리나라가 세계 시장에서 주도적 위치를 차지하지 못하는 상품, 예컨대 광물 같은 상품에 관하여, 우리나라는 회사관리 제도를 개선한 도태 위에서 규제를 적당히 완화하여 관련 회사가 국제 선물시장을 통하여 가격 리스크 헤지에 나서도록 지지해줘야 한다. 이 같은 선물시장을 해외에 구축한다 하더라도 시장의 주도자(이를테면 미국이나 유럽연합의 국제 원유시장에서의 주도적 위치) 이익과 우리나라 이익과 일치하다면(모두 석유 순수입국이고, 게다가 석유 순수입이 GDP에서 차지하는 비율로 평가한다 할 때, 석유가격 파동이 우리나라 국민경제나 미국, 유럽의 국민경제에 미치는 임팩트(冲擊效應)의 격차는 전반적으로 크지는 않다) 우리는 기업이 시장이라는 수단을 활용하여 헤징(套期保值)을 하는 행위를 폭 넓게 허락해야 한다.

가능하다면 '중국 물가'를 점진적으로 구출할 수도 있다. 일부 시도는 이미 어느 정도 성과를 거두었다. 예컨대, 상하이 선물거래소의 '벙커유' 선물은 2009년 국제 주요 상품선물시장에서 거래량 3위를 차지하면서, 국제 정가시스템 중에서의 역할을 초보적으로 드러냈다. 이 같은 시장 구축으로 인하여 대종 상품 생산자와 소비자들은 리스크 헤지에 더욱 편리해졌고, 이는 또한 거시 경제의 안정에 도움이 되었다.

2) 국가 비축을 통해 물가 파동 헤지

대종 상품의 한 가지 중요한 특징이, 단기간 내에 수요 파동이 비교적 커서 아주 낮은 공급의 탄력성이 대종 상품가격 파동이 격렬해지는 요인이 되는 것이다. 그러므로 차익거래(跨期套利)에서의 공급 능력을 조절하는 것을 아주 중요시한다.

대종 상품의 이 같은 특징에 따라 비축을 통해 단기 공급량을 조절하는 것이 한 가지 괜찮은 해결책이라 할 수 있다. 우리나라의 대종 상품 수요 구조가 서방의 주요 경제체의 대종 상품 수요 구조와 어느 정도 차이가 존재한다는 점을 고려할 경우, 비축 상품의 종류를 선택함에 있어서도 어느 정도 차이를 둬야 하며, 금속 광사와 같이 우리나라에서 대량 소요하는 상품에 대해서는 비축제도를 강화해야 한다.

3) 금속광물 선물시장을 구축함에 있어서 신중을 기해야

금속광물 특히 철광석 선물시장을 구축해야 한다는 목소리가 최근 2년 사이 나날이 높아가고 있다. 그 이유는 국내의 금속 공업 기업에 헤지 메커니즘을 제공하려는데 있다. 하지만 몇 가지 주요 금속광물의 국제무역 비교(표 7-9에서 밝힌 것처럼)를 통하여 우리는 이 같은 목소리에 더욱 이성적으로 접근할 필요가 있다.

첫째, 무역량이라는 각도에서 볼 때, 철광석과 구리 광물은 최근 몇 년 사이 무역량이나 물가가 상승하고 시장 규모도 크게 늘어나기는 했지만, 여전히 규모가 작은 편이다. 철광석의 국제무역 규모는 원유시장 규모의 10%에도 미치지 못하고, 구리 광물은 원유시장 규모의 4%에도 미치지 못하고 있다. 시장 용량이 아주 작은 제품은 선물시장에서 아주 쉽게 조종을 당할 수가 있다.

둘째, 공급의 집중도라는 각도에서 볼 때, 철광석이나 구리 광물은 생산자가 고도로 집중되어 있다. 이처럼 작은 시장 규모에서 오히려 생산자는 고도로 집중되어 있으므로 일단 선물시장을 구축한다 하더라도 생산자가 물가를 조종 할 수 있는 가능성이 충분히 존재한다.

셋째, 원유 선물시장 구축 과정이라는 각도에서 볼 때, 선물시장은 생산자와 수요자 측이 나날이 다원화됨에 따라 점차적으로 구축해야 한다. 이 때가 되어야 만이 선물시장 대 거래비용 인하 작용이 한결 두드러지기 때문이다. 그리고 국제무역 차원에서 볼 때, 현재 이 두 가지 조건이 철광석이나 구리 광물 시장에 재하기 않는다.(우리나라 철강업의 집중도가 낮아 실질 수요 측의 양이 늘어나기는 했지만, 국가 차원에서 볼 때 수요 집중도가 사실 아주 높다. 그러므로 산업의 전체 이익이라는 각도에서 입각하여 국내 가격 형성 메커니즘을 개선하는 작업이 더욱 중요하다.) 한 마디로, 현재의 금속광물의 국제무역 상황에 비추어 볼 때, 선물시장을 구축하는 것이 최적의 선택이 아니다.

표 7-9 몇 가지 주요 광물시장 비교

연도	무역 규모–세계 수입량(억 달러)			3대 최대 수출국이 세계 무역에서 차지하는 비율 (%)			중국 순수입이 세계 무역에서 차지하는 비율(%)		
	원유	철광석	구리 광물	원유	철광석	구리 광물	원유	철광석	구리 광물
1999	2 179	106	53	38.2	73.1	72.8	1.8	13.0	8.9
2000	3 774	125	64	52.9	68.7	72.2	3.4	14.8	12.6
2007	10 563	643	370	44.9	71.5	65.8	7.3	52.6	23.9
2008	15 250	1 060	377	40.5	73.0	59.4	8.3	57.2	26.4
2009	8 892	754	304	42.4	76.9	64.3	9.8	66.5	27.9

최종적으로 우리가 금속광물 선물시장을 구축한다 하더라도 현재 국제적으로 유동성이 넘쳐나는 상황에서 우리 역시 참여자 선별에 주의해야 한다. 기타 대종상품에 비해 철광석은 가격 파동 폭이 작다. 그 요인 중 하나가 제3자의 대규모 참여가 없이, 선물 거래에 참여하는 양측이 공급 측과 수요 측이 되어 직거래를 하기 때문에(부분적 상품은 무역상을 통해 간접 거래를 하기도 한다) 가격의 상대적 안정을 어느 정도 유지할 수 있어서 양측 모두에 이롭기 때문이다.(첸청, 류위 2009)

하지만 원유 선물시장에는 일부 신규 투기자들, 예컨대 상장지수펀드(商品指數基金)가 흘러드는 현상을 한때 유가 상승을 부추기는 요인으로 꼽았다.(Master, 2008) 그러므로 선물시장을 구축했다 하더라도 참여자의 신분을 보증함으로써 지나친 가격 파동을 미연에 막아야 한다.

4) 상·하위 기업의 일체화, 대종 상품가격 리스크 헤지의 최적 선택

중국과 같은 대국에 있어서 금속류의 대종 상품 관련 선물시장을 구축하기보다는 상 하위 기업 일체화를 형성하는 것이 더욱 좋은 방법일 수 있다. 이 방법은 자원통합을 통하여 가격을 안정시키고 파동이 우리나라에 경제에 미치는 영향을 줄일 수 있으며, 동시에 우리나라 시장 용량이 큰 우위를 제대로 발휘할 수 있다.

이 면에서 다국적 철강기업이 아주 좋은 사례이다. 예컨대 한국이나 일본의 철강기업이 통제할 수 있는 철광석 무역이 60% 이상에 달하고, 미탈(mittal) 철강이 통제할 수 있는 철광석 자원량은 수입량의 44%를 차지하고 있으며, 70-75%를 차지하는 것이 기업의 목표이다. 한국이나 일본기업의 특징은, 산업벨트 내의 기업들이 번갈아 주식을 보유하면서 전 산업벨트의 구도를 가일 층 형성하고 통제함으로써 이익공동체를 더한층 구축하는 것이다. 이러면 철광석 가격이나 운항비가 상승하는 것이 두렵지 않고, 물가상승 압력을 전부 하위기업에 전가하지 않아도 되기에, 따라서 전 산업벨트의 경쟁력을 증강시킬 수 있었다.

그것에 비하면 우리나라의 철강업기업은 철광석 자급률이 해외의 동산업보다 낮을 뿐 아니라 운송 등 기타 단계에서도 해외 기업들의 제약을 받아(리쉐쟈오, 류웨이 2010) 종합 경쟁력 면에서 뒤떨어지고 있다. 그렇다고 하여 이것이 독점기업을 생성할 수 있다는 의미는 아니다. 우리나라의 시장 용량을 고려하면, 기업 수요가 미국, 일본 등의 국가보다 조금 더 많지만 규모 경제를 충분히 달성할 수 있다. 그러므로 조건이 갖춰진 상황에서 여러 기업이 수직적 통합을 이루어 경쟁력을 향상하는 것이 최적의 선택이라 할 수 있다. 우리나라가 광물시장에서 차지하는 수요의 주도적 위치를 가격 주도권으로 전환할 수 없었던 요인이 바로 국내 가격 형성 메커니즘을 운영하는 면에서 부실하기 때문이다. 예컨대 철광석시장에서, 수입 대리제로 인한 철광석 전매 현상은 줄곧 사람들의 지탄의 대상이 되었다.

유통 단계에서 존재하는 이 같은 문제를 적당히 조정하여 유통 단계의 굴곡을 줄이는 것은 실제로는 상 하위 기업을 일체화하는 데서 나타나는 장애물을 줄이는 것으로서, 이는 물가 파동으로 인한 우리나라 경제 리스크를 제거하는데 도움이 될 수 있다.

5. 총결

우리나라는 에너지원이나 금속원자재 등 주요 대종 상품 관련 의존도가 비교적 높은데다 지속적으로 늘어나기 때문에 이 같은 제품들의 국제 시장 가격 파동은 우리나라 경제 특히 물가 수준의 파동에 중요한 영향을 발생한다.

우선, 본장에서는 물가 전가 메커니즘의 각도에서 출발하여 국제 대종 상품가격이 우리나라의 전반적인 물가 수준에 미치는 영향력을 분석했다. 국제 대종 상품의 가격 상승은 우선 채굴류 제품 가격 지수를 대폭 상승시키면서 최종 생산재 가격 지수의 상승과 공산품 가격 지수의 상승을 촉진했다.

다음, 본장에서는 대종 상품의 강세를 초래한 근본 원인에 대해 검토했다. 제2차 세계대전 이후 세 차례 발생한 대종 상품의 강세 원인을 분석, 기타 요소의 영향(정치적 간섭, 대종 상품의 금융화 등)이 존재하기는 했지만, 산업화와 도시화의 급성장 단계에 진입하면서 인구가 급증하고, 따라서 수요가 급증한 것이 대종 상품가격이 단기간 내에 상승한 근본적 원인이라는 것을 발견하게 되었다. 자기적 수요에 대한 분석에 따르면, 향후 10년 동안 대량의 인구가 산업화 도시화의 급성장하는 단계에 진입하면서 대종 상품의 수요가 여전히 지속적으로 증가하게 된다.

아울러 대부분의 자원 제품 공급량이 향후 여전히 충족하도록 투자만 충분하다면 세계적인 공급부족 현상은 나타나지 않을 것이다. 주요 광물제품의 공급능력 증가에서의 시차를 고려하여 우리는 투자에서 어느 정도 미래 지향적이 되어야 한다. 그러지 않으면 대종 상품가격이 꽤나 오랜 기간 동안 고공행진을 할 수 있다.

이어서 국제 비교를 통하여 대종 상품 국제무역 분야에서 우리나라의 특징에 대해 분석하면서 다음과 같은 세 가지 특징을 밝혀냈다.

첫째, 대종 상품의 전반적인 의존도라는 각도에서 볼 때, 우리나라는 2001년 이래 원자재 순수입국으로 신속히 부상했는데, 원자재 순수입이 GDP에서 차지하는 비율이 주요 경제체 중 중간 위치에서 수입 의존도가 꽤나 높은 경제체의 하나로 신속하게 부상했다.

둘째, 분류의 각도에서 볼 때, 기타 주요 경제체에 비하여 우리나라의 수입 대종 상품 구조는 뚜렷한 특징을 가지고 있다. 즉 금속광물과 금속제품의 수입 비율이 기타 경제체보다 훨씬 높은 반면, 광물 에너지원과 농산물 분야에서는 상대적으로 두드러지지 않다.

셋째, 여러 상품시장에서 우리나라가 차지하는 점유율 각도에서 볼 때, 세계 금속광물과 금속제품 무역시장에서 우리나라의 지위가 아주 두드러진바, 2009년 세계 금속 광사 무역총액의 절반 이상을 차지하여 애벌 가공 금속제품의 최대 수입국으로 되었다. 하지만 광물 에너지원과 농산물시장에서는 중국의 수입량이 어느 정도 큰 참여자에 불과했다.

대종 상품가격의 한 가지 주요 특징이 바로 단기적 파동이 비교적 큰 점이다. 대종 상품의 가격 파동이 거시 경제에 미치는 단기적 영향을 분산하기 위해서 우리는 시장별로 중국이 처한 위치에 따라 그에 상응한 정책을 강구해야 한다. 우리나라가 주도적 위치를 차지하지 못하는 시장에 대해서는 단기간 내에 기존의 국제시장 정가시스템과 리스크 헤지 메커니즘을 활용하여 국가 자본 비축 등 리스크 헤지 메커니즘을 구축해야 한다. 우리나라가 주도적 위치를 차지하는 금속광물시장에 대해서는 상하위의 일체화 기업을 구축하는 것이 최적의 방법이다. 금속광물 선물거래소를 설립해야 한다는 제안에 관해서는 신중을 기해야 하며, 기존의 무역 메커니즘을 점차 개혁하는 방법으로 이 제안을 대체해야 한다.

제3편
외적 시각으로 본
인플레이션 형성 원인

제8장
단지 환율만이 아니다

제8장
단지 환율만이 아니다

-위안화 환율 탄력성이 증대하는 배경 하에서, 우리나라 교역조건의 변화에 미치는 영향 요소 분석

개요: 위안화 환율의 탄력성이 확대되는 배경에서, 우리는 위안화가 평가절상하는 시기를 충분히 이용하여 우리나라 교역조건이 끊임없이 악화되는 불리한 추세를 변화시켜야 할 것인지 하는 새로운 과제에 봉착했다. 본장에서는 2005년부터 2008년까지 우리나라의 산업별 교역조건 변화에 영향을 주는 두 자리 수에 대해 세분화하여 분석했다. 즉 환율과 산업별 집중도, 소유제 비율, 무역 수량 등 산업별 차원의 요소가 무역 조건에 미치는 영향을 분석했다. 분석을 통하여 우리는 위안화 평가절상이 각 산업의 교역조건을 확실히 개선할 수 있고, 기타 산업의 요소도 교역조건에 중요한 영향을 미칠 수 있다는 점을 밝혀냈다. 산업별로 볼 때, 요소가 다름에 따라 그 영향도 큰 차이를 보였다. 이는 우리가 더욱 강한 맞춤형 정책을 채택하여 우리나라의 무역수익을 증진하는데 힘쓸 것을 요구하고 있다.

키워드: 환율, 교역조건, 물가 전가

1. 머리말

최근 몇 년 사이 위안화 환율에 관한 문제는 중국의 대외 정치와 경제 관계에서 주요 의제로 부상했고, 위안화 환율에 관하여 정치 차원으로부터 경제 각 차원에 이르기까지 여러 가지 논쟁이 끊이지 않고 있다. 경제적 시각에서 고려할 때, 경제 중에서 환율의 가장 기본적인 기능은 바로 양국 간 제품의 상대 가격을 확정하는 것이다. 환율 파동이 한 경제체가 성장하는데 여러 가지 영향을 미친다 하더라도, 환율의 가장 기본적인 기능으로 볼 때 환율의 파동은 주로 한 국가의 수입품 가격과 수출품 가격에 미치는 영향을 통해 나타난다. 이러한 각도에서 출발할 경우, 환율을 조정하는 최종 목적은 사실상 국제무역의 수익을 재분배하는 것이다. 그러므로 우리는 여기에서 위안화 환율과 관련된 기타 차원의 논쟁을 잠시 차치하고, 단지 위안화 환율 탄력성이 증대하는 배경에서 우리나라 국제무역 수익이 받을 수 있는 영향만 분석했다.

국제무역 수익 분배를 평가함에 있어서 가장 직접적인 지표가 바로 교역조건(terms of trade)이다.

이어서 본장에서는 위안화 환율 파동이 우리나라 교역조건에 미치는 영향을 분석했다.

교역조건은 한 경제체이거나 한 산업이 국제교역의 수익 지표를 반영하며, 경제학에서는 수출상품과 수입상품의 교환비율을 의미하는 것으로, 1단위를 수출한 돈으로 사들일 수 있는 수입량을 나타낸다. 일반적으로 실제 활용에서는 그 지표를 수출가격 지수의 수입가격 지수에 대한 비(比)로써 표시된다.(여기서 우리는 순교역조건[价格貿易條件, net barter terms of trade, NBTT])에만 주목할 뿐이다. 우리는 한 국가나 한 산업에서 단지 국제무역을 통해 얻은 수익에만 주목했다. 그러나 일부 연구에서는 소득교역조건과 요소교역조건으로 나누어 주목하기도 했다. 하지만 이 두 가지 지표는 노동생산성이나 소득분배 등의 요소의 영향을 받을 수 있어서 여기에서 고려 대상에 넣지 않았다.] 만약 일정한 시기에 순교역조건 자수가 상승한다면 1단위 수출상품으로 교환할 수 있는 수입상품이 증가되었음을 의미하며, 경제체나 해당 산업이 국제무역에서의 수익이 증가되었음을 의미한다.

사실상 우리나라의 순교역 조건은 1990년대 이래 끊임없이 악화되었고, 이 현상은 일찍부터 사람들의 관심사로 부상했다. 자오위민(趙玉敏), 궈페이싱(郭培興)과 왕팅(王婷, 2002)은 이 현상을 분석하면서, 1994년의 외환 체제 개혁과 위안화 평가절하 역시 우리나라 1990년대의 순교역 조건을 악화시킨 요소라고 밝혔다.

후나이우(胡乃武)와 인셴민(殷獻民, 2003)도, 당시 중국의 외국무역 확대를 저해하는 요소 중 하나가 교역조건의 악화라고 밝혔다. 그 후에도 우리나라 교역조건 관련 연구 결과가 지속적으로 발표되었다. 실제로 21세기에 들어선 이후, 우리나라 무역은 급성장을 이룩했지만, 교역조건은 도리어 줄곧 악화세를 보이었다.

1998년 아시아 금융위기가 종료된 후 10년여 동안, 2001년 말 우리나라가 세계무역기구에 가입하고 세계 산업 이전이 이루어지면서 외국무역 수량이 급증했는데, 수출입 총액은 1998년의 3,239.5억 달러에서 2008년의 25,616억 달러로 증가, 증가폭이 690%에 달했다. 하지만 이와 동시에 교역조건은 도리어 끊임없이 악화되었다. 1998년부터 2008년 사이 우리나라 순교역조건 지수는 110.6에서 73.8로 하락, 1/3이나 하락했다.(표 8-1 참고)

표 8-1 우리나라 외국무역 총량과 순교역조건(1998—2008년)

	수출입 총액(억 달러)	순교역조건(2000년=100)
1998	3 239.5	110.6
1999	3 606.3	104.1
2000	4 743	100
2001	5 096.5	102.2
2002	6 207.7	102.2
2003	8 512.1	98
2004	11 547.9	92.4
2005	14 221.2	86.2
2006	17 610	82.6
2007	21 737	80.5
2008	25 616	73.8

자료 출처: 수출입 총액 데이터는 『중국통계연감』에서 인용, 순교역조건 데이터는 WDI 2009 데이터 뱅크에서 인용했음.

환율 파동은 교역조건의 변화에 큰 영향을 미친다. 만약 일국의 통화가 평가절상된다면, 본위화폐로 산정한 수입품 가격의 하락을 의미할 뿐 아니라, 본위화폐로 산정한 수출품 가격이 하락할 수 있음도 의미한다. 하지만 일반적으로 수출품 가격의 하락폭은 수입품 가격의 하락폭보다 낮아 일국의 교역조건을 개선할 수 있다. 이 이론적 추단 역시 위안화 평가절상을 지지하는 중요한 이유이다.

[로빈슨(Robinson, 1949)은 본위화폐 평가절상이 교역조건에 미치는 영향에 관한 연구를 진행, 그녀는 환율 파동이 교역조건에 미치는 영향은 일국의 수입과 수출의 수요 탄력성 및 공급 탄력성에 의해 결정되며, 일반적으로 대부분 상황에서 한나라의 통화 평가절상이 그 국가의 무역조건을 개선할 수 있다는 결론을 얻어냈

다. 2005년 7월 21일부터 우리나라는 위안화 환율 형성 메커니즘을 개혁, 시장 수급을 기반으로 하고, 통화바스켓(一籃子貨幣)을 참고로 하여 조정한, 관리변동환율제(有管理的浮動匯率制度)를 실시하기 시작했다. 이후 위안화 대 달러 환율이 안정적인 평가절상 태세를 유지했으며, 무역 비율에 따라 가중 평균한 위안화 명목실효환율(名義有效匯率)도 지속적으로 평가절상했다. 위안화 대 달러 환율은 환율 개혁 전의 8.2765에서 2008년 11월에 6.83으로 상승, 누계 상승폭이 21.2%에 달했으며, 위안화 명목실효환율은 2005년 1월부터 2008년 11월 사이 누계 상승폭이 25%에 달했다.

많은 사람들이 기대한 대로라면 위안화 평가절상이 우리나라 교역조건을 개선해야 했지만, 이 같은 기대와는 달리 우리나라 교역조건은 2005년부터 2008년 이한 시기 동안 순교역조건 지수(2000년을 기준치 100으로 할 때)가 끊임없이 악화하는 추세를 보였는데, 2004년의 92.4에서 2008년의 73.8로 하락, 무려 18.6%나 하락했다.(그래프 8-1 참고)

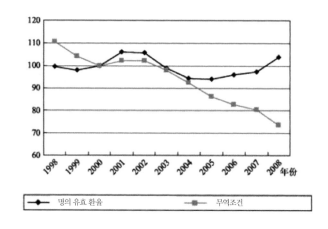

그래프 8-1　위안화 명목실효환율과 중국 교역조건(1998-2008)
자료 출처: 위안화 명목실효환율 데이터는 국제결제은행(BIS) 데이터 뱅크에서 인용, 해당 데이터 상승은 위안화 평가절상을 의미한다. 순교역조건 데이터는 2009년 세계은행(WDI)의 데이터 뱅크에서 인용, 해당 데이터 상승은 중국 교역조건이 개선되었음을 의미한다.

이 같은 이상한 현상에 비추어 본장은, 환율을 조정한 후(2005-2008) 더욱 세분화한 산업 차원의 데이터에 대한 분석을 통하여 이 두 가지 문제에 답변을 주려는데 취지를 두었다.

첫째, 위안화 평가절상이 도리어 우리나라 교역조건 악화를 초래하지 않을까?

둘째, 위안화 환율 이외에 일부 기타 산업 차원의 요소도 우리나라 교역조건의 변화에 영향을 초래하지 않을까?

본장에서는 이 두 가지 문제에 대합 답변을 통하여, 위안화 환율 탄력성이 증대하는 배경에서 어떻게 하면 우리나라 무역 수익을 증진시킬 것인가 하는 맞춤형 정책적 건의를 내놓으려고 노력했다.

2. 문헌 총론

수출입 상품가격의 파동은 개방 폭이 아주 넓은 대국으로서의 우리나라 경제에 대한 영향이 날로 중요시되고 있다. 환율의 변동은 수출입 상품의 가격 파동을 초래하고, 이 같은 영향의 강약은 또한 환율 전가도(匯率傳遞程度)에 의해 결정된다. 적지 않은 학자들이 우리나라 수입상품가격과 수출상품가격에 대한 환율 전가 효과를 연구했다.

1) 환율 변동이 수입품 가격에 미치는 영향

수입상품이 우리나라 거시 경제에서 차지하는 위치가 끊임없이 상승함에 따라 수입상품의 가격 파동이 우리나라 거시 경제에 미치는 영향은 많은 학자들의 연구 대상으로 되었다. 위안화 환율 파동이 우리나라 거시 경제에 미치는 영향에 관한 적지 않은 연구들은 모두가 우리나라 수입상품가격의 환율 전가도를 포함하여, 위안화 환율 변동이 수입 가격 그리고 CPI에 미치는 영향을 강조하고 있다. 예컨대,

판즈융(范志勇)과 샹디하이(向弟海, 2006)는, 수입 가격 파동이 국내 생산자 물가나 소비자 물가에 모두 영향을 미치지만, 생산자 물가에 미치는 영향이 소비자 물가에 미치는 영향보다 훨씬 크다고 밝혔다. 류야(劉亞)와 리웨이핑(李偉平), 양위쥔(楊宇俊, 2008)도 위안화 평가절상이 우리나라 인플레이션에 미치는 영향을 연구했다. 쉬웨이(許偉)와 푸슝광(傅雄廣, 2008)은 위안화 환율 변동이 수입 가격에 미치는 영향, 나아가 인플레이션율에 대한 전가 경로라는 각도로부터 연구를 진행, 수입 가격 대 환율 파동이 불완전 환율 전가 현상이 존재할 뿐 아니라, 가격 전가율이 30%에도 미치지 못하며, 게다가 이 같은 가격 전가율은 기간이 다름에 따라 큰 차이가 있다는 것을 발견했다. 천류푸(陳六傅)와 류하오쥔(劉厚俊, 2007)은 1990년 1월부터 2005년 6월 사이의 데이터를 이용하여 연구, 위안화 실효환율이 수입 가격과 CPI에 어느 정도 영향을 미치기는 했지만, 그 영향력이 미약하다는 것을 발견했다. 니커친(倪克勤)과 차오웨이(曹偉, 2009)는 1995년 1월부터 2007년 12월까지의 월간 데이터를 이용하여 위안화 환율 변동과 중국 CPI 사이의 관계를 분석, 중국의 환율 전가효과(0.38)가 일반 선진국(0.17)보다 크기는 하지만, 시간이 흐름에 따라 점차 약화된다는 것을 발견했다.

사실상, 각종 연구에서 사용한 표본범위에 차이가 존재하므로 도출한 결론 역시 차이가 있다. 우리나라 정부가 2005년 7월부터 위안화 형성 메커니즘에 관한 개혁을 진행한 후 이 기간 동안에 위안화 환율 파동이 물가에 미치는 영향이 증강되었는지 아니면 약화되었는지, 그것이 거시 경제의 물가 안정에 어떠한 영향을 미쳤는지 하는 것도 전문가들의 관심사였다.

왕진빈(旺晉斌)과 리난(李南, 2009)은, 2005년 이래 환율의 단기 전가 효과와 장기 전가 효과가 현저히 증가되었고, 환율 전가 효과를 통한 이 같은 물가 상승이 주요 무역 파트너 국가의 물가 파동에 중국에 대한 영향을 차단하는데 도움이 되며, 따라서 국내 물가 안정에 유리하다는 것을 발견했다. 스젠화이(施健淮)와 푸슝광(傅雄廣), 쉬웨이(許偉, 2008)는, 1994-2007년 사이 환율 변동 등의 외적 충격이 국내 물가 변동에 적당한 설명력뿐이기는 하지만, 이 같은 설명력이 다른 소비품 가격에 차이가 존재한다 하더라도, 2005년 7월, 환율을 조정한 이후 위안화 평가절상이 국내 인플레이션 수준을 인하시켰다는 비교적 유의적인 설명력이 있다는 것을 발견했다.

2) 환율 변동이 수출 가격에 미치는 영향

위에서, 환율 변동이 어떻게 수입상품가격을 통하여 국내 거시 경제의 물가 수준에 영향을 주느냐에 연구 초점을 모은 것과는 달리, 국제무역 분야의 학자들은 환율 파동이 수출 가격에 미치는 영향, 즉 수출 환율의 전가율에 대한 연구에 한결 관심을 가졌다. 뿐만 아니라 이 같은 연구는 환율 파동이 서로 다른 산업에 미치는 영향의 차이를 더욱 강조했다.

천쉐빈(陳學彬)과 리스강(李世剛), 루둥(蘆東, 2007)은 22개 HS(국제통일상품분류제도) 2분위에 위치한 산업의 2001년 1월부터 2007년 8월까지의 데이터를 이용하여 중국 수출상품가격 변동과 위안화 환율 간의 관계를 분석, 산업이 다름에 따라 위안화 평가절상에 대한 반응이 다르다는 것을 발견했다. 즉 노동집약형 산업의 수출상은 위안화가 평가절상하자 그(본위 화폐 공시가격) 수출 가격을 대폭 인하했지만, 에너지나 원자재 등의 분야의 수출상은 그(본위 화폐) 수출 가격을 대폭 지속적으로 인상했다.

비위장(畢玉江)과 주중이(朱鍾棣, 2007)는 SITC의 한 수행(數行)산업을 가지고 수출 가격 환율 전가율 효과를 분석, 우리나라의 상품 수출 가격에 불완전 환율 전가 현상이 존재할 뿐만 아니라, 상품별 간의 환율 전가 정도에 큰 차이가 존재한다는 것을 발견했다. 즉 전반적으로 보면, 중국 상품의 본위화폐 수출 가격 대 환율의 민감도가 하락한다는 것은 중국의 상품가격 결정력이 증강되고 있음을 말해준다.

3) 환율 변동이 교역조건에 미치는 영향

위 분야에서, 환율 변동이 수입 가격이나 수출 가격에 미치는 영향에 주목한 깃과는 달리, 일부 연구자들은 환율 변동이 교역조건에 미치는 영향에 초점을 맞추었다. 국제무역이론에서, 로빈슨(Robinson, 1949)이 보다 일찍이 환율 변동과 교역조건 변화 사이의 관계를 분석했다. 그녀는 환율 변동이 교역조건에 미치는 영향은 일국의 수입과 수출 수요의 탄력성 및 공급 탄력성에 의해 결정된다. 일정한 조건을 충족시켜 주어져야 만이 본위화폐의 평가절상이 일국의 교역조건을 개선할 수 있다고 밝혔다.

이 조건은, SXSM 〉 DXDM이다. 그중 DM은 수입상품의 수요 탄력성을 표시하고, SM은 수입상품의 공급 탄력성을 표시하며, DX는 수출상품의 수요 탄력성을 표시히고, SX는 수출상품의 공급 탄력성을 표시한다.

일반적으로 개발도상국이든 선진국이든 위의 조건은 모두 성립시킬 수 있다. 따라서 대다수의 상황에서 한나라의 본위화폐 평가절상이 그 국가의 교역조건을 개선할 수 있는 것이다.

실증연구 분야에서, 국내에서는 뤄충저우(羅忠洲, 2005)가 보다 일찍이 이 문제를 연구했다. 그는 일본과 미국 간의 무역을 분석, 엔화의 평가절상이 대부분의 시간에서 일본의 교역조건을 개선했다는 것을 발견했다.

중국에 관하여서는, 적지 않은 학자들이 투입산출 모형 방법이나 동태적 CGE 모형이라는 방법을 통하여 분석, 위안화 평가절상이 중국의 교역조건을 개선할 수 있다고 인정했다. 예컨대, 판진(范金)과 정칭우(鄭慶武, 2004)는 사회계정행렬(社會核算矩陣) 분석방법을 이용하여 중국 위안화 평가절상이 거시 경제에 미치는 영향을 분석, 위안화 평가절상이 결코 중국의 무역수지흑자 상황을 변화시키지 못할 뿐 더러, 1999년 이래 우리나라 외국무역 상황이 악화되는 현상을 개선할 수 있다는 것을 발견했다. 후중이(胡宗義)와 류이원(劉亦文, 2009) 역시 동태적 CGE 모형

방법을 이용하여 분석, 위안화의 점진적인 소폭 평가절상은 중국의 교역조건을 개선할 수 있다는 것을 발견했다. 류위안춘(劉元春)과 첸중신(錢宗鑫, 2006) 등도 동태적 CGE 모형을 이용하여 위안화 평가절상의 영향을 연구했다. 하지만 산업 데이터를 이용한 계량경제학 방법으로 분석한 일부 학자들은, 위안화 평가절상이 결코 중국의 교역조건을 개선하지 못했다고 인정했다.[예를 들면대 楊娉(2009) 등과 같은 경우이다]

4) 본장의 연구가 상술한 연구와 다른 점

우선 환율 변동이 우리나라 가격(수입상품가격, 수출상품가격 내지 교역조건 포함)에 미치는 영향에 관련하여 많은 학자들이 깊이 있는 분석을 진행했다. 일부 학자들은 이 같은 연구 중에서 위안화 환율 변동이 전반적인 물가 수준과 외국무역 가격 변동에 미치는 영향이 변화하고 있다는 점을 감지하고 있었다. 하지만 흔히 중국경제의 전체를 연구 대상으로 삼으면서, 우리나라 산업구조와 무역구조 분야에서 모두 지속적인 엄청난 변화가 생기고 있다는 사실을 그다지 고려하지는 않았다. 사실상, 환율 전가 이론[예컨대 시세에 따라 가격을 정하는(pricing to markets, PTM) 이론]과 실증연구에 따르면, 환율 변동이 수출상품가격과 수입상품가격에 미치는 영향은 일부 산업 구조 요소에 의해 결정된다. 산업 차원의 요소 차이는 각기 다른 환율 전가효과를 초래할 수 있고, 따라서 교역조건별 가격 변동폭을 얻을 수 있다.(Krugman, 1986; Feenstra,1989)

본장에서는 상기의 연구들에 비해 두 가지 면에서 의견 개진을 진행했다.

한 편으로는, 산업 차원의 데이터를 사용하여 분석함으로써 산업에 따라 분류하여 다루었다. 다른 한편으로는, 산업 차원의 영향 요소를 도입하여, 이 요소들이 교역조건에 미치는 영향을 분석했다. 본장에서는 이와 같은 개진을 거쳐서 보다 실질적인 맞춤형 정책적 건의를 얻으려 했다.

이밖에 교역조건에 관한 연구 방면에서, 국제무역 분야의 많은 연구들이 교역조건 변화로 인한 산업별 차이에 대해 깊이 있는 연구를 진행했으며, 산업구조와 국가별 무역구조 등의 각도에서도 세밀한 분석을 진행했다.(예컨대, 黃滿盈, 2008) 하지만 이와 같은 연구는 흔히 현황에 대해 세밀하게 기술하고, 이 같은 변화를 초래한 배후의 영향 요소 특히 산업조직 방면의 요소가 교역조건에 미치는 영향과 같은 것은 연구를 별로 하지 않았다. 하지만 본장에서는 산업 차원의 변수를 도입하여 환율과 산업 차원의 특정 변화가 교역조건에 미치는 영향을 함께 고찰하면서, 교역조건 관련 분야의 연구에 기여를 하려 했다.

총괄적으로 말하면 우선, 본장에서는 2005년 환율 개혁 이후, 환율 탄력성이 증대하는 배경에서 산업별 교역조건의 변동 상황을 분석했다. 다음으로, 산업 차원에서 환율 및 산업조직 요소가 교역조건의 변동에 미치는 영향을 연구했다. 끝으로, 상기 분석을 통하여, 환율 탄력성이 증대하는 배경에서 어떻게 하면 우리나라 무역 수익을 개선할 것인가 하는 보다 실질적인 맞춤형 정책적 건의를 제안했다.

본장의 기타 부분의 구성은 다음과 같다.

우선, 산업 교역조건 지수를 어떻게 구축할 것인가를 기술했다. 다음으로 산업별 교역조건을 비교하면서, 우리나라의 교역조건을 전반적으로 악화시킨 원인을 분석했다. 그 다음에 계량경제학 분석 방법을 도입하여 요소별 교역조건에 미치는 영향을 검토했다. 끝으로 상응한 결론과 정책적 건의를 내놓았다.

3. 산업 교역조건 변화의 초보적 분석

아래에 우리는 세관총서의 원간 데이터를 이용한 산업별 교역조건의 기준시(基準時)대비 지수를 구축하여 2005년 이래 우리나라 산업별 교역조건 변화추이를 분석했다.

1) 월간 기준시 대비 데이터 교역조건 지수 구축

국제무역 통계에서 사용하는 상품 분류시스템은 HS(국제통일상품분류제도)시스템이지만, 우리나라 대부분의 산업에서 사용하는 통계자료는 국민경제 분류시스템이다. 이 두 가지시스템 간에 꽤나 강한 비교성을 가지고 있기는 하지만, 어느 정도의 차이도 존재한다. 2005년 1월부터 세관총서에서 매달 '중국 외국무역 지수'를 발표하고 있는데, 그중 몇 가지시스템을 분류하여(HS시스템, SITC시스템, 국민경제 산업별 분류시스템 등) 우리나라 산업별 수출입 지수(물가지수, 수량지수, 가치지수 등)를 통계하고 있다.

본장의 연구는 주로 환율과 산업 차원의 요소가 우리나라 교역조건에 미치는 영향을 분석하려는데 취지를 두었다. 산업 차원에서의 기타 영향 요소를 제대로 도입하고자 우리는 국민경제 산업 분류시스템을 선용하여 산업의 무역 가격 지수를 분석했다.

우리는 우선 2005년 1월부터 2010년 2월까지 국민경제 분류시스템에 따라 통계한 산업별 수출입지수(가격지수, 수량지수, 가치지수 등)를 수집했다. 세관총서에서 발표한 이 통계에는 전월대비 데이터와 월간 동기대비 데이터만 있다. 우리가 기준시 대비 지수데이터를 구축하는 목적이 바로 월간별 데이터에 비교성을 갖추게 하려는데 있으므로 전월대비 데이터를 사용하는 것이 이 목적을 달성하는데 도움이 되기 때문이다.

전월대비 데이터는 전년의 연간 기준을 100으로 하여 얻은 지수이기에 기준시 대비 지수데이터를 구축하려면 부분적 지수를 처리할 필요가 있었다.

1단계는, 연간 무역지수를 밝혀야 했다. 세관총서에서 2005년 이후부터 국민경제 산업 분류 방법에 따라 무역지수를 발표하지 않았기에 우리 자체로 산출할 필요가 있었다. 연간 12개월의 무역 수량지수를 가중치로 삼아 연간 월간별 가격 지수에 대해 가중치평균을 하여 연도별 무역 가격 지수를 얻어냈다.(전년 기준치를 100으로 했음) 그런 다음, 연간 12개월의 무역 가치 지수에 대해 평균을 진행하여 연도별 무역 가치지수를 얻어냈다.(전년 기준치를 100으로 했음) 이 두 가지 지수를 이용하여 나눈 다음 연도별 무역 수량지수를 얻어냈다.(전년 기준치를 100으로 했음. 이 산출 방법의 원리와 과정은 세관총서의 세 가지 무역지수를 구축한 방법과 일치한다.)

2단계, 연도별 무역 가격 지수를 이용하면 한 개 연도의 기준시 대비 지수데이터를 구축할 수 있었다.

3단계, 연간 기준시 대비 데이터와 전월 대비 데이터를 이용하면 통계기준이 일치한 월간 기준시 대비 데이터를 얻을 수 있었다.

4단계, 수출 가격과 수입 가격 기준시 대비 데이터 지수를 이용하면 가격 교역조건의 기준시 대비 지수를 얻을 수 있었다.

2) 대분류 산업별 교역조건 변화 분석

위에서 밝힌 방법을 이용하여 우리는 산업별 교역조건의 변화 상황을 알아냈다. 아래에 우리는 이 방법을 통해 얻어낸, 2005년 1월부터 2010년 2월까지의 세 가지 대분류 산업별 교역조건 변동 추이를 우선 관찰해보자.(그래프 8-2 참고)

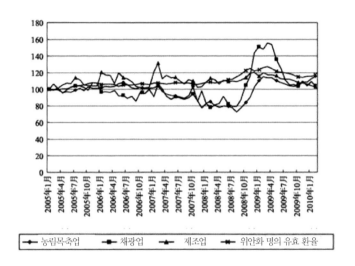

그래프 8-2 위안화 환율과 대분류 산업별 교역조건 변화(2005년 1월=100)
자료 출처: 세관총서의 '중국 외국무역 지수' 데이터를 산출 해 얻었다. 주요 국민경제 대분류 산업별 중에서 농림축산어업, 광업, 제조업만 연속적인 통계데이터가 있어서, 우리는 여기서 이 세 가지 산업만 주목했다. 비교의 편리를 도모하여 우리는 데이터를 정리했고, 2005년 1월을 각 지수의 기준점으로 삼았다.

위안화 환율 개혁 이후, 위안화 환율과 우리나라 산업별 교역조건은 대체로 다음과 같은 세 단계를 거쳤다.

2005년 7월부터 2008년 연중까지, 위안화 명목실효환율은 줄곧 안정적인 상승세를 보였고, 이 과정에서 우리나라 제조업의 교역조건이 개선되기는 했지만(개선 정도와 환율 평가절상 폭이 대체로 같았음), 광업과 농림축산어업의 교역조건이 뚜렷이 악화되는 바람에 우리나라 교역조건이 전반적으로 악화되었다. 따라서 이 기간 위안화 평가절상이 제조업의 교역조건을 개선하는데 작용을 하기는 했지만, 우리나라에서 수요 강성이 비교적 강한 대종 상품의 국제시장 가격이 대폭 상승하면서 농림축산어업과 광업의 교역조건이 악화되었고, 따라서 우리나라의 교역조건이 전반적으로 악화되었다.

2008년 하반기, 세계 금융위기가 발생한 후부터 2009년 초까지 위기는 절정에서 오르내렸다. 비록 위안화-달러 연동제를 기본적으로 채택하기는 했지만, 달러 가치가 급상승하는 바람에 위안화 명목실효환율이 급상승하는 과정을 거쳤다. 이 과정에서 주변시장의 경기가 불황을 겪음에 따라 우리나라 제조업 교역조건이 어느 정도 악화되었다. 이와 동시에 세계 대종 상품의 가격 하락은 도리어 농림축산어업과 광업의 교역조건을 크게 개선시켰으며, 이 추세는 2009년 초에 절정에 이르렀다.

2009년 초부터 2009년 말까지, 달러가 약세를 나타내면서 위안화 명목실효환율도 하락세를 나타냈으며, 대종 상품가격의 반등으로 말미암아 광업과 농림축산어업의 교역조건 역시 하락세를 보이기 시작했다. 이와 동시에 미국과 유럽 등의 주요 경제체들이 여전히 경기 회복 중에 있어서 우리나라 제조업의 교역조건 역시 지속적으로 악화되었다.

한마디로 말하면, 위안화 환율 개혁 이후 단계별 간, 대분류 산업별 간의 교역조건의 경향성도 어느 정도 달랐다. 금융위기가 발생한 후 국제시장에 큰 변화가 생겨 이 기간은 어느 정도 특수성을 가지고 있기 때문이다. 그러므로 위안화가 안정적으로 평가절상하던 2005년 7월부터 2008년 이 기간 동안 산업별 교역조건의 변화에 더욱 주목할 필요가 있다. 이 기간, 제조업의 교역조건의 개선 폭은 위안화 평가절상 폭과 엇비슷했다. 농림축산어업과 광업의 교역조건은 도리어 하락했을 뿐더러, 하락폭이 무척 커서 전반적인 교역조건의 악화를 초래했다.

3) 산업별 교역조건 변화 세분화 분석

이어서 우리는 두 자리 수 산업의 교역조건 상황을 분석했다. 여러 가지 원인으로 인해 우리는 광업과 제조업의 산업별 데이터만 얻을 수 있었다. 산업별 연도 교역조건 변화 상황은 표 8-2를 참고하라.

표 8-2 두 자리 수 산업 가격 교역조건 변화, 2005-2009년(2004년=100)

산업	2005	2006	2007	2008	2009
광업					
석탄 채굴 및 세광 산업	111.3	118.8	114.2	116.7	144.8
석유 및 천연가스 채굴 산업	100.8	106.5	104.7	104.6	113.7
철금속 광업 및 세광 산업	94.5	98.9	92.0	72.7	124.7
비철금속 광업 및 세광 산업	147.6	73.3	69.8	81.2	86.8
비금속 광업 및 세광 산업	106.6	113.1	119.0	132.0	146.8
제조업					
농부식품가공업	104.4	100.2	84.6	78.7	98.1
식품제조업	93.7	103.9	98.3	93.0	103.7
사료제조업	96.6	105.4	107.2	111.2	109.2
담배제조업	118.9	116.7	115.7	109.4	121.0
방직업	99.1	98.3	100.5	100.5	94.1
방직의류 신발 모자 제조업	96.5	86.9	86.0	74.5	70.3
피혁 모피 깃털(융) 및 관련 제조업	104.5	102.1	105.2	116.4	142.6
목재 가공 및 나무 대나무 등나무 종려나무 풀 제조업	102.5	102.2	97.2	103.6	114.1
가구제조업	110.2	128.9	144.6	157.2	179.6
제지업 및 종이 제품업	95.8	87.1	81.4	79.4	103.0
인쇄업 기록매체 복제	101.0	103.2	111.1	114.3	103.8
문화교육스포츠 용품 제조업	93.5	92.6	80.9	92.8	94.9
석유 코크스 및 핵연료 가공업	91.8	90.0	81.6	89.9	88.8
화학원료 및 화학제품 제조업	99.5	97.6	99.8	106.0	105.7
의약품제조업	99.1	98.9	102.0	104.7	96.3
화학섬유제조업	102.2	97.5	99.6	97.0	85.9

고무제조업	122.2	141.9	143.4	150.0	209.5
플라스틱제조업	99.3	110.2	102.0	112.6	108.5
비금속 광물 제품업	108.0	105.1	87.8	99.2	100.1
압연 및 압연 가공	85.2	81.7	83.3	97.9	87.8
비철금속 제련 및 압연 가공	96.6	102.8	99.3	106.0	113.6
금속 제조업	105.5	103.0	103.2	99.5	95.2
범용 장비(通用設備) 제조업	104.2	108.3	113.8	119.8	118.1
전용 장비 제조업	99.9	102.8	105.2	102.7	109.7
교통운송 장비 제조업	98.3	97.7	108.0	120.1	122.4
전기 기계 및 기자재 제조업	107.2	118.5	126.1	122.8	129.3
통신장비 컴퓨터 및 기타 전자 장비 제조업	102.3	108.4	113.8	105.0	88.7
계기 및 문화 사무용 기계 제조업	102.2	126.4	134.2	130.3	132.4
공예품 및 기타 제품 제조업	102.6	109.8	111.4	117.6	118.5
폐기 자원 및 폐 재료 회수산업	97.8	91.1	79.3	75.4	86.8

표 8-2에서 보다시피, 대부분 산업의 교역조건은 환율 개혁 이후 몇 년 사이에 개선되었다. 2008년과 2009년을 사례로 볼 때, 각기 거의 2/3 산업의 교역조건이 개선되었을 뿐만 아니라, 모든 산업이 교역조건의 단순 평균치가 100을 능가했다.

(표 8-2 참고) 이는 산업별 무역량 기여도에 격차가 존재한다는 것을 고려하지 않는 전제 하에서 두 자리 수 산업의 교역조건이 전반적으로 개선되었다는 것을 말해준다.

표 8-3 교역조건이 개선된 산업과 악화된 산업 수량(2008년과 2009년)

	2008	2009
교역조건이 개선된 산업 수(2004년 대비)	22	23
교역조건이 악화된 산업 수(2004년 대비)	13	12
전 산업의 교역조건 단순 평균치(2004년=100)	105.6	112.8

2008년 하반기부터 세계 금융위기가 시작되자 2009년 국제무역에 비교적 큰 변화가 생기면서 부분적 산업의 교역조건에 비교적 격렬한 변동이 일어났으므로 이 기간의 상황은 어느 정도 특수성을 가지고 있다. 때문에 아래에 우리는 2005년부터 2008년까지 위안화가 안정적으로 평가절상한 이 기간의 상황을 분석했다.

상기 분석을 통하여 우리는 대다수 산업이 이 기간 교역조건이 개선되었다는 점을 알 수 있었다. 하지만 이 동안 산업별 교역조건 변화의 경향성에 엄청난 차이가 존재한다는 점에도 우리는 주목했다. 2004년을 기준으로 할 때, 2008년 교역조건이 가장 크게 개선된 가구제조업의 교역조건은 57.2% 상승했다. 그러나 동일한 기간, 교역조건이 가장 심하게 악화된 철금속 광업 및 세광 산업의 교역조건은 27.3% 하락했다. 그러하다면, 어느 산업의 교역조건이 가장 크게 개선되고, 어느 산업이 가장 심하게 악화되었는가? 관련 산업들은 어떠한 특징을 가지고 있는가?

표 8-2에서 알 수 있다 시피, 2005년부터 2008년까지 교역조건이 가장 심하게 악화된 6개 산업은 철금속 광업 및 세광 산업, 비철금속 광업 및 세광 산업, 농부식물 가공업, 방직의류 신발 모자 제조업, 제지업 및 종이 제품 산업, 석유 코크스 및 핵연료 가공업, 폐기 자원 및 폐재료 회수 산업이다. 이 6개 산업 중에서 복장산업을 제외하고는 거의 모두다 우리나라에서 대량 순수입하는 자원성(資源性) 산업일 뿐 아니라, 최근 연간 순수입량이 대폭 증가되었다.

교역조건이 개선된 산업 중에서, 개선 폭이 가장 큰 6개 산업으로는 가구제조업,

고무제품업, 비철금속 광업 및 세광 산업, 계기 및 문화 사무용 기계 제조업, 전기 기계 및 기자재 제조업, 교통운송 장비 제조업이다. 이 6개 산업 중에서 비철금속 광업 및 세광 산업을 제외하고는 모두가 자본 집약형 제조업일 뿐만 아니라, 지난 몇 년 동안 수입대체를 하거나 수출확대를 대규모로 달성한 산업들이다.

상기 분석을 통하여 우리는 다음과 같은 대체적인 결론을 얻었다.

위안화가 평가절상하는 과정에서, 산업별 교역조건의 변화에 존재하는 차이는 상당한 정도에서 산업별 무역량이라는 특징과 관련되어 있다. 교역조건이 가장 심하게 악화된 산업은 흔히 수입 증가 폭이 비교적 빠른 자원형 산업이었고, 교역조건이 가장 크게 개선된 산업은 흔히 수입대체와 수출확대를 대규모로 달성한 자본 집약형 제조업이었다.

4) 교역조건 변동 분석─무역량 특징이 다른 세분화 산업별 비교

상기의 분석에서 알 수 있다 시피, 무역량 특징이 다른 산업은 교역조건 변화의 경향성에 꽤나 큰 차이가 존재했다. 교역조건 변화를 초래한 요소를 가일 층 분석하기 위해서 우리는 산업별 분석을 할 필요가 있었다. 그중 가장 중요한 점이 바로 순수출이거나 순수입 상황에 처해있는 산업을 나누어 분석하는 작업이었다. 이는 산업별 수입량과 수출량을 알아야 할 필요가 있었다. 하지만 우리나라 주요 통계자료는 일반적으로 산업별 수출량만 발표할 뿐, 수입량은 언급하지 않고 있어서 우리가 기타 방법을 통하여 산업별 수출입량 변화 상황을 추산해야 했다.

전반적인 추산 과정은 다음과 같다.

1단계는, 궈타이안(國泰安) 데이터 뱅크를 통해 2005년 우리나라 주요 수출입 상품의 무역량과 금액을 확보한 다음, 이 상품들의 무역액을 소속 산업에 분류하고 합쳐 산업별 2005년 수입액과 수출액을 얻어냈다.

2단계는, 2005년의 산업별 무역액 그리고 우리가 앞에서 계산하여 얻은 기준시 대비 무역 가치지수를 이용하여 산업별 월간 구입액과 수출액을 얻은 다음 더 나은 월간 순수출액을 얻었다.

3단계는, 월간 데이터의 총합을 얻은 다음 산업별 연간 수입액, 수출액, 순 수출액을 얻어냈다.(우리가 이 방법을 활용하여 구축한 산업별 수출액 데이터와 우리나라 통계자료 중의 산업별 수출액을 대조해보니, 두 가지 결과가 거의 일치했다.)

추산하여 얻은 산업별 연간 순 수출액은 표 8-4에서 밝힌 것과 같다.

표 8-4의 데이터를 통해 우리는 2005년부터 2009년까지 우리나라 세분화 산업별 무역시스템은 대체로 안정을 유지했고, 대다수 산업이 줄곧 무역수지 흑자나 적자 상태를 유지했으며, 소수 산업만 무역 지위에 변화가 생겼다는 것을 알 수 있다.

(1) 무역수지 흑자로부터 적자 상태로 변한 산업은 석탄 채굴 및 세광 산업뿐이다. 이는 이 산업을 우리나라의 거의 모든 자원형 산업 가운데서 현재까지도 순수입 상태에 처한 산업으로 되게 했다.

(2) 무역수지 적자로부터 흑자 상태로 변한 산업은 부분적 자본 집약형의 제조업인데 야금 및 압연 가공, 범용 장비(通用設備) 제조업, 교통 운송 장비 제조업이다. 이밖에 일부 산업 예컨대 화학섬유제조업, 범용 장비 제조업은 아직도 무역수지 적자 상태에 처해있기는 하지만, 적자액이 급감소하면서 강한 수입대체 성장세를 나타내고 있다.

그러나 대다수 산업을 보면, 그들의 무역 지위에 변화가 생기지 않았는데, 줄곧 순수입 상태에 처해 있는 자원형 산업의 무역 적자는 지속 확대되고 있을 뿐만 아니라 증가폭이 비교적 빠르며, 줄곧 순 수출 상태에 처해있는 대다수 제조업은 무역수지 흑자 상태를 지속적으로 유지하고 있다. 게다가 일반적으로 이전부터 순수출량이 비교적 많은 산업은 증가폭이 비교적 낮고, 이전부터 순수출량이 비교적 적은 산업은 증가폭이 더욱 높아, 산업 분포로 볼 때 전반적인 무역수지 흑자의 내원이 보다 다양한 상태를 드러냈다.

표 8-4 2005—2009년 두 자리 수 산업의 순 수출액

산업	2005	2006	2007	2008	2009	순수입 산업	순수출 감소(순수입 증가) 산업
광업							
석탄 채굴 및 세광 산업	29	20	9	16	-85		#
석유 및 천연가스 채굴 산업	-452	-626	-736	-1160	-811	**	#
철 금속 광업 및 세광 산업	-196	-222	-396	-708	-564	**	#
비철금속 광업 및 세광 산업	-46	-71	-120	-119	-98	**	#
비금속 광업 및 세광 산업	4	4	4	4	3	*	
제조업							
농부식물 가공업	-96	-110	-178	-252	-195	**	#
식품제조업	11	13	15	17	15	*	
음료제조업	5	7	8	8	7	*	
담배제조업	1	0	1	-1	0		#
방직업	88	130	162	235	213	*	
방직의류 신발 모자 제조업	1 700	2 270	2 810	2 840	2 560	*	
피혁 모피 깃털(융) 및 관련 제조업	97	99	110	133	126	*	
목재 가공 및 나무 대나무 등 나무 종려나무 풀 제조업	22	35	42	41	27	*	
가구제조업	160	205	268	319	297	*	
제지 및 종이 제품 산업	-73	-70	-76	-88	-85	**	#
인쇄업 기록매체의 복제	4	9	29	35	31	*	
문화교육스포츠용품 제조업	130	153	179	216	175	*	

산업	2005	2006	2007	2008	2009	순수입 산업	순수출 감소(순수입 증가) 산업
석유 코크스 및 핵연료 가공업	-83	-188	-184	-329	-189	**	#
화학원료 및 화학제품 제조업	-512	-577	-660	-729	-710	**	#
의약품제조업	22	25	30	36	28	*	
화학섬유제조업	-11	-7	-4	-1	-5	**	
고무제조업	36	49	67	76	70	*	
플라스틱 제조업	94	115	128	147	128	*	
비금속 광물 제조업	58	76	93	121	106	*	
야금 및 압연 가공	-109	64	200	342	-82		
비철금속 제련 및 압연 가공	-102	-115	-205	-191	-287	**	#
금속 제품	99	126	166	193	133	*	
범용 장비 제조업	-101	-89	-51	-39	-68	**	
전용 장비 제조업	-26	-10	77	120	93		
교통 운송 장비 제조업	-26	-43	1	75	11		
전기 기계 및 기자재 제조업	101	146	223	301	223	*	
통신장비 컴퓨터 및 기타 전자 장비 제조업	925	1 220	1 480	1 790	1 590	*	
계기 및 문화 사무용 기계 제조업	36	46	51	58	52	*	
공예품 및 기타 제품 제조업	26	31	38	42	40	*	

설명: *는 연속 5년 간 무역수지 흑자인 산업을 표시하고, **는 연속 5년 동안 무역수지 적자인 산업을 표시하며, #는 2008년, 2005년보다 무역수지 흑자가 감소(혹은 무역수지 적자가 증가)된 산업을 표시한다. 금액 단위는 억 달러이다.
자료 출처: 2005년 데이터는 궈타이안 데이터 뱅크에서 인용했고, 2006년부터 2009년까지 데이터는 연간 무역액 지수에 의하여 추산했다.

아래에서 우리는 우선 표 8-4 중의 산업을 무역수지 흑자거나 적자 상태에 따라 그룹을 나눈 다음 연속 5년 간 무역수지 흑자가 나타난 19개 산업을 한 개 그룹으로 하고, 연속 5년 간 무역수지 적자가 나타난 10개 산업을 다른 한 게 그룹으로 하여 이 두 그룹 간의 교역조건 변화에 유의적 차이가 존재하느냐를 비교했다. 두 그룹의 2008년 교역조건의 평균치에 차이가 존재하느냐를 알아보려고 T검정(Test)을 진행했다.(검정 결과는 표 8-5 참고)

검정 결과 2008년, 무역수지 흑자가 나타난 산업의 교역조건이 평균 112.5(2004년을 100으로 기준할 때)에 달했다. 즉 2004년보다 12.5% 상승했다. 이 결과는 무역수지 적자가 나타난 산업의 평균치(무역수지 적자 산업의 교역조건은 2004년보다 4.4% 하락했다.)를 훨씬 웃돈다.

표 8-5 무역수지 흑자 산업과 적자 산업의 교역조건 변화 비교

그룹별	표본 수	2008년 교역조건 평균치(2004년=100)
연속 5년 흑자가 나타난 산업	19	112.5 (4.6)
연속 5년 적자가 나타난 산업	10	95.6 (4.9)
t값	2.39**	
Prob(T)t)	0.012	

설명: 괄호 안의 숫자는 표본 표준편차이다. **는 5% 유의수준을 표시하고, ***는 1% 유의수준을 표시한다.

이어서 우리는 재차 무역수지 흑자(적자)가 변동한 방향에 따라 표 8-4 중의 34개 산업을 2개 그룹으로 분류, 2008년에 2005년보다 무역수지 흑자가 감소(적자 증가)한 10개 산업을 한 개 그룹으로 하고, 2008년에 2005년보다 무역수지 흑자가 증가(적자 감소)한 24개 산업을 다른 한 개 그룹으로 했다. 이 두 그룹도 2008년 연간 교역조건에 차이가 존재하느냐를 알아보려고 마찬가지로 T검정을 진행했다. (결

과는 표 8-6 참고) 우리는 검정을 통하여 무역 지위의 변동 방향이 다른 두 그룹의 교역조건 변화에 유의적 차이가 존재하고 있다는 것을 발견했다. 우리나라가 국제시장에서 경쟁 우위를 날로 많이 획득하는 산업(즉, 흑자가 증가한 산업)일수록 교역조건이 개선, 2008년 교역조건이 2004년보다 평균 11.5% 상승되었으며, 국제시장에서 경쟁 우위가 하락한 산업(즉, 흑자가 감소한 산업)은 2008년 교역조건이 2004년보다 5.5% 악화되었다. 게다가 이 두 그룹 간의 교역조건 변화의 평균치에 유의적 차이가 존재했다.

표 8-6 흑자가 증가한 산업과 적자가 증가한 산업의 교역조건 변화 비교

그룹별	표본 수	2008년 교역조건 평균치(2004년=100)
흑자 증가(적자 감소)	24	111.5 (3.8)
흑자 감소(적자 증가)	10	94.5 (5.0)
t값	2.55***	
Prob(T)t)	0.008	

설명: 괄호 안의 숫자는 표본 표준편차이다. **는 5% 유의수준을 표시하고, ***는 1% 유의수준을 표시한다.

총괄적으로 말하면, 이 부분에서 우리는 상이한 외국무역 위치에 처해있는 세분화 산업의 교역조건 변화에 차이가 존재하느냐를 비교했다.

우선, 우리는 2005년부터 2008년까지 무역수지 흑자 위치에 처해있는 산업들의 교역조건은 개선되었고, 무역수지 적자 위치에 처해있는 산업들의 교역조건은 전반적으로 악화되었으며, 이 두 그룹 간의 교역조건 변화에 유의적 차이가 존재하고 있다는 것을 발견했다.

다음, 우리는 또 국제시장에서의 경쟁 우위가 상승(흑자 증가)한 산업들의 교역조건은 평균적으로 개선되었고, 그에 비해 경쟁 우위가 하락(적자 증가)한 산업들

의 교역조건은 평균적으로 악화되었을 뿐만 아니라, 이 두 그룹 간의 교역조건 변화에도 유의적 차이가 존재하고 있다는 것을 발견했다.

4. 교역조건 변화에 영향을 주는 요소에 대한 계량경제학적 분석

상기의 몇 개 부분에서 우리는 환율 개혁 이후 대분류 산업과 세분화 산업의 교역조건 변화에 대해 분석하면서, 상이한 무역 위치에 처해있는 산업들은 교역조건 변화의 경향성에도 유의적 차이가 존재하고 있다는 것을 초보적으로 발견했다. 이 부분에서 우리는 보다 상세한 월간 교역조건 지수 데이터를 사용함과 아울러 산업 차원의 변수와 산업조직 차원의 변수를 더욱 많이 도입한 다음 계량경제학 모형을 통하여 교역조건의 차이를 초래한 산업 배후의 원인을 분석했다.

1) 영향 요소 분석 및 통제변수 데이터 출처

우선, 우리는 어떠한 변수가 교역조건 변화를 초래하느냐를 알아보자.

(1) 환율: 우리가 앞에서 분석한 것처럼, 기타 조건을 통제한 상황에서 환율의 변화가 교역조건의 변화를 초래할 수 있다. 일반적으로, 일국의 통화 평가절상은 그 국가의 교역조건(본위 화폐 평가절상은 본위 화폐로 측정하는 수입 가격을 절하할 수 있다. 아울러 본위 화폐로 측정하는 수출 가격 역시 절하할 수 있지만, 대부분 원가는 본위 화폐를 가지고 측정하므로 일반적으로 수출 가격의 하락폭은 수입 가격보다 낮다.

따라서 교역조건을 개선할 수 있다.)을 개선할 수 있다. 교역조건을 측정하는 것은 한 경제체가 모든 교역 상대국과 교역 활동을 진행할 수 있는 가격 조건이기 때문에 우리는 마땅히 더욱 대표적인 명목실효환율을 가지고 위안화 환율을 나타내야 한다. 명목실효환율은 교역상대국의 교역량 등으로 가중 평균한 환율이기에 일국의 화폐는 외국무역에서 드러나는 가격을 나타내야 한다. 우리가 분석에서 사용한 명목실효환율 지수는 국제결제은행의 데이터를 인용했다.

환율 외에 산업 차원의 요소 차이도 환율 전가효과를 다르게 할수 있어서, 얻어낸 교역조건 변동 폭도 다를 수 있다. 이런 산업 차원의 요소에는 다음과 같은 것들이 포괄된다.

(2) 무역 지위: 앞에서 한 분석에서 우리는 무역 지위가 다른 산업은 교역조건 변화의 경향성에도 차이가 있다는 것을 발견했다. 아래의 분석에서 우리는 반드시 이 요소를 고려해야 했다. 우리는 각기 두 가지 방법을 사용하여 무역 지위의 차이를 드러냈다.

첫 번째 방법은, 산업을 무역수지 흑자 산업과 무역수지 적자 산업 두 개 그룹으로 나눈 다음 회분분석을 진행하여 이 두 그룹의 변화 법칙에 차이가 존재하느냐를 알아보았다. 두 번째 방법은, 산업 수입량과 수출량의 변화가 가격 변화에 영향을 미치는가를 고찰하려고 수입량 지수와 수출량 지수를 도입한 다음 무역 지위 변화가 교역조건에 미치는 영향을 각각 고려했다.

(3) 산업 집중도: 환율 전가율은 한 산업의 집단적 가격협상력과 가격 결정력과 관련되거나 산업에서의 시장 지배력과 밀접히 관련되어 있다. 일반적으로, 집중도가 비교적 높은 산업은 가격 결정력이 비교적 강하여 자기 원가를 전가할 수 있고, 환율 변동 과정에서 수익을 얻을 수 있다. 따라서 우리는 산업 집중도 상승폭이 빠른 산업일수록 교역조건 우위를 획득할 수 기회가 더 많을 수 있다고 기대했다.

데이터가 미비하여 상용하는 산업 집중도 측정에 늘 사용하는 일부 지표를 산출할 수 없어서 우리는 여기에서 대기업의 매출액이 산업에서 차지하는 비율을 가지고 산업 집중도를 나타냈다. 우리가 이용한 데이터는 '중국 중소기업 성장 연감'에서 인용했다.

(4) 외국인(해외)직접투자(FDI): 외국인직접투자 기업이 교역조건에 미치는 영향은 비교적 복잡하다. 한편으로, 수출가공형 기업으로 볼 때, 외국인직접투자 기업은 수입 가격을 인상하고 수출 가격을 인하하는 방법으로 이전 가격을 설정하고, 중국내 지사의 이윤을 저하하여 소득세를 회피할 수 있는데, 이 같은 현상 역시 교역조건을 악화시킬 수 있다. 하지만 다른 한편으로, 다국적 기업은 내부적인 수출입 무역을 할 때 수입 가격을 인하하고 수출 가격을 인상하는 방식으로 일부 관세를 포탈할 수 있는데, 이 같은 조치는 교역조건의 '허위적 개선'을 초래할 수 있다. 일부 학자들이 연간 교역 데이터를 이용하여 외국인직접투자 기업의 수출이 우리나라 가격 조건을 악화시키는 요인으로 작용할 수 있다는 것(한칭, 2006)을 밝혀내기는 했지만, 세분화 산업을 고려 대상으로 할 경우, 교역조건에 미치는 외국인직접투자 기업의 영향은 불확실성이 존재할 뿐 아니라, 산업이 다름에 따라 미치는 영향도 크게 다를 수 있다고 우리는 생각했다. 우리는 삼자기업(三資企業, 중외 합자 기업 중외 합작 기업 외국 상사 독자 기업)에 근무하는 연평균 종업원 수가 산업에서 차지하는 비율을 가지고 산업에서의 외국인직접투자 기업의 영향력을 나타냈다. 데이터는 중국경제넷 데이터 뱅크에서 인용했다.

(5) 국유기업 비율: 현재 우리나라에서 국유기업은 전략적 산업에서 여전히 중요한 위치를 차지하고 있다. 국유기업이 교역조건에 미치는 영향은 비교적 복잡하다. 한편으로, 일부 경쟁 산업에서 국유기업은 저비용 대출을 받을 수 있는 우위가 있을 뿐 아니라, 일정한 고용을 보장해야 하는 책임이 있어서 사업을 지나치게 확장하려는 충동이 존재한다. 이는 이 같은 산업의 수출 공급과 수입 수요에 충격을 주어 교역조건 악화를 초래할 수 있다. 하지만 다른 한편으로, 일부 산업 특히 자원형 산업에서, 국유기업은 국가의 힘에 의존하여 외국무역에 종사할 수 있어서 더

욱 적은 비용으로 자원을 회득할 수 있다. 따라서 교역조건을 개선할 수 있다. 우리는 국유기업에 근무하는 연평균 종업원 수가 산업에서 차지하는 비율을 가지고 산업에서의 국유기업의 영향력을 나타냈다. 데이터는 중국경제넷 데이터 뱅크에서 인용했다.

이상의 요소를 제외하고도 산업별 간에 시간 변화에 따르지 않는 산업 요소가 존재한다. 우리가 사용한 데이터가 월간데이터이기에 월별 간에 계절 요소의 영향이 존재할 수 있다. 그리하여 우리는 분석 과정에서 이런 고정적 영향 요소를 반드시 통제해야 했다.

2) 회귀방정식과 통계변수(變量統計) 성질

상기 분석과 결부하여 우리는 아래의 계량경제학 모형을 사용하여 세분화 산업 교역조건에 미치는 영향 요소를 연구했다.

$$\text{Ln(ToT)it} = \alpha i + \left\{ ``\Sigma'' \underset{(N=1)}{\top} \right\}^{12} \gamma N \; MN + \beta 1 \cdot \text{Ln(NEER)t} + \beta 2 \cdot \text{CRit}$$

$$+ \beta 3 \cdot \text{FDIit} + \beta 4 \cdot \text{SOEit} + \beta 5 \cdot \text{Ln(ImQ\_index)it}$$

$$+ \beta 6 \cdot \text{Ln(ExQ\_index)it} + \varepsilon it$$

식에서, αi는 산업 고정 효과를 표시하고, MN,N=1,2,···,12는 각기 1-12월의 가변수(啞變量)를 대표하므로$\left\{ ``\Sigma'' \underset{(N=1)}{\top} \right\}^{12} \gamma N \cdot M_N$을 사용해 월간 고정 효과를 통제했으며, εit는 오차항이다. 기타 변수의 함의 및 간추린 데이터 출처는 표 8-7을 보고, 변수별 주요 통계 성질은 표 8-8을 보라.

표 8-7 주요 변수 함의 및 데이터 출처

변수 이름	약자	빈도	데이터 출처
교역조건 지수	ToT	월간	저자가 '중국 대외무역 지수' 데이터를 이용해 산출
명목실효환율	NEER	월간	국제결제은행(BIS)
대기업 비율(매출액, %)	CR	월간	연도별 '중국 중소기업 성장 연감'
국유기업 비율(종업원 수, %)	SOE	월간	중국경제넷 데이터 뱅크
삼자기업 비율(종업원 수, %)	FDI	월간	중국경제넷 데이터 뱅크
수입량 지수 (기준시 대비, 2004년=100)	ImQ_index	월간	저자가 '중국 대외무역 지수' 데이터를 이용해 산출
수출량 지수 (기준시 대비, 2004년=100)	ExQ_index	월간	저자가 '중국 대외무역 지수' 데이터를 이용해 산출

표 8-8 변수별 두요 통계 성질

변수 이름	평균치	표준편차	최대치	최소치	표본 크기
교역조건 지수	106.5	22.6	260.3	36.7	2 665
명목실효환율	106.7	6.9	122.9	96.3	2 666
대기업 비율(매출액, %)	26.2	21.7	88.1	0.0	1 704
국유기업 비율(종업원 수, %)	23.9	23.9	97.9	0.5	1 680
삼자기업 비율(종업원 수, %)	26.7	19.6	75.3	0.2	1 680
수입량 지수 (기준시 대비, 2004년=100)	136.9	79.5	1 205.5	2.4	2 666
수출량 지수 (기준시 대비, 2004년=100)	146.9	136.3	5 912.2	2.2	2 665

3) 회귀분석 결과

우리의 회귀분석은 두 개 부분으로 나누었다. 첫 부분은 모든 산업에 회귀분석을 동시에 진행하여 얻은 결과이다.(표 8-9 참고) 표 8-9에서, 우리가 표 8-2에 열거한 모든 두 자리 수 광업과 제조업 산업에 대해 회귀분석을 진행할 경우, 위안화 명목실효환율 계수가 플러스가 되며, 위안화 명목실효환율이 1% 상승하면 우리나라 가격 교역조건을 0.3% 가량 상승시킬 수 있다는 것을 알 수 있다. 이는 우리 기대치와 일치한다. 즉 기타 조건이 변하지 않는다고 규정한 상황에서 위안화 평가절상은 전반적으로 우리나라 교역조건을 개선하는데 유리하다.

산업 차원과 관련된 영향 요소 면에서, 대부분 변수의 유의성이 분명하지 않았다. 그중 주목할 만 것은 우리의 분석 결과가 보여주다시피, 산업 집중도 개선이 우리나라 교역조건을 개선하는데 유리하다는 점이다. 무역량 영향 면에서, 수입량 증가는 교역조건 개선에 유리하지만, 수출량 증가는 교역조건을 악화시킬 수 있으므로, 이는 우리나라 부분적 산업에서 수출량을 늘리면 우리 수출 가격을 저하시키어 교역조건에 영향을 준다는 것을 설명하고 있다.

전반적으로 표본에 대한 회귀분석을 진행하면서 기대와 일치하는 일부의 결과를 얻기는 했지만, 전반적으로 모형의 적합도가 낮은데서 조정된 결정계수(R-squared, R平方)가 0.1도 안 되었다. 이는 이런 산업 내부에 비교적 큰 차이가 존재하며, 또한 우리가 주목한 일부 통제변수가 우리 기대에 부합되지 않은 것도 산업별 항목에 미치는 영향에 차이가 존재하는 것과 관련된다는 것을 설명해준다. 그리하여 우리는 두 번째 부분에서 무역수지 흑자인 산업과 무역수지 적자인 산업 두 그룹으로 나누어 각기 회귀분석을 진행했다.

표 8-9 전체 표본 회귀분석 결과

	(1)	(2)	(3)	(4)	(5)
	교역조건 지수(기준시 대비, 2004년=100)				
Ln(명목실효환율)	0.381	0.592	0.315	0.276	0.311
	(0.086)***	(0.046)***	(0.079)***	(0.096)***	(0.095)***
대기업 비율	0.004		0.001	0.003	0.004
(매출액, %)	(0.002)*		(0.002)	(0.002)	(0.002)*
국유기업 비율	-0.002			-0.002	-0.003
(종업원 수, %)	(0.002)			(0.002)	(0.002)
삼자기업 비율	0.006			0.003	0.005
(종업원 수, %)	(0.003)*			(0.004)	(0.003)
Ln(수입량 지수)	0.090				0.092
	(0.014)***				(0.015)***
Ln(수출량 지수)	-0.085				-0.085
	(0.016)***				(0.017)***
상수항	2.628	1.893	3.153	3.249	2.982
	(0.469)***	(0.214)***	(0.387)***	(0.536)***	(0.530)***
산업 고정 효과	yes	yes	yes	yes	yes
월간 고정 효과	no	yes	yes	yes	yes
총 표본 수	1 679	2 665	1 703	1 679	1 679
산업 수	35	43	36	35	35
조정된 결정계수	0.08	0.07	0.02	0.02	0.09

설명: 괄호 안의 수치는 추정계수의 표준편차이고, *와 **와 ***는 각기 10%, 5%와 1%의 유의수준을 표시한다.

첫 부분 중의 대체적인 분석 결과가 보여주다시피, 무역 지위가 다음에 따라 산업의 교역조건은 그 변화 법칙에 있어서 유의적 차이가 존재했다. 이어서 두 번째 부분에서 우리는 무역수지 흑자 산업과 무역수지 적자 산업을 나누어 회귀분석을 진행했다. 결과는 표 8-10을 참고하기 바람.

우리는 산업을 두 그룹으로 분류하자 모형의 총체적 적합도가 크게 향상, 조정된 결정계수가 0.1도 미치지 못하던 것이 0.3 가량으로 향상된 것을 발견했다. 뿐만 아니라 많은 재미있는 현상을 관찰하게 되었다.

우선, 위안화 평가절상이 무역수지 흑자 산업이든 적자 산업이든 교역조건을 개선할 수 있었으며, 또한 적자 산업의 교역조건 개선 폭이 더욱 컸다. 무역수지 흑자 산업은, 위안화가 1% 평가절상할 때마다 교역조건이 0.3% 안팎으로 개선되었고, 적자 산업은, 위안화가 1% 평가절상할 때마다 교역조건 개선 폭이 0.6 안팎으로 흑자 산업의 거의 2배에 달했다. 이는 무역수지 적자 산업(주로는 일부 자원형 산업과 기본 원자재 유형의 산업)에 있어서, 위안화 평가절상이 교역조건을 개선하는 것보다 의미가 더 크다는 것을 말해준다.

표 8-10 무역수지 흑자산업과 적자산업을 각기 분석한 회귀분석 결과

	(1)	(2)
	교역조건 지수(기준시 대비, 2004년=100)	
Ln(명목실효환율)	0.654	0.327
	(0.191)***	(0.115)***
대기업 비율(매출액, %)	0.021	-0.001
	(0.004)***	(0.004)
국유기업 비율(종업원 수, %)	0.014	-0.005
	(0.004)***	(0.002)***
삼자기업 비율(종업원 수, %)	0.077	-0.007
	(0.010)***	(0.003)***
Ln(수입량 지수)	-0.025	0.296
	(0.036)	(0.025)***
Ln(수출량 지수)	-0.104	-0.205
	(0.023)***	(0.030)***
상수항	0.013	3.084
	(1.117)	(0.571)***
산업 고정 효과	yes	yes
월간 고정 효과	yes	yes
표본 수	479	912
산업 수	10	19
조정된 결정계수	0.25	0.31
설명	표본 연도 내의 것은 모두 적자 산업으로 했음	표본 연도 내의 것은 모두 흑자 산업으로 했음

설명: (1) 괄호 안의 수치는 추정계수의 표준편차이고, *와 **와 ***는 각기 10%, 5%와 1%의 유의수준을 표시한다. (2) 무역수지 흑자 산업과 적자 산업에 관한 분류는 표 8-4를 보라.

다음, 산업 집중도 향상이 무역수지 흑자 산업과 적자 산업에 미치는 영향 또한 크게 달랐다. 무역수지 적자 산업에 있어서, 산업의 대기업 비율 상승은 이 산업의 교역조건을 개선하는데 유리했는데, 산업의 대기업 비율이 1% 상승할 때마다 교역조건이 0.02% 개선되었다. 이는 우리의 기대치와 일치했다. 그러나 무역수지 적자 산업에 있어서, 산업의 대기업 비율 상승이 교역조건 개선에 거의 영향을 미치지 않았다. 우리나라의 무역수지 흑자 산업 대부분이 노동집약형 제조업이나 자본집약형 제조업이어서 기업 자체의 규모가 비교적 크기 때문에 대기업 비율이 상승했다 하더라도 산업의 전체 집중도 상승폭이 아주 제한되어 있어서 가격 협상능력을 뚜렷이 향상할 수 없어서 이 같은 결과가 나타날 수 있다.

즉, 우리가 선택한 변수가 혹시 무역수지 적자 산업의 산업 집중도는 어느 정도 정확하게 반영한다 하더라도, 무역수지 흑자 산업의 산업 집중도는 정확하게 측정하지 못할 수 있다.

다음, 교역조건에 미치는 기업별 영향이 다르다. 우리가 앞에서 한 분석에서 밝혔듯이, 외국인직접투자 기업과 국유기업이 산업별 교역조건에 영향을 미치는 방식이 다르다. 외국인직접투자 기업은 우리나라 무역수지 흑자 산업의 교역조건에 소극적인 작용을 일으켰는데, 이는 무역수지 흑자 산업 중의 가공무역의 비율이 비교적 높아 가격 전가 현상이 비교적 심각해 교역조건 악화를 초래했을 수 있다. 그리고 무역수지 적자 산업에서 외국인직접투자 기업의 증가는 오히려 교역조건 개선에 유익했다.

이는 이 산업 중의 외국인직접투자 기업들은 대체로 중국 국내 시장을 상대로 하기에 수입 가격을 낮추는 방법으로 관세를 포탈하면서 교역조건의 '허위적 개선(虛高)'을 초래했을 수 있다. 외국인직접투자 기업과 유사하게 국유기업도 산업별에 미치는 영향이 달랐는데, 무역수지 흑자 산업의 교역조건에는 소극적인 작용을 일으켰지만, 무역수지 적자 산업의 교역조건에는 적극적인 작용을 일으켰다. 대부분 무역수지 흑자 산업은 완전 경쟁(充分競爭) 시장의 산업이지만, 국유기업이 산업 중에서의 지나친 확장 행위로 하여 수출 가격 폭락과 교역조건 악화를 초래했을 수 있다. 그리고 무역수지 적자 산업은 대부분이 자원 수입 산업이고, 산업 내의 국유기업은 흔히 국가의 힘에 의존하여 낮은 원가로 자원을 취득할 수 있기에 교역조건을 개선할 수 있다.

끝으로, 두 가지 부류 산업(두 그룹)에 미치는 무역량의 영향에도 차이가 존재했다. 무역수지 흑자 산업 중, 영향 경향성이 우리의 기대와 일치할 경우에는 수입량 증가가 수입 가격을 저하하여 교역조건을 개선하였고, 수출량 증가는 수출 가격을 저하하여 교역조건을 악화시켰다. 하지만 무역수지 적자 산업에 있어서, 수입량 증가는 수입가격 상승을 초래하면서 교역조건을 악화시켰다. 이 결과의 경향성은 우리 기대와 일치했지만 통계적으로는 유의하지 않았다. 우리의 분석은 또 수출량의 증가가 교역조건을 악화시킨다는 결과가 나타났는데 이는 일반적인 감각과 일치하지 않는다. 아마 우리나라 무역수지 적자 산업(자원형 산업) 중의 수출품이 주로 조절(調劑) 유형에 속하기에 이런 상품의 국제 가격이 하락하면서 우리나라 교역조건이 개선될 때 우리나라에서는 흔히 비축을 늘리고 수출을 줄이며, 국제 가격이 상승하면서 우리나라 교역조건이 악화될 때에는 흔히 비축을 줄이고 수출을 늘리기 때문일 수 있다.

총괄적으로 말하면, 우리는 무역수지 흑자 산업과 무역수지 적자 산업에 영향을 주는 요소 그리고 이 같은 영향 요소의 경향성에 비교적 큰 차이가 존재한다는 것을 발견했다. 위안화 평가절상은 무역수지 적자 산업에 대한 개선 작용이 더욱 큰데, 적자 산업에 있어서 산업의 집중도를 향상하고 국유기업과 삼자기업의 비율을 향상하는 모든 것이 교역조건을 개선하는데 도움이 될 수 있다. 하지만 우리가 앞에서 말한 것처럼, 삼자기업이 초래한 이 같은 교역조건 개선은 단지 탈세를 위한 일종의 가상일 수 있다. 그러므로 무역수지 적자 산업에 있어서, 위안화 평가절상을 기대하는 외에 기업을 통합하고 산업 집중도를 향상하며 국력을 강화하는 것이 이 산업의 교역조건을 개선하고 무역 수익을 늘리는데 아주 중요한 작용을 할 수 있다. 그러나 무역수지 흑자 산업에 있어서, 위안화 평가절상은 이 산업의 교역 조건을 개선하는데 큰 작용을 하지 못했다. 이 산업의 대부분이 완전 경쟁의 산업 이므로 기업을 통합하고 산업에서의 대기업 비율을 늘린다 하더라도 교역조건을 개선하는데 역시 큰 작용을 하지 못했다. 마찬가지로 무역수지 흑자 산업 대부분 이 완전경쟁 산업이어서 국유기업의 퇴출이 이런 산업의 경쟁 질서를 회복하고 교 역조건을 개선하는데 유익할 수 있다. 외국인직접투자 기업은 무역수지 흑자 산업 의 교역조건 개선에 어느 정도 소극적인 작용을 할 수 있다. 그것은 대부분 무역수 지 흑자 산업에 가공무역 비율이 높은데다 외자기업에서 이전 가격을 통해 수익을 이전하면서 교역조건을 악화시켰을 수 있기 때문이다. 우리는 될 수 있는 한 이 같 은 현상이 발생하지 않도록 사전관리를 보다 엄하게 해야 한다. 무역수지 흑자 산 업으로 말하면, 교연조건 개선에 있어서 가장 중요한 측면이 수출입량을 조정하는 것인데, 모 산업의 과도한 무역 불균형을 낮추는 방법을 통하여 수입을 늘리고 수 출을 줄이는 등이 교역조건 개선에 유익하다.

5. 결론 및 정책적 건의

본장에서 우리는 자체로 국민경제 두 자리 수의 산업 무역 가격 기준시 대비 지 수를 구축하고, 이에 의하여 2005년 환율 개혁 이후의 세분화 산업의 교역조건 변 화 상황을 분석했다.

2005년 환율 개혁 이후부터 2008년 사이 위안화는 안정적인 평가절상을 유지했 고, 일반 이론에서도 우리나라 전반적인 교역조건이 개선될 수 있다고 예측했다. 하지만 이 기간 우리나라의 전반 교역조건은 도리어 악화되었다. 대분류 산업에 대한 분석을 통하여 우리는, 이 기간 위안화 평가절상이 확실히 제조업 교역조건 을 개선하는데 작용을 일으키기는 했지만, 우리나라에서 수요 강성이 비교적 큰 대종 상품의 국제시장 가격이 대폭 상승하고, 농림축산어업 교역조건과 광업 교역조건이 대폭 악화되면서 우리나라의 교역조건이 전반적으로 악화되었다는 것을 발견했다.

이어서 본장에서는 광업과 제조업 중의 세분화 산업의 교역조건 변화 상황을 분석하면서, 우리는 위안화 평가절상 과정에서 산업별 교역조건 변화에 아주 큰 차이가 존재하고, 또한 이 같은 차이가 산업별 무역량 특징과 크게 관련되며, 교역조건이 가장 심각하게 악화된 산업은 흔히 수입 증가율이 비교적 빠른 일부 자원형 산업이고, 교역조건이 가장 많이 개선된 산업은 흔히 대규모로 수입대체를 달성하고 수출확대를 달성한 자본 집약형 제조업 분야라는 것을 발견했다.

끝으로 본장에서는 패널 데이터를 이용하여 고정효과 모형이 우리나라 세분화 산업의 교역조건에 미치는 영향을 분석했다. 우리는 무역수지 흑자 산업과 적자 산업에 영향을 주는 요소 그리고 그 영향 요소의 경향성에 비교적 큰 차이가 존재한다는 것을 발견했다.

위안화 평가절상은 무역수지 적자 산업에 대한 개선 작용이 더욱 컸다. 무역수지 적자 산업에 있어서, 위안화 평가절상을 기대하는 외에 기업을 통합하고 산업 집중도를 향상하며 국력을 강화하는 것이 이 산업의 교역조건을 개선하고 무역 수익을 늘리는데 아주 중요한 작용을 할 수 있다.

무역수지 흑자 산업에 있어서, 위안화 평가절상은 이 산업의 교역조건을 개선하는데 큰 작용을 하지 못했다. 이 산업의 대부분이 완전 경쟁의 산업이므로 기업을 통합하고 산업에서의 대기업 비율을 늘린다 하더라도 교역조건을 개선하는데 있어서는 큰 작용을 하지 못했다. 마찬가지로 무역수지 흑자 산업 대부분이 완전경쟁 산업이어서 국유기업의 퇴출이 이런 산업의 경쟁 질서를 회복하고 교역조건을 개선하는데 유익할 수 있다.

외국인직접투자 기업은 무역수지 흑자 산업의 교역조건 개선에 어느 정도 소극적인 작용을 할 수 있다. 그것은 대부분 무역수지 흑자 산업에 가공무역 비율이 높은데다 외자기업에서 이전가격을 통해 수익을 이전하면서 교역조건을 악화시켰을 수 있기 때문이다. 우리는 될 수 있는 한 이 같은 현상이 발생하지 않도록 사전관리를 보다 엄하게 해야 한다. 무역수지 흑자 산업으로 말하면, 교역조건 개선에 있어서 가장 중요한 측면이 수출입량을 조정하는 것인데, 모 산업의 과도한 무역 불균형을 낮추는 방법을 통하여 수입을 늘리고 수출을 줄이는 등이 교역조건 개선에 유익하다.

한마디로 개괄하면, 위안화 환율 탄력성이 증대하는 배경에서, 우리는 어떻게 하면 위안화 평가절상을 충분히 활용하여 우리나라 교역조건이 지속적으로 악화되는 불리한 추세를 전환시키겠느냐 하는 새로운 과제에 봉착했다. 2005년부터 2008년 사이의 두 자리 수의 세분화 산업의 교역조건에 변화를 준 영향 요소를 분석하면서 우리는 위안화 평가절상이 우리나라 교역조건을 개선하는데 확실히 유익하다는 것을 발견했다. 환율 이외에 우리는 산업 집중도, 소유제 비율, 무역량 등 산업 차원의 요소가 교역조건에 미치는 영향도 고찰했다. 산업별로 말하면, 특히 무역수지 흑자 산업과 적자 산업으로 말하면, 요소가 다름에 따라 미치는 영향에도 큰 차이가 존재했다. 이는 우리가 더욱 구체적인 맞춤형 정책적 조치를 강구하여 우리나라 교역조건을 보다 훌륭하게 개선하고 무역이익을 증진할 것을 요구하고 있다.

제4편
인플레이션 파급
그리고 충격

제9장
1차 상품가격 상승이 우리나라
경제에 미치는 영향

제9장
1차 상품가격 상승이 우리나라 경제에 미치는 영향

개요: 본장에서는 1차 상품가격 상승의 영향, 가격 전가 패턴의 변화, 그리고 그 영향 경로를 연구하면서, 1차 상품 수요 확대와 가격 상승이 우리나라의 전반적인 경제와 산업에 어떠한 영향을 가져다주는가? 1차 상품가격 상승으로 인한 영향 패턴의 내적 구조에 무슨 변화가 생겼는가? 세계와의 비교 속에서 찾고 있는 중국의 구조조정 방향은 어떠하고 경로는 어떠한가? 하는 세 가지 문제에 답하고자 했다.

키워드: 1차 상품가격 상승, 가격 전가 패턴, 정책 선택

최근 몇 년 간 1차 상품가격의 지속적인 상승은 우리나라 경제성장 과정에서 해결해야 할 한 가지 두드러진 문제로 떠올랐다. 특히 경제성장폭이 비교적 빠른 상황에서 가격 상승으로 인한 압력은 더욱 심각해졌다. 우리나라 경제 규모가 꾸준히 늘어남에 따라 다양한 종류의 1차 상품의 국내 공급이 달리고, 이와 더불어 1차 상품 수입량이 지속적으로 증가되는 바람에 수입가격이 끊임없이 오르고 있다. 1차 상품 수입가격의 상승은 우리나라 경제의 지속 가능한 발전을 직접적으로 제약하고 있다.

우리는 상술한 문제에 관하여, 1차 상품가격 상승의 영향, 가격 전가 패턴의 변화, 그리고 영향을 미치는 경로의 세 가지 측면을 에워싸고 분석을 진행하면서, 1차 상품 수요 확대와 가격 상승이 우리나라 전반 경제와 산업에 어떠한 영향을 가져다주는가? 1차 상품가격 상승으로 인한 영향 패턴의 내적 구조에 무슨 변화가 생

겠는가? 세계와의 비교 속에서 찾고 있는 중국의 구조조정 방향은 어떠하고 경로
는 어떠한가? 하는 세 가지 문제에 답을 주려 시도했다.

1. 우리나라 1차 상품 대외 의존도의 변화 그리고 그 원인

세관에서 통계한 수입량과 금액 데이터를 가지고 산출해 얻은 수입량과 수입가
격의 증가폭(그래프 9-1과 그래프 9-2)을 통해 알 수 있다시피, 주기적 경제 변동 그
리고 기타 요소의 영향으로 말미암아 1차 상품의 수입량과 가격이 장기간 동안 파
동 상태에 처해 있었다. 그래프 9-1에서 밝힌 것처럼, 수입량에서 볼 때, 곡물 및 곡
물가루 수입량이 꽤나 큰 파동을 한 외에 2001년 전까지 대부분 제품의 수입량은
전반적으로 비교적 안정적이었고, 2001년부터 2005년까지 주기적인 변화를 거쳤
는데 2004년에 절정을 이루다 2005년 이후에는 전면 상승하는 새로운 추이를 나타
냈다.

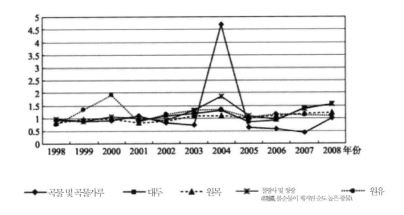

그래프 9-1 1998-2008년 1차 상품 수입량 증가폭

이와 동시에 수입가격 역시 상응한 파동 추이를 나타내기는 했지만, 가격의 장기적 상승 추이를 더욱 뚜렷하게 나타냈다. 그래프 9-2에서 밝힌 것처럼, 2002년 이후, 대부분 1차 상품가격은 지속 상승하는 상태에 처해 있었다.(상승폭이 1 이상)

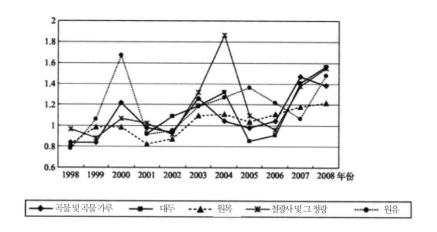

그래프 9-2 1998-2008년 금액으로 환산한 1차 상품 수입가격 상승폭

표 9-1에 밝힌 것처럼, 투입산출 데이터로 볼 때, 1차 상품 가운데서 수입 비율이 비교적 큰 주요 수입품은 임업 석유 철금속과 비철 금속이며 기타가 급증했다.

그중 2007년 철금속 수입이 국내 총생산량에서 차지하는 비율이 0.77%에 달했고, 석유 및 천연가스는 0.60%, 그리고 비철 금속과 임업은 각기 0.51%와 0.35%에 달했다.

표 9-1 1997년, 2002년과 2007년 1차 상품 수입이 국내 총생산에서 차지하는 비율 및 수출 비율

	2007		2002		1997	
	수입/총생산량	수입/수출	수입/총생산량	수입/수출	수입/총생산량	수입/수출
재배업	0.06	2.75	0.02	0.90	0.02	1.07
임업	0.35	191.64	0.10	40.95	0.11	3.53
목축업	0.01	3.03	0.01	1.60	0.01	0.70
어업	0.00	0.22	0.00	0.31	0.00	0.18
석탄 채굴 및 세광 산업	0.02	0.82	0.01	0.18	0.00	0.12
석유 및 천연가스	0.60	33.23	0.34	9.06	0.28	1.94
철 금속 광업 및 세광 산업	0.77	3 762.00	0.36	1 538.37	0.43	1 539.62
비철금속 광업 및 세광 산업	0.51	15.79	0.15	5.93	0.07	6.06
비금속 광업 및 세광 산업	0.08	1.93	0.11	1.18	0.03	0.60

본장에서는 투입산출 데이터를 이용하여 수입 의존도가 큰 금속광물, 원유(석유 및 천연가스), 그리고 기초산업 중에서 가장 기초적인 농산물 가격 상승으로 인한 영향 및 영향 패턴 변화를 중점적으로 분석했다.

그러하다면 수입 비율이 이렇듯 높은 상술한 1차 상품을 수입하여 대체 무엇을 생산하는데 사용했을까? 이에 우리는 2007년 투입산출표 및 그 부속의 수입 행렬 (進口矩陣)을 이용한 계산을 통해 두 가지 물음, 즉 첫 번째는 1차 상품을 수입하여 주로 어느 분야의 완성품을 만드는데 사용했는가? 두 번째는 1차 상품을 수입하여 주로 어떤 완성품을 만드는데 사용했는가? 다시 말하면, 이 같은 1차 상품을 수입 하여 소비재, 자본재 그리고 수출품을 만드는데 각기 얼마만큼의 비율에 따라 사

용했는가 하는 물음에 답을 주었다.(계산방법은 본장의 부록을 참고)

첫 번째 물음에 관한 계산 결과(표 9-2 참고)에 따르면, 수입한 농산물의 0.288은 식품제조 및 담배 가공업, 0.137은 방직업, 0.096은 목재 가공 및 가구 제조업에 사용했는데, 이 세 가지만 해도 중간에서 사용한 수입량의 50% 이상을 차지했다.

석유 및 천연가스와 금속광물 수입품 가운데서 최종생산물을 만드는데 가장 많이 사용된 분야는 결코 이 두 분야와 관련된 가공업이 아니라 건축업이었는데, 각기 0.243과 0.300을 차지했다. 그러나 석유 및 천연가스 수입 중에서 석유코크스 가공업 및 핵연료 가공업은 0.068 밖에 차지하지 않았고, 금속광물 중 야금 및 압연 가공업은 오히려 0.130을 차지했다. 이로부터 최근 몇 년 사이 석유 및 천연가스와 금속광물을 수입하는데 건축업이 아주 중요한 작용을 하였다는 것을 알 수 있다.

표 9-2 2007년 분야별 국내 최종생산물 생산에 사용된 각종 기초 원자재 비율

	농산물		석유 및 천연가스		금속광물
식품 제조 및 담배 가공업	0.288	건축업	0.243	건축업	0.300
방직업	0.137	교통운송 및 창고업	0.078	범용 특별장비 제조업	0.147
목재 가공 및 가구 제조업	0.096	석유 코크스 및 핵연료 가공업	0.068	야금 및 압연 가공	0.130
방직의류 신발 모자 제조업	0.081	범용 특별장비 제조업	0.065	전기 기계 및 기자재 제조업	0.103
건축업	0.079	화학공업	0.056	교통운송장비 제조업	0.081
화학공업	0.039	교통 운송 장비 제조업	0.041	금속 제품	0.046
숙박 및 요식업	0.033	전기 기계 및 기자재 제조업	0.040	통신 컴퓨터 및 전자 장비 제조업	0.040
누계	0.752		0.591		0.847

두 번째 물음에 관한 계산 결과(표 9-3)에 따르면, 수입한 농산물은 소비재를 만드는데 많이 사용되고, 자본재를 만드는데 적게 사용되었으며, 석유 및 천연가스는 소비재와 수출품을 만드는데 거의 비슷하게 사용되었다. 하지만 금속광물은 자본재를 만드는데 많이 사용되고, 소비재를 만드는데 적게 사용되었다. 이와 동시에 세 가지 1차 상품의 공통 특징이, 수출품을 만드는데 사용된 비율이 모두 총수입량의 30% 이상을 차지한다는 점이다.

표 9-3 2007년 분야별 최종 사용된 수입 1차 상품 비율

	소비재 생산으로 인한 수입	자본재 생산으로 인한 수입	수출품 생산으로 인한 수입	재고 및 기타 생산으로 인한 수입	최종생산물에 직접 사용된 수입
농산물	0.437	0.131	0.331	0.040	0.060
석유 및 천연가스	0.341	0.355	0.335	-0.035	0.004
금속광물	0.132	0.508	0.372	-0.023	0.011

1997년과 2002년의 수입 행렬이 부족하여 우리는 상술한 2007년과 같은 계산 결과를 구할 수 없었다. 하지만 우리는 최종 수요로 인한 분야별 산출량을 직접 비교하는 방법을 통하여 중국경제의 1차 상품 사용 방향에 있어서의 장기적인 한 가지 변화 추이를 어느 정도 알아볼 수 있다.

결과(그래프 9-3, 9-4, 9-5)에서 알 수 있다 시피, 수입한 세 가지 1차 상품의 공통된 변화 특징은, 소비재 생산에 사용된 비율이 점차 하락하고, 수출품 생산에 사용된 비율이 점차 상승했으며, 특히 2002년 이후 더욱 뚜렷해졌다. 그러나 자본재 생산에 사용된 비율은 오히려 장기간 고공행진을 했다.

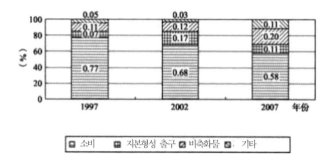

그래프 9-3 최종생산물에 사용된 농산물 총생산 비율\

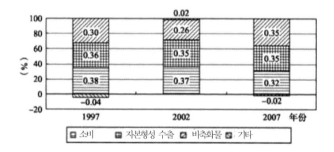

그래프 9-4 최종생산물에 사용된 석유 및 천연가스 비율

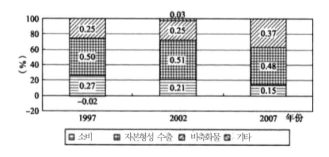

그래프 9-5 최종생산물에 사용된 금속광물 총생산 비율

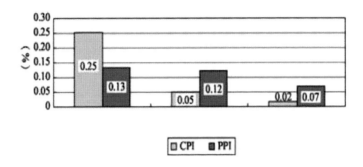

그래프 9-6 2007년 1차 상품가격이 가격 지수에 미친 영향

세 가지 1차 상품(농산물 석유 및 천연가스 금속광물) 수입량의 끊임없는 증가가 가격을 끊임없이 상승시켰고, 또한 수입이 끊임없이 늘어나는 과정에서 수출품 생산이 중요한 한 가지 촉진 작용을 했다는 것을 알 수 있다.

세 가지 1차 상품의 지속적인 가격 상승이 현 단계의 우리나라 물가와 산업에 어떠한 영향을 가져다주는가 하는 문제는 2007년 투입산출표 데이터를 도입하여 분석할 수 있다.

그래프 9-6에서 밝힌 것처럼, 세 가지 1차 상품이 우리나라 물가 수준(소비자물가지수CPI와 생산자물가지수PPI[30])에 미친 영향을 산출했다.

결과를 보면 소비자물가지수든 생산자물가지수든 농산물 가격 상승이 물가 수준에 미치는 영향이 가장 컸다. 농산물 가격이 1% 상승할 때마다 소비자물가지수가 0.25% 상승하고 생산자물가지수는 0.13% 상승했다. 농산물과 달리 석유 및 천연가스와 금속광물은 소비자물가지수에 대한 영향이 생산자물가지수보다 적었

---

30) 투입산출 데이터를 이용하여 산출하는 소비자물가지수와 생산자물가지수는 통계 분야에서 발표하는 지수 산출 방법과는 다르다. 일반적으로 투입산출표 중의 소비 구조와 중간 사용 구조(中間使用結构) 대 산업별 제품 가격 상승폭을 가중평균 한다.

다. 이는 두 가지 1차 상품이 농산물에 비해 생산에 더욱 많이 사용되었기 때문이다. 석유 및 천연가스는 소비자물가지수에 대한 영향이 0.05%였지만, 생산자물가지수에 대한 영향은 0.12%였다. 금속광물은 물가수준에 대한 영향이 가장 적었는데, 소비자물가지수가 상승하는데 0.02%, 생산자물가지수가 상승하는데 0.07% 영향을 미쳤다.

상술한 결과는 석유 및 천연가스와 금속광물이 사람들이 걱정한 것처럼 우리나라 전반 물가수준에 큰 영향을 미치지 않았지만, 농산물 가격 상승은 물가수준에 아주 중요한 영향을 미쳤음을 말해주고 있다.

1차 상품가격 상승이 어떻게 산업별 원가 변화에 영향을 주었는가? 2007년 투입산출 데이터를 이용하여 추산한 결과(표 9-4 참고)에 따르면, 농산물 가격 상승으로 인해 원가 상승 압력을 가장 크게 받은 산업은 식품제조업과 담배가공업으로서, 농산물 가격이 1% 상승하면 0.49%의 원가 상승 압력을 초래했다. 이밖에 농산물 가격 상승의 영향을 비교적 크게 받은 산업들로는 숙박 및 요식업, 방직업, 목재가공업 , 가구 제조업, 방직의류 신발 모자 피혁 모피 깃털(융) 및 관련 제조업 등이었다.

원유 및 천연가스 가격 상승은 이를 원자재로 하는 에너지가공업, 석유가공업, 코크스 및 핵연료가공업 그리고 가스 생산과 공급 산업의 원가 상승에 가장 큰 압력을 주었다. 이밖에 교통운송업 및 창고업, 화학공업도 비교적 큰 타격을 받았다. 금속광물 가격 상승의 영향을 가장 크게 받은 산업은 야금 및 압연 가공업으로서 금속광물 가격이 1% 상승하면 원가가 0.23% 상승했다. 금속제, 전기기계 및 기자재 제조업도 비교적 큰 영향을 받았다.

표 9-4 1차 상품가격 1% 상승이 산업별에 미치는 영향(%)

	농산물		원유 및 천연가스		금속 광물
식품제조 및 담배가공업	0.49	석유가공 코크스 및 핵연료 가공업	0.62	야금 및 압연가공업	0.23
숙박 및 요식업	0.28	가스 생산 및 공급 산업	0.55	금속 제품 산업	0.11
방직업	0.27	교통운송 및 창고업	0.14	전기기계 및 기자재 제조업	0.10
목재 가공 및 가구 산업	0.21	화학공업	0.14	범용 및 특별 장비 제조업	0.09
방직의류 신발 모자 피혁 모피 깃털 및 관련 제조업	0.20	금속광업 및 세광 산업	0.10	교통운송 장비제조업	0.07
공예품 및 기타 제조업	0.18	야금 및 압연 가공업	0.10	건축업	0.06
제지 인쇄 및 문화교육스포츠 용품 제조업	0.10	비금속 광업 및 기타 광업	0.09	공예품 및 기타 제조업	0.04
문화 스포츠 및 유흥업	0.08	전력 열에너지 생산 및 공급 산업	0.08	계기 및 문화 사무용 기계 제조업	0.04
화학공업	0.08	비금속광물 제조업	0.08	통신장비 컴퓨터 및 전자장비 제조업	0.04
수자원 환경 및 공중시설 관리 산업	0.08	건축업	0.08	석탄 채굴 및 세광 산업	0.03
연구 및 실험 개발 산업	0.08	금속 제품 산업	0.07	비금속 광물 제품 산업	0.03
보건 사회보장 및 사회복지 산업	0.06	전기기계 및 기자재 제조업	0.07	연구 및 실험 개발 산업	0.03
임차 및 비즈니스 서비스업	0.06	보건 사회보장 및 사회복지 산업	0.07	석유 및 천연가스 채굴 산업	0.02
주민 서비스 및 기타 서비스업	0.06	범용 및 특별 장비 제조업	0.07	화학공업	0.02

종합적으로 볼 때, 1차 상품가격 상승과 물가 수준에 미치는 영향은 일치함을 나타냈는데, 평균적으로 보면 농산물 가격 상승이 산업별 영향력이 가장 컸고, 석유 및 천연가스와 금속광물의 영향이 비교적 적었다. 하지만 이 두 제품의 가격 상승 폭이 지나치게 높을 경우, 설령 1%의 상승이 물가 수준 상승에는 별로 큰 영향을 초래하지 않는다 하더라도, 어느 정도 큰 상승폭은 전반적으로 물가수준에 아주 큰 영향을 미치면서 산업 내지 전체 경제에 큰 충격을 줄 수 있다. 영향을 크게 받은 산업을 볼 때, 농산물 가격 상승으로 인한 영향 면이 가장 넓고, 경공업과 서비스업 중의 숙박 및 요식업이 어느 정도 큰 영향을 받았다. 상대적으로, 석유 및 천연가스와 금속광물 가격 상승으로 인한 영향이 꽤나 집중되었는데, 전자는 원자재 및 에너지 산업에 집중되었고, 후자는 중공업 산업에 집중되었다.

2. 1차 상품가격의 영향 패턴의 변화

1997년, 2002년과 2007년의 투입산출 데이터를 이용하여 농산물, 석유 및 천연가스와 금속광물 세 가지 1차 상품의 가격 상승이 물가 수준에 미친 영향을 산출할 수 있다. 단계별 비교를 통하여 1차 상품가격의 영향력 변화를 알 수 있다.(표 9-5 참고)

표 9-5 21997년, 2002년과 2007년 기초 원자재 가격 상승이 가격지수에 미치는 영향

	농산물		석유 및 천연가스		금속광물	
	CPI	PPI	CPI	PPI	CPI	PPI
1997	0.44	0.19	0.02	0.06	0.01	0.04
2002	0.30	0.14	0.03	0.08	0.01	0.03
2007	0.25	0.13	0.05	0.12	0.02	0.07

결과가 알려주다 시피, 농산물 가격의 영향력은 하락했지만, 석유 및 천연가스와 금속광물의 영향력은 오히려 상승했다. 이런 영향력의 변화는 배후에서 비교적 긴 기간 동안 1차 상품가격의 영향 패턴의 변화가 작용했다.

투입산출의 각도에서 상술한 소비자물가지수 계산 방법과 생산자물가지수 계산 방법에 따라 이 문제를 분석할 경우, 가격 영향력의 변화는 주로 두 가지 측면으로 부터 초래되었다. 첫 번째는 기술적 변화, 산업구조와 산업체인의 변화로서, 분야별의 1차 상품에 대한 상호상관 계수(完全消耗系數)의 변화로 구현된다. 두 번째는 가중치(權數)로서의 소비재와 생산재 구성의 변화로서, 계산할 때 투입산출 데이터 중의 소비 구조와 중간 사용의 구조로 구현된다. 전자는 주로 기술 구조와 산업 구조의 변화를 나타내고, 후자는 주로 수요 구조의 변화를 나타낸다.

우선 첫 번째 측면의 변화는, 우리가 1차 상품 감응도 계수에 대한 비교를 통하여 얻을 수 있었다.[31] 계산 결과를 기술적 변화와 산업체인의 변화가 가격 영향력 변화에 대한 구현이라고 할 때, 사실 이 같은 영향력은 본질적으로 1차 상품에 대한 전 반 경제의 의존도에서 드러나고 있다. 의존도가 크면 클수록 가격에 미치는 1차 상품가격 상승의 영향력이 더욱 크다.

표 9-6의 계산 결과가 밝힌 것처럼, 세 가지 1차 상품에 대한 우리나라 경제의 의존도가 2002년부터 2007년 사이 전반적으로 상승했다. 특히 금속광물과 석유 및 천연가스의 가격 상승폭이 가장 컸다. 반대로 1997년부터 2002년 사이 석유 및 천연가스 외에 농산물과 금속광물에 대한 의존도는 사실상 하락했다.

---

31) 가격 영향 모형과 일치하기 위해 사실상 통상적인 감응도 계수 계산 방법과는 달리, 어느 한 1차 상품가격 영향을 연구할 때, 영향이 미치는 기타 분야의 상호상관 계수를 그 1차 상품의 계수를 이용하여 나누었다가 다시 합계했다.

표 9-6 1997년, 2002년과 2007년 1차 상품 원자재의 감응도 계수

	1997	2002	2007
농산물	2.90	2.44	2.98
석유 및 천연가스	1.76	2.05	3.40
금속광물	0.83	0.67	1.28

더 나아가서 요소 분해를 도입하여 가격 영향력이 변화하게 된 주요 유인을 분석, 2002년부터 2007년까지 가격 영향력이 변화하게 원인이 기술 요소 때문인지, 아니면 수요 구조 요소가 더욱 중요한 작용을 했는지를 분석했다. 표 9-7에서 밝힌 것처럼, 2002년부터 2007년까지의 1차 상품가격 영향력의 변화 상황으로 볼 때, 농산물 가격에 미친 영향에 있어서, 기술 요소가 가격 영향 정도를 향상시키기는 했지만, 수요 구조 요소의 작용이 더욱 커서 결국 가격 영향력을 떨어뜨렸다. 그러나 석유 및 천연가스와 금속광물에 있어서, 기술 요소가 수요 구조 요소보다 작용이 현저히 컸다. 이 결론은 마침 위에서 한 감응도 분석 결론과도 일치한다.

표 9-7 2002-2007년 가격 영향에서의 수요와 기술 요소

	농산물 영향		석유 및 천연가스 영향		금속광물 영향	
	CPI	PPI	CPI	PPI	CPI	PPI
2002-2007년 변화	-0.046	-0.009	0.021	0.040	0.008	0.036
수요 구조 요소	-0.068	-0.022	0.002	0.012	0.001	0.012
기술 요소	0.022	0.013	0.019	0.028	0.007	0.024

3. 1차 상품가격 변동의 영향 사슬(影響鏈) 분석

영향 사슬은 어느 한 제품의 가격이 변화한 후 국민경제 중의 여러 분야에 미치는 충격 과정을 분석하는 것을 통하여 그중의 결정적 고리(절점)를 찾아냄으로써,

1차 상품별로 영향을 발생함에 있어서의 각기 다른 특징을 기술했다. 이른바 영향 사슬이란, 기초 원자재 가격이 변화가 발생한 후 주로 어떠한 경로를 통하여 국민 경제 각 분야의 원가에 영향을 미치며, 분야마다 받는 영향은 주로 어떠한 경로를 통해 받는가 하는 것을 가리킨다.

투입산출 가격 영향 모형과 이중 칼만 필터(濾波法)를 이용하여 우리는 농산물 가격, 원유가격, 그리고 철광석 등 금속광물 가격이 변화한 후의 영향 사슬을 밝힐 수 있었다. 상세한 방법은 본장의 부록을 보라. 영향 사슬에 대한 분석을 통하여 우리는 매 종류의 1차 상품가격이 변동한 후 발생하는 영향의 주요 특징과 결정적 고리(절점)를 찾아냄으로써 이로부터 기초 원자재 가격이 영향을 미치는 경로와 그 성인을 분석했다.

1) 농산물 가격 변동의 영향 사슬 분석

2007년, 농산물 가격 변동의 영향 사슬은 표 9-7에서 밝힌 것과 같다.

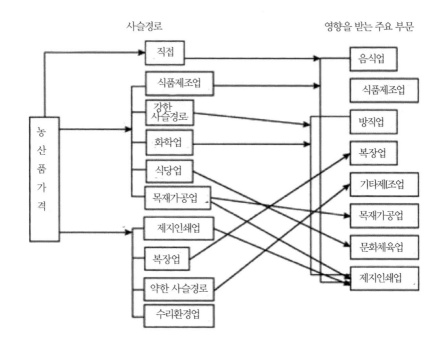

사슬경로   영향을 받는 주요 부문

표 9-7 2007년 농산물 가격 변동의 영향 사슬
농산물 가격 변동의 영향 사슬은 주로 다음과 같은 특징이 있다.

(1) 농업에 대한 각 산업의 의존도가 아주 높았다. 농산물 가격 변화는 산업별 원가와 최종 제품의 가격에 미치는 영향력이 비교적 크기에 농산물에 대한 국민경제 각 산업의 의존도가 농산물 가격 영향력의 크기를 결정하게 된다.

의존도 지수는 어느 한 산업에 대한 분야별 최종 제품의 생산 의존도를 반영하므로, 지수가 1보다 크다는 것은 국민경제가 본 분야에 대한 의존도가 평균 수준보다 크다는 것을 표시한다. 표 9-8에서 밝혔다시피, 농업 분야의 의존도 지수가 2.05라는 것은 농업에 대한 각 분야의 의존도가 아주 높다는 것을 의미하므로 농산물 가격 변화가 산업별 원가와 최종 제품의 가격 변화에 대한 영향력이 비교적 크다.

표 9-8 농산물 가격 영향 사슬의 결정적 고리(절점) 의존도 지수 및 농산물 관련
       직접적 소모 지수

분야	의존도 지수	농산물 관련 직접적 소모 지수
농림축산어업	2.05	
식품제조업	1.37	0.38
방직업	1.22	0.14
화학공업	4.95	0.03
목재가공업	0.59	0.12
요식업	0.66	0.12

(2) 전가 경로가 복잡하다. 식품제조업 · 방직업 · 화학공업 · 요식업 · 목재가공업 등의 분야는 농산물 가격이 영향을 미치는 주요 전가 경로로 되었다. 가격 전가는 농산물 가격 변화가 농산물을 원자재로 하는 각 분야의 가격에 직접적으로 영향을 미치는 것과 같은 직접적 전가를 포함할 뿐 아니라, 식품제조업이 생산과정에서 농산물을 직접 사용하므로 인하여 영향을 받는 것과 같은 간접적 전가 외에, 화학공업제품을 사용하므로 인하여 받는 간접적 영향 같은 것도 포함된다. 간접적 전가는 가격 전가 경로의 중요한 일환으로 되었다.

계산 결과에 따르면 식품제조업 방직업 화학공업 요식업 목재가공업 등의 분야는 농산물 가격이 영향을 미치는 강세 전가 경로로 되었다. 화학공업을 예로 들 경우, 2007년 투입산출표의 계산에 따르면, 농산물 가격 상승은 화학공업을 통하여 여러 분야의 제품 가격에 영향을 미치었다. 이에 상응하여 우리는 제지 및 인쇄업이나 기타 제조업 등과 같이 영향 면이 작은 일부 전가 분야를 약세 전가 경로라고 칭했다.

사실상 영향 전가 경로를 형성하는 요소는 기술 요소에 의해 결정되는 분야 간의 연계 방식으로서, 구체적으로는 각 산업이 어느 한 분야에 대한 의존도와 이 분야 대비 농산물의 직접적 소모를 포함한다. 화학공업이 농산물의 가격 전가 과정

에서 강세 전가 경로로 된 데는 화학공업에 대한 각 분야의 강세 의존도에 있었다. 표 9-5에서 알 수 있다시피, 화학공업 대비 농산물의 직접적 소모 지수가 0.03 밖에 안 되었지만, 화학공업의 의존도 지수는 평균치의 4.95배에 달했다. 식품제조업과 방직업의 의존도 지수는 평균치를 웃돌았고, 아울러 이 두 산업 역시 강세 전가 경로로 된 데는 생산 과정에서 두 산업의 농산물에 대한 큰 소모량 때문이었다. 하지만 목재가공업, 숙박 및 요식업이 강세 전가 경로로 된 데는 전적으로 이 두 산업 대비 농산물의 아주 큰 직접적 소모량 때문이어서 각 산업 분야 대비 이 두 산업(목재가공업과 숙박 및 요식업)의 의존도는 오히려 평균치를 밑돌았다.

(3) 농산물 가격의 영향을 어느 정도 크게 받은 분야는 식품제조업, 방직의류 산업 등 경공업 분야, 그리고 서비스업의 요식업에 집중되어서, 이 분야의 주민 소비에서의 비율이 모두 비교적 높았다. 표 9-9에서 밝힌 것처럼, 이 역시 농산물 가격변화가 소비자물가지수에 비교적 큰 영향을 미치는데 결정적 역할을 하게 했다.

표 9-9 주민 소비 수준의 분야별 구조

분야	비율
식품제조업	0.172 8
방직의류 산업	0.058 7
목재가공업	0.005 4
제지 및 인쇄업	0.004 4
기타 제조업	0.014 3
요식업	0.059 5
문화스포츠 및 유흥업	0.007 9

2) 원유가격 변동의 영향 사슬 분석

2007년 원유가격 변동의 영향 사슬은 그래프 9-8에서 밝힌 것과 같다.

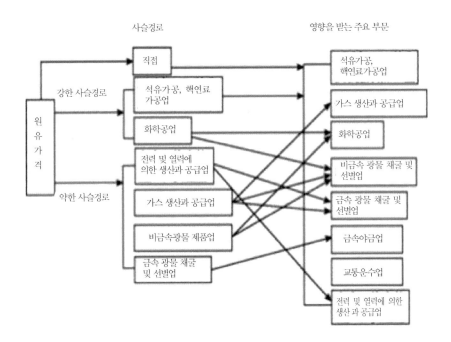

그래프 9-8 2007년 원유가격 변동의 영향 사슬

원유가격 변동의 영향 사슬은 다음과 같은 특징이 있다.

(1) 전가 경로가 상대적으로 간단했는데, 주로 원자재와 에너지 산업에 집중되었다. 강세 전가 경로는 석유가공, 코크스 및 핵연료 가공업, 화학공업을 포함될 뿐만 아니라, 전력과 열에너지 생산과 공급 산업, 가스 생산과 공급 분야 등 소량의 약세 전가 경로도 포함된다.

표 9-10에서 밝힌 것처럼, 기초 원자재의 한 산업 분야로서, 산업 분야별 대비 원유의 의존도 역시 아주 높은데, 의존도 지수가 평균치의 두 배에 가까운 1.91에 달

한다. 이 또한 원유가격이 인상한 후 각 분야의 가격에 대한 영향력 또한 비교적 크다는 것을 의미한다.

표 9-10 원유가격 영향 사슬의 결정적 고리(절점) 의존도 지수 및 원유 관련 직접적 소모 지수

	의존도 지수	대 원유 직접적 소모 지수
석유 및 천연가스 채굴산업	1.91	
석유가공, 코크스 및 핵연료 가공업	1.85	0.56
화학공업.	4.95	0.02
전력 및 열에너지 생산과 공급 산업	3.14	0.01
가스 생산과 공급 산업	0.09	0.50
비금속 광물 제품산업	0.79	0.01

전가 경로로 볼 때, 원유가격 변화의 전가 고리(절점)가 석유 가공, 코크스 및 핵연료 가공업과 화학공업 등의 분야에 집중되었다. 석유가공, 코크스 및 핵연료 가공업이 강세 전가 경로로 된 데는 비교적 강한 분야별 의존도와 원유에 대한 본 산업의 아주 큰 직접적 소모 두 방면의 공통의 결과이다. 원유가격의 영향을 낮추려면, 석유가공업(즉 완제품 기름)에 대한 각 분야의 의존도를 낮추는 것이 실행 가능한 방법이다.

즉 대체 에너지거나 에너지 절약 기술을 도입하여 완제품 기름에 대한 각 분야의 소모량을 줄이는 방법이다. 화학공업이 강세 전가 경로로 될 수 있은 데에는 여전히 화학공업에 대한 각 분야의 강한 의존도 때문이다. 그러나 원유에 대한 화학공업의 직접적 소모는 결코 크지 않다. 전력, 열에너지 생산과 공급 산업이 전가 경로의 결정적 원인으로 된 것 역시 평균치가 3배라는, 이 산업에 대한 아주 높은 분야별 의존도 때문이다. 가스 생산과 공급 산업이 전가 경로로 된 데에는 주로 원유

에 대한 산업의 직접적 소모가 아주 커서이다.

(2) 주로 영향을 받는 분야는 에너지와 원자재, 그리고 서비스산업 중의 교통운송업을 포함한 국민경제의 기초 분야에 집중되었다. 이 역시 원유가격 변화가 생산자물가지수에 미치는 영향이 비교적 크도록 작용을 했다. 중간재를 생산하는 분야의 구조 비율과 산업별 비율은 생산자물가지수 계산에서의 비율과 일치했는데, 표 9-11에서 알 수 있다시피, 이런 산업은 중간재에서의 비율이 아주 높았다.

표 9-11 중간재의 분야 구조

분야	비율
금속 광업	0.018 0
비금속 광업	0.007 3
석유가공, 코크스 및 핵연료 가공업	0.039 5
화학공업	0.111 4
야금	0.111 4
전력 및 열에너지 생산과 공급 산업	0.054 8
교통운송업	0.044 3

3) 금속 광물 가격 변동의 영향 사슬 분석

2007년, 금속 광물 가격 변동의 영향 사슬은 그래프 9-9와 같다.

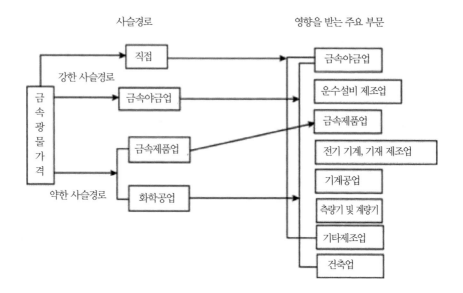

사슬경로   영향을 받는 주요 부문

그래프 9-9 2007년 금속 광물 가격 변동의 영향 사슬

금속 광물 가격 변동의 영향 사슬 특징은 다음과 같다.

(1) 전가 경로가 간단하다. 그래프 9-9에서 알 수 있다시피, 강세 전가 경로는 야금 및 압연 가공업뿐이고, 약세 전가 경로 역시 금속제품 산업과 화학공업뿐이다.

표 9-12에서 밝힌 것처럼, 금속광업의 의존도 지수가 0.83, 이는 금속광물에 대한 여러 산업의 의존도가 평균치보다 낮다는 것을 설명하며, 금속광물 가격 변화가 국민경제 여러 산업에 미치는 영향이 크지 않다는 것을 의미한다.

앞에서 밝힌 계산 결과 역시, 금속광물 가격 변화의 영향력이 농산물과 원유가격이 소비자물가지수와 생산자물가지수에 미치는 영향에 비해 향상되기는 했지만, 기타 두 가지 1차 상품의 영향보다는 훨씬 낮다. 그중 주요 전가 경로는 야금 및 압연 가공업인데 이 산업의 의존도 지수는 3.96으로서, 평균수준의 약 3배이다. 게다가 금속광물에 대한 직접적 소모가 엄청 크다. 금속광물에 대한 화학공업의 직접적 소모 지수는 아주 작지만, 국민경제 여러 산업의 의존도는 아주 높다.

표 9-12 금속광물 가격 영향 사슬의 결정적 의존도 지수와 대 금속광물의 직접적
    소모지수

	의존도 지수	대 금속광물의 직접적 소모 지수
금속광업	0.83	
금속 공업	3.96	0.143
화학공업	4.95	0.003
금속 제품 산업	1.01	0.008

(2) 금속광물 가격 변화가 소비자물가지수와 생산자물가지수에 미치는 영향이
크지 않다 하더라도 그 영향의 측면이 자동차 및 조선업(교통운송 장비 제조업),
철강 및 비철금속, 장비 제조업(기계공업) 등 국민경제의 중점 산업에 집중되어 있
다. 이 같은 산업의 성장은 전반적인 국민경제의 성장에 아주 중요한 촉진 작용을
한다. 표 9-13에서 알 수 있다시피, 그 영향력 지수가 모두 높아, 각 분야의 평균 수
준을 웃돌고 있다.[32]

---

32) 영향력 지수는 국민경제에 대한 어느 한 산업의 촉진 작용을 나타내는데, 지수가 1보다 크다는 것은 촉진 작용이
    커서 평균 수준을 웃돈다는 것을 말해준다.

표 9-13 산업별 영향력 지수

산업	영향력 지수
전기기계 및 기자재 제조업	1,508 6
계기 및 문화 사무용 기계 제조업	1,507 3
교통운송 장비 제조업	1,500 5
금속제품 산업	1,391 7
범용 및 특별 장비 제조업	1,369 5
금속 공업	1,316 3
건축업	1,285 6
기타 제조업	1,227 4

4) 세 가지 제품에 대한 비교 분석

위에서 기술한 세 가지 제품의 영향 사슬에 대한 분석을 통해 볼 때, 농산물의 영향 사슬이 가장 복잡하고 전가 경로도 가장 많으며 관련되는 분야가 가장 광범위하다. 따라서 농산물 가격 상승의 영향을 통제하는 것 역시 가장 힘든 작업이다. 게다가 평균 수준으로 볼 때, 농산물 가격 상승이 각 분야의 원가상승에 미치는 영향이 가장 큼으로 인해 소비자물가지수와 생산자물가지수에 미치는 영향도 가장 크다. 그러므로 국제시장에 대한 농산물의 의존도를 낮추는 관건은, 국내시장 공급을 충족하게 보장함으로써, 국제시장 가격변동으로 인한 우리나라 농산물의 가격상승을 줄이는데 있다.

상대적으로 말하면, 원유와 금속광물이 소비자물가지수와 생산자물가지수에 미치는 영향력이 농산물보다는 낮다고는 하지만, 영향력이 상승하고 있다. 게다가 원유가격 변화의 영향력이 원자재와 에너지 산업에 집중되어 있고, 금속광물 가격변화의 영향력은 국민경제의 중점 산업에 집중되어 있어서 장기적으로 볼 때 그 영향력 역시 등한시할 수 없다. 이 두 가지 제품의 가격 영향 사슬은 다른 제품 가격의 영향 사슬에 비해 간단하다 할 수 있다. 따라서 단기간 내에 결정적 전가 고리에 대한 통제를 통하여 그 영향을 잠시 완화시킬 수 있다. 하지만 장기적으로 보면, 우리나라 원유와 금속광물의 대외의존도가 급상승하면서 수입 가격이 우리나라 경제 성장에 날로 중요한 요소로 부상하게 될 것이다.

4. 1차 상품가격 영향력의 국제적 비교

국내 1차 상품가격 영향에 대한 분석을 토대로 하여 우리는 아래에서 미국과 일본의 투입산출 데이터를 이용하여 1차 상품의 가격 변화가 미국과 일본의 가격에 미치는 영향력을 분석했다. (표 9-14 참고)

표 9-14 미국과 일본의 1차 상품가격 변화의 영향

미국 2008년				
	농업	임업 어업	석유 및 천연가스 채굴	기타 광업
CPI	0.024	0.005	0.039	0.004
PPI	0.028	0.013	0.092	0.013
감응도 계수	0.557	0.529	2.856	0.469
일본 2007년				
	농림수산	석탄 석유 및 천연가스 채굴		광업
CPI	0.044	0.044		0.003
PPI	0.036	0.120		0.030
감응도 계수	0.603	3.988		1.096

자료 출처: 미국과 일본의 투입산출표는 각기 미국 상무부 경제 분석국과 일본 경제산업성에서 발표한 투입산출 데이터에서 인용했다.

국가별 투입산출 지간의 분야 분류, 그리고 통계 데이터 접근 방식 등에 어느 정도 차이가 존재하고는 있지만, 계산결과에 관한 비교를 통하여 우리는 국내외의 차이에 관해 다음과 같은 대체적인 결론을 얻었다.

(1) 우리나라의 일반 물가수준은 농산물 가격의 영향을 크게 받았다. 하지만 미국과 일본은 완전히 달랐는데 이점이 우리나라와 두 나라 간의 최대 차이였다.

(2) 1차 상품 중, 석유 및 천연가스가 미국과 일본의 물가수준에 영향을 미치는 주요소였고, 동시에 소비자물가지수와 생산자물가지수에 영향을 미치는 주요소였다.

(3) 석유 및 천연가스의 영향에 관련하여, 현재 우리나라 소비자물가지수에 미치는 영향력이 미국과 일본보다 높으며, 생산자물가지수에 미치는 영향력은 미국을 능가했고 일본과는 대등한 수준이다.

(4) 금속광물이 우리나라 물가에 미치는 영향력은 미국과 일본보다 현저히 높다.

(5) 상술한 분석에서, 수요 구조의 변화가 2002년부터 2007년까지 우리나라 농산물 가격의 영향력 변화에 중요한 효과를 일으켰다고 밝히기는 했지만, 감응도 계수의 비교를 통하여, 미국이나 일본과 비교해볼 때 농산물 기술과 산업 구조가 우리나라 농산물 가격의 영향력이 고공행진을 하게 한 주요인이라고 인정할 수 있다.

(6) 석유 및 천연가스 감응도 계수와 각종 광물의 감응도 계수를 비교해 볼 때, 석유 및 천연가스의 가격이 영향을 미치는 과정에서 기술구조와 산업구조의 요소가 미국과 일본의 사이에 처해있었지만, 각종 광물의 가격이 영향을 미치는 과정에서는 기술구조와 산업구조 요소가 미국과 일본보다 현저히 컸다. 이는 미국이나

일본과 비교해 볼 때, 석유 및 천연가스의 영향력 크기를 결정하는 요소 가운데서 기술요소가 결코 주요인이 아니었고, 그러나 광물 가격의 영향력을 결정하는 요소 가운데서는 오히려 기술요소가 더욱 중요했다는 것을 표명한다. 물가에 대한 우리나라 석유 및 천연가스와 광물 가격의 영향력이 미국이나 일본보다 소폭 크다는 점을 고려할 경우, 국내외의 이 같은 차이는 결코 유의적이 아니다.

이상의 결과를 종합해보면, 1차 상품이 물가에 미치는 영향력 면에서, 우리나라 경제는 한편으로 여전히 농산물의 주요 영향에서 벗어나지 못했고, 다른 한편으로 석유 및 천연가스와 각종 광물 제품 가격의 영향력이 급상승하면서, 총체적으로 1차 상품가격의 영향을 더욱 크게 받게 되었다. 석유 및 천연가스와 광물을 놓고 볼 때, 석유 및 천연가스는 수요 구조 향상으로 인한 영향을 어느 정도 받고 있고, 광물제품은 도리어 기술구조와 산업구조의 영향을 더 크게 받았다.

5. 간략한 결론 그리고 정책적 함의

본장의 분석을 종합해 보면, 다음과 같은 대체적인 결론을 얻을 수 있다.

(1) 우리나라 1차 상품 중 석유 및 천연가스와 금속광물의 대외의존도가 높고, 엄청난 수입 또한 수입가격의 지속적인 상승을 초래했다. 농산물은 대외의존도가 높지 않았지만, 대두와 같은 부분적 농산물 가격은 도리어 대폭 상승했다. 투입산출의 분석에서 알 수 있다시피, 부분적 1차 상품 수입이 끊임없이 확대되는 과정에서, 수출품 생산의 증가가 수입을 촉진한 주요인 중 하나였다면, 석유 및 천연가스와 금속광물 수입이 끊임없이 증가한데는 우리나라 경제의 고성장 과정에서 건축업이 확장된 것과 중요하게 관련되어 있다.

(2) 일반 물가수준과 산업에 대한 영향 측면에서 볼 때, 세 가지 1차 상품 중, 농

산물 가격의 상승이 소비자물가지수와 생산자물가지수에 대한 영향이 가장 컸고, 각 산업에 대한 영향력 역시 가장 컸다. 하지만 석유 및 천연가스와 금속광물의 영향은 상대적으로 작았다. 농산물이 소비자물가지수에 미친 영향이 생산자물가지수에 미친 영양보다 컸다. 하지만 원유와 금속광물은 생산자물가지수에 미친 영향이 소비자물가지수에 미치는 영향보다 훨씬 컸다.

(3) 2002년부터 2007년까지 1차 상품가격 영향력의 변화에서 볼 때, 농산물의 가격 영향력에 있어서, 기술요소가 가격 변동 폭을 상승시키는 작용을 하기는 했지만, 수요구조 요소의 작용이 더 큼으로 인해서 최종 가격 영향력이 하락했다.

(4) 세 가지 제품 가격의 영향 사슬의 특징으로 볼 때, 농산물의 영향 사슬이 가장 복잡하고 전가 경로도 가장 많으며 관련되는 분야가 가장 광범위하다. 따라서 농산물 가격 상승의 영향을 통제하는 것 역시 가장 힘든 작업이다. 원유와 금속광물의 가격 전가 경로가 비교적 간단하고 일반 물가수준에 미치는 영향이 농산물보다 낮기는 하지만, 원유가격 변동의 영향을 받는 분야가 국민경제의 기초 원자재 분야와 에너지 분야에 집중되어 있고, 금속광물 가격 변동의 영향을 받는 분야가 국민경제의 중점 산업에 집중되어 있어서, 장기적으로 볼 때 그 영향력 역시 등한시할 수 없다.

(5) 국제적 비교가 표명하다시피, 농산물 가격의 영향을 심하게 받는 것이 우리나라 경제의 한 가지 두드러진 특징이다. 수요구조의 변화가 2002년부터 2007년까지의 농산물 가격 영향력을 저하시키는 작용을 하기는 했지만, 우리나라의 기술구조와 산업구조야말로 우리나라 농산물 가격의 영향력을 고공행진하게 한 주요인이었다. 우리나라 경제는 한편으로 여전히 농산물의 주요 영향에서 벗어나지 못했고, 다른 한편으로 석유 및 천연가스와 각종 광물 제품 가격의 영향력이 급상승했다. 따라서 우리나라 경제가 받는 1차 상품가격 변화의 영향이 미국이나 일본보다

더 컸다. 석유 및 천연가스와 광물을 놓고 볼 때, 석유 및 천연가스는 수요 구조 향상으로 인한 영향을 어느 정도 받고 있고, 광물제품은 도리어 기술구조와 산업구조의 영향을 더 크게 받고 있다.

이상의 결론을 종합해보면, 현재 1차 상품가격의 영향을 지나치게 받는 우리나라 상황이 말해주다시피, 우리나라의 경제 구조 조정은 특수한 단계에 처해있다. 한편으로는 경제구조의 변화가 1차 상품의 수요를 극대화 했고, 다른 한편으로는 농업에 대한 영향에서 벗어나지 못했다. 현재의 물가 상승에 대한 감당 능력으로 볼 때, 수입가격에 대변동이 일어나지 않는 상황에서, 석유 및 천연가스 가격보다는 농산물 가격에 더욱 주목할 필요가 있다. 그러나 정책에 있어서, 농산물 관련 정책과 석유 및 천연가스 관련 정책을 차별화할 필요가 있다. 농산물 가격의 영향을 낮추려면 장기적인 구조조정을 거쳐 실현해야 하며, 아울러 농업에 대한 투자와 지원을 늘려야 한다. 석유 및 천연가스와 금속광물로 말하면, 지속적인 수입가격 상승이 우리나라 기초산업과 중점산업에 미치는 영향을 해결하는 일이 시급한 문제이기에, 국내 산업 조직에 대한 조정 수위를 강화하고 대외 협상력을 향상함과 아울러 해외자원을 이용하는 기업이 지주회사를 설립하도록 격려할 필요가 있다. 따라서 시장시스템을 더 확장할 수 있는 제도적 장치가 필요하다.

제4편
인플레이션 파급
그리고 충격

제10장
투입산출 데이터에 의한 임금 인상이
미치는 영향에 대한 실증연구

제10장
투입산출 데이터에 의한 임금 인상이 미치는 영향에 대한 실증연구

개요: 본장에서는 투입산출 데이터를 도입하여 임금 인상이 중국경제에 대한 영향을 체계적으로 분석한 후 다음과 같은 결론과 제안을 도출해 냈다.

(1) 보편적인 임금 인상은 농산물 생산 비용에 미친 영향이 가장 컸고, 또한 농업 분야의 임금 인상은 가타 분야에 미치는 파급적 효과가 가장 광범위했다.

(2) 임금의 보편적인 인상은 전통 산업과 노동집약형 산업에 미친 영향이 가장 컸다.

(3) 물가에 미친 영향으로 볼 때, 모든 분야의 임금이 10% 인상하면 중간재 가격지수가 3.06% 상승하지만, 소비자물가지수는 4.01% 상승했다. 농업 분야와 서비스 분야의 임금 인상 영향이 어느 정도 커서 중시할 필요가 있었고, 건축업과 제조업의 임금 인상이 물가에 미친 영향이 상대적으로 작았다.

(4) 임금 인상이 가공무역 수출에 미친 영향은 국내와 일반무역에 미친 영향보다 훨씬 작았다.

(5) 임금 인상, 심지어 보편적인 임금 인상도 우리나라 수출의 비교 우위에 근본적인 변화를 초래하지 않았다.

(6) 기술과 소득 분배의 관계에 있어서, 한편으로 기술이 임금률과 수익률의 조합, 그리고 그 변동의 궤적을 한정했으며, 한편으로 임금코스트(工資成本)의 상승 역시 더욱 효율적인 기술을 도입하도록 촉진 작용을 했다.

일종 추세로서의 임금률 상승은 파국적인 영향을 초래하지 않았으며, 임금코스트의 상승 역시 기업이 지속적으로 기술진보를 하도록 촉진 작용을 했다. 그리고 국가적 차원에서는, 정책적 수단을 통하여 이 과정을 조정함으로써 기술적 추월을 달성하도록 해야 한다.

카워드: 투입산출, 임금 인상, 경제 충격

연해지역의 '인력 부족(民工荒)' 현상은 오래된 문제이지만, 최근에 와서야 이론계의 보편적인 주목을 받고 있다. 현재 학계에서는 '인력 부족'에 따른 임금 인상이 우리나라에 장기간 나타난 이중경제가 '루이스 전환점(劉易斯拐点)'에 이르렀다는 의미가 아니겠느냐 하는 사고를 하기 시작했다. 하지만 이 현상은 이중경제의 종료와 새로운 경제시대의 시작을 의미하기도 한다. 본장에서는 우리나라 경제가 '루이스 전환점'이라는 하나의 성장 단계에 이르렀느냐 하는 문제를 중점적으로 검토한 것이 아니라, 임금 인상 특히 이 같은 임금 인상이 분야별로 점차 확대되는 바람에 전반적으로 임금 인상이 초래된 상황에서 중국경제에 미치는 영향을 중점적으로 검토했다. 그리고 우리가 분석에 사용한 방법과 근거로 한 기초 데이터는 투입산출 방법과 연도별 투입산출표 데이터이다. 구체적으로는, 임금 인상으로 인한 인건비 변화 및 물가에 미치는 영향, 수출 규모에 미치는 영향, 그리고 기술 및 경제 구조 전환에 미치는 영향을 분석했다.

1. 임금 인상이 원가 변화 및 물가에 미친 영향

우선, 우리는 2010년 가격 수정 후의 2007년 투입산출표 데이터를 이용하여, 모든 분야의 임금이 10% 인상한 상황에서, 임금 인상이 분야별 원가에 어느 정도의 영향을 미치는가를 계산했다.(표 10-1 참고)

표 10-1 10% 임금 인상으로 인한 분야별 원가 상승률(%)

분야	원가 상승	분야	원가 상승
농업	7.56	가스 생산과 공급	2.93
식품제조	4.76	제지 인쇄 문화 스포츠 용품 제조	2.86
방직의류 및 제품	3.86	교통 운송 창고 체신	2.69
방직업	3.83	교통운송 장비 제조	2.67
석탄채굴	3.79	전력열에너지 생산과 공급	2.64
공예품 및 기타 제조	3.69	범용 및 특별 장비 제조	2.56
물 생산과 공급	3.63	금속재	2.56
기타 서비스	3.60	화학공업	2.50
목재가공 가구제조	3.51	석유 및 천연가스 채굴	2.37
건축업	3.25	야금 및 압연	2.20
비금속 광업	3.22	전기기계 및 기자재	2.18
도매 및 판매 숙박 요식	3.09	계기 사무용 기계 제조	1.98
금속 광업	3.05	석유 가공 및 코크스	1.93
비금속 광물 제품	2.96	통신 컴퓨터 전자 장비 제조	1.66

결과가 보여주다시피, 보편적인 임금 인상은 당연히 각 분야의 원가 상승을 초래했다. 특히 노동집약형 산업이 가장 큰 영향을 받았다. 구체적으로는, 가장 큰 영향을 받은 농업은 원가 상승률이 7.56%였고, 제조업 중의 식품제조업 방직의류 및 제품 방직업 공예품 및 기타 제조업, 채굴 산업 중의 석탄 채굴, 공공사업 중의 물 생산과 공급 등의 분야가 비교적 큰 영향을 받았다. 서비스업 중의 교통 운송 창고 체신 산업이 상대적으로 영향을 적게 받았고, 도매 판매 숙박 요식은 영향을 좀 크게 받았다. 그러나 기타 서비스업은 최대의 영향을 받았다. 그 밖에 목재 가공 및 가구 제조업과 건축업도 평균 이상의 영향을 받았다. 반대로, 계기 및 사무

용 기계 제조, 석유 가공 및 코크스, 통신컴퓨터 및 전자 장비 제조업 등의 산업은 도리어 영향을 적게 받았다.

한 걸음 더 나아가 우리는 농업, 제조업, 건축업 분야와 서비스 분야의 10% 임금 인상이 분야별 원가에 미치는 영향을 계산했다.(표 10-2 참고) 결과가 보여주다시피, 제조업, 건축업과 서비스업의 임금 인상 영향은 각기 각자의 산업 내부에 국한되어 있었다. 하지만 농업 분야의 임금 인상은 농업 생산에 아주 큰 영향을 미쳤을 뿐만 아니라 제조업과 서비스업에도 뚜렷한 영향을 미쳤다.

구체적으로 볼 때 식품제조업, 방직업, 방직의류 및 제품, 공예품 및 기타 제품, 목재가공 및 가구 제조업의 원가를 1% 이상 상승하게 했다. 하지만 기타 분야에 미친 영향은 1% 이하였다.

표 10-2 부분적 산업의 10% 임금 인상으로 인한 분야별 원가 변화율(%)

	농업		제조업		건축업		서비스업
농업	6.87	방직의류 및 제품	2.08	건축	1.19	기타 서비스	2.89
식품제조	3.03	공예품 및 기타 제품	1.91	기타 서비스	0.01	도매 판매 숙박 요식	1.93
방직	1.54	목재 가공 및 가구 제조	1.84	교통운송 창고 체신	0.01	교통운송 창고 체신	1.81
방직의류 및 제품	1.15	교통운송 장비 제조	1.80	도매 판매 숙박 요식	0.01	물 생산과 공급	0.60
공예품 및 기타 제조	1.10	비금속 광물 제품	1.68	물 생산과 공급	0.00	건축	0.60
목재 가공 및 가구 제조	1.01	범용 특별 장비 제조	1.68	석탄 채굴	0.00	전력 열에너지 생산과 공급	0.52
도매 판매 숙박 요식	0.69	방직	1.66	가스 생산과 공급	0.00	비금속 광물 제품	0.52
제지 인쇄 문화 스포츠 용품 제조	0.56	제지 인쇄 문화 스포츠 용품 제조	1.66	전력 열에너지 생산과 공급	0.00	비금속 광물 채굴	0.50
화학공업	0.40	금속재	1.55	비금속 광물 제품	0.00	석탄 채굴	0.48
건축	0.21	계기 및 사무용 기계 제조	1.36	금속광물 채굴	0.00	금속광물 채굴	0.48

원가 상승을 물가 인상에 모두 전가할 경우, 우리는 상술한 상황 아래에서 변화된 가격지수를 계산해 낼 수 있다. 결과(그래프 10-1)가 보여주다시피, 모든 분야에서 임금 10%를 인상했을 경우, 투입산출 데이터를 이용하여 계산한 중간재 가격지수는 3.06% 상승하였지만, 소비자물가지수는 4.01% 상승했다. 분야별 임금 인상

으로 인한 영향을 볼 때, 경제에서 차지하는 분야별 점유율이 다르기는 하지만, 농업 분야와 서비스 분야의 임금 인상이 물가에 미친 영향은 꽤나 컸지만, 건축업이나 제조업 분야의 임금 인상이 물가에 미친 영향은 상대적으로 작았다.

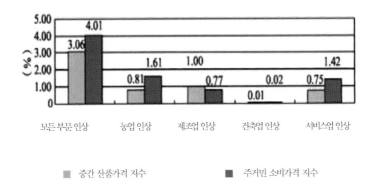

그래프 10-1 모든 분야와 부분적 분야가 임금 10% 인상했을 때 물가지수에 미친 영향

2. 임금 인상이 수출에 미친 영향

임금 인상이 수출에 미친 영향을 연구하기 위해서 우리는 수출품 생산을 세분화할 필요가 있었다. 수출품 중의 가공무역은 주로 본국의 노동력을 고용하고 본국의 원자재를 적게 이용하기에 일반 무역과 다르기 때문이다. 따라서 가공무역 생산과 비가공무역 생산은 임금 인상으로 인한 영향이 다를 수 있다. 투입산출의 각도에서 볼 때, 가공무역의 수출품 생산은 국내 원자재를 적게 사용하기에 원자재로부터 전가되는 임금 인상의 영향을 적게 받으나, 흔히 임금 인상의 영향을 직접적으로 받았다.

우리는 2007년 투입산출 데이터를 토대로 각종 데이터를 수집하여 가공무역 데이터를 추측했다. 이에 의하여 우리는 가공무역을 구분한 다음 가공무역을 세분화한 비경쟁형 투입산출표(표 10-3)를 구축하고, 이를 통해 임금 인상이 수출에 미치는 영향을 연구했다.

분석에서, 상술한 원인으로 말미암아 국내 비가공무역 분야의 임금 인상과 가공무역 분야의 임금 인상의 전가 경로에 차이가 생기면서 분야별 원가와 전반적인 경제 원가에 미친 충격의 정도에도 뚜렷한 차이가 존재했다.

표 10-3 세분화 가공무역 비경쟁 투입산출표

	국내비가공무역	가공무역	소비	자본 형성	수출	최종 사용	총생산
국내 비가공무역			C	G	ED	YD	XD
가공무역					ET		XT
수입품 사용	MD	MT					M
노동보수(임금)	VD	VT					
부가가치 기타 부분	ND	NT					
총투입	XD	XT					

따라서 양자를 구분한 다음 그 영향을 고찰할 필요가 있었다. 임금 인상으로 인한 변화 모형의 형식은 다음과 같다.

$$(\Delta P^D, \Delta P^T) = (\Delta, \Delta)$$

$$= (\Delta, \Delta)$$

그중 $(\Delta A\_V^D, \Delta A\_V^T)$는 비가공무역 분야와 가공무역분야의 노동보수 지수의 변화를 표시하고, $(\Delta P^D, \Delta P^T)$는 비가공무역 분야와 가공무역 분야의 원가 변화를 표시하며, $[\blacksquare (B^{DD} \& B^{DT} @ B^{TD} \& B^{TT})]$는 대응하는 레온티예프 역행렬(列昂惕夫逆矩陣)이다. $[\blacksquare (B^{DD} \& B^{DT} @ B^{TD} \& B^{TT})] = [\blacksquare ("("I"-"A^{DD}")")"^{\ ("-"}$

1)&"("T'- A^DD ")" ^("-" 1) A^DT@0&I)] 이라고 증명할 수 있다.

그러므로: 비가공무역 분야의 임금률 상승이 비가공무역 분야의 원가에 미치는 영향을 A_V^D(I-ADD)-1,

비가공무역 분야의 임금률 상승이 가공무역 분야의 원가에 미치는 영향을 A_V^D(I-ADD)-1ADT,

가공무역 분야 임금 인상이 가공무역 분야의 원가에 미치는 영향을 벡터 A_V/T 로 구성된 대각행렬이라 할 때, 가공무역 분야의 임금 인상이 비가공무역 분야의 원가에 미치는 영향은 0이다.

비가공무역 수출품 생산은 임금 인상의 영향을 상당한 정도로 받지만, 가공무역 수출품 생산은 상대적으로 적게 받는다는 것을 계산 결과를 통해 알 수 있다.

구체적으로 보면, 비가공무역 생산에서, 모든 분야의 임금이 동시에 10% 인상할 경우, 비가공무역 수출에서의 종합 원가는 3.18% 상승하지만, 가공무역 수출에서의 종합 원가는 0.79% 밖에 상승하지 않았다. 가공무역 생산에서, 모든 분야의 임금이 동시에 10% 인상할 경우, 가공무역 수출의 종합 원가 역시 0.65% 밖에 상승하지 않았다. 가공무역에서 생산하는 제품은 전부 수출하므로, 가공무역 생산 중의 임금 인상은 나라에서 사용하는 제품이나 비가공무역 수출품 생산에 그 어떤 영향도 미치지 않았다. 이 점으로 본다면, 임금 인상으로 인한 가공무역 생산이 받은 충격은 일반무역 생산보다 훨씬 적다.(그래프 10-2 참고)

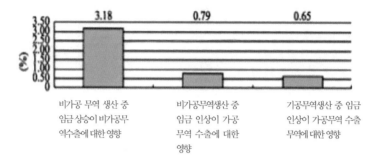

그래프 10-2 10% 임금 인상으로 인한 종합 수출 원가 상승폭

　분야별 상황을 구체적으로 볼 때, 일반무역 수출품과 가공무역 수출품 생산이 다르고, 또한 국내 원자재를 사용하고 있지만, 우리는 투입산출표 중에, 국내에서 사용하는 제품 생산의 기술 지수와 일반무역품 생산에서의 기술 지수를 구분하지 않았다. 따라서 비가공무역 생산에서의 임금 인상이 비가공무역에 미치는 영향과 표 10-1에서 계산한 모든 분야의 임금이 10% 인상할 때 분야별 원가 상승에 미치는 영향과 그 결과가 아주 일치했다.

　하지만 비가공무역 생산과 가공무역 생산 중 임금 인상이 가공무역에 미치는 영향은 현저히 달랐다. 표 10-4에서 밝힌 것처럼, 가공무역에서 비가공무역 생산 중 임금 인상으로 인한 영향을 최대로 받은 분야는 주로 목재가공 및 가구제조, 전력열에너지 생산과 공급, 금속광업과 비금속광업 등 기초 원자재 산업에 집중되었다. 이밖에 제조업 중의 제지인쇄문화스포츠용품 제조, 야금 및 압연, 방직의류 및 제품, 방직, 식품제조, 통신컴퓨터전자장비 제조 등의 분야도 비교적 큰 영향을 받았다. 표 10-5에서 밝힌 것처럼, 가공무역에서 가공무역 생산 중 모든 분야의 임금 인상으로 인한 영향을 최대로 받은 분야는 오히려 농업, 기타 서비스업, 석탄 채굴, 비금속광업 등의 산업이었다.

표 10-4 비가공무역 생산에서의 10% 임금 인상이 산업별 가공무역의 생산 원가에
　　　미친 영향(%)

산업	상승폭	산업	상승폭
목재가공 및 가구제조	2.11	전기기계 및 기자재 제조	0.49
전력 및 열에너지 생산과 공급	2.11	금속제	0.44
금속광업	1.81	기타 서비스업	0.42
비금속 광업	1.71	범용 및 특수 장비 제조	0.22
제지 인쇄 문화 스포츠 용품 제조	1.62	비금속광물제품	0.07
야금 및 압연	1.36	교통운송 장비 제조	0.04
방직의류 및 제품	1.35	농업	0
방직	1.23	석탄 채굴	0
식품제조	1.16	석유 및 천연가스 채굴	0
통신컴퓨터전자장비 제조	0.86	가스 생산과 공급	0
계기 사무용 기계 제조	0.68	물 생산과 공급	0
화학공업	0.51	건축업	0
공예품 및 기타 제조	0.51	교통 운송 창고 체신	0
석유가공 및 코크스	0.49	도매 판매 숙박 요식	0

표 10-5 가공무역 생산에서의 10% 임금 인상이 산업별 가공무역의 생산 원가에 미친 영향(%)

산업	상승폭	산업	상승폭
농업	5.56	식품제조	0.74
기타 서비스업	2.33	방직	0.73
석탄 채굴	2.20	금속제	0.71
비금속광업	1.60	전력 열에너지 생산과 공급	0.67
석유 및 천연가스 채굴	1.37	화학공업	0.61
금속광업	1.33	통신컴퓨터전자장비 제조	0.57
공예품 및 기타 제조	1.11	석유가공 및 코크스	0.52
방직의류 및 제품	1.05	야금 및 압연	0.51
비금속광물 제품	0.96	전기기계 및 기자재 제조	0.50
목재가공 및 가구제조	0.94	가스 생산과 공급	0
범용 및 특수 장비 제조	0.85	물 생산과 공급	0
제지 인쇄 문화 스포츠 용품 제조	0.83	건축업	0
계기 사무용 기계 제조	0.82	교통 운송 창고 체신	0
교통운송 장비 제조	0.77	도매 판매 숙박 요식	0

우리나라 가공무역에서 통신컴퓨터전자장비 제조업, 전기기계 및 기자재 제조업, 화학공업, 계기 및 사무용 기계 제조업, 범용 및 특수 장비 제조업, 교통운송 장비 제조업, 방직의류 및 제품 제조업 등의 산업이 차지하는 비율이 비교적 높다. 일반적인 상황에서, 상술한 산업의 가공무역 생산이 임금 인상으로 인한 영향을 비교적 크게 받는다고 사람들은 여기고 있다. 하지만 우리 계산 결과에 따르면, 상술한 분야의 가공무역 수출이 임금 인상으로 인한 영향을 가장 크게 받은 것이 아니었다. 영향을 가장 크게 받은 분야는 오히려 기초 원자재 산업이었다. 이 분야는 가공무역 수출에서 차지하는 점유율이 높지는 않지만, 영향 정도가 심각했다. 비교적 높은 임금률, 그리고 밀접한 경제관계가 원인이라고 할 수 있다.

3. 임금 인상이 기술과 경제구조 변화에 미치는 영향

임금의 변화가 가져온 생산 원가의 변화는 기업이 원가 최소화와 이윤 최대화를 추구하는 과정에서 필연적으로 요소의 대체를 초래하거나 심지어 기술 전환을 초래하여 경제 구조에 영향을 미치게 된다. 투입산출이라는시스템 하에서 고정된 기술계수를 가정해야 하므로 요소 간에 대체하는 상황을 고려하지 않았다. 이 같은 시스템 하에서 투입계수 비율의 변화가 곧 기술 자체의 변화이기도 하다.

이밖에 다음과 같은 형식의 투입산출의 열벡터(列向量) 모형을 채택했다.

$$p=(1+r)pA+wl$$

식에서, p는 가격 열벡터, A는 직접 소비 계수 행렬을 표시하고, r은 부가가치를 이용하여 노동보수(임금)를 제감하고 중간재 투입률과 합계하고 비교 계산한 산업별 평균 수익률로서, 임금률 w와 노동 투입 계수 l을 상승하여 노동보수 계수를 얻었다. 상술한 열벡터 모형은 기술, 임금률과 이익률, 상대가격 간의 일종의 연관성

을 밝히고 있다. 어느 한 고정된 기술, 수익률의 변화는 상대가격의 변화를 초래할
뿐 아니라 실질 임금에도 영향을 주게 된다. 이와 같이 한 가지 기술수준을 겨냥한
하나의 임금률과 수익률 간의 관계가 존재하며 또한 이 같은 관계기 역관게라는
것을 증명할 수 있다.

이 분석시스템을 이용하여 우리는 임금률과 수익률의 변화가 어떻게 기술과의
사이에서 일종의 영구적인 상호 영향 관계를 형성하느냐에 대해 체계적인 고찰을
전개할 수 있다. 이렇게 구축한 일종의 요소가격을 이용하여 우리는 기정 기술 하
에서 요소별 소득 분배의 관계를 분석할 수 있을 뿐만 아니라, 연도별 비교를 통하
여 기술 진보가 소득분배에 미치는 영향도 분석할 수 있다.

투입산출 데이터를 정리하여 얻어낸 우리나라 여러 기간의 임금률과 수익률은
표 10-6에서 밝힌 것과 같다.

표 10-6 기간별 임금률과 수익률

기간	2002년	2007년
임금 총액(억 위안)	58,950.50	110,047.30
노동력 인수(만 명)	73,740	76,990
평균 임금(위안/명)	7,994	14,294
부가가치 총액(억 위안)	121,858.90	266,043.81
중간재 투입(억 위안)	191,571.60	552,815.15
수익률	0.328	0.282

우리는 주민 소비 구조를 응용하여 소비자물가지수를 계산, 2002년과 2007년의
투입산출 데이터와 관련하여 얻어낸 자본 수익률과 실질 임금률의 관계는 그래프
10-3과 같다. 2002년부터 2007년 사이의 실질 임금률과 수익률 간의 관계 변화를
참고할 수 있는 그래프이다.

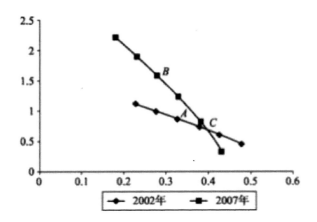

그래프 10-3 2002년과 2007년 실질 임금률과 수익 간의 관계 변화

그래프에서의 A와 B 두 점은 각기 그해 중국경제가 처한 실제 상황을 표시하는데, 2007년이 2002년보다 자본 수익률은 하락하고 실질 임금률은 대폭 상승했다는 것을 알 수 있다. 아울러 두 곡선의 경사도에도 큰 변화가 발생, 2007년이 2002년보다 경사도가 더 가파른데, 이는 소득분배에서 노동력 쪽에 더 크게 기울어졌다는 것을 의미한다. 하지만 두 곡선은 자본 수익률이 0.4에 접근하는 곳에서 교차되고 있다. 이는 수익률이 더욱 높은 상황에서 2002년의 기술이 오히려 더욱 높은 임금률을 획득할 수 있게 했다는 것을 의미하며, 이 같은 조건에서 2002년의 기술이 2007년보다 상당한 정도에서 원가 최소화를 이룰 수 있게 했다는 것을 의미한다. 반대로 그래프 10-3 중의 상황에서, 임금률의 끊임없는 상승이 결코 2007년의 기술효율의 하락을 초래한 것이 아니라, 단지 2002년의 기술효율보다 더 큰 폭으로 상승했다는 것을 의미한다.

진일보적으로 우리는 2005년 일본의 투입산출 데이터를 이용하여 계산한 다음, 우리나라 2007년의 계산 결과와 비교했다. 그래프 10-4에서 우리는 중일 간의 기술 격차가 초래한 소득분배 관계의 차이를 분명하게 알 수 있다.

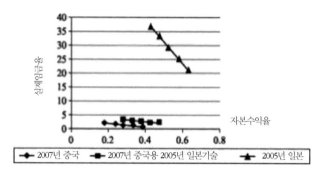

그래프 10-4 2005년 일본과 2007년 중국의 실질 임금률과 수익률 관계 비교

환율에 따라 환산한 후 계산한 2005년 일본의 임금률과 수익률 관계 곡선을 2007년 중국의 곡선과 비교할 때, 수익률이 중국보다 높을뿐더러, 실질 임금률도 훨씬 높다. 이는 양국의 엄청난 노동보수 수준의 격차를 반영해주고 있다.

기술 격차가 초래한 영향을 단순 비교하고자 우리는 일본의 2005년 기술계수를 채택하여 2007년 중국의 구조 관계 중에 놓고 계산, 얻어 낸 임금률과 수익률 관계 (2007년 중국의 데이터는 2005년 일본 기술 데이터를 사용했음) 역시 그래프 10-4 중에 밝히고 있다. 이 결과를 통해, 현재 중국과 같은 경제 조건에서 일본의 기술을 채용할 경우 더욱 높은 수익률을 초래하거나 임금률의 조합을 초래할 수 있는데, 이는 더욱 높은 생산성을 필요로 한다는 것을 의미하고 있다.

상술한 분석은, 기술 상대가격 임금률과 수익률은 상호 간에 일종의 내적 연계를 유지하고 있다는 것을 표명하고 있다. 이 같은 연계는 한편으로 일정한 기술 수준이 소득분배 관계를 결정하며, 다른 한편으로 소득분배의 조정 역시 기술의 변화를 촉진할 수 있다는 것을 말한다. 우리의 분석을 통하여, 2002년부터 2007년의 변화에 있어서, 기술효율이 향상된 토대 위에서 임금률과 수익률의 관계 중 임금률 쪽으로 더욱 크게 기울어진 것을 알 수 있다. 이는 소득분배의 관계가 조정되고 개선되었음을 의미한다.

또 다른 한편으로 임금률이 외적 원인으로 말미암아 지속 상승하고, 그리고 물가수준이 일정한 수준을 유지할 경우, 실질 임금은 상승하고, 상응한 수익률은 하락할 수 있다. 기업은 이 같은 소득분배 관계의 변화에 직면하면 어쩔 수 없이 기술조정을 진행해야 한다. 만약 임금률 조정이 적당한 수준을 유지할 수 있다면 기술진보와 경제구조의 조정을 추진할 수 있다.

이 같은 추세에 대한 분석은 우리가 기술 진보의 방향을 명확히 하는데 도움이 될 뿐만 아니라, 합리적인 소득분배 정책을 제정하는데 근거를 제공해줄 수 있다. 일본 경제가 임금비용이 상승한 후에 봉착한 기술 구조의 변화와 경제 구조의 변화를 가일 층 고찰하고자 우리는 일본 1990년과 1995년 두 연도의 투입산출표를 선택한 다음 이 기간 경제의 구조적 변화에 관한 연구를 진행했다.

사실상, 1980년부터 19 90년대 중기까지 일본경제는 장기적인 임금 인상이라는 과정을 겪었다.(그래프 10-5) 우리는 이 같은 배경 하에서 발생한 일본 경제의 변화를 고찰했다.

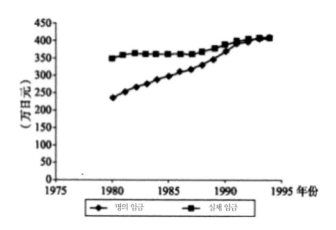

그래프 10-5 1980-1994년 일본 명목 임금과 실질 임금

　우리는 투입산출 데이터를 이용하여 중간재 투입과 노동보수 비율의 변화를 계산한 다음, 이로부터 산업별 자본 투입과 노동력 투입 비율 관계의 변화를 반영하려 했다.

표 10-7 중간재 투입 비율과 노동보수 비율의 변화

산업	중간재 투입 비율과 노동보수 비율의 변화
농업	0.97
광업	1.01
제조업	0.85
건축업	0.79
전기 물 열에너지 공급	0.96
서비스업	1.04

계산해서 얻은 총체적 중간재 투입 계수와 노동보수 계수 비율의 변화는 0.86이었다. 이는 1995년 전반적인 경제 중 노동보수가 차지하는 투입 비율이 상승했다는 것을 말한다. 산업별 상황으로 놓고 볼 때(표 10-7), 서비스 투입 구조에서는 노동력 투입 비율이 뚜렷이 하락했지만, 제조업에서는 전체 경제와 마찬가지로 총체적으로 급격한 변화가 타나나지 않았다.

하지만 두 연도 간의 전체 직접적 소모 계수를 진일보적으로 비교해 보려고 우리가 두 년도 간 산업의 직접적 소모 계수의 차이를 이용하여 재차 계산해보니, 제조업의 직접적 소모 계수 내부의 변동 정도가 총체적으로 서비스업보다 더 격렬하다는 계산 결과가 나왔다.(표 10-8) 이는 이 기간 동안 제조업은 내부적으로 상당한 정도의 기술 전환을 거쳤지만, 서비스업은 총체적으로 중간재 투입 할당을 늘리고 그에 상응하게 노동력 투입을 줄였다는 것을 표명한다.

제조업 산업의 상황으로 놓고 볼 때, 기술계수의 변동이 비교적 큰 산업은 석유 및 코크스, 비철금속, 식품 및 음료, 정밀 기계, 화학제품, 철강 등의 분야였다. 이 산업 중 식품 및 음료, 정밀 기계를 제외한 기타 분야는 기초 원자재 산업이라는 것을 알 수 있다.

표 10-8 제조업과 서비스업의 산업별 직접적 소모 계수의 변화

제조업	변동치	서비스업	변동치
식품 및 음료	24.59	상업	2.25
섬유제품	11.16	금융 및 보험	4.42
나무 및 종이 제품	4.31	부동산	6.21
화학제품	14.91	교통운송	2.08
석유 및 코크스	183.42	정보 전달	10.17
토석제품	9.53	정부 관리	2.48
철강	14.57	교육연구	1.96
비철금속	33.74	의료보건 및 사회 보장	7.19
금속제	6.07	기타 공공서비스	1.37
일반 기계	2.3	상업 서비스	3.33
전기기계	3.24	개인 서비스	5.53
운송기계	4.1		
정밀 기계	19.01		
기타 제조업	4.71		

위에서 분석한 일본 경제 구조의 변화가 알려주다시피, 노임 수준이 전반적으로 인상한 상황에서 제조업과 서비스업 모두 중요한 기술 전환이라는 과정을 겪었고, 이에 따른 효율 향상에 대응하기 위한 노동원가의 상승에서, 양자가 서로 다른 특징을 나타냈을 뿐이다. 이 같은 분석은 우리에게, 서비스업의 성장과 기초산업의 급격한 확장으로 인한 자원 규제 압력은 현재 우리나라 경제 구조 조정에서 봉착한 두 가지 중요한 문제이기는 하지만 노동비용의 상승이 이 성장 단계의 문제를 돌파하는데 도움이 된다는 것을 시사하고 있다.

4. 간략한 결론 그리고 정책적 함의

상술한 분석을 통하여 우리는 다음과 같은 결론과 건의를 얻어냈다.

1) 보편적인 임금 인상이 농업 생산원가에 미친 영향이 가장 크며, 농업 분야의 임금 인상이 기타 분야에 미친 파급 면 역시 가장 광범위했다. 따라서 농업 구조의 전환은 전반적인 경제구조의 전환을 기초로 하여 이룩해야 하므로 현 단계 안정적인 농업 정책이 아주 필요하다.

2) 보편적인 임금 인상은 전통 산업과 노동집약형 산업에 미친 영향이 가장 크다. 식품제조, 의류 및 제품, 방직, 탄광, 물 생산과 공급, 기타 서비스업은 비교적 큰 원가 상승의 압력에 봉착했다. 하지만 상술한 산업 중에서 완전경쟁을 할 수 있는 일부 산업으로 말하면 원가 상승이 도리어 전통산업의 기술을 업그레이드할 수 있는 추진 역할을 할 수 있다.

3) 물가의 영향으로 놓고 볼 때, 모든 산업에서 임금이 10% 인상할 경우, 중간재 가격 지수가 3.06% 상승하지만, 소비자물가지수는 4.01% 상승했다. 농업 분야와 서비스 분야의 임금 인상이 물가에 미친 영향은 비교적 커서 중시할 필요가 있으며, 건축업과 제조업의 임금 인상이 물가에 미친 영향은 상대적으로 작았다.

4) 임금 인상이 가공무역 수출에 미친 영향은 국내나 일반 무역품 생산에 미친 영향보다 훨씬 작았다. 구체적으로 보면, 비가공무역 생산 중, 모든 산업의 임금이 동시에 10% 인상할 경우, 비가공무역 수출의 종합 원가가 3.18% 상승할 때 가공무역 수출의 종합 원가는 0.79% 밖에 상승하지 않았다. 그리고 가공무역 생산 중, 모든 산업의 임금이 10% 인상할 경우, 가공무역 수출의 종합원가는 0.65% 밖에 상승하지 않았다.

5) 총량적으로만 보아도, 가공무역은 임금 인상의 영향을 작게 받았을 뿐만 아니라, 산업 구조로 볼 때에도 통신 컴퓨터 전자 장비 제조, 전기기계 및 기자재 제조,

화학공업 등의 가공무역 수출에서 차지하는 비율이 비교적 큰 산업 역시 임금 인상의 영향을 크게 받지 않았다. 하지만 일부 기초 원자재 산업, 예컨대 농업, 목재 가공 및 가구 제조업 등의 산업은 임금 인상의 영향을 비교적 크게 받았다. 이 같은 구조적인 잘못된 위치 역시 임금 인상이 가공무역에 미치는 영향을 대폭 줄여주었다. 상술한 두 가지 측면을 종합해 본다면, 임금 인상 심지어 보편적인 임금 인상도 수출에 있어서 우리나라의 비교우위에 근본적인 변화를 가져오지 않았다고 말할 수 있다.

6) 기술과 소득분배 면에서, 한편으로는 기술이 임금률과 수익률의 조합 그리고 변동의 궤적을 한정했으며, 다른 한편으로는 임금비용의 상승 역시 보다 효율적인 기술을 채택하는데 추진 역할을 했다. 2002년부터 2007년까지의 데이터를 볼 때, 최근 몇 년간 우리나라에 소득분배 관계를 개선할 수 있는 기술진보가 나타났다. 하지만 선진국과 비하면 임금 수준이 여전히 아주 낮다. 사실상, 일종의 추세로서의 임금률 상승은 재난적인 영향을 초래할 수 없으며, 임금비용의 상승 역시 기업의 지속적인 기술진보를 추진하고 있다. 그리고 국가의 차원에서 볼 때, 정책적 수단을 통하여 이 과정을 조정함으로써 기술적 추월을 이룩해야 한다.

제4편
인플레이션 파급
그리고 충격

제11장
중국의 경기 변동(순환),
인플레이션 변동, 주가 변동

11장
중국의 경기 변동(순환), 인플레이션 변동, 주가 변동

개요: 본장에서는 중국의 경기(경제) 변동기(周期), 인플레이션 변동과 주가 변동 이 3대 변동 간의 관계를 연구했다. 우리나라는 인플레이션 변동과 경기 변동 간에 안정적인 시차 관계가 존재하기에 이번 경기 변동을 4개 단계로 나눌 수 있다. 2012년은 경제 성장과 인플레이션이 나란히 상승세를 타면서 전면 회복하는 단계에 처할 수 있었다. 2003년 이래, 특히 이번 경기 변동은 거시 경제 추세와 주가 변동의 관련성이 현저히 증강하면서 주식 시장의 국민경제 말고 흐림표의 기능이 드러나기 시작했다.

인플레이션은 주로 금리 메커니즘을 통해 주식 시장에 영향을 미친다. 중국의 역사적 경험에 의하면, 인플레이션 발생 원인에 있어서, 통화량 급증이 반드시 인플레이션을 유발하는 것이 아니고, 과잉능력(産能過剰) 역시 반드시 인플레이션을 억제할 수 있는 것이 아니므로 통화주의나 실물경기변동이론(眞實經濟周期理論) 모두 설명력이 부족하다. 통화량이 인플레이션을 유발하고 그 정도가 얼마나 심각하느냐는 아웃풋 갭을 보아야 할 뿐 아니라 구조적 아웃풋 갭도 보아야 한다. 거시적 환경을 종합적으로 본다면, 2012년 인플레이션 수준이 2004년의 수준(CPI 3.9%)에 접근하여 비교적 큰 인플레이션 압력에 직면할 수 있다.

키워드: 경기 변동, 인플레이션 변동, 주가 변동

1. 경기 변동, 인플레이션 변동과 주가 변동 간의 관계

1) 중국 경기 변동과 중국 인플레이션 변동의 관계

물가의 '점성'(黏性)으로 말미암아 일반적으로 인플레이션 변동은 경기 변동보다 뒤처진다. Niemira(1998) 등이 1945-1992년의 미국 경기 변동에 의한 연구에 따르면, 평균 인플레이션의 전환점 기간은 경기 변동 전환점이 있은 지 5개월 이후에 나타났다.

중국에서, 인플레이션 변동과 경기 변동은 그 파동에서 뚜렷한 선후 순서를 나타냈다. 인플레이션 변동과 경기 변동에 근거하여 2007년 이후의 경기 변동을 4개 단계로 나눌 수 있다.

첫 번째 단계는, 경기는 하락하고 인플레이션은 상승(2007년 4분기부터 2008년 3분기까지)하던 기간이다. 경기가 후퇴하던 초기, 즉 경기가 호황을 하다 후퇴하면서 '봄이 와서 강물이 따뜻해지는 것을 물오리가 먼저 안다'고 하류 기업과 수요에 민감한 산업의 제품 가격이 먼저 하락했다. 하지만 상류 산업과 수요 관련 반응이 무딘 산업의 가격은 진행 중인 프로젝트와 사전 주문으로 인해 가격 상승이라는 관성을 지속 유지할 수 있었다. 이 단계에 많은 산업에 경기 호황이라는 환각이 생기어, 정부는 거시 조정에 있어서, 성장을 유지하고 인플레이션을 통제하는데 이러기도 어렵고 저러기도 어려운 난제에 봉착했다. 그리하여 이 단계는 주식투자에서 가장 위험한 시기였다.

두 번째 단계는, 경기와 인플레이션이 나란히 하락(2008년 4분기부터 2009년 1분기까지)했다. 경기가 쇠퇴하던 중기, 최종수요와 거리가 가장 멀어 반응이 가장 무딘 산업에서마저도 경기가 침체되기 시작했다는 것 의식했다. 그때부터 중상류 제품 가격이 하락하면서 경제가 전면적으로 얼어붙기 시작했다. 이 단계의 후기,

정부는 경기 부양을 위해 확대재정정책을 채택했다.

세 번째 단계는, 경기는 상승하고 인플레이션은 하락(2009년 2분기부터 2009년 4분기까지)했다. 경기 회복 초기, 소비 수요와 생산 수요가 점치 증가세를 보이기는 했지만, 생산업체와 무역상들은 얼어붙었던 경기가 갓 풀리기 시작했는지라 앞날을 예상하기 어려워 감히 가격을 올리지 못했다. 이때 '성장은 회복+저인플레이션'이라는 조합이 생기면서 흔히 경제가 성장하고 주식투자가 늘어나는 황금기가 나타났다. 아울러 소비를 대표로 하는 선도 산업이 우선 경기를 회복하면서 산업의 경기 연동 법칙이 작용을 발휘되기 시작했다.

네 번째 단계는, 경기와 인플레이션이 나란히 상승(2010년 1분기부터 현재[33]까지)했다. 경기가 전면 회복되고 정책을 전환하며 황금기가 종료되고 경기가 다시 상승세를 타던 단계였다.

2007년 이래의 이번 경기 변동에서 경제 성장 주기와 인플레이션 변동 간에 선행적 시차 관계를 나타냈을 뿐만 아니라, 2004년 전후와 1998년 전후의 경기 변동에서도 양자는 마찬가지로 상술한 안정 관계를 나타냈다.

2) 중국의 경기 변동과 주가 변동의 관계

주가는 (1) 국민경제의 청우계 (2) 기대이윤 반영 (3) 이윤 변화에 대한 즉시적 반응 (4) 시장심리 체현 등 많은 역할을 한다.

주가 변동과 경기 변동은 대부분 시기 동향이 일치한다. 하지만 어느 시기나 그런 것은 아니다. B.W. Sprinkel(스프링켈, 波爾 斯普林克爾)은 '주가는 그 동향을 예측하기가 특히 어렵다. 보기에는 일반적인 경기 변동과 수익모델 사이에 밀접하고도 간단한 관계가 존재하지 않기 때문이다. 경제활동과 주가는 3분의 2 시간은 그

---

33) '현재'는 이 글을 쓰던 때인 2011년 4분기를 가리킨다.

동향이 일치한다. 이는 사실이다. 하지만 그 밖의 3분의 1 시간이 바로 가장 흥미롭고도 가장 수익을 얻을 수 있는 시간이다.'라고 밝혔다.

미국 주가 변동의 역사에 따르면, 경기 변동과 주가 변동의 간에는 두 가지 중요한 법칙이 존재한다.

(1) 주가 변동은 일반적으로 경기 변동보다 6개월 앞당겨 그 결과가 드러난다.

(2) 평균적으로 보면, 강세장은 약세장보다 지속 시간이 긴데 그 비율이 약 3분 1이 다. 즉 '강세장은 길고 약세장은 짧다.' 이 같은 현상은 경기 변동과 관련되어 있을 수 있다. 평균적으로 보면, 미국 경기 변동의 확장단계와 침체단계의 지속 시간은 그 비율이 거의 4 1에 이르렀다. 문제는 중국 역시 강세장이 길고 약세장이 짧은 주가 변동 단계에 들어섰는가? 하는 것이다. 우리는 중국의 2009년 이래의 뉴 라운드 경기 변동과 주가 변동 상황을 관찰해 보았다.(그래프 11-1)

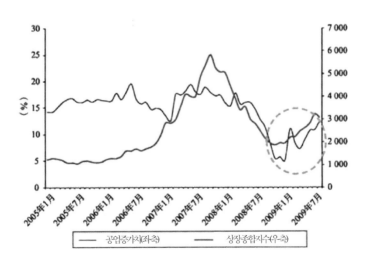

그래프 11-1 2009년 이래의 뉴 라운드 경기 변동과 주가 변동

그래프 11-1이 보여주다시피, 경기 변동과 주가 변동은 두 가지 새로운 특징이 있다.

첫째, 중국의 경기 변동과 주가 변동의 동향 연관성이 뚜렷이 증강하면시, 경기 전환점이 바로 주가 전환점이 되었다. 둘째, 실물경제의 산업 경기 연동과 주식시장의 '연동 장세(板塊輪動)'의 연관성이 뚜렷이 증강되었다.(그래프 11-2)

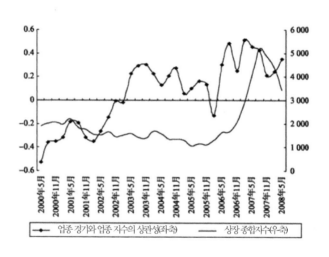

그래프 11-2 중국 산업 경기지수와 산업 주가지수의 시간적 연관성 추이

실증검정을 통하여 우리는, 2003년 이후 우리나라 산업 경기지수와 산업 주가 지수 사이에 연관성이 뚜렷이 증강하면서 밴드왜건 효과(羊群效應)가 약화되고 '연동 장세' 현상과 '산업 경기 연동'의 연계가 날로 밀접해 졌다는 것을 발견했다. QFII가 중국에 들어오고 지분 분할 개혁이 전면 가동됨에 따라 우리나라 자본시장에 본질적인 변화가 생기었다.

(3) 중국 인플레이션과 주가 변동의 관계

금리 변동은 주로 기대 인플레이션에 의해 촉진되지만, 주식시장은 금리 변동에 의존한다. 인플레이션 압력은 금리에 압력을 조성하여 주가 하락을 가일 층 초래한다. 그러므로 인플레이션을 가리키는 지표를 통하여 금리와 주가의 추이를 예측할 수 있다.(그래프 11-3) 그래프 11-3을 통해, 중국의 인플레이션 변동 추이와 주가 변동 추이가 반대방향이라는 것을 알 수 있다.

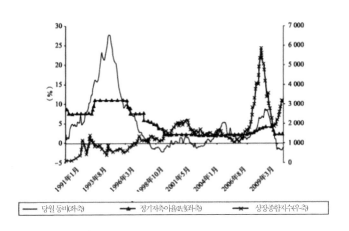

그래프 11-3 반대방향인 중국 인플레이션 변동 추이와 주가 변동 추이

2. 중국 인플레이션의 예측: 이론과 역사적 경험

글로벌 유동성과 2001년의 기수적 효용(基數效應)으로 말미암아 각계가 2012년 인플레이션에 대하여, 기대인플레이션이 실제인플레이션으로 변하지 않겠는가? 인플레이션 수준이 얼마나 높을 것인가? 하는 비교적 강한 예측을 드러내면서, 인플레이션이 2012년 거시 형세를 판단하는 결정적인 문제로 떠올랐다.

1) 통화량 급증이 반드시 인플레이션을 초래하는 것이 아니고, 과잉능력 역시 반드시 인플레이션을 억제할 수 있는 것이 아니다.

향후 인플레이션 형세를 판단함에 있어서 두 가지 대표적인 견해가 존재한다.

한 가지는, 2012년 인플레이션 압력이 비교적 크다는 견해이다. 주로는 통화량에 입각하여, 2011년 통화량이 급증하면서 인플레이션을 초래, 1월부터 9월까지 대출은 8조 6,700억 위안이 추가되었고, 9월분 M1 증가폭은 29.5%, M0 증가폭은 16%에 달했다고 인정했다.

이 같은 견해의 이론적 기초는 통화주의로서, 그들은 '인플레이션은 어느 때, 어느 곳에서든지 일종의 통화 현상이다.'라고 여긴다. 통화학파는, 인플레이션율은 통화량의 성장률 추이와 같다고 여기기 때문에 통화량의 지표를 반영하는 M1이나 M0, 대출 등에 대한 관찰을 통하여 인플레이션을 예측한다. 우리나라는 특히 2000년 이래로 파곡이든 파봉이든 M1과 CPI 사이에 안정적인 선행 관계가 존재했다. 하지만 통화주의의 견해를 가지고는 2000년 우리나라의 상황을 해석할 수가 없다. M1 증가폭이 2000년 6월 23.7%라는 최고치에 이르렀지만, 200-2001년 CPI(소비자물가지수)의 동기대비 상승폭은 도리어 줄곧 2% 이하였고, 2001년 5월 CPI는 최고치가 1.7% 밖에 안 되었다.

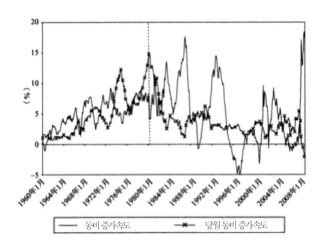

| 동비 증가속도 | 당월 동비 증가속도 |

그래프 11-4 미국의 M1와 CPI 관계, 1960-2009년

　미국에서 M1 역시 인플레이션의 한 가지 어설픈 선행 신호라고 하더라도, 지표적인 신호에는 오류가 많았다. 그래프 11-4에서 밝힌 것처럼, 미국은 1980년 이전까지 M1 대 CPI의 선행 징조가 비교적 뚜렷했다. 하지만 이후 거의 30년 동안 양자의 선행 시차 관계가 아주 유의하지 않았다. 우리는, 1980년은 미국 경제 구조의 중요한 전환점으로서, 1980년 미국 경제가 중화학 공업의 발전 단계를 완수하고 전기기계 공업 시대로부터 정보산업과 서비스산업 시대로 전환하면서 탈공업화 단계에 들어섰다고 생각한다. 따라서 미국에서 석탄 전기 오일 운송 등의 애로산업이 더는 발목을 잡지 않게 되면서, 통화량이 더는 직접 애로사업을 거쳐 산업사슬을 따라 실물경제에 직접적으로 영향을 미치지 않게 되었으며, 주로는 대종 상품과 금융 경제(Fictitious Economy, 가상경제, 虛擬經濟)를 통하여 간접적으로 영향을 미치었다. 그리하여 M1은 CPI와 실물경제에 미치는 영향 패턴과 전달 메커니즘에 근본적인 변화가 생기었다.

　다른 한 가지는 2012년 인플레이션 압력이 크지 않다는 견해이다. 이들은 주로 공급과 수요의 각도에서, 현재 중국의 심각한 과잉능력이 인플레이션을 억제하는 작용을 한다고 여기고 있다. 이 같은 견해의 이론적 기초는 실물경기변동이론으로서, 인플레이션이 실물경제 중의 수급 불균형으로 인해 발생한다고 보고 있는데, 구체적으로는 수요견인 인플레이션, 비용 상승 인플레이션과 구조적 인플레이션, 설비 가동률이 들어있는 관찰 지표, 아웃풋 갭, 산업의 생산성 등으로 분류할 수 있다. 마찬가지로 실물경기변동이론 역시 많은 현실적 문제를 설명할 수 없다. 예컨대, 과잉능력이 심각한 산업도 가격에 대한 고도의 민감성과 평균 수준을 능가하는 가격 진폭이 존재할 수 있다. 야금산업이 바로 대표적인 이런 산업이다. 현 단계의 중국에서 과잉능력이 가장 심각한 산업의 하나인 야금산업은 가격의 진폭에서 종합지표로서의 생산자물가지수의 진폭을 훨씬 웃돌면서, 석유산업과 석탄산업의 버금으로 되었다.

이는 물론 야금산업의 변동성 특징과 철광석 원가의 변동이 기복이 큰 것과 관련되어 있다. 하지만 더욱 중요한 것은 경기가 활발해지는 추세가 나타나 가동률이 상승할 경우 과잉능력 산업도 마찬가지로 가격을 인상할 수 있다. 비용 전가력(傳導能力)이 강한 산업일수록 더욱 그러하다. 과잉능력은 상대적인 동적 개념으로서, 불황일 때 생산능력이 과잉이었던 산업이 호황일 때 오히려 가동률이 지나치게 높지 않을 수 있다고 볼 수 있다.

한마디로 말하면, 인플레이션 성인에 관한 국내외의 논쟁은 줄곧 지속되어 왔지만, 기존의 이론은 현실 문제를 해석할 때 이런저런 결함이 존재하고 있어서, 지금까지 사람들이 만족할 만한 보편적인 이론이 없다고 할 수 있다.

2) **역사적 경험: 1996-2009년 M1이 5차례 급증하던 기간, 물가 수준의 차이가 아주 컸다.**

중국의 상황으로 볼 때, M1의 파곡 다음에는 일반적으로 긴축통화가 대응했지만, M1의 파봉 다음에는 반드시 인플레이션이 대응한 것은 아니다.

1996년부터 2009년 사이, 중국에서 M1이 급증하는 상황이 모두 5차례 나타났는데 최고치가 22% 쯤으로서 2009년 외에는 대체로 같았다. 하지만 높은 수준의 M1 증가율은 차이가 아주 큰 소비자물가지수의 파동을 불러왔다.(그래프 11-5)

제1차는 1997년 1월에 발생, M1의 단계적 최고치가 22.2%에 달했다. 하지만 그 후 대응한 소비자물가지수 추이는 줄곧 하강선을 그었고, 심지어 1998년에는 긴축통화가 발생하면서 가장 심할 때는 소비자물가지수는 -1.5%(9월), 생산자물가지수는 -5.7%(10월)까지 하락했다.

제2차는 2000년 6월에 발생, M1의 단계적 최고치가 23.7%에 달했다. 하지만 그 후 대응한 2001년 소비자물가지수는 줄곧 2% 이하에서 맴돌다 2001년 5월에는 최고치가 1.7% 밖에 안 되었다.

제3차는 2003년 6월에 발생, M1의 단계적 최고치가 20.2%에 달했다. 그 후 대응한 것은 적정 인플레이션(溫和通脹)이었는데, 2004년 8월 소비자물가지수는 최고치가 5.3%에 달했고, 10월 생산자물가지수는 최고치가 8.4%에 달했다.

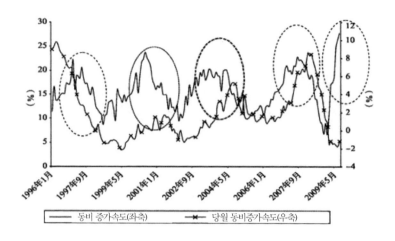

| 동비 증가속도(좌축) | 당월 동비증가속도(우축) |

그래프 11-5 중국의 M1와 CPI의 관계, 1996-2009년

제4차는 2007년 8월에 발생, M1의 단계적 최고치가 22.8%에 달했다. 그 후 대응한 것은 높은 수준의 인플레이션이었는데, 2008년 2월 소비자물가지수는 최고치가 8.7%에 달했고, 8월 생산자물가지수는 최고치가 10.1%에 달했다.

제5차는 2009년 이후로서, 2009년 9월 M1 증가율 최고치가 29.5%에 달했다. 하지만 여전히 긴축통화 상황에 처해있어서 소비자물가지수는 -0.8%, 생산자물가지수는 -7%였다.

이상의 M1이 5차례 급증한 기간을 볼 때 앞의 4차례는 최고치가 거의 같은 수준(20%-24% 사이)이었다. 하지만 각기 긴축통화, 제로인플레이션(无通脹), 적정인플레이션, 수준 높은 인플레이션이라는 차이가 극히 큰 4가지 물가수준(소비자 물가수준이 -1.5%부터 8.7% 사이)에 대응해야 했다. 종적으로 길게 보면, M1의 급증과 인플레이션 사이에는 필연적인 인과관계가 존재하지 않으며, M1이 인플레이션을 유발하느냐 하지 않느냐 여부는 조건적이라는 것을 알 수 있다.

3) 통화량과 수급 펀더멘틀(基本面)이 공통으로 물가의 방향과 폭에 영향을 주었다.

통화량은 단기적으로 주로는 수요 측에 영향을 발생했을 뿐만 아니라 여러 산업 체인을 통하여 실물경제에 영향을 전가했으므로 인플레이션의 수준은 여전히 공급 상황, 즉 가동률과 아웃풋 갭에 의해 결정되었다.

통화량이 인플레이션을 유발하고 그 수준을 좌지우지 하느냐는 아웃풋 갭 총량도 보아야 한다. 즉 실질 국내총생산 성장률과 잠재 성장률의 차이가 얼마나 큰가를 보아야 할 뿐 아니라 구조적 아웃풋 갭도 보아야 한다. 즉 각 산업의 실질 성장률과 잠재 성장률 차이가 얼마나 큰가를 보아야 한다. 총공급의 체인이 팽팽(긴밀한 관계)할 경우에는 전반적인 인플레이션을 유발할 수 있고, 부분적인 체인만 팽팽할 경우에는 구조적 인플레이션을 유발할 수 있다.

(1) 아웃풋 갭 총량과 인플레이션 수준

1996년부터 2007년까지의 4차례 통화량 급증이 차이가 아주 큰 물가수준에 대응하게 된 데는 이 4차례 통화량 급증이 각기 경기 변동 단계에서 후퇴 중기, 회복 초기, 회복 중기와 경기 호황에 대응하면서 각기 다른 국내총생산 성장률, 아웃풋 갭, 공급 상황에 처해 있었기 때문이다.(그래프 11-6)

1997년부터 1998년 기간은 우리나라가 경기 변동에서 하락 단계에 처해 있어서 아웃풋 갭이 저조하여 그 기간 M1 급증은 물가 하락세를 변경시키지 못했다.

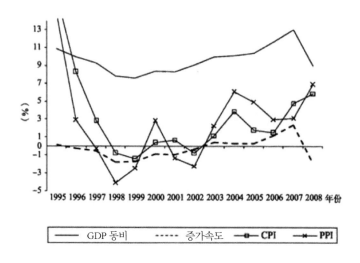

그래프 11-6 중국의 아웃풋 갭과 인플레이션
설명 : 아웃풋 갭=실물경제 성장률-잠재 성장률

    2000년부터 2001년 기간은 우리나라가 1993년 이래 장기적으로 지속되었던 불경기가 종료되고 아웃풋 갭이 여전히 저조한 경기 회복 초기 단계에 처해 있었으므로 그 기간 M1의 급증은 물가 흐름을 변경하지는 못했지만, 결코 인플레이션을 유발하지는 않았다.

    2003년부터 2004년까지의 기간은 우리나라가 경기 회복 중기에 처해 있어서 아웃풋 갭이 뚜렷이 축소되었으므로 그 기간 M1의 급증은 적정 인플레이션을 유발했다.

    2007년부터 2008년까지의 기간은 우리나라가 경기호황의 절정기에 처해있어서 공급 체인이 현저히 팽팽해져 높은 수준의 인플레이션을 유발했다.

(2) 구조적 아웃풋 갭과 인플레이션 수준

    통화량이 급증한 후, 통화는 공급 탄력성이 낮거나 수요 탄력성이 높은 애로 사항이 있는 제품의 종류를 추구하는 속성을 자연적으로 가지고 있어서, 항상 돌파구를 찾게 된다. 애로 산업의 공급 부족(短板, '나무통 원리'에서 말하는 뒤떨어진 부분) 정도와 통화량으로 인한 수요 충격 정도가 공통으로 물가의 파동 수준을 결정한다.

구조적 각도에서 볼 때, 1997-1998년과 2000-2001년 기간의 거시경제는 1993년 이후 8년이라는 긴 조정과 2차례 외적 경제 위기(1998년 아시아 금융위기와 2000년 글로벌 인터넷 거품 붕괴)를 겪으면서 각 산업의 과잉능력이 심각하여 통화 흡수력이 비교적 강했다.

2003년부터 2004년의 기간은 내수 촉진으로 인하여 경기는 2001년 경제가 가동한 이후 내수 산업의 체인이 점차 팽팽해졌다.

2007년부터 2008년의 기간은 외수가 2005년 이후의 폭발적인 성장을 경과한데서, 외수 산업의 체인이 이미 팽팽해져 있었다.

(4) 구조적 각도에서 본 인플레이션: 산업별 아웃풋 갭과 가격 파동

그래프 11-7에서 밝힌 것처럼, 중국의 생산자물가지수(PPI)를 이루는 15개 대분류 산업 중에서 가격 파동 폭이 큰 산업으로부터 작은 산업까지 순위를 정한다면, 석유공업, 석탄 및 코크스 공업, 금속 공업, 화학공업, 식품 공업, 건축업, 전력공업이다. 기타 산업은 거의 파동이 없었는데, 예컨대 제지업 기계제조업 방직업 피혁제조업 등이다.

그래프 11-8에서 밝힌 것처럼, 소비자물가지수(CPI)를 구성하는 8개 대분류 산업 중에서 식품업과 주거류(居住類)가 파동이 비교적 클 뿐, 기타 여러 유형의 산업은 거의 변화가 없다. 식품과 주거류 소비품은 주로 에너지 가격 파동의 영향과 생산자물가지수(PPI) 산업별 중의 첫 번째 분류 산업의 영향을 받았다. 첫 번째 분류 산업에 관한 설명은 아래 문장을 보라.

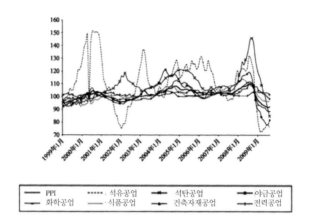

—— PPI	····· 석유공업	—■— 석탄공업	—●— 야금공업
—— 화학공업	—— 식품공업	—◆— 건축자재공업	—+— 전력공업

그래프 11-7 PPI 산업별 가격지수 파동

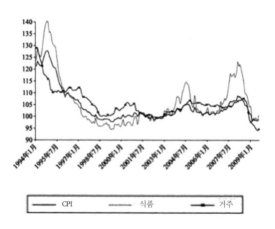

—— CPI	—— 식품	—■— 거주

그래프 11-8 CPI 가격 지수 파동

생산자물가지수(PPI)를 구성하는 15개 대분류 산업 중에서 파동폭이 생산자물가지수를 웃도는 산업으로는 석유공업, 석탄 및 코크스공업과 금속 공업이다.

파동폭이 생산자물가지수와 거의 같은 산업은 화학공업, 식품공업, 건축자재 공업, 전력공업이다.

총체적으로 볼 때, 파동폭이 비교적 큰 산업을 두 가지로 분류할 수 있는데, 첫 번째 분류는 공급 탄력성이 작은 애로 산업으로서 석유공업, 석탄 및 코크스 공업, 전력공업, 식품공업 같은 산업이고, 두 번째 분류는 수요 탄력성이 큰 시황 산업(周期性行業)으로서 금속 공업, 화학공업, 건축자재 공업 같은 산업이다.

그중 첫 번째 분류 산업이 왕왕 지금까지 인플레이션을 격발시킨 인자였다면, 두 번째 분류 산업은 첫 번째 산업이 가격을 견인하면 그 파급효과를 전달하는 역할을 했다. 첫 번째 분류 산업은 국민경제의 상류에 위치한 기초 에너지자원 산업이기에 흔히 공급 탄력성이 작아서 호경기 단계가 도래할 때면 수요가 증가하고 아웃풋 갭이 빠른 속도로 성장하면서 공급과 수요 간의 모순이 두드러지게 된다. 두 번째 분류의 산업은 국민경제의 중류에 위치한 중화학 공업이어서 수요의 변동성 특징이 뚜렷하기에 호경기 단계가 도래할 때면 수요의 탄력성이 커지면서 불황 때의 과잉능력이 신속히 수요과다로 전환하게 되며, 게다가 비용 전가력이 비교적 강할 뿐 아니라 가격 민감성과 비용 민감성이 높다.

3. 중국 인플레이션에 관한 예측

종합적으로 보면, 2012년 인플레이션 형세를 판단함에 있어서 응당 '종합학파'의 견해를 채택해야 한다. 첫째는, 현 단계의 통화량이 단기 수요에 미치는 충격 정도를 고려해야 한다. 둘째는, 아웃풋 갭 총량과 산업별 구조적 아웃풋 갭 상황을 포괄한 현 단계 공급과 수요의 상황을 고려해야 한다. 셋째는, 국외 대종 상품 경향성과 달러 평가절하 등의 요소를 고려해야 한다.

경기변동의 각도에서 볼 때, 현 단계 우리나라는 경기를 회복하는 변동성 초기 단계에 처해 있어서 2001년 전후의 상황과 비슷하다.

통화량의 각도에서 볼 때, 신용 투입량이든 M1과 M0의 증가폭이든 모두 20년 내의 수준을 훨씬 웃돌고 있다.

공급과 수요의 각도에서 볼 때, 2012년 수출이 8%-10% 증가할 경우 외수는 2001년의 수준과 비슷하지만, 2004년과 2007년의 수준보다는 훨씬 적다. 투자가 17% 가량 증가할 경우, 내수는 2001년의 수준을 소폭 웃돌지만, 2004년과 2007년의 수준보다는 적다. 내외 수요를 종합하면, 2012년의 전반적인 수요 수준이 2001년과 2004년의 수준 사이에 이를 것이다.

국제환경이라는 각도에서 볼 때, 현 단계 달러의 평가절하와 국제 대종 상품가격 인상이 지속되고 있다. 2012년, 인플레이션을 초래할 수 있는 최대 위험은 국제 대종 상품가격이다. 국제 대종 상품가격은 달러, 글로벌 경기 회복 진전, 국제 정치 다원화 등 요소의 영향을 받는다. 특히 인플레이션을 격발시키는 2대 요소인 에너지 가격과 식품가격은 불확실성이 다분하다. 추산에 따르면, 글로벌 생물자원에너지 기술은 원유가격이 배럴당 80달러 안팎일 때 비용 우위가 있지만, 현재 원유가격이 60여 달러이다. 2012년, 석유가격이 80달러 심지어 100달러로 뛰어오를 경우 2012년 인플레이션 형세를 예측하는 논리를 다시 개작해야 할 것이다.

거시적 환경을 종합해 보면, 2012년 인플레이션 수준이 2004년 수준(CPI가 3.9%)에 접근할 수 있어 인플레이션 압력이 어느 정도 클 수 있다.

4. 정책적 건의

우리는 상술한 내용을 종합하여 다음과 같은 정책적 건의를 한다.

(1) 2012년 인플레이션 수준이 3.5% 안팎으로 압력이 꽤나 클 수 있기에, 물가 급등을 예방하려면 기대 인플레이션 관리를 착실히 해야 한다.

(2) 애로산업을 중시해야 하는데, 석탄 전기 오일 운송이 달리는 상황에 대처할 수 있는 대비책을 강구해야 한다.

(3) 수요 탄력성이 큰 시황산업의 과잉능력을 다스림에 있어서 정도를 잘 헤아리어 2012년을 위해 여지를 적당히 남겨놓아야 한다. 과잉능력은 시장경제의 필연적 결과인데, 어느 정도 경제 완충 역할을 하면서 시장의 정가 메커니즘을 발휘하고 경쟁 메커니즘을 발휘하며 시장화한 생산성을 개선하고 제품의 질을 향상하는데 유조할 수 있으므로 과잉능력 문제를 객관적으로 역사적으로 보아야 한다.

(4) 인플레이션의 충격이 크고 감당능력이 약하며 아울러 비용 전가력이 부족한 부문에 대해 중점적으로 주목하고 지원함으로써 인플레이션이 기업이나 주민들에게 조성한 어려움과 모순을 완화하고 사회적 불안정 요소를 줄여야 한다.

제4편
인플레이션 파급
그리고 충격

제12장
인플레이션이 자산 재분배 효과에 미친 영향
-중미 양국의 비교 연구에 의하여

제12장
인플레이션이 자산 재분배 효과에 미친 영향
-중미 양국의 비교 연구에 의하여

개요: 본장에서는 중국의 Aldo(奧爾多) 조사 데이터와 미국의 소비자 금융조사 조사 데이터를 이용하여 양국의 인플레이션이 자산 재분배 효과에 미치는 연구를 했다. 본장에서는 우선 중미 양국 도시 가계 순수명목 포지션(頭寸) 보유 상황을 상세히 기록한 다음 이를 토대로 예상치 못한 인플레이션의 충격을 도입하여 인플레이션이 가계 순수명목 포지션 및 그 자산에 미치는 영향을 추산했다. 본장에서는 연구를 통하여 인플레이션의 영향이 중국 가계 자산을 잠식하고 가계 간의 자산분포를 가일 층 악화시켰지만, 미국은 오히려 빈부격차를 개선하는데 도움이 되었다는 사실을 알게 되었다.

키워드: 인플레이션, 순수명목 포지션, 자산 재분배, 통화정책

1. 머리말

인플레이션은 많은 국가들이 거시경제 정책을 채택할 때 관심을 가지는 핵심 문제이며, 정책을 채택하는 이론적 토대는 여러 방면에 근원을 두고 있는데, 그중의 하나가 예측하지 못한 인플레이션이 경제 개체 간의 임의의 자산 재분배 현상을 유발할 수 있다.

중국이 비록 물가 안정을 유지하는 것을 거시 경제정책의 중요한 목표로 삼기는

했지만, 개혁개방 이래의 실천이 표명하다시피, 우리나라의 통화정책은 성장을 보장하려는 특징이 뚜렷하며 또한 인플레이션 문제에 대해 특별한 관심을 가지지 않았다.[34] 이 같은 현상을 초래하게 된 요인 중 하나가 인플레이션의 위해에 대한 인식이 충분하지 못했고, 특히 인플레이션으로 인한 자산 재분배효과를 등한시한 것이라 할 수 있다.[35]

사실, 경제체제를 전환하는 시기에 처해있는 중국에서는, 인플레이션으로 인한 자산 재분배효과가 아주 현저할 뿐만 아니라 나타날 확률도 아주 높으므로 통화당국의 보다 깊은 관심이 필요하다. 개혁개방이 날로 심화됨에 따라 중국의 가계별 포트폴리오(資産組合) 상황이 점차 아주 뚜렷한 차이가 형성되었고, 아울러 자산계층별, 지역별 가계 간에 반영되었다.(천엔빈 2008년, 리스 뤄추량 2007년) 보편적으로 존재하는 이 같은 이질성으로 인하여 예측하지 못한 인플레이션이 중국의 가계 간에 광범위한 자산 재분배 현상을 유발할 수 있다. 이와 동시에 개혁개방 이래 중국의 인플레이션의 변동률은 선진국의 동기 수준을 훨씬 웃돌고 있다.

이는 중국에서 인플레이션이 발생할 가능성이 아주 크며, 나아가 인플레이션 재분배 효과가 발생할 가능성이 아주 크다는 것을 의미한다. 더욱 중요한 것은, 인플레이션 재분배효과가 자산분포와 밀접하게 관련되어 있어서 인플레이션이 가계 적극자산 수준을 변경시킬 뿐만 아니라 가계의 기존의 자산분포 구조까지 변경시킬 수 있다는 점이다. 현 단계에서, 중국의 자산분포 불균형 문제는 갈수록 주목을 받고 있는데, 이 문제를 고려해서라도 중국 통화당국(중국 인민은행)에서는 인플레이션 재분배효과에 보다 깊은 관심을 가지기를 바란다.

---

34) 정책 고안자들 뿐 아니라 국내 학술계의 적지 않은 학자(예컨대 리이닝)들도 통화정책에서의 경제성장 목표를 강조하면서 인플레이션 문제를 등한시 하고 있다.

35) 인플레이션 영향이란, 실제로 발생한 인플레이션이 경제 개체의 기대치를 웃돌 때 상황을 말한다. 이밖에 본장에서 고찰한 인플레이션으로 인한 자산 재분배효과는 주로 두 가지 방면을 포함한다. 한 가지는, 가계 적극자산(絶對財産) 수준의 변화이고, 다른 한 가지는 가계 간의 자산분포 변화이다. 기술의 편리를 도모하여 아래의 문장에서 인플레이션으로 인한 자산 재분배 효과를 인플레이션 재분배 효과라고 약칭한다.

중국 통화당국과는 달리 선진국의 대표적인 통화당국으로서의 미 연방준비은행은 통화정책을 제정할 때 인플레이션 재분배 효과의 영향을 충분히 고려했다. 1930년대의 경제 대공황은 미 연방준비은행으로 하여금 고용 보장을 통화정책의 최고 목표로 간주하도록 만들었다. 그렇다고 고용 문제만 중시하고 인플레이션을 등한시하지는 않았다. 미 연방준비은행의 인플레이션에 대한 문제 특히 인플레이션의 재분배효과에 대해서는 장기간 양적 연구(定量研究)를 진행했을 뿐만 아니라 양적 연구 결과를 통화정책을 채택하는 주요 근거로 삼았다(Doepke and Schneider, 2006)는 것에서 나타내주고 있다. 따라서 중미 양국의 인플레이션 재분배 효과의 양적 결과를 비교 연구하는 것은 우리가 양국의 통화정책을 깊이 인식하는데 도움이 될 뿐 아니라, 중국 통화당국이 통화정책을 채택할 때 우리가 그 부족한 부분을 검토하는데도 도움이 된다. 나아가 중미 양국의 인플레이션 재분배 효과에 대한 양적 연구와 비교 분석을 통하여 본장에서는, 인플레이션이 중미 양국에 어느 정도의 자산 재분배 효과를 가져다 줄 수 있는가? 양국 간의 자산 재분배효과에 차이가 존재하는가? 이 같은 차이가 양국의 통화당국이 최근 몇 해 사이 시행한 통화정책을 인식하는데 어떠한 의미가 있는가? 하는 물음에 답을 주었다.

현 단계 인플레이션 재분배 효과에 대해 양적 연구를 하는 주요 방법은, 가계 포트폴리오의 실제 가치 변화를 고찰하는 것이다. 즉 가계 명목 포지션에 대해 가격을 재 책정하는 방법이다.[36]

해외 학계에서는 일찍이 1950년대부터 이 같은 양적 연구 방법을 탐구하기 시작하여 50년여의 발전을 거치면서 나날이 성숙되었다. Bach and Ando(1957)와 Budd and Seiders(1971)은 미국의 높은 인플레이션 발생 전후의 가계 자산 상황에 대한 비교를 통하여 인플레이션이 가계의 자산 재분배 효과에 미치는 영향을 고찰했다.

---

36) 우리는 명목 포지션을 명목 자산이나 부채라고 정의한다. 따라서 포지션을 자산이나 부채와 같은 뜻으로 볼 수 있다.

하지만 이 같은 비교는 인플레이션과 자산 재분배효과 사이에 엄밀한 인과관계를 설립할 수 없어서 인플레이션 재분배 효과의 크기를 정확하게 헤아릴 수 없었다.

Brimmer(1971)와 Blinder and Esaki(1978)는 방향을 바꾸어 가계 자산 변화와 인플레이션 간의 실증적 관계(經驗關系)를 연구했다. 그러나 보유하고 있는 자산을 가지고서만 인플레이션 충격 하에서의 가계의 복지 변화를 제대로 해석할 수 있었기 때문에 이와 같은 확장은 오히려 뚜렷한 제한을 받았다. 그리하여 Bach and Stephenson(1974)은 명목 포지션의 재가격 책정이라는 각도로부터 착수하여 인플레이션의 영향 하에서 대여자로부터 차입자에 이르기까지의 자산 재분배 효과를 고찰했다. Doepke and Schneider(2006), Meh and Terajima(2008,2009)와 Meh 등(2010)은 재가격 책정 사상을 토대로 하여 가계 명목 자산과 부채를 가일 층 세분화하고 또한 가계의 간접 명목 포지션도 분석 구조에 편입시킨 데에서 인플레이션 재분배 효과를 보다 세밀하게 고찰할 수 있었다. 국내 학술계에서 인플레이션 재분배 효과를 장기간 등한시한데다 제공할 수 있는 미시적인 조사 데이터도 부족해서 이 방면에 관한 양적 연구가 아직 상대적으로 적다. 이미 진행한 연구마저도 소득분배와 인플레이션 간의 실증적 관계에 착안(리뤄젠, 1996)하다 보니 자산 재분배 효과를 고려했다 하더라도 관심의 초점은 분야 별 수준에 머물었을 뿐, 가계 수준까지는 세분화되지 못했다(류샤오웨, 1989). 이밖에 판강(1995)과 같은 국내 일부 학자들은 정성(定性) 연구라는 각도로부터 인플레이션 재분배 효과를 고찰하기는 했지만, 이 같은 문헌들은 대부분 소득분배와 인플레이션의 관계에 입각했다. 해외 연구방법의 최신 발전성과를 고려하고 국내 연구에서의 부족점을 종합적으로 고려하여, 본장에서는 Doepke and Schneider(2006)의 확장 후의 명목 포지션 재가격 책정 방법을 도입하여 중미 양국의 인플레이션 재분배 효과 관련 양적 연구를 진행했다.

구체적으로 말하면 다음과 같은 두 가지 단계로 진행했다.

첫 번째 단계는 각기 2005년과 2007년을 중미 양국의 데이터를 분석하는 기준 년도(基年)로 한 다음, 베이징 Aldo 투자연구센터의 가계 자산조사 데이터(이하 Aldo 데이터로 약칭)와 미국 소비자 금융조사 데이터(SCF)를 이용하여 양국의 도시 가계의 자산 부채를 상세히 분류함으로써, 도시 가계의 순수명목 포지션 보유 상황을 기록했다.[37]

과거 국내에서는 자산분포 상황을 연구할 때에 모두 중국사회과학원 경제연구소의 조사 데이터(리스 등 2000년과 2005년, 자오런웬이 2007년))를 도입했다. 하지만 이 데이터들은 2002년까지만 업그레이드 되었다. 중국 도시 가계의 순수명목 포지션 보유 구조와 자산분포 상황이 경제 급성장이라는 배경 하에서의 높은 변동성을 고려하여 본장에서는 조사가 보다 포괄적이고 데이터 업그레이드 속도가 비교적 빠른 Aldo 데이터를 도입했다. 미국 가계의 포트폴리오 상황에 관하여 우리는 최신 미국 소비자 금융조사 데이터(SCF)를 도입하여 기록했다.

두 번째 단계는, 주어진 기준 년도 순수명목 포지션 보유 상황을 책정한 토대 위에서 10년 간 지속된 5% 수준의 인플레이션 영향을 도입한 다음, 자산 수준이 다른 그룹별 가계가 인플레이션의 영향 하에서의 자산 변화 상황을 통하여 재분배 효과의 크기 및 자산분포에 미치는 영향을 관찰했다. 양적 연구의 합리성을 담보하고자 우리는 동시에 두 가지 유형의 인플레이션 영향에 관한 시험을 진행했다. 즉 완전히 돌발적인 인플레이션 영향과 급속한 물가연동제(indexation, 指數化)의 인플레이션 영향에 대해 시험을 진행했다.[38] 이 시험은 인플레이션의 상한치(上界値)와 하한치(下界値)를 제각기 제시하여 현실상에서 인플레이션 재분배 효과에 관한 양적 연구를 하는데 믿을 만한 구간추정을 제공했다.

미중 양국의 인플레이션 재분배 효과에 대한 양적 연구와 비교 연구를 통해 본

---

37) 기준 년도를 선택하는데 한계가 있어서 우리는 2005년의 단면 데이터를 채택할 수밖에 없었다. 그리고 2005년의 Aldo 데이터는 농촌 가계를 포함하지 않았기 때문에 인플레이션이 중미 양국의 도시 가계에 미치는 영향만 분석할 수밖에 없었다.
38) 기술의 편리를 도모하여 우리는 뒤의 문장에서 완전히 돌발적인 인플레이션 영향과 급속한 물가연동제의 인플레이션 영향을 각기 완전 영향과 물가연동제 영향이라고 약칭한다.

장에서는 두 가지 중요한 결과를 얻어냈다.

첫째, 총괄적으로 볼 때, 중국 도시 가계의 수준은 다르지만 인플레이션의 영향을 거의 모두가 받았다. 그러나 미국의 절대 다수의 가계는 오히려 수익을 얻었다.

둘째, 중국에서 인플레이션의 충격으로 인한 자산 손실 비율이 가장 높은 계층은 중산층이고 다음은 서민층(하층민), 그리고 상류층의 손실이 가장 적었다. 그러나 미국의 도시 가계에 있어서는 하층민들이 인플레이션으로 인한 수익을 가장 많이 얻었고, 일부 상류층의 노인 가계는 손실을 보았다.

이 두 가지 결과에서 알 수 있다시피, 중국 통화당국이 2007년 금융위기 이후 시행한 확장성 통화 정책은 인플레이션 위험을 증가시키는 바람에 중국 도시 가계가이 과정에서 손해를 보게 했을 뿐 아니라, 가계 간의 자산분포 불균형 상황을 가일층 악화시켰다. 이와는 반대로, 정책을 채택함에 있어서, 미 연방준비은행은 중국 중앙은행(중국 인민은행)보다 훨씬 훌륭하게 행동했는데, 같은 시기에 시행한 확장성 통화 정책은, 미국의 경기를 회복하고 고용을 늘리는데 유익했을 뿐만 아니라, 미국의 도시 가계에도 유익하여, 가구당 자산분포의 불균형 등의 상황을 어느정도 개선하는데 일조할 수 있었다.

본장에서는 나머지 부분의 구성 배치를 다음과 같이 했다.

제2절에서는 미시적 조사 데이터를 이용하여 중미 양국 가계의 순수명목 포지션보유 상황을 구축하고 그 기본 특징을 종합했다. 제3절에서는 인플레이션으로 인한 자산 재분배 효과를 계산하는 일반 구조를 소개한 다음, 주어진 기준 년의 가계순수명목 포지션을 이용하여 완전 영향과 연동제 충격 하에서의 그룹별 가계의 자산 손익을 계산함과 아울러 중미 양국의 구간추정 결과를 비교했다. 제4절에서는본장의 주요 결론을 종합하고 이를 바탕으로 상응한 정책을 건의했다.

2. 중미 양국 도시 가계의 순수명목 포지션

제2절에서 우리는 각기 베이징 Aldo 데이터와 미국 SCF에 의하여 중미 양국 도시 가계의 순수명목 포지션 보유 상황을 기록했다. 순수명목 포지션은 인플레이션으로 인한 자산 재분배 효과를 토대로 하여 구축했다. 따라서 우리는 순수명목 포지션의 기록 방법을 상세히 소개함과 아울러 중미 양국 도시 가계의 순수명목 포지션 보유 상황의 기본 특징을 종합했다.

1) 순수명목 포지션의 기록 방법

인플레이션의 영향이 명목자산과 부채의 실제가치만 절하시키고, 실제 포지션에는 영향을 미치지 않으므로 우리는 가계의 대차대조표(資産負債表)에 의하여 명목 포지션을 다시 구축할 필요가 있었다. 대차대조표는 가계의 어느 한 시점의 자산과 부채 상황을 기록하는데, 여기서 자산과 부채는 실재와 명목으로 구분한다. 우리는 명목 자산과 명목 부채는 본국의 화폐로 가격을 계산했고, 아울러 인플레이션 물가연동제를 거치지 않은 지분(equity, 金融權益)이라 정의했으며, 순수명목 포지션이 바로 명목 자산과 명목 부채의 차이라고 정의했다. 보유 형식으로 볼 때, 가계의 순수명목 포지션은 직접 명목 포지션과 간접 명목 포지션 두 가지 부분을 포함한다. 그중 직접 명목 포지션은 가계가 직접 보유하고 있는 명목 자산에다 투자 중개를 통하여 보유하고 있는 명목 자산을 더한 다음 다시 가계가 직접 보유하고 있는 명목 부채를 뺀 장부가격(淨値)을 말하며, 간접 명목 포지션은 가계가 주식이나 소유권이라는 형식을 통하여 보유하고 있는 경영조직(商業組織)의 순수 명목 포지션을 말한다.[39]

우리는 직접 명목 포지션은 상응한 명목 포지션 항목을 가감하는 방법을 통해

---

39) 여기서 말하는 경영 조직은 광의적인 개념으로서, 우리가 늘 말하는 기업이나 자영업체 등을 포함한다.

쉽게 얻을 수 있었지만, 간접 명목 포지션은 보다 복잡한 방법으로 기록해야 했다. 가계는 주식이나 소유권의 형식으로 자금을 경영조직에 투자하고, 이 부분의 투자가 가계의 지분(權益, equity)을 형성하므로, 모든 가계의 지분을 합한 것과 같다. 즉 경영조직의 순자본금(淨權益, net equity)에 대응한다. 일반적으로 경영조직은 명목 포지션을 보유하고 있을 뿐만 아니라 실제자산도 보유하고 있다. 이는 가계가 보유하고 있는 상업성 지분 전부가 순수 명목 포지션에 대응하는 것이 아님을 의미한다.[40]

가계 지분에 대응하는 순수 명목 포지션을 계산할 때 우리는 Hall(2001)와 McGrattan and Prescott(2005)가 내놓은 방법에 따라 가계당 지분에 대응하는 순수 명목 포지션이 경영조직별 순자본금에 대응하는 순수 명목 포지션과 동일시된다고 가정했다. 한걸음 더 나아가 우리는 경영조직의 순수 명목 레버리지율(杠杆率)을 단위당 순자본에 대응하는 순수 명목 포지션의 할당액이라고 정의했다. 즉 경영조직이 보유하고 있는 직접 명목 포지션 전부와 상업성 순자본금(net equity)의 비율이라고 정의했다. 이렇게 우리는 순수 명목 포지션을 보유하고 있는 형식에 따라 가계의 순수 명목 포지션을 두 부분의 합을 통하여 계산해냈다. 그중 한 부분을 직접 명목 포지션으로, 다른 한 부분을 가계 지분에 경영조직의 순수 명목 레버지율을 곱하여 얻은 간접 명목 포지션이다.

Aldo 데이터와 SCF에서 제공한 중미 양국의 도시 가계의 대차대조표에 의하여 우리는 상술한 방법으로 도시 가계의 순수 명목 포지션을 기록했다.

첫 단계는, 가계 포트폴리오를 구성하는 각 항목을 분류했다. 즉 모든 자산과 부채를 실제 포지션, 직접 명목 포지션, 투자 중개와 지분 포지션의 네 가지 항목으로 나누었다. 그중 실제 포지션은 주로 내구재와 기타 인플레이션의 물가연동제를

---

40) 실제로는 경영조직의 대차대조표에서 주주(출자인)들의 지분을 제감한다 해도 명목자산, 명목부채, 실제자산 세 가지 부분이 남는다. 기술의 편리를 도모하여 명목자산과 명목부채를 순수 명목 포지션이라 약칭한다.

경과했거나 외화표시를 한 항목을 포함한다. 투자 중개 포지션은, 가계에서 투자 중개에 투자한 자본금을 가리키지만, 투자 중개는 가계, 기업, 정부 등 투자 주체의 자본금을 집중하고 또한 일정한 포트폴리오(投資組合)에 따라 투자하는 뮤추얼펀드(共同基金)와 같은 금융기구를 가리킨다. 그러므로 가계가 보유하고 있는 투자 중개 포지션은 사실 일정한 비례에 따라 명목 포지션, 실제 포지션, 지분 포지션에 배분한 것이다. 우리가 투자 중개에서 투자자의 단위당 투자에 대해 모두 같은 포트폴리오(資産組合)에 따라 투자한다고 가정할 경우, 투자 중개의 포트폴리오의 총체적 분포를 가지고 투자 중개의 가계당 자본금 흐름을 피팅(擬合)할 수 있다. 가계 투자에 대한 경영조직의 자본금에 대해서 우리는 오리어 지분 포지션의 한 가지 항목에 포함시켰다. 지분은 가계가 보유하고 있는 경영조직의 주식과 소유권의 합이며, 가계는 지분을 통하여 명목 포지션과 실제 포지션을 간접적으로 보유한다.

두 번째 단계는, 직접 명목 포지션(투자 중개 포지션 중의 직접 명목 포지션 부분을 포함)을 단기, 담보 대출, 채권 등의 세 가지로 세밀하게 나누었다. 그중 단기는 만기일이 1년이거나 1년 이내의 금융자산과 부채를 가리키는데, 주로 현금, 단기예금, 단기어음, 소비자 신용 등을 포함한다. 담보대출은 모든 담보대출의 항목을 총합한 것으로서, 주요 항목이 주택 담보대출이다. 채권은 각종 채권, 장기대출, 인플레이션 물가연동제를 경과하지 않은 노령연금(養老金) 등 1년 이상의 비담보대출(非抵押貸款) 종류의 포지션을 말한다.

직접 명목 포지션을 세 가지로 나눈 것은 두 가지 면을 고려해서였다.

한 가지는, 명목 포지션의 만기일이 자산 재분배 효과에 대한 인플레이션의 충격을 계산하는데 아주 중요하고, 자산 순현재가치(淨現値)의 크기에 직접적 영향을 주기 때문이다. 때문에 우리는 만기일의 차이에 따라 단기 포지션과 채권 포지션 그리고 담보대출 포지션으로 분류했다. 다음 한 가지는, 담보대출은 근 수십 년 동안 세계적으로 성장이 가장 빠른 대출 항목으로서, 미국 도시 가계의 자산 구조에서 아주 중요한 위치를 차지할 뿐만 아니라, 중국 도시 가계에 있어서 포트폴리오(資産組合)의 중요성 역시 날로 뚜렷해졌기 때문이다. 따라서 우리는 담보대출을 채권 포지션에서 분리하여 단독으로 고찰하게 되었다.

세 번째 단계는, 투자 중개 포지션 중의 지분 포지션 부분 역시 첫 단계에서 구분한 지분 포지션에 포함시켰다. 통합 후 지분 포지션의 순수 명목 부분은, 가계 지분을 대응하는 경영조직의 순수 명목 레버리지율과 곱하여 얻었다. 하지만 중미 양국에 대하여, 가계 지분에 대응하는 구체적인 경영조직을 확정할 방법이 없었다. 그리하여 앞에서 언급한 방법에 따라 우리는 경영조직의 순수 명목 레버리지율을 채택, 즉 모든 경영조직의 순수 명목 포지션 비율을 가지고 대체했다.

다시 말하면, 경영조직이 주식회사인지 여부가 본장의 분석에서 결코 중요하지 않다고 가정했다. 하지만 금융류(金融類) 경영조직과 비금융류(非金融類) 경영조직을 구분하는 것은 우리가 간접 명목 포지션을 확정하는데 큰 영향을 미친다는 점을 강조할 필요가 있다. 금융류 경영조직의 상업성 자산은 거의 모두다 명목 자산이지만, 비금융류 경영조직의 상업성 자산 대부분은 실제자산이기 때문이다. 사회 전반적으로 금융류 경영조직의 상업성 자산 규모가 클수록 도시 가계가 보유할 수 있는 간접 명목 포지션이 더욱 늘어난다.

2) 순수 명목 포지션 구축 과정

명목 포지션을 구축하기 전, 우리는 단면 데이터의 기준 년도를 확정할 필요가 있었다. 중국으로 말하면, 베이징 Aldo 투자연구센터에서 제공한 2005년부터 2009년까지의 '중국 투자자 행위 설문지 조사' 데이터뱅크는 2005년 중국 도시의 인플레이션율(1.6%)이 정상적인 해의 평균 수준(1.42%)과 가장 비슷하다고 고려했다. 이는 2005년의 단면 데이터를 기초적인 인플레이션 영향으로 도입하는 것이 가장 합리적이었다는 것을 의미한다. 그리하여 우리는 2005년을 중국 데이터를 분석하는 기준 년도로 채택했다.[41] 미국으로 말하면, SCF에서 3년을 간격으로 한 차례의 단면 데이터를 제공하고 있는데, 최근 두 가지 단면 데이터는 2004년과 2007년에 제공한 것이다. 그중 2007년 미국의 도시 인플레이션율(2.80%)이 정상적인 해의 평균치(2.47%)와 가장 비슷하기에 우리는 2007년의 미국 데이터를 분석하는 기준 년도로 삼았다.

2005년의 Aldo 데이터를 채택함에 있어서, 우리는 앞에서 소개한 기록 방법에 의하여 중국 도시 가계의 순수 명목 포지션을 점진적으로 구축할 수 있었다.[42] 조사 데이터 중의 자산과 부채 항목은 첫 단계와 두 번째 단계에 따라 재차 구분하여 실제 포지션, 직접 명목 포지션, 투자 중개 포지션, 지분 포지션 등 포지션을 구성하는 네 가지 분류 결과를 얻을 수 있었다. 그중 실제 포지션 통계에는 자택(自有房屋), 소장품, 외화, 선물(期貨)을 포함했다. 직접 명목 포지션은 단기 포지션, 담보대출 포지션, 채권 포지션을 포함했다.

단기 포지션 통계에는 현금과 은행 단기예금을 포함했고, 담보대출 포지션은 주택매입 자금대출, 주택매입 융자, 차 매입 대출, 차 매입 융자를 포함했다. 채권 포지션 항목이 가장 많은데 각종 채권, 대출, 주택 적립금(住房公積金), 보험금, 기타 재테크 상품, 장사 자금 대출, 장사 자금 융자, 교육 대출, 교육 융자, 의료 대출, 기타 채무와 은행 장기 예금 등을 포함했다. 투자 중개 포지션은 펀드와 대응했다. 지분 포지션은 주식, 자율적 경영 자본을 포함했다.[43]

---

41) 1978-2008년 중미 양국의 도시 인플레이션율 데이터에 관하여 우리는 인플레이션율이 연속 2년간 3% 경계 수준을 능가하는 기간을 높은 인플레이션으로 정의했고, 높은 인플레이션 기간 외의 나머지 연도를 정상적인 해라고 정의했다.

42) 2005년의 Aldo 데이터에는 도시 주민 조사 설문지가 모두 1,026세트가 되었다. 정리를 거쳐 모두 923세트의 효과적인 설문지를 얻어냈다.

43) 중국 도시 가계의 은행 예금은 주로 당좌예금과 정기예금 두 가지로 나눌 수 있다. 당좌예금은 예금 기한이 정해져 있지 않아 아무 때나 인출할 수 있기 때문에 단기 포지션에 속한다. 정기예금은 3개월, 6개월, 1년, 2년, 3년, 5년 등 6가지 예금 형식이 포함되므로 우리는 채권 포지션에 포함시켰다. 중국인민은행의 금융기관 위안화 신용 수지표에 따르면, 2005년 중국 주민 예금 총액이 159조 2억 9,000만 위안이었다. 그중 당좌예금이 54조 2억 1,000만 위안으로 34%를 차지, 정기예금이 105조 8,000만 위안으로 66%를 차지했다. 도시 가계당 보유하고 있는 은행 예금의

상술한 구분 결과에 대하여 몇 가지 설명할 필요가 있다.

첫째, 외국환은 외화 가격을 채택하여 본국의 인플레이션 영향을 받지 않았으므로 실제 항목에 속한다. 둘째, 선물거래협회의 전국 선물시장의 거래 상황 통계표에 따르면, 2005년 중국 3대 선물거래소에서 거래한 품종 전부가 실물자산에 속하므로 선물을 실제 포지션 항목에 포함시켰다. 셋째, 주택 적립금은 회사 그리고 종업원들이 예금한 장기 주택 예금이고, 또한 은행 장기 예금과 비슷하므로 명목 포지션 항목에 포함시켰다.

상술한 구분을 토대로 하여 우리는 투자 중개 포지션에 대해 재차 진일보적으로 처리할 필요가 있었다. 투자 중개 포지션에 대하여 우리는 중국 도시 가계가 보유하고 있는 펀드를 최종 5가지 항목 포지션에 배당했다.[44] 중국은 펀드회사의 전반적인 통계 데이터가 부족하기에 우리는 궈타이안 경제금융연구 데이터뱅크(國泰安經濟金融硏究數据庫)의 CFMRD(중국 펀드시장연구) 데이터뱅크에 의하여, 표본 회사의 포트폴리오 분포를 가지고 전반적으로 포트폴리오 분포를 대체했다. 2005년의 1차 데이터(原始數据)에 대하여, 개방형 펀드(開放式基金)와 폐쇄형 펀드(封閉式基金)를 하나로 묶은 다음 각종 투자가 총자산에서 차지하는 비율을 일괄 계산했다. 투자 유형으로 볼 때, 개방형 펀드의 투자 유형이 비교적 다양한데 주식, 채권, 은행 예금, 결제 충당금(淸算備付金), 워런트(權証), 자산유동화증권(資産支持証券), 역환매 증권(買入返售証券) 및 기타 자산 등 모두 7가지이다.

폐쇄형 펀드의 유형은 비교적 적은데 주식, 채권, 은행 예금, 워런트와 기타 자산 등 모두 5가지이다. 각종 투자의 만기일 특징과 보유 형식에 의하여 우리는 단기 포지션, 채권 포지션, 지분 포지션의 3가지 유형으로 분류했다.[45] 그중 두 종류

구체적인 상황을 정확하게 파악할 수 없어 우리는 전국적인 통량 분포에 의하여 배당했다. 즉 가계당 은행 예금의 34%를 단기 포지션에 포함시키고, 상응한 66%를 채권 포지션에 포함시켰다.

44) 앞에서 소개한 기록 방법에 따라 사실 3단계 처리를 거쳤는데, 모든 자산과 채권 항목을 실제 포지션, 단기 포지션, 담보대출 포지션, 채권 포지션과 지분 포지션에 포함시켰다.

45) CFMRD의 통계에 들어간 펀드회사는 거의 대부분 실제 포지션과 담보대출 포지션을 보유하지 않고 있었다.

펀드의 주식을 지분 포지션에 포함시켰고, 두 종류 회사의 채권, 워런트, 기타 자산 그리고 개방형 펀드의 자산유동화증권과 역환매 증권을 채권 포지션에 포함시켰으며, 두 종류 펀드의 은행 예금에서 장기 부분을 채권 포지션에 포함시키고, 상응한 단기 부분을 단기 포지션에 포함시켰다. 이와 같은 분류 방법에 의하여 우리는 펀드회사의 투자 유형에서의 전반적인 분포를 계산해냈다. 구체적으로 말하면, 단기 포지션이 펀드회사 총자산에서 차지하는 비율은 12%, 채권 포지션이 차지하는 비율은 56%, 나머지 32%를 지분 포지션으로 했다. 그리하여 우리는 도시 가계당 소유하고 있는 펀드의 12%를 단기 포지션에 포함시키고, 56%를 채권 포지션에 포함시켰으며, 나머지 32%를 지분 포지션으로 처리했다.

지분 포지션에 있어서, 우리는 경영조직의 순수 명목 레버리지율을 가지고 주식과 자율적 경영 자본에 대응하는 순수 명목 포지션을 계산했다.[46] 중국에 완전한 경영조직의 통계 데이터가 부족하므로 우리는 궈타이안 경제금융연구 데이터뱅크 중의 CSMAR 데이터뱅크(중국 상장회사 재무 연보 데이터뱅크)에 의하여, 견본 순수 명목 레버리지율을 전반적인 순수 명목 레버리지율의 한 가지 대체 데이터로 간주하여 채택했다. 상장회사에서 제공한 대차대조표에 의하여 우리는 중국 경영조직의 전반적인 순수 명목 레버지리율이 -0.05, 그중 단기 포지션의 전반적 레버리지율이 0.12, 채권 포지션의 전반적 레버리지율이 -0.17이라는 것을 계산해냈다.[47] 그리하여 우리는 도시 가계당 소유하고 있는 주식과 자율적 경영 자본의 5%를 명목 부채로 간주하여 지분 포지션에 포함시켰다.

그리하여 우리는 펀드회사의 모든 자산부채 항목을 단기 포지션, 채권 포지션과 지분 포지션 이 세 가지 최종 항목의 분류에 넣었다.

46) 중국은 자율 경영 업체의 자산 부채 상황에 관한 통계 데이터가 부족하기에 우리는 주식 방식에 따라 자율 경영 자본을 처리했다.

47) CSMAR에서 통계한 상장회사 대다수가 담보대출 포지션을 보유하고 있지 않고 있어서 우리는 회사 간에 지분을 상호 보유하는 상황을 무시했다. 이러면 경영조직의 순수 명목 포지션을 단기 포지션과 채권 포지션 이 두 가지 최종 항목의 분류에 넣을 수 있었다.

마찬가지로 2007년의 미국 SCF를 도입하여 우리는 미국 도시 가계의 순수 명목 포지션을 구축했다. 우리는 실제 포지션, 직접 명목 포지션, 투자 중개 포지션, 지분 포지션에 따라 분류함으로써, 미국 도시 가계의 자산과 부채 항목을 재차 구분한 후의 결과를 내놓을 수 있었다. 그중 실제 포지션은 교통 도구, 첫 번째 주택(首要住宅), 주택류(住宅類房産) 부동산, 비주택류(非住宅類) 부동산 순지분, 노령연금(사회보장연금?, 국민연금?, 노후연금?) 계획 등이 포함되고, 단기 포지션은 수표 계정(支票賬戶), 당좌 예금계정, 정기예금, 단기국채, 신용카드의 잔액이 포함되며, 담보대출 포지션은 첫 번째 주택을 매입할 때의 담보대출과 대응된다. 채권 포지션은 내용이 더욱 다양한데 저축채권, 직접 보유 채권(단기국채 포함하지 않음), 첫 번째 주택의 순자산 가치 신용, 기타 주택 담보 대출, 기타 주택 순자산 가치 신용과 할부 대출이 포함된다. 투자 중개 포지션 통계에는 금융시장의 뮤추얼펀드, 뮤추얼펀드와 종신보험(특별계정, 獨立賬戶)이 포함되었고, 지분 포지션은 직접 소유하고 있는 주식과 상업성 지분으로 이루어졌다.

상술한 구분에 대해서도 일부 항목의 귀속 문제에 관하여 설명할 필요가 있다.

첫째, 미국은 예금 기한이 대부분 1년 이내이기 때문에 모든 예금을 단기 포지션에 포함시켰다. 둘째, 미국은 대다수의 노령연금 계획을 퇴직 시기 급여의 함수로 설정했기에 연금은 인플레이션이 상승함에 따라 상승한다. 따라서 가계의 노령연금 수익은 사실상 물가연동제를 경과한 것이다.(Scholz 등 2006; De Nardi 등 2010) 그리하여 우리는 가계의 노령연금을 일종의 실제 세수의 이전시스템으로 간주하고, 따라서 계획 지원 측인 정부와 기업의 지불을 실적인 이전 지불 유량(流量)으로 간주한 다음 가계 계정 중에 보유하고 있는 노령연금 전부를 실제 포지션으로 처리했다. 셋째, 가계의 해외 예금을 정기 예금 계정에 포함시켰다. 미국 상무부 경제분석국(BEA)의 국제 투자 포지션 데이터에 따르면, 해외 예금 중 유로달러가 큰 비중을 차지했다. 때문에 우리는 모든 해외 예금을 미국 달러로 예금했다고 가정하고, 기타 예금과 마찬가지로 명목 포지션으로 처리했다.

상술한 구분을 토대로 하여 우리는 미국 가계의 투자 중개 포지션, 채권 포지션, 자본 포지션을 처리했다. 투자 중개 포지션에 관하여, 미국 도시 가계들에서는 금융시장 뮤추얼펀드, 뮤추얼펀드, 생명보험 회사의 특별계정 등에 주로 투자한다.[48]

금융시장 뮤추얼펀드와 뮤추얼펀드 사이에 지분을 교차적으로 보유하는 상황이 존재할 수 있어서, 이런 상황을 더욱 무시했다. 미국의 생명보험회사들도 벤처투자를 하기 때문에 우리 역시 생명보험회사를 경영조직으로만 간주하지 않고, 투자 중개의 일부분으로도 간주했다. 생명보험회사가 벤처투자에 사용한 자산 상황은 미국 생명보험협회(ACLI)에서 발표한 'Life Insurers Fact Book' 특별계정에 반영되기는 하지만 미 연방준비은행의 펀드 유량(流量)계정(FFA)은 생명보험회사의 일반 계정과 특별계정을 구분하지 않고 있다. FFA와 'Life Insurers Fact Book'에 의하여 우리는 미국의 각종 투자 중개의 총체적 포트폴리오(投資組合)를 제시할 수 있었다. 그중 금융시장의 뮤추얼펀드 62.1%를 예금과 단기국채 등과 같은 단기 포지션에 투자했고, 37.9%를 채권 포지션에 투자했다. 뮤추얼펀드는 주로 지분 포지션에 투자, 이는 자산의 70.1%를 차지했으며, 이 밖의 5.4%를 단기 포지션에, 24.5%를 회사 채권과 지방채권 등 채무 포지션에 투자했다. 생명보험회사의 특별계정도 주로 주식시장에 투자, 지분 포지션이 총투자의 83.8%를 차지했으며, 나머지 자산은 각기 단기 포지션, 채권 포지션, 담보대출, 실제 포지션에 투자, 그 비율이 각기 2.6%, 12.1%, 0.6%, 0.8%쯤 되었다.

채권 포지션에 있어서, 미국 도시 가계에서 매입한 채권은 주로 국채, 모기지 담보증권(抵押貸款支持債券), 지방채권과 회사채권 등이다. 그중 국채 가운데 만기일이 1년 이내인 단기상품(Bills)은 우리가 단기 포지션에 포함시킬 필요가 있었다. 시카고대학교 증권가격연구센터(CRSP)에서 제공한 국채 데이터에 따르면, 2007년

---

48) 여기서 말하는 뮤추얼펀드는 주식 뮤추얼펀드, 면세채권 뮤추얼펀드, 정부 채권 뮤추얼펀드, 혼합 뮤추얼펀드 등을 포함하고, 금융시장 뮤추얼펀드는 포함하지 않는다. 금융시장 뮤추얼펀드는 대차대조표에서 금융시장 계정에 포함시켰으므로 유동자산 범주에 속한다.

발행한 국채가 55.31억 달러, 그중 단기국채가 45.20억 달러로 81.7%를 차지했다. 그러나 SCF의 가계 계정에는 채권을 세분화하지 않았다. 때문에 우리는 FFA의 가계 부문 데이터를 도입하여 보유하고 있는 채권 중의 국채 비율을 계산했다. 우리는 계산을 통하여 가계 부문에 보유하고 있는 국채가 채권 총액의 1.7% 밖에 안 된다는 것을 발견했다. 따라서 우리는 채권 중의 1.4%(즉 1.7% 81.7%)를 단기국채로 간주하여 단기 포지션에 포함시켰다.

지분 포지션에 있어서, 우리는 FFA에 의하여 경영조직의 순수 명목 레버리지율을 계산했는데, 여기서 말하는 경영조직은 금융회사, 비금융 회사를 포함하며, 생명보험회사의 일반 계정과 개인의 노령연금 계획 등도 포함한다.[49] 노령연금 계획을 경영조직으로 간주하게 된 것은 노령연금 지원 측으로서의 경영조직이 인플레이션의 영향을 부담하기 때문이다. 생명보험회사의 일반 계정은 FFA의 통합계정 (綜合賬戶)에서 'Life Insurers Fact Book'을 제감한 특별계정으로 얻어냈다. 그러나 펀드회사 계정에서 제거할 필요가 있는 해외 펀드회사 부분에 관하여, 해외 펀드회사의 자산은 외국은행 부문의 기타 항목 포지션에서 펀드회사의 외국 직접투자를 제감한 것과 비슷하므로 그 부채는 오히려 자산부채를 균형 잡는, 상응한 상업어음과 비슷하다. 우리는 경영조직의 데이터를 취합하여, 미국 경영조직의 총체적 순수 명목 레버리지율이 0.04, 그중 단기 포지션이 0.37, 채권 포지션이 0.12, 담보대출 포지션의 레버리지율이 -0.45라는 것을 계산해냈다.

---

[49] FFA 통계에는 17개 경영조직의 부문 데이터가 있다. 즉 비금융 회사 중의 비농업 비금융 회사(非農非金融公司制企業), 비농업 회사, 농업 회사이며, 금융회사 중에서 미국 당국이 특허한 시중은행, 저축기관, 신용회사, 생명보험회사(일반 계정), 기타 보험회사, 폐쇄형 펀드와 거래소의 매매 펀드, 정부 지원 기업, 연방 관련 담보대출 조합, 자산 담보 증권 발행인, 금융회사, 부동산투자신탁회사, 언더라이터(証券經紀人)와 거래상, 펀드회사(해외 펀드회사 포함하지 않음) 등이다.

3) 순수 명목 포지션 보유 상황

순수 명목 포지션 구축을 통하여 우리는 중미 양국 도시 가계의 순수 명목 포지션 보유 상황에 관한 구체적인 결과를 얻을 수 있었다. 가계별 순수 명목 포지션 보유 상황을 구분하고자 우리는 후주의 연령과 자산 계층에 의하여 모든 가계를 몇 개 그룹으로 나누었다.

첫 단계는, 호주의 연령에 의하여 모든 가계를 30세, 30-39세, 40-49세, 50-59세, 60세 이상 이렇게 5개 연령대로 나누었다. 두 번째 단계는, 매개 연령대를 세 가지 자산 계층으로 나누었다. 그중 순자산이 가장 높은 5%를 상류층, 월 총소득이 가장 낮은 25%를 서민층, 나머지 70%를 중산층으로 했다.[50]

표 12-1과 12-2는 제각기 2005년의 중국과 2007년의 미국 도시 가계의 순수 명목 포지션 보유상황을 밝혔다. 연령과 자산에 의하여 모두 15개 그룹으로 나누었으며, 각 그룹의 순수 명목 포지션(표에서 NNP로 약칭) 및 그 분포 항목에 대응하는 데이터는 모두 상응한 명목 포지션이 그 그룹에서 차지하는 평균 순자산의 백분율이다.[51]

---

50) 자산 계층을 구분할 때 우리는 서민층의 순자산이 마이너스 상황이 나타나는 것을 될 수 있는 한 피하고자 가계의 순자산과 월 소득을 종합적으로 고려했다.
51) 계산할 때 우리는 미국의 일부 가계 그룹의 평균 순자산율이 아주 낮아 순수 명목 포지션의 일부 분류 항목이 차지하는 절대치가 100%를 웃돈다는 것을 발견했다.

표 12-1 2005년 중국 가계 순수 명목 포지션(%)

	연령대				
	⟨30세	30—39세	40—49세	50—59세	60세
	전체 가계				
단기	11.51	9.24	8.49	8.09	6.75
담보대출	-16.48	-14.31	-9.16	-8.72	-3.23
채권	19.84	24.63	22.24	16.10	11.15
지분	-0.44	-0.47	-0.42	-0.30	-0.17
NNP	14.43	19.10	21.15	15.18	14.51
	서민층				
단기	12.37	11.23	10.17	9.31	7.61
담보대출	-20.36	-17.66	-12.66	-10.15	-4.96
채권	20.73	23.29	21.80	16.89	12.13
지분	-0.41	-0.44	-0.39	-0.28	-0.16
NNP	12.33	16.43	18.93	15.76	14.62
	중산층				
단기	11.23	10.98	9.68	8.85	6.05
담보대출	-16.75	-14.32	-11.23	-9.44	-3.68
채권	24.93	26.13	25.81	19.29	15.25
지분	-0.43	-0.49	-0.45	-0.33	-0.22
NNP	18.97	22.30	23.81	18.37	17.40
단기	7.05	6.46	6.31	6.22	5.26
담보대출	-11.70	-7.45	-6.21	-5.16	-2.90
채권	14.89	15.93	15.47	12.73	10.90
지분	-0.38	-0.43	-0.39	-0.26	-0.14
NNP	9.86	14.51	15.18	13.52	13.11

표 12-2 2007년 미국 가계 순수 명목 포지션(%)

	연령대				
	⟨30세	30—39세	40—49세	50—59세	60세
	전체 가계				
단계	5.7	4.5	4.6	4.8	5.8
담보대출	-43.8	-50.8	-20.4	-10.9	-4.3
채권	-18.8	-12.7	-1.7	0.4	3.2
지분	-2.2	-1.4	-1.5	-1.6	-1.5
NNP	-59.1	-60.4	-18.9	-7.3	3.2
	서민층				
단기	32.0	0.7	1.2	4.7	5.9
담보대출	-123.2	-51.4	-36.4	-24.6	-4.7
채권	-294.7	-24.8	-15.7	-7.3	-1.0
지분	-2.4	-1.3	-1.1	-0.8	-0.3
NNP	-388.3	-76.7	-52.0	-28.0	-0.1
	중산층				
단기	13.1	5.1	4.3	4.4	7.5
담보대출	-128.5	-92.6	-35.5	-20.7	-8.2
채권	-59.8	-24.6	-6.6	-3.7	0.8
지분	-0.6	-0.7	-0.6	-0.6	-0.7
NNP	-175.8	-112.8	-38.4	-20.6	-0.6
	상류층				
단기	2.9	4.2	5.0	5.1	3.7
담보대출	-14.5	-12.1	-7.2	-2.9	-1.7
채권	-1.9	-0.9	3.1	3.7	5.0
지분	-2.7	-2.1	-2.2	-2.4	-2.2
NNP	-16.2	-10.9	-1.3	3.5	4.8

표 12-1과 12-2에서 밝힌 결과에 대하여, 우리는 여러 가지 각도에서 이해할 수 있다. 전부 가계를 놓고 볼 때, 표 12-1은 연령대별 중국 도시 가계의 순수 명목 포

지션 전부가 플러스로 되어 있다. 즉 호주의 연령에 따라 구분한 가계별 전부가 순수 명목의 대출자이며, 그 대출 방식은 채권 포지션과 단기 포지션 위주이다. 이는 중국 다수의 도시 가계에서 아주 높은 비율의 은행 예금과 현금을 보유하고 있는 현상을 통해 구체적으로 표현되고 있다. 아울러 표 12-1은 가계 순수 명목 자산의 비율이 호주의 연령이 늘어남에 따라 먼저 늘어났다 후에 줄어드는 변동 추이를 나타내고 있다. 즉 중년층(호주) 가계의 순수 명목 자산 비율이 젊은 층 가계와 노년층 가계보다 높았다.[52]

이 같은 추이가 나타나게 된 직접적 원인은 자산을 누적하는 시기에 처해있는 젊은 층 가계와 중년층 가계가 자산 누적을 끝낸 노년층 가계보다 현금, 은행 예금, 주식과 펀드 등의 명목 자산을 더욱 많이 보유하고 있고, 동시에 젊은 층의 가계는 주택이나 차를 매입하느라 대출을 받는 등 중년층 가계나 노년층 가계보다 더 많은 돈이 필요하기 때문이다. 단기 포지션, 담보대출 포지션, 채권 포지션 이 세 가지 항목별 변동 추이를 통해서도 이 점을 분명히 알 수 있다. 즉 단기 포지션과 담보대출 포지션의 절대치는 호주의 연령이 늘어남에 따라 줄어들고, 채권 포지션의 절대치는 호주의 연령이 늘어남에 따라 먼저 늘어났다 후에 줄어드는 변화를 보였다. 중국의 상황과는 반대로 표 12-2를 보면, 전체 가계에 의해 구분한 미국의 연령대별 도시 가계 대부분이 순수 명목 대출을 받았다. 그 대출 방식은 주로 담보대출 포지션과 채권 포지션이고, 보유하고 있는 높은 비율의 주택담보대출과 기타 은행 대출을 통해 구체적으로 표현되고 있다. 이밖에 표 12-2는 가계 순수 명목 부채가 호주의 연령이 늘어남에 따라 먼저 늘어났다 후에 줄어드는 추이(60세 및 그 이상의 노년층 가계는 순수 명목 자산을 보유하기 시작했음)를 나타냈다.

이는 미국의 젊은 층 가계는 대량의 대출을 받는 동시에 소량의 현금과 은행 예

---

52) 우리는 호주의 연령이 30세 이하인 가계 그룹을 젊은 층 가정, 30~49세 사이를 중년층 가정, 50세 및 그 이상을 노년층 가정이라고 정의했다.

금을 보유하고 있지만, 노년층 가계는 소량의 현금과 은행 예금을 보유하는 동시에 극소량의 담보대출을 받기 때문이다. 따라서 호주의 연령에 따라 구분한 전체 가계를 가지고, 중국 도시 가계 부문이 인플레이션으로 인하여 순수 명목 자산이 평가절하 하는 바람에 손해를 보았다고 추측할 수 있었으며, 반면에 순대출자로서의 미국 도시 가계 부문은 오히려 순수 명목 부채가 평가절하 되므로 인하여 인플레이션에서 수익을 얻었다고 추측할 수 있다. 아울러 중국의 중년층 가계는 인플레이션으로 인한 손해가 젊은 층 가계와 노년층 가계보다 더 크며, 미국은 젊은 층 가계가 인플레이션에서 얻은 수익이 비교적 많지만, 호주 연령이 60세거나 그 이상인 노년층 가계는 심지어 인플레이션 영향으로 인해 손해를 보았다.

가계 상황을 자산 계층별로 볼 때, 표 12-1은 중국 도시 가계의 그룹별로 보유하고 있는 순수 명목 포지션에 두 가지 뚜렷한 특징을 가지고 있음을 보여주고 있다.

한 가지는, 매개 자산 계층과 전체 가계의 상황이 비슷하여 연령대별 가계 그룹이 플러스 순수 명목 포지션을 보유하고 있을 뿐만 아니라 순수 명목 자산이 호주의 연령이 늘어남에 따라 먼저 늘어났다가 후에 줄어드는 변동 추이를 나타냈다. 다른 한 가지는, 같은 연령대로 볼 때, 중산층이 순수 명목 자산을 가장 많이 보유하고 있었고, 서민층이 그 다음, 그리고 상류층이 가장 적었다. 예컨대, 호주의 연령이 30세 이하인 상류층의 순수 명목 자산은 가계 그룹 평균 순자산의 9.86% 밖에 안 되었지만, 같은 연령대의 중산층은 18.97%나 차지했다. 같은 연령대에서 자산 계층별로 보유하고 있는 순수 명목 자산의 차이는, 중산층이 서민층과 상류층보다 채권 포지션을 더 많이 보유하고 있는데서 나타나고 있다. 예컨대 장기 은행예금, 채권과 펀드 등이다. 그러나 서민층은 중산층이나 상류층보다 단기 명목 자산과 담보대출을 더 많이 보유하고 있었다. 이는 중산층이 대량의 장기 예금과 채권을 보유하고 있어서 최고 수준의 순수 명목 자산을 보유하고 있다는 것을 의미한다.

표 12-1의 분석 시각을 참조한다면, 표 12-2에서도 우리는 미국의 자산 계층별 가계 그룹이 보유하고 있는 순수 명목 포지션이 두 가지 뚜렷한 특징을 가지고 있음

을 발견할 수 있다.[53] 한편으로, 자산 계층별에 있어서, 연령대별로 가계 그룹이 보유하고 있는 마이너스 순수 명목 포지션, 특히 호주 연령이 30세 이하인 서민층과 중산층의 순수 명목 부채가 순자산의 388.3%와 175.9%에 달했다.[54] 다른 한편으로, 서민층이 순수 명목 부채를 가장 많이 보유하고 있었고, 중산층이 그 다음, 그리고 상류층이 가장 적었다.(상류층의 노인 가계는 순수 명목 자산을 보유하기 시작했다.) 이 같은 차이가 생기게 된 직접적 원인이, 미국 도시 가계의 상류층은 흔히 실제 자산(예컨대 주택과 교통 도구 등)을 대량 보유하고 있는 반면 대출은 적고, 서민층과 중산층은 흔히 대량의 대출과 융자를 가지고 큰 규모의 실제 자산을 매입하기 때문이다. 자산 계층별 가계의 이 두 가지 특징을 종합하여 우리는, 중국 도시 지역의 중산층과 서민층의 중년(호주) 가계가 인플레이션으로 인한 손해가 상류층의 노인(호주) 가계보다 더 크며, 미국의 도시 지역의 서민층과 중산층의 젊은 가계는 인플레이션의 충격 속에서 비교적 많은 수익을 얻을 수 있지만, 상류층의 노인 가계는 심지어 자산 손해까지 볼 수 있다는 추정을 할 수 있다.

우리는 중미 양국 도시 가계가 보유하고 있는 순수 명목 포지션의 고유한 차이를 사회 문화와 금융시장의 발전 등의 측면으로부터 더 자세히 설명할 수 있다. 전반적으로 볼 때, 중국 도시 가계는 모두 금융시장의 순수 대출자이면서도 아주 높은 저축률과 저축 수준을 가지고 있지만, 미국 가계는 대체로 대량의 대출을 보유

---

53) 기준 년도의 채택이 다름으로 인해 본장에서 기록한 미국 도시 가계가 보유하고 있는 순수 명목 포지션과 Doepke and Schneider(2006)이 어느 정도 차이가 존재할 수 있다. 우리는 1989년과 2001년의 SCF을 채택하여 기록하면서 서민층과 젊은 가계 대다수가 순수 명목 대출자이지만 상류층과 노년 가계의 상황은 그 반대라는 사실을 발견하게 되었다. 본장에서는 2007년의 SCF를 채택하여 기록하면서 거의 모든 미국 도시 가계가 순수 명목 대출자로 전환했을 뿐더러, 서민층과 젊은 가계의 대출 비율이 상류층과 노인 가계보다 훨씬 높다는 사실을 발견하게 되었다. 이 같은 차이는, 미국 가계 부문이 2001년 이후 순수 명목 대출자로 가일 층 전환했음을 표명하면서, 이 같은 전환이 미국의 가계 부문으로 하여금 인플레이션 영향에서 더욱 많은 이익을 얻게 하고, 나아가 가계간의 자산분포 상황 역시 가일 층 개선할 수 있다는 예견을 낳게 한다.

54) 이 두 가지 가계의 순수 명목 포지션이 순자산에서 차지하는 비율이 아주 큰 원인은 평균 순자산이 적은데 있는데, 그중 호주가 30세 이하인 서민층의 평균 순자산은 673.02달러 밖에 안 되었다. 이 두 가지 가계 그룹이 주로 금융시장을 통하여 융자한 명목 자산을 가지고 교통 도구나 주택 등의 실제 자산을 매입한다 해도 말이다.

371

하고 있는 채무자이다. 이 같은 차이를 초래하게 된 사회 문화적 원인이, 중국 가계는 전통적인 소비의식의 영향으로 말미암아 흔히 일부분 소득을 은행에 예금하는 반면, 미국 가계는 과소비(超前消費) 풍조의 영향으로 말미암아 흔히 융자하여 소비하기 때문이다. 더욱 중요한 원인은 금융시장에 있다. 현 단계의 중국 금융시장은 미국에 비해 뒤져있어 가계의 대출 경로가 제한되어 있고 사회보장시스템이 완벽하지 못하다. 이는 중국 가계가 높은 저축률을 확보하는데 선제적(預防性) 동기를 부여했다. 그러나 미국은 고도로 발달한 신용시장이 있고, 특히 번창한 담보대출 시장은 가계의 대출규모를 확대시키는 역할을 하고 있다.

구체적으로는 자산 계층별과 호주 연령대별에 이르기까지 중국의 중산층과 서민층의 중년(호주) 가계는 자산을 누적하는 단계에 처해있어서 저축률과 저축 수준이 아주 높아 대출을 받아 주택이나 자동차 등을 매입한다 하더라도 높은 비율의 순수 명목 자산을 유지할 수 있다. 그러나 상류층의 노년(호주) 가계는 자산 누적 과정을 완수한데서 자택이나 주식 지분에 대응하는 실제 포지션과 같이 규모가 비교적 큰 실제 자산을 조성할 수 있어서 비교적 낮은 비율의 순수 명목 자산을 보유할 수 있었다.

미국으로 말하면, 신용시장 특히 번창한 담보대출 시장은 서민층과 중상층의 젊은 층(호주) 가계가 대출을 받아 주택을 매입하는 등 대량의 실제 자산을 매입하도록 자극하고 있다. 따라서 흔히 아주 낮은 평균 순자산 수준에, 높은 비율의 순수 명목 부채를 보유하게 되었다. 반면 상류층의 노인 가계는 자산 누적 과정을 완수한데다가 소량의 담보대출을 보유하고 있어서 평균 순자산 수준이 높고 순수 명목 부채 비율이 낮으며, 심지어 순수 명목 자산 비율까지 낮은 상황이 나타났다.

3. 인플레이션 자산 재분배 효과

제3절에서 우리는 인플레이션 자산 재분배 효과의 일반 구조를 계산한 다음, 중

미 양국 금융시장의 상황에 의하여 순수 명목 포지션의 만기일 구조를 확정하게 된다. 이를 토대로 하여 양국 도시 가계가 완전 영향과 물가연동제 영향이라는 이 두 가지 인플레이션 영향 하에서의 손익을 계산한 다음, 양국의 계산 결과를 비교, 분석하고 나아가 차이가 생기게 된 원인과 그에 따른 정책적 내용을 검토했다.

1) 자산 재분배 효과 관련 계산 구조

인플레이션 재분배 효과의 크기는 인플레이션 영향에 대한 경제적 개체의 반응에 의해 결정된다. 즉 경제적 개체가 인플레이션 초기 상황을 어떻게 예기하고 조정하느냐에 달려있다. 인플레이션을 예기하고 조정하는 관련 각종 토론 방식을 본 장의 계산 과정에서 자세히 실현할 수 없어서 우리는 경제적 개체의 이성적 가설과 채권시장의 효율적 시장 가설에 의하여, 상황을 간소화한 두 가지 인플레이션 영향(Meh and Terajima, 2008)을 고찰했다.[55]

첫 번째 상황은 완전 돌발적인 인플레이션 영향으로서, 경제적 개체가 완전 비이성적이고 또한 채권시장이 완전 비효율적이라고 가설했다. 이는 사실상 인플레이션 재분배 효과의 규모에 하나의 상한치(上界值)를 제공한 것으로 된다. 두 번째 상황은 급속한 물가연동제로 인한 인플레이션 영향으로서, 경제적 개체가 완전 이성적이고 또한 채권시장이 완전 효율적이라고 가설, 이는 인플레이션 재분배 효과의 규모에 하나의 상응한 하한치(下界值)를 제공한 것으로 된다. 인플레이션 영향에 대한 이 두 가지 동시적 고찰이 실제로 발생한 인플레이션 재분배 효과의 규모에 하나의 구간추정을 제공했다고 할 수 있다.

완전 영향이라는 상황 하에서 경제적 개체가 몇 년 동안 지속된 돌발적인 인플

---

55) 여기서의 효율적 시장 가설은 금융경제학에서의 이론과 다른데, 우리는 채권시장에만 의거하여 인플레이션 영향에 명목금리를 조정하거나 채권시장을 완전 효율적 시장 가설(完全有效市場)과 완전 비효율적 시장 가설(完全无效市場)로 구분할 수 있느냐를 말한다.

레이션 에 예기의 조정을 하지 못했을 뿐만 아니라, 채권시장 역시 순수 명목 포지션의 명목금리를 변동시키지 못했다고 우리는 가정했다.[56] 물가 수준이 갑자기 상승할 때 모든 순수 명목 포지션의 현재가치가 똑같은 비율에 따라 하락하게 된다.

물가연동제 영향이라는 상황 하에서, 우리는 모든 경제적 개체가 기준 년도에 인플레이션 영향의 시간적 경로를 예기하지 못했는데, 채권시장은 순수 명목 포지션의 명목금리를 제때에 조정했다고 가정했다.[57] 채권시장이 인플레이션 영향을 신규 명목금리에 포함시키기면서, 순수 명목 포지션의 현재가치가 더욱 높은 할인율(貼現率)로 인해 하락하기 때문이다. 완전 영향으로 말하면, 경제적 개체가 완전히 영향을 주는 기간에 인플레이션 영향이 발생하리라고는 예기치 못했기 때문에, 경제적 개체가 보유하고 있는 순수 명목 포지션의 만기일이 그다지 완전히 영향에 중요한 영향을 미치지 않았다는 것을 쉽게 알 수 있다. 하지만 물가연동제 영향으로 말하면, 순수 명목 포지션의 만기가 물가연동제 영향에 오히려 중요한 영향을 일으켰다. 인플레이션 영향의 시간적 경로를 사전에 예기했을 경우, 경제적 개체가 명목 포지션을 재투자한다면 인플레이션의 영향을 완전히 회피할 수 있다. 따라서 만기일이 물가연동제 영향 기한보다 짧은 순수 명목 포지션을 많이 보유하고 있는 경제적 개체가 인플레이션의 영향을 더욱 적게 받을 수 있다.

우리는 현재가치 분석 방법을 채택하여 인플레이션 재분배 효과의 크기를 계량화(量化)함과 아울러 이 같은 현재가치 분석 방법을 두 가지 상이한 상황의 인플레이션 영향에 응용했다.

---

56) '돌발적'이라는 말을 매번 인플레이션 영향 모두 돌발적인 잠시 소동이어서, 경제적 개체가 이 같은 소동이 반복적으로 나타나리라고는 예기하지 못했다고 이해할 수 있다.

57) 모든 경제적 개체가 기준 년도에 인플레이션 영향의 시간적 경로를 예기하지 못했다고 가정하는 것은, 사실 믿을 만한 정책 제정자가 기준 년도에 인플레이션 영향의 시간적 경로를 모든 경제적 개체에 고지하지 않았다고 가정한 것이나 마찬가지이다.

시각 t 때 현재가치를 Vt(ζ)로 하는 ζ년 기한의 순수 명목 포지션이 있는데[58], t+1 기간부터 갑자기 발생한 한 차례 인플레이션이 T년 동안 지속된다면, 일단 매번마다 예기하지 못한 인플레이션 영향 수준을 모두 ρ라고 가정한다 해도 무방할 것이다. 우선 완전 돌발적인 인플레이션 영향을 고려해보자. 시장의 명목금리를 조정하지 않기 때문에 액면 가치가 Vt(ζ)인 명목 포지션의 실제 가치 【V^" I "】_t(ζ)는 물가 상승으로 인하여

$$【V^{"}I"】\_t(ζ)=Vt(ζ)\ exp(-ρT)$$

로 감소된다.

그리하여 완전 영향 하에서의 순수 현재가치 수익이나 손해

$$G^{"}I"【\_t(ζ)는\ G\ I\ It(ζ)=【V^{"}I"】\_t(ζ)-Vt(ζ)=Vt(ζ)\ [exp(-ρT)-1]$$

이 된다.

이는 완전 영향 하에서 순현재가치의 수익이나 손해가 만기 ζ와 관련이 없으며, 단지 인플레이션의 규모, 지속 시간 및 순수 명목 포지션의 초기의 현재가치와만 관련된다는 것을 말해준다. 다음, 급속한 물가연동제로 인한 인플레이션 영향을 고려해보자. 기준 년도 연말에 인플레이션 영향의 시간적 경로를 경제적 개체마다 예기할 수 있다고 가정한다면, 이에 일단 시장이 신속한 조정을 할 수 있을 것이다.

즉 만기가 ζ년인 명목 포지션에 대하여, 경제적 개체가 그 기한이 만기된 후, 재투자하는 순수 명목 포지션을 완전 물가연동제할 수 있다는 뜻이다. 기정의 인플레이션이 발생하기 전 시각 t로부터 시각 t+1까지의 총 명목수익률이 $γ\_t^{(t+ζ)}$라면, 조정 후의 명목수익률을 $γ^{⊥}\~\_t^{(t+ζ)}=γ\_t^{(t+ζ)}+exp(ρ\ max\{0,T-n\})$라고 기록할

---

58) 시각 t는 본장에서 채택한 기준 년도이다. 중국에 있어서t=2005이고, 미국에 있어서 t=2007이다. 여기서 기간별 시간은 1년이다.

수 있다. 그리고 신규 명목수익률에 의하여 우리는 명목 포지션이 물가연동제 영향 하에서의 실제 가치 V_t^{II} (ζ)가 V_t^{II} $(\zeta)=Vt(\zeta)$ $\exp(-\rho \min(\zeta,T))$라는 것을 구할 수 있었다.

그리고 물가연동제 영향 하에서의 순현재가치 수익이나 손해 G_t^{II} (ζ)가 G_t^{II} $(\zeta)=V\_t^{II}$ $(\zeta)-Vt(\zeta)=Vt(\zeta)$ $[\exp(-\rho \min(\zeta,T))-1]$라는 것을 발전시켜 구할 수 있었다.

물가연동제 영향은 완전 영향에 비해 인플레이션의 규모, 지속 시간, 순수 명목 포지션의 초기 상황 및 순수 명목 포지션의 만기 기한 등의 더욱 많은 요소에 의해 결정된다.

경제적 개체의 이성적 가정은 우리에게, 완전 영향과 물가연동제 영향은 각기 인플레이션 재분배 효과에 상한치와 하한치를 제공해준다는 답을 주었다. 완전 영향은 물가연동제뿐만 아니라 액외의 손해거나 수익 항목, 즉 $\exp(-\rho(T-\zeta))$도 포괄하고 있다. 이는 완전 영향에 처해있는 경제적 개체가 더욱 오랜 시간 동안 보다 많은 손해를 보거나 수익을 얻을 수 있다는 것을 의미한다. 즉 가계가 보유하고 있는 만기별 명목 포지션이 완전 영향 하에서는 같은 폭으로 평가절하 하지만, 물가연동제 영향 하에서는 단기 포지션이 장기 포지션보다 평가절하 폭이 작다.

2) 순수 명목 포지션의 만기 구조

앞에서 언급한 계산 구조에서 알 수 있다시피, 순수 명목 포지션의 만기 구조는 자산 손익의 크기에 큰 영향을 미치기에 우리는 중미 양국의 실정에 의하여 도시 가계가 보유하고 있는 순수 명목 포지션의 만기 구조를 확정할 필요가 있었다. 우리는 Meh and Terajima(2009)의 방법을 참고하여 순수 명목 포지션의 만기 구조를 확정했다.

우리는 우선 중국의 만기 구조를 확정, 단기 포지션의 만기 기한을 1년으로 설정했다. 이렇게 설정한 이유는 현금, 당좌예금 등의 명목 포지션이 당기에 인플레이션에 신속한 반응을 보이기 때문이다. 담보대출 포지션에 대하여, 중국은 캐나다 금융 감독위원회 데이터 뱅크(CMF)와 같은 데이터 뱅크가 없으므로 우리는 국내 4대 국유은행의 2005년 담보대출 분포 상황을 채택하여 대체했다. 4대 국유은행의 2005년도 연보에 의하여 우리는 도시 가계의 담보대출 포지션 25%를 2년으로, 54%를 4년으로, 나머지 21%를 10년으로 만기 기한을 설정했다.[59]

채권 포지션에 대하여, 우리는 궈타이안 경제금융연구 데이터뱅크 중의 CBMRD 데이터 뱅크를 이용하여 만기 분포를 확정했다. 2005년, CBMRD는 모두 37개 표본의 만기 정보를 수집, 만기 기한이 2년, 3년, 5년, 7년, 10년, 15년, 20년 7가지였으며, 상응한 기한의 채권 비율은 각기 17%, 8%, 17%, 25%, 14%, 12%, 8%였다. 그리하여 우리는 동일한 분포를 도시 가계의 채권 포지션에 응용하여 만기 구조를 확정할 수 있었다. 이를테면 우리는 17%의 채권 포지션의 만기 기한을 2년으로 설정했다. 미국 도시 가계가 보유하고 있는 순수 명목 포지션의 만기 구조에 대하여 우리는 중국과 비슷하게 처리했다. 단기 포지션에 대하여, 만기 기한을 1년으로 가정했다. 담보대출 포지션에 관하여, 미국의 주택담보대출은 주로 변동금리(ARMs, 調整利率)와 고정금리(FRMs) 두 가지가 있다. 변동금리 금리는 매년 말에 실제 인플레이션에 의하여 조정하고, 고정금리는 주로 30년의 장기 담보대출로서 평균 만기 기한이 29.4년이다. 미국 연방 주택기업감독청(OFHEO)이 2008년 발표한 연보에 따르면, 2007년 미국의 변동금리 유형의 대출은 모두 1,529.9억 달러, 고정금리 유형의 대출은 모두 9,724.1억 달러였다. 그리하여 우리는 가계가 보유하고 있는 담보대출 포지션 중 13.6%를 1년, 86.4%를 30년으로 만기 기한을 가정했다.

---

59) 중국 4대 국유 은행은 담보대출 관련 상세한 만기 데이터를 발표한 적이 없으며, 통상 담보대출을 1-3년, 3-5년, 5년 이상(주로는 5-15년) 이렇게 세 개 기간으로 나눈다. 여기서 우리는 세 개 기간의 중앙값을, 대응하는 기간의 만기 기한으로 설정 즉 2년 기간, 4년 기간, 10년 기간으로 설정했다. 데이터 분석에서의 강인성을 보장하고자 우리는 민감성 분석을 진행하면서, 매 기간의 만기 기한이 정규분포나 균등분포를 따를 경우, 유의적 차이가 나타나지 않는다는 것을 발견했다.

채권 포지션에 관하여서는 우리는 분류하여 설명할 필요가 있다. 그중 예금채권과 회사채권에 대해서는 만기 기한을 10년으로 설정했고, 장기 국채에 대해서는 CRSP(미국 주식 데이터뱅크)에서 제공한 국채 데이터를 응용하여 만기 기간을 확정했다. CRSP 국채 데이터뱅크의 데이터에 따르면, 장기 국채는 주로 10년 이내, 30년 등의 만기 형식이 있는데, 장기 국채가 가계 채권 포지션에서 차지하는 비율이 0.3% 밖에 안 되어서, 우리는 장기 국채 만기 기한 역시 10년으로 설정했다. 지방채권은 만기 기한이 일반적으로 더욱 긴데다가 채권 포지션이 차지하는 비율이 비교적 커서, 우리는 만기 기한을 20년으로 설정했다.

3) 자산 재분배에 관한 계산 결과

우리는 제2절에 기록한 중미 양국 도시 가계의 순수 명목 포지션 상황과 전문에서 소개한 계산 구조를 이용하여 인플레이션이 가계의 적극 자산 수준과 가계 자산분포에 미친 영향을 추산한 동시에 중미 양국의 결과를 비교했다. 중국의 높은 인플레이션 기간과 정상적인 해의 인플레이션율의 평균값 차이가 미국의 상황보다 현저하게 커서 우리는 미국의 인플레이션율에 의한 실제 데이터를 도입하여 양국의 인플레이션 영향에 동시에 응용했다. 미국에서 1978년부터 시작되어 지속 시간이 가장 길었던 높은 인플레이션 기간과 정상적인 해의 인플레이션율의 평균값 차이가 5%였던 점을 고려하여 우리는 5% 수준의 인플레이션 영향을 도입했다. 즉 주어진 기준 년도부터 매년 인플레이션율이 모두 추정치(預期値) 5%를 웃돌며, 전반적인 충격이 모두 10년 간 지속되었다고 가정했다. 표 12-3과 12-4는 중미 양국의 도시 가계의 인플레이션 재분배 효과를 추산한 것이다. 표 중의 데이터 모두 상응한 가계별 자산 손익이 평균 순자산에서 차지하는 백분율이다. 가계 그룹별이 상이한 유형의 인플레이션 영향 하에서의 차이를 구현하고자 우리는 연령과 자산 상황에 의하여 완전 영향과 물가연동제 영향 하에서의 추산 결과를 각기 제시했다.

표 12-3 5% 인플레이션 영향 하에서의 중국 도시 가계 자산 재분배 효과
 (기준 년도 2005년, %)

연령대	서민층		중산층		상류층	
	완전 영향	물가연동제 영향	완전 영향	물가연동제 영향	완전 영향	물가연동제 영향
〈30세	-4.85	-2.46	-7.46	-4.14	-3.88	-2.10
30—39세	-6.46	-3.54	-8.77	-4.82	-5.71	-3.04
40—49세	-7.45	-3.97	-9.37	-5.24	-5.97	-3.15
50—59세	-6.2	-3.10	-7.23	-3.82	-5.32	-2.68
60세	-5.75	-2.70	-6.85	-3.65	-5.16	-2.62

표 12-4 5% 인플레이션 영향 하에서의 미국 도시 가계 자산 재분배 효과
 (기준 년도 2007년, %)

연령대	서민층		중산층		상류층	
	완전 영향	물가연동제 영향	완전 영향	물가연동제 영향	완전 영향	물가연동제 영향
〈30세	152.8	152.1	69.2	66.1	6.4	5.8
30—39세	30.2	24.8	44.4	40.1	4.3	3.1
40—49세	20.5	16.4	15.1	13.3	0.5	0.1
50—59세	11.0	9.4	8.1	7.1	-5.8	-1.4
60세	1.3	0.9	0.3	0.1	-6.2	-1.9

표 12-3과 12-4에 대해서 우리는, 가계 적극 자산 수준과 가계 간 자산분포 두 가지 각도로부터 중미 양국의 인플레이션 재분배 효과를 고찰할 수 있다. 가계의 적

극자산 수준으로 볼 때, 표 12-3은 인플레이션이 중국 도시 가계에 상당한 규모의 자산 손해를 초래했다는 것을 설명한다. 평균 순 자산율이 가장 낮은 서민층을 예로 든다면, 호주의 연령이 30세 이하인 서민층은 물가연동제 영향 하에서의 자산 손해가 약 1,591위안이고, 완전 영향 하에서의 자산 손해는 3,135위안을 웃돌았다.[60] 평균 순 자산율이 가장 높은 60세 및 그 이상의 상류층을 볼 때, 완전 영향 하에서의 자산 손해가 12.9만 위안에 달했다. 이는 초기 자산의 20분의 1에 맞먹는 숫자이다. 표 12-4 역시 마찬가지로 인플레이션이 미국 도시 가계에 상당한 규모의 자산 손익을 초래했음을 설명해주고 있다. 평균 순자산율이 가장 낮은 서민층을 예로 든다면, 호주의 연령이 50-59세인 서민층은 물가연동제 영향에서 약 2,501달러의 수익을 얻었고, 완전 영향 하에서는 거의 3,000달러의 수익을 얻었다.[61] 특히 호주 연령이 30세 이하인 서민층은 물가연동제 영향으로 인하여 1,024달러의 수익을 창출, 이는 초기 자산의 152.8%에 상당하다. 평균 순자산율이 가장 높은 상류층에 있어서, 호주 연령이 50-59세의 가계가 영향을 가장 적게 받았다고는 하지만, 물가연동제 영향으로 인하여 입은 자산 손해는 12.7만 달러에 달했다.

가계 간의 자산분포를 볼 때, 표 12-3과 12-4 역시 자산의 상대적 수준의 변동과 관련된 일부 정보를 우리들에게 제공해주고 있다. 표 12-3을 통해 우리는 중국 가계에서 다음과 같은 정보를 얻을 수 있다.

첫째, 호주의 연령대로 볼 때, 중년층 가계가 인플레이션에서 자산 손해가 가장 컸고, 30세 이하의 가계는 손해가 비교적 적었다. 둘째, 자산 계층별로 볼 때, 같은 연령대의 중산층과 서민층이 인플레이션의 영향으로 인하여 입은 자산 손해가 상류층보다 컸다. 셋째, 호주의 연령과 자산 계층 두 가지 각도에서 볼 때 대량의 현

---

60) 2005년의 Aldo 데이터에 따르면, 호주 연령이 30세 이하인 서민층의 평균 순자산이 64,658.76위안, 물가연동제 영향 하에서의 자산 손해율(2.46%)에 평균 순자산 64,658.76위안을 곱하면 자산 손해 값 1,590,605위안을 구할 수 있다. 기타 가계그룹의 자산손익도 같은 방법으로 구할 수 있다.

61) 2007년의 SCF에 따르면, 호주 연령이 50-59세인 서민층의 평균 순자산이 26,609.92달러, 물가연동제 영향 하에서의 자산 손익율(9.4%)에 평균 순자산 26,609.92달러를 곱하면 수익 값 2,501.33달러를 구할 수 있다..

금, 은행 예금, 채권, 펀드 등 명목 자산을 보유하고 있는 중산층의 중년 가계가 인플레이션 영향의 최대 수혜를 입었고, 비교적 적은 명목 자산을 보유하고 있는 상류층 가계의 젊은 가계가 입은 손해가 가장 적었다. 표 12-4 역시 미국 가계의 이 방면 정보를 제공해주고 있다. 첫째, 호주 연령이 30세 이하의 젊은 가계가 인플레이션 영향에서 얻은 자산 수익률이 가장 높았고, 50세 및 그 이상의 노년 가계는 인플레이션의 영향에서 얻은 수익률이 가장 낮거나 심지어 손해를 보았다. 둘째, 대량의 장기 대출을 보유하고 있는 서민층과 중산층이 인플레이션의 영향에서 얻은 자산 수익률이 소량의 대출을 보유하고 있는 상류층보다 뚜렷이 높았다. 특히 상류층의 노년 가계를 보면, 인플레이션 영향이 가계에 수익을 가져다주지 못했을 뿐더러, 오히려 일정한 자산 손해를 초래했다. 셋째, 종합적으로 볼 때, 서민층의 젊은 가계가 인플레이션의 영향에서 얻은 자산 수익률이 비교적 높고, 중산층의 젊은 가계와 중년 가계는 그 다음, 그리고 상류층의 노년 가계는 이미 순자산 수해자로 전환했다.

인플레이션 영향이 가계 간의 자산분포에 미치는 영향, 그리고 가계별에 미치는 손익의 영향으로 말미암아 우리는 표 12-3과 12-4의 직관적 관찰에만 만족할 수 없어서, 자산의 지니계수를 통해 자산분포의 변동 상황을 정확하게 고찰할 필요가 있었다.

Chen, Tsaur and Rhai(1982)을 도입하여 도출한 조정 후의 지니계수를 통하여 우리는 완전 영향과 물가연동제 영향 전후의 중미 양국의 자산 지니계수를 제각기 계산해냈다. 중국으로 말하면, 2005년 도시 가계 간의 자산 지니 계수가 0.58이었는데, 완전 영향과 물가연동제 영향 두 가지 인플레이션 영향 하에서 지니계수는 제각기 0.60과 0.59로 상승했지만, 미국으로 말하면, 2007년 도시 가계의 자산 지니계수가 0.81이었는데, 완전 영향과 물가연동제 영향 두 가지 인플레이션 영향 하에서 지니계수는 각기 0.79와 0.78로 하락했다.[62] 지니계수의 변화는, 두 가지 인플레이션의 영향 모두 중국 도시 가계 간의 자산분포를 한층 악화시켰을 뿐만 아니라, 완전 영향 하에서의 악화 정도가 더욱 엄중했다는 것을 설명해준다. 빈대로, 두 가지 인플레이션의 영향은 미국 도시 가계 간의 자산분포를 개선했으며, 동시에 물가연동제 영향 하에서의 개선 상황이 완전 영향보다 좋았다는 것을 설명해준다. 그래프 12-1에서 밝힌 자산분포 로렌츠(Lorenz, 洛倫茲) 곡선을 통하여 우리는 중미 양국의 자산 지니계수에 발생한 이 같은 변동 원인을 보다 분명히 이해할 수 있게 되었다.

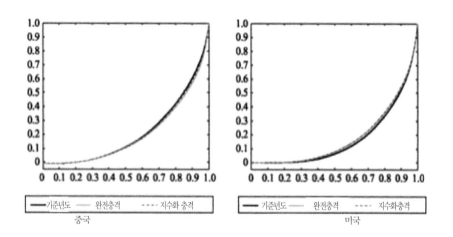

그래프 12-1 중미 양국 도시 가계의 자산분포 로렌츠 곡선

(62) 중국 데이터에 있어서, 천옌빈 등(2009) 보다 본장에서는 호주의 연령 정보가 부족한 조사표본을 더욱 많이 공제했다. 따라서 우리가 계산한 2005년 중국 도시주민들의 자산 지니 계수와 그들이 계산해낸 0.56이라는 결과와 차이가 존재한다. 그러나 미국의 데이터는 데이터 공제에서의 차이가 존재하지 않아 우리가 계산한 2007년 미국 도시주민의 자산 지니 계수와 Kennickell(2009)이 일치하다.

그래프 12-1(a)[63]을 통해 알 수 있다시피, 중국 도시 가계의 중산층과 서민층이 인플레이션의 영향에서 입은 자산 손해가 상류층보다 크다. 이는 중산층과 서민층의 사회적 자산 비율은 감소되게 하고 상류층의 사회적 자산 비율은 증가되게 했다.

중산층의 평균 순자산이 서민층에 편향되어 있었기에 인플레이션의 영향이 최종 자산분포 상황을 악화시키게 되었다. 이와는 달리, 미국 도시 가계의 서민층은 인플레이션의 영향에서 얻은 자산 수익 비율이 상류층이나 중산층보다 클 뿐 아니라 부분적으로 상류층이 자산 손해를 보았기 때문에 인플레이션의 영향이 미국 도시 가계의 자산분포 상황을 개선할 수 있었다. 앞에서 기술한 인플레이션 재분배 효과에 관한 고찰을 토대로 하여 우리는 10년 간 지속된 5% 수준의 인플레이션 영향 하에서 중미 양국 도시 가계의 자산 재분배 효과를 가일 층 비교하여 분석할 수 있었다. 구체적인 결과를 말하면, 인플레이션의 영향이 가계 자산에 미친 영향에 있어서 중미 양국은 두 가지 뚜렷한 차이가 존재했다. 한 가지 차이는, 중국 도시의 거의 모든 가계가 인플레이션의 피해자가 되었지만, 미국 도시의 거의 모든 그룹은 인플레이션의 수익자였다. 이 같은 차이가 조성된 원인은,

중국 도시의 대부분 가계는 대량의 현금과 은행예금을 보유하고 있지만, 미국 도시의 대부분 가계는 대출을 받은 차입자이기 때문이다. 다른 한 가지 차이는, 두 가지 인플레이션 영향 모두 중국 도시 가계 간의 자산분포의 불평등 등의 상황을 한층 악화시켰지만, 미국 도시 가계 간의 자산 불평등 등의 상황에 대해서는 오히려 어느 정도 개선 역할을 하였다. 두 가지 인플레이션의 영향에서, 중국 도시 가계는 중산층과 서민층이 입은 손해가 상류층보다 높은데다 중산층의 평균 순자산이 서민층에 보다 편향된 데에서 빈부 계층 간의 자산 격차가 한층 확대되었다. 하지만 미국 도시 가계의 서민층과 중산층은 상류층보다 수익을 더 많이 본데에서 상류층과의 자산 격차를 줄이는데 이롭게 작용했다.

---

(63) 이 그래프에서의 세 갈래 곡선이 거의 겹쳐져서 세 갈래 곡선의 차이가 분명하지 않다.

양적 분석 결과와 중미 양국이 최근 몇 해 동안 시행한 통화정책을 결합해 분석하려면, 양국 통화당국이 통화정책을 제정할 때의 서로 다른 의도를 더욱 깊이 이해하고, 또한 우리나라 통화정책을 제정하는 과정에서의 단점을 반성해 보이야 한다. 중국 통화당국의 행위로 볼 때, 2007년 금융위기가 실물경기에 미치는 영향을 줄이고자 중국인민은행은 최근 몇 년 사이 확장성 통화정책을 지속적으로 시행했다. 하지만 앞에서 기술한 양적 연구 결과에 따르면, 확장성 통화정책이 유발한 인플레이션 리스크는 중국 도시 가계 부문이 자산 손해를 보게 했을 뿐만 아니라 가계 간의 자산분포를 한층 악화시켰다. 이로부터 최근 몇 년 사이 중국의 통화당국이 시행한 통화정책은 인플레이션 재분배 효과에 관한 고려를 구현하지 못했다는 것을 알 수 있다.

미국의 통화당국 역시 이 기간 확장성 통화정책을 시행하기는 했지만, 중국과는 다르게 정책을 채택함으로서 가계 부문에 유익하도록 한데에서 가계 간의 자산분포를 개선할 수 있었다. 양국 간의 이 같은 차이가 말해주다시피, 중국 통화당국은 통화정책을 시행하는 과정에서 인플레이션과 그 재분배 효과에 대한 관심이 부족했지만, 미 연방준비은행은 그 방법에 있어서 중국과 확연히 달랐다. 이는 사실 우리나라에서 장기간 시행한 개발주의 경제 모델과 밀접히 연계되어 있다. 근대 이후 빈곤과 낙후된 현상이 장기간 지속되는 바람에 우리나라는 개혁개방을 하면서 경제성장을 줄곧 거시정책의 최우선 목표로 정했다. 이 같은 개발주의라는 모델 하에서 우리나라의 통화정책은 인플레이션을 효율적으로 방지할 수 없었을 뿐만 아니라, 경제성장 속도를 보장하고자 종종 재정정책에 걸맞은 확장성 통화정책을 채택했다. 예컨대, 2010년 하반기에 나타난 엄청난 인플레이션 압력은 2008년 중국이 금융위기를 막기 위해 강구한 일련의 확장성 통화정책과 관련되어 있었다.[64]

---

64) 2010년 하반기, 중국인민은행은 인플레이션 리스크가 뚜렷이 커지자 어쩔 수 없이 긴축통화 정책을 시행, 이는 어느 정도 2008년 이후의 불합리한 인플레이션 재분배 효과를 되돌리는데 도움이 되었다. 하지만 이 같은 정책적 전환은 2년 전에 초래된 문제를 보완할 수 없었다. 그리고 같은 시기, 미 연방준비은행은 세계 각국의 반대에도

그러나 본장의 양적 연구 결과가 말해주다시피, 이 같은 경제성장만 추구하고 인플레이션을 등한시한 통화정책은 중국 가계가 엄청난 자산 손해를 보게 했을 뿐만 아니라 가계 간의 자산분포를 한층 악화시켰다.

4. 결론 및 정책적 건의

본장에서는 Doepke and Schneider(2006)의 확장 후의 명목 포지션 재가격 책정 방법을 채택하여 중미 양국의 도시 가계가 보유하고 있는 순수 명목 포지션 상황을 기록한 토대 위에서 연속 10년 간 지속된 5% 수준의 인플레이션 영향을 도입하여 중미 양국의 인플레이션 재분배 효과를 추산했다. 인플레이션이 양국 도시 가계의 절대재산 수준 및 가계 간의 자산분포에 미친 영향을 비교하면서, 본장에서는 다음과 같은 두 가지 주요 결론을 도출했다.

첫째, 총체적으로 볼 때, 중국 도시 가계는 인플레이션으로 인하여 거의 모두가 같지 않은 수준의 손해를 입은 반면, 미국의 절대다수의 가계는 오히려 수익을 얻었다. 중미 양국 도시 가계의 손익에서의 차이는 가계의 포트폴리오와 밀접히 연계되어 있다.

중국 도시 가계는 은행예금, 채권, 펀드 등 큰 비율의 명목 포지션을 보유하고 있어서 이는 순수 명목 포지션을 비교적 큰 정수(正値)로 되게 한다. 미국 도시 가계는 흔히 대량의 대출을 받아서 주택 등의 실제자산을 매입했기 때문에 금융시장의 순수 명목 차입자로 되었다. 인플레이션의 영향이 발생할 때 순자산 명목 대여자로서의 중국 도시 가계는 손해를 보지만, 순수 명목 부채 보유자로서의 미국 도시 가계는 오히려 수익을 얻게 되었다.

<hr>

불구하고 2라운드 통화 양적 완화 정책을 계속해서 시행했다. 이는 사실상 미국 통화당국이 인플레이션 재분배 효과 등의 문제를 고려한 토대 위에서 최적화하여 시행한 통화정책이었다.

둘째, 중국으로 말하면, 중산층이 인플레이션으로 인한 자산 손해가 가장 크고 서민층이 다음, 상류층이 가장 적었다. 호주의 연령대별로 구체적으로 볼 때, 중산층의 중년 가계가 입은 손해가 가장 컸고, 상류층의 노년 가계가 입은 손해가 가장 적었다. 이 같은 재분배 효과 결과는, 인플레이션이 중국 도시 가계 간 자산분포의 불평등 상황을 악화시켰음을 의미한다. 반대로 미국의 도시 가계의 서민층은 인플레이션에서 수익을 가장 많이 얻었고, 상류층은 가장 적게 얻었을 뿐만 아니라, 일부 상류층의 노년 가계는 손해를 보았다. 따라서 인플레이션은 사실상 미국 도시 가계 간의 자산분포의 불평등을 개선하는 역할을 했다. 중미 양국 간에 이 같이 확연히 다른 결과가 나타나게 된 주요 원인이, 중국은 도시 가계의 중산층이 서민층이나 상류층보다 더욱 큰 비율의 채권 포지션을 보유하고 있지만, 서민층은 중산층이나 상류층보다 더욱 큰 비율의 단기 명목 자산과 담보대출을 보유하고 있기 때문이며, 미국은 도시 가계의 상류층이 흔히 대량의 실제자산에 소량의 대출을 보유하고 있지만 서민층과 중산층이 흔히 대량의 대출이나 융자를 통해 큰 규모의 실제자산을 매입하기 때문이다.

중미 양국 인플레이션 재분배 효과에 관한 양적 연구 결과에 의하여 우리는 양국의 통화당국이 최근 몇 해 동안 시행한 통화정책을 검토하면서, 미 연방준비은행의 통화정책이 중국 중앙은행(중국인민은행)보다 훨씬 우월하다는 것을 발견했다. 장기간 개발주의 모델의 영향으로 말미암아 중국인민은행은 통화정책을 채택하고 시행하는 과정에서 흔히 경제성장만 추구하고 인플레이션 문제를 등한시했다. 하지만 미 연방준비은행은 고용을 추구함과 아울러 인플레이션 문제에도 주목했다.

이 점 역시 양국 통화당국이 최근 몇 해 사이 시행한 확장성 통화정책에 분명히 반영되었다. 중국 중앙은행은, 2007년에 비롯된 금융위기가 경제성장에 잠재적 위험을 조성하고 있을 때, 중국의 통화정책을 안정적 통화정책으로부터 확장성 통화정책으로 신속히 전환했는데, 검증되지 않은 이 같은 확장성 통화정책으로 인한 인플레이션 리스크는 재산 재분배를 악화시키는 역할을 했다. 미 연방준비은행 역시 이 기간 확장성 통화정책을 시행하기는 했지만, 미국 가계 부문에 이로운 통화정책을 채택함으로서 미국의 자산분포가 불평등한 상황을 어느 정도 개선하는 역할을 했다.

중미 양국의 인플레이션 재분배 효과에 대한 양적 연구와 비교 분석을 통하여, 우리나라 통화당국이 통화정책을 채택할 때 인플레이션으로 인해 자산분포 등의 일부 상황이 악화될 수 있다는 엄중한 결과를 충분히 고려하지 못했다는 것을 알 수 있었다. 즉 중국인민은행은 통화정책을 시행하는 과정에서 경제성장만 추구하거나 확장성 통화정책에만 얽매이지 말고 미 연방준비은행의 경험을 참고하여 경제성장과 이로 인해 초래되는 인플레이션 문제를 종합적으로 고려했어야 했다.

제4편
인플레이션 파급
그리고 충격

제13장
중국 인플레이션 복지비용의
이질성에 관한 연구

제13장
중국 인플레이션 복지비용의
이질성에 관한 연구

개요: 중국경제의 기본 상황을 구성하고, 중국 인플레이션의 주요 특징을 인식한 토대 위에서 본장에서는 불완전 시장과 개체 이질성을 포괄한 Bewley 모형을 성립한 다음, 이 모형을 이용하여 중국의 인플레이션 복지비용 및 인플레이션이 상이한 계층, 상이한 복지비용에 미치는 영향을 고찰하고, 데이터 교정 방법을 도입하여 모형에 대해 계산을 진행했다. 계산 결과에 따르면, 인플레이션으로 인한 중국경제의 복지비용이 엄청나게 늘어났을 뿐만 아니라, 계층별에 미치는 영향도 완전히 달랐다. 일반적으로 보면, 인플레수준이 가장 낮을 때 서민층의 손해가 상류층보다 적다. 하지만 자산분포의 각도에서 볼 때, 인플레이션은 중국의 자산분포 상황을 악화시켰는데, 서민층이 보유하고 있는 자산 비율은 인플레이션이 상승함에 따라 소폭 하락하고, 상류층의 자산 보유 비율은 오히려 인플레이션이 상승함에 따라 소폭 상승하면서, 중국 자산분포의 지니 계수가 인플레이션이 상승함에 따라 소폭 상승하는 현상을 초래했다.

키워드: 인플레이션, 불완전시장, Bewley 모형, 복지비용, 자산분포, 개체의 이질성

1. 머리말

  인플레이션은 세계 각국 거시 경제의 핵심적 문제 중의 하나이다. 낮은 인플레이션율 하에서 경제 고성장을 달성하는 것은 세계 각국 정부의 보편적인 소원이다. 이 목표를 달성하기 위해 각국의 중앙은행은 가격의 안정에 날로 주목하고 있다. 이 같은 정책에 힘입어 선진국의 평균 인플레이션율이 1980년대의 9%에서 2005년의 2%로 하락했으며, 중국의 인플레이션율 역시 1995년의 두 자릿수에서 2005년의 1.8%(陳彦彬, 馬莉莉, 2007)로 하락했다. 하지만 중국경제가 지속적으로 성장함에 따라 중국의 인플레이션율은 최근 몇 년 동안 낮은 수준에서 점차 높은 수준으로 상승했다. 특히 2006년 이후 인플레이션의 상대적인 고공행진은 광범위한 주목을 받으면서 열띤 토론을 유발했다.(陳彦彬, 2008)

  서브프라임 모기지론 위기(次貸危机)가 발생하는 바람에 우리나라 물가 인상 추세가 주춤하기는 했지만, 중국 정부가 경기회복을 위해 대규모 투자를 하면서 향후 경제에 인플레이션이 발생할 수 있는 한 가지 잠재적 위험을 남겨놓았다. 이 같은 경제상황에 직면한 중국이 얼마나 높은 인플레이션율을 유지해야 하는가? 중국 정부가 어떠한 통화정책을 강구해야 인플레이션율 통제 목표를 달성할 수 있는가? 이는 중국 정부가 해결해야 할 엄청난 난제였다. 이 같은 난제를 해결하려면 반드시 중국 인플레이션을 유발할 수 있는 메커니즘을 깊이 연구함과 아울러 인플레이션이 초래할 수 있는 영향에 대해 정확한 양적 분석을 할 필요가 있었다.

  전통적으로 보면, 중국학자들은 필립스곡선과 테일러 준칙(泰勒規則) 두 가지 방법을 도입하여 중국의 인플레이션 문제를 연구했으며, 또한 이미 큰 성과를 거두었다. 테일러 준칙 연구 방면에 있어서, 루쥔과 중단(2003)은 공적분검정 방법을 응용하여 중국에서의 테일러 준칙의 실용성을 고찰, 검정 결과에서 그들은 테일러 준칙이 우리나라 은행 간의 콜금리의 구체적인 추이를 정확하게 기술할 수 있어서 중앙은행이 통화정책을 제정하는데 근거로 충용할 수 있다고 밝혔다. 그러나 세핑

(謝平)과 뤄슝(羅雄, 2002)은 중국의 현황을 고찰하고 나서, 테일러 준칙이 중국 통화정책 중에서의 작용은 제한적이어서 중국 통화정책의 신축성을 비교하는 하나의 참조 기준으로만 삼을 수 있다고 밝혔다.

사실 테일러 준칙 연구 방법은 자체의 일련의 한계성으로 인하여 중국 인플레이션에 대한 연구 과정에서 발휘할 수 있는 역할이 아주 제한적이었다. 첫째, 테일러 준칙은 그 정확성이 산출갭에 대한 정확한 추정을 토대로 하여 구축되었다. 하지만 중국의 산출갭을 정확하게 추정한다는 것은 불가능한 일이다.[65] 둘째, 중국의 금리는 테일러 준칙의 가정 조건에 부합되지 않는다. 테일러 준칙이 응용하는 금리는 중앙은행에서 도구로 삼거나 정책 목표로 삼는 단기 명목 금리이지만, 중국은 규제금리를 위주로 하는 국가이기에 대출금리를 포함한 절대다수의 금리는 중앙은행이 결정한다. 이 같은 규제금리라는 조건에서 중국 통화정책 반응함수를 가지고 한 추정은 왜곡된 추정일 수밖에 없다. 따라서 테일러 준칙을 응용하여 중국 인플레이션을 연구한다면 편차가 생길 수밖에 없다.(세핑, 뤄슝 2002) 셋째, 테일러 준칙은 명목 금리와 산출갭, 인플레이션율 간의 관계만 고찰하였으므로 인플레이션이 초래한 영향을 종합적이고 포괄적으로 고찰할 수 없다. 넷째, 테일러 준칙은 일종의 경험적 추정일 뿐이므로 튼튼한 미시적 기초가 없다. 그러므로 테일러 준칙을 응용하여 중국의 인플레이션 문제를 연구할 경우, 설득력 있는 결론을 도출하기 힘들다.

테일러 준칙에 비해 필립스 곡선은 보다 튼실한 미시적 기초를 가지고 있으며,[66]

---

65) 중국 산출갭을 정확하게 추정하지 못하는 주요인은 다음과 같다.(1) 현재 학술계에서 잠재성장률에 대한 일치한 견해를 얻어내지 못한데서 학자별로 다른 기준을 도입하여 잠재성장률을 추정하고 있다.(2) 학술계에서 어떠한 방법을 도입하여 잠재성장률을 측정할 것인가 하는 문제에서도 일치한 견해를 얻어내지 못했을 뿐만 아니라, 기존의 여러 가지 방법에도 극복할 수 없는 결함들이 존재하고 있다.한편으로는, 추세를 제거한 추세분석, 성장률 계산 등과 같은 시계열 분석방법은 고려하는 요소가 적어 잠재성장률의 공급 측면을 구현하지 못하는데다가, 추세를 제거한 추세분석 방법은 강인성이 없어서 적합한 시기를 선택함에 있어서 아주 민감하다. 다른 한편으로, 생산함수 방법이 시계열분석 방법의 한계성을 극복할 수는 있지만, 데이터 질적 데이터에 대한 요구가 높기 때문에 완전고용(充分就業)이라는 요건 하에서의 자본 데이터와 노동력 데이터가 반드시 있어야 한다. 그러나 이런 데이터를 중국 통계 데이터 뱅크에서 얻을 수 없다.
66) 최초의 필립스 곡선은 미시적 기초가 없어서, 절대적으로 계량분석의 결과였다. 그러나 경제학의 발전, 그리고 거시경제학에서의 필립스 곡선의 지위가 지속 상승하면서 필립스 곡선의 미시적 기초도 끊임없이 강화되었다.

아울러 거시경제학 체계에서 주요소 중 하나이다. 따라서 중국의 많은 학자들이 필립스 곡선을 검정하고 발전시키려고 대량의 작업을 벌였으며, 또한 풍성한 성과를 거두었다. 천옌빈(2008)은 케인즈의 필립스 곡선 모델을 전개하여 기대인플레이션, 관성 인플레이션, 수요견인 등의 요소가 인플레이션 수준에 미치는 영향을 연구했다. 류수청(劉樹成, 1997)은 중국 1957년 이후의 시계열 데이터를 이용하여 고찰 기간을 많은 단계로 나눈 다음, 중국의 다섯 가지 대표적인 형상의 필립스 곡선을 고찰했다. 판충라이(范從來, 2000)와 자오버(趙博, 융쟈성(雍家勝, 2004)은 고찰 과정에서, 필립스곡선이 1995년 전에는 역 시계 방향으로 움직이다가 1995년 이후부터는 경제 환경의 특수성으로 인하여 시계 방향으로 움직인다는 것을 발견했다. 관련 연구 성과에서 알 수 있다시피, 필립스 곡선이 거시경제학의 발전 및 거시경제 정책을 채택하는데 엄청난 작용을 하기는 했지만, 필립스 곡선이라는 방법에만 의존해서는 중국 인플레이션을 제대로 이해할 수 없으며, 따라서 여전히 실행 가능한 정책적 건의를 제공하기 어렵다.

첫째, 중국 필립스 곡선에 관한 논쟁이 아주 심하다. 이는 주로 필립스 곡선이 중국 실정에 부합되느냐 하는데서 표현되고 있다. 대다수 학자들이 필립스 곡선 이론이 중국 상황에 부합된다고 인정하지만, 일부 학자들은 중국에 적용하는 것을 반대하는 입장을 보이고 있다.(류수청, 1997) 왕사오핑(王少平), 투정거(涂正革), 리즈나이(李子奈, 2001)는 다원 공적분 분석 이론과 관련 데이터를 이용하여 기대한바와 같이 늘어난 필립스 곡선(預期增广的菲利普斯曲線)을 중국에 적용할 수 있느냐를 고찰, 결과 중국 상황에 적용할 수 없다는 것을 발견했다.

둘째, 필립스 곡선이 튼튼한 미시적 기초를 가지고는 있지만, 거시경제의 변량에만 주목하기 때문에 인플레이션이 직접 개체에 미치는 영향을 고찰할 수 없다. 따라서 인플레이션을 종합적이고 포괄적으로 고찰하기 힘들다.

셋째, 필립스 곡선을 정확하게 구축하려면 시간을 뛰어넘는 안정된 일련의 시계열이 필요하다. 하지만 중국의 시계열 데이터는 일반적으로 개방개방을 시작한 후부터 시작된 데다가 중국의 정치제도와 경제체제가 이 기간 몇 차례 큰 변화를 경과했기에 분기 데이터나 월간 데이터를 이용한다면 몰라도 연간 데이터를 이용하여 필립스 곡선을 구축한다면 그 정확도가 반드시 떨어진다. 그러므로 필립스 곡선을 이용하여 중국 인플레이션을 연구하려면 데이터의 제한을 상당한 정도로 받게 된다.

넷째, 거시경제가 주기적으로 불확실한 상황에 봉착한다. 불확실한 상황에서 중국의 필립스 곡선을 정확하게 추정한다 하더라도 인플레이션에 상응한 최적의 통화정책을 채택하기 어렵다. 반대로 인플레이션 복지 분석은 불확실한 상황에서 정부의 정책적 목표 그리고 상응한 통화정책을 채택하는데 실행 가능한 제안을 할 수 있다.(자오전위 2006)

인플레이션 복지 분석은, 인플레이션의 복지비용에 대한 일종의 양적 분석 방법이다. 인플레이션의 복지비용은 인플레이션 상승으로 인해 손해를 본 개인과 가계, 사회의 복지 상황을 도량해 보았다. 인플레이션 상승은 개체와 가계의 의사결정 패턴을 변화시키면서 불필요한 손해를 초래하게 된다. 정부가 인플레이션 복지비용을 계산해야 최적의 인플레이션율과 상응한 통화정책을 보다 잘 책정할 수 있다. 하지만 인플레이션 복지비용은 보통 겉으로 드러나지 않아서 계산하기 아주 어려운 작업이다.(천옌빈, 마리리 2007) 거시경제학이 발전함에 따라 거시경제학자들은 통상 인플레이션 복지비용을 기대인플레이션의 복지비용과 예상치 못한 인플레이션의 복지비용으로 개괄하고 있다. 그중 기대인플레이션의 복지비용은 주로 구두창 비용(鞋底成本), 메뉴비용(菜單成本), 상대가격의 왜곡(相對物价變動的加劇), 저축에 대한 조세부담 증가(稅收負担的不合理分配) 등을 들 수 있다. 예상치 못한 인플레이션의 복지비용은 주로 자의적인 부의 재분배(財富的任意再分配)를 들 수 있다.[67]

---

67) 상세한 내용은 그레고리 맨큐의 '거시경제학'을 참고하라.

인플레이션의 이 같은 복지비용은 개념적으로 비교적 직관적이어서 정성분석을 하기는 아주 쉽다. 하지만 정량분석은 아주 복잡하고도 어려운 작업이다. 이리하여 경제학자별로 인플레이션 복지비용의 정성에 대한 인식은 거의 같기는 하지만 어떻게 인플레이션 복지비용을 정량하느냐 하는 문제에서는 경제학자별로 연구 방법이 흔히 다르다.[68]

베일리(Bailey, 1956)가 구축한 소비자잉여 분석법은 학자들이 인플레이션 복지비용의 정량분석에서 내디딘 첫걸음이었다. 소비자잉여 분석법에 따르면, 인플레이션 복지비용은 통화수요의 역함수 곡선의 아래쪽의 면적이다. 베일리는 이 정의를 도입하여 미국 6%의 명목금리 하에서의 인플레이션 복지비용이 국민소득의 0.3-1%쯤 된다는 계산 결과를 내놓았다. 소비자잉여 분석법과 소비자잉여는 개념적으로 일치성을 유지하면서 인플레이션 복지비용을 고찰하는데 편리를 도모해 주고는 있지만, 치명적인 결함도 가지고 있다. 즉 계산을 하려면, 명목금리가 변동할 때 통화수요 곡선의 위치가 변하지 말아야 한다는 전제조건이 붙는다. 이러려면 가계의 실질 잔액의 한계효용(邊際效用)이 기타 상품의 수요로부터 독립해야 한다. 따라서 소비자잉여 분석법은 인플레이션 복지비용을 정확하게 기술할 수 없다.(Laidler,1990)[69]

이 같은 결함을 미봉하고자 일반균형의 각도로부터 연구한 다양한 방법들이 연이어 제기되었다. 그중 Cooley)와 Hansen(1989)은 화폐 선불(Cash in advance, CIA) 제약 내용이 들어있는 일부분 확률론적 성장 모형(單部門隨机增長模型)을 성립함으로써 최초로 인플레이션 복지비용의 정량 고찰을 일반균형 모형에 포함시켰다. 이 같은 모형의 계산에 따르면, 인플레이션율이 10%일 때의 복지비용은 총생산의

---

(68) 인플레이션 복지비용에 관한 정량연구 방법은 「경제연구」 2007년 4호에 실린 천옌빈, 마리리의 글 '중국 인플레이션의 복지비용 연구'를 참고하라.

(69) 소비자잉여 분석법이 가지고 있는 결함의 데이터 해석은 Imrohorolu A,'The Welfare Cost of Inflation Under Imperfect Insurance', Journal of Economic Dynamics and Control,Vol. 16, No. 1, pp. 79를 참고하라.

0.33%를 차지했다. 이후 화폐 모형(Money in utility, MIU)이 개체적 화폐보유의 동기를 기술하는 면에서 화폐 선불 제약 모형(CIA model)보다 어느 정도 발전한데서 화폐 모형(MIU model)이 인플레이션 복지비용을 계산하는데 더욱 활용되었다.[70] Lucas(2000)는 일반균형 모형의 화폐 모형을 구축하여, 인플레이션율이 10% 수준 이하일 경우, 대응하는 복지비용이 소비총량의 1.3%를 차지한다는 연구 결과를 얻어냈다.

인플레이션을 깊이 이해하고자 많은 학자들이 소비자들이 화폐보유의 동기를 기술할 수 있는 미시적 메커니즘을 가일 층 찾아보았다. 이를테면 McCallum과 Goodfriend(1987)는 시간과 화폐가 공통으로 소비자들에게 거래 서비스를 제공하고, 또한 화폐와 시간 간에 대체가 가능하다고 가정함으로써, 보다 미시적인 각도에서 소비자의 수요함수를 구축했다. 그러나 Logos와 Wright(2005)는 화폐 수요(貨幣搜尋)라는 각도에서 일반균형 모형을 구축, 계산 결과에 따르면, 10%의 인플레이션 수준이 제로 인플레이션의 복지비용보다 소비수준이 약 3%-5% 높았다.

인플레이션 복지비용을 계산하는 방법이 다양해지는 했지만, 이 같은 방법에 의한 전통적인 연구 모두가 대표적인 모형의 구조 속에서 전개되었다. 이런 모형의 구조에서 가계가 동질적이고 가계와 개체는 똑같은 선호와 상등한 기대 인플레이션을 가지고 있어서 모형 중의 모든 개체에 미치는 인플레이션의 영향이 동질적이다. 하지만 실생활에서 인플레이션이 계층별로 미치는 영향은 다르다. 예컨대, Doepke와 Schneider(2006), Meh)와 Terajima(2008)는 각기 미국과 캐나다의 미시적 데이터를 이용하여 인플레이션의 자산 재분배 효과를 고찰했는데, 계량 결과를 보면, 적정 인플레이션이라 할지라도 노인 가계의 자산이 젊은이 가계로 대량 이전하도록 하며, 정부의 수익이나 해외 예금자들의 수익 역시 인플레이션에서 대폭

---

70) 화폐 선불 제약 모형에서 화폐가 발휘할 수 있는 유일한 기능이 거래 매개물 역할을 하는 것이어서 소비자는 거래를 발생할 때만 화폐를 보유한다. 하지만 화폐 모형에서 화폐는 직접 개체의 효용함수 중에 진입할 수 있다. 이는 화폐 모형으로 하여금 보다 광의적인 각도에서 화폐가 발휘할 수 있는 작용을 이해할 수 있게 했다.

감축했다. 대표적인 개체가 실생활에서 인플레이션의 이질적인 영향을 기술할 수 없기 때문에, 대표적인 모형을 가지고 인플레이션의 복지비용을 포괄적으로 고찰하는 것이 가장 적절한 방법은 아니었다.

바로 이 같은 생각에서 갈수록 많은 학자들이 인플레이션 복지비용의 이질성을 고찰할 수 있는 이론 모형을 구축하기 시작했고, 또한 꽤나 풍성한 성과를 거두었다. 예컨대, Erosa와 Ventura(2002)는 모형에 서민층 가계와 상류층 가계의 현금거래와 신용거래 방식을 가지고 분석을 진행, 상류층 가계는 주로 신용거래 방식을 활용하기에 인플레이션으로 인한 복지 손해가 적은 반면, 서민층 가계가 입은 손해는 상류층의 두 배나 된다는 계산 결과를 얻어냈다. Cysne(2006)는 오히려 물품 구매 시간 모형에 생산성이 다르고 거래 효율이 다른 가계를 도입하여 분석을 진행, 모형이 발생한 인플레이션 복지비용이 전통적인 물품 구매 시간 모형과는 크게 다르다는 계산 결과를 얻어냈다. Doepke와 Schneider(2006b), Meh 등(2010)은 실생활에서 연령대가 다르고 보유하고 있는 자산이 다르며, 자산 보유 구조가 어느 정도 차이가 있는 계층의 모형을 범위에 포함시켜, 예상치 못한 인플레이션의 변화가 계층별에 미친 영향의 차이를 고찰했다.

인플레이션이 계층별에 미치는 영향을 기술할 수 없고 대표적인 개체모형이 인플레이션의 복지비용을 정확하게 도량할 수 없어서 실행 가능한 정책적 건의를 할 수 없기 때문에, 인플레이션의 이질적인 영향을 기술할 수 있는, 개체가 이질적인 모형만이 인플레이션을 이해하고 통화정책을 제정하는 바탕으로 될 수 있었다. 오랫동안 도시와 농촌 간의 발전 격차가 엄청나게 벌어져 있는 중국으로 보면 더욱 그러하다.

오랫동안 중국은 도시에 투자하는데 치우쳤기에 공업이 신속히 성장하면서 공산품 공급은 급증했지만, 농업 생산은 그 발전이 뒤떨어져 '하늘에 의지해 농사를 짓는' 상황을 개변하지 못한데서 농산물 공급의 증가폭이 느려졌다. 이에 대응하여 공산품의 수요는 광범위한 농촌 시장을 충분히 개발하지 못한데에서 상대적으로 하락했지만, 농산물 수요는 고정된 수요(需求剛性)로 인하여 급증했다. 이 같은 수급시스템은 중국에 그래프 13-1과 같은 구조적 인플레이션이 나타나게 했다. 즉 농산물 가격 상승폭이 공산품 가격 상승폭보다 높은 상황을 초래했다.[71]

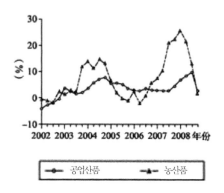

그래프 13-1 공산품 가격과 농산물 가격 상승률
자료 출처: 공산품 가격 상승률은 중국경제넷 통계 데이터 뱅크의 공산품 출하 가격 월간 동기대비 상승률 데이터를 평균으로 하여 구했고, 농산물 가격 상승률은 농산물 생산 가격의 분기 동기대비 상승률을 그대로 도입했다.

이와 동시에 중국 농촌은 도시보다 개발이 뒤떨어지고, 농촌 주민들의 자산 증가폭이 도시 주민들보다 느린 원인으로 인하여 농촌 주민들의 소비 수준과 도시 주민들의 소비 수준에 엄청난 격차가 생겨났다. 그래프 13-2에서, 농촌 주민들의 엥겔 지수와 도시 주민들의 엥겔 지수 비율의 상승은, 도시 주민들의 소비 수준은 향상되었지만, 농촌 주민들은 여전히 의식주 등의 전통적인 소비 수준에 머물러 있다는 것을 말해주고 있다. 이 같은 상황은 농촌 주민들은 대부분 가처분소득을 농산물을 구매하는데 사용한다는 것을 의미한다. 따라서 농산물 가격의 상승으로 인하여 농촌 주민들의 자산 감소 정도가 도시 주민들보다 엄청 높다. 우리나라 도

---

71) 구조적 인플레이션을 통해서도 농산물 가격 상승률이 전반적 인플레이션율보다 높다는 것을 알 수 있다. 루펑과 펑카이샹(2002)은 중국 곡물 가격과 전반적 물가 데이터를 가지고 공적분 분석을 진행, 우리나라의 전반적인 인플레이션율 상승이 곡물 가격의 지나친 반응을 불러올 수 있다는 사실을 발견했다.

농 이원화 개발시스템(城鄉二元發展体制)이 생성한 구조적 인플레이션은 '서민들의 자산은 줄어들게 하고 상류층의 자산은 늘어나게 하는'(劫貧濟富) 작용을 하였다. 이 같은 구조적 인플레이션이 존재하는 상황에서 적정 인플레이션 수준 역시 농촌 주민들의 자산을 대폭 줄어들게 하여 사회 복지의 더욱 큰 손해를 초래한다. 그러므로 중국 인플레이션을 연구함에 있어서 이질적인 개체를 포함하고 있는 모형을 도입해야 만이 우리나라 통화정책을 제정하는데 실행 가능한 정책적 건의를 제출할 수 있다.

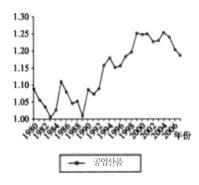

그래프 13-2 도농 간 엥겔지수 차이
자료 출처: China InfoBank(中國資訊行)

그러나 전통적인 분석 방법 중의 대표적인 모형을 이질적 개체 모형으로 전환한다 하더라도 이렇게 구축한 모형을, 인플레이션을 이해하고 통화정책을 채택하는 근거로 삼을 수는 없다. 그러한 주요인은 기존의 대표적인 개체 모형의 구조 하에서, 모형이 시장은 완전하다는 가설을 은연중 내포하고 있기 때문이다.

하지만 하나의 완전시장에서 경기모형 중의 개체가 선호도, 자산 보유, 작업 효율 등의 방면에서 차이가 존재한다 하더라도 총합 후의 거시경제 변량은 자산분포와 무관하다.(Heathcote 등, 2010) 그러므로 하나의 완전시장 경제에서 인플레이션이 자산 재분배 효과를 초래한다 하더라도 경기 전반에는 영향을 미치지 못한다. 이는 분명 실생활 속의 상황과는 큰 차이가 존재하기 때문이다. 대표적인 개체 모형 구조 하에서의 완전시장이라는 가설을 포기해야 만이 완전시장이라는 각도에서 인플레이션과 기타 거시경제 변량 간의 관계를 이해할 수 있다.

불완전 금융시장이란, 효용 극대화의 개체가 최적의 포트폴리오를 실현할 수 없어서 자율적인 포트폴리오를 통하여 리스크를 최대한도로 분산할 수 없는 시장을 말하는데, 소비자들은 안전하고 안정적인 소비를 실현하려면 예비적 저축(預防性儲蓄)이라는 방식을 선택할 수밖에 없다. 불완전 금융시장은 개체의 자산 보유량과 보유 형식에 영향을 미친다. 따라서 불완전 금융시장과 인플레이션 복지비용은 반드시 긴밀히 연계되어 있다. mrohorolu(1992)는 실업보험이 존재하지 않는 하나의 불완전 금융시장 모형을 가지고 소비자가 화폐를 보유하는 것은 안정적인 소비를 통해 리스크를 줄이기 위하는데 있다는 분석을 진행, 여기에서 계산해낸 5% 수준의 인플레이션 복지비용이 잉여법(剩余法)을 가지고 계산해낸 복지비용의 5배나 된다는 결과를 얻어냈다. Chiu와 Molico(2008)는 금융시장의 불완전성을 화폐 수요 이론 모형과 결부하여 분석을 진행, 금융시장의 불완전성이 장기간 존재하면 인플레이션 복지비용을 인하할 수 있다는 결과를 얻어냈다. Algan, Challe와 Ragot(2009)는 불완전 금융시장에서 인플레이션과 총생산 간의 관계를 고찰, 인플레이션이 자산을 상류층으로부터 서민층으로 전향하도록 하여 상류층의 노동력 공급을 진일보적으로 늘리면서 전체 노동력 증가와 총생산 상승을 초래한다는 것을 발견했다. Algan과 Ragot(2009)는 차용제약(借貸約束)을 포함하고 있는 이질적 개체 모형을 통해 인플레이션과 자본 누적 간의 관계를 고찰, 차용제약과 개체 이질성의 존재가 소비자로 하여금 별도의 동력으로 자본 누적을 진행하게 하여 인플레이션이 자본 누적에 영향을 주게 되면서, 인플레이션이 장기간 진행되는 가운데서도 화폐의 비중립성이라는 것을 발견했다. 개발도상국인 중국에 있어서, 금융시장이 선진국보다 더 많은 불완전성을 가지게 된다.

중국을 비롯한 많은 신흥국의 금융시스템이 흔히 각종 법규의 규제로 인하여 금융상품이 많지 않은 것이 그 주요 요인이다.(李俊靑, 韓其恒 2010) 금융시장의 불완전성으로 인하여 중국 가계의 대차가 큰 제약을 받고 있다.(李銳, 李寧輝, 2004; 朱信凱, 劉江, 2009, 劉西川, 鄭恩江, 2009) 안정적인 소비를 위해 중국 주민들은 부득불 예비적 저축을 늘릴 수밖에 없다. 롱즈허(龍志和), 저우하오밍(周浩明, 2000)과 스 화이(施建淮), 주하이팅(朱海婷, 2004)의 계량분석 결과에 따르면, 중국 주민들은 확실히 예비적 저축을 하는 경향이 존재하고 있다. 양뤼다이(楊汝岱), 천빈카이(陳斌開, 2009)는 고등교육(高等敎育) 구조조정과 주민들의 예비적 저축 간의 관계를 진일보적으로 고찰했고, 이싱젠(易行健)과 왕쥔하이(王俊海), 이쥔젠(易君健, 2008)는 중국 농촌 주민들의 예비적 저축 동기에서 나왔다고 했고, 동시에 중국 농촌 주민들에게 확실히 아주 높은 예비적 저축 동기가 존재한다는 것을 발견했다. 류진취엔(劉金全)과 사오신웨이(邵欣煒), 추이창(崔暢, 2003)은 중국 주민들의 저축 중 약 20%가 예비적 저축 동기로 인해 발생했으며, 아울러 유동성 제약이 의연히 강화되고 불확실성이 날로 증강되는 바람에 중국 주민들의 예비적 저축 동기 역시 날로 증강하고 있다는 것을 진일보적으로 발견했다.(杜海韜, 鄧翔 2005) 그러므로 중국 인플레이션의 복지비용에 대해 양적 분석을 하는 과정에 중국의 금융시장 불완전성이라는 이 요소를 반드시 고려해야 한다.

시장 불완전성과 개체 이질성을 포함하고 있는 통합적인 모형 구조를 이용하여 우리나라의 인플레이션 복지비용을 연구하기 위해 본장에서는 Bewley 모형을 구축했다. 이런 모형은 Bewley(1983)가 처음으로 구축했고, 그 후 Huggett(1993), Aiyagari(1994) 그리고 Krusell와 Smith(1998) 등이 점차 발전시켰다. 이런 모형에서 개체는 이질적인 소득이라는 위험에 봉착하기는 하지만, 보험시장의 불완전성이 개체가 소득 위험에 대해 완전한 보험을 하지 못하도록 하기에 안정적인 소비를 위해 개체는 보유 자산을 통해 자가 안전을 달성할 수밖에 없다. 그리하여 예비적 저축을 하게 된다. 아울러 개체마다 소득 위험에 봉착했던 과거가 다르기에 개체의 자산 보유량도 어느 정도 차이가 생긴다.

이로 인해 모형에 일정한 자산분포가 내생하게 된다.[72] 본장에서는 구체적인 모형을 구축하는 과정에서 개체가 자체 포트폴리오를 하는데 유리하도록 화폐, 실물자산, 노동력을 선택함과 아울러 Bewley 모형에 포함시켰다. 개체의 소득 피해 경험이 다름에 따라 자산 보유량도 어느 정도 차이가 나기에 보유하고 있는 포트폴리오도 어느 정도 차이가 생긴다. 이렇게 되면 모형에 인플레이션의 이질적인 영향이 내생하게 된다. 더 나아가 인플레이션 수준이 다름에 따라 개체의 자산 보유량이 다르고, 동시에 선택한 작업 시간에도 큰 차이가 생기면서 경제 전반 중의 총자본 공급과 노동력 공급에 어느 정도 차이를 초래한다. 이는 경제의 총체적 생산이 인플레이션 수준의 영향을 받는다는 것을 의미한다. 그리하여 역시 인플레이션의 영향을 받는 경제 총생산시스템을 직접 구축했다.

이와 같은 일반균형 모형을 통하여 본장에서는 인플레이션이 각기 다른 계층별에 미치는 상이한 영향을 상세히 고찰함으로써, 일반적인 연구보다 더욱 세밀하게 중국 인플레이션의 복지비용을 기술했다.

본장에서 배열한 나머지 부분의 구조는 다음과 같다.

제2절 기술 모형은 본장의 모형을 구축한 부분이다. 제3절 매개변수 조정은 본장 모형의 매개변수를 조정한 부분이다. 제4절에서는 모형의 추정 결과를 내놓음과 아울러 인플레이션의 복지비용을 중점적으로 고찰했다. 제5절 결론과 전망에서는 본장 연구에서의 주요 단점과 향후 발전에 대해 일부 사고의 방향을 제시했

---

72) Bewley 모형에 관한 소개 및 상관 연구 결과는 천옌반, 츄저성, 리팡싱의 글 '거시 경제학의 신 규 발전: Bewley 모형'(「경제연구」 2010년 7호.)을 참고하고, 만약 이질적 개체의 각도에서 더욱 넓게 Bewley 모형을 이해하려면 Henriksen, E., and F. E. Kydland.'Endogenous Money, Inflation and Welfare', Review of Economic Dynamics, 2010, Vol. 13, No.2, pp. 470486을 참고하면 된 다.

다. 부록에서는 본장의 계산방법, 그리고 일부 상응한 계산 결과를 내놓았다.

2. 기술 모형(模型描述)

중국의 인플레이션 복지비용 및 인플레이션이 계층별에 발생하는 복지 손해를 초보적으로 고찰하고자 본장에서는 Imrohorolu와 Prescott(1991), Imrohorolu(1992), Algan과 Ragot(2009)의 사상에 따라 이질적인 개체를 포함하고 있고 대차 제약을 포함하고 있는 Bewley 모형을 구축했다. 하지만 본장에서 구축한 Imrohorolu 와 Prescott(1991), Imrohorolu(1992) 중의 모형은 현저히 다르다. (1) Imrohorolu and Prescott(1991)과 Imrohorolu(1992)의 모형은 사실상 하나의 부존자원(稟賦經濟)이어서 자원 속에 생산 부문을 포함하지 않고 있었다. 따라서 인플레이션으로 인한 영향을 고찰할 방법이 없어서 본장에서는 이 연구의 토대 위에 생산 부문을 첨가함으로써 인플레이션이 총생산에 미치는 영향, 나아가 주민들의 소비 의사 결정에 영향을 주는, 내적 메커니즘을 모형에 포함시켰다.[73] (2) Imrohorolu and Prescott(1991)과 Imrohorolu(1992) 모형은 화폐를 예비적 저축이라는 기능에서만 고찰했지만, 본장에서는 Sidrauski(1967)의 모형을 구축할 때의 사고의 방향에 따라 화폐의 한계 효용(MIU)을 포함하고 있는 모형을 구축했다.

그리하여 사실상 화폐의 거래 매개물 기능과 소비의 안정적 기능을 모두 모형에 포함시켰다. (3)Imrohoroglu와 Prescott(1991), Imrohorog(1992)와 그 밖의 좀 다른 점이라면 본장에서 여가(Leisure)를 효용함수에 포함시킨 것이다. 즉 여가를 선택하는 것이 여러 가지 리스크 충격을 막아내는 한 가지 방식으로 되었다는 말이다 (Heathcote 등 2009). (4)Imrohoroglu and Prescott(1991)과 Imrohoroglu(1992) 모형

---

[73] 인플레이션 복지비용을 연구하는 과정에서 인플레이션과 총생산 간의 관계를 마땅히 모형 중에 포함 시켜야 한다. 이는 아주 중요한 일이다. 이와 관련된 논술은 Gomme, P.'Money와 Growth Revisited의 Measuring the Costs of Inflation in an Endogenous Growth Model'(Journal of Monetary Economics, 1993, Vol. 32, No.1, pp. 5177), Temple, J.'Inflation and Growth: Stories Short and Tall'(Journal of Economic Surveys, 2000, Vol. 14, No.4 pp. 395426)을 참 고하라.

중에는 화폐라는 한 가지 자산만 존재하지만, 본장의 모형에는 화폐 외에 화폐자본도 존재한다. 총체적 구조로 볼 때, 본장은 정부의 정책적 배치를 제외한, 모형의 기타 구조가 Algan과 Ragot(2009) 모형과 아주 비슷하다. Algan과 Ragot(2009)의 글에서 인플레이션이 경제 중에서의 총자본 누적에 미치는 영향을 고찰하기는 했지만, 본장의 연구 목적과는 어느 정도 다를 수 있다.[74]

1) 가계 문제

이 모형은 기준을 1로 하는 연속 가계로 조성되었고, 각 가계는 모두 생존 기한을 정하지 않았으며, 또한 단기(單期) 효용함수 형식이 모두 일치하다. 단기 효용함수는 주로 소비, 여가 그리고 보유하고 있는 실질화폐에서 가져왔다. 하지만 매개 가계의 노동 생산성, 실질화폐 보유량, 보유하고 있는 생산 자본량은 다르다. 따라서 가계에서 의사를 결정하는 목적함수를,

$$\max E0 \left[\text{"}\Sigma\text{"} \top_{(t=0)} \right] \bot \text{"""} \beta \text{""}^t U'(\text{"}c_t\text{"},\text{"} m \bot \sim_t/p_t \text{"};\text{"}L_t\text{"})(\text{'}13\text{'} - \text{'}1\text{'})\text{"}$$

이라는 식에서, $0 \langle \beta \langle 1$은 가계의 주관적 할인 요인을 표시하고, $E0$는 가계가 제0 기간의 정보를 기반으로 하여 구축한 예기를 표시하며, c_t, l_t와 $/p_t$는 각기 가계가 시각 t의 소비수준, 작업 시간, 보유하고 있는 실질화폐 수준을 표시한다고 가설했다. 그리고 함수 $U(\cdot)$는 단기 효용함수를 표시하고, 함수 중의 개개 변수를 모두 연속 도출할 수 있다고 가설했다.

효용함수가 효용함수의 일반적 성질을 충족시킴과 아울러 균형성장과 일치함을 유지하며, 동시에 인플레이션의 복지비용을 계산하는 난이도를 줄이기 위해 본장에서는 Casta eda 등(2003)과 Lucas(2000) 중 단기 효용함수의 설정 사상을 결부하

---

74) 본장의 연구 목적은 인플레이션 복지비용을 고찰하는데 있다. 그중 인플레이션이 경제 중의 총자본 누적에 영향을 주고, 나아가 총생산에 영향을 주는 이 같은 메커니즘도 본장의 고찰 범위에 넣었다.

여 시각t 개체의 효용 표현을:

$U(c\_t$ ";" $m\perp\sim\_t/p\_t$ ";" $L\_t)=\{\blacksquare ([c^\wedge\eta \ (m\perp\sim\_t/p\_t)^\wedge(1^{"-"}\eta)]^\wedge(1^{"-"}\sigma)^{"-"}1]/\vdash 1^{"-"}$ $\sigma\dashv +\chi\ (1^{"-"}l)^\wedge(1^{"-"}\varphi)/((1^{"-"}\varphi)))$ ", " $\sigma\neq 1@\eta lnc+(1^{"-"}\eta)ln(m\perp\sim\_t/p\_t)+\chi\ (1^{"-"}l)^\wedge(1^{"-"}$ $\varphi)/((1^{"-"}\varphi)))$ ";" $\sigma=1\dashv$ (13—2) 이라 했다.

위의 식에서, σ는 일정 상대 위험 회피 계수(常相對風險規避系數), η과 χ는 각기 소비와 여가의 가중치 계수를 표시한다. 그리고 φ(그중 φ≠1)는 효용함수 중에서 의 여가의 곡률을 표시한다.

식을 통해 알 수 있다시피, 이 효용함수는 소비, 실질 보유 화폐 잔액, 여가 등 변수에 대해 0보다 큰 일계도함수도 만족시키고 0보다 작은 이계도함수도 만족시켰다. 이는 이 효용함수가 한계 효용 체감의 법칙(邊際效用遞減原理)에 만족을 준다는 것을 설명한다.

2) 생산 문제

완전경쟁시장이고, 동시에 시장의 생산 기술을 콥-더글러스 생산함수(柯布—道格拉斯 生産函數)를 통하여 내놓았다고 가정할 경우, 전반적인 시장생산을 한 대형 공장에서 하는 생산이라고 간주할 수 있다.

시각t의 사회 총자본을 K_t라 하고, 사회 총 노동력을 L_t라고 한다면, 시각 t의 사회전 총생산을 $Y_t=A(K_t)\alpha(L_t)1-\alpha$ (13—3) 로 표시할 수 있다.

완전경쟁시장이라는 상황 하에서 자본과 노동력의 가격은 한계 생산으로부터 도출할 수 있다. 따라서 모형에서의 노동력의 수익률 w_t와 생산 자본의 수익률 r_t를 각기 $w_t=(1-\alpha)A(K_t)\alpha(L_t)-\alpha$ (13—4), 그리고 $r_t=\alpha A(K_t)\alpha-1(L_t)1-\alpha$ (13—5)로 표시할 수 있다.

3) 외생적 충격

이 모형에 거시적 경제 파동을 포함하지 않았지만, 개체는 이질적인 직업효율이라는 충격에 봉착할 수 있다. 본장에서는 작업효율의 대수가 1계 자기회귀 과정을 따른다고 가정하고, 개체의 시각 t의 작업효율을 εt라고 가정할 경우, 연산 방정식을 $\ln \varepsilon t = \rho \ln \varepsilon t{-}1 + vt$, $vt \sim N(0, \sigma\_\varepsilon{}^2)$ (13—6) 이라 할 수 있다.

위의 식에서, vt는 개체 작업효율이 시각 t의 무작위 충격을 표시, 기대 만족도는 0, 분산은 $\sigma\_\varepsilon{}^2$이라는 정규분포이다.

개체 작업효율의 연산 방정식을 알고 있는 상황에서, Tauchen(1986)의 방법을 도입하여 이산화하여, 천이확률행렬(轉移槪率矩陣) Pε과 안정 분포를 구할 수 있다.

4) 정부 문제

기존 문헌의 연구 성과에 따르면, 정부의 재정 정책이 다르고 통화정책이 다름에 따라 흔히 인플레이션 복지비용에 미치는 영향이 크게 다르다. 하지만 정부의 재정 정책과 통화정책이 인플레이션 복지비용에 미치는 영향은 본장에서 주목하는 핵심이 아니다. 따라서 본장에서는 정부의 직능을 모형에서 최대한 간소화했다.[1]

---

1) 정부의 통화정책이 인플레이션 복지비용에 미치는 영향에 관한 토론은 Meh, C. A., and Y. Terajima,'Inflation, Nominal Portfolios and Wealth Redistribution in Canada'(Bank of Canada Working Paper, 2008, No. 200819) 를 참고하고, 정부의 재정 정책이 인플레이션 복지비용에 미치 는 영향에 관한 토론은 Gomme, P.'Measuring the Welfare Costs of Inflation in a Life-cycle Model'(Concordia University Working Paper, 2008, No. 08001)을 참고하기 바란다.

Freeman, Henriksen과 Kydland(2010)의 모형에서 정부 직능의 간소화 방법에 따라 본장에서는 정부가 모형에서 통화 공급만 규제한다고 가정했다.

모형에서 통화량의 연산 법칙을 Mt=(1+μ)Mt-1　(13—7) 로 표시할 수 있다.

위의 식에서, Mt는 모형 중의 제7기간의 명목 총통화를 표시하고, μ는 모형 경제 모형 중의 명목 통화량 증가폭을 표시한다.

정부는 화폐를 인쇄하고 공급하는 과정에서 흔히 수익을 얻는다. 정부의 상이한 재정 정책이 모형 분석 결과에 영향을 주는 것을 될 수 있는 한 방지하고자 본장에서는 정부가 통화 공급에서 얻는 수익을 모형 중의 매개 가계에 평균 분배했다고 가정했다. 모형 중의 매개 가계의 수량을 1로 표준화한 만큼, 매개 가계가 얻은 이전 지출 수량을 곧 정부가 얻는 총수익으로 했다. 시각 t에서 매개 가계가 정부로부터 얻은 명목 지출 수량을 χt라고 가정할 때, 정부의 예산제약(預算約束) 균형 등식은 응당 χt=μ Mt-1　(13—8) 이다.

5) 시장 제도 배치

이 모형이 제시한 것은 불완전시장의 경제이다. 보험시장이 불완전하기에 가계는 시장으로부터 완전한 보험을 얻을 수 없다. 하지만 개체는 화폐를 보유하거나 생산 자본, 그리고 근무시간을 조정하는 방법을 통하여 각종 리스크를 막으면서 소비 평탄화(平滑)라는 목적을 달성할 수 있다. 본장에서는 부분적 대차 활동을 가계의 생산 자본의 형식으로 진행한다고 가정함과 아울러 모형 중의 가계가 보유하고 있는 명목 통화량이 마이너스가 아니라고 가정했다. Aiyagari(1994)의 이론에 따르면, 시장 운영이 불완전하다는 것을 보증하기 위해서는 가계가 보유하고 있는 생산자본 하한이 반드시 이나다 조건(Inada條件)으로 도출한 자연적 대차 규제보다 낮지 말아야 한다.

이와 동시에 Huggett(1993)와 Aiyagari(1994)가 도출한 결과에 따르면, 생산자본의 순수익이 가계의 시간 선호율보다 낮기만 한다면, 가계의 생산자본을 보유하고 있는 시간 추이가 무한하지 않으며, 그리고 자본 보유에서의 상한이 존재한다. 다른 한편으로는, 화폐가 인플레이션의 영향으로 말미암아 장기간 동안 가치기 하락하게 되므로 개체가 보유하고 있는 실질화폐 역시 상한이 존재한다. 한 마디로 말하면, 가계가 보유하고 있는 실질 자산 총량은 상한이 틀림없이 존재한다.

6) 벨만 방정식(貝爾曼方程)

상술한 가정의 전제조건 하에서 가계 소득원을 임금 소득, 자본 소득, 정부의 이전 지출 소득 세 부분으로 나누고, 가계의 지출을 소비와 저축 두 부분으로 나누었다고 가정했다. 그중 정부의 저축을 생산자본과 화폐 두 가지 형식으로 진행한다고 가정했다.

가계가 시각 t 초에 보유하고 있는 생산자본 스톡(存量)을 at, 보유하고 있는 명목화폐 스톡을 mt-1, 생산자본의 감가상각률을 δ, 시각 t 상품의 가격을 pt라고 가정한다면, 시각 t 가계의 예산지약 방정식을,

$$ptct+ptat+1+mt=mt-1+\chi t+ptwtlt\varepsilon t+pt(1+r-\delta)at \qquad (13—9)$$ 로 나타낼 수 있다.

식(13—7) 중의 정부 예산제약 평형을 식(13—9) 중에 대입한다. 이와 동시에 시각 t의 개체 가계가 보유하고 있는 실질화폐 비축량과 경제 모형 중의 실질 전체 화폐 스톡을 각기 mt와 Mt로 표기하고, 또한 시각 t의 경제 모형 중의 인플레이션율을 πt라고 가정한다면, 식(13—1) 중 가계의 예산제약 방정식을

$$ct+at+1+mt=(m_{(t"-" 1)}+\mu M_{(t"-" 1)})/(1+\pi_t)+wtlt\varepsilon t+(1+rt-\delta)at \qquad (13—10)$$
로 수정할 수 있다.

식(13-9)의 예산제약 방정식에서 알 수 있다 시피, 개체의 저축은 화폐 잔액과 생

산자본 두 가지 형식으로 보유하고 있다. 하지만 다음 기간의 초기에 들어선 후 어떠한 형식으로 자산을 보유하던 간에 다음 기간의 의사 결정에 아무런 영향도 발생하지 않는다. 따라서 모형 계산에서의 상태 변수를 낮추기 위하여 본장에서는 개체가 시각 t 초기를, $q_t = m_{(t-1)}/(1+\pi_t)+(1+r_t-\delta)a$ (13—11)로 표기했다.

이 경제 모형에는 전체 파동을 포함하지 않았으므로, 안정적 상태에서 전반적인 경제의 개체 상태의 결합분포(聯合分布)가 당연히 안정적이다. 즉 이 결합분포는 시간의 변화에 따라 변하지 않는다. 그러므로 안정적 상태에서의 가계 자산 보유량과 가계 작업효율의 결합분포를 $\lambda(q,\varepsilon)$라고 가정할 수 있다. 아울러 전체 경제 모형의 결합분포를 알고 있다는 조건 하에서 경제의 사회적 전체 노동력, 사회적 전체 생산자본, 그리고 가계의 전체 실질화폐 보유량을 도출할 수 있다. 이 부분의 분석을 통해, 가계의 결정함수의 상태변수는 주로 가계 자산 보유량과 가계 작업효율로 구성되었으며, 가계는 각 기간에 처해있는 상태에서 최적의 소비, 최적의 생산자본 보유량, 최적의 실질화폐 보유량, 그리고 시장에서의 근무시간을 결정한다는 것을 알 수 있다. 가계의 함수 최적치를 V라고 가정할 경우, 가계(동적) 최적의 벨만 방정식을,

$$V(q,\varepsilon)=\max_{(c',\ a',\ m',\ l)} \{U(\ c',\ m',\ l) +\beta E[\ V(\ q',\ \varepsilon') | (\ q',\ \varepsilon')]\} \ (13—12)$$

$$c+a'+m'=q+(\mu\ M)/(1+\pi)+wl\varepsilon \ (13—13)$$

$$q'=m' /(1+\pi)+(1+r-\delta)a' \ (13—14)$$

$$m' \rangle 0 \ (13—15)$$

$$a' \lfloor a,a \rfloor \ (13—16)$$

이라 할 수 있다.

위의 식에서, a와 ā는 각기 가계 생산자본 보유의 하한과 상한을 표시하고,

a'와 m'은 가계가 다음 기간 초기에 실제로 보유하고 있는 생산자본 스톡과 화폐자본 스톡을 표시한다. 가계의 값을 구하는 이 동적 계획 문제에서, 당기 상태 공간상에서 구축한 한 조의 정책 함수를 얻은 다음, 개체의 최적 정책 함수를 $\{c(q,\varepsilon),a'(q,\varepsilon),m'(q,\varepsilon),l(q,\varepsilon)\}$로 나타내었다.

7) 경쟁적 평형 재귀

이 경제 모형의 경쟁적 평형 재귀(遞歸)는 가계의 함수 최적치 $V(q,\varepsilon)$, 가계 최적의 정책 함수 $\{c(q, \varepsilon), a'(q, \varepsilon), m'(q, \varepsilon), l(q, \varepsilon)\}$, 개체 상태로 구성된 안정적 결합분포 (q,ε), 자본과 노동력 요소의 가격 $\{r, w\}$, 모형 중의 거시 경제 변수 $\{K, L, M, \pi\}$ 공동으로 구성되었다. 이 부분들이 반드시 만족시켜야 할 조건들은,

(1) 경제 모형 중의 전체 노동력, 총자본과 보유하고 있는 전체 실질화폐를 가계의 결정을 통해 총합하여 구해야 한다.

즉,

$K = \int a d\lambda$ (13-17)

그리고

$L = \int l\varepsilon d\lambda$ (13-18)

이밖에

$M = \int m d\lambda$ (13-19)이다.

주목할 점은, 식(13-18)은 동시에 노동력 시장 청산이라는 조건이지만, 식(13-19)는 화폐 시장이 청산이라는 조건을 보장한 것이다.

(2) 주어진, 개체 상태로 조성된 안정적 결합분포 λ(q,ε), 총자본 K, 전체 노동력 L, 전체 실질화폐 M, 그리고 노동력 가격(임금) w와 자본 가격(자본수익률, 資本价格) r이라는 상황에서 개체가 구해야 할 계획 문제는 식(13—12)이다.

(3) 제품시장을 청산할 수 있어야 한다. 즉

$$\int c(q, \varepsilon)d\lambda(q, \varepsilon)=K\alpha(AL)1-\alpha+(1-\delta)K \qquad (13{-}20)$$

(4) 정부의 예산제약 평형을 만족시킬 수 있어야 한다. 즉 식(13—7)의 등식을 성립할 수 있어야 한다.

(5) 개체 상태로 조성된 결합분포 λ(q,ε)가 안정적이며, 또한 연산 방정식이,

$$\lambda(q0, \varepsilon0) = \int q0, \varepsilon0) [\int Q,J) 1(a' =a'(q,\varepsilon)) \quad 1(m' =m'(q,\varepsilon))$$

$$P\varepsilon (\varepsilon'|\varepsilon)) d\lambda] dq' d\varepsilon' \qquad (13\text{-}21) \quad 가 되어야 한다.$$

위의 식에서, 함수1(·)은 표현 함수(示性函數)로서 독립변수(自變量)가 참(眞)일 때, 표현 함수가 취한 값이 1이지만, 그렇지 않으면 0이다. $P\varepsilon(\varepsilon'|\varepsilon)$는 개체가 당기 작업효율 ε을 다음 기간 작업효율 ε'으로 이전한 확률을 표시한다. Q는 가계가 보유하고 있는 자산 q 및 q'의 가치 공간이고, J는 개체 작업효율 ε과 ε'의 가치 공간이다. 아울러 가계의 자산 보유 공간과 작업효율이 시간의 변화에 따라 변하는 않도록 보장하기 위해서는 식(13-21)이 반드시 가치 공간 내의 임의의 점 (q0,ε0)∈Q×J와 모두 성립 관계를 이루어야 한다.

이 경쟁적 평형 재귀는 안정적이어서 평형 상태에 있는 결합분포가 시간의 변화에 따라 변하지 않는다. 그러나 전체 화폐 연산 방정식에서 알 수 있다시피, 경제 중의 전체 연산 방정식은 어느 정도의 증가폭에 의해 증가한다. 따라서 평형 상태

에서 경제 중의 화폐 증가폭과 인플레이션은 마땅히 일치해야 한다. 즉 $\pi = \mu$이다.

8) 최적화한 일계 조건

동적 계획의 방법을 도입하여 본장의 일계 조건의 답을 구한다면,

$$c^{\eta(1-\sigma)-1}(m')^{(1-\eta)(1-\sigma)} \geq \beta E[(1+r-\delta)(c')^{\eta(1-\sigma)}(m'')^{(1-\eta)(1-\sigma)}] \qquad (13\text{-}22.a)$$

$$\eta c^{\eta(1-\sigma)-1}(m')^{(1-\eta)(1-\sigma)} - (1-\eta)c^{\eta(1-\sigma)}(m')^{(1-\eta)(1-\sigma)-1}$$

$$= \beta E[1/(1+\pi)\,\eta(c')^{\eta(1-\sigma)-1}(m'')^{(1-\eta)(1-\sigma)}] \qquad (13\text{—}22.b)$$

$$\chi(1-l)^{-\varphi} = \eta c^{\eta(1-\sigma)-1}(m')^{(1-\eta)(1-\sigma)}w\varepsilon \qquad (13\text{—}22.c)이다.$$

동시에 일계 조건 중에도 개체의 예산제약, 즉 식(13-13)을 포괄하고 있다.

모형의 일계 조건 표현 식 중에서 식(13—22.a)는 개체가 보유하고 있는 생산자본의 오일러 방정식(歐拉方程)을 표시, 그 중 우측은 개체가 보유하고 있는 생산자본의 한계비용을 표시하고 좌측은 개체가 보유하고 있는 생산자본의 한계수익을 표시한다.

식(13—22.b)는 개체가 보유하고 있는 화폐의 오일러 방정식을 표시, 좌측 역시 개체가 보유하고 있는 화폐의 한계비용을 표시하며, 우측은 개체가 보유하고 있는 화폐의 한계수익을 표시한다.

식(13—22.c)는 개체가 선택한 노동의 일계 조건을 반영하는데, 개체의 근로 시간이 l [0,1]을 만족시킬 때만이 식(13—22.c)가 성립될 수 있다. 만약 그렇지 않으면 개체의 근로시간은 모서리해(corner solution, 角点解)를 선택하게 되는데, 개체의 최적의 선택을 식(13—22.a), 식(13—22.b), 식(13—13)으로 표시하게 된다.

3. 매개변수 조정

본장의 모형을 계산하려면 우선 일련의 매개변수를 정할 필요가 있었다. 구체적으로 말하면, 사전에 정한 매개변수들로는, 주관적 할인계수(主觀貼現因子) β, 상대적 위험 회피 계수 σ, 가중계수 χ와 η, 효용함수 중의 여가 곡률, 감가상각률 δ, 자본계수의 탄력성(資本産出彈性) α, 전체 기술 진보 A 등을 주로 포괄한다. 또한 개체의 작업효율 시행 과정을 반영하고 계산할 수 있는 관련 계수 ρ와 표준편차 σε, 그리고 개체의 각종 자산 보유 형식의 상한과 하한이 필요하다. 본장은 매개변수를 구체적으로 조정하는 과정에서, 우선 전반적인 기술 진보의 표준을 1로 했다. 그리고 그 밖의 계수는 기타 연구 성과를 참고하고, 중국의 현실적 거시 데이터를 이용함으로써 모형으로부터 생성된 데이터가 중국 거시 경제의 기본 상황에 거의 부합되게 했다.

구체적으로 말하면, 모형으로부터 생성된 결과를 자산분포 상황과 소득 분포상황, 우리나라 자본계수와 화폐 계수, 그리고 개체의 평균 근로시간 등의 실제 데이터와 피팅을 할 필요가 있었다. 구체적으로 조정하는 과정에서, 중국 자산분포 데이터가 부족하고, 월간 데이터나 분기 데이터를 도입하여 매개변수를 조정하면 그다지 적합하지 않다고 생각하여 본장에서는 조정 기한을 1년으로 설정했다. 아울러 조정을 할 때 사전에 인플레이션율을 3%로 설정, 이 인플레이션 수준이 마침 중국의 1995-2007년 인플레이션 수준의 평균치와 대응하기 때문이었다.[2] 모든 매개변수의 조정 결과는 표 13-1을 보라.

---

2) 데이터는 중국경제넷 통계 데이터뱅크에서 인용, 그중 인플레이션율은 소비자물가지수 상승률을 참고로 했다.

표 13-1 매개변수 조정 결과

	매개변수	매개변수 조정값
선호 계수		
상대적 위험 회피 계수	σ	1.5
소비의 가중계수	η	0.98
여가의 가중계수	x	1.35
효용함수 중의 여가 곡률	φ	1.5
주관적 할인 계수	β	0.86
작업효율 시행 과정		
상관계수	ρ	0.98
표준편차	$\sigma\varepsilon$	0.254
기술 계수		
기술 진보	A	1
자본계수 탄력성	α	0.45
감가상각률	δ	0.052
자산 보유 범위		
생산자본 하계		0
생산자본 상계		25
보유 화폐의 하한		0.001
보유 화폐의 상한		5

1)선호 계수의 확정

상대적 위험 회피 계수는 기존의 연구 성과에 따라 직접 정했고, 기타 계수는 조정 방법을 도입하여 확정했다. 구체적으로 말하면, 본장에서는 천옌빈, 휘전, 천쥔

(2009)의 연구 성과에 따라, 상대적 위험 회피 계수를 1.5로 확정, 이는 국제상의 관련 문헌에서 선택한 데이터와 일치한다.

주관적 할인 계수 β를 확정함에 있어서, 본장에서는 중국 자본계수를 이용하여 확정했다. 중국은 자본스톡(자본금, 資本存量)에 관한 데이터가 부족하기에 자본스톡을 추정하여 중국 자본계수를 얻을 수밖에 없었다. 이리하여 본장에서는 Wang과 Yao(2003), 그리고 류단허, 탕스레이, 리두(2009)의 추정 방법을 도입하여 중국 1978-2007년의 자본스톡 데이터를 추정했으며, 동시에 GDP 디플레이터를 거쳐 처리한 후의 실질 GDP 데이터를 총생산의 비교 지표로 삼았다. 이에 의하여 도출한 우리나라 자본계수는 약 2.45였다. 본장 모형 중의 매개변수와 대응하면서 이처럼 높은 자본계수를 생성하려면 모형 중의 주관적 할인요소가 응당 비교적 낮아야 한다. 즉 취한 값이 0.86이어야 한다.

소비의 가중계수 η에 대하여, 본장에서는 중국의 화폐계수를 이용하여 확정했다. 중국경제넷 데이터뱅크의 관련 데이터에 의하여 1990-2009년 사이 총생산에서 M0 비율의 평균치가 약 13.7%였다. 이 같은 자본계수를 얻기 위해 모형 중 개체의 소비 가중계수 η을 0.98로 했다.

선호계수 중에 여전히 여가의 가중계수 χ 그리고 여가의 곡률 φ 두 개 계수의 교정값(校准值)을 제시하지 않았다. 중국은 개체 노동과 여가 선택에 관한 미시적 연구가 부족하여 중국의 데이터를 이용한 추정을 하기가 어렵기 때문이다. 본장 모형 중의 효용함수의 형식, 그리고 Castañeda 등(2003)이 제시한 모형 매개변수에 관한 추정을 결부하여 본장에서는 두 개 계수를 채택함으로써 개체의 평균 근로시간이 바로 부존 노동력의 1/3이 되게 했다. 테스트를 거쳐 최종 여가의 가중계수 χ를 1.35로 확정했고, 그리고 여가의 곡률 φ는 마침 상대적 위험 회피 계수 1.5와 같게 되었다. 이 추정 결과는 Castañeda 등(2003)의 추정 결과와 어느 정도 다르기는 하지만, 모든 계수의 추정치가 1보다 컸다.

2) 작업효율 연산 방정식의 확정

중국 국내에는 미시적 측면에서 개체의 작업효율을 연구한 관련 문헌이 아주 희소할 뿐만 아니라, 개체의 작업효율 연산 방정식을 묘사한 문장은 더욱 희소하다. 관련 연구가 부족한 문제를 타개하고자 본장에서는 조정의 방법을 도입하여 개체 작업효율의 연산방정식을 추정하여 제시했다. 상관계수와 표준편차를 선택함에 있어서 모형으로부터 생성된 자산분포와 임금소득 분포를 전반적으로 실제 데이터와 일치하도록 했다. 2005년과 2007년의 Aldo 투자 데이터 뱅크의 조사 데이터에 따르면, 중국의 자산 지니계수가 0.56-0.58 사이였다. 따라서 본장에서는 자산 지니계수의 교정목표를 0.57로 설정했다. 아울러 Aldo 조사 데이터에 근거하면, 중국 임금소득 분포의 지니계수가 0.42-0.45 사이였기에 본장에서는 임금소득 지니계수를 0.435로 설정하고, 본장 모형의 매개변수를 조정하는 한 가지 목표로 삼았다. 이 두 가지 목표에 의하여 개체 작업효율 연산 방정식 중의 상관계수 0.98, 대응하는 표준편차 0.254를 도출할 수 있었다. 이 조정 결과는 Chen 등(2010)의 추정 결과와 일치했다.

개체의 작업효율 연산 방정식을 추정한 후 Tauchen(1986)의 방법을 도입하여 연속성(連續過程)을 이산성(离散過程)으로 전환할 수 있었다. 이 방법을 이용하여 전환하는 과정에서 이산성의 너비(width)를 1로 설정하고, 이산성 격자점 데이터(格点數)를 5로 설정했다.

3) 기술계수의 확정

기술진보 계수를 표준화한 상황에서 모형의 생산기술 계수 중에 여전히 감가상각률과 자본계수 탄력성 두 개의 계수를 추정해야 했다. 천옌빈, 휘전, 천쥔(2009)의 관련 문헌을 정리해본 결과, 자본계수를 얻는데 한계가 있어서인지 학자에 따라 자본계수 탄력성에 관한 추정에 큰 차이가 있었다. 천옌빈, 훠전, 천쥔(2009)의 사상에 따라 본장에서는 자본계수 탄력성을 우선 0.45로 확정했다. 학자에 따라 자본계수 탄력성의 추정치에 큰 차이가 있는 점을 고려하여 본장에서는 강건성 분석(穩健型分析)을 할 때 자본계수 탄력성이 인플레이션 복지비용에 미치는 영향을 비교했다.

감가상각률을 확정함에 있어서 본장에서는 천옌빈, 훠전, 천쥔(2009)이 도입했던 방법을 답습하고 Chow와 Li(2002)의 데이터를 이용하여 각 연도의 평균 감가상각률로 중국 자본의 감가상각률 0.052를 도출했다.

4) 자산 보유 형식 범위 확정

개체가 보유하고 있는 생산자본은, 그 범위에 있어서 마땅히 두 가지 조건을 만족시켜 주어야 한다.

첫째, 본장에서 구축하는 모형은 불완전시장에 속하므로 개체가 보유하고 있는 생산자본의 하한이 응당 자연적 대차 규제보다 높아서 개체가 대차 규제의 제한을 받아야 한다.

둘째, 개체가 보유하고 있는 생산자본의 상한 공간을 채택함에 있어서, 매개 개체가 보유하고 있는 생산자본이 모두 상한 이내여야 한다. 인플레이션 복지비용을 보다 정확하게 계산하기 위해서는 모형을 상이한 인플레이션율 수준에서 운용할 때 개체가 보유하고 있는 자산의 공간과 범위가 불변을 유지해야 한다. 때문에 조정을 하는 과정에서 개체가 보유하고 있는 생산자본의 상한이 응당 높아야 한다. 본장에서는 반복적인 프로그램 실행 테스트를 거쳐 생산자본의 하한을 최종 25로 확정, 동시에 모형을 간소화하고자 본장에서는 개체가 대차를 할 수 없다는 가정을 했다. 이는 개체가 보유하고 있는 생산자본 하한이 0이라는 것을 의미한다.

개체가 보유하고 있는 화폐에 관하여, 한편으로 본장에서 단기 효용함수 형식을 도입했는데 이는 개체가 보유하고 화폐가 0보다 크다는 것을 의미한다. 하지만 다른 한편으로는, 화폐계수가 비교적 낮음으로 인하여 개체가 보유하고 있는 화폐의 범위가 응당 비교적 낮아야 한다. 그리하여 본장에서는 개체가 보유하고 있는 화폐의 하한을 0.001로, 상한을 5로 확정했다.

개체가 보유하고 있는 총자산이 개체의 상태변수 중에 포함되었으므로 개체가 보유하고 있는 총자산의 공간 범위를 확정하는 작업이 모형의 값을 구하는데 있어서 아주 중요했다. 총자산은 개체가 보유하고 있는 화폐와 생산자본이 확정하므로 총자산의 범위를 확정하려면, 보유하고 있는 화폐의 공간 범위와 생산자본의 공산 범위를 직접적으로 연결하는 것이 최적의 방법이었다. 하지만 식(13-14)를 직접 도입하여 범위를 확정할 경우, 금리가 다름에 따라 범위가 끊임없이 변하기 때문에 값을 구하는데 어려움을 더해줄 수 있었다. 그리하여 본장에서는 개체가 보유하고 있는 총자산 하한을, 보유하고 있는 화폐의 하한과 생산자본의 하한의 합이라고 가정했다. 개체가 보유하고 있는 총자산의 상한은 그 근거를 끊임없이 조정한 결과, 총자산 상한을, 보유하고 있는 화폐의 상한과 보유하고 있는 생산자본 상한 0.9배를 합한 것으로 최종 확정했다.

4. 모형의 추정 결과

본장의 부록에서 제시한 계산법에 따라 Matlab 프로그램을 이용하여 문장에서 구축한 일반균형 모형에 대해 계산, 개체의 최적의 결정 함수, 거시적 지표, 인플레이션 복지비용을 얻어냈다. 본 절은 주로 두 가지 부분으로 이루어졌다. 첫 부분은, 인플레이션율 3% 상황에서 모형으로부터 생성된 일부 주요 특징을 소개하면서, 모형의 조정 결과와 실제 데이터의 피팅 정도를 비교했다. 두 번째 부분은, 인플레이션의 복지비용에 관한 모형의 추정 결과를 보고했다.

1) 안정 상태의 결과 분석

매개변수 평가 값(賦値)시스템의 합리성을 고찰하고자 우선 조정을 거친 매개변수가 조정의 목표 값에 부합되는지를 고찰했다. 표 13-2는 모형으로부터 생성된 거시 경제 지표 및 대응하는 목표 매개변수 값을 제시했다.

표 13-2 모형과 실제 거시 경제 목표 비교

거시 경제 지표	모형 생성 값	목표 값
자본계수	2.534 3	2.45
화폐계수	13.51%	13.7%
근무시간 대비 노동 부존 비율	32.51%	33%
임금소득 지니계수	0.439 4	0.435

자료 출처: 중국 자본의 데이터는 Wang,Y.,and Y. Yao.'Sources of China's Economic Growth 1952—1999: Incorporating Human Capital Accumulation',China Economic Review,2003,Vol. 14,No. 1,pp. 32 52에서 제시한 방법 및 1978의 초기 자본스톡에 의하여 추정했다. 실제 근무시간이 노동 부존에서 차지하는 비율을 확정함에 있어서, 중국 8시간 근무제도에 부합된다. 임금소득 지니계수의 목표 값은 Aldo 조사 데이터에서 인용했다.

표 13-2의 결과에서 알 수 있다시피, 모형으로부터 생성된 거시 경제 지표와 실제 데이터가 아주 비슷하다. 구체적으로 보면, 모형으로부터 생성된 자본계수가 목표 값보다 소폭 높은 0.08이어서 수용할 수 있는 범위이다. 모형으로부터 생성된 화폐 계수와 노동 부존에서 차지하는 근무시간 비율이 실제 목표 값보다 모두 낮았지만, 그 차이가 크지 않았다. 그중 노동 부존에서 차지하는 근로시간 비율은 0.49% 밖에 안 되었고, 화폐 계수와 목표 값의 차이는 겨우 0.19% 밖에 안 되었다. 임금소득 지니계수 역시 목표 값과 피팅이 아주 잘 되었다.

동시에 인플레이션이 서로 다른 자산을 보유하고 있는 계층별에 미치는 서로 다른 영향을 연구하기 위해서는 우선 모형이 중국의 자산분포 상황과 어느 정도 피팅이 되도록 하는 작업이 필요했다. 모형과 중국 실제 자산분포 상황은 표 13-3을 보라.

표 13-3 모형으로부터 생성된 자산분포와 실제 데이터 비교

		지니 계수	최상류층 1%	최상류층 5%	최상류층 10%	최상류층20% 내지 30%	최상류층30% 내지 40%	최서민층 40%
실제 데이 터	2005년	0.56	8.62%	25.88%	39.21%	30.84%	18.25%	7.62%
	2007년	0.58	8.74%	23.32%	36.79%	34.39%	16.94%	4.67%
모형 데이터		0.575 9	3.87%	17.52%	32.42%	40.86%	19.22%	3.16%

자료 출처: 실제 데이터는 Aldo 조사 센터의 조사 데이터를 인용했다.

표 13-3에서 열거한 결과를 통해 알 수 있다시피, 모형으로부터 생성된 자산분포는 우리나라 자산분포의 구체적인 상황과 대체로 일치한다. 현실적으로 최상류층이 보유하고 있는 자산이 1%, 5%, 10%, 그리고 서민층이 보유하고 있는 자산 모두 모형으로부터 생성된 결과보다 높기는 하지만, 전반적으로 볼 때 모형 데이터와 실제 데이터의 정합이 만족할 만하다. 특히 자산분포의 지니계수에서, 모형으로부터 생성된 자산분포의 지니계수와 실제 데이터가 거의 일치한다.

이와 함께 주목할 것은, 국제적인 관련 연구에 따르면, 최상류층이 보유하고 있는 자산 비율과 실제 데이터가 일치하려면 모형은 흔히 일부 특수한 메커니즘, 예컨대 기업가의 이질적 선호나 개체의 이질적 선호 같은 것이 소요된다는 점이다. 그러나 인플레이션의 복지비용을 보다 잘 연구하기 위해서 본장에서는 관련 메커니즘을 도입하지 않았기 때문에 모형 중의 상류층이 보유하고 있는 자산 비율이

실제 데이터보다 작다. 그리하여 상류층의 자산 보유 비율의 적합도만 교차(較差)가 있을 뿐, 모형의 피팅 결과를 전반적으로 볼 때 중국의 자산분포 상황에 부합된다. 이는 우리가 본장에서 설정한 모형을 이용하여 인플레이션 복지비용을 연구할 수 있으며, 특히 인플레이션이 계층별 복지비용에 미치는 영향을 연구 할 수 있다는 것을 설명한다.

2) 인플레이션의 복지비용 분석

본장의 부록에서 제시한 계산방법에 따라 본장에서는 인플레이션의 복지비용 및 계층별로 손해를 본 복지비용을 계산할 수 있었다. 구체적인 결과는 표 13-4를 보라.

표 13-4 인플레이션의 복지비용(%)

인플레이션율	1%	2%	3%	4%	5%	6%	7%	8%	9%	10%
평균	-0.46	0.83	4.19	2.37	5.2	4.42	5.44	6.47	2.94	6.15
최서민층										
1%	0.12	-0.72	-0.45	-0.51	-0.62	-0.27	-0.25	0.84	0.89	1.08
5%	0.09	-0.56	-0.30	-0.36	-0.45	-0.11	-0.10	1.04	1.09	1.29
10%	-1.19	0.43	1.85	0.85	1.72	2.07	2.11	3.24	3.26	3.47
20%	-1.50	0.73	0.68	-0.37	2.87	2.98	4.50	4.41	2.82	2.17
30%	-2.40	0.40	1.28	0.10	4.32	3.53	5.10	6.17	3.15	4.56
최상류층										

1%	0.77	-0.66	0.07	-2.65	-0.70	0.01	1.48	1.02	1.87	2.90
5%	3.14	1.23	3.32	0.99	1.81	1.97	2.67	2.18	1.26	1.71
10%	2.96	0.43	2.45	1.11	0.88	0.74	2.84	1.41	0.89	1.96
20%	1.16	0.04	2.65	0.93	0.74	0.64	1.85	1.12	0.29	2.37
30%	1.61	0.52	4.61	2.95	2.21	2.72	3.01	3.02	1.41	3.60

표 13-4에서 열거한 인플레이션의 복지비용에 대한 계산 결과를 통해 알 수 있다시피, 평균 수준으로 볼 때 인플레이션으로 인한 우리나라의 복지비용이 비교적 높았다.

구체적으로 보면, 인플레이션율이 2% 수준일 때 인플레이션으로 인한 복지 손해가 소비총량의 0.83%를 차지했고, 4% 수준일 때는 더욱 상승한 2.37%였다. 인플레이션율이 10%에 이르렀을 때는 인플레이션으로 인한 복지 손해가 소비총량의 6.15%에 이르렀다. 이 결과는 인플레이션이 우리나라 복지비용에 미친 영향이 크다는 것을 설명한다. 아울러 표 13-4의 두 번째 줄에서 열거한 계산 결과에서도 알 수 있듯이, 우리나라에서 통화정책을 채택할 때 인플레이션이 어느 정도 존재할 수 있도록 허락해야 한다는 점이다. 계산 결과가 말해주다시피, 인플레이션율이 1%일 때 인플레이션이 경제 전반에 복지 손해를 초래하지 않았을 뿐더러, 도리어 복지 수익을 초래, 그 수익이 소비총량의 0.46%를 차지했다. 따라서 우리나라의 최적의 인플레이션율 수준은 응당 1% 안팎이어야 한다. 이 연구 결과는 Bewley(1983)의 연구 결과와 일치한다. 즉 불완전시장에서 프리드먼 준칙(弗里德曼規則)에 따라 정해진 최적의 인플레이션 수준이 더 이상 한 경제체에서 최적의 인플레이션 수준이 아니다.[72] 실생활에서 불완전시장에 확실히 존재하고, 또한 불

---

72) 프리드먼 준칙에 따르면, 한 화폐경제에서 완전경쟁의 균형이 효율적인 자원배분을 보장하려면, 인플레이션으로 인한 왜곡을 최소화해야 한다. 때문에 최적의 인플레이션율은 명목금리가 제로일 때의 인플레이션 수준이어야 한다.

완전시장의 존재가 개체로 하여금 보험시장을 통하여 시간대별로 안정적인 소비를 할 수 없게 하기 때문에 다른 개체 간의 한계대체율에 큰 차이가 존재한다. 그러나 완전시장 하에서의 모형은 다른 개체 간의 한계대체율이 완전히 같다고 간단히 가정할 수 있다.(리쥔칭, 한치헝 2010) 때문에 불완전시장과 이질성이 포함된 Bewley 모형을 이용하여 인플레이션 복지비용을 추산하는 것이 중국의 실제 상황에 더욱 부합된다고 할 수 있다.

하지만 한 가지 정책을 정확하게 제정하고 또한 그 정책의 합리성을 정확하게 평가하려면, 정책이 경제 전반에 미친 효과만 볼 것이 아니라, 그 정책이 계층별에 미친 영향도 주목해야 한다. 중국 인플레이션 그리고 관련 정책을 고찰함에 있어서도 마찬가지로 이 같은 발상을 따라야 하는데, Bewley 모형의 설정 방식이 마침 우리에게 이런 조건을 마련해 주었다. 표 13-4에 열거한 결과에서 알 수 있다시피, 인플레이션이 계층별 복지비용에 미친 영향에 큰 차이가 존재한다. 예컨대, 인플레이션율이 낮을 때는 최서민층 1%와 5%는 수익을 얻었지만, 대다수 개체는 엄청난 복지 손해를 보았다. 따라서 통화정책으로 인하여 경기가 적정 인플레이션 수준을 어느 정도 유지했다 하더라도, 정부는 마땅히 인플레이션이 서민층과 중산층, 그리고 상류층의 복지에 미친 영향을 자세히 따져보아야 한다.

인플레이션이 복지비용에 미친 영향을 평가하는 아주 중요한 지표 중 하나가 바로 인플레이션이 경제 전반의 자산분포에 미친 영향을 가늠하는 것이다. 표 13-5는 모형의 계산 결과에 의한, 수준이 다른 인플레이션 하에서의 자산분포 상황이다.

표 13-5에서 열거한 계산 결과에서 알 수 있다시피, 전반적으로 볼 때 인플레이션 수준의 상승은 중국의 자산분포를 악화시켰다. 구체적으로 보면, 인플레이션 수준이 상승함에 따라 중국 주민들의 자산분포 지니계수가 상승하면서, 서민층의 자산 보유량은 뚜렷이 하락하고, 상류층의 자산 보유 비율은 어느 정도 상승했

이 준칙대로라면 실질금리가 모두 플러스이기 때문에 명목금리가 제로라는 것은 경기 중의 인플레이션 수준이 마이너스라는 것을 의미한다.

다.[73] 로렌츠 곡선(洛倫玆曲線)으로 구현된 자산분포를 볼 때, 인플레이션율 수준이 상승함에 따라 로렌츠 곡선이 오른쪽 아래 방향으로 큰 폭으로 하락하는 추이를 나타냈다.

표 13-5 인플레이션율 그리고 자산과 임금소득 분포

인플레이션율	0	1%	2%	3%	4%	5%	6%	7%	8%	9%	10%
자산	0.563	0.558	0.567	0.576	0.572	0.582	0.581	0.581	0.585	0.579	0.585
임금	0.448	0.437	0.447	0.439	0.446	0.444	0.445	0.442	0.443	0.443	0.440
최서민층											
1%	0.007	0.007	0.005	0.006	0.005	0.005	0.005	0.005	0.005	0.005	0.005
5%	0.036	0.036	0.027	0.028	0.026	0.027	0.026	0.026	0.025	0.024	0.025
최상류층											
1%	3.602	3.656	3.678	3.866	3.859	3.866	3.846	3.785	3.820	3.679	3.757
5%	16.966	16.792	16.941	17.520	17.320	17.469	17.461	17.393	17.484	17.173	17.614
10등분법											
1	0.077	0.082	0.061	0.062	0.061	0.057	0.056	0.053	0.050	0.049	0.050
2	0.240	0.253	0.229	0.191	0.186	0.157	0.159	0.133	0.136	0.143	0.138
3	0.897	1.018	0.797	0.781	0.769	0.623	0.714	0.623	0.606	0.670	0.592
4	2.276	2.443	2.183	2.126	2.316	1.896	2.021	1.810	1.757	1.866	1.731

---

73) 이 결론에 대한 더욱 직관적인 구현을 알아 보려면, 본장의 부록 중의 자산 보유량이 다른 계층의 자산 보유 비율이 인플레이션율의 변화에 따라 변화하는 그래프를 참고하라.

5	4,536	4,671	4,492	4,328	4,590	4,241	4,280	4,260	4,304	4,336	4,129
6	8,081	7,924	7,888	7,322	7,348	7,213	7,306	7,301	7,192	7,422	7,340
7	12,322	12,283	12,357	11,904	11,918	11,970	11,618	12,292	11,736	12,353	11,954
8	17,342	17,344	17,414	17,089	17,225	17,269	17,000	17,547	17,301	17,287	17,365
9	23,040	23,189	23,318	23,774	23,603	23,996	24,117	23,778	24,180	23,682	23,850
10	31,188	30,792	31,262	32,424	31,983	32,576	32,729	32,202	32,737	32,192	32,850

설명: 표의 두 번째 줄과 세 번째 줄은 각기 각종 인플레이션 수준 하에서 생성된 자산 지니계수와 임금소득 지니계수이다. 그 아래의 각 줄은 각기 여러 자산 보유 계층이 수준이 다른 인플레이션 하에서의 자산 보유 비율이며, 단위는 1%이다.

그래프 13-3에서 밝혔다시피74, 5% 인플레이션율 하에서의 로렌츠 곡선은 제로 인플레이션율 하에서의 로렌츠 곡선에 비해 오른쪽 아래 방향으로의 하락이 두드러지게 나타났고, 10% 인플레이션율 하에서의 로렌츠 곡선은 5% 인플레이션율 하에서의 로렌츠 곡선에 비해 오른쪽 아래 방향으로의 하락이 더욱 두드러지게 나타났다.

　　중국에 있어서, 신속히 악화되고 있는 자산분포 불평등은 우리나라 경제 성장과 사회 화합을 심각하게 제약하고 있는데, 악화되고 있는 자산분포의 불평등을 효과적으로 통제하는 것은 우리나라 경제 성장과 사회적 안정에 아주 중요한 작용을 일으킨다. 인플레이션의 수준이 우리나라 주민들의 자산분포에 큰 영향을 미치는 상황에서, 인플레이션 복지비용을 고찰할 때 인플레이션이 우리나라 자산분포를 악화시킬 수 있다는 이 점을 반드시 고찰 범위에 포함시켜야 한다.

---

74) 그래프 중의 3갈래 로렌츠 곡선은 거의 중합되어서 가려보기 힘든 상태이다. 흥취가 있는 독자들은 작자에게 연락하면 원 그래프를 찾아볼 수 있다.

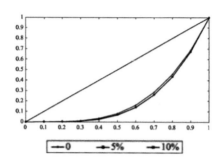

그래프 13-3 인플레이션과 자산분포

5. 결론 및 전망

이론적으로는 중국 인플레이션 복지비용을 연구한 문헌이 많고, 또한 무척 큰 성과를 거두었다고 하지만, 대부분의 문헌이 대표적인 개체와 완전시장이라는 가정을 토대로 하여 구축되었다.(陳利平, 2003, 陳彦斌과 馬莉莉, 2007, 趙留彦, 2008, 吳漢洪과 崔永, 2006) 가정한 완전시장은 흔히 상이한 개체의 한계대체율이 완전히 일치한다. 이는 불완전한 중국의 신용대출 시장과는 위배되는 가정이다.

중국의 실생활에서, 신용대출 시장이 불완전하여 개체가 신용대출 시장을 활용하면서 각종 리스크에 대해 보험을 할 수 없기 때문에 안정적인 소비를 실현할 수 없다. 이는 상이한 개체, 그리고 동일한 개체가 같지 않은 시간대에서의 한계대체율이 판이한 현상을 초래하면서 개체의 결정에 큰 변화를 유발했고, 따라서 인플레이션 복지비용에 변화가 일어나게 되었다. 때문에 인플레이션 복지비용을 연구하는 과정에서 시장의 불완전성을 모형의 구조에 포함시키는 시도를 해야 한다. 다른 한편으로, 현 단계 중국의 자산분포 격차가 날로 커지는 상황에서, 인플레이션이 전 사회에 미치는 포괄적이고 평균적인 영향만 고찰할 것이 아니라, 인플레이션이 계층별 복지비용에 미치는 영향, 그리고 자산 보유와 자산분포에 미치는 영향도 반드시 고찰해야 한다. 이는 현 단계 중국의 자산분포를 연구하고, 정책을 채택하는데 있어서 아주 중요한 의미를 가진다. 때문에 본장에서는 생산부문이 포함되어 있는 Bewley 모형을 구축하고 또한 이 모형을 이용하여 중국 인플레이션의 복지비용, 그리고 인플레이션이 계층별에 미치는 영향을 고찰했다. Bewley 모형은 시장이 불완전하다고 가정한 모형이므로, 본장에서 구축한 모형은 동시에 중국 신용대출 시장의 불완전성을 묘사했는데, 이렇게 계산한 인플레이션의 복지비용이 중국의 실제상황에 더욱 부합되기 때문이다.

본장의 모형에 대한 계산을 통하여 우리는 전반적으로 볼 때, 인플레이션이 중국 사회에 확실히 엄청난 영향을 미쳤고, 복지비용에도 엄청난 영향을 미쳤다는 것을 알 수 있었다. 아울러 본장에서 구축한 이질적 특징을 이용하여 본장에서는 인플레이션이 자산 보유량이 다른 계층별 복지비용에 미친 영향, 그리고 인플레이션이 우리나라 자산분포에 미친 영향을 고찰하면서, 인플레이션이 계층에 따라 미친 영향도 큰 차이가 있다는 것을 발견했다.

어느 정도 적정 인플레이션일 때는 인플레이션이 서민층의 복지에 일정한 플러스 효과를 가져다주었지만, 상류층은 복지상에서 무조건 손해를 보게 했다. 그러나 이런 현상이 결코 중국의 자산분포 상황을 개선시킨 것은 아니다. 오히려 반대로 인플레이션은 '서민들의 자산은 줄어들게 하고 상류층의 자산은 늘어나게 하는' 작용을 어느 정도 하였는데, 중국 인플레이션 수준이 상승함에 따라 서민층의 자산 보유 비율은 현저히 하락하고, 상류층의 자산 보유 비율은 어느 정도 상승하는 효과를 발생했다. 이는 인플레이션이 중국의 자산분포 상황을 개선하지 못할 뿐더러, 오히려 중국 사회의 자산분포 상황을 악화시켜 경제성장에 영향을 준다는 것을 설명한다.

본장에서는 여전히 중국 인플레이션의 복지비용에 대해서만 초보적으로 연구했고, 구축한 모형이 우리가 중국 인플레이션의 복지비용을 가일 층 이해하는데 도움을 주기는 했지만, 이 작업만 가지고는 인플레이션의 복지비용을 이해하는데 분명 한계가 존재한다. 본장의 연구는 우리가 중국 인플레이션의 복지비용을 연구하는데 있어서 사고의 맥락을 가일 층 넓혀주어 향후 인플레이션의 복지비용을 연구하는데 일부 새로운 발전 방향을 제시해주었다.

첫째, 본장에서는 항구적 인플레이션율(恒定的通貨膨脹率) 수준을 고찰했다. 그러나 인플레이션율은 결코 전부 항구적인 것이 아니며, 시시각각 끊임없이 변화한다. 따라서 실생활에서는 개체가 기대 인플레이션율의 변동에 의해서만 의사 결정하고, 상이한 개체의 서로 다른 예기가 의사 결정할 때에도 큰 차이를 초래하는 바람에 인플레이션으로 인한 상이한 개체 간의 차이가 더욱 분명해졌다(Doepke와 Schneider, 2006a; Meh, R os-Rull와 Terajima, 2010). 더 나아가 실생활에서, 높은 인플레이션율은 흔히 높은 인플레이션 변동율과 순방향 관계이다. 이는 높은 인플레이션율로 인한 복지비용을 급증시켰다. 때문에 인플레이션의 변동성, 그리고 인플레이션율과 인플레이션 변동성 간의 관계를 연구 범위에 포함시키는 것은 엄청난 현실적 의미와 이론적 가치를 가진다.

둘째, 본장에서는 안정 상태에서의 인플레이션 복지비용만 고찰했다. 하지만 실제로 통화정책을 채택할 때, 안정 상태에서의 인플레이션 복지비용에 대한 분석만 가지고는 부족한데, 하나의 안정 상태에서 다른 하나의 안정 상태로 변경하는 단계의 인플레이션 복지비용을 분석하는 작업도 아주 중요하다(Gomme, 2008; Burdick, 1997). 때문에 인플레이션 복지비용의 변화 추이를 분석하는 작업이 본장의 연구 목적은 아니더라도, 향후 중국 인플레이션의 복지비용을 연구하는데 있어서 아주 중요한 방향인 것은 확실하다.

셋째, 본장에서 구축한 모형에 개체의 포트폴리오를 포함시켰다고는 하지만, 실제 경제 중의 개체가 두 가지 자산 보유 형식만 가지고 있지 않는 것은 분명하다. 수준이 다른 인플레이션 하에서 투자자들은 인플레이션의 리스크를 회피하고자 서로 다른 자산 보유 형식을 선택하게 되고, 따라서 서로 다른 자산 수익률을 발생하면서, 나아가 거시 경제에 영향을 미칠 뿐만 아니라 인플레이션의 복지비용에도 영향을 미치게 된다(Berriel, 2010). 아울러 실생활에서 개체별로 리스크 방어능력이 다름으로 인하여 흔히 다른 형식의 포트폴리오를 보유하게 된다. 일반적으로 상류층의 개체는 흔히 큰 리스크를 방어할 수 있기 때문에 보통 수익률이 높고 리스크도 큰 자산에 투자한다(우워이싱, 치텐샹 2007). 이렇게 되어 수준이 다른 인플레이션은 상이한 개체에 미치는 영향이 판이해지면서 인플레이션 복지비용의 비유사성(相類性)이 한결 뚜렷해졌다.

부록

부록

1) 계산방법(알고리즘)

본장에서는 격자점 탐상법(格点搜索法)과 가치 함수 반복법(値函數迭代法)을 활용했는데, 구체적인 절차는 다음과 같다.

(a) 개체의 자산 보유 공간, 화폐 보유 공간, 생산자본 보유 공간을 이산화(Discretization)한 다음 개체의 자산 보유 공간 q, 화폐 보유 공간 m', 생산자본 보유 공간 a'를 각기 얻는다.

(b) 경제 모형 중의 전체 화폐 스톡 M0, 총 노동력 공급 L0, 전체 생산자본 스톡 K0를 초기화하고, 그리고 개체의 가치 함수 값을 초기화한다. 동시에 초기화한 노동력 스톡과 생산자본 스톡에 의하여 모형 중 상응하는 초기 금리와 초기 임금률을 계산한다.

(c) 자산 보유 공간, 화폐 보유 공간, 생산자본 보유 공간, 그리고 근로자의 작업효율 공간에서 Newton-Rapson 방법을 도입하여 다음의 비선형화 방정식을 계산한다.

$$\chi(1-l)^{-\varphi}-w\eta\varepsilon(q+(\mu M)/1+\pi)+wl\varepsilon-a-m)^{\eta(1-o)-1}(m')^{(1-o)(1-\eta)}=0 \quad (13—23)$$

식에서, 식(13-23)은 예산제약 방정식(13-13)을 일계 조건 방정식(13-22.c)를 대입하여 얻은 것인데, 그 가운데서 격자점 공간 내의 각 격자 점 위에 있는 소비자의 최적의 노동력 공급에 관한 값을 구할 수 있다.

(d) 격자 점 위에 있는 개체의 최적의 노동력 공급 및 개체의 효용함수 형식을 규정한 상황에서, 가치 함수 반복법을 이용하여 당기 자산 보유량 q의 값을 구할 수 있는 상황에서, 다음 기간의 최적의 화폐 보유 격자점과 최적의 생산자본 보유 격자점을 규정했으며, 나아가 개체의 최적의 노동력 공급 값을 구한다.

(e) 바라던 대로 풀어낸 개체의 최적의 정책함수를 이용하여 많은 기간과 많은 개체로 구성된 모형을 시뮬레이션하고, 또한 모형을 총합하여 신규 전체 화폐 스톡 M, 총 노동력 공급 L, 전체 생산자본 스톡 K를 얻는다.

(f) 전체 자본 스톡, 총 노동력 공급, 전체 생산자본 스톡이 수렴준칙을 만족시키느냐를 판단했다. 만약 만족시킨다면 전체 모형의 계산이 종료된 것이고, 만약 세 가지 전체 변수 중 한 가지라도 수렴준칙을 만족시키지 못한다면 신규 전체 변수를 구축한 다음 절차 (c)에서 절차 (e)까지 재차 집행해야 한다. 그중 신규 전체 변수는 시뮬레이션을 한 전체 변수와 사전에 규정한 전체 변수를 간단하게 가중평균을 거쳐서 얻는다.

2) 인플레이션의 복지비용 계산

Lucas(2000)과 Imrohoroglu(1992)의 사상에 의하여 인플레이션의 복지비용을 소비자의 보상비율이라고 정의했다. 구체적으로 말하면, 인플레이션이 발생한 후 개체의 시각 t의 소비를 ct, 근무시간을 lt, 보유하고 있는 실질화폐를 mt, 그리고 인플레이션이 발생할 때 개체의 시각 t 때 소비, 근무시간, 보유하고 있는 실질화폐를 각기 ct, lt와 mt라고 가정하고, 또한 인플레이션 복지비용을 ζ라고 가정할 경우, 개체의 인플레이션 복지비용을,

$$\sum_{t=0}^{\infty} \beta^t U\left((1+\zeta) c_t, m_t, l_t\right) = \left[\sum_{t=0}^{\infty} \beta^\infty t U\left(c_t, m_t, l_t\right)\right] \quad (13\text{-}24)$$

라고 정의할 수 있다.

본장의 모형 중 개체는 이질적이기 때문에 인플레이션 복지비용을 고찰할 때 평균화 개념을 도입했다. 구체적으로 말하면, 인플레이션의 정의를 다음과 같은 식으로 제시했다.

■ $(\int_\varepsilon \int_{(q_{low})}^{(q_{high})} [\Sigma_{(t=0)}^{\infty} \beta^t U((1+\zeta) c_t, m_t, l_t)] d\lambda(q,\varepsilon) = \int_\varepsilon \int_{(q_{low})}^{(q_{high})} [\Sigma_{(t=0)} \beta^\infty t U(c_t, m_t, l_t)] d\lambda(q,\varepsilon)$ (13-25)

위의 식에서, $\lambda(q,\varepsilon)$과 $\lambda(q,\varepsilon)$은 각기 인플레이션이 발생하지 않은 후와 인플레이션이 발생한 후 경제 모형 중의 안정 분포를 표시한다. qlow와 qhigh는 제각기 인플레이션이 발생한 후 모형 중의 고찰해야 할 계층이 보유하고 있는 자산의 하계와 상계를 표시하며, qlow와 qhigh는 인플레이션이 발생하지 않았을 때의 모형 중의 고찰해야 할 계층이 보유하고 있는 자산 하계와 상계를 표시한다.

본 문 중 함수의 구체적인 형식을 식(13-25)에 대입하면 식(13-25)를 구체적으로 이렇게 적을 수 있다.

$1+\zeta)^{(\eta(1-\sigma))} \int_\varepsilon \int_{(q_{low})}^{(q_{high})} [\Sigma_{(t=0)}^{\infty} \beta^t ((c_t^\eta m_t^{(1-\eta)})^{(1-\sigma))}/(1-\sigma)] d\lambda(q,\varepsilon) + \int_\varepsilon \int_{(q_{low})}^{(q_{high})} [\Sigma_{(t=0)}^{\infty} \beta^t ((1-l_t)^{(1-\varphi)})/(1-\varphi)] d\lambda(q,\varepsilon) - 1/((1-\sigma)(1+\beta)) \int_\varepsilon \int_{(q_{low})}^{(q_{high})} 1 \, d\lambda(q,\varepsilon) = \int_\varepsilon \int_{(q_{low})}^{(q_{high})} V(q,\varepsilon) d\lambda(q,\varepsilon)$ (13-26)

식(13-26) 중의 각 부분은 다음과 같은 기호를 나타낸다.

$VCM = \int_\varepsilon \int_{(q_{low})}^{(q_{high})} [\Sigma_{(t=0)}^{\infty} \beta^t ((c_t^\eta$

$m \perp \_t^{("(" 1"-" \eta")")\ ")"\ ^{(1"-" \sigma))/(1"-" \sigma)}]d\ \lambda \perp -\ "(" q"," \varepsilon")$ (13-27)

$\bar{V}L = \int \_\varepsilon \int \_(q\perp\_low)^{(q\perp\_high)} ["\Sigma"\ \_{(t=0)}^{"\infty"}\ \beta"\ "^t\ ("(" 1"-" l\perp\_t ")"\ ^{(1"-" \varphi))/(1"-" \varphi)}]d\ \lambda \perp -\ "(" q"," \varepsilon")$ (13-28)

이밖에,

$VCM = \int \_\varepsilon \int \_(q\_low)^{(q\_high)} ["\Sigma"\ \_{(t=0)}^{"\infty"}\ \beta"\ "^t\ ("(" c\_t^\eta\ m\_t^{("(" 1"-" \eta")")\ ")"\ ^{(1"-" \sigma))/(1"-" \sigma)}]d\lambda"(" q"," \varepsilon")$ (13-29)

$"\ VL = \int \_\varepsilon \int \_(q\_low)^{(q\_high)} ["\Sigma"\ \_{(t=0)}^{"\infty"}\ \beta"\ "^t\ ("(" 1"-" l\_t ")"\ ^{(1"-" \varphi))/(1"-" \varphi)}]d\lambda"(" q"," \varepsilon")$ (13-30)

식(13-27)부터 식(13-30)까지를 식(13-26)에 대입하고, 또한 정리를 거친 후 인플레이션의 복지비용을 이렇게 표시할 수 있다.

$\zeta = [("(" VCM+VL"-" \bar{V}L ")")/ \bar{V}CM]^{(1/("[" \eta"(" 1"-" \sigma")]"))}\ "-" 1$ (13-31)

그중 식(13-31)을 계산하는 과정에 조건식(13-32)를 도입했다.

$\int \_\varepsilon \int \_(q\perp\_low)^{(q\perp\_high)} 1d\lambda \perp\ "(" q"," \varepsilon")" = \int \_\varepsilon \int \_(q\_low)^{(q\_high)} 1\ d\lambda"(" q"," \varepsilon")$ (13-32)

식(13-32)가 성립될 수 있는 주요인은, 본장에서 인플레이션이 자산 보유 형식이 다른 계층별에 미치는 영향을 고찰했기 때문이다. 그리고 식(13-32)에서, 보유하고 있는 자산의 하계와 상계를 선택하게 된 것은 그 단계에서 자산을 보유하고 있는 개체가 차지하는 비율이 어느 정도 이를 수 있도록 보장하려는데 있었다. 따라서 식(13-32)는 반드시 상기 조건을 만족시켜줘야 한다.

3) 인플레이션의 복지비용

아래의 그래프 13-4(a)부터 13-4(k)까지는 인플레이션의 복지비용을 제시하고 있다. 그래프를 작도하는 과정에서, 우선 0-10%의 인플레이션율 사이에 대해 0.1%를 격자점 간격으로 했고, 그 0-10% 구간에 대해 이산화 처리를 했다. 그리고 구해야 할 인플레이션의 복지비용 및 상응한 인플레이션율 데이터를 이용하여 삼차 스플라인 보간법(三次樣條揷値)을 진행하여 최종적으로 평활(平滑)한 곡선을 얻었다. 그래프에서, 횡축은 인플레이션율이고 종축은 복지비용이며, 그중 마이너스는 수익을 표시한다.

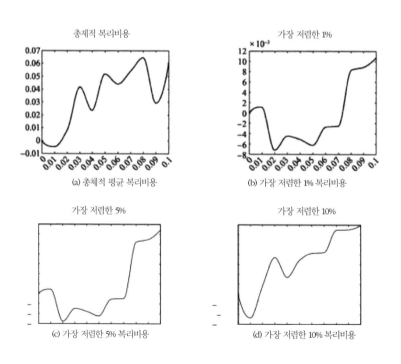

(a) 총체적 평균 복리비용

(b) 가장 저렴한 1% 복리비용

(c) 가장 저렴한 5% 복리비용

(d) 가장 저렴한 10% 복리비용

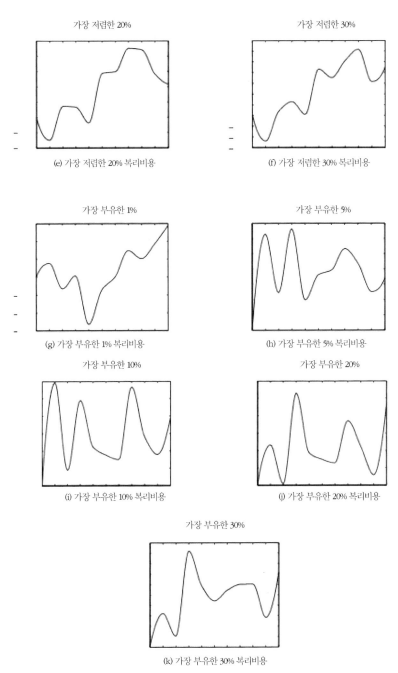

(e) 가장 저렴한 20% 복리비용

(f) 가장 저렴한 30% 복리비용

(g) 가장 부유한 1% 복리비용

(h) 가장 부유한 5% 복리비용

(i) 가장 부유한 10% 복리비용

(j) 가장 부유한 20% 복리비용

(k) 가장 부유한 30% 복리비용

그래프 13-4 인플레이션의 복지비용

4) 인플레이션과 자산분포

아래의 그래프 3—5(a)부터 13—5(h)까지는 인플레이션의 복지비용을 제시하고 있다.

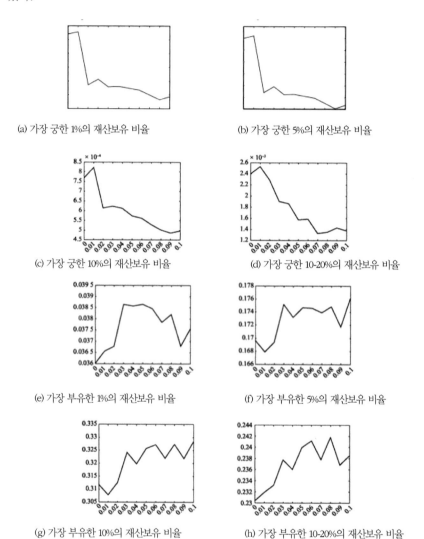

(a) 가장 궁한 1%의 재산보유 비율

(b) 가장 궁한 5%의 재산보유 비율

(c) 가장 궁한 10%의 재산보유 비율

(d) 가장 궁한 10-20%의 재산보유 비율

(e) 가장 부유한 1%의 재산보유 비율

(f) 가장 부유한 5%의 재산보유 비율

(g) 가장 부유한 10%의 재산보유 비율

(h) 가장 부유한 10-20%의 재산보유 비율

그래프 13-5 인플레이션과 자산분포의 관계

제6편
인플레이션의 추산과 도구 선택

제14장

몇 가지 자가 주택 처리 방법에 의하여 재차 추정한 우리나라 도시 소비자물가지수

제14장
몇 가지 자가 주택 처리 방법에 의하여 재차 추정한 우리나라 도시 소비자물가지수

개요: 자가 주택을 어떻게 소비자물가지수에 계상할 것인가 하는 이론적 방법에 의하여 중국의 1997년부터 2008년까지의 도시 소비자물가지수를 계산하고 수정했다. 우리는 세 가지 다른 모형의 활동 기준 원가 계산 방법을 채택하여 사용했다. 같지 않은 변수를 취하는 것을 통하여 우리는 최종 10가지 주거류(居住類)의 가중치(權重)를 수정한 소비자물가지수를 얻어냈다. 계산 결과는 다음과 같다. (1) 준공된 주택 가치를 자가 주택의 단가 추정 데이터로 간주해야 만이 도출한 가중치와 통계청의 결과가 거의 비슷할 수 있다. 분양 주택 가격을 자가 주택 가격으로 응용했을 경우에는 주거류 가중치가 현재 통계청에서 응용한 주거류 가중치보다 훨씬 높았다. (2) 만약 통계청의 품목별 가격 지수를 응용할 경우 가중치가 변한다 하더라도, 여러 가지 방법을 통해 얻은 수정된 소비자물가지수는 통계청에서 반포한 결과와 아주 비슷하다. (3) 만약 통계청에서 반포한 주택류 가격 지수를 자가 주택 가격 지수로 응용한다면, 수정한 소비자물가지수가 통계청에서 반포한 소비자물가지수보다 보편적으로 높을 수 있다. (4) 2010년 11월의 각 품목별 물가지수에 따르면, 수정한 가중치를 응용하여 계산한 소비자물가지수는 절대다수가 5%를 초과했다. 끝으로 우리도 현 단계 우리나라 개인주택 가격 지수를 추정하는 가운데에서 존재하는 자체 문제에 대해 토론을 진행했다.

키워드: 소비자물가지수, 주택 가격, 추산

1. 머리말

국내외의 많은 연구 기구와 정부 기구에서 소비자물가지수의 계산 대상, 가중치 설정 등의 문제에 대해 이미 심도 있는 토론을 진행했으며, 현재 우리나라에서도 갈수록 많은 사람들이 이 문제에 관심을 보이고 있다. 그 원인은, 소비자물가지수가 통화정책을 지도하는데 활용될 뿐만 아니라, 재정 지출의 근거로, 주민들의 투자 행위를 인도하는 역할을 하기 때문이며, 가장 기본적인 것은 주민들의 생활 부담의 변화를 반영하기 때문이다. 그리고 국가 통계청에서 발표하는 소비자물가지수는 언제나 사람들의 체감과 거리가 너무 멀 뿐만 아니라, 계산 과정도 투명하지 않기 때문이다.

소비자물가지수에 관한 쟁론 결과는 사람들로 하여금, 소비자물가지수가 '하나의 고정된 상품바스켓(籃子商品) 가격의 변화'를 반영하던 것에서 부터 '하나의 고정된 생활수준의 비용 변화'를 반영하는 것으로 전환했다는 사실을 점차 받아들이도록 했다. 따라서 계산 대상의 범위를 조정하고 가중치를 조정하는 것에 관하여 상당한 공감대를 형성했다. 예컨대, 소비자물가지수는 마땅히 제품의 질 변화 및 신제품 출시를 고려하고, 소비자물가지수 각항의 가중치는 마땅히 연쇄 가중법(鏈式加權方法)을 도입하여 조정하는 등의 측면에서이다. 이에 관한 표준적인 방법은 기존의 거시경제학 교과서에서 이미 비교적 상세하게 총결산했다(파뤄 2008).

그러나 주택을 소비자물가지수에 계상해야 하는가? 계상한다면 어떻게 계상해야 하는가? 하는 문제에서 아직도 의견 차이가 아주 심하다(Goodhart, 2001). 근본적 원인이 주택은 투자 상품의 속성을 가지고 있을 뿐만 아니라 소비상품의 속성도 가지고 있기 때문이다. 이 같은 원인으로 인하여 세계 각국에는 자가 주택을 어떻게 소비자물가지수에 계상하느냐 하는 통합적인 표준이 없다(저우칭제 2008a).

'소비자물가지수가 비내구 소비재의 가격 변화는 비교적 정확하게 포착하지만, 내구 소비재 가격 변화와 서비스 가격 변화는 그 측정에서 정확하지 않다.'라는 견해는 많은 학자들의 인정을 받았다(Beatty, Larsen과 Sommervoll, 2010). 로버트 배로(Robert Barro)에 따르면, 주민들은 어쩌면 구매한 신규 주택을 최종 소비상품으로 여기게 될 것이다. 이 같은 소비는 가계가 자신의 사용으로 인하여 지출을 발생하고, 그 지출의 목적이 주거 서비스를 얻으려는데 있기 때문이다. 주택과 기타 내구 소비재를 소비라는 각도에서 볼 때, 주택을 제외한 모든 내구재를 소비자물가지수에 계상한다는 이유 외에는 별로 큰 차이가 없다. 거시경제 통계를 할 때 흔히 주택을 투자에 포함시키는 것은 상당 부분에서 계산의 편리를 도모해서이다.(Andrew B.Abel, Ben S.Bemanke 2007) 소비자물가지수를 계산할 때 주택을 투자에 포함시키는 것이 '편리를 도모해서'라는 말은 이유가 충분하지 못하다. 소비자물가지수는 생활비용의 변화를 전면적으로 반영함으로써 정책을 제정하는데 지도적 책임을 져야 하기 때문이다. 최소한 통화정책이 인플레이션을 억제하는 것을 목적으로 할 때 자가 주택을 소비자물가지수에 포함시키는 것은 의미 있는 일이다(Beatty and Larsen, 2005; Larsen, 007).

현 단계, 우리나라 소비자물가지수를 계산할 때, 상품의 종류별 및 가중치 설정을 포함한 계산 방법에 관한 토론이 점차 많아졌다. 그중 자가 주택을 처리함에 있어서 국제사회와의 비교와 상응한 정책적 건의에 관한 내용도 일부 들어있다(예컨대 왕쥔 2006a, 2006b; 왕둥 2008; 머왕구이 2007; 저우칭제 2008a, 2008b; 쉬치위엔 2010). 자가 주택을 바로 소비자물가지수에 포함시킬 때의 방법이 정확하지 못하고 그 비중이 낮음으로 인하여, 우리나라에서 소비자물가지수를 가지고 인플레이션을 반영할 경우, 사람들의 체감과는 큰 차이가 발생하게 되는 것이다.(왕둥 2008, 왕쥔핑 2006b) 뿐만 아니라 소비자물가지수라는 통계 결과를 가지고 경제 분석을 한다는 것은 경제이론에 위배된다. 예컨대 생산자물가지수와 소비자물가지수 사이에는 뚜렷한 전가효과가 없으며(국가 통계청 2005), 경제성장률과 소비자물가지수 사이에도 뚜렷한 연관성이 없다.(왕둥 2008) 현재 수정한 자가 주택 처리 방법에 따라 구체적으로 계산한, 조정한 후의 소비자물가지수를 여전히 찾아보기 힘들다. 통계청에서 매년의 구체적인 가중치와 계산방법을 밝히지 않는 것이 한 가지 큰 어려움이라 할 수 있다. 발표한 정보에 근거해보면, 현재 가중치를 수정하는 원칙이, 해마다 조정하고 5년에 한 번씩 대폭적으로 조정한다는 것을 알 수 있다. 이 같은 정보는 현재 통계청에서 발표하는 소비자물가지수를 검정하고 수정하는데 어려움을 가져다주고 있다. 현 단계의 우리는 이론적인 회고와 국제적인 비교, 이미 발표한 정보를 결부하여 가능한 한 기존의 소비자물가지수를 수정함으로써 주택 소비가격을 포함하여 국제적 비교를 할 수 있는 소비자물가지수를 얻을 수밖에 없다. 농촌의 부동산 정보가 제한되어 있어서, 우리는 수정을 거친 도시 소비자물가지수만 계산했다.

본장의 제2절에서는 몇 개 데이터 비교를 통하여 우리나라 현재 소비자물가지수를 작성하는 과정에서 주거류 및 자가 주택의 비중이 너무 낮은 사실을 설명했다. 제3절에서는 자가 주택을 소비자물가지수에 포함시키는 몇 가지 방법을 소개했다. 제4절에서는 데이터 출처, 사용 방법을 소개했으며, 아울러 중국의 각 연도의 소비자물가지수를 수정했다. 제5절에서는 우리의 계산을 토대로 하여 현 단계의 정책과 기존의 약간의 연구에 대해 토론을 진행한 동시에 총결산했다.

2. 우리나라 주거 소비가 소비자물가지수에서 차지하는 비중 산정-상품바스켓에서의 가중치가 너무 낮아

2) 우리나라 소비자물가지수 중의 주거류 가중치

통계청의 설명에 따르면, 현재 우리나라의 소비자물가지수는 주로 식품, 담배와 술, 복식, 가정설비와 용품 및 수리 서비스, 의료 보건 및 개인용품, 교통과 통신, 오락교육문화용품 및 서비스, 주거 등 8가지 부류의 상품을 고려하고 있다. 표본에 의하여 도시와 농촌의 근 13만 세대(가계)를 추출한 다음, 8가지 부류 중 262가지를 기본적으로 분류하고 동시에 상품과 서비스를 600여종 가량을 선택하여 정기 검사를 주기적으로 진행하고 있다. 여러 가지 상품들이 소비자물가지수에서 차지하는 가중치가 다르므로 '해마다 소폭 조정하고, 5년에 한 번씩 대폭 조정'하는 원칙을 따르고 있다. 왕둥(2008)은 발표한 데이터를 반전하여, 2004년 가중치를 대체적으로 다음과 같이 배분했다는 데이터를 얻었다. 상품 바스켓 중에서 식품이 약 33.6%를 차지해서 큰 비중을 차지했고, 그리고 주택은 13.6%를 차지했다. 그밖에 담배와 술이 14.4%, 복식이 9.0%, 가정 기구와 용품 및 수리 서비스가 6.2%, 의료 보건 및 개인용품이 9.4%, 교통과 통신이 9.3%, 오락교육문화용품 및 서비스가 4.5%를 차지했다.[75] 사실, 국가 통계청의 약간의 공고에 의하여 우리는 최근 사이의 거주류 가중치를 직접 계산할 수 있다. 2010년 12월 통계청에서 발표한데 따르면, 11월 식품류 가격이 11.7% 상승하면서 소비자물가지수를 3.8% 끌어올리는 바람에 기여율이 74%에 달했으며, 주거류 가격은 동기 대비 5.8% 상승하면서 소비자물가지수를 0.9% 끌어올렸고, 기여율은 18%였다.[76] 이 정보에 의하여 우리는 소비자물가지수에서 차지하는 식품류와 주거류의 가중치가 제각기 32.48%(=3.8 11.7), 15.52%(=0.9 5.8)라는 것을 직접 계산할 수 있다. 이상의 결과에 근거하고 가중치를 끊임없이 조정한다는 것을 고려할 때, 이 몇 해 사이에 우리나라 소비자물가지수에서 차지하는 주거류 소비의 가중치가 대개 13-16% 사이였다.

우리나라에서 소비자물가지수를 통계할 때 주거류 상품을 자가 주택, 주택 임대료, 건축 및 인테리어 재료, 수도요금 전기요금 가스요금의 4가지로 가일 층 분류하는데, 주거류의 가중치가 각기 20%, 11%, 28%, 41%이다(徐奇淵, 2010). 따라서 소비자물가지수에서 차지하는 자가 주택의 가중치는 3.2%를 웃돌지 않고 있다.

---

75) 쉬치위엔은 2005-2010년의 가중치가 변함이 없다는 가정 하에서 추산했기 때문에, 그가 얻어낸 가중치에 일부 오차가 있을 수 있다.

76) 2010년 12월 11, 신화넷의 '식품과 주거류 가격, 11월 소비자물가지수를 상승시킨 주요인'이라는 글을 참고하라.(http://news.xinhuanet.com/fortune/201012/11/c_12869411.htm)

2) 우리나라 주거류 가중치와 자가 주택 가중치 너무 낮아

이상 우리나라의 주거 류 가중치 데이터에 근거하고 기타 국가와 지역에서 발표한 정보를 비교하는 것을 결부하여 그 차이가 생기게 된 원인을 설명해보자.

우선, 현재의 자료에 근거해볼 때, 주거류 가중치와 1인당 소득 간에는 엥겔지수처럼 뚜렷한 상관관계가 존재하지 않고 있다. OECD 사이트에서 공개한 데이터에 대해 간단한 선형회귀분석을 진행, 각국의 주거 소비는 소비자물가지수 중의 가중치 및 1인당 소득과 유의적인 영향 관계가 존재하지 않는다는 것을 발견했다. 그래프 14-1의 그래프 (a)와 그래프 (b)는 각기 2002년과 2005년 각국의 주거류 가중치와 1인당 소득(달러) 간의 관계를 그려내 보이고 있다.[77] 이는 우리나라 주거류 가중치가 너무 낮은 원인이 경제성장 단계에 처해 있기 때문이라는 주장이 성립되지 않음을 말해준다.

---

[77] 우리도 일본의 1960-1993년의 데이터 및 영국의 1980-1993년 데이터를 도입하여 양국의 주거류 가중치가 어떻게 소득의 증가와 더불어 변화하는가를 관찰, 역시 유의적 영향 관계가 존재하지 않는 것을 발견했다. 즉 주거류 가중치가 소득이 증가함에 따라 상승하지 않았다.

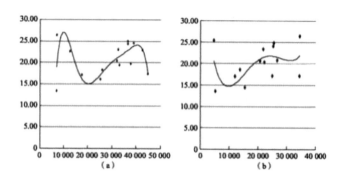

그래프 14-1 주거 류 가중치와 1인당 소득의 관계
설명: 그래프 (a)는 2005년 이탈리아, 네덜란드, 스페인, 영국, 오스트레일리아, 뉴질랜드, 한국, 일본, 캐나다, 멕시코, 미국, 체코, 프랑스, 독일 등 국가의 자료이다. 그래프 (b) 2002년 이탈리아, 네덜란드, 스페인, 영국, 오스트레일리아, 뉴질랜드, 한국, 일본, 캐나다, 멕시코, 미국, 프랑스, 독일 등 국가의 자료이다. 그래프에서의 횡축은 1인당 소득(달러)이고 종축은 주거류 가중치이다.
자료 출처: OECD Database.

　　사실 각국의 주거류 가중치가 다른 것은 거의 모두 통계 방법에서의 차이 때문이며, 자가 주택을 처리하는 방법에서 특히 그러하다. 저우칭제(2010)는 세계 각국의 자가 주택 처리 방법을 총정리하면서, 각국은 소비자물가지수를 산정할 때 자가 주택과 관련된 비용, 예컨대 집값, 감가상각, 대출 금리 등을 처리하는 방법에 있어서 큰 차이가 존재하고 있다는 것을 발견했다. 즉 배제방법(排除法, 소비자물가지수를 산정할 때 주택을 완전히 고려하지 않는 것), 소비지출 관리 방법(消費成本法, 혹은 원가법을 사용하는데 감가상각 등의 요소 포함), 등가 임대료 접근법(等値租金法), 순수 매수법(淨購置法, 소비자물가지수를 계산할 때 주민들이 구매한 새집 거래 가격을 직업 소비자물가지수에 계상하는 것), 사용자비용 접근법(使用成本法) 등으로 구분한데서 큰 차이가 존재했다.
　　국제적 통계방식을 볼 때, 배제방법을 도입한 국가는 프랑스, 이탈리아, 스페인, 벨기에, 포르투갈, 룩셈부르크, 폴란드, 그리스이고, 순수 매수법을 도입한 국가는 오스트레일리아, 뉴질랜드, 1950-80년대 중기의 미국과 2008년 이후의 유럽 등이며, 등가 임대료 접근법을 도입한 국가는 미국, 독일, 일본 등이며, 소비지출 관리 방법을 도입한 국가는 영국, 캐나다, 스위스, 핀란드 등이다. 자가 주택 투자는 소비를 겸비하는 특수한 속성을 가지고 있어서 여러 국가나 지역에서는 소비자물가지수를 계산할 때 자가 주택의 거래 가격에 대해 상이한 처리 방법을 도입했다. 따라서 어느 정도의 주관성을 띠고 있다. 그렇다 하더라도 우리나라의 주거류 가중치는 기타 국가에 비해 너무 낮은 수준이다.

'미국 통계 개요 1994'에 따르면, 미국의 주거류 가중치는 1992년에 약 31.75%, '가정 설비' 이 한 가지 품목을 빼버린 후에도 주거류 가중치가 26.41%여서 우리나라와 비교가 된다. 미국 노동통계청에 따르면, 2004년 소비자물가지수 중의 주거류 가중치는 42%에 달했고, '가정 설비'를 빼버렸다 해도 38%나 차지했다.(王軍平, 2006b, 王東, 2008)

OECD 15개국이 발표한 주거류 가중치를 이용하여 본장에서 계산한 평균치 역시 20.26%에 달해 우리나라보다 뚜렷이 높았다. 주거류 품목 가중치를 더한층 관찰하여, 우리나라 주거류 가중치가 소비자물가지수 가중치에서 차지하는 비중이 낮은 원인을 알 수 있었다. 쉬치위엔(徐奇淵, 2010)의 주거류 내부에 대한 진일보적인 분석에 따르면, 자가 주택, 주택 임대료, 건축 및 인테리어 재료, 수도요금 전기요금 가스요금의 네 가지 가중치는 각기 20%, 11%, 28%, 41%였고, OECD 국가의 평균 가중치는 43%, 20%, 7%, 29%였다.

'미국 통계 개요 1994'에 따르면, 1992년 '가정 설비' 품목을 빼버리고 계상한 미국의 주거류 가중치가 26.41%, 그중 자가 주택 한 가지만 해도 소비총량의 11.1%를 차지하고, 주택 소비의 41.99%를 차지했다. 그리고 주택 임대료와 수도요금 전기요금 연료비는 각기 26.65%와 25.71%를 차지했다. 미국 노동통계청에서 2004년에 발표한 데이터에 따르면, 자가 주택이 주거류에서 차지하는 비율은 55.55%에 달했지만, 수도요금 전기요금 연료비 등이 차지하는 비율은 12.5% 밖에 안 되었다. 주거비용 통계에서의 표준 문제를 배제한다 하더라도(주로는 미국의 가정 설비를 주거류에서 배제하는 이 차이를 말한다), 우리나라와 기타 주요 국가를 비교해보면, 주거류 가중치를 설정하는 면에서 아주 큰 차이가 존재하고 있다. 우리나라는 자가 소비자물가지수에 계상하는 자가 주택의 비중은 너무 낮고, 수도요금 전기요금 연료비는 그 비중이 너무 높다. 이것이 우리나라에서 주거류가 소비자물가지수에서 차지하는 비중이 너무 낮은 주요인이다.

우리나라 소비자물가지수 중에서 자가 주택 비중이 너무 낮다는 한 가지 중요한 증거가 바로 주택 자가 비율(住宅自有率)이 지나치게 높은 것이다. 세계 다른 국가와 비교해볼 때 우리나라의 주택 자가 비율이 지나치게 높다. 예컨대, 쉬치위엔(2010)에 따르면, 독일의 자가 주택 비중은 40% 안팎 밖에 안 되지만, 임대주택 비중은 비교적 높음으로서 실질 주택 임대료가 소비물자지수의 가중치에서 차지하는 비중이 20.33%에 달했다. 그러나 미국은 자가 주택 비중이 거의 70%에 달함으로서 조사에 따르면, 등가 임대료가 소비자물가지수에 차지하는 가중치 비중이 25.21%에 달했다.

2003년 국가 통계청 도시사회경제조사본부의 조사에 따르면, 중국 도시의 자가 주택 비중이 83%에 달했지만, 미국은 같은 시기 68.3%였다. 우리나라 자가 주택이 소비자물가지수에서 차지하는 가중치 비중이 응당 미국보다 높아야 하지만, 사실 통계에서는 그와는 반대이고, 그 차이도 아주 크다.

왕쥔핑(2006a)은 우리나라 자가 주택의 통계 계산방법에 대한 해석을 내놓았는데, 상술한 결과에 대한 포괄적 해석이라 할 수 있다.

국가 통계청은 자가 주택의 처리 방법에 있어서 가상 임대료(虛擬租金)를 가지고 계산하는데, 계산 공식은 다음과 같다.

도시 주민 자가 주택 가상 임대료=[(연초 도시 주민 주택 면적+연말 도시 주민 주택 면적)÷2]×도시 및 산업지역 내 개인이 지은 주택 단위 면적당 공사비 4%(감가상각률)

그중, (도시 및 산업지역 내 개인이 지은 주택의 단위 면적당 공사비=도시 완공 주택 가치 완공 면적)이다.

여기서 중요한 문제는, '분양 주택 판매 가격'이나 '분양 주택 완공 가격'이 아니라 '도시 및 산업지역 내 개인이 지은 주택의 단위 면적당 공사비'를 도입했다는 점이다. 지난 몇 해 동안 통계청에서 이용한 주택 가격은 변동 폭이 적고 증가폭도 분양 주택 가격보다 훨씬 낮은 바람에 가상 임대료를 지나치게 적게 추정한데서, 더욱더 발전적으로 소비 중인 자가 주택의 중요성을 과소평가하고 그 가중치 설정 비중을 낮게 잡았을 수 있다. 이렇게 계산한 주거류 가격 지수의 상승이 소비자물가지수에 대한 기여율 역시 너무 낮기 때문에 소비자물가지수의 상승폭을 어쩌면 저평가할 수 있었다. 2008년, 소비자물가지수에서 자가 주택의 가격지수는 2.6%였지만, 분양 주택 가격지수는 6.5%, 주택류 가격지수는 7.1%였다. 이는 자가 주택을 계산하는데서 큰 편차가 생겼다는 것을 말해준다.

소비자물가지수의 가중치를 설정함에 있어서, 주민 소비 지출의 데이터 비율에 근거했다. 1978년, 도시 주민들의 엥겔지수, 즉 식품 지수는 소비자물가지수에서의 비중이 한때 57.5%까지 되었다가 후에 점차 하락했다. 그 시대에는 주택을 거의 국가의 지원에 의존한데서 개인 지출은 제한적이었다. 따라서 소비자물가지수에 주택을 적게 계상한데는 그럴만한 이유가 있다고 할 수 있다. 하지만 2008년, 우리나라 주택 판매액은 1조 5,334억 위안에 달했고, 사회 상품 판매 총액은 10조 8억 위안 가량이 되었다. 만약 중고주택 거래액, 임대료 및 기타 여러 가지 주민 지출까지 합한다면 사회 소비 판매 총액에서 차지하는 주거류 소비가 20% 이상에 달할 수 있었다. 게다가 1998년 이전과는 달리 이 모든 것을 주민들이 실제로 부담했다. 1998년부터 우리나라는 주택 개혁을 가동하면서 복리 후생의 주택 분배 제도를 취소한데서 주민들 소비총량에서 차지하는 주거류 소비 비중은 당연히 점차 증가해야 했다. 2010년, 주택건설부의 통계에 따르면, 2009년, 도시 1인당 주거 면적 주택 면적이 30평방미터[78]이었다. 따라서 주거류 지출이 응당 아주 높아야 했다.

이상의 설명을 통해 알 수 있다시피, 우리나라의 거주류 가중치가 소비자물가지수상품 바스켓에서 차지하는 비중이 너무 낮다. 특히 자가 주택 가중치가 주거류와 소비자물가지수에서 차지하는 비중이 너무 낮다. 이는 우리나라의 소비자물가지수가 인플레이션의 실제 수준을 전면적으로 반영할 수 없게 했다. 국가 통계청역시, 2010년 소비자물가지수 통계에서 가중치를 조정할 때 주거류 가격 비중을 상응하게 늘리어 소비자물가지수가 주민들의 실생활을 보다 잘 반영하도록 하겠다고 밝혔다.

3. 주택 가격을 소비자물가지수에 계상하는 몇 가지 방법

자가 주택의 가중치를 평가함에 있어서, 소비지출의 변동을 분석하는 방법을 보편적으로 받아들이지 않는다면, 국가별로 자가 주택을 처리하는 방법이 다를 수밖에 없으며, 소비자물가지수에 부여하는 작용도 다를 수밖에 없다. 이밖에 처리 방법이 다름에 따라 데이터에 대한 요구도 다를 수 있다. 현재 이론적으로 자가 주택을 처리함에 있어서 주로 다음과 같은 몇 가지 방법이 있다.

1) 매수법(購置法)

저우칭제(2010)가 종합한 것에 따르면, 각국의 가격 통계에 있어서, 자가 주택을 제외한 일반 내구소비재는 사실 비내구소비재의 양식으로 처리한다. 즉 거래가격을 직접 구매 기간의 소비자물가지수에 계상하므로 매수법(acquisition approach)

---

78) 왕이넷 뉴스: '주택건설부도시 1인당 주택 면적 30평방미터', 2010년 12월 29일. ttp://news.163.com/10/1229/20/6P3K
TULF00014JB6.html.

이라 칭하고 있다. 오스트레일리아와 뉴질랜드가 자가 주택 가격을 직접 소비자물가지수에 계상하는 것도 이 같은 방법을 따라서인데, 이 방법만이 소비자물가지수에서 내구소비재 통계에서의 일치성을 확보할 수 있다고 여기기 때문이다. 오스트레일리아와 뉴질랜드(그리고 물가 개혁을 시도하고 있는 유럽)가 채택한 순수 매수법에서도 자가 주택의 투자 성질을 중시하면서, 기술처리를 통하여 소비자물가지수에 대한 투자 요소의 교란을 제거하려 했다. 이 같은 국가나 지역에서는, 토지가 자가 주택 가격을 구성하는 요소 중에서 명실상부한 투자 요소라고 인정했다.(Woolford, 2005) 따라서 소비자물가지수 중에서 응당 산정해야 하는 자가 주택 비용을 다음과 같은 공식으로 표시할 수 있다.

소비성 자가 주택 지출=거래 총 가격-토지 가격=건물 가격+거래 비용 (14-1)

이 공식에 따르면, 토지 가격을 뺀 후의 자가 주택 및 냉장고, 세탁기 등의 내구소비재를 마찬가지로 처리할 수 있는데, 이런 상품들은 모두 기간을 뛰어넘어 사용하는 가운데에서 가치가 지속적으로 하락하게 된다. 이 방법에도 문제가 존재하는데, 주택은 오랫동안 사용할 수 있고, 게다가 토지 가격을 빼버린 주택 자체 역시 투자 성질을 가지기 때문이다. 따라서 이 방법은 갈수록 적게 채택하고 있다.

2) 등가 임대료 접근법

등가 임대료 접근법(rental equivalence approach, OECD 통계에서는 imputed rentals라고 칭함)은, 자가 주택을 같은 시기 같은 종류의 주택에 따라 시장 임대료를 가상 임대료로 간주하여 지출한다. 미국 노동통계청에서 바로 이 방법을 도입하여 자가 주택의 소비지출을 계산할뿐더러, 소비자물가지수를 진일보적으로 산정했다. 어느 주택이나 하나뿐이기에, 장소(location)가 주택 임대료, 판매, 그리고 그 변동의 결정적 요소로 작용한다. 때문에 미국 노동통계청은 반복 표본(重复样本)을 사용하고 또한 한 작은 구역(예컨대 서너 개 시구街區) 내의 가격 변동은 일치한다고 가정한다.

일반 소비품에 대해서는 취득방법(獲取法)을 도입하여 주민들의 소비 지출을 계산하지만, 자가 주택과 같은 투자와 소비 속성을 가진 상품에 대해서는 등가 임대료 접근법을 사용하는데, 사실상 이는 기회비용이라는 개념으로서 본질적으로 원가법이라는 범주에 속한다. 통계 과정에서 때로는 주민들의 주택에 대한 주관적 평가 데이터를 채택하기도 한다. 즉 주민들이 만약 자가 주택을 사용하는데 임대료를 지불할 경우, 임대료가 얼마이면 비교적 합리적이라고 생각하는 등이다. 이 같은 생각에 의하여 등가 임대료 역시 전가(imputed) 임대료라고 일컫는다.

등가 임대료 접근법을 사용하면 좋은 점이 많다. 만약 집값이 빠르게 인상한다면 등가 임대료도 동반 인상하거나 잇달아 빠르게 인상하면서, 물가지수에 집값 인상의 추이를 반영할 수 있다. 하지만 등가 임대료 접근법 역시 어느 정도 발달한 주택 임대료 시장을 기반으로 해야 하며, 계획경제 체제를 사회주의 시장경제 체제로 전환하는 과정에서 가격 왜곡 등의 원인으로 인하여 등가 임대료와 같은 기회비용을 측정하기 비교적 어렵다. 게다가 임대료 상승은 흔히 집값 상승보다 후행할 뿐 아니라 상승폭도 집값 상승폭보다 낮다(Poole, Ptacek, Verbrugge 2005).

이밖에 주택 임대료는 영업세를 납부해야 하므로, 통계 기관에서 조사를 할 때 일부 허위 정보를 입수할 수 있다. 우리나라 분양주택 시장이 가일 층 개선되고, 통계 관련 법규가 점차 체계화됨에 따라 등가 임대료 통계도 그 의미가 더욱 중요해지게 될 것이다.

3) 사용자비용(사용비용) 접근법

사용자비용 접근법(user cost approach) 역시 널리 응용되는 방법으로서, 회계,

금융 등의 분야에서 요소비용을 측정하는데도 응용된다. 사용자비용 접근법은 금융 중의 자산 가격결정 이론 모형을 채택했다. Katz(2009)는 사용자비용 접근법의 기본 원리를 이렇게 밝혔다.

주택 사용 연한을 m년, Vvt는 이미 사용한 v년의 주택을 시각 t에 구매한 가격, uvt는 시각 t의 사용 가치, Ovt는 시각 t의 유지비용, rt는 명목 할인율, 이렇게 되면 시각 t의 현가는,

$$V\_v^t=(u\_v^t)/(1+r^t)+(u\_(v+1)^{(t+1)})/(" 1+r^t ")(" 1+r^{(t+1)} ")+\cdots+(u\_(m"-"1)^{(t+m"-"v"-"1)})/(\prod\_(i=t)^{(t+m"-"v"-"1)} " 1+r^i ") 이다. \quad (14\text{—}2)$$

그리고 t+1 기간의 가치는,

$$V\_(v+1)^{(t+1)}=(u\_(v+1)^{(t+1)})/(1+r^{(t+1)})+(u\_(v+1)^{(t+1)})/(" 1+r^{(t+1)} ")(" 1+r^{(t+2)} ")+\cdots+(u\_(m"-"1)^{(t+m"-"v"-"1)})/(\prod\_(i=t)^{(t+m"-"v"-"1)} " 1+r^i ")$$
$$-(O\_(v+1)^{(t+1)})/(1+r^{(t+1)})-\cdots-(O\_(m"-"1)^{(t+m"-"v"-"1)})/(\prod\_(i=t)^{(t+m"-"v"-"1)} " 1+r^i ") 이다. \quad (14\text{—}3)$$

이상의 두 공식을 결합하여 다음과 같은 식을 얻을 수 있다.

$$u\_vt=rtV\_vt+O\_vt-(V\_(v+1)(t+1)-V\_vt) \quad (14\text{—}4)$$

식(14-4)가 바로 시각 t 때의 사용-비용이다.

쾅웨이다(2010)는 사용자비용 접근법을 이용하여 중국 도시 주민들의 주택 부담을 계산했다. Verbrugge(2008) 역시 사용자비용을 이렇게 기술했다.

$$ut=(rt+rHt-E\pi)Vt \quad (14—5)$$

식에서, Vt는 시각 t 때의 주택 가치, r/Ht는 유지비용율, Eπ는 주택 가치 부가가
치율이다.

사용자비용 접근법에 의하여 산정한 소비자물가지수는 자가 주택의 소모비를
반영할 수 있는데, 자가 주택의 소모에서 화폐 거래가 발행하지 않았다 하더라도
자가 주택의 소모비를 소비자물가지수에 포함시킬 수 있다. 식(14-4)에서, O_vt는
보수비와 유지비(원자재 값과 집 주인의 노동력 비용 포함), 세수, 보험료, 고정 자
산의 감가상각 등을 포함하고 있다. 식(14-4)는 또한 응당 지불해야 하는 재산 소득
(즉 주택담보대출 이자)을 더하고, 또한 소유권 수익(주택의 부가가치)을 덜어버려
야 한다. 사실 통계 기관에서 자가 주택의 사용 비용을 추정할 때 보수비와 유지비,
세수, 보험료, 주택담보대출 이자, 주택 가격에 의한 고정 자산의 감가상각 등 품목
의 지출을 소비자물가지수 중에 상응한 가중치를 부여한다. 그러나 일반적으로 소
유권의 수익에는 포함하지 않는다.

Diewert, Nakamura(2009)는 사용자비용 접근법을 이렇게 정리했다.

실제 작업과정에서는 주택 가치 상승 부분을 일반적으로 고려하지 않으며, 이
론적으로만 응용할 뿐이다. 만약 주택의 가치 상승을 사용비용에 계상한다면, 주
택 가격 상승폭이 클 경우 사용비용이 마이너스라는 계산 결과가 나올 수 있어서,
경제 이론적으로는 아무런 의미도 없다(Poole, Ptacek과 Verbrugge, 2005; Beatty,
Larsen과 Sommervoll, 2010).

이 방법에서, 사용비용에 대출 이자를 포함하느냐 하는 문제에서도 어느 정도
견해 차이가 있다. 이자를 직접 소비자물가지수에 계상한다면 통화정책이 소비자
물가지수에 직접적인 영향을 미치게 될 뿐 아니라, 이 같은 영향이 오해를 초래할
수 있기 때문이다. 이를테면, 통화 완화 정책은 주택 대출 금리를 인하시키면서 소
비자물가지수를 하락시키며, 반대로 통화 긴축 정책은 소비자물가지수를 상승시
킬 수 있다. 이는 소비자물가지수의 파동을 인위적으로 감소시킴으로써 소비자물

가지수의 극단적인 변화를 과소평가하는 효과를 초래하게 된다.

이 같은 견해 차이는 장기금리(즉 여러 해 금리의 이동평균법)를 도입하여 해결할 수 있다.

4) 기회비용 접근법

Diewert, Nakamura(2009)는 기회비용 접근법(opportunity cost approach)이라는 이론적으로 보다 괜찮은 방법을 내놓았다. 그들은, 정확한 자가 주택비용은 그의 기회비용으로서, 예컨대 그 주택을 임대할 때의 가치 같은 것이라고 여기었다.

Diewert, Nakamura(2009)는 자가 주택을 어떻게 기회비용 접근법에 의하여 가격지수에 포함시키겠는가 하는 문제에 관하여 이렇게 밝혔다.

자가 주택에 살고 있는 가정으로 말하면, 주택의 기회비용이 그 가정의 최대의 임대가격이라고 하지만, 만약 사용비용이 등가 임대료를 초과할 경우, 자가 주택의 기회비용은 바로 사용비용을 채택하게 된다. 즉 등가 임대료와 사용비용 양자 중의 최대치를 자가 주택의 기회비용으로 간주하게 된다.

기회비용 접근법은 이론상으로는 아주 큰 의미가 있기는 하지만 작업 과정에서 최소한 등가 임대료와 사용비용 두 가지를 운영해야 한다.

5) 지출 접근법

저우칭제(2008a)의 설명에 따르면, 지출 접근법(payment approach)은 당기에 실제로 지불한 현금 액수에 의하여 계산하는 자가 주택의 비용을 말한다. 이 방법을 채택할 경우, 주민들이 주택 서비스를 받느라고 발생한 지급액만 고려할 뿐 주택을 사용에 교부했느냐 여부는 고려하지 않는다. 아일랜드에서 이 방법을 채택하고 있는데, 보수와 인테리어 비용, 유비지, 지방 정부가 징수한 주택비용, 주택 보험료, 그리고 담보대출 이자 모두 소비자물가지수에 계상하고 있다.

6) 소비비용(소모비) 접근법

이밖에 위에서 서술한 방법을 이론적 기초로 하는 수정 방법도 있다. 예컨대 Beatty, Larsen, Sommervoll(2010)는 사용비용 접근법에 의한 수정 방법을 제기했는데, 소모비 접근법(consumption cost approach)이라 부른다.

우선, 보유기간에 주택 서비스 소비의 지출을 계산할 때는 주택의 가치 상승을 포함하지 않는다. 다음, 그 기간의 주택 소비와 지난 기간의 주택 소비를 비교하고 변화된 일정한 액수를 관찰하여 자가 주택의 가격 변화를 계산한다. 이렇게 사용 비용의 개념을 수정함으로써, 주택 소비에 이자로 지불한 비용, 보수비용과 거래 비용만 포함시켰다. 단기금리의 내생성과 소비자물가지수의 내생성을 피하고자 안정적인 담보대출이라는 장기 시장금리와 단기 기대 금리를 이용했다. 자가 주택 지출 C는 다음과 같은 식을 표시한다.

$$C=A[\gamma i(1-\tau)+Tc+\gamma m] \quad (14\text{—}6)$$

식에서, γ는 지속 기간, I는 금리, A는 주택 가격, τ는 세액 공제율, Tc는 거래 비용과 정비 비용, m은 보수비를 표시한다. A를 제외한 나머지 변수는 비율로 표시한다. 구체적인 수정 공식은 다음과 같다.

$$C_t=A_t \left\{ \frac{1}{3} \left[\sum_{i=t-2}^{t} Tc_i + \gamma \frac{1}{3} \sum_{i=t-2}^{t} m_i + \Psi_t (1-\tau) \gamma i_{(L,t)} \right.\right.$$
$$\left.\left. @ + \Phi_t (1-\tau) \gamma [i_{(L,t)} - \frac{1}{5} \sum_{i=t-4}^{t} (i_{(L,t)} - i_{(S,t)})] \right\} \right. \quad (14\text{-}7)$$

식에서, Φt와 Ψt는 각기 가변 금리 대출과 고정 금리 대출 비례를 표시하는데 합하면 1이 되고, iS와 t는 가변이 예상되는 단기 금리의 추정을 표시하며, I와 t는 장기 금리를 표시한다.

소비자물가지수에서 자가 주택 비용을 처리함에 있어서, 각국은 주거류 가격에 포함하는 내용이 다르고, 자가 주택의 소비비용에 대한 처리 방법이 다름으로 인하여 가중치에 큰 차이가 존재한다. OECD 중, 극소수의 국가들만 매수법과 지출 접근법을 사용하고, 대다수 국가들은 사용자비용 접근법을 사용하고 있다. 자가 주택 소비지출을 계산한 후, 총지출 중의 비중에 따라 소비자물가의 주거류 가격에 주택 소비의 가중치와 주택 소비비용을 반영한다.

우리나라에서는 소비자물가지수의 주거류 가격에 자가 주택 비용과 주택 임대료를 반영할 뿐만 아니라, 건축 자재비와 수도요금 전기요금 연료비도 반영한다. 왕쥔핑(2006a)의 총결산에 따르면, 우리나라에서 자가 주택 비용을 처리함에 있어서 사용자비용 접근법과 비슷하기는 하지만 구체적인 활용성에 있어서는 다른 국가들과는 큰 차이가 있는데, 계산하는 내용이 적고, 소비 액수와 가중치가 지나치게 낮은데서 드러나고 있다.

4. 데이터 출처와 기본적인 계산

우리나라 주택 임대 시장이 여전히 개발 단계에 있고, 특히 임대료 데이터를 공개적인 경로를 통해 입수할 수 없는 상황을 고려하여 우리는 등가 임대료 접근법을 채택하여 자가 주택의 가치를 계산하지 않았다. 따라서 기회비용 역시 계산하기 어려웠다. 매수법이나 지출 접근법도 마찬가지로 이론적 가치가 별로 없어서 채택하지 않았다. 본장에서는 주로 사용자비용 접근법의 몇 가지 다른 형식에 의하여 자가 주택의 지출을 계산함과 아울러 총체적 소비 중의 가중치를 계산함으로써 기존의 소비자물가지수를 수정했다.

1)계산 절차

계산 절차를 세 단계로 나누었다. 우선, 자가 주택의 1인당 소비 지출을 계산, 다음 우리나라 도시 주민들의 1인당 소비 지출 구조에 의하여 소비자물가지수 중의 각항 하위 지표를 재차 계산하였으며, 최종 각항 하위 지표의 가격 상승폭과 결합하여 각 연도의 소비자물가지수를 종합적으로 계산했다.

2) 데이터 출처에 대한 설명

사용자비용 접근법을 이용하려면 다음과 같은 변수가 소요된다.

(1) 1인당 자가 주택 가격으로, 우리는 1인당 주택 면적과 그 해의 분양 주택 가격(혹은 완공 주택 가치)을 곱하는 방법을 통하여 값을 구했다. 이 두 가지 데이터는 각 연도의 '중국 통계연감'에서 이용했다.

(2) 1인당 주택 면적인데, 통계청에서 발표한 각 연도 '중국 통계연감'에서 이용했다.

(3) 주택 대출 금리인데, 우리는 CEIC 데이터 뱅크의 담보대출 금리 데이터를 이용했다. 금리에 대하여, 우리 역시 1년 기한의 예금 금리를 도입하여 기회비용을 반영했다. 데이터는 중국 인민은행 사이트의 데이터를 이용했다.

(4) 고정자산 감가상각률인데, 이 항목은 우리가 추산했다. 중국 건축물 사용 기한이 35년, 50년 등의 몇 개 등급으로 나누므로, 이 기한에 근거해서 감가상각률을 추산했다.

(5) 도시 주민들의 1인당 소비지출인데, 데이터는 각 연도의 '중국 통계연감'에서

인용했다.

(6) 소비자 가격 품목별 지수인데, 데이터는 '중국 통계연감'에서 인용했고, 2009년과 2010년의 최신 데이터는 통계청 사이트에서 인용했다.

기타 보수비, 재산세, 보험료 등은 0으로 기록했다.

3) 주거 지출에 대한 초보적 계산

우리는 사용자비용 접근법의 세 가지 다른 방법을 이용하여 1인당 자가 주택 지출을 계산했다. 첫 번째 방법(이하 '방법1'로 약칭)은 왕줜핑(2006a)이 국가 통계청의 계산방법을 적당히 수정한 것이고, 두 번째 방법은 표준적인 사용자비용 접근법(이하 '방법2'로 약칭)이며, 세 번째 방법은 Beatty, Larsen, Sommervoll(2010)이 내놓은 방법과 비슷한 소비비용 접근법(이하 '방법3'이라 약칭)이다. 이 세 가지 방법을 이용하여 우리는 매년의 주거 지출, 가중치와 수정한 소비자물가지수를 산정했다.

(1) 방법1의 자가 주택 사용비용

이 방법은 사용자비용이거나 가상 임대료를 계산할 때 감가상각률만 고려하는 것과 마찬가지이다. 따라서 계산하여 채택한 감가상각률이 4.00%로서 비교적 높았다. 우리 역시 다른 감가상각률 하에서의 가상 임대료를 계산하려 시도해보았다. 1인당 주택 가치를 계산할 때, 부동산 개발업체의 완공주택 가격, 분양주택 판매가격, 도시 및 산업 지역의 개인이 지은 단위 면적당 공사가격 등의 세 가지 다른 가격 지표가 있었다. 그중 분양주택 판매 가격은 각 연도의 통계연감에서 직접 발표한 것이지만, 도시 및 산업 지역의 개인이 지은 단위 면적당 공사가격은=도시 주택 완공 가격 완공면적이다. 왕줜핑(2006a)의 설명대로 통계청에서 도시 및 산업 지역의 개인이 지은 단위 면적당 공사가격을 채택했다면, 우리는 이 같은 주택 단가를 계산하는 방법을 채택하여 검증하고, 동시에 분양주택 판매가격을 계산하는 방법을 대체 방법으로 활용했다.

표 14-1과 표 14-2에서 밝힌 것처럼, 도시 및 산업 지역의 개인이 지은 단위 면적당 공사가격을 이용하여 계산한 가상 임대료가 분양주택 판매 가격을 이용하여 계산한 값보다 훨씬 적다. 하지만 우리나라 통계청에서 발표한 도시 주민 1인당 소비지출 중의 주거류 소비지출과는 근사한 값이다.

표 14-1 도시 및 산업 지역의 개인이 지은 단위 면적당 공사가격을 이용해 제산한 가상 임대료(위안)

	1.50%	1.90%	2.00%	2.50%	2.71%	3.00%	3.50%	4.00%	4.50%	5.00%	5.50%
1995	80.88	102.45	107.84	134.80	146.12	161.76	188.72	215.68	242.64	269.60	296.56
1996	92.36	116.98	123.14	153.93	166.86	184.71	215.50	246.28	277.07	307.85	338.64
1997	105.30	133.39	140.41	175.51	190.25	210.61	245.71	280.81	315.91	351.02	386.12
1998	116.58	147.67	155.44	194.30	210.62	233.16	272.02	310.88	349.74	388.61	427.47
1999	123.42	156.33	164.56	205.70	222.98	246.84	287.98	329.12	370.26	411.40	452.54
2000	136.09	172.38	181.45	226.81	245.87	272.18	317.54	362.90	408.27	453.63	498.99
2001	151.00	191.27	201.33	251.67	272.81	302.00	352.33	402.67	453.00	503.33	553.66
2002	169.99	215.32	226.66	283.32	307.12	339.99	396.65	453.31	509.98	566.64	623.31
2003	204.42	258.94	272.57	340.71	369.33	408.85	476.99	545.13	613.27	681.41	749.55
2004	243.35	308.24	324.47	405.58	439.65	486.70	567.82	648.93	730.05	811.17	892.29
2005	289.73	366.99	386.31	482.89	523.45	579.47	676.04	772.62	869.20	965.78	1 062.35
2006	332.48	421.14	443.31	554.14	600.69	664.97	775.79	886.62	997.45	1 108.28	1 219.10
2007	367.65	465.69	490.20	612.76	664.23	735.31	857.86	980.41	1 102.96	1 225.51	1 348.06
2008	412.10	522.00	549.47	686.84	744.53	824.21	961.58	1 098.94	1 236.31	1 377.68	1 511.05

설명: ■ 기한이 50년인 건물을 90% 재평가했고, 잔존가액(殘存價値) 5%로 제산한 감가상각건물이다. ■ 기한이 35년인 건물을 71% 재평가했고, 5%로 제산한 감가상각건물이다.

표 14-2 분양주택 판매 가격을 이용해 계산한 가상 임대료(위안)

	1.50%	1.90%	2.00%	2.50%	2.71%	3.00%	3.50%	4.00%	4.50%	5.00%	5.50%
1997	467.32	591.94	623.10	778.87	844.30	934.65	1 090.42	1 246.20	1 401.97	1 557.75	1 713.52
1998	506.70	641.82	675.60	844.50	915.43	1 013.40	1 182.30	1 351.20	1 520.09	1 688.99	1 857.89
1999	530.36	671.79	707.15	883.93	958.18	1 060.72	1 237.50	1 414.29	1 591.08	1 767.86	1 944.65
2000	579.58	734.13	772.77	965.96	1 047.11	1 159.16	1 352.35	1 545.54	1 738.74	1 931.93	2 125.12
2001	620.98	786.58	827.98	1 034.97	1 121.91	1 241.97	1 448.96	1 655.96	1 862.95	2 069.95	2 276.94
2002	683.93	866.31	911.90	1 139.88	1 235.63	1 367.85	1 595.83	1 823.81	2 051.78	2 279.76	2 507.73
2003	766.04	970.32	1 021.39	1 276.73	1 383.98	1 532.08	1 787.42	2 042.77	2 298.12	2 553.46	2 808.81
2004	952.57	1 206.59	1 270.10	1 587.62	1 720.98	1 905.14	2 222.67	2 540.19	2 857.72	3 175.24	3 492.76
2005	1 125.59	1 425.75	1 500.79	1 875.99	2 033.57	2 251.18	2 626.38	3 001.58	3 376.77	3 751.97	4 127.17
2006	1 244.58	1 576.47	1 659.44	2 074.30	2 248.54	2 489.16	2 904.02	3 318.88	3 733.74	4 148.60	4 563.46
2007	1 509.11	1 911.53	2 012.14	2 515.18	2 726.45	3 018.21	3 521.25	4 024.28	4 527.32	5 030.35	5 533.39
2008	1 531.96	1 940.48	2 042.61	2 553.26	2 767.74	3 063.92	3 574.57	4 085.22	4 595.88	5 106.53	5 617.18

설명: ■ 기한이 50년인 건물을 90% 재매했고, 잔존가액(殘價) 5%로 계산한 감가상각률이다. ■ 기한이 35년인 건물을 71% 재매했고, 5%로 계산한 감산한 감가상각률이다.

(2) 방법2의 자가 주택 사용비용

이 같은 방법으로 자가 주택 사용비용을 계산할 때 식(14-4)를 도입하여 계산했다. 식(14-4)를 이용할 때, 우리는 재산세를 0, 보수비를 0으로 했다. 주택 가치는 분양주택 가격을 채택하여 계산했다. 주택 부가가치 부분은 이론상에서 견해 차이가 존재하는 것을 고려하여 우리는 주택 가치의 부가가치를 포함하고 있는 결과와 주택 부가가치를 포함하지 않고 있는 결과를 각기 계산했다. 부가가치를 포함하고 있는 결과를 계산할 때 우리는 실질 부가가치율 데이터를 이용했다. 사용비용에는 주로 이자와 감가상각을 포함하고 있는데, 이자는 1년 기한의 예금금리와 담보대출 금리를 각기 채택하여 계산했으며, 상이한 감가상각률 하에서의 사용 비용도 각기 계산했다.

표 14-3과 표 14-4에서 알 수 있다시피, 만약 주택 부가가치를 고려할 경우, 사용비용이 많은 연도에서 마이너스가 되는 상황이 나타났다. 전문에서 토론한 것처럼, 이런 상황에서는 아주 좋은 경제적 의미가 있을 수 없다. 아래 글에서 우리는 더이상 주택 부가가치를 고려하지 않았다.

표 14-5와 표 14-6은 각기 담보대출 금리와 예금금리를 이용하여 사용비용을 계산한 내용인데, 양자의 차이가 비교적 크다는 것을 알 수 있다. 전문에서 토론한 것

표 14-3 분양주택 판매 가격, 담보대출 금리, 주택 부가가치를 고려한 사용비용(위안)

	1.50%	1.90%	2.00%	2.50%	3.00%	3.50%	4.00%	4.50%	5.00%	5.50%
1997	3 885.98	4 013.28	4 045.11	4 570.08	4 363.37	4 522.50	4 681.63	4 840.77	4 999.90	5 159.03
1998	3 335.02	3 473.40	3 508.00	3 680.98	3 853.95	4 026.93	4 199.91	4 372.89	4 545.87	4 718.85
1999	2 647.02	2 791.27	2 827.33	3 007.65	3 187.96	3 368.28	3 548.59	3 728.91	3 909.22	4 089.54
2000	2 382.60	2 540.39	2 579.83	2 777.07	2 974.30	3 171.54	3 368.77	3 566.01	3 766.24	3 960.48
2001	2 324.23	2 492.04	2 534.00	2 743.77	2 953.53	3 163.30	3 373.07	3 582.84	3 792.61	4 002.37
2002	1 444.60	1 635.31	1 682.99	1 921.37	2 159.75	2 398.14	2 636.52	2 874.90	3 113.29	3 351.67
2003	671.69	879.96	932.03	1 192.38	1 452.72	1 713.07	1 973.41	2 233.76	2 494.10	2 754.44
2004	-1 525.68	-1 264.88	-1 199.68	-873.68	-547.68	-221.68	104.32	430.32	756.32	1 082.32
2005	-873.86	-567.24	-490.59	-107.32	275.96	659.23	1 042.50	1 425.78	1 809.05	2 192.33
2006	997.47	1 335.60	1 420.13	1 842.79	2 265.45	2 688.11	3 110.77	3 533.42	3 956.08	4 378.74
2007	235.59	645.31	747.74	1 259.88	1 772.03	2 284.18	2 796.33	3 308.48	3 820.63	4 332.77
2008	1 826.45	2 241.55	2 345.33	2 864.20	3 383.08	3 901.96	4 420.84	4 939.71	5 458.59	5 977.47

처럼, 예금금리를 직접 이용할 경우 통화정책과 소비자물가지수가 상호 교차되는 상황이 나타날 수 있어서, 다음부터는 장기 금리를 이용하여 재차 계산했다. 그 결과는 표 14-7과 표 14-8에서 밝힌 것과 같다. 장기 금리란 3년 기한의 이동 평균 금리를 말한다.

표 14-4 분양주택 판매 가격, 예금금리, 주택 부가가치를 고려한 사용비용(위안)

	1.50%	1.90%	2.00%	2.50%	3.00%	3.50%	4.00%	4.50%	5.00%	5.50%
1997	2 281,94	2 409,24	2 441,07	2 826,46	2 759,33	2 918,46	3 077,59	3 236,72	3 395,86	3 554,99
1998	2 141,47	2 279,85	2 314,45	2 487,43	2 660,40	2 833,38	3 006,36	3 179,34	3 352,32	3 525,30
1999	1 208,11	1 352,36	1 388,42	1 568,74	1 749,05	1 929,37	2 109,68	2 290,00	2 470,31	2 650,63
2000	927,00	1 084,79	1 124,24	1 321,47	1 518,71	1 715,94	1 913,18	2 110,41	2 307,65	2 504,88
2001	776,14	943,96	985,91	1 195,68	1 405,45	1 615,21	1 824,98	2 034,75	2 244,52	2 454,29
2002	-247,92	-57,21	-9,54	228,85	467,23	705,61	944,00	1 182,38	1 420,77	1 659,15
2003	-1 155,93	-947,65	-895,59	-635,24	-374,90	-114,55	145,79	406,14	666,48	926,83
2004	-3 683,80	-3 423,00	-3 357,80	-3 031,80	-2 705,80	-2 379,80	-2 053,80	-1 727,80	-1 401,80	-1 075,80
2005	-3 564,44	-3 257,83	-3 181,17	-2 797,90	-2 414,62	-2 031,35	-1 648,08	-1 264,80	-881,53	-498,26
2006	-2 011,85	-1 673,73	-1 589,20	-1 166,54	-743,88	-321,22	101,44	524,10	946,75	1 369,41
2007	-3 313,60	-2 903,88	-2 801,45	-2 289,30	-1 777,15	-1 265,01	-752,86	-240,71	271,44	783,59
2008	-2 635,90	-2 220,80	-2 117,02	-1 598,14	-1 079,27	-560,39	-41,51	477,37	996,24	1 515,12

표 14-5 분양주택 판매 가격, 담보대출 금리, 주택 부가가치를 고려하지 않은 사용비용(위안)

	1.50%	1.90%	2.00%	2.50%	3.00%	3.50%	4.00%	4.50%	5.00%	5.50%
1997	3 885.98	4 013.28	4 045.11	4 204.24	4 271.08	4 363.37	4 522.50	4 681.63	4 840.77	4 999.90
1998	3 300.42	3 438.81	3 473.40	3 646.38	3 719.03	3 819.36	3 992.34	4 165.32	4 338.29	4 511.27
1999	2 791.27	2 935.52	2 971.59	3 151.90	3 227.63	3 332.22	3 512.53	3 692.85	3 873.15	4 053.47
2000	2 934.86	3 092.64	3 132.09	3 329.33	3 412.17	3 526.56	3 723.80	3 921.03	4 118.27	4 315.50
2001	3 121.35	3 289.16	3 331.12	3 540.88	3 628.99	3 750.65	3 960.42	4 170.19	4 379.96	4 589.72
2002	3 351.67	3 542.38	3 590.05	3 828.44	3 928.56	4 066.82	4 305.20	4 543.59	4 781.97	5 020.35
2003	3 639.62	3 847.89	3 899.96	4 160.31	4 269.65	4 420.65	4 680.99	4 941.34	5 201.68	5 462.03
2004	4 603.12	4 863.92	4 929.12	5 255.12	5 392.04	5 581.12	5 907.12	6 233.12	6 559.12	6 885.12
2005	5 565.13	5 871.75	5 948.41	6 331.68	6 492.66	6 714.95	7 098.23	7 481.50	7 864.78	8 248.05
2006	6 407.50	6 745.63	6 830.16	7 252.82	7 430.34	7 675.48	8 098.14	8 520.79	8 943.45	9 366.11
2007	8 634.82	9 044.54	9 146.97	9 659.12	9 874.22	10 171.26	10 683.41	11 195.56	11 707.71	12 219.86
2008	9 194.51	9 609.61	9 713.39	10 232.27	10 450.19	10 751.14	11 270.02	11 788.90	12 307.78	12 826.65

표 14-6 분양주택 판매 가격, 에금금리, 주택 부가가치를 고려하지 않은 사용비용(위안)

	1.50%	1.90%	2.00%	2.50%	3.00%	3.50%	4.00%	4.50%	5.00%	5.50%
1997	2 281,94	2 409,24	2 441,07	2 600,20	2 667,04	2 759,33	2 918,46	3 077,59	3 236,72	3 395,86
1998	2 106,87	2 245,26	2 279,85	2 452,83	2 525,48	2 625,81	2 798,79	2 971,77	3 144,74	3 317,72
1999	1 352,36	1 496,61	1 532,67	1 712,99	1 788,72	1 893,30	2 073,62	2 253,93	2 434,25	2 614,56
2000	1 479,26	1 637,05	1 676,50	1 873,73	1 956,57	2 070,97	2 268,20	2 465,44	2 662,67	2 859,91
2001	1 573,26	1 741,07	1 783,03	1 992,80	2 080,90	2 202,56	2 412,33	2 622,10	2 881,87	3 041,64
2002	1 659,15	1 849,86	1 897,53	2 135,92	2 236,04	2 374,30	2 612,68	2 851,07	3 089,45	3 327,83
2003	1 812,00	2 020,27	2 072,34	2 332,69	2 442,03	2 593,03	2 853,38	3 113,72	3 374,06	3 634,41
2004	2 445,00	2 705,80	2 771,00	3 097,00	3 233,92	3 423,00	3 749,00	4 075,00	4 401,00	4 727,00
2005	2 874,55	3 181,17	3 257,83	3 641,10	3 802,07	4 024,37	4 407,65	4 790,92	5 174,19	5 557,47
2006	3 398,17	3 736,30	3 820,83	4 243,49	4 421,01	4 666,15	5 088,81	5 511,47	5 934,12	6 356,78
2007	5 085,63	5 495,35	5 597,78	6 109,93	6 325,03	6 622,08	7 134,22	7 646,37	8 158,52	8 670,67
2008	4 732,16	5 147,27	5 251,04	5 769,92	5 987,85	6 288,80	6 807,67	7 326,55	7 845,43	8 364,31

표 14-7 분양주택 판매 가격, 장기 담보대출 금리, 주택 부가가치를 고려하지 않은 사용비용(위안)

	1.50%	1.90%	2.00%	2.50%	3.00%	3.50%	4.00%	4.50%	5.00%	5.50%
1997	3 793,68	3 920,99	3 952,81	4 111,95	4 178,78	4 271,08	4 430,21	4 589,34	4 748,47	4 907,60
1998	3 383,45	3 521,84	3 556,43	3 729,41	3 802,06	3 902,39	4 075,37	4 248,34	4 421,32	4 594,30
1999	2 953,55	3 097,81	3 133,87	3 314,18	3 389,92	3 494,50	3 674,81	3 855,13	4 035,44	4 215,76
2000	2 934,86	3 092,64	3 132,09	3 329,33	3 412,17	3 526,56	3 723,80	3 921,03	4 118,27	4 315,50
2001	3 121,35	3 289,16	3 331,12	3 540,88	3 628,99	3 750,65	3 960,42	4 170,19	4 379,96	4 589,72
2002	3 475,63	3 666,34	3 714,01	3 952,40	4 052,52	4 190,78	4 429,16	4 667,55	4 995,93	5 144,31
2003	3 764,58	3 972,86	4 024,93	4 285,27	4 394,62	4 545,61	4 805,96	5 066,30	5 326,65	5 586,99
2004	4 674,84	4 935,64	5 000,84	5 326,84	5 463,76	5 652,84	5 978,84	6 304,84	6 630,84	6 956,84
2005	5 565,13	5 871,75	5 948,41	6 331,68	6 492,66	6 714,95	7 098,23	7 481,50	7 864,78	8 248,05
2006	6 513,17	6 851,29	6 935,83	7 358,48	7 536,00	7 781,14	8 203,80	8 626,46	9 049,12	9 471,78
2007	8 119,60	8 529,32	8 631,75	9 143,89	9 359,00	9 656,04	10 168,19	10 680,34	11 192,49	11 704,64
2008	8 101,75	8 516,86	8 620,63	9 139,51	9 357,44	9 658,39	10 177,27	10 666,14	11 215,02	11 733,90

표14-8 분양주택 판매 가격, 예금금리, 주택 부가가치를 고려하지 않은 사용비용(위안)

	1.50%	1.90%	2.00%	2.50%	3.00%	3.50%	4.00%	4.50%	5.00%	5.50%
1997	2 449.56	2 576.86	2 608.69	2 767.82	2 834.65	2 926.95	3 086.08	3 245.21	3 404.34	3 563.47
1998	1 961.57	2 099.96	2 134.55	2 307.53	2 380.18	2 480.51	2 653.49	2 826.46	2 999.44	3 172.42
1998	1 633.65	1 777.90	1 813.97	1 994.28	2 070.01	2 174.60	2 354.91	2 535.22	2 715.54	2 895.85
2000	1 479.26	1 637.05	1 676.50	1 873.73	1 956.57	2 070.97	2 268.20	2 465.44	2 662.67	2 859.91
2001	1 535.50	1 703.32	1 745.27	1 955.04	2 043.14	2 164.81	2 374.57	2 584.34	2 794.11	3 003.88
2002	1 702.06	1 892.76	1 940.44	2 178.82	2 278.95	2 417.21	2 655.59	2 893.97	3 132.36	3 370.74
2003	1 858.86	2 067.14	2 119.20	2 379.55	2 488.89	2 639.89	2 900.24	3 160.58	3 420.93	3 681.27
2004	2 386.32	2 647.12	2 712.32	3 038.32	3 175.24	3 364.32	3 690.32	4 016.32	4 342.32	4 668.32
2005	2 943.54	3 250.16	3 326.82	3 710.09	3 871.06	4 093.36	4 476.64	4 859.91	5 243.18	5 626.46
2006	3 588.37	3 926.50	4 011.03	4 433.69	4 611.20	4 856.35	5 279.00	5 701.66	6 124.32	6 546.98
2007	4 624.70	5 034.42	5 136.85	5 649.00	5 864.10	6 161.14	6 673.29	7 185.44	7 697.59	8 209.74
2008	4 872.26	5 287.36	5 391.14	5 910.02	6 127.94	6 428.89	6 947.77	7 466.65	7 985.53	8 504.40

(3) 방법3의 자가 주택 사용비용

세 번째 방법은 소비비용 접근법인데 우리는 이를 간소화했다. 식(14-7)에 따르면, 만약 거래비용, 보수비를 모두 0으로 하고, 금리를 각기 그해의 실질 금리와 3년 이동 평균을 대표하는 장기 금리를 채택하여 계산할 경우, 공식을 다음과 같이 간소화할 수 있다.

Ct=At[(1-τ)γiL,t]   (14—8)

이는 아주 간단한 근사식이다. 계산 결과는 표 14-9부터 표 14-12까지 제시한 것과 같다.

(4) 각항 가중치를 재차 계산

이상 계산한 소비지출에 의하여 도시 주민들의 1인당 소비지출 및 구성을 결합한다면 소비자물가지수 중의 8가지 상류 분류 상품의 신규 가중치를 산정할 수 있다. 표 14-1부터 14-12까지의 결과를 통해 알 수 있듯이, 계산 방법이 다름에 따라 그 결과도 차이가 엄청 크다. 하지만 주택 부가가치의 사용자비용 접근법에 마이너스라는 사용비용이 나타날 수 있다는 것을 고려하여 상응한 결과를 채택하지 않았다. 방법1에서는 감가상각률이 4.00%라는 두 가지 계산 결과(통계청의 계산 중에 채택한 감가상각률이 4%이기 때문이다)를 채택했고, 방법2에서는 주택 부가가치를 고려하지 않는 상황에서 감가상각률이 1.90%라는 계산 결과(즉 사용기한 50년, 잔존가액 5%)를 채택했다. 소비비용 접근법을 채택할 때, 세수를 공제하는 상황(τ=0%)에서 이동 평균 상황은 고려하고, 두 가지 상이한 금리 하에서의 소비비용을 고려하지 않았다. 주거류 자체에 각종 하위 품목 지출을 포함(자가 주택비용,

임대료, 건축자재비와 수도요금, 전기요금, 연료비 등)한다. 통계청에서 발표한 데이터 중에, 주거 류 하위 품목의 상세한 지출은, 자가 주택비용과 수도요금, 전기요금, 연료비가 들어있다. 그중 자가 주택비용은 수도요금, 전기요금, 연료비보다 그 지출이 훨씬 적다. 바로 우리가 위에서 서술한 방법에서 수정해야 할 대상이다. 우리는 위에서 서술한 각종 방법으로 계산해낸 가상 임대료(혹은 사용비용)를 직접 도입하여 주민 소비지출에서의 자가 주택 지출을 대체함으로써 신규 소비 총지출을 계산하고 아울러 각종 지출의 신규 가중치를 계산하여 소비자물가지수의 가중치를 계산하고 수정하는 근거로 삼았다. 결과는 표 14-13부터 14-22까지 제시한 것과 같다.

표 14-9 사용자비용 접근법으로 계산한 주거 지출(그해 담보대출 금리)(위안)

稅收打降率	0	10.00%	20.00%	30.00%	40.00%	50.00%	60.00%	70.00%	80.00%	90.00%
1997	3 408.59	3 067.73	2 726.87	2 386.01	2 045.15	1 704.29	1 363.43	1 022.58	681.72	340.86
1998	2 781.49	2 503.34	2 225.19	1 947.04	1 668.89	1 390.74	1 112.60	834.45	556.30	278.15
1999	2 250.33	2 025.29	1 800.26	1 575.23	1 350.20	1 125.16	900.13	675.10	450.07	225.03
2000	2 343.15	2 108.84	1 874.52	1 640.21	1 405.89	1 171.58	937.26	702.95	468.63	234.32
2001	2 492.04	2 242.84	1 993.64	1 744.43	1 495.23	1 246.02	996.82	747.61	498.41	249.20
2002	2 636.52	2 372.87	2 109.22	1 845.56	1 581.91	1 318.26	1 054.61	790.96	527.30	263.65
2003	2 858.58	2 572.72	2 286.87	2 001.01	1 715.15	1 429.29	1 143.43	857.57	571.72	285.86
2004	3 625.12	3 262.61	2 900.10	2 537.58	2 175.07	1 812.56	1 450.05	1 087.54	725.02	362.51
2005	4 415.31	3 973.78	3 532.25	3 090.72	2 649.19	2 207.66	1 766.12	1 324.59	883.06	441.53
2006	5 139.53	4 625.57	4 111.62	3 597.67	3 083.72	2 566.76	2 055.81	1 541.86	1 027.91	513.95
2007	7 098.37	6 388.54	5 678.70	4 968.86	4 259.02	3 549.19	2 839.35	2 129.51	1 419.67	709.84
2008	7 637.88	6 874.09	6 110.30	5 346.51	4 582.73	3 818.94	3 055.15	2 291.36	1 527.58	763.79

표 14-10 소비비용 접근법으로 계산한 추가 지출(그 해 예금금리)(위안)

감면율	0	10.00%	20.00%	30.00%	40.00%	50.00%	60.00%	70.00%	80.00%	90.00%
1997	1 804.55	1 624.09	1 443.64	1 263.18	1 082.73	902.27	721.82	541.36	360.91	180.45
1998	1 587.94	1 429.15	1 270.35	1 111.56	952.76	793.97	635.18	476.38	317.59	158.79
1999	811.42	730.27	649.13	567.99	486.85	405.71	324.57	243.42	162.28	81.14
2000	887.56	798.80	710.05	621.29	532.53	443.78	355.02	266.27	177.51	88.76
2001	943.96	849.56	755.16	660.77	566.37	471.98	377.58	283.19	188.79	94.40
2002	944.00	849.60	755.20	660.80	566.40	472.00	377.60	283.20	188.80	94.40
2003	1 030.96	927.87	824.77	721.67	618.58	515.48	412.39	309.29	206.19	103.10
2004	1 467.00	1 320.30	1 173.60	1 026.90	880.20	733.50	586.80	440.10	293.40	146.70
2005	1 724.73	1 552.26	1 379.79	1 207.31	1 034.84	862.37	689.89	517.42	344.95	172.47
2006	2 130.20	1 917.18	1 704.16	1 491.14	1 278.12	1 065.10	852.08	639.06	426.04	213.02
2007	3 549.19	3 194.27	2 839.35	2 484.43	2 129.51	1 774.59	1 419.67	1 064.76	709.84	354.92
2008	3 175.53	2 857.98	2 540.42	2 222.87	1 905.32	1 587.77	1 270.21	952.66	635.11	317.55

표 14-11 소비비용 접근법으로 계산한 주거 주거 지출(이동 평균 장기 담보대출 금리)(위안)

利率 扣除率	0	10.00%	20.00%	30.00%	40.00%	50.00%	60.00%	70.00%	80.00%	90.00%
1997	3 316.29	2 984.66	2 653.03	2 321.40	1 989.77	1 658.15	1 326.52	994.89	663.26	331.63
1998	2 864.52	2 578.07	2 291.62	2 005.16	1 718.71	1 432.26	1 145.81	859.36	572.90	286.45
1999	2 412.61	2 171.35	1 930.09	1 688.83	1 447.57	1 206.31	965.04	723.78	482.52	241.26
2000	2 343.15	2 108.84	1 874.52	1 640.21	1 405.89	1 171.58	937.26	702.95	468.63	234.32
2001	2 492.04	2 242.84	1 993.64	1 744.43	1 495.23	1 246.02	996.82	747.61	498.41	249.20
2002	2 760.48	2 484.43	2 208.38	1 932.34	1 656.29	1 380.24	1 104.19	828.14	552.10	276.05
2003	2 983.55	2 685.19	2 386.84	2 088.48	1 790.13	1 491.77	1 193.42	895.06	596.71	298.35
2004	3 696.84	3 327.16	2 957.47	2 587.79	2 218.10	1 848.42	1 478.74	1 109.05	739.37	369.68
2005	4 415.31	3 973.78	3 532.25	3 090.72	2 649.19	2 207.66	1 766.12	1 324.59	883.06	441.53
2006	5 245.19	4 720.67	4 196.15	3 671.63	3 147.11	2 622.60	2 098.08	1 573.56	1 049.04	524.52
2007	6 583.15	5 924.84	5 266.52	4 608.21	3 949.89	3 291.58	2 633.26	1 974.95	1 316.63	658.32
2008	6 545.12	5 890.61	5 236.10	4 581.59	3 927.07	3 272.56	2 618.05	1 963.54	1 309.02	654.51

표 14-12 소비비용 접근법으로 계산한 주거 지출(이동 평균 장기 예금금리)(위안)

税收扣除率	0	10.00%	20.00%	30.00%	40.00%	50.00%	60.00%	70.00%	80.00%	90.00%
1997	1 972.16	1 774.95	1 577.73	1 380.51	1 183.30	985.08	788.87	591.65	394.43	197.22
1998	1 442.64	1 298.37	1 154.11	1 009.85	865.58	721.32	577.06	432.79	288.53	144.26
1999	1 092.71	983.44	874.17	764.89	655.62	546.35	437.08	327.81	218.54	109.27
2000	887.56	798.80	710.05	621.29	532.53	443.78	355.02	266.27	177.51	88.76
2001	906.20	815.58	724.96	634.34	543.72	453.10	362.48	271.86	181.24	90.62
2002	986.91	888.22	789.53	690.84	592.14	493.45	394.76	296.07	197.38	98.69
2003	1 077.83	970.04	862.26	754.48	646.70	538.91	431.13	323.35	215.57	107.78
2004	1 408.32	1 267.49	1 126.66	985.82	844.99	704.16	563.33	422.50	281.66	140.83
2005	1 793.72	1 614.35	1 434.98	1 255.60	1 076.23	896.86	717.49	538.12	358.74	179.37
2006	2 320.39	2 088.36	1 856.32	1 624.28	1 392.24	1 160.20	928.16	699.12	464.08	232.04
2007	3 088.25	2 779.43	2 470.60	2 161.78	1 852.95	1 544.13	1 235.30	926.48	617.65	308.83
2008	3 315.63	2 984.07	2 652.50	2 320.94	1 989.38	1 657.81	1 326.25	994.69	663.13	331.56

표 14-13 방법1(완공가격)에서 채택한 가항 가중치

	식품	복식	주거	자가 주택	수도전기연료	가정 설비	의료 보건	교통및통신	오락 교육 문화	기타
1995	0.48	0.13	0.10	0.06	0.04	0.08	0.03	0.05	0.09	0.04
1996	0.47	0.13	0.10	0.06	0.04	0.07	0.04	0.05	0.09	0.04
1997	0.45	0.12	0.11	0.07	0.05	0.07	0.04	0.05	0.10	0.04
1998	0.41	0.10	0.12	0.07	0.05	0.08	0.07	0.08	0.11	0.04
1999	0.41	0.10	0.12	0.07	0.05	0.08	0.05	0.07	0.12	0.05
2000	0.38	0.10	0.13	0.07	0.06	0.09	0.06	0.08	0.12	0.05
2001	0.37	0.10	0.13	0.07	0.06	0.08	0.06	0.08	0.13	0.05
2002	0.36	0.10	0.14	0.07	0.06	0.07	0.07	0.10	0.13	0.04
2003	0.36	0.09	0.14	0.08	0.06	0.06	0.07	0.11	0.14	0.03
2004	0.36	0.09	0.15	0.09	0.06	0.05	0.07	0.11	0.14	0.03
2005	0.35	0.10	0.15	0.09	0.06	0.05	0.07	0.12	0.13	0.03
2006	0.34	0.10	0.16	0.10	0.06	0.05	0.07	0.12	0.13	0.03
2007	0.34	0.10	0.15	0.09	0.06	0.06	0.07	0.13	0.13	0.03
2008	0.36	0.10	0.15	0.09	0.06	0.06	0.07	0.12	0.11	0.04

설명: (1) 자가 주택과 수돗물, 전기, 연료비는 주거의 하위 품목이다.
(2) 표에서, 가정설비는 가정설비용품 및 보수 서비스, 의료 보장은 의료 보건과 개인용품, 오락교육문화는 오락교육문화용품 및 서비스를 대표하고, 기타 품목은 담배와 술과 동일하다.

표 14-14 방법1(분양주택 가격)에서 채택한 각 품목 가중치

	식품	보식	주거	자가 주택	수도 전기 연료	가정 설비	의료 보건	교통 및 통신	오락 교육 문화	기타
1997	0.37	0.10	0.28	0.24	0.04	0.06	0.03	0.04	0.08	0.04
1998	0.33	0.08	0.28	0.23	0.04	0.06	0.06	0.06	0.09	0.03
1999	0.33	0.08	0.29	0.24	0.04	0.07	0.04	0.05	0.10	0.04
2000	0.31	0.08	0.29	0.24	0.05	0.07	0.05	0.06	0.10	0.04
2001	0.30	0.08	0.29	0.25	0.05	0.07	0.05	0.07	0.10	0.04
2002	0.30	0.08	0.29	0.24	0.05	0.06	0.05	0.08	0.11	0.03
2003	0.29	0.08	0.30	0.25	0.05	0.05	0.06	0.09	0.11	0.03
2004	0.29	0.07	0.32	0.27	0.05	0.04	0.06	0.09	0.11	0.03
2005	0.27	0.08	0.33	0.28	0.05	0.04	0.06	0.09	0.10	0.03
2006	0.27	0.08	0.33	0.28	0.05	0.04	0.05	0.10	0.10	0.03
2007	0.27	0.08	0.34	0.29	0.05	0.04	0.05	0.10	0.10	0.03
2008	0.29	0.08	0.32	0.27	0.05	0.05	0.05	0.10	0.09	0.03

표 14-15 방법2(담보대출 금리)에서 채택한 각 품목 가중치

	식품	복식	주거	자가 주택	수도전기연료	가정 설비	의료 보건	교통 및 통신	오락 교육 문화	기타
1997	0.24	0.06	0.52	0.50	0.03	0.04	0.02	0.03	0.06	0.02
1998	0.25	0.06	0.47	0.44	0.03	0.05	0.04	0.05	0.06	0.03
1999	0.26	0.07	0.43	0.40	0.04	0.05	0.03	0.04	0.08	0.03
2000	0.25	0.06	0.43	0.39	0.04	0.06	0.04	0.05	0.08	0.03
2001	0.24	0.06	0.43	0.39	0.04	0.05	0.04	0.05	0.08	0.03
2002	0.24	0.06	0.43	0.39	0.04	0.05	0.04	0.06	0.09	0.03
2003	0.24	0.06	0.42	0.38	0.04	0.04	0.05	0.07	0.09	0.02
2004	0.23	0.06	0.45	0.41	0.04	0.03	0.04	0.07	0.09	0.02
2005	0.22	0.06	0.47	0.43	0.04	0.03	0.04	0.07	0.08	0.02
2006	0.21	0.06	0.48	0.45	0.04	0.03	0.04	0.08	0.08	0.02
2007	0.19	0.06	0.52	0.48	0.03	0.03	0.04	0.07	0.07	0.02
2008	0.21	0.06	0.51	0.47	0.04	0.03	0.04	0.07	0.07	0.02

표 14-16 방법2(예금금리)에서 채택한 각 품목 가중치

	식품	독서	주거	자가주택	수도 전기 연료	가정 설비	의료 보건	교통 및 통신	오락 교육 문화	기타
1997	0.30	0.08	0.41	0.37	0.03	0.05	0.03	0.04	0.07	0.03
1998	0.29	0.07	0.37	0.34	0.04	0.05	0.05	0.06	0.07	0.03
1999	0.33	0.08	0.30	0.25	0.04	0.07	0.04	0.05	0.10	0.04
2000	0.30	0.08	0.30	0.25	0.05	0.07	0.05	0.06	0.10	0.04
2001	0.29	0.08	0.30	0.25	0.05	0.06	0.05	0.07	0.10	0.04
2002	0.30	0.08	0.30	0.25	0.05	0.06	0.05	0.08	0.11	0.03
2003	0.29	0.08	0.30	0.25	0.05	0.05	0.06	0.09	0.11	0.03
2004	0.28	0.07	0.33	0.28	0.05	0.04	0.05	0.09	0.11	0.03
2005	0.27	0.07	0.34	0.29	0.05	0.04	0.06	0.09	0.10	0.03
2006	0.26	0.07	0.36	0.31	0.05	0.04	0.05	0.09	0.10	0.03
2007	0.24	0.07	0.40	0.36	0.04	0.04	0.05	0.09	0.09	0.02
2008	0.27	0.07	0.37	0.32	0.05	0.04	0.05	0.09	0.09	0.03

표 14-17 방법2(장기 담보대출 금리)에서 채택한 각항 가중치

	식품	복식	주거	자가 주택	수도 전기연료	가정 설비	의료 보건	교통 및 통신	오락 교육 문화	기타
1997	0.24	0.07	0.52	0.49	0.03	0.04	0.02	0.03	0.06	0.02
1998	0.23	0.06	0.50	0.47	0.03	0.04	0.04	0.04	0.06	0.02
1999	0.24	0.06	0.48	0.45	0.03	0.05	0.03	0.04	0.07	0.03
2000	0.25	0.06	0.43	0.40	0.04	0.06	0.04	0.05	0.08	0.03
2001	0.24	0.06	0.42	0.38	0.04	0.05	0.04	0.06	0.08	0.03
2002	0.25	0.07	0.41	0.37	0.04	0.05	0.05	0.07	0.09	0.03
2003	0.24	0.06	0.42	0.37	0.04	0.04	0.05	0.07	0.09	0.02
2004	0.25	0.06	0.41	0.37	0.04	0.04	0.05	0.08	0.09	0.02
2005	0.23	0.06	0.44	0.40	0.04	0.04	0.05	0.08	0.09	0.02
2006	0.22	0.06	0.46	0.42	0.04	0.03	0.04	0.08	0.08	0.02
2007	0.22	0.06	0.46	0.42	0.04	0.04	0.04	0.08	0.08	0.02
2008	0.22	0.06	0.48	0.44	0.04	0.04	0.04	0.07	0.07	0.02

표 14-18 방법2(장기 예금금리)에서 채택한 각항 가중치

시점	식품	복식	주거	자가 주택	수도 전기 연료	가정 설비	의료 보건	교통 및 통신	오락 교육 문화	기타
1997	0.29	0.08	0.42	0.39	0.03	0.05	0.03	0.04	0.07	0.03
1998	0.27	0.07	0.41	0.37	0.03	0.05	0.05	0.05	0.07	0.03
1999	0.29	0.07	0.37	0.33	0.04	0.06	0.04	0.05	0.09	0.03
2000	0.30	0.08	0.32	0.27	0.05	0.07	0.05	0.06	0.09	0.04
2001	0.30	0.08	0.30	0.25	0.05	0.06	0.05	0.07	0.10	0.04
2002	0.30	0.08	0.29	0.24	0.05	0.06	0.06	0.08	0.11	0.03
2003	0.30	0.08	0.29	0.24	0.05	0.05	0.06	0.09	0.11	0.03
2004	0.30	0.08	0.29	0.23	0.05	0.05	0.06	0.09	0.11	0.03
2005	0.28	0.08	0.31	0.26	0.05	0.04	0.06	0.10	0.11	0.03
2006	0.27	0.08	0.33	0.28	0.05	0.04	0.05	0.10	0.10	0.03
2007	0.27	0.08	0.34	0.29	0.05	0.04	0.05	0.10	0.10	0.03
2008	0.27	0.07	0.37	0.32	0.05	0.04	0.05	0.09	0.09	0.03

표 14-19 방법3(담보대출 금리)에서 재택한 각항 가중치

	식품	복식	주거	자가 주택	수도 전기 연료	가정 설비	의료 보건	교통 및 통신	오락 교육 문화	기타
1997	0.26	0.07	0.49	0.46	0.03	0.04	0.02	0.03	0.06	0.02
1998	0.27	0.07	0.42	0.39	0.03	0.05	0.05	0.05	0.07	0.03
1999	0.29	0.07	0.38	0.34	0.04	0.06	0.04	0.05	0.09	0.03
2000	0.27	0.07	0.37	0.33	0.04	0.06	0.04	0.06	0.09	0.04
2001	0.27	0.07	0.37	0.33	0.04	0.06	0.05	0.06	0.09	0.04
2002	0.27	0.07	0.36	0.32	0.04	0.05	0.05	0.07	0.10	0.03
2003	0.27	0.07	0.36	0.31	0.05	0.05	0.05	0.08	0.10	0.02
2004	0.26	0.07	0.39	0.34	0.04	0.04	0.05	0.08	0.10	0.02
2005	0.24	0.07	0.41	0.37	0.04	0.04	0.05	0.08	0.09	0.02
2006	0.23	0.07	0.42	0.38	0.04	0.04	0.05	0.08	0.09	0.02
2007	0.22	0.06	0.46	0.42	0.04	0.04	0.04	0.08	0.08	0.02
2008	0.23	0.06	0.45	0.41	0.04	0.04	0.04	0.08	0.07	0.02

표 14-20 방법3(예금금리)에서 채택한 각항 가중치

	식품	독서	주거	자가주택	수도 전기 연료	가정 설비	의료 보건	교통 및 통신	오락 교육 문화	기타
1997	0.33	0.09	0.34	0.31	0.04	0.05	0.03	0.04	0.08	0.03
1998	0.32	0.08	0.31	0.27	0.04	0.06	0.06	0.06	0.08	0.03
1999	0.33	0.08	0.29	0.24	0.04	0.07	0.04	0.05	0.10	0.04
2000	0.35	0.09	0.19	0.13	0.05	0.08	0.06	0.07	0.11	0.05
2001	0.34	0.09	0.19	0.14	0.06	0.07	0.06	0.08	0.12	0.05
2002	0.34	0.09	0.19	0.13	0.06	0.07	0.06	0.09	0.12	0.04
2003	0.34	0.09	0.18	0.12	0.06	0.06	0.07	0.10	0.13	0.03
2004	0.35	0.09	0.18	0.12	0.06	0.05	0.07	0.11	0.13	0.03
2005	0.32	0.09	0.20	0.15	0.06	0.05	0.07	0.11	0.12	0.03
2006	0.31	0.09	0.21	0.16	0.06	0.05	0.06	0.12	0.12	0.03
2007	0.31	0.09	0.22	0.17	0.05	0.05	0.06	0.12	0.12	0.03
2008	0.30	0.08	0.28	0.23	0.05	0.05	0.06	0.10	0.10	0.03

표 14-21 방법3(이동 평균 담보대출 금리)에서 채택한 각항 가중치

	식품	복식	주거	자가 주택	수도 전기 연료	가정 설비	의료 보건	교통 및 통신	오락 교육 문화	기타
1997	0.26	0.07	0.48	0.45	0.03	0.04	0.02	0.03	0.06	0.03
1998	0.26	0.06	0.44	0.40	0.03	0.05	0.05	0.05	0.07	0.03
1999	0.28	0.07	0.41	0.37	0.04	0.06	0.04	0.04	0.08	0.03
2000	0.28	0.07	0.35	0.31	0.04	0.06	0.05	0.06	0.09	0.04
2001	0.28	0.07	0.34	0.29	0.05	0.06	0.05	0.06	0.10	0.04
2002	0.28	0.07	0.33	0.28	0.05	0.05	0.05	0.07	0.10	0.03
2003	0.28	0.07	0.33	0.29	0.05	0.05	0.05	0.08	0.11	0.02
2004	0.28	0.07	0.33	0.28	0.05	0.04	0.06	0.09	0.11	0.03
2005	0.27	0.07	0.35	0.30	0.05	0.04	0.05	0.09	0.10	0.03
2006	0.25	0.07	0.37	0.32	0.05	0.04	0.05	0.09	0.10	0.03
2007	0.25	0.07	0.37	0.33	0.04	0.04	0.05	0.09	0.09	0.02
2008	0.25	0.07	0.40	0.35	0.04	0.04	0.05	0.08	0.08	0.02

표 14-22 방법3(이동 평균 예금금리)에서 채택한 각항 가중치

	식품	복식	주거	자가 주택	수도 전기 연료	가정 살비	의료 보건	교통 및 통신	오락 교육 문화	기타
1997	0.32	0.09	0.36	0.33	0.03	0.05	0.03	0.04	0.07	0.03
1998	0.31	0.08	0.32	0.29	0.04	0.06	0.06	0.06	0.08	0.03
1999	0.34	0.08	0.27	0.23	0.05	0.07	0.04	0.05	0.10	0.04
2000	0.34	0.09	0.22	0.17	0.05	0.08	0.06	0.07	0.11	0.04
2001	0.34	0.09	0.19	0.14	0.06	0.07	0.06	0.08	0.12	0.05
2002	0.34	0.09	0.18	0.13	0.06	0.07	0.06	0.09	0.13	0.04
2003	0.34	0.09	0.18	0.12	0.06	0.06	0.07	0.10	0.13	0.03
2004	0.34	0.09	0.18	0.12	0.06	0.05	0.07	0.11	0.13	0.03
2005	0.33	0.09	0.20	0.14	0.06	0.05	0.07	0.11	0.12	0.03
2006	0.31	0.09	0.22	0.16	0.06	0.05	0.06	0.11	0.12	0.03
2007	0.31	0.09	0.23	0.18	0.05	0.05	0.06	0.12	0.11	0.03
2008	0.31	0.09	0.26	0.20	0.05	0.05	0.06	0.10	0.10	0.03

표 14-13에서 밝혔듯이, 이 같은 방법으로 계산한 주거료 가중치는 통계청에서 이용한 주거료 가중치와 근사하다. 그리고 표 14-14부터 14-22의 결과에서 알 수 있다시피, 수정한 주거료 가중치는 대체로 20%-50% 사이로서 주거료 가중치가 대폭 상승했다.

485

5) 소비자물가지수 수정한 가중치에 의하여 재차 산정

전문에서 서술한 것처럼, 주거류 가중치를 계산할 수 있는 완전 권위적인 방법은 존재하지 않는다. 그러므로 우리는 수정한 각종 계산법에 의하여 수정하고 산정한 소비자물가지수를 비교했다.

계산 중, 통계청에서 각 연도의 품목별 가격 지수를 발표했는데, 우리는 상술한 10가지 방법으로 산정한 가중치에 의하여 각 연도의 소비자물가지수를 얻어냈다. 결과는 표 14-23, 14-24, 14-25에서 밝힌 것과 같다.[79]

---

79) 우리는 기타 품목을 담배와 술 품목과 동등시했다.

표 14-23 통계청이 발표한 자가 주택 가격을 이용해 산정한 품목별 지수

	1997	1998	1999	2000	2001	2002	2003	2004	2005	2006	2007	2008
竣工价值	101.91	98.54	97.34	98.61	100.46	98.78	100.88	103.35	101.94	101.57	104.76	105.68
商品房售价	103.61	99.91	98.58	99.69	100.38	97.94	100.50	102.85	102.96	102.05	105.35	105.06
使用成本1	106.22	101.55	99.70	100.61	100.30	97.24	100.19	102.46	103.78	102.47	105.90	104.39
使用成本2	104.98	100.74	98.65	99.75	100.37	97.93	100.50	102.82	103.02	102.11	105.55	104.90
使用成本3	106.16	101.83	100.03	100.63	100.31	97.32	100.21	102.58	103.57	102.39	105.71	104.48
使用成本4	105.13	101.02	99.17	99.88	100.38	97.98	100.52	102.94	102.85	102.05	105.34	104.90
消费成本1	105.81	101.14	99.26	100.21	100.34	97.58	100.34	102.65	103.41	102.30	105.72	104.59
消费成本2	104.33	100.19	98.59	98.99	100.43	98.50	100.79	103.26	102.23	101.72	104.97	105.22
消费成本3	105.74	101.27	99.48	100.11	100.35	97.75	100.41	102.82	103.07	102.15	105.45	104.79
消费成本4	104.52	100.33	98.47	99.23	100.43	98.53	100.78	103.25	102.21	101.74	105.01	105.30
统计局公布	103.10	99.40	98.70	100.80	100.70	99.00	100.90	103.30	101.60	101.50	104.50	105.60

설명 : 가중 방법의 빈호는 위의 문장에서 가중치를 계산한 순서를 대표한다. 예를 들어 '사용한 비용1'은 대표적으로 방법2(자용한 금액의 저당 이용)를 제용하여 가중치를 계산하여 얻어낸 CPI를 대표한다. 나머지도 이와 같다.

하여 가중치를 계산하여 얻어낸 CPI를 대표한다. 나머지도 이와 같다.

표 14-24 자가 주택, 임대와 건축자재 가격 평균 지수를 이용해 산정한 주택 소비 지수

	1997	1998	1999	2000	2001	2002	2003	2004	2005	2006	2007	2008
竣工价值	101.95	98.56	97.34	98.62	100.65	99.15	101.03	103.48	101.64	101.53	104.58	105.83
商品房售价	103.75	99.95	98.59	99.73	101.01	99.15	100.95	103.26	102.06	101.92	104.79	105.49
使用成本1	106.51	101.64	99.73	100.68	101.31	99.14	100.89	103.09	102.40	102.27	104.98	105.13
使用成本2	105.20	100.81	98.67	99.80	101.03	99.15	100.95	103.24	102.09	101.98	104.86	105.40
使用成本3	106.45	101.93	100.06	100.70	101.29	99.14	100.89	103.14	102.32	102.20	104.91	105.18
使用成本4	105.37	101.09	99.20	99.92	101.01	99.15	100.95	103.30	102.02	101.92	104.79	105.40
消費成本1	106.09	101.22	99.28	100.27	101.18	99.15	100.92	103.17	102.25	102.13	104.92	105.24
消費成本2	104.52	100.24	98.61	99.01	100.78	99.15	101.01	103.44	101.77	101.65	104.66	105.58
消費成本3	106.01	101.36	99.50	100.16	101.11	99.15	100.93	103.25	102.11	102.00	104.82	105.35
消費成本4	104.72	100.39	98.48	99.26	100.78	99.15	101.01	103.43	101.76	101.67	104.67	105.62
統計局公布	103.10	99.40	98.70	100.80	100.70	99.00	100.90	103.30	101.60	101.50	104.50	105.60

표 14-25 주택 가격 지수를 이용해 산정한 자가 주택 가격 지수

	1998	1999	2000	2001	2002	2003	2004	2005	2006	2007	2008
竣工价值	98,14	97,09	98,40	100,60	99,51	101,44	104,08	102,08	101,81	104,83	106,10
商品房售价	98,45	97,71	98,96	100,84	100,33	102,21	105,15	103,41	102,77	105,58	106,30
使用成本1	98,84	98,26	99,43	101,05	101,02	102,83	105,99	104,48	103,59	106,29	106,52
使用成本2	98,65	97,74	98,99	100,86	100,35	102,20	105,22	103,50	102,89	105,84	106,35
使用成本3	98,90	98,43	99,45	101,03	100,95	102,80	105,73	104,21	103,44	106,04	106,49
使用成本4	98,71	98,00	99,05	100,85	100,29	102,17	104,95	103,27	102,77	105,58	106,35
消費成本1	98,74	98,04	99,23	100,96	100,69	102,52	105,59	104,00	103,26	106,06	106,45
消費成本2	98,52	97,71	98,59	100,69	99,78	101,62	104,27	102,47	102,12	105,10	106,25
消費成本3	98,77	98,15	99,17	100,91	100,53	102,39	105,21	103,56	102,96	105,71	106,39
消費成本4	98,55	97,65	98,72	100,69	99,76	101,64	104,30	102,44	102,15	105,15	106,22
統計局公布	99,40	98,70	100,80	100,70	99,00	100,90	103,30	101,60	101,50	104,50	105,60

489

표 14-23, 14-24, 14-25는 각기 품목별 가격 지수 중의 자가 주택 가격 지수, 세 가지 평균 지수(자가 주택, 임대와 건축자재), 주택 가격 지수를 이용하여 수정하고 산정한 소비자물가지수이다. 결과에서 밝혔다시피, 자가 주택 가격지수만 가지고 계산하는 방법으로 수정한 각종 소비자물가지수는 통계청에서 발표한 소비자물가지수보다 소폭 낮았지만, 세 가지 가격 지수를 평균으로 하는 방법으로 수정한 소비자물가지수는 통계청에서 발표한 소비자물가지수와 아주 비슷하며, 주택 가격 지수를 이용하여 계산한 결과는 근년에 소폭 높았지만, 주택 가격이 하락하는 초기에는 소폭 낮았다. 어떠한 상황이든 막론하고 우리가 계산하고 수정한 소비자물가지수는 통계청에서 발표한 소비자물가지수와 뚜렷한 차이가 존재하지 않는다. 주거류 가중치를 높이려면 반드시 식품류 가중치를 낮추어야 하는데, 지난 몇 해 동안 식품류 가격 상승폭이 주거류 상승폭을 웃도는 바람에, 따라서 가중평균의 방법으로 재차 계산한 결과를 보면 소비자물가지수가 매우 뚜렷이 상승하지 않았다. 통계청에 따르면, 2009년 12월과 2010년 11월의 소비자물가지수는 동기대비 각기 1.8%와 4.9% 상승했다. 이 두 기간의 품목별 가격지수를 수집하고 상술한 2008년의 품목별 가중치를 이용하여 2009년 12월과 2010년 11월의 가격지수를 구할 수 있었다. 그 결과는 표 14-26에서 밝힌 것과 같다.

대부분의 지수가 통계청에서 발표한 결과보다 높았다. 게다가 우리는 표 14-26에 통계청에서 발표한 소비자물가지수 중의 품목별 주거류 가격지수를 직접 인용했다. 만약 주택 가격지수를 채택할 경우에는 수정한 소비자물가지수가 더욱 높을 수 있다. 결과는 표 14-27에서 밝힌 것과 같다.

표 14-26 통계청에서 발표한 주거 류 가격지수 이용해 수정한 2년 사이 CPI

	완공가격	분양주택	사용비용1	사용비용2	사용비용3	사용비용4	소비용1	소비용2	소비용3	소비용4	통계청
2009	101.59	101.56	102.19	102.05	101.68	102.09	101.48	101.89	102.10	102.09	101.80
2010	104.9	104.99	105.77	105.53	105.22	105.57	105	105.3	105.6	105.5	104.9

표 14-27 주택 가격지수를 이용해 수정한 최근 2년 사이 CPI

	완공가격	분양주택	사용비용1	사용비용2	사용비용3	사용비용4	소비용1	소비용2	소비용3	소비용4	통계청
2009	102.52	103.54	105.36	104.34	104.66	104.38	104.27	103.62	104.58	103.71	101.80
2010	105.23	105.69	106.90	106.34	106.28	106.38	105.99	105.91	106.48	106.07	104.90

5. 총결산 토론 및 건의

1)기본적 총결산 및 간략한 건의

본장에서는 이론적으로 자가 주택을 소비자물가지수에 포함시키는 방법에 의하여 중국의 1997-2008년간의 도시 주민들의 소비자물가지수를 계산하고 수정했다. 우리는 사용자비용 접근방법의 세 가지 상이한 모식을 채택했다. 선택한 상이한 변수에 의하여 최종 10가지 수정한 주거류 가중치와 수정한 소비자물가지수를 얻어냈다.

계산 결과에 따르면,

(1) 완공주택 가격을 자가 주택의 단가를 추정하는 데이터로 간주할 때만이 얻어낸 주거류 가중치가 국가 통계청에서 발표한 결과와 어느 정도 비슷했고, 또한 계산하고 수정한 소비자물가지수가 통계청의 발표한 결과와 거의 같았다.

(2) 분양주택 가격을 자가 주택 가격으로 채택할 경우, 모든 주거류 가중치가 현재 통계청에서 채택한 주거류 가중치보다 훨씬 높았다. (3) 만약 통계청에서 발표한 품목별 가격지수를 채택할 경우, 가중치를 수정했다 하더라도 각종 방법으로 얻어내어 수정한 소비자물가지수가 통계청에서 발표한 결과와 아주 비슷했다. (4) 만약 자가 주택 가격지수를 통계청에서 발표한 주택류 가격지수를 채택할 경우, 수정한 소비자물가지수는 통계청에서 발표한 소비자물가지수보다 근년에 보편적으로 소폭 높았다. (5) 2010년 11월의 품목별 가격지수에 따라 수정한 가중치를 채택하여 계산한 소비자물가지수는 대부분 5%를 웃돌았다. 이상의 결과는, 통계청에서 발표한 품목별 가격지수측정이 방법에 문제가 있다는 전제조건 하에서(이 전제조건 역시 논란이 있을 수 있음) 볼 때 정확하며, 광범위한 논란이 일고 있는 소비자물가지수 측정에서의 정확도 문제가 큰 영향을 미치지 않았음을 말해준다. 우리가 이용한 각종 방법으로 계산한 소비자물가지수 결과가 통계청에서 발표한 결과와 절대적 차이가 크지 않기 때문이다.

이상의 결과에 의하여 우리는 기존의 연구 결론과 정책에 대해 적당한 토론을 벌이었다. 각종 계산 결과가 통계청에서 발표한 결과와 절대적 차이가 크지 않으므로 통계청에서 발표한 기존의 데이터에 의하여 연구를 진행한다 하더라도 큰 문제가 존재하지 않는다. 하지만 주택 가격을 고려할 때 더욱 큰 파동이 발생하는 바람에, 주택 가격이 하락할 때 계산한 소비자물가지수가 더욱 낮았고, 주택 가격이 상승할 때 계산한 소비자물가지수가 더욱 높았다 할지라도, 이로부터 일부 인플레이션의 파동을 분해하고 계승한 연구 방법은 가일 층 검토할 가치가 있다. 정책을 채택하는 면에서, 5% 수준을 인플레이션의 정책 목표로 간주할 경우, 각종 방법으로 계산한 결과에 차이가 존재하여 지도적 정책에 대한 결론이 다를 수 있으므로 어떤 방법을 이용하느냐 하는 사안에서 더욱 신중을 기할 필요가 있다.

2) 우리나라의 데이터 수정에 대한 건의

앞의 문장에서 한 계산 과정 중, 여전히 논란이 아주 큰 문제가 바로 주택 가격지수에 관한 계산으로서, 이 결과는 앞의 문장의 결론에 큰 영향을 미쳤다. 우리나라에서 발표하는 주택 가격지수는 대중들의 체감과 다를 때가 많다. 그 근본적 원인이, 우리나라에서 주택 가격을 계산할 때 채택하는 방법이 주로 가중평균을 하는데 있으므로, 중복매매 접근법(重 交易法)을 더욱 광범위하게 응용할 필요가 있다. 이 방법에 관하여, 손원카이(孫文凱)와 료리(廖理, 2007)가 총결산을 상세하게 한 적이 있다. 마찬가지로 기타 품목별 지수에 관한 계산 과정 역시 방법에서의 과학성과 결과에서의 믿음성을 보장해야 한다.

앞의 문장에서 한 결과에 근거해 볼 때, 사용자비용 접근법이거나 소비비용 접근법을 채택하여 주거류 가중치를 재차 계산하고, 소비자물가지수를 재차 계산하고 수정해야 한다는 것이 바로 두 번째 건의이다. 뿐만 아니라 계산 과정과 세부가 더욱 투명하고 공개적이어야 한다.

끝으로, 자가 주택 요소를 더욱 많이 고려하려면 우리나라의 통화정책에서 소비자물가지수에 대한 수용범위를 적당히 완화할 필요가 있다. 국제적 선진적 경험이 말해주다시피, 경제가 급성장할 때면 대체로 높은 인플레이션이 동반했다. 소비자물가지수를 재차 계산하고 정확히 인식하며, 경제성장의 법칙을 따르는 것은 우리나라가 정책을 채택하는 과정에서 반드시 봉착해야 하는 현실적 문제이다.

제6편
인플레이션의
추산과 도구 선택

제15장
예측 시각에 의한 중국의 근원인플레이션 추산:
관성에 의한 가중치

제15장
예측 시각에 의한 중국의 근원인플레이션 추산:
관성에 의한 가중치

개요: 본장에서는 통화 정책과 소비자물가지수 예측 각도로부터 중국 물가 상승의 관성 가중치에 의한 근원인플레이션 지수를 작성했다. 기존의 국내 관성인플레이션을 계산하는 연구와는 달리 본장에서는 연관 상대비율 상승률을 통하여 그 관성을 계산함으로써 동기대비 상승률 지수가 관성을 과대평가할 수 있는 가능성을 피했다.

전통적으로 근본적인 인플레이션 배제방법 그리고 소비자물가지수를 대비하는 방법을 통하여 본장에서는 관성 가중치에 의한 인플레이션은 소비자물가지수의 선행지표로서 단기적인 소비자물가지수의 변화에 비교적 강한 예측 기능을 가지고 있으므로 따라서 비교적 높은 정책적 참고 가치가 있다는 점을 발견하게 된다. 우리 모형의 예측 결과에 따르면, 2010년 10월의 물가지수 전월대비 상승률은 하락하고 11월 후부터 상승하게 된다. 만약 미연방준비은행의 2차 양적완화 통화정책으로 인한 핫머니까지 흘러 들어온다면 중국이 봉착한 인플레이션의 압력이 더욱 커질 수 있다.

키워드: 근원인플레이션, 관성, 추산

1. 문제 제기

2009년 이래, 여러 가지 요소의 작용으로 말미암아 중국의 다양한 상품들의 가격이 등귀하는 현상이 나타났다. 우선 마늘 가격이 올랐고, 다음 녹두가 올랐으며, 최근에는 신선 채소와 계란 등의 식품 가격이 크게 올랐다. 이 같은 형세에 직면한 통화당국이 도대체 어떠한 대안을 내놓아야 하는지? 정책 당국이 통화정책을 가지고 물가가 급등하는 이 같은 현상을 대처해야 하는지? 사실 이른바 '인플레이션 목표 제도'를 명확히 하여 실시하든 말든 물가수준의 안정을 유지하는 것은 각국 통화정책의 주요 목표 중 하나이다. 구체적인 실천에서, 허다한 중앙은행에서 중점적으로 관심하는 것은 근원인플레이션이지 총체적 인플레이션률이 아니며, 그리고 흔히 식품 가격과 에너지 가격을 정책이 주목하는 목표에서 제외하고 있다. 예컨대, 미연방준비은행이 각별히 주목하는 '개인 소비지출' 가격지수에는 식품 가격과 에너지 가격을 포함하지 않고 있으며, 유럽의 중앙은행이 계산하는 근원인플레이션 중에 식품과 에너지 가격을 제외하고 있다.

정책당국이 근원인플레이션에 주목하는 원인은 '총체적 가격수준의 변화에 많은 단기적 소음을 포함'하고 있기 때문이다. 때문에 통화정책이 마늘과 녹두 등의 식품 가격에 관하여 상응한 정책을 채택하는 배후에 내포되어 있는 이론적 문제는, 통화정책이 헤드라인 인플레이션(총 인플레이션, 標題通貨膨脹)에 응하느냐 근원인플레이션에 응하느냐이다. 중앙은행이 무엇 때문에 '근원인플레이션'을 주목하고, 또한 흔히 식품 가격과 에너지 가격을 제외하는가? Roger(1998)는 근원인플레이션을 지적할 때 헤드라인 인플레이션의 두 가지 면의 특징을 특별히 강조했는데, 하나는 헤드라인 인플레이션 중의 지속성 부분(persistent component)이고 다른 하나는 헤드라인 인플레이션 중의 보편성 부분(generalized component)이다. 그 이론적 근거를 각기 Friedman(1963)과 Okun(1970)의 인플레이션에 관한 정의에 두고 있다.

Blinder(1997) 전 미연방준비은행 의장은, 미연방준비은행이 식품 가격과 에너지 가격을 정책 목표에서 제외한 것은 주로 중앙은행에서 이 두 부류의 상품가격을 통제할 방도가 없어서이지 변동성이 지나치게 커서가 아니며, 근원인플레이션과 헤드라인 인플레이션의 차이점은 근원인플레이션이 가격 충격에서의 일시성 요소와 영구성 요소를 구분하는 것을 강조하는데 있다고 지적하면서, 이를 토대로 인플레이션을 계산하는 방법을 제시했다.

프레드릭 미시킨(米什金, Mishkin, 2007)은, 근원인플레이션은 가격 변동 폭이 큰 일부 상품가격을 제외한데서 잠재적 인플레이션의 압력을 더욱 뚜렷이 반영할 수 있기 때문에 통화정책이 장기적으로는 헤드라인 인플레이션을 통제할 수 있다 하더라도 단기적으로는 공급 충격이 초래한 제품의 상대가격 변화, 그리고 이로부터 오래된 총량 인플레이션(總量通貨膨脹)의 상승에 대해서는 어찌할 방법이 없다고 밝혔다. Rich-Steindel(2007)은 이렇게 밝혔다. 통화정책은 시차 효과가 존재하기에 영구성 가격 상승과 일시성 가격 상승을 구분하는 것이 중요한 정책적 의의를 가지고 있으므로, 근원인플레이션을 계산하는 목적의 하나가 바로 총 가격 지수 중의 일시성 가격 변동 부분을 제거하는 일이다. 만약 가격 상승이 일시적일 현상이라면 통화정책을 지나치게 조정하지 말아야 하고, 가격 상승이 강한 관성을 가지고 있다면 제때에 통화정책을 조정할 필요가 있다.

미시킨(2007)은 이렇게 밝혔다. 헤드라인 인플레이션에 중대한 일시성 요소가 존재할 경우에는 근원인플레이션의 지표를 치중하여 중시하는 것이 통화정책의 실책을 방지하는데 유리하다. 통화정책과 경제 활동 간에 비교적 긴 시차가 존재할 경우에는 더욱 그러하다. 따라서 근원인플레이션을 주목함에 있어서 물가 파동이 큰 부분만 주목할 것이 아니라, 장기적 가격 상승과 단기적 가격 상승을 구분하는 일도 필요하다.

근원인플레이션이라는 개념은 1970년대 초에 출현, 식품 가격과 에너지 가격을 배제하고, 근원인플레이션을 계산하는 방법은 Gordon(1975)이 최초로 제기했고,

또한 광범위하게 채택되었다. 근원인플레이션은 일치한 정의가 없기 때문에 신규 계산법이 끊임없이 나타났다. Mankikar-Paisley(2002)는 근원인플레이션을 계산하는 방법을 통계에 근거하는 방법과 모형에 근거하는 방법으로 나누었다. 그러나 근원인플레이션을 계산하는 기존의 방법은 헤드라인 인플레이션 중의 지속성 성분에 대한 연구를 어느 정도 등한시했거나 계산 방법이 지나치게 복잡하여 실용성이 비교적 낮은 단점이 존재했다. Blinder(1997)는 향후의 기대인플레이션의 각도로부터, 부분 제품을 배제할 것이 아니라, 인플레이션의 부분별 가격 변동의 지속성에 근거하거나 총체적 인플레이션의 공분산에 의하여 가중치를 재배분하고 아울러 근원인플레이션을 계산해야 한다고 건의했다.

본장에서는 Blinder(1997)의 근원인플레이션에 관한 정의를 거울로 삼아 헤드라인 인플레이션 중의 성분별 지속성에 의하여 중국 근원인플레이션을 구축함으로써 향후 기대인플레이션의 변화에 상응한 참고 데이터를 제공하려 시도했다. 이밖에 국내 기존의 관성인플레이션을 계산한 문장과 달리 본장에서는 인플레이션율 전기 대비(연관 상대비율)를 통하여 관성을 계산함으로써 관성에 대한 동기대비 인플레이션의 고평가 가능성을 피하였다. 가중치에 의한 방법이 본질적으로 통계 방법에 의한 근원인플레이션 계산방법이므로 모형에 의한 방법보다 더욱 간편하고 실용성도 더욱 강하다.

본장의 제2절에서는 기존의 근원인플레이션 계산 방법을 총결산했고, 제3절에서는 근년의 관성인플레이션에 관한 연구 성과에 의한 두 가지 방법을 통하여 헤드라인 인플레이션의 품목별 전기 대비 관성인플레이션율을 계산한 다음, 근원인플레이션의 품목별 가중이동평균(滾動權重)을 더 상세히 계산했다. 제4절에서는 관성 가중치에 의하여 근원인플레이션의 통계 특징을 묘사하고 아울러 헤드라인 인플레이션이 예측하는 측면에서 전통적인 배제방법(剔除法)인 근원인플레이션보다 상대적으로 우위라는 점을 비교했다. 제5절에서는 2010년 이래의 인플레이션을 분석하고, 최근 시기의 인플레이션을 예측했다. 제6절은 결론이다.

2. 근원인플레이션을 계산하는 방법

Mankikar-Paisley(2002)는 근원인플레이션을 계산하는 방법을 통계에 근거하는 방법과 모형에 근거하는 두 가지 방법으로 나누었다. 통계에 근거하는 방법은 사실 근원인플레이션의 함의에 의하여 단기 파동성이 뚜렷한 세항을 공제하는 방법이다. 즉 소비자물가지수의 장바구니 물가(CPI籃子) 중에서 단기간 물가 파동이 비교적 큰 세항을 공제한 후 나머지 세항의 가중치를 재배분하여, 근원인플레이션을 형성하는 방법이다.

통계에 근거하는 전통적인 방법은 근원인플레이션을 추산할 때 흔히 에너지 가격과 식품 가격 등의 단기 파동성이 뚜렷한 부분을 공제했다. 배제방법은, 작업 방법이 직관적이고 투명하며, 이해하기 쉽고 중복 검정을 할 수 있을 뿐만 아니라, 강한 적시성을 가지고 있다는 것이 장점이라 할 수 있다. 이밖에 통계에 근거하여 추산하는 방법에는 절사평균(修剪均値法, trimmed mean) 추정방법, 중앙값 가중방법(加權中位數法), 지수 평활화법(指數平滑法, exponential smoothing) 등을 포함하고 있다. Bryan- Cecchetti(1994)는 중앙값 가중방법을 채택했다. 즉 관측 기간 내 소비자물가지수의 장바구니 물가 중에서 세항별 물가 변동 폭을 배열하고, 중앙값에 처해있는 물가 변동률을 근원인플레이션율로 삼았다. Dolmas(2005)가 채택한 절사평균 추정방법은 소비자물가지수 장바구니 물가 변동의 최대 세항과 최소 세항을 공제한 다음 나머지 세항의 가중치로부터 생성된 데이터를 재분배하여 근원인플레이션 통계 데이터로 삼는다. Cogley(2002)는 지수 평활화법을 토론할 때, 이 같은 방법은 정부와 개인이 적응성 방법을 통하여 인플레이션 평균치의 변화를 연구한다고 가정하면서, 체감한 가중치를 통하여 현재와 과거의 인플레이션을 가중평균을 함으로써 근원인플레이션 데이터를 얻는다고 밝혔다.

왕사오핑(王少平), 탄번옌(譚本燕, 2009)은, 통계에 근거하는 방법을 응용함에 있어서, 근원인플레이션을 도량하는 것은 한편으로 단기 파동을 가지고 있는 세항

(예컨대 에너지 가격과 식품 가격)을 직접적으로 세항으로 간주할 수 있느냐, 공제 후 나머지 세항을 어떻게 가중치에 재분배하느냐에 달려 있으며, 다른 한편으로 시기별로 파동이 큰 세항이 모두 다 같은 것이 아니기에 공제법(扣除法)을 가지고 계산한 근원인플레이션을 조성하는 장바구니 물가 중의 여러 세항을 끊임없이 변화시키므로, 이 두 가지 문제가 통계 공제법의 한계성이라고 지적했다. 하지만 Rich와 Steindel은, 연구자들은 모형에 근거해 계산하는 방법보다 상대적으로 통계에 의하여 근원인플레이션을 계산하는 방법에 대해 견해 차이가 적으며, 게다가 이 같은 방법은 계산하는데 편리하기에 실천 속에서 더욱 광범위하게 응용되고 있다고 지적했다.

위에서 서술한 방법 외에 Blinder(1997)는, 부분 제품을 근원인플레이션 계산에서 배제할 것이 아니라, 인플레이션의 부분별 가격 변화의 관성이거나 향후 인플레이션에 대한 예측 능력에 의하여 가중치를 재배분해야 한다는 견해를 내놓았다. Bilke- Stracca(2007)는, 근원인플레이션을 계산할 때 지속 기간이 짧은 부분에 부여하는 가중치가 더욱 낮아야 하므로 통화정책은 중기 목표를 더욱 중시해야 한다고 밝혔다. 관성인플레이션 가중치에 의하여 근원인플레이션을 계산하는 연구는 시작 단계에 처해있다. Cutler(2001), Bilke-Stracca(2007)는 영국과 유로존에 의하여 관성 가중치의 근원인플레이션을 각기 계산했다. Cutler(2001)는, 향후 인플레이션 예측 능력에 대하여, 관성 가중치에 의하여 구축한 근원인플레이션은 기타 방법으로 얻어낸 근원인플레이션이나 헤드라인 인플레이션보다 나으며, 특히 향후 6개월이나 12개월 동안의 인플레이션에 대해 비교적 강한 예측능력을 가지고 있지만, 폭 넓게 채택되고 있는 식품 가격과 에너지 가격을 배제하는 근원인플레이션은 향후 인플레이션의 추이에 대한 예측 능력이 최악이라는 것을 발견했다. Bilke와 Stracca(2007)는, 관성 가중치에 의한 유로존의 인플레이션은 다음과 같은 특징이 있다는 것을 발견했다. 우선, 어느 한 시기 근원인플레이션의 파동 정도가 헤드라인 인플레이션보다 클 수 있다. 다음, 관성 가중치에 의한 근원인플레이션은 헤드라인 인플레이션보다 앞서거나 변수가 같을 수 있지만, 기타 방법으로 얻어낸 근원인플레이션은 흔히 헤드라인 인플레이션의 시차 변수일 수 있다. 마지막으로, 관성 가중치에 의한 근원인플레이션과 유럽 중앙은행의 통화정책 간에는 뚜렷한 상관성이 존재한다. 이 연구 결과는, 관성 가중치에 의한 근원인플레이션이 향후 헤드라인 인플레이션을 예측하는 면에서 우월성이 있고, 통화정책의 방향을 예측하는 면에서 우월성이 있다는 것을 밝혀냈다.

계량경제학 이론과 방법론이 발전함에 따라 모형에 의하여 근원인플레이션을 도량하는 방법 역시 근년에 비약적인 발전을 이룩했다. 그중 비교적 상용하는 방법은 구조벡터자기회귀 모형(SVAR)에 의한 도량 방법과 동적 인자 모형(動態因子模型, dynamic factor index)에 의한 방법 등이 포함된다. Quah-Vahey(1995)는 근원인플레이션이 '인플레이션 중에서 실제 생산량에 대해 중장기적 영향이 없는 성분'이기는 하지만 단기적으로 생산량에 미치는 영향을 배제하는 것은 아니며, 그리고 비근원인플레이션이 생산량에 영구적인 영향을 미친다고 정의했다. 그들은 이를 토대로 하여 생산량 지수와 가격 지수를 포함한 두 가지 변수의 구조벡터자기회귀 모형을 구축해 가지고, 인플레이션의 장기적 성분을 추측했다. Bryan-Cecchetti(1993)는 Stock-Watson(1991)의 방법에 따라 소비자물가지수를 조성하는 여러 부분의 공통경향(共同趨勢, common trend)을 식별한 다음, 이 방법을 동적 인자 모형이라고 칭했다. 이 방법에서, 상품별 가격은 공통경향 부분과 상대가격을 반영하는 이질적 부분으로 구성되었으며, 또한 두 부분은 상호 관련성이 없다고 가정했다. 각종 상품가격은 근원인플레이션의 가중치, 특히 공통경향에 대한 기여를 결정한다. Mankikar- Paisley(2002)의 분류 방법 외에, Roger(1998)는 근원인플레이션을 계산하는 방법을 인플레이션 조성 부분에 의하여 지속적 방법과 보편적 방법 두 가지로 나누고, 각종 방법의 장점과 단점, 그리고 실제 운영 중에서의 문제에 대해 평가를 했다.

최근 연간 국내에서도 근원인플레이션에 관한 일련의 연구를 진행, 많은 실증적 연구 성과를 거두었다. 판웨진(范躍進)과 펑웨이쟝(馮維江, 2005)은 배제방법, 중앙값 가중방법, 절사평균 추정방법에 의하여 1995-2004년 중국 근원인플레이션을 계산한 토대 위에서 중국 근원인플레이션과 거시경제와의 관계를 토론했다. 젠저(簡澤, 2005)는 근원인플레이션을 '소매물가지수나 소비물가지수로부터 관찰한 일반 물가수준의 변화 중에 통화 충격으로 인한 성분'이라고 정의한 다음, 구조적 벡터자기회귀 모형을 가지고 1954-2002년의 중국 근원인플레이션을 측정했다. 조신둥(趙昕東, 2008)은 Quah-Vahev(1995)의 두 변수 구조적 벡터자기회귀 모형을 확장하여 소비자물가지수, 식품가격지수, 생산량을 포함한 세 가지 변수의 구조적 벡터자기회귀 모형을 구축하고, 또한 변수 부여를 통한 경제 이론의 장기 규제에 의하여 1986-2007년 중국의 근원인플레이션을 추측했다. 왕사오핑과 탄번옌(譚本艶, 2009)은 중국 상위 분류 8가지 장바구니 물가, 그리고 Gonzalo- Granger의 공적분-오차수정 모형에 관한 조정 계수 행렬 직교분해(調節系數矩陣正交分解) 방법을 응용하여 중국의 근원인플레이션율을 도량하고, 또한 동적 조정 행위 및 그 관성을 밝혀냈다.

3. 전기 대비 상승률에 의한 인플레이션 관성 추산 및 중단점 검정(斷点檢驗)

1) 관성인플레이션을 계산하는 방법 총결산

　관성인플레이션(persistence)이란, 인플레이션이 충격을 받은 후 평균 수준으로 속도를 재차 수렴하는 것을 말하는데, 균형을 회복하는 시간이 길어질수록 인플레이션의 관성도 길어진다. Cutler(2001)와 Demarco(2004)는 AR(1)의 과정의 지수를 가지고 관성인플레이션을 평가했다. 하지만 관성인플레이션을 연구한 문헌에서, 연구자들은 관성인플레이션을 특별히 계산하는 방법을 내놓았다. Andrews와 Chen(1994)은, 이론상에서 시계열의 장기적 관성 특징을 임펄스 응답 함수(脉冲響

應函數)를 가지고 반영할 수 있지만, 실천 속에서는 흔히 자기회귀 계수의 합을 가지고 관성인플레이션을 평가한다고 지적했다. Dias와 Robalo Marques(2005)는, 관성 인플레이션을 계산하는 서로 다른 사고의 맥락을 내놓으면서, 고정 시계열 평균치 회귀(平穩序列回歸均値) 빈도가 낮을수록 관성이 더욱 강하다는 것을 말해준다고 밝혔다. Gadzinski와 Orlandi(2004)는, 관성인플레이션을 계산하는 두 가지 방법을 내놓았다. 한 가지는, 인플레이션 자기 회귀 방정식을 채택한 후의 계수의 합을 가지고 관성인플레이션을 반영하는 방법인데, 이 방법은 계산이 간편하여 광범위하게 응용되고 있다. 다음은 이른바 반감기법(半衰期方法)을 채택하여 관성인플레이션을 계산하는 방법이다. 반감기란, 일시적 충격으로 인한 영향이 초기 영향의 반을 웃돌 때의 시기 지표(時期數)를 말한다. 위에서 서술한 두 가지 모두의 사실은 시계열 임펄스 응답 함수를 가지고 관성인플레이션을 반영하는 방법이다. Bilke와 Stracca(2007)는, 헤드라인 인플레이션을 조성하는 각 부분의 선도적 특징이라는 각도로부터 관성인플레이션을 정의하면서, 품목별과 향후 어느 한 시간(예컨대 1년 이후)대의 헤드라인 인플레이션의 관련 계수를 계산하여 품목별 관성을 확정, 관련 계수가 크면 클수록 관성이 강해진다는 결론을 얻어냈다.

관성인플레이션에 관한 국내의 연구는 아직 시작 단계에 놓여있다. 장청스(2008, 2009)는, Taylor(2000)-Willis(2003)의 방법을 참고로 했는데, 인플레이션 AR 모형 중의 시차항의 계수의 합을 가지고 관성인플레이션을 도량했다. AR 모형 시차항 계수의 합이 1시간 최소 제곱법과 비슷하여 한쪽으로 이동할까봐 걱정한 장청스는 Hansen(1999)이 제기한 격자점 부트스트랩(格点拔靴)을 채택하여 계량했다. 장청스는 1980년부터 2007년까지의 데이터 분기 비교를 통하여, 소비자물가수 관성계수 최소 제곱법 추정치가 0.922, 부트스트랩 그리드 신뢰 구간 평균치가 0.940이라는 계량 결과를 얻어냈다. 이 같은 차이를 초래하게 된 원인이 국내 연구에서는 인플레이션 동기 대비 데이터를 채택하고, 국외 연구에서는 전기 대비 데이터를 채택했기 때문일 수 있다.

2) 전기 대비 물가 상승률에 의한 관성인플레이션 추산

(1) 관성인플레이션 추산 방법

Gadzinski-Orlandi(2004)의 방법을 참고로, 다음과 같은 방정식을 채택하여 계산했다.

$$= {}_0 + {}_1 + p_1 + \Sigma \ \triangle + (15\text{-}1)$$

식에서, πt는 인플레이션을 표시하고, Dt는 더미 변수(虛擬變量)로서 인플레이션의 구조변화의 가능성을 표시한다. 매개 변수 ρ는 관성인플레이션의 크기를 반영하는데, ρ가 크면 클수록 인플레이션의 관성이 더욱 크다는 것을 표시한다. 위에서 서술한 방법은 인플레이션 자기회귀 방정식을 통해 얻었는데, 이 방법은 관성인플레이션을 연구하는 표준 방법 중 하나이다. Taylor(2002)-Willis(2003)의 방법을 참조하라.

인플레이션 자기 회귀 방정식을 다음과 같이 표시할 수 있다.

$$\pi t = c + \alpha(L)\pi t\text{-}1 + \varepsilon t \qquad (15\text{—}2)$$

식에서, $\alpha(L) = \alpha 1 + \alpha 2 L + \cdots + \alpha n L n\text{-}1$ 시차연산자(滯后算子) L의 다항식이다. 관성인플레이션은 충격을 받은 후 인플레이션이 중심 경향값(趨勢値)으로 재차 되돌아온 시간을 반영하기에, 누계 임펄스 응답 함수를 가지고 단위당 무작위 충격이 인플레이션율에 미친 누적 영향을 표시할 수 있다. 누계 임펄스 응답 함수의 정의와 식 (15-2)에 의하여 다음과 같은 식을 얻을 수 있다.

$$= \sum_{=0}^{\infty} \frac{\partial \ +}{\partial} = \frac{1}{1 - (1)} (15\text{—}3)$$

α(1)이 1과 근사할수록 무작위 충격이 인플레이션율에 미치는 누적 효과가 더욱 강하다는 것을 말한다. 따라서 자기 회귀 모형에서 시차항 계수의 '정수의 합(算術和)'을 가지고 통상 관성인플레이션 수준을 측정한다. 시차항 사이에 공직선성(共線性)이 존재할 가능성이 있기 때문에, 만약 식(15-2)에 대해 곧바로 회귀를 진행할 경우, 한 개 시차항 계수의 표준편차를 정확하게 추측할 수 없어서 통계적 추정에 가일 층 영향을 주게 된다.

식(15-2)을 재차 식(15-1)로 계수화 하고 나면 비교적 정확한 관성인플레이션 계수의 추정치와 상응한 표준편차를 얻을 수 있다. 식(15-1) 중의 ρ를 식(15-2) 중의 α(L)와 같다고 증명, 즉 인플레이션율 자기회귀 계수의 합이라고 증명할 수 있다. 실제 회귀 과정에서 일반으로부터 특수로의 원칙에 따라 AIC 지표에 의하여 구체적인 시차 계수를 판정할 수 있다. 장스청(2008)은 위에서 서술한 방법을 상세히 소개하면서, 최소 제곱법이 자기회귀모형 중 ρ를 추정함에 있어서 아래로 편향하는 현상이 생기며, 특히 ρ가 1에 근접할 경우 통계 편향이 더욱 심각하므로 Hansen(1999)의 제기한 GB 방법에 따라 상술한 결과를 수정할 수 있다고 밝혔다. GB 방법은, 부트스트랩핑(拔靴技術)을 활용하여 가능할 수 있는 ρ 시뮬레이션 혹은 최소 제곱법을 활용하여 유한 표본 분포를 추정한 다음, 격자점 탐상법(格点搜索法)을 활용하여 ρ의 신뢰 구간을 계산한다.

본장의 예측 방정식과 관련하여, GB 방법의 구체적인 과정을 다음과 같이 개괄할 수 있다. 첫 번째 절차는, 매개 변수 ρ의 OLS(최소 제곱) 추정치를 중심의 어느 한 영역(예컨대 좌우 각 5개 표준편차) 내에서 G개점을 균등하게 취하여 각기 ρi를 도입하여 i=1,…,G를 표시하고, 가상 시뮬레이션 'ρ=ρi'에 대응하는 검정 통계량 Sn(ρ), n을 표본 데이터 개수로 기술했다.[80] 두 번째 절차는, 선정된 어느 한 ρi를

---

80) 본장에서 우리는 사실 계산할 때 $S_n(\rho)$를 t 검정 통계량으로 취했다. 이 역시 GB 방법 다섯 번째 절차에서 평활화(平滑化) 한 후의 임계치 함수와 t 검정 함수의 교점을 취한 이유이다.

GB 방법을 가지고 8차례 시뮬레이션하고 매 번 시뮬레이션을 거쳐 얻어낸 $S_n(\rho)$를 계산한 다음, $S_n(\rho)$의 B개 값을 구하고 진일보적으로 배열했다. 세 번째 절차는, 정해진 유의수준에 의하여 $S_n(\rho)$의 임계치 통계량에 대응하는 확률 $\theta_1=1-(1-\beta)/2$와 $\theta_2=(1-\beta)/2$ 그리고 이 두 개 확률 하에서의 임계치 $q_n(\theta_1|\rho)$와 $q_n(\theta_2|\rho)$를 확정함으로써 $S_n(\rho)>q_n(\theta_1|\rho)$와 $S_n(\rho)>q_n(\theta_2|\rho)$의 확률을 θ_1과 θ_2로 되게 했다. 즉 $P[q_n(\theta_1|\rho)<S_n(\rho)<q_n(\theta_2|\rho)]=(\theta_1-\theta_2)$로 되게 했다. 네 번째 절차는, 위에서 서술한 모든 ρ_i에 대해 위에서 서술한 과정을 중복하고 또한 식(15—4)을 가지고 G조에서 이산한 임계치를 ρ와 관련된 연속함수로 평활(平滑)하게 했다.

$$q_n^{*}(\theta|\rho)=\left(\sum_{j=1}^{G} K((\rho-\rho_j)/h)\, \rho_n(\theta|\rho_j)\right)/\left(\sum_{j=1}^{G} K((\rho-\rho_j)/h)\right) \qquad (15\text{-}4)$$

식(15-4) 중의 $K(\cdot)$는 Epanechnikov kernel 함수, h는 절점을 검색하는 구간 길이이다. 다섯 번째 절차는, 본장의 계산 과정에서 우리는 $S_n(\rho)$를 검정 통계량으로 취하여 평활화 한 후의 임계치 함수와 OLS 방법으로 구한 t함수의 교점을 ρ 축에 투사할 수 있었기 때문에 GB 방법으로 예측한 매개 변수 신뢰도가 $(\theta_1-\theta_2)$라는 신뢰구간을 구할 수 있었다. 위에서 서술한 과정을 통하여 우리는, GB 방법이 사실 매개 변수 통계치 $S_n(\rho)$의 분포를 수정했기 때문에 ρ가 1에 근접할 때 OLS로 인한 편향 추정을 피할 수 있었다는 것을 알 수 있다. 전통적인 부트스트랩 방법은 매개 변수 ρ의 OLS 추정치에 대해 시뮬레이션만 진행하지만, GB 방법은 오히려 매개 변수 추정치의 영역 내에 G개점을 취하여 시뮬레이션을 한 다음 재차 평활하게 함으로써 매개 변수의 검색 범위를 넓혀주었다.

계량 결과의 강인성을 보장하고자 본장에서는 ρ를 추정함에 있어서, OLS와 GB 방법을 채택하고 또한 기존의 연구 성과를 비교했다. Hansen(1999)은, G와 B가 각기 25와 399에 이를 경우, 비교적 정확한 결과를 얻을 수 있다고 지적했다. 본장에서 우리는 절점수 G=100, 중복추출 횟수 B=999, θ1과 θ2를 각기 95%와 5%를 취했다. 즉 최종 매개 변수 신뢰도가 90%라는 신뢰구간을 얻어냈고, 아울러 Hansen(1999)이 제공한 소프트웨어 패키지를 가지고 계산했다.

(2) 전기 대비 물가지수에 의하여 중국 소비자물가지수 및 그 분포 관성 추산

국내 기존의 연구 결과와 비교하기 위하여 우리는 전월대비 소비자 가격 및 그 분포 지수를 연구 대상으로 채택했다. 여기서 특별히 설명하지 않은 데이터는 '중국 호경기 일보'에서 인용했다. 현재 통계청에서 발표하는 데이터에 따르면, '담배와 술'을 제외한 2001년 이후의 데이터만 있기 때문에, 1999년 이후의 기타 품목별 전월 대비 데이터를 얻고, 월간 동기 대비 데이터를 얻으려면 1994년까지 거슬러 올라가야 한다. 아래 문장에서의 계산은 관성에 의한 근원인플레이션의 데이터에 대한 요구가 비교적 많고, 아울러 기존의 연구 성과와 비교하기 위해 본장에서는 1994년 1월부터 2010년 9월까지를 표본 추출 구간으로 선택했다. 우리는 우선 전기 대비 데이터와 동기 대비 데이터를 가지고 모든 물가지수 데이터를 전월 대비 상승률로 환산한 다음 재차 계절을 조정했다.[81] 우리는 먼저 가변수를 포함하고 있지 않는 가변수의 식(15-1)에 대해 회귀를 진행한 다음 존재할 수 있는 구조적 변화를 검색하고자 회귀계수에 대해 중단점 검정을 진행했다. 중단점이 존재하는 품목별 물가지수에 대해 우리는 가변수를 포함하고 있는 식(15-1)을 가지고 재차 회귀를 진행하여 관성인플레이션 지수의 추정치를 얻어냈다. 표(15-1)을 참고하라.

표(15-1)는 본장에서 상이한 방법에 의하여 계산한 중국 소비자물가 및 그 품목별 전월 대비 상승률의 관성계수 추정치를 제시했다. 아래 문장의 중단점 검정에

---

81) 국외의 연구에서는 흔히 연간 인플레이션율을 계량 대상으로 삼고 있지만, 사실 상수항을 제외한 회귀 계수에는 실질적인 영향을 초래하지 않았다.

서 '의료 보건', '교통과 통신', '오락 교육' 세 가지 품목에 구조적 변화가 존재할 수 있기 때문에 이 세 가지 품목은 식(15-1)에 의하여 관성계수 회귀를 진행할 때 가변수를 포함시켰다. 표(15-1)에서 OLS는 식(15-1)에 의하여 관성인플레이션을 추정했고, GB 방법은 Hansen(1999)이 관성인플레이션 계수에 대해 진행한 '부트스트랩 그리드'에 근거하여 추정했으며, 기존의 실증연구 성과와 비교하기 위해 본장에서는 장스청(2009)의 부분적 결과를 발췌했다.

표 15-1 소비자물가 및 품목별 전월대비 상승률 관성계수 (1994년 1월-2010년 9월)

계산 방법		총지수	식품	담배와 술	복식	가정 설비	의료 보건	교통 통신	오락 교육	주거
OLS 방법	ρ	0.794	0.643	0.647	0.852	0.900	0.844	0.339	0.605	0.691
	표준편차	0.059	0.086	0.071	0.035	0.027	0.053	0.093	0.097	0.059
	p값	0.000	0.000	0.000	0.000	0.000	0.000	0.000	0.000	0.000
	시차 계수(階數)	3	3	0	3	2	3	2	3	2
	AIC	1.042	2.816	-1.811	-0.304	-1.817	-0.227	0.334	1.337	0.758
	R2	0.486	0.228	0.424	0.766	0.857	0.611	0.169	0.209	0.457
GB 방법	중간 중앙값	0.824	0.668	0.669	0.866	0.913	0.901	0.371	0.668	0.709
	신뢰구간 상한	0.930	0.817	0.790	0.926	0.962	1.013	0.528	0.840	0.807
	신뢰구간 하한	0.717	0.526	0.547	0.805	0.865	0.793	0.216	0.498	0.608
	OLS방법	0.970	0.946	0.944	0.940	0.955	0.900	0.842	0.896	0.934
장스청 (2009)	GB 중앙값	1.015	0.985	1.013	0.972	0.981	0.935	0.885	0.926	1.014

설명: 본 표는 편폭이 제한으로 인해 소비자물가 품목별 명칭을 약칭했고, OLS 방법 중의 시차 계수(階數)는 제1장의 시차 계수(階數)를 말하며, GB 방법의 신뢰 구간 화률은 90%이다.

OLS 방법을 가지고 관성인플레이션 계수를 추정했는데, 표본 기간 소비자물가 지수의 관성계수는 0.794였고, 상위 8가지 부류의 품목별(우리는 품목별 명칭을 약 칭했음) 소비품 중 관성이 가장 큰 품목은 '가정 설비'로서 0.900이었으며, 기타 품 목별 관성의 크기는 복식, 의료 보건, 주거, 담배와 술, 식품, 오락과 교육, 교통과 통신 순이었다. 헤드라인 인플레이션에서 가중치가 가장 큰 '식품'은 관성계수의 유의성 품목 중에서 관성이 비교적 작은 품목에 속했다. GB 방법은 OLS 방법에서 존재할 수 있는 아래로 편향하는 현상을 겨냥하여 개발했기 때문에 우리는 GB 방 법을 가지고 얻어낸 관성계수와 OLS 방법을 가지고 얻어낸 관성계수가 어느 정도 차이가 있다는 점을 발견했다.

GB 방법으로 얻어낸 신뢰구간 중앙값은 계통성이 OLS 방법을 얻어낸 관성 추정 치보다 높았을 뿐만 아니라, 중앙값에 의하여 비교한 관성의 상대적 크기에도 어 느 정도의 변화가 생겼다. GB 방법으로 얻어낸 신뢰구간 중앙값에 따르면, 소비자 물가지수의 관성계수는 0.824, 상위 8가지 부류의 품목별 소비품 가운데서 관성이 최대인 품목은 가정 설비로서 0.913에 달했으며, 기타 품목은 의료보건, 복식, 주 거, 담배와 술, 식품, 오락과 교육, 교통과 통신 순이었다. 그중 담배와 술, 식품, 오 락과 교육 세 가지 신뢰구간 중앙값은 비슷했지만, 신뢰구간의 범위는 순서에 따 라 확대되었다.

본장에서 얻어낸 결과와 장스청의 결론은 유의적 차이가 나타났다.

우선, 관성계수의 절대치를 볼 때, 전기 대비 물가 상승률을 가지고 계산한 관성 인플레이션은 동기대비 물가 상승률에 의하여 계산한 관성계수보다 낮았다. 예컨 대, OLS 방법을 활용하여 계산한 소비자물가 상승률 관성은 0.794였지만, 장스청 (2009)의 계산한 결과는 0.970이었고, 기타 품목별 관성계수들도 이 같은 특징이 나타났으며, GB 방법으로 얻어낸 결과도 이와 같았다. 위에서 서술한 실증 결과에 비교적 큰 차이가 나타나게 된 원인이, 표본구간에 어느 정도 차이가 나타난 것도 원인이 되겠지만, 주로는 연구 대상을 선택함에 있어서 전자는 전기 대비 물가 상승률을 연구대상으로 삼았고, 후자는 동기 대비 물가 상승률을 연구 대상으로 삼았기 때문이다.

다음, 품목별 관성계수의 상대적 크기에 비교적 큰 차이가 존재했다. 장스청(209)은, 관성계수가 최대인 품목은 가정 설비이고, 가격 상승 관성이 두 번째로 큰 품목은 식품이라는 것을 발견했지만, 본장에서는 식품가격 관성계수가 상대적으로 작다는 것을 발견했다. 끝으로, 연구 대상을 동기 대비 물가 상승률로부터 전기 대비 물가 상승률로 조정한 후, OLS 방법이든 GB 방법이든 얻어낸 전체 물가의 상승률 관성은 모두 품목별 가격 상승률 관성의 최대치와 최소치 사이었고, 장스청(2009)이 발견한 전체 물가 상승률 관성이 모든 품목별 가격 상승률 관성보다 높은 상황이 나타나지 않았다.

(3) 중단점 검정

관성을 가중치로 활용하여 근원인플레이션을 계산하기 전에 우리는 관성인플레이션의 안정성 문제를 연구할 필요가 있다. 관성인플레이션에 구조적 돌변이 발생할 경우, 이 같은 돌변을 등한시하고 추정해낸 관성치가 지나치게 높을 수 있는데, 관성은 인플레이션 수준이 충격을 받은 후 기준 수준까지 회복하는 속도를 나타내지만, 구조적 돌변은 인플레이션 수준의 회복 속도가 느리다고 오인하면서 관성인플레이션을 한층 과대평가할 수 있기 때문이다(Perron, 1990). Altissimo 등(2006)의 연구에서도 구조적 돌변을 등한시하면 관성인플레이션 수준을 장기적으로 단위근(單位根)에 근접하게 했지만, 구조적 돌변 요소를 제거하면 관성인플레이션이 상대적으로 낮은 것으로 나타났다. 따라서 관성인플레이션을 추정하기 전에 가격지수별로 구조적 돌변 검정, 즉 중단점 검정을 할 필요가 있다.

기존의 실증 결과와 비교하기 위해 우리는 Andrews(1993)의 미지의 중단점 검정법을 참고로 하여 검정을 했다.

나아가 회귀계수 구조적 변화의 검정에 대응하는 Tn 통계량이 통계 유의성을 가지고 있느냐를 정확하게 판단하기 위해 Tn의 분포를 이용하여 유의 확률 수준을 비교할 필요가 있었다. Andrews(1993)는 Tn의 분포 특징은 제시했지만, Tn의 확률지(槪率水平表)는 제시하지 않았고, 후에 Hansen(1997)이 Tn 분포의 확률지를 제시해서야 이 같은 방법이 개선될 수 있었다. 본장에서는 Hansen(1997)의 계산방법을 도입하여 Tn에 대해 확률 검정을 진행했다.

표 15-2는 여러 자기회귀시계열 계수의 미지 중단점을 검정한 계산 결과를 종합한 것이다. 동반확률(相伴槪率, 결합확률?)p에 근거해 판단해본 결과, 세 가지 품목이 표본 구간에 구조적 변화가 나타났다. 그중 의료보건, 교통 및 통신, 오락 및 교육 세 가지 품목의 최대 Wald 통계량이 각기 2002년 10월, 2001년 1월, 2000년 9월에 나타났다. 이를 제외한 소비자물가지수의 기타 품목별에서는 뚜렷한 구조적 변화가 나타나지 않았다.

표 15-2 소비자물가 및 품목별 전월대비 상승률 관성 중단점 검정

	Tn	동반확률p	가능한 중단점
총 지수	12,874	0.244	—
식품	8,452	0.694	—
담배와 술	6,948	0.221	—
복식	16,674	0.072	—
가정설비	2,428	1,000	—
의료 보건	18,391**	0.039	2002년 10월
교통 통신	20,409*	0.010	2001년 1월
오락 교육	20,060**	0.021	2000년 9월
주거	5,116	0.924	—

설명: 표본 구간은 표 15-2과 같다.

(4) 근원인플레이션 품목별 관성 가중치 설정

관성인플레이션 가중치를 실제로 계산할 때면 품목별 관성의 변화에 따라 마땅히 가중치를 조정해야 하기에 실천 중에서는 흔히 회귀중복(遞歸回歸) 방법이거나 자기회귀 이동 모형(滾動AR模型) 방법을 채택한다. 회귀중복 방법은 표본 데이터가 증가함에 따라 관성계수를 끊임없이 수정함으로써 관성 가중치를 조정하는 목표를 달성한다. 하지만 관성계수의 변화를 반영하는 면에서 어느 정도의 시차성이 존재한다. 자기회귀 순환 모형 방법은 표본 수량의 고정불변을 유지할 수는 있지만, 표본 수량에 대한 요구가 클 수 있다(Laurent과 Livio, 2007). 본장에서는 자기회귀 순환 모형 방법을 채택하여 시간에 따라 조정할 수 있는 관성 가중치를 구축하려 시도했다. 회귀중복 방법이든 자기회귀 순환 방법이든 표본의 초기값(初始值)을 잃어버리게 할 수 있다. 예컨대, 표본 관측값 크기를 48로 설정할 경우, t-48부터 t-1 시간을 이용한 데이터 회귀 t시간의 관성인플레이션 계수를 2005년 이후의 관성계수 밖에 얻을 수 없다. 본장에서는 표본 크기를 각기 2년과 4년으로 시도했고, 표본 자유도와 결과의 강인성 간에 가중평균을 하면서 표본 크기가 4년 일 때 결과가 비교적 안정적이었으며, 동시에 표본 수량에 대한 OLS 회귀 요구를 대체로 충족시킬 수 있다는 것을 발견했다.

명령 $\rho_{i,T}$는 제i개 품목별 가격 상승률이 시각 t까지의 관성 추정치를 표시하는데, 이동회귀 분석을 하는 과정에서 일부 품목별에 비유의적인 마이너스 추정치가 나타날 수 있다. 우리는 Cutler(2001)의 설정을 참고로 하여, 회귀 계수가 소극적 가치(負值)인 관성계수에 대해서는 0을 취했다. 이밖에 근원인플레이션의 가중치 파동이 지나치게 큰 것을 막기 위해 작자는 관성인플레이션에 대해 평활화한 후에야 근원인플레이션의 가중치로 삼을 수 있다는 건의를 했다. Cutler(2001)가 설정한 소비자물가지수에서 제i개 품목별 T시간을 가중치를 계산하는데 사용한 평활화한 후의 관성계수는 응당 이러하다.

$$P_{iT=} XP_{ti} + (1_{-\chi}) \, P_{iT-1} \, (15{-}6)$$

작자는 식에서 x=1/12는 관성계수로 하여금 1년 내에 조정을 완성할 수 있게 하며, x가 취한 값(取值)이 결과에 미치는 영향이 아주 작다는 것을 발견했다. 실천에서 위에서 서술한 방법의 활용성을 보장하고자 Cutler(2001)는, 관성을 계산할 때 이미 알고 있는 데이터만 응용해야 하며, 당기 값(期値)은 포함시키지 말아야 한다고 인정했다. 이를 기초로 하여 계산한 제i개 품목별 근원인플레이션 가중치는 다음과 같다.

$$=_P / \sum P \, (15\text{-}7)$$

위에서 서술한 관성 가중치를 설정하는 방법을 Bilke와 Stracca(2007)가 채택하여, 괜찮은 효과를 거두었다. 매 기간의 모든 품목별 가중치가 끊임없이 변화하는 과정에 처해 있지만 편폭의 제한으로 말미암아 우리는 기간 별 가중치를 상세히 제시하지 못했다. 물가 상승에 의한 관성 가중과 물가 상승에 의한 지출 가중을 비교하여 구별하고자 본장에서는 2005년 1월부터 2010년 9월까지 표본 구간 내 품목별 가중 평균치를 제시했다.

표 15-3을 참고하라.[82] 가중 평균치를 볼 때, 순환 OLS 회귀 방법으로 얻어낸 가정 설비 가중치가 29%에 달해 가장 컸고, 오락과 교육 가중치는 0.4% 밖에 안 되어 가장 작았으며, 식품가격은 관성 계수가 비교적 작아 7.7% 밖에 안 되어서 거꾸로 3위였다. GB 방법으로 얻어낸 순환 관성가중평균 절대치는 OLS 방법으로 얻어낸 결과와 절대치에서 좀 차이가 있을 뿐 상대적 크기는 변함이 없어서 OLS 방법과 상호 검증할 수 있었다. 이는 두 가지 방법으로 얻어낸 결과가 강인성이 있다는 것을 말해준다.

---

82) 근원인플레이션 표본 구간을 2005년 이후로 채택한 원인은 '담배와 술' 품목 통계를 2001년부터 시작했기에 순환표본 크기를 48로 잡으면 최초의 4년 데이터를 잃어버릴 수 있었다. 만약 이 표본을 채택할 경우, 근원인플레이션 데이터 기간이 짧아 근원인플레이션을 분석하고 통계한 결론의 강인성에 영향을 미칠 수 있었다. 결론의 강인성을 강화하고자 우리는 '담배와 술을 제외한 7가지 품목과 2005년 이전의 근원인플레이션을 합쳐 표본의 관측값을 증강함으로써 관성 가중에 의한 근원인플레이션 통계 특징과 결론의 강인성을 증강했다.

그래프 15-1은, 계절을 조정한 후의 전월대비 헤드라인 인플레이션, 그리고 OLS 방법과 GB 방법에 의한 순환 관성 가중의 근원인플레이션을 제시했다. 아래에 우리는 헤드라인 인플레이션과 근원인플레이션의 통계 특징 및 선행 시차 관계를 비교했다.

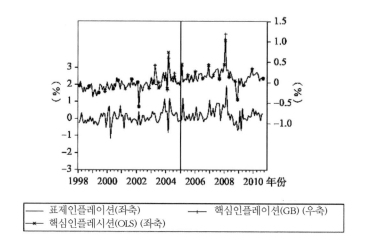

그래프 15-1 계절 조정 후 전월대비 인플레이션율(%)
　　설명: 2005년 1월 이전의 근원인플레이션은 '담배와 술'을 제외한 7가지 품목을 합치어 얻어냈다.

4. 관성 가중에 의한 근원인플레이션 및 그 특징

관성 가중에 의하여 근원인플레이션을 구축하는 목적은 향후 인플레이션에 대한 예측 능력을 향상함으로써 통화정책을 조정하는데 지도적 의거를 제공하려는데 있다. Bilke와 Stracca(2007)는, 관성 가중에 의한 유로존의 근원인플레이션은 인플레이션을 예측하고 통화정책을 채택하는 면에서 양호한 성질을 가지고 있고, 관성 가중에 의한 근원인플레이션은 헤드라인 인플레이션의 선행 변수거나 동일 변수로 되지만, 기타 방법을 가지고 얻은 근원인플레이션은 흔히 헤드라인 인플레이션의 시차 변수로 되며, 이 밖에도 관성 가중치에 의한 근원인플레이션과 유럽 중앙은행의 통화정책 간에 유의적 상관성이 존재한다는 것을 발견했다.

이 연구 결과는, 관성 가중치에 근거한 근원인플레이션이 향후 인플레이션을 예측하고 통화정책 경향을 예측하는 면에서의 우월성을 드러냈다. 관성 가중치에 의한 근원인플레이션에 대하여, 우리는 근원인플레이션과 헤드라인 인플레이션의 관계를 고찰하면서, 근원인플레이션이 헤드라인 인플레이션의 선행지표일 뿐더러 그레인저 의미에서 근원인플레이션이 헤드라인 인플레이션의 원인이 된다는 것을 발견했다. 이 밖에도 우리는 관성 가중치에 의한 근원인플레이션과 배제방법에 근거하는 전통적인 근원인플레이션 통계 특징을 비교했다.

각국이 배제방법에 의하여 근원인플레이션을 계산할 때, 구체적인 품목에 어느 정도 차이가 있기는 하지만, 실증연구에서 '식품'과 '에너지' 품목이 파동이 가장 큰 품목이 아니라는 것이 밝혀졌다 하더라도 대체로 이 두 가지 품목을 모두 계산에 포함시키고 있다(Blinder, 1997). 현재 중국에서 '에너지' 가격지수를 단독으로 공포하지 않고 있어서 에너지 가격 변동이 교통비용의 변동에 직접 반영될 수 있다는 점을 고려한 판웨진과 펑웨이장(2005)은 헤드라인 인플레이션 중의 '식품'과 '교통과 통신' 두 가지 품목을 배제한 다음, 도시와 농촌 소비지출 구조 및 도시와 농촌 인구의 비례에 따라 가중평균의 지출 가중치를 재차 계산했다. 후에 연구자들은 이 연구 결과를 많이 인용했다. 이 연구 결과가, 연도 조정에 따라 지출 가중치를 얻을 수 있었다고는 하지만, 우리나라는 호적에 따라 도시 인구와 농촌 인구를 통계하기 때문에 도시에서 소비하는 인구 비례를 낮게 추정할 수 있었다. 더 중요한 것은, 이 연구 결과가 신규 지출 가중치에 따라 헤드라인 인플레이션 중에서 50% 안팎의 할당액을 배제하는 바람에, 얻어낸 물가수준에 대한 근원인플레이션의 대표적 의미를 급격하게 하락시켰다. 본장에서 우리는 '식품' 가격을 간단하게 배제한 후 불변 지출 가중치를 재차 배분했다. 식품 가격을 배제한 후 얻어낸 이른바 배제방법 근원인플레이션 품목별 가중치와 배제한 후 품목별 가중치는 표 15-3

에서 제시한 것과 같다.

표 15-3 CPI 지출 가중치와 순환 관성 가중 평균치 비교(%)

		식품	담배 술	복식	가정 살비	의료 보건	교통 통신	오락 교육	주거
지출 가중치		33.2	3.9	9.1	6.0	10.0	10.4	14.2	13.2
가중치 배제방법		—	5.8	13.6	9.0	15.0	15.6	21.3	19.8
순환 관성 가중 평균 치	OLS	7.7	19.4	10.2	29.0	15.9	4.5	0.4	12.7
	GB	8.1	18.7	10.6	28.8	17.1	3.0	0.7	13.0

1) 관성가중 근원인플레이션의 파동 특징

근원인플레이션을 계산하는 방법에는 차이가 있기는 하지만, 근원인플레이션을 구축하는 목적의 하나가 바로 헤드라인 인플레이션의 단기 내 과도한 파동 부분을 배제하려는 것이다. 이런 의미에서 근원인플레이션의 파동성이 헤드라인 인플레이션의 파동성보다 응당 작아야 한다. 표 15-4에서는 표본 관찰 기간의 근원인플레이션의 파동 특징을 제시함과 아울러 헤드라인 인플레이션과 비교를 했다.

표 15-4 계절 조정 후 전월대비 인플레이션 파동성 비교

		1998년 2월-2004년 12월			2005년 1월-2010년 9월		
		평균치	표준편차	표준편차/평균치	평균치	표준편차	표준편차/평균치
헤드라인 인플레이션		0.050	0.374	7.480	0.227	0.440	1.938
근원 인플 레이 션	OLS 관성가중치	-0.060	0.158	-2.633	0.150	0.181	1.207
	GB 관성가중치	-0.052	0.165	-3.173	0.156	0.193	1.237
	제거방법	0.006	0.146	24.333	0.063	0.164	2.603

위에서 밝혔듯이, 2005년 이전까지 관성 가중치를 가지고 추산한 근원인플레이션은 '담배와 술'을 제외한 7가지 품목을 합성한 데이터에 근거했으므로 우리는 전체 표본을 2005년을 경계로 하여 나누었다. 2001년 이후가 되어서야 완정한 상위 8가지 품목 데이터를 포함할 수 있었기 때문에 배제방법에 의한 근원인플레이션에서, 이전의 한 가지 표본에는 2001-2004년의 데이터가 포함되어 있다. 1998-2004년 중간에 중국은 꽤나 긴 한 시기 동안은 디플레이션 기간이어서 표본을 보면 관성 가중치에 의한 근원인플레이션의 평균치는 마이너스이고, 식품을 배제한 근원인플레이션의 평균치는 거의 0이었다.

전후 두 가지 표본을 비교해 보면, 인플레이션 표준편차의 절대치이든 표준편차 대비 평균치의 비례이든, 헤드라인 인플레이션이 관성 가중치에 의한 근원인플레이션보다 컸다. OLS 관성 가중치에 근거해서 얻어낸 근원인플레이션은 표준편차의 절대치이든 표준편차 대비 평균치 비례이든, GB 관성 가중치에 근거해 얻어낸 것보다 작았다. 위에서 서술한 4가지 인플레이션을 계산하는 가운데에서 배제방법에 의한 근원인플레이션 표준편차의 값이 가장 작기는 하지만 인플레이션의 평균치와 비교해보면 오히려 그 비례가 가장 높았다.

2) 근원인플레이션과 헤드라인 인플레이션의 동태적 관계

관성 가중치에 의한 근원인플레이션의 우위는 헤드라인 인플레이션보다 예측 능력이 강한데 있다. 경제변수의 동태적 상관관계에 대한 연구 성과를 참고로 한다면 관성 근원인플레이션과 헤드라인 인플레이션의 동태적 관계를 연구할 수 있다. 관성 가중치에 의한 근원인플레이션을 전통적인 배제방법에 의한 인플레이션과 비교하여 구별하고자 우리는 역시 배제방법에 의한 근원인플레이션과 헤드라인 인플레이션의 관계를 비교했다. 우리는 세 가지 근원인플레이션의 시차 12개월부터 선행(領先) 12개월까지 기간의 동태적 상관 계수와 헤드라인 인플레이션의 동태적 상관 계수를 각기 계산했다(그래프 15-2 참고).

OLS 관성 가중치에 의한 근원인플레이션은 선행 7개월 내에는 헤드라인 인플레이션과 정적 상관 관계였는데, 선행 1기간(한 달을 1기간으로 했음)의 상관계수가 최대일 때는 0.86에 달했고, 동기 상관계수는 0.38이었다. GB 관성 가중치에 의한 근원인플레이션 또한 선행 7개월 내에는 헤드라인 인플레이션과 정적 상관 관계였는데, 선행 1기간의 상관계수가 최대일 때는 약 0.86이었고, 동기 상관계수는 0.36이었다. 이로부터 OLS 관성 가중치에 근거하고 GB 관성 가중치에 의한 근원인플레션과 헤드라인 인플레이션의 동태적 상관성이 아주 비슷하다는 것을 알 수 있다. 배제방법에 의한 선행 6개월 근원인플레이션과 헤드라인 인플레이션은 정적 상관 관계였는데, 선행 1기간 상관계수는 0.62, 동기 상관계수는 0.26이었다. 이로부터 세 가지 근원인플레이션 모두 헤드라인 인플레이션의 선행지표이기는 하지만, 상관성의 각도로부터 본다면 관성 가중치에 의한 근원인플레이션이 배제방법에 의하여 얻어낸 근원인플레이션보다 우위라는 것을 알 수 있다.

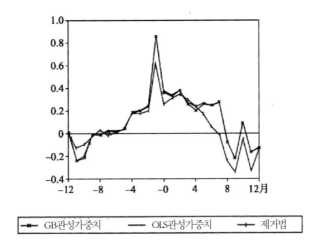

| ⊢★⊣ GB관성가중치 | ── OLS관성가중치 | ─+─ 제거법 |

그래프 15-2 세 가지 근원인플레이션과 헤드라인 인플레이션의 동태적 상관계수
설명: 표본 구간은 2005년 1월-2010년 9월이다.

3) 관성 근원인플레이션에 의한 인플레이션의 단기 예측

그레인저 인과관계 검정에 따르면, 시차 2단계의 상황 하에서 1%의 유의수준에
서는 근원인플레이션으로부터 헤드라인 인플레이션으로 지향하는 인과관계가 존
재하고, 5%의 유의수준에서는 헤드라인 인플레이션으로부터 두 가지 관성 가중치
에 의한 근원인플레이션으로 지향하는 인과관계가 나타났다. 하지만 헤드라인 인
플레이션으로부터 근원인플레이션으로 지향하는 인과관계가 결코 강인하지 않았
으며, 유의시차 상관 계수를 1계(階) 혹은 3계로 변화시키자 인과관계가 바로 사라
졌다. 본장에서는 근원인플레이션과 헤드라인 인플레이션을 구성하는 벡터자기
회기 모형(VAR) 그리고 헤드라인 인플레이션 자기회귀 모형을 구축한 다음 헤드
라인 인플레이션에 대한 두 모형의 예측 능력을 비교했으며, 여러 모형은 전부 AIC
지표에 의하여 유의시차 계수를 선택, 모두 2계이다. 표 15-5를 참고하라.

표 15-1에서 밝힌 것처럼, 벡터자귀회귀 모형의 매개변수 구조는 비슷했는데, 헤드라인 인플레이션에 대한 회귀방정식에서 근원인플레이션의 시차 1계와 2계, 그리고 헤드라인 인플레이션 시차 1계 계수 모두 유의적이었지만, 헤드리인 인플레이션 자기회귀 방정식에서는 시차 각 계의 계수가 모두 유의적이지 않았다.

전체 회귀결과를 볼 때, OLS 관성 가중치를 포함하고 있는 근원인플레이션의 벡터자기회귀 모형이 헤드라인 인플레이션보다 예측 효과가 가장 좋을 때는 R^2가 0.81에 달했고, 다음은 GB 관성 가중치를 포함하고 있는 근원인플레이션의 벡터자기회귀 모형으로 R^2가 0.79에 달해 비슷하였다. 그리고 헤드라인 인플레이션 자기회귀 모형의 예측 효과가 가장 형편없었는데 R^2가 0.10 밖에 안 되었다. 이 결과는 기타 정보를 증가하지 않는 조건에서 관성 가중치에 의한 근원인플레이션이 헤드라인 인플레이션보다 비교적 강한 예측 능력을 가지고 있다는 것을 말해주는, 그 예측 능력이 거의 80%에 달했다.

표 15-5 헤드라인 인플레이션에 대한 VAR 모형과 자기회귀 모형의 예측
(2005년 1월-2010년 9월)

파설명 변수 헤드라인 CPI					
	모형	모형2	모형3	모형4	모형5
GB 가중이 의한 근원 CPI-1	2,150 [14,490]			—	
GB 가중치에 의한 근원 CPI-2	-0,910 [-3,250]			—	
OLS 가중치에 의한 근원 CPI-1	—	2,366 [15,505]		—	2,343 [15,881]
OLS 가중치에 의한 근권 CPI-2	—	-1,145 [-3,928]		—	-0,478 [-3,250]
배제방법에 의한 근원 CPI-1	—		1,974 [6,659]	—	
배제방법에 의한 근원 CPI-2	—		-1,018 [-2,865]	—	
헤드라인 CPI-1	0,252 [2,173]	0,290 [2,586]	0,288 [2,451]	0,203 [1,690]	
헤드라인 CPI-2	0,015 [0,242]	0,011 [0,185]	0,045 [0,465]	0,198 [1,653]	
상수항	-0,023 [-0,667]	-0,023 [-0,669]	0,095 [2,008]	0,140 [2,333]	-0,049 [-1,125]
AR(1)					0,298 [2,433]
R2	0,79	0,81	0,47	0,10	0,81
F통계량	60,380	68,877	14,235	3,803	91,656
로그 우도함수	13,230	16,869	-18,742	-36,935	16,381
AIC 지표	-0,239	-0,344	0,688	1,158	-0,359

설명: 모형 1부터 3까지 각기 GB, OLS, 배제방법에 의한 근원인플레이션과 헤드라인 인플레이션을 조성하는 VAR을 표시하고, 모형 4는 헤드라인 인플레이션 자기회귀를 표시하며, 모형 5는 헤드라인 인플레이션 대 OLS 가중치에 의한 회귀모형을 표시한다. 편목의 제한으로 인해 VAR 모형은 헤드라인 인플레이션 회귀에 대한 방정식만 열거했다. 표에서, CPI-1과 CP는 각기 CPI의 시차 1기와 2기의 값을 표시하고, [ ]의 안의 숫자는 t검정치를 표시한다. 본 표의 모형은 관성 가중치에 의한 근원인플레이션 대비 헤드라인 인플레이션의 예측 능력만 제시했을 뿐, 헤드라인 인플레이션에 대해서는 예측하지 않았다. 따라서 모형 중에 기타 변수를 증가하지 않았다.

5. 2010년 이후 인플레이션 분석 및 최근 시기 인플레이션 예측

2010년 하반기 이후, 인플레이션 문제는 날로 사회 각계의 중시를 불러일으키고 있다. 2010년 연초 정부에서 연간 인플레이션 수준을 3% 이내로 통제한다는 목표를 제기한 후에 더욱 그러하다. 연간 인플레이션을 계산하는 중국 현행 방법에 따르면, 연간 월별 동기대비 물가 상승률을 평균하므로 9월분 소비자물가가 동기 대비 3.6% 상승했다 하더라도 9월까지의 월별 평균 상승률이 2.9%여서 연간 3% 목표를 초과하지 않게 된다. 이 같은 결과가 나타나는 원인은, 상반기 동기 대비 물가 상승폭이 하반기수준보다 상대적으로 낮기 때문이다. 2010년 이후 소비자물가지수 및 품목별 동기 대비 상승률, 그리고 2009년 12월=100이라는 물가지수를 대조해보면, 표 15-6, 그래프 15-3, 그래프 15-4에서 밝힌 것처럼 2010년 9월까지 물가 상승을 초래한 요소 중에 가격이 5.5% 상승한 식품을 제외한 기타 품목은 모두 3% 이내이다.

표 15-6 2010년 9월 소비자물가 동기대비 상승률 및 기타 품목 가격지수

	CPI	식품	담배 술	복식	가정 설비	의료 보건	교통 통신	오락 교육	주거
동기대비 상승률	103.6	108	101.4	98.5	100.4	103.4	99.3	101.2	104.3
기준시 대비 가격지수	102.2	105.5	101.1	97.1	100.3	102.3	99.3	101.8	102.3

설명: 기준시 대비 가격지수는 2009년 12월=100을 취했다.

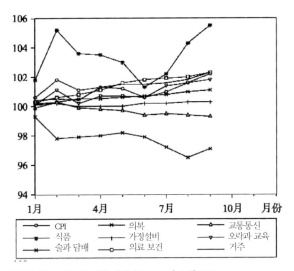

그래프 15-3 2010년 소비자물가 기준시 대비 가격지수(2009년 12월=100)

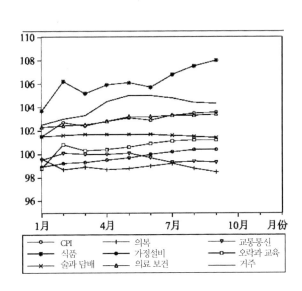

그래프 15-4 2010년 소비자물가 동기대비 지수

향후 인플레이션의 추이는 어떠할까? 표 15-5의 결과에 좇아 우리는 향후 헤드라인 인플레이션의 상황을 대체적으로 추측할 수 있다. 통화정책이 변하지 않는다고 가정하거나 통화량 충격이 시차로 인하여 단기 내에 인플레이션의 변화에 직접적인 영향을 초래하지 않는다고 가정한다면 우리는 보외법(外推法)을 가지고 인플레이션의 변화를 대개 추측할 수 있다. 벡터자기회귀 방정식에서, 인플레이션 시차 2기 값(滯后2期値)이 유의적이 아니므로 OLS 가중치에 의한 근원인플레이션을 예로 들 수 있는데, 근원인플레이션의 당기 값(当期値) $CORE_{OLS,t}$, 시차 1기 값, $CORE_{OLS,t-1}$, 그리고 당기 헤드라인 인플레이션을 통하여 향후 1기의 헤드라인 인플레이션 CPI_{t+1}을 예측할 수 있다. 아래 문장에서 이 방법을 정태적 예측이라 칭하는데, 인플레이션 예측 방정식은 $=-0.023+2.366CORE_{OLS,t}-1.145CORE_{OLS,t-1}+0.290CPI_t$이다.

　우리는 벡터자기회귀 모형의 회귀 결과를 참조하고 근원인플레이션 $CORE_{OLS,t}$와 헤드라인 인플레이션 CPI_t를 이용하여 향후 1기의 근원인플레이션 $CORE_{OLS,t+1}$을 예측한 다음, 위에서 서술한 방법에 대해 반복(순환, 遞推) 계산을 진행하여 향후 한 시기 동안의 근원인플레이션 사전 추정치(預測値)와 헤드라인 인플레이션 사전 추정치를 얻어냈다. 아래 문장에서 이 방법을 정태적 예측이라 칭하며, 그중 근원인플레이션의 예측모형은, $=0.064+0.438CORE_{OLS,t}+0.102CPI_t$이다.

　본 모형의 구간추정이 길어지고 기타 외생 변수의 공통 작용이 길어짐에 따라 예측 결과의 분산이 끊임없이 늘어날 수 있다. 데이터에 나타난 근원인플레이션이 헤드라인 인플레이션과의 시차 1기 상관성이 최대이기 때문에 우리는 2010년 9월까지의 데이터를 이용하여 10월과 11월의 헤드라인 인플레이션과 근원인플레이션을 예측했다. 예측 결과는 표 15-7을 참고하라.

표 15-7 헤드라인 인플레이션과 관성 근원인플레이션의 추정치(%)

	근원인플레이션 방법	2010년 10월	2010년 11월
정태적 예측	OLS	0.169(0.1982)	—
동태적 예측			0.238

설명: 예측 방정식은 정태적 예측을 함에 있어서 시차 기간의 실질치를 가지고 데이터를 계산하도록 요구하지만, CPI 실제 데이터는 9월까지 이기 때문에 11월과 그 이후의 CPI는 예측하지 못하고 10월 CPI만 예측하게 되었다.

표 15-7의 결과를 볼 때, 2010년 10월 계절을 조정한 후 전월대비 소비자물가지수 상승률이 약 0.169%로서 2010년 중 비교적 낮은 수준이었지만, 2010년 11월에 이르러 전월 대비 소비자물가지수가 0.238% 상승했다. 비록 상승폭은 크지 않았지만 인플레이션율 상승 속도가 빨라지는 추이를 나타냈다. 위에서 서술한 예측 결과에 통화량, 국외 통화정책 등 기타 관련 정보를 포함하지 않았다는 점을 반드시 강조할 필요가 있다.

6. 결론

본장에서는 연관 상대비율 소비자 품목별 물가 관성 상승률을 재차 추정한 토대 위에서 관성을 가중치로 하는 중국 근원소비자물가지수를 구축하고, 관성을 가중치로 하는 근원인플레이션을 구축했는데, 이는 국내로 말하면 최초의 시도로 된다. 우리는 근원인플레이션을 구축하는 과정에서 주로 다음과 같은 사실을 밝혀냈다.

첫째, OLS 방법과 GB 방법에 의하여 연관 상대비율 소비자물가 관성 상승률에 대해 실증한 결과가 국내 기존의 중국 관성 인플레이션 실증 연구 결과와 비교적 큰 차이가 있는데, 이 같은 차이를 초래하게 된 주요인이, 본장에서는 연관 상대비율 상승률을 가지고 관성을 계산했지만, 기존의 연구에서는 모두 동기 대비 데이터를 채택했기 때문이다. 주요한 차이는, 물가 연관 상대비율 상승률 관성 매개변수 추정치가 동기 대비 상승률 관성보다 낮고, 전월대비 상승률에 중복 요소가 부분적으로 포함되어 있어서 관성 인플레이션을 과대평가하는데서 나타났다.

둘째, 관성 가중치에 의한 근원인플레이션이 지출 가중치에 의한 헤드라인 인플레이션에 비해 품목별의 상대적 가중치에 비교적 큰 변화가 나타났다. 관성 가중치에 의한 근원인플레이션의 품목별 가운데서 가중치가 가장 큰 품목은 '가정 설비'이고, 가장 작음 품목은 '오락 및 교육'이었고, 헤드라인 인플레이션 가운데서 비교적 큰 점유율을 차지하면서도 근년의 매번 인플레이션 과정에서 물가 상승폭이 비교적 큰 품목은 '주거'와 '식품'으로서 관성 가중치 크기에서 4위와 5위를 차지했다.

셋째, 본장에서는 표본 기간의 관성 가중치에 의한 근원인플레이션, 식품을 배제한 근원인플레이션과 헤드라인 인플레이션의 평균치와 파동성 방면의 차이 및 동태적 관계를 비교했다. 본장에서 고찰한 표본 구간 가운데서 배제방법에 의한 근원인플레이션 표준편차가 관성 가중치에 의한 근원인플레이션보다 약간 작았다. 하지만 배제방법에 의한 근원인플레이션의 표준편차 대비 평균치의 비율이 가장 컸으며, 심지어 헤드라인 인플레이션 자체를 웃돌았다. 동태적 상관계수에 근거하면, 관성 가중치거나 배제방법에 의한 근원인플레이션 모두 헤드라인 인플레이션의 선행지표로서, 이는 근원인플레이션이 헤드라인 인플레이션에 대해 일정한 예측능력을 가지고 있음을 제시해주었다.

넷째, 기타 정보를 포함하지 않은 조건 하에서 두 가지 근원인플레이션이 헤드라인 인플레이션에 대한 단기 예측 능력을 고찰했다. 고찰을 통해 우리는 관성 가중치에 의한 근원인플레이션과 헤드라인 인플레이션으로 구성된 벡터자기회귀 모형이 헤드라인 인플레이션에 대한 예측 능력이 가장 강하다는 것을 발견, 시차 2기의 정보를 가지고 당기 헤드라인 인플레이션의 변화를 약 80% 해석할 수 있었고, 관성 가중치에 의한 근원인플레이션 시차 2기 값과 1기 잔차(殘差, 샘플치에서 예측치를 뺀 값)의 자기회귀가 헤드라인 인플레이션에 대한 해석력에서 상술한 자기회귀 모형과 대체로 일치했으며, 배제방법에 의한 근원인플레이션과 헤드라인 인플레이션으로 구성된 자귀회귀 모형은 헤드라인 인플레이션에 대한 해석력이 47%였다. 그러나 헤드라인 인플레이션 자기회귀 모형의 예측 능력이 가장 낮았는데 해석력이 10% 밖에 안 되었다. 이밖에 실제로 가중치를 계산하는 과정에서 본장에서는 순환 회귀 방법을 통하여 품목별의 관성과 가중치를 계산함으로써 품목별의 동태적 특징을 보다 유연하게 반영했으며, 관성 가중치에 의한 근원인플레이션 대 헤드라인 인플레이션의 예측능력을 더욱 강화했다.

우리 모형의 예측 결과에 따르면, 2010년 10월은 물가지수 전월대비 상승률의 저조기가 될 것이며, 11월 후부터 상승하게 될 것이다. 미연방준비은행의 2라운드 양적완화 정책으로 인한 핫머니 유입 등 요소를 고려할 경우, 중국의 인플레이션 압력이 더욱 심각해질 수 있다.

제6편

인플레이션의
추산과 도구 선택

제16장
중국 통화 당국이 중간목표로 삼는데 어떤 종류의 인플레이션이
가장 적합한가? -인플레이션 예측의 시각에서

제16장
중국 통화 당국이 중간목표로 삼는데 어떤 종류의 인플레이션이 가장 적합한가? -인플레이션 예측의 시각에서

개요: 근원인플레이션은 학술계와 중앙은행의 폭넓은 관심을 끌고 있지만 이론적으로나 실증연구에서나 근원인플레이션에 대한 일치한 정의가 없을뿐더러 근원인플레이션에 대한 정의가 다르고 연구 목표가 다르기 때문에 추산 방법도 천차만별이라는 점을 밝혔다. 본장에서는 향후의 소비자물가지수를 예측하려는 각도로부터 착안하여 최근 연간 국내에서 근원인플레이션을 계산하는 주요 방법을 비교함으로써 인플레이션을 예측하는데 가장 적합한 근원인플레이션 추산 방법을 선출하려 시도했다. 결과는 다음과 같았다.

첫째, 평가지표가 다름에 따라 여러 가지 계산 방법을 통해 얻어낸 근원인플레이션의 우열 순서도 각기 달랐다.

둘째, 인플레이션 변화 추이를 반영하는 면에서 양호한 표현을 보여줬던 구조적 벡터자귀회귀(SVAR)이 근원인플레이션이 인플레이션을 예측하는 면에서 뚜렷한 우위가 없고 단지 중등수준에 처해있었으며, 또한 인플레이션 예측 면에서 표현이 양호했던 배제방법, 분산방법, 관성 가중치 방법으로는 근원인플레이션이 인플레이션의 변화 추세를 반영하는 면에서 도리어 표현이 보통이어서 역시 중등 수준에 처해있었다.

셋째, 여러 가지 평가지표 하에서 8가지 유형의 근원인플레이션 우열 순서가 완전히 같지는 않지만 일부 면에서는 뚜렷한 일치함을 보여주었다. 근원인플레이션 표준편차(標准差), 소비자물가지수 추이에 대한 적합도(fitting, 擬合), 그리고 소비자물가지수를 예측하는 면에서 합동 추세 분석법, 평균치 제거 분석법, 중앙치 가중 분석법은 근원인플레이션을 표현하는데 있어서 모두 비교적 차했다.

키워드: 근원인플레이션, 헤드라인 인플레이션, 인플레이션 예측

1. 문제 제기

앞에서 서술한 것처럼, 근원인플레이션은 많은 통화당국이 관심하는 문제이다. 어떠한 인플레이션을 통화당국의 목표로 삼는 것이 적합한가? 하고 묻는다면 답은 당연히 '근원인플레이션'일 것이다. 그러나 현재 근원인플레이션을 예측하는 주요 계산방법 중에서 어느 계산방법을 상대적으로 만족스럽다고 할 수 있는지?[83] Wynne(1999)과 같은 경제학자들이 근원인플레이션을 예측함에서 만족스러운 계산방법이 가지고 있는 일반적인 특징을 제기하기는 했지만, 우선 근원인플레이션 지표의 사용 목적에 근거한 평가 지표를 확정해야 하느냐에 답을 줘야 하고, 다음 각종 근원인플레이션 추산방법의 상대적 우열을 재차 평가해야 하느냐에 답을 줘야 한다. 근원인플레이션 지표의 사용목적이 다름에 따라 상대적 우열도 당연히 달라진다.

최근 연간 국내에서 인플레이션 목표제에 관한 토론이 날로 심화되면서, 근원인플레이션이 소비자물가지수에 근거하여 계산한 인플레이션보다 통화정책의 목표로 삼는데 더욱 적합하다는 것이 분명해졌다. 하지만 유감스럽게도 현재 중국은 정부 측에서 공포한 근원인플레이션 데이터가 아직까지도 없다. 근원인플레이션을 계산하는 다양한 방법 중에서 어느 계산방법이 중국에 가장 적합한가? 통화정책이 근원인플레이션을 중요한 참고 지표로 간주하고, 게다가 근원인플레이션 지

---

83) 근원인플레이션 측량 방법은 앞의 문장을 참고하라.

표를 구축하는 취지의 한 가지가 일반 물가 수준의 변화에서 지속성이 강한 부분을 반영하는데 있으므로, 정책을 응용하는 각도에서 보면 근원인플레이션이 향후 일반 물가 수준의 변화 추이를 어느 정도 예측할 수 있는 능력을 가지고 있어야 한다. 본장에서는 향후 헤드라인 인플레이션을 예측할 수 있는 능력이라는 각도에서 착안하여, 최근 몇 해 사이 국내의 근원인플레이션을 계산한 주요 방법을 비교하면서, 인플레이션을 예측하는데 가장 적합한 근원인플레이션 추산 방법을 선택하려 시도했다.

본장 제2절에서는 근원인플레이션 관련 정의 및 주요 추산 방법에 대해 간략하게 정리하고 평가했다. 제3절에서는 몇 가지 주요 추산 방법을 가지고 중국 근원인플레이션을 추산했다. 제4절에서는 우선 인플레이션 예측능력을 평가할 수 있는 지표를 구축하고, 이를 토대로 하여 근원인플레이션을 추산하는 여러 가지 방법을 비교하면서, 인플레이션을 예측하는 면에서 상대적 우위를 가지고 있는 근원인플레이션 추산방법을 찾아내려 했다. 제5절은 결론이다.

2. 근원인플레이션 추산 방법 및 그 비교

표준이 다름에 따라 근원인플레이션을 분류하는 방법도 다르다. 근원인플레이션을 구축하는 방법에는 통계에 의해 구축하는 방법과 이론적 모형에 의해 구축하는 두 가지 전통적인 분류 방법을 제외하고도, 근원인플레이션을 구축하는 방법을 가지고 채택한 인포메이션 세트(信息集)를 동기(同期) 분류에 근거하여 단면적 데이터(截面數据) 방법, 시계열 데이터 방법, 패널 데이터(面板數据) 방법이라는 세 가지 방법이 있다.[84]

---

84) 이밖에 대량의 문헌에서는 근원인플레이션을 계산하는 방법에 근거하여, 통계에 의한 방법과 모형에 의한 방법 두 가지 방법으로 나누고 있다. 예컨대, Rich Robert and Steindel Charles,'A Comparison of Measures of Core Inflation',Federal Reserve Bank of New York Economic Policy Review,2007,December,1938.

1) 동기 단면적 데이터에 근거한 근원인플레이션 추산 방법

동기 단면적 데이터에 근거한 근원인플레이션 추산 방법은 동기 분류 상품가격 상승률을 가지고 근원인플레이션을 구축하는데, 구체적인 계산 과정에서 흔히 단기 파동이 비교적 강하거나 일시적 가격 파동이 비교적 큰 상품을 배제한 후, 나머지 상품별 가중치를 재분배함으로써 근원인플레이션을 추산한다.

실천 중에서, 동기 단면적 데이터에 근거한 방법에는 주로 배제방법, 절사평균 추정방법, 중앙값 가중방법 등이 있다. 배제방법은 에너지와 식품을 배제한 후 근원인플레이션을 재차 가중하는 방법이다. Bryan과 Cecchetti(1994)가 중앙값 가중방법과 절사평균 추정 방법을 내놓았다. 상술한 세 가지 방법을 제한적 영향 추정방법(有限影響估計法, limited influence estimators)이라 부른다.[85]

동기 단면적 데이터에 근거한 근원인플레이션 계산방법은 다음과 같은 몇 가지 장점을 가지고 있다. 첫째, 이와 같은 방법은 당기 데이터에 의존하기에 실시간성이 비교적 강하다. 둘째, 근원인플레이션의 과거 데이터 역시 새로 증가된 상품별 가격 상승률의 영향을 받지 않는다. 셋째, 이와 같은 계산방법은 공개적이고 직관적어서 이해하기 쉽고 중복 검정을 하기가 쉬우며 계산하기가 쉽다. 하지만 1장에서 왕사오핑과 탄번엔(2009)이 지적한 것처럼, 이와 같은 방법에 국한성이 존재할 수 있다.[86]

2) 총량 시계열 데이터에 근거한 근원인플레이션 추산 방법

근원인플레이션이 인플레이션에서의 추이 부분을 반영한다고 한 이상, 인플레

---

85) 세 가지 방법에 관한 간략한 소개는 1장을 참고하라.
86) 국한성에 관한 구체적인 소개에 관해서는 1장을 참고하라.

이션 자체의 시계열 데이터를 직접 이용하여 근원인플레이션의 시계열 데이터를 얻을 수도 있다. 상용하는 HP 필터(HP濾波)와 대역 통과 필터(帶通濾波)로 인플레이션의 장기 추이를 얻을 수 있는 이외에도, Cogley(2002)는 또 이른바 지수 평활화법을 내놓았다. 중앙값 가중방법과 절사평균 추정방법은 어느 정도 개별 상품의 가격 상승률이 편향하는 불리한 영향을 극복하기는 했지만, 이 같은 방법으로 얻어낸 근원인플레이션은 고주파 파동이 존재할 뿐더러 인플레이션의 평균값이 반전하는 현상을 예측할 수 없다. 따라서 전체 물가가 상승하는 가운데 포함하고 있는 일시적 요소를 상술한 횡단면 방법을 가지고 반영할 수 없지만, 지수 평활화법은 차례대로 체감하는 가중을 채택하여 현재와 과거의 인플레이션에 대해 가중평균을 함으로써 근원인플레이션 데이터를 얻을 수 있기에 상술한 방법의 단점을 미봉할 수 있을 뿐 아니라, 나아가 통화당국의 정책 규칙에 변화가 생길 경우에도 인플레이션의 돌연적인 변화와 지속적인 변화를 포착할 수 있다고 Cogley(2002)는 여겼다.

이밖에 시계열 데이터를 가지고 근원인플레이션을 추정하는 방법에는 구조적 벡터자기회귀 모형에 근거한 구조적 벡터자기회귀방법도 들어있다. Quah-Vahey(1995)는, 근원인플레이션을 '인플레이션 가운데서 실제 산출에 대해 중장기적으로 영향을 미치는 않는 성분'이기는 하지만 단기 내에 산출에 대해 영향을 미칠 가능성이 있으며, 그러나 비근원인플레이션은 오히려 산출에 대해 영구적인 영향을 미친다고 정의했다. 이를 식별하는 조건으로 하여 그들은 산출지수와 가격지수라는 두 가지 변수를 포함한 구조적 벡터자기회귀 모형을 구축한 다음, 이로부터 인플레이션 중의 실제 산출에 대해 중장기적인 영향을 미치지 않는 성분을 추정, 즉 근원인플레이션을 추정했다. 이 방법을 Folkertsma-Hubrich(2000) 같은 많은 연구자들이 다변수가 되는 상황으로 확장했다.

3) 단면적 데이터에 근거한 근원인플레이션 추산 방법

근원인플레이션을 계산하는 세 번째 방법은 상품별 가격 시계열 데이터를 종합적으로 사용했으므로, 여기서 우리는 단면적 데이터 방법이라고 칭한다. 구체적으로 말하면, 단면적 데이터에 근거한 근원인플레이션 계산 방법을 두 가지 유형으로 세분화할 수 있다. 한 가지는 어느 한 표준에 따라 상품별 근원인플레이션 상품 바스켓 중의 가중치를 재분배한 토대 위에서 재차 가중평균을 하여 근원인플레이션율을 얻는데, 가중치를 재분배하는 의거는 상대적 가격 변화의 표준편차(분산 가중법)에 따르거나 관성 지표(관성 가중법)에 따르는 방법이다. 다른 한 가지는, 근원인플레이션을 상품별 가격 상승률 중의 공통 요소라고 정의하고, 상품별 가격에 포함되어 있는 공통 요소를 가지고 근원인플레이션을 합성하는 방법이다(합동 추세법).[87]

Dow(1994)-Diewert(1995)는 상품별 가격 상승률 파동의 크기에 따라 가중치를 분배하고, 가중치의 크기는 가격 상승률 분산의 역수와 정비례된다고 밝혔다. 이같은 방법을 에지워스(埃奇沃思, Edgeworth) 지수법이라고 하는데, 식품과 에너지 등의 고정 상품 종류를 무단으로 배제하는 현상을 방지했을 뿐만 아니라 가중치의 동태적 변화를 실현할 수 있게 했다. Wynne(1997), Vega-Wynne(2003)는 각기 이 방법을 가지고 미국과 유럽의 근원인플레이션을 연구했다. Blinder(1997)은 근원인플레이션을 계산할 때 부분적 상품을 배제할 것이 아니라, 마땅히 상품 바스켓 중의 상품별 가격 변화의 관성이거나 향후 인플레이션의 예측 능력에 따라 가중치를 재분배해야 한다고 밝혔다. Cutler(2001), Bilke- Stracca(2007)는 오히려 영국과 유로존의 관성 가중치에 근거하여 각기 근원인플레이션을 계산했다. Cutler(2001)의 연구 결과이든 Bilke-Stracca(2007)의 연구 결과이든 모두 관성 가중치에 근거하

---

87) 이 몇 가지 근원인플레이션을 추산하는 방법에 관해서는 앞 장을 참고하라.

여 구축한 근원인플레이션이 향후 인플레이션을 예측하는 면에서 잠재적인 우위를 가지고 있다는 것을 밝혀냈다.

3. 중국 근원인플레이션 추산

아래 부분에서 우리는 배제방법, 중앙값 가중방법, 절사평균 추정방법, 지수 평활화법, 구조적 벡터자기회귀방법, 관성 가중치 방법, 분산 가중법, 합동 추세법의 8가지 방법을 각기 활용하여 근원인플레이션을 계산했다. 특별한 설명이 없는 1차 데이터는 중국 소비자물가지수의 가격별 상승률 데이터에 근거했다. 표본 구간은 2001년 1월부터 2010년 11월까지이다.

1) 배제방법

현재 중국은 '에너지' 가격지수를 단독으로 공포하지 않고 있고, 에너지 가격 변화가 교통비용의 변화에 직접 반영될 수 있다는 점을 고려하여, 판웨진과 펑웨이장(2005)은 헤드라인 인플레이션 중의 '식품'과 '교통 및 통신' 두 가지 품목을 배제한 다음, 도시와 농촌 소비 지출 구조, 그리고 도시와 농촌 인구 비례에 좇아 가중평균 지출 가중치를 재계산했다.

이 연구 결과는 연도에 근거해서 지출 가중치를 얻기는 했지만, 우리나라는 호적에 따라 도시 인구와 농촌 인구를 통계하므로 도시에서 소비하는 인구 비례를 저평가할 가능성이 있었고, 더욱이 신규 지출 가중치에서 헤드라인 인플레이션 중의 50% 안팎의 할당을 배제한데서 얻어낸 근원인플레이션 대비 물가수준의 대표적 의미가 급격히 떨어졌을 수 있다. 때문에 본장에서 우리는 '식품'가격을 배제한 다음 지출 가중치를 재분배함으로써, 배제방법에 근거하여 식품을 배제한 이른바 근원인플레이션을 얻어냈다.

2) 제한적 영향 추정방법—중앙값 가중방법과 절사평균 추정방법

상품별 가격 상승률 분포에 편향이 생길 때 간단한 가중평균을 가지고는 전체 가격지수의 변화를 제대로 반영할 수 없다. 이 같은 상황을 겨냥하여 절사평균 추정방법은 일정한 비례에 따라 좌측 편향과 우측 편향이 가장 심한 상품을 각기 배제하지만, 중앙값 가중방법은 더욱 극단적인데, 가격 상승률에서 중간에 놓여있는 상품만 남겨 둔다. 실제 응용에서, 중앙값 가중방법이든 절사평균 추정방법이든 상품별 가중치 문제와 관련되는데, 이것이 바로 중국 정부의 통계부처에서 공포하지 않는 데이터이기도 하다.

기존의 소비자물가지수에 포함된 8대류 상품의 가중치에 대한 추정방법을 참고로 하여 우리는 중국경제 사이트 통계 데이터뱅크의 8대류 상품에 대해 32가지 상품으로 가일 층 세분화한 다음 최소제곱법을 가지고 상품별 최종 가중치를 추정했다. 추정 결과는 표 16-1을 참고하라.

표 16-1 상품별 가중치 추정 결과

식품 (33.2%)	곡물(3.6%)	가정 설비 용품 및 보수비 (6.0%)	내구재 소비(4.8%)
	가금육 및 제품(8.2%)		가정 설비(0.5%)
	가금류 알(0.6%)		가정 서비스 및 가공 보수비(0.7%)
	수산물(3.4%)	복식 (9.1%)	의류 소비(8.5%)
	신선 채소(2.9%)		의류 원단 소비(0.6%)
	신선 과일(1.7%)	문화 오락 교육 용품 및 서비스 (14.2%)	오락용 내구재 소비 및 서비스(3.6%)
	외식(12.6%)		교육(7.9%)
의료 보건과 개인 용품 (10.0%)	의료 보건(4.5%)		문화 오락 용품(1.1%)
	의료 기구 및 용품(0.2%)		관광 및 외출(1.5%)
	중약재 및 조제약(0.6%)	교통 및 통신 (10.4%)	교통비(5.3%)
	서약(0.9%)		교통도구(0.2%)
	보건 기구 및 용품(0.1%)		자동차용 연료 및 부품(0.01%)
	의료 보건 서비스(0.5%)		통신비(4.9%)
	개인 용품 및 서비스(3.1%)	주거 (13.2%)	주택 공사 및 인테리어 소재 소비(5.7%)
담배와 술 (3.9%)	담배(2.5%)		임대 주택 소비(1.0%)
	술(1.4%)		수돗물, 전기, 연료 소비(6.5%)

설명: 상품별 가격 상승률 간에 존재할 수 있는 다중공선성과 상품별 가중치의 합이 1이 되지 않는 상황을 피면하고자 본장에서는 '가정 설비용품 및 서비스'를 제외한 상품별 가중치를 추정할 때 다음과 같은 형식을 채택했다.

$$dx = (\textstyle\sum_{i=1}^{n-1}\alpha_i(dx_i)) + (1-\sum_{i=1}^{n-1}\alpha_i)dx_n \, dx = (\sum_{i=1}^{n-1}\alpha_i(dx_i)) + (1-\sum_{i=1}^{n-1}\alpha_i)dx_n$$

그중 α_i는 상품별 가중치, x는 모 항(품목) 상품의 동기대비 가격지수, x_i는 제i항 (품목) 상품의 동기대비 가격지수, dx_i는 가격지수의 1계 차분, n은 상품 분류 품목 수를 표시한다. 하지만 이 방법은 '가정 설비 용품 및 서비스' 품목의 회귀 계수에 마이너스가 나타나게 했는데, 만약 을 채택할 경우 회귀 계수의 합이 1보다 작아 본장에서 채택한 두 번째 방법보다 낮으므로 상응한 비례에 따라 품목별 계수를 확대하여 계수의 합을 1로 되게 했다.

기본적 절차는 다음과 같이 개괄할 수 있다. 우선, 상품별 가격 상승률을 크기에 따라 배열, 즉 $\{x_1,\cdots,x_n\}$기록하고, 대응하는 지출 가중치를 각기 $\{w_1,\cdots,w_n\}$ 기록하며, 이 기초 위에서 전 i항의 가중치 합 $W_i=\sum^i=w_i$를 계산한다. 사전에 설정한 절사비율 α에 근거하여 표본을 재차 취하여 표본 집단(樣本集)으로 하여금 $I\alpha=\{i:\alpha/2\langle Wi\langle 1-\alpha/2)$를 만족시키도록 한다. α비율 절사평균에 대응하는 근원인플레이션을 $\pi\alpha=(1-\alpha)^{-11\ -1}\sum_{i\in I\alpha}w_ix_i$로 하고 α가 0을 취할 때 얻어낸 근원인플레이션을 바로 통상적 지출 가중치로 한다. 그리고 α가 50%를 취할 때 얻어낸 근원인플레이션을 바로 중앙값 가중 근원인플레이션으로 한다. 따라서 절사평균 추정방법으로 계산한 근원인플레이션은 α의 선택과 밀접하게 관련되어 있다. Tahir(2003)은 α크기의 평균 제곱근 오차(均方根誤差, RMSE) 준칙을 확정하고, 평균 제곱근 오차 크기의 원칙에 따라 α의 크기를 취한다. 즉 $\alpha^*=\arg\min RMSE(\alpha)$를 취하며, 그중 $RMSE(\alpha)=(\sum_{t=1}^{T}\sum_{t=1}^{T}\pi_t^{\alpha}\pi_t^{\alpha}\ \pi_t^{T}\ \pi_t^{T})^{1/2}$이다. 그중 π_t^{α}는 절사평균 α 하에서의 절사평균 근원인플레이션을 표시하고 는 경향 인플레이션율을 표시하는데, 일반적으로 소비자물가지수의 이동평균법이거나 여러 가지 필터방법을 활용하여 얻어낸다.

위에서 서술한 대체적인 방법 외에도 절사 비율 α는 비대칭이 될 수 있다. Aidan(1999)은 물가 상승률의 파동성과 편향성을 가지고 비대칭 절사비율을 확정하여 각이한 편향적 수준과 절사 수준의 조합 하에서의 절사 결과를 계산함과 아울러 인플레이션 추세치의 적합도(擬合程度)를 통하여 최적의 편향적 수준과 절사 수준을 검색하는 것을 포괄적으로 고려할 수 있다고 밝혔다.

본장에서는 소비자물가지수 32가지 품목별 가격지수를 가지고 2001년 1월부터 2010년 11월까지의 전월 대비 상승률을 계산했는데, 비대칭도(偏度水平)가 0.50-0.70, 절사 수준이 10%-50%인 근원인플레이션을 추정했으며, 아울러 12개월간의 이동평균에 의해 인플레이션 추세치를 계산하고 평균 제곱근 오차 준칙을 통하여 선별한 다음, 최종 편향 수준이 0.56이고 또한 절사 수준이 21% 조합 하에서의 추정치를 절사평균법으로 하는 근원인플레이션율을 채택했다. 이밖에 본장에서는 중앙값 가중방법을 이용하여 근원인플레이션을 추정했다.

3) 지수 평활화법

Cogley(2002)는 인플레이션 평균치에 드리프트(漂移) 현상이 생기는 것을 대비하여 근원인플레이션 지수 평활화법을 내놓았다. 이 방법으로 근원인플레이션을 계산하는 공식을 다음과 같이 표시할 수 있다.

$$\mu_t = [g(1-(1-g)L)^{-1}]\pi_t = g\sum_{j=0}^{\infty}(1-g)^j\pi_{t-j} \quad (16—1)$$

식에서, μ_t는 계산한 인플레이션이고, L은 시차 연산자이며, $0 \langle g \langle 1$은 불변 매개변수이다. 위에서 서술한 계산방법에서 알 수 있듯이, 지수 평활화법은 사실 저주파 대역 통과 필터 $[g(1-(1-g)L)-1]$를 가지고 인플레이션 π_t에 대해 필터를 진행하지만, 근원인플레이션은 오히려 인플레이션 시차 값으로부터 체감 지수 가중치에 따라 가중평균을 하여 얻어낸다. 이 방법은 계산이 간편할뿐더러 현저한 우위를 가지고 있다. 우선, 이 방법은 단방향 필터법이기에 인플레이션의 시차 값에만 달려있으므로, Baxter- king(1995), 그리고 Hodrick-Prescott(1997, HP 필터) 등의 방법에서, 선도 값(超前值)에도 달려있고 시차 값에도 달려있는 양방향 필터법보다 제 때에 계산할 수 있는 우위를 가지고 있다. 이밖에 이 계산방법은 외생 매개변수 g 에만 달려있을 뿐 아니라 이 매개변수는 새롭게 추가된 데이터를 따라 변하지 않 으며, 따라서 근원인플레이션의 과거 추정치가 새롭게 추가된 인플레이션 데이터 를 따라 변하지 않도록 보장해준다. 매개변수 g는 경제적 함의를 가지고 있는데, 그 크기는 대중들의 근원인플레이션에 대한 인지속도(認知速度)와 관련되며, 인 지 변화의 반감기(半周期)를 ln(2)/g로 한다. 하지만 Cogley(2002)의 연구에 따르 면, 이 매개변수의 값을 0.075로부터 0.2까지 취할 경우 필터 결과에 큰 영향을 미 치지 않았다. Cogley(2002)의 연구 결과를 참고하여 본장에서는 g 매개변수의 값 을 0.125로 취했다.

4) 구조적 벡터자기회귀방법

Quah-Vahey(1995)은 Blanchared-Quah(1989)가 제기한 구조적 벡터자기회귀 (SVAR) 모형의 장기적 식별 조건(識別條件)을 운용하여 근원인플레이션을 추정했 다. 장기 필립스 곡선은 수직이라는 가설에 근거하여 그들은 중장기 내의 산출에 영향을 미치느냐를 표준으로 헤드라인 인플레이션을 근원인플레이션과 비근원인 플레이션이라는 상호 독립적인 부분으로 나누었는데, 그중 근원인플레이션은 실 제 산출에 중장기적 영향을 미치지 않았고, 그리고 비근원인플레이션은 그 영향의 제약을 받지 않는다는 연구 결과를 내놓았다. 사실 Blanchared-Quah(1989)의 장기 적 식별 조건을 제외하고도 구조적 벡터자기회귀 모형을 가지고 근원인플레이션 을 추정하는 방법에는 Gali(1992)가 제기한 동시적(長期和当期, ontemporaneous) 식별 조건, 그리고 Warner(1993)가 제기한 공적분 식별 조건을 포함하고 있다.

산출 증가와 인플레이션이 동시에 공급과 수요 요소의 충격을 받았다고 가정할 경우, 외생적 충격이 두 변수에 미치는 영향을 다음과 같은 벡터 이동평균(VMA)의 형식으로 나타낼 수 있다.

식에서, Δyt는 산출 증가율을 표시, πt는 전기 대비 인플레이션율을 표시, εd와 εs는 직교의 수요 충격과 공급 충격으로서 정규화 분산은 1, L은 시차 연산자를 표시, $cij(L)$는 시차 연산자의 다항식을 표시, 그중 I,j=1,2로서 $cij(1)=\sum_{k=0}^{\infty}\sum_{k=0}^{\infty}(k)$ 로 되게 한다. 명령 $Xt=[\Delta yt,\pi t]T$일 때, 식 (16-2)로 가일 층 간소화하면 $Xt=\mu+C(0)\varepsilon t+C(1)\varepsilon t-1+\cdots$가 된다.

그중 $VAR(\varepsilon t)=I$가 된다.

구조적 충격을 현실적으로 관찰할 수 없으므로 실제 추정 과정에서는 우선 벡터자기회귀 방법을 가지고 Xt의 벡터 자귀회귀 추정 잔차 et를 구한 다음 벡터자기회귀 형식을 무한 벡터 이동평균(VMA) 형식으로 전환한다.

$$X_t=v+e_t+D(1)e_t-1+D(2)e_{t-2}+\cdots$$

그중 $VAR(et)=\Omega$이다. 이로부터 두 가지 형식 사이에 $C(0)\varepsilon=e$라는 관계가 존재할 뿐 아니라 $C(k)=D(k)C(0)$라는 관계가 존재한다는 것을 밝혀냈다. 구조적 벡터자기회귀 방정식이 부여하는 단기 제약 조건은 $C(0)C(0)^T=\Omega$이지만, 수요 충격이 장기적으로 산출에 영향을 미치지 않는다고 가정할 경우 장기적 제약 조건은 $c_{11}(1)=0$이다. 상술한 제약 조건에 근거하여 구조적 방정식을 식별한다면 식 (16-2) 중의 μ_{2t}가 바로 추정하려는 근원인플레이션이 된다.

본장에서는 2001년 1월부터 2010년 11월까지의 공업 부가가치 전기대비 증가율(Δyt)과 소비자물가지수 전기대비 지수(πt)를 채택한 다음 계산을 거쳐 계수 행렬 $C(0)=$ 을 얻어냈다.

5) 관성 가중방법(慣性權重法)

본장에서는 Gadzinski-Orlandi(2004)의 방법을 참고로 하여 식 (16-3)을 가지고 관성 인플레이션을 계산한 토대 위에서 관성 가중치에 근거한 근원인플레이션을 계산했다.

$$\pi_t = \mu_0 + \mu_0 D_t + \rho\pi_{t-1} + \sum_{i}^{n} \alpha_i \Delta\pi_{t-i} + \varepsilon_t \text{(16—3)}$$

식에서, π_t는 인플레이션을 표시하고 D_t는 가상 변수로서 인플레이션 수열(序列) 중에 존재할 수 있는 구조적 변화를 표시하며, 매개변수 ρ는 관성 인플레이션의 크기를 나타내는바 ρ의 크면 클수록 관성 인플레이션이 더욱 크다는 것을 표시한다. 본장에서는 앞 장에서 서술한, Hansen(1999)이 제기한 GB 방법을 참고로 하여 관성 인플레이션을 추정, 채택한 격자점 데이터는 100이고 시뮬레이션 횟수는 999번, 최종 관성 매개변수 90%인 신뢰 구간 및 그 중앙값 불편 추정치(中位无偏估計)를 얻어냈다.[88] 구체적인 계산 과정에서 우리는 표본 값이 48인 이동회귀(滾動回歸) 분석방법을 채택하여 관성 인플레이션 지수를 추정했다. 명령 $\rho_{i,T}$는 시각 t까지의 제i개 품목 가격 상승률의 관성 추정치를 표시한다. 이동회귀 분석 과정에서 일부 품목에 비유의적인 마이너스 추정치가

명령 $\rho_{i,T}$는 제i개 품목별 가격 상승률이 시각 t까지의 관성 추정치를 표시한다. 이동분석을 하는 과정에서 일부 품목별에 비유의적인 마이너스 추정치가 나타날 수 있어서 본장에서는 Cutler(2001)의 설정을 참고로 하여, 회귀 계수가 소극적 가

88) 구체적인 계산 도구는 Hansen(1999)이 제공한 Matlab 프로그램을 채택했고, Andrews(1993)의 미지 중단점 검정 방법을 참고로 하여 검정하면서, '의료 보건', '교통 통신', '오락 교육' 세 가지 품목에 2002년 10월, 2001년 1월, 2000년 9월에 각기 구조적 변화가 나타났으며, 그 밖의 CPI 기타 품목별에 뚜렷한 구조적 변화가 나타나지 않았다는 것을 발견했다. 따라서 상술한 세 가지 품목의 방정식은 기타 상품의 관성 회귀 방정식과 차이가 있다.

치(負値)인 관성계수에 대해서는 0을 취했다. 이밖에 근원인플레이션의 가중치 파동이 지나치게 큰 것을 막기 위해 Cutler(2001)의 관성 인플레이션에 대해 평활화한 후에야 근원인플레이션의 가중치로 삼았다. 평활화한 후의 관성계수는 응당 이러하다.

$$\Psi i,T = x\rho i,T + (1-x)\rho i,T-1$$

그중 x=1/12로서 관성 가중치를 1년 내에 조정을 끝낼 수 있게 했다. 이 토대 위에서 계산한 I개 품목별 근원인플레이션의 관성 가중치는 다음과 같다.

$$Wi,T = \Psi i,T/(\Psi i,T)$$

상술한 관성 가중치 설정 방법을 Bilke-Stracca(2007)가 채택하여 괜찮은 효과를 거두었다.

기간마다 품목별 가중치가 끊임없이 변화하지만, 편폭의 제한으로 말미암아 각 기간의 구체적인 추정치를 제시하지 않았다. 가격 상승 관성에 의한 가중치와 지출에 의한 가중치를 비교하여 구별하고자 본장에서는 2005년 1월부터 2010년 9월까지의 표본 구간 내 품목별 가중 평균치를 제시했다. 표 16-2를 참고하라.

표 16-2 CPI 지출 가중치와 여러 근원인플레이션 가중치 비교(%)

	식품	담배 술	복식	가정 설비	의료 보건	교통 통신	오락 교육	주거
지출 가중치	33.2	3.9	9.1	6.0	10.0	10.4	14.2	13.2
배제법 가중치	—	5.8	13.6	9.0	15.0	15.6	21.3	19.8
관성 가중 평균치	8.1	18.7	10.6	28.8	17.1	3.0	0.7	13.0
분산 가중 평균치	0.5	21.9	28.1	41.0	9.4	3.7	2.2	1.9

설명: 지출 가중치는 장스청 저 『금융 계량학』(동북 재정경제대학교출판사, 2008년 판)에서 인용, 표의 품목별 명칭은 약칭이다.

가중평균치로 말하면, GB 방법을 가지고 얻은 관성 가중평균치 절대치에서 '가정 설비'의 가중치가 28.8%에 달해 최대였고, '오락 교육' 절대치가 0.7%여서 최소였으며, 식품가격은 관성 계수가 비교적 작아 8.1% 밖에 안 되어 거꾸로 3위를 차지하면서, 지출 가중치보다 꽤나 큰 차이를 보여주었다.

본장에서는 2001년 1월부터 2010년 11월까지의 월간 8대류 가격지수를 채택한 다음, OLS 방법과 GB 방법으로 각기 얻어낸 관성 결과를 가지고 근원인플레이션을 추정했는데, OLS 방법에 의한 관성 가중 근원인플레이션 결과와 GB 방법에 의한 관성 가중 근원인플레이션 결과가 거의 같았다. 따라서 본장에서는 OLS 방법에 의한 관성 가중 근원인플레이션 결과만 남겨놓았다.

6) 분산 가중방법

Dow(1994)와 Diewert(1995)는 품목별 가격 상승률 파동성의 크기에 따라 가중치를 배분하여 가중치의 크기가 가격 상승률 분산의 역수와 정비례가 되게 해야 한다고 밝혔다. 시각 t의 제i 상품가격지수의 가중치는 다음과 같다.

$$w_{i,t} = (\sigma_{i,t}^2)^{-1} / \sum_i^n (\sigma_{i,t}^2)^{-1} w_{i,t} = (\sigma_{i,t}^2)^{-1} / \sum_{i=1}^n (\sigma_{i,t}^2)^{-1} \qquad (16\text{-}4)$$

식에서, 는 시각 t의 제i 품목 상품가격 지수의 파동 분산 $=(\pi i,s\text{-})2/\tau$를 표시한다면, 파동 정도에(파동 분산)에 근거한 근원인플레이션 계산 방정식은 다음과 같다.

$$\pi_t^c = \sum_i^n \pi_{i,t} w_{i,t} \quad \pi_t^c = \sum_{i=1}^n \pi_{i,t} w_{i,t} \qquad (16\text{---}5)$$

그중 의 계산방법은 통상적인 분산 계산방법과 어느 정도 다르다. 는 τ개 표본 관측값에 근거하여 얻었으므로 인플레이션 가중치를 계산할 때의 실시간성을 보장할 수 있었다. 을 초기에 규정한 다음 차례대로 다음 기간의 각 품목 가중치를 체감함으로써 다음 기간의 근원인플레이션을 진일보적으로 추정, 이러한 방법으로 유추할 수 있었다. 관성 가중 근원인플레이션의 특징과 일치성을 유지하기 위해 진일보적으로 비교하여, 우리는 τ=48을 채택했다.

7) 합동 추세방법(共同趨勢法)

Gonzalo-Granger(1995)는 공적분 계통 중 여러 시계열의 장기 성분과 단기 성분을 분해하는 방법을 내놓았는데, 그 어느 공적분 계통이든지 몇 개의 비정상(非平穩) 과정과 정상 과정의 합을 거쳐 표시할 수 있다는데 근거를 두었다. 즉 임의의 공적분 계통 Xt에 대해 만약 r개 공적분 벡터가 존재한다면 다음과 같은 식이 있을 수 있다.

$$X_t = A_1 \; f_t + \varepsilon_t$$
$$p \times 1 \quad p \times k \; k \times 1 \quad p \times 1 \qquad (16-6)$$

식에서, k=p-r, ft는 I(1) 과정으로서 공통인자(共同因子, common factors)라고 칭하는데 공적분 계통 중 여러 수열(序列)의 공통적인 장기 성분을 표시하며, εt는 I(0) 과정으로서 공적분 계통 중 여러 수열이 각기 대응하는 단기 성분을 표시한다. 소비자물가지수 8대류 품목별 자수로 조성된 공적분 계통에 대해 공통인자가 표시하는 장기 성분을 가지고 근원인플레이션을 표시할 수 있다. 공통인자 방법으로 추정하는 과정을, 가정 Xt를 공적분으로 나누는 과정이라고 간단하게 개괄할 수 있다. 우선, Xt와 ΔXt로 각기 ($\Delta X_{t-1}, \Delta X_{t-2}, \cdots, \Delta X_{t-q+1}$)에 대해 회귀를 진행하여 잔차 행렬 R0t와 R1t를 얻은 다음 잔차 곱행렬 Sij=N-1 $\sum_{t=1}^{N} R_{it} R_{it}^T R_{it}^T$ 를 계산, 그중 I, j=0,1이며, 최종 행렬 $S_{00}^{-1}S_{01}$, $S_{11}^{-1}S_{10}$ 의 고유값(特徵值)을 계산하고 또한 작은 값으로부터 큰 값의 순서로 배열하여 ($\eta 1, \eta 2, \cdots, \eta p$)를 얻은 다음 ($\eta 1, \eta 2, \cdots, \eta p$-r) 대응하는 고유 벡터(特徵向量) γ를 설정하면 장기 성분을 다음과 같은 식으로 추정할 수 있다.

$$\begin{array}{ccc} f_t & \gamma^T & X_t \\ k \times 1 & k \times p & p \times 1 \end{array} \quad (16\text{-}7)$$

이 방법은 여러 시계열 간에 공적분 관계가 존재할 것을 요구하기 때문에 본장의 목적을 각종 근원인플레이션의 전기대비 데이터의 상대적 우열을 비교하는데 두었다. 따라서 샤춘(2002)의 연구 방법을 참고로 하여 우리는 우선 전기대비 8가지 소비자물가지수 상승률을 기준시 대비 지수로 환산한 다음 안정성 검정과 공적분 검정의 토대 위에서 기준시 대비 물가지수 중의 장기 성분을 계산했으며, 최종 기준시 대비 물가지수의 장기 성분을 대수 계차를 진행하여 근원인플레이션율을 얻어냈다. 본장에서는 2001년 1월부터 2010년 11월까지의 8대류 월간 기준시 물가지수를 채택, 7개 공적분 벡터가 존재하고 1개 공통인자가 존재한다는 발견, 대응하는 고유 벡터 추정치가 (0.111, 0.040, -0.452,0.042, 0.021, 0.324, 0.821, 0.032)라는 결과를 얻어냈다.[89] 상술한 계수 벡터를 가지고 공통인자 방법에 근거한 근원인플레이션율을 계산할 수 있었다.

상술한 8가지 근원인플레이션 계산 방법 중에서 배제방법, 관성 가중방법, 분산 가중방법이 각 품목의 가중치를 재분배하는 것과 관련되는바, 그중 배제방법은 가중치가 고정되어 불변하지 않고, 관성 가중방법과 분산 가중방법은 시기에 따라 변한다. 표 16-2는 표본 구간 내 품목별 가중 평균치를 총정리한 것이다.

---

89) 각 매개변수와 대응하는 품목별 순서는 표16-2 순서와 같다.

4. 통화정책과 기대인플레이션에 근거한 근원인플레이션 비교

1) 근원인플레이션 추산 방법과 평가 지표

Rich-Steindel(2007)은, 근원인플레이션이 통일된 정의가 없는 것처럼 근원인플레이션을 추산하는 방법에도 통합적인 표준이 없으며, 사용 목적이 다름에 따라 근원인플레이션을 추산하는 방법이 다르므로 평가 표준 역시 다르다고 지적했다. Rogers(1998)는, 근원인플레이션을 추산하는 방법은 마땅히 실시간성, 강인성, 불편성(无偏性), 검정 가능성을 갖춰야 하며, 훌륭한 추산 방법은 근원인플레이션율을 빈번하게 수정하는 일이 없도록 하는 방법이라고 밝혔다. Wynne(1999)은, 근원인플레이션 추산 방법을 평가하는 6가지 표준을 제기, 훌륭한 추산 방법은 적시성, 전망성(예측성, 前瞻性)이 있어야 할 뿐 아니라 인플레이션 변화 추세를 반영할 수 있어야 하며, 추가 데이터가 과거의 계산 결과를 변경시키는 일이 없어야 하고 또한 이론적 토대가 있어야 한다고 밝혔다. 이 같은 토대 위에서 작자는 근원인플레이션을 계산하는 6가지 방법에 대해 정성(定性) 비교를 했다. Smith(2007)는, 위에서 서술한 표준을 동시에 충족시키는 것은 쉬운 일이 아니라고 지적했다.

통화당국은 근원인플레이션을 가지고 향후 인플레이션을 예측할 필요가 있고, 아울러 통화당국의 근원인플레이션 계산 방법이 대중들의 기대 인플레이션과 기대 통화정책에 영향을 줄 수 있기 때문이다. 그리하여 Smith(2007)는, 정책당국의 각도에서 볼 때, 근원인플레이션 계산 방법의 적시성과 공중들의 이해 가능성이 가장 중요하다고 생각했다. Marques 등(2000)은 근원인플레이션과 헤드라인 인플레이션 간에 공적분 관계가 존재하느냐를 가지고 근원인플레이션 추산 방법의 우열을 평가하면서, 근원인플레이션은 헤드라인 인플레이션과 공적분 관계가 존재하지 않을뿐더러, 장기간 동안 헤드라인 인플레이션의 그레인저 인과관계로 작용한다고 밝혔다. 사실상 전기 대비 인플레이션율은 대부분 안정적 데이터이기 때문에 이 같은 방법은 동기 대비 근원인플레이션을 추산하는 여러 가지 방법을 비교하는데 흔히 사용한다. 위에서 서술한 정성(定性) 지표, 상용적인 평균치, 분산 방법 외에도 Rich-Steindel(2007)은 근원인플레이션의 전망성을 검정하고 인플레이션 추세를 반영할 수 있는 능력을 검정할 수 있는 정량지표(定量指標)를 총정리했다. 표 16-3을 참고하라.

표 16-3 근원인플레이션을 평가하는 주요 지표

평가 내용	평가 지표	평가 방법
인플레이션 변화 추세 반영	평균 제곱근 오차 (RMSE)=([	RMSE 작을수록 좋음
전망성	$\pi t + h - \pi t = \alpha\ h + \beta\ h(\pi t-) + \epsilon\ t + h$	R2 클수록 좋음

설명: 그중 는 인플레이션 추세값이다.

2) 근원인플레이션의 파동 특징 비교

근원인플레이션을 구축하는 목적의 하나가 바로 헤드라인 인플레이션 중 단기 파동이 비교적 큰 부분을 배제하는 것이다. 이 각도에서 볼 때, 근원인플레이션의 파동성은 마땅히 헤드라인 인플레이션의 파동성보다 작아야 한다. 표 16-4는 표본 관찰 기간의 8가지 근원인플레이션의 파동 특징을 제시하면서 헤드라인 인플레이션 파동 특징과 비교했다. 8가지 근원인플레이션 평균값이 히드라인 인플레이션 평균값보다 작고, 8가지 근원인플레이션의 모든 표준편차가 헤드라인 인플레이션 표준편차보다 작으며, 8가지 근원인플레이션 중에서 평균값이 가장 작은 것은 분산 가중방법이고 다음은 지수 평활화법, 배제방법, 중앙값 가중방법, 절사 평균방법, 관성 가중방법, 합동 추세방법 순이며, 평균값의 최대의 방법은 구조적 벡터자귀회귀(SVAR) 방법으로서 헤드라인 인플레이션과 거의 같았다. 이밖에 8가지 근원인플레이션 중에서 표준편차가 가장 작은 것은 지수 평활화법이고, 다음은 배제 방법, 분산 가중방법, 구조적 벡터자기회귀방법, 관성 가중방법, 중앙값 가중방법, 절사 평균방법 순이었으며, 표준편차가 최대인 방법은 합동 추세방법이었다.

표 16-4 계절 조정 후 전월대비 인플레이션 파동성 비교 (2001년 1월- 2010년 11월)

	헤드라인 인플레이션	배제방법	절사 평균 방법	중앙값 가중방법	지수 평활 화방법	SVAR 방법	관성 가중 방법	분산 가중 방법	합동 추세 방법
평균값	0.193	0.037	0.042	0.042	0.024	0.192	0.083	-0.005	0.125
표준 편차	0.427	0.124	0.368	0.228	0.053	0.150	0.214	0.144	0.405

3) 인플레이션 변화를 반영하는 추세 비교

근원인플레이션이 헤드라인 인플레이션 추세와의 적합도는 근원인플레이션의 우열을 평가하는 주요 지표로서, 8가지 근원인플레이션의 평균 제곱근 오차(RMSE)를 계산하려면 우선 인플레이션 추세값을 계산해야 한다. 본장에서는 제각기 계절 조정 후의 소비자물가지수 전월 대비 데이터의 HP 필터와 12월 이동평균(MA) 두 가지 방법을 가지고 인플레이션 추세를 제시했다. 표 16-5는 두 가지 방법을 가지고 계산한 8가지 근원인플레이션의 평균 제곱근 오차 값을 내놓았다. 표에서 알 수 있다시피, HP 필터 방법과 이동평균 방법을 가지고 계산한 평균 제곱근 오차가 아주 비슷한데, 이는 결과가 비교적 강인함을 말해준다. HP 하에서 평균 제곱근 오차 값이 가장 적은 방법은 지수 평활화법이고, 다음은 구조적 자기회귀 방법, 배제방법, 관성가중방법, 분산 가중방법, 중앙값 가중방법, 절사 평균방법 순이며, 평균 제곱근 오차 값이 가장 큰 방법은 합동 추세방법이다. MA 방법 하에서의 결과는 HP 하에서의 결과보다 조금 달랐는데, 지수 평활화법과 구조적 벡터 자기회귀 방법의 순서가 바뀌었고, 관성 가중방법과 분산 가중방법의 순서가 바뀌었다. 이는 지수 평활화법과 구조적 벡터 자기회귀 방법에 근거한 근원인플레이션의 헤드라인 인플레이션 추세에 대한 적합도가 비교적 높고 배제방법, 분산 가중방법, 관성 가중방법에 근거한 근원인플레이션의 헤드라인 추세에 대한 적합도가 중간이며, 중앙값 가중방법, 절사 평균방법, 합동 추세 방법에 근거한 근원인플레이션의 헤드라인 인플레이션에 대한 적합도가 비교적 낮다는 것을 말해준다.

표 16-5 근원인플레이션 추세적 변화 비교 (2001년 1월-2010년 11월)

	배제방법	절사 평균방법	중앙값 가중방법	지수 평활화방법	SVAR방법	관성가중법	관성 가중방법	합동 추세방법
HP	0.206	0.397	0.274	0.198	0.200	0.210	0.227	0.416
MA	0.215	0.401	0.287	0.198	0.190	0.224	0.216	0.424

4) 기대 인플레이션 시각에 근거한 비교

근원인플레이션의 중요한 의미 중 하나가 헤드라인 인플레이션을 예측하는 능력에 있다. 근원인플레이션의 예측능력을 판단하는 근거는 현 단계 헤드라인 인플레이션을 규정한 토대 위에서 근원인플레이션에 향후 헤드라인 인플레이션의 정보가 얼마나 포함되어 있느냐를 고찰하는 것이다.

근원인플레이션의 예측능력을 검정하고자 본장에서는 방정식 $\pi t+h-\pi t=\alpha\ h+\beta h(\pi t-)+\varepsilon\ t+h$의 회귀 평방을 가지고 8가지 근원인플레이션이 향후 헤드라인 인플레이션에 대한 예측능력을 평가했다. 표 16-6은 두 가지 방법을 가지고 계산한 근원인플레이션의 R2값이다. 우리는, 헤드라인 인플레이션에 대한 몇 단계를 뛰어넘는 사전 예측을 막론하고 합동 추세방법의 예측 능력이 최악이었고, 다음은 절사 평균방법이었으며, 그리고 지수 평활화법이 최강이었다.(h=1일 경우에는 분산 가중방법보다 약했다.) 분산 가중방법, 관성 가중방법, 배제방법 역시 어느 정도 강한 예측능력을 가지고 있었으며, 중앙값 가중방법과 구조적 벡터자기회귀방법의 예측능력은 중간이었고 또한 h=1, 2, 3일 경우에는 중앙값 가중방법 예측능력이 구조적 벡터자기회귀방법보다 우위였지만 h=4, 5, 6일 경우에는 구조적 벡터자기회귀방법의 예측능력이 중앙값 가중방법보다 우위였다.

표 16-6 근원인플레이션 예측 방정식의 R2 비교 (2001년 1월-2010년 11월)

	배제방법	절사 평균방법	중앙값 가중방법	지수 평활화방법	SVAR방법	관성 가중방법	분산 가중방법	합동 추세방법
h=1	0,306 2	0,102 8	0,307 5	0,355 5	0,164 1	0,335 0	0,362 7	0,002 6
h=2	0,343 3	0,216 0	0,361 7	0,372 8	0,237 4	0,306 0	0,367 6	0,022 3
h=3	0,365 0	0,200 6	0,373 7	0,383 0	0,315 0	0,313 7	0,370 0	0,022 8
h=4	0,395 1	0,186 9	0,353 3	0,426 1	0,326 3	0,350 4	0,392 7	0,031 6
h=5	0,400 4	0,116 4	0,318 0	0,418 0	0,341 8	0,364 3	0,407 2	0,066 3
h=6	0,386 4	0,143 5	0,304 1	0,417 7	0,331 0	0,401 2	0,415 4	0,020 0

5. 결론

8가지 근원인플레이션의 파동 특징, 인플레이션 변화 추세 반영 및 인플레이션 예측능력 등의 비교를 통해 우리는 다음과 같은 결론을 도출했다.

첫째, 평가 표준이 차이에 따라 여러 가지 방법으로 계산해낸 근원인플레이션의 우열 순위 역시 같지 않았다.

둘째, 인플레이션 변화 추세를 반영하는 면에서, 근원인플레이션 예측능력이 양호하다는 구조적 벡터자기회기방법은 뚜렷한 우위가 없이 중등 수준 밖에 안 되었으며, 분산 가중방법, 관성 가중방법, 배제방법 역시 예측능력이 보통이어서 중등 수준 밖에 안 되었다.

셋째, 여러 가지 평가 표준 하에서, 8가지 근원인플레이션의 우열 순위가 전적으로 같지는 않았지만, 일부 뚜렷한 일치성도 존재했다. 근원인플레이션 표준편차, 헤드라인 인플레이션에 대한 적합도 및 헤드라인 인플레이션에 대한 예측 면에서 합동 추세방법, 절사 평균방법, 중앙값 가중방법에 근거한 근원인플레이션의 표현이 상대적으로 부족했다.

제17장
글로벌 통화정책 조정과 중국 통화정책 조율

제17장
글로벌 통화정책 조정과 중국 통화정책 조율

개요: 2009년 하반기 이후 세계 각국의 '경기가 이미 회복되었다'는 목소리가 날로 높아지고 있으며, 각국 정부와 중앙은행에서도 경제위기 대처 정책이 뚜렷한 효과를 보았다는 메시지를 내놓았다. 경기가 호전되고 글로벌 대중 상품가격이 지속적으로 상승함에 따라 학술계와 각국의 정책 제정 부처에 통화 긴축 정책에 관한 논쟁이 일어났다. 오스트레일리아 중앙은행에서 2009년 10월 기준금리를 상향 조정한 후 이 논쟁은 더욱 치열해졌다. 본 연구는 글로벌 통화정책을 조정할 수 있는 잠재적 사안을 발생시킬 수 있는 부분을 중심으로 하여 중국 통화정책이 봉착할 수 있는 도전 및 통화정책을 조정할 수 있는 방법을 고찰했다.

키워드: 글로벌 통화정책, 중국 통화정책 조율

2007년 말, 미국 서브프라임 모기지 사태로 발발한 글로벌경제위기는 글로벌 금융 분야와 실물경제에 엄청난 충격을 주었다. 많은 경제학자들이, 이번 세계적인 경제위기가 1929-1933년의 글로벌경제 대공황의 수준을 능가했다고 밝혔다. 이 같은 배경 하에서 각국 정부와 중앙은행은 위기에 대처하려고 잇달아 일련의 재정 완화정책과 통화 완화 정책을 출범했다. 금리를 인하하고 중앙은행의 자금 투입을 주요 특징으로 하는 통화 완화정책은 각국의 거시적 통제 정책의 주요 조성 부분으로 되었다.

2009년 하반기 이후, 세계 경제는 안정적으로 회복하는 추세가 나타났다. 각국 정부는 실물경제가 완전히 회복되었다는 사실을 명확하게 인정하지는 않았지만, 경제위기 대처 정책이 뚜렷한 효과를 보았다는 메시지를 내놓았다. 경기가 호전되고 글로벌 대종 상품가격이 지속적으로 상승함에 따라 학술계와 각국의 정책 제정 부처에 통화 긴축 정책에 관한 논쟁이 일어났다. 오스트레일리아 중앙은행에서 2009년 10월 6일, 갑자기 기준금리를 0.25%p-3.25%p 상향조정한다고 발표하자 이 논쟁은 백열화 단계에 들어섰다.

아래 문장에서 우리는 우선 현 단계에서 세계 주요 경제체(경제국가)의 통화정책 전환에 관한 논쟁을 연구하려 한다.

1. 경제위기 후 글로벌 통화 완화정책의 특징

미국은 이번 위기의 근원지여서 직접적인 충격을 가장 심각하게 받았다. 이번 위기에 대처하려고 미국 정부와 통화당국은 거의 모든 정책, 심지어 일련의 비통상적(非常規) 정책까지 출범했다. 통화정책의 출범 각도에서 보면, 미연방준비은행의 통화 완화정책(이완통화) 역시 금융위기 후 각국에서 통화정책을 조정하는 주요 방향을 대표했다고 말할 수 있다. 통화정책에 대해 말하면, 2008년 12월, 미연방준비은행은 이미 연방 기준금리(Federal Funds Rate)의 목표금리를 0-0.25% 사이로 하향조정, 사실상 거의 제로 금리라는 저금리 수준에 이르렀다. 아울러 미연방준비은행 또한 융자 압력에 봉착한 기구에 대량의 유동성을 제공해주었다.

이번 위기에 대응하는 통화정책 중에서, 세계의 많은 국가 중앙은행은 주로 두 가지 방면으로부터 통화 완화정책을 펴면서 실물경제가 회복하도록 자극을 주었다.[90] 한 가지는, 전통적인 통화정책, 즉 경제적 생산량(고용) 수준과 인플레이션율의 정보에 근거하여 상응한 목표금리를 채택하는 것이다. 이런 전통적인 통화정책

---

90) Donald L Kohn,'Monetary policy and asset prices revisited',BIS Review 144,2008.

은 일반적으로 테일러준칙을 따른다. 다른 한 가지는, 이른바 '비전통' 통화정책으로서, 주로는 미연방준비은행에서 금리 수단을 최대한도로 완화한 후 이번 위기에 대처하기 위한 취한 별도의 통화정책을 가리킨다. 이 같은 '비전통' 통화정책은 많은 새로운 시장 참여자들에게 신용을 제공, 예컨대 중기 국채와 장기 국채, 회사채, 회사 담보증권을 대규모로 매입하는 방식으로 대차 비용을 낮추는데 치중한다.[91] 이처럼 '급진적'인 통화 완화정책을 채택한데는, 한편으로 금융위기로 인한 대규모의 경제 침체가 전통적인 경제학에서 정의한 완전고용 상태를 엄중하게 이탈했고, 다른 한편으로 중앙은행의 효과적인 약속과 소통이 대중들의 기대인플레이션을 비교적 낮은 수준으로 유지할 수 있었기 때문이다. 이 두 가지 원인은 금리 수단을 이용하여 경제를 활성화하는데 꽤나 큰 공간을 제공할 수 있었으며, 나아가 연방 기준금리를 상당히 긴 기간 동안에 제로에 가까운 저금리 상태를 유지하도록 했다. 이밖에 Williams(2009)는 테일러준칙을 가지고 구축한 모형에 대해 시뮬레이션을 진행, 이번 위기에서 명목금리가 제로에 가까워서 더는 금리를 인하할 수 없는 바람에 경기회복을 둔화시켰다는 연구결과를 얻어냈다. 전통적인 테일러준칙의 구조에 따르면, 현행의 경제는, 금리 인하라는 방식을 가지고 경제 성장을 더이상 추진할 수 없다. 이 또한 '비통상적' 통화정책을 채택하게 된 원인이기도 하다. 이밖에도 미연방준비은행에서 주목한 다른 한 가지 중점이 바로 통화정책과 재정정책을 매칭하는 것이었다. Kohn(2009b) 미 연방 준비제도 이사회(미연방준비은행) 부의장은, 통화정책으로 인한 저금리 상태야 말로 미국의 지속적인 재정 자극책에 활용성을 제공하여 재정 자극책을 촉진하게 함으로써 경제성장의 효율성을 향상시켰다고 밝혔다.

Kohn(2009b)의 견해에 따르면, 2009년 3분기에 이르러 미국 경제는 이미 호전되기 시작했고 경제 형세의 호전은 어느 정도 경제 회복을 저해하던 압력이 점차 사

---

91) Donald L Kohn,'Interactions between monetary and fiscal policy in the current situation',BIS Review 63,2009.

라지고 있음을 의미하며, 근본적으로 말하면 금융시장의 질서가 점차 회복되고 있음을 의미한다. Kohn은 또 미연방준비은행의 정책은 시민들의 리스크 선호로 인한 경제적 불안을 개선하고 금융환경을 개선하는데 결정적 역할을 하였다고 지적했다.

2. 글로벌 통화 완화정책 확실히 전환을 시작했나?

'비통상적' 통화 완화정책의 추진 하에서 글로벌경제는 이미 회복세가 나타났다. 경제 위기 기간 출범한 통화정책의 효과와 정책 제정의 논리는 어느 정도 검정을 받았다. 각국이 긴축통화 정책을 실시하느냐, 어느 때 실시하느냐 하는 문제에 대해 연구하고 판단하려면 각국의 중앙은행에서 이번 위기를 처리한 정책적 논리를 이해함과 아울러 향후 글로벌경제 상황에 대한 판단이 따라야 한다. 아래에 우리는 세계 주요 경제체를 고찰하면서 각국의 통화정책의 추세에 대해 요약적으로 분석하려 한다.

1) 미국

미국 경제를 볼 때, 금융위기가 발생한 후 기업의 기획 외의 재고품이 끊임없이 늘어나면서 산출량 감소를 초래했다. 그러나 2009년 3분기 데이터를 보면, 재고변동 방향이 역전되기 시작했고, 기업은 생산을 가동하여 재고품 격감을 완화하고 있는 것으로 나타났다. 자동차 산업과 부동산 산업 등의 경제 데이터 역시 미국 경제가 점차 정상 단계로 회복되고 있음을 나타냈다. 이는 미연방준비은행이 금리를 인상할 수 있다는 메시지를 전해주는 듯 했다. 하지만 Kohn(2009b)은, '현 단계 인플레이션율 하락으로 인한 리스크가 상승으로 인한 리스크보다 크다.'고 분명하게 밝혔다.

미국의 실물경제를 놓고 보면, 두 가지 문제를 특히 설명할 필요가 있다. 우선, 공급의 각도에서 보면 지난 2년 동안 경제에 누적된 쇠퇴 현상이 잔재해있고 또한 현재의 경제는 쇠퇴로부터 점차 회복하는 단계에 있으며, 심지어 전통적인 경제학에서 말하는 '완전고용' 상태에 이르지 못했다. 다음, 수요의 각도에서 보면, 금융위기는 시민들의 소비에 대한 기대와 소득에 대한 기대를 대폭 하락시켰지만, 경제 회복 이전에 이 현상을 호전시키지 못했다. Kohn(2009b)은, ' 현행의 경제 조건에서 비교적 긴 시간 동안 비통상적인 저금리 정책을 유지할 수 있다는 것이 연방공개시장위원회의 견해이다.'라고 밝혔다.

장기적으로 볼 때, 경제가 회복됨에 따라 장기적인 저금리 현상을 유지한다는 것은 불가능한 일이다. 경제가 정상 수준으로 점차 회복되면 산출량 부족 현상과 완전고용 부족 현상이 줄어들게 되며, 테일러준칙에 따라 금리를 상응하게 조정해야 한다.

장기적인 저금리 정책 역시 본위화폐 평가절하 압력을 직접적으로 초래하여 외수 증가를 촉진할 수 있다. 이 같은 배경 하에서 각 방면의 모든 정보가 시민들의 기대 인플레이션을 초래할 수 있었으며, 그리고 중앙은행은 시민들의 기대 인플레이션의 변화를 무시할 수 없다. 중앙은행이 시민들의 신뢰를 잃게 될 경우, 자기실현 특징과 자기 강화 특징을 가지고 있는 인플레이션은 경제에 더욱 큰 충격을 조성할 수 있다. 이밖에 미연방준비은행의 '비통상적' 통화정책 역시 오퍼레이션 트위스트(反向操作)가 필요하다. 각종 채권이 만기가 되거나 부분적 자산을 매각함에 따라 미연방준비은행은 '비통상적' 조작으로 인한 지나치게 방대한 대차대조표를 감소할 필요가 있다. 다른 한편으로, 통화정책이 재정정책과 매칭 되려면 경제위기 기간의 통화정책을 재정정책 쪽으로 치우치지 않으면 안 되었고, 따라서 통화정책 역시 재정정책과 조율하도록 조정해야 한다. 경제가 호전하는 신호가 분명해진 후 재정 자극책을 반드시 점차 로그아웃을 해야 한다. 그렇지 않으면 비교적 큰 재정적자 압력과 인플레이션 압력을 유발할 수 있다.

위에서 서술한 견해를 개괄한다면, 미연방준비은행은 단기적으로는 긴축통화 정책을 시행하지 않지만, 장기적으로는 긴축통화 정책을 반드시 시행한다고 우리는 판단할 수 있다. 문제는 시간을 어느 때 선택하느냐에 달려있다. 현재 경제가 어느 정도 회복되어야 미연방준비은행에서 통화 완화정책을 거두어들이는데 충분한 여건이 될 수 있느냐 하는 문제에 주목할 필요가 있다. 이밖에 미연방준비은행의 대차대조표 중의 대차대조표의 만기불일치(期限錯配), 장기 자산 등의 문제 역시 향후 긴축통화 정책을 시행하는데 걸림돌로 될 수 있다.

2) 유럽과 일본

서브프라임 모기지 사태로 유발된 금융위기와 경제위기는 유럽연합 각국에 미친 영향이 엄청 크며, 심지너믐 세계 그 어느 지역보다 더 큰 영향을 받았다. 뿐만 아니라 유럽연합 각국이 받은 금융위기의 영향도 큰 차이를 보이고 있다(IMF 2009a, 2009b). 유럽연합을 대체로 산업이 발달한 선진국과 신흥시장 국가 두 부류로 나눌 수 있는데, 이 두 부류의 국가들은 상이한 발전단계에 놓여 있었기에 이번 위기의 영향 역시 현저히 달랐다. 선진국에서 있어서, 부정적 충격은 주로 투자의 급격한 감소와 수출의 급격한 감소에 있었지만, 유럽연합 중앙은행이 가장 주목하는 인플레이션율은 이런 국가에서 큰 폭으로 하락하는 바람에 2009년 중기 유로존의 인플레이션율은 마이너스(디플레이션) 수준에 이르렀다. 그리하여 IMF(2009c)는, 선진국에 저금리와 비통상적 통화정책을 시행할 공간이 있다고 인정했다. 신흥시장 국가와 유럽연합에 갓 가입한 일부 국가들에 있어서, 위에서 서술한 문제 외에 외채(차관) 문제도 존재할 수 있었고, 아울러 이런 국가들의 잠재성장률이 위기의 영향을 크게 받으면 아웃풋 갭을 고평가할 수 있어서 통화 완화정책을 지속적으로 유지할 경우 인플레이션의 압력을 초래할 수 있었다. 사실 러시아, 우크라이나와 같은 일부 국가들에 자본 투입이 줄어드는 현상이 나타났다 하더라도 인플레이션이 비교적 높은 수준을 유지했다.

통화정책 영역에서, 경제위기가 발생한 후 유럽 중앙은행을 비롯한 유럽 여러 중앙은행에서는 고강도의 통화 완화정책을 채택하여 경제를 자극했다. 위기가 시작된 후 유럽 중앙은행은 정책금리를 1% 수준으로 인하했다. 이밖에 2009년 6월, 유럽 중앙은행이 유동성을 대규모로 투입하면서, 저금리를 지속적으로 유지한다는 메시지를 내놓았다. 그럼에도 불구하고 유럽지역의 긴축통화 문제는 이미 주목을 받기 시작했다. Anders Borg 유럽연합 재무장관회의 순회 의장은, 유럽연합은 급진적 재정 자극책을 점차 로그아웃을 할 계획이라고 밝혔다. 동시에 그는 통화 정책 역시 경제 회복과 더불어 긴축 문제를 고려해야 한다고 밝혔다. Lorenzo Bini Smaghi(2009) 유럽 중앙은행운영위원회 위원은, 유럽 중앙은행은 통화정책을 물가 안정을 유지하는 원래의 경로로 돌려놓아야 하는데, 이러려면 통화정책을 경기 변동이 정점에 이르기 전에 긴축해야 중기의 인플레이션 목표에 도달할 수 있다고 밝혔다. 이밖에 Hermann Remsperger(2008) 독일 연방은행 이사는, 경제 형세가 호전하기 전에 '인플레이션이 사라졌다고 선고해야 한다.'는 견해를 반대한다고 분명하게 밝히면서, 국제 대종 상품가격과 유가가 하락하는 바람에 인플레이션의 위험이 약화된 듯하지만, 반수 이상을 차지하는 신흥국의 인플레이션율이 두 자리 수로 급상승했다고 강조한 점에 주목할 필요가 있다. 이는 독일 연방은행의 인플레이션을 대하는 신중성을 어느 정도 밝히면서, 인플레이션으로 인한 긴축통화를 상응하게 늘릴 수 있는 가능성도 시사했다.

일본은 한때 장기간 동안 '제로금리'라는 통화정책을 사용한 국가로서, 이번 위기 때 통화정책을 채택함에 있어서 자신감이 한결 넘쳐있었다. 2009년 10월, 일본은행(중앙은행)의 통화정책 관련 보고에 일본 경제가 호전되고 있다는 사실을 인정하면서도 0.1% 안팎의 금리 정책을 여전히 유지한다고 밝혔다. Masaaki Shirakawa(2009) 일본은행장은, 1990년대의 경기 불황 때 일본이 '제로금리' 정책을 비롯한 5가지 비통상적 통화정책을 채택하여 경제를 활성화(부양)했는데, 이번 위기 때 각국은 당시 일본은행의 5가지 정책을 통화정책에 활용했다고 밝혔다. 이 5가지 정책 가운데 '경제가 위축될 수 있다는 불안감이 사라질 때까지 꽤나 긴 시간 동안 제로금리 정책을 유지한다.'는 약속이 들어 있다. 일본은행은 단시간 내에는 긴축정책을 시행하지 않을 것인데, 한 가지 이유는, 1990년대 통화정책의 경험을 포기할 수 없기 때문이고, 다른 한 가지 이유는, 현 단계 일본 경제가 회복 중에 있기는 하지만, 긴축을 할 수 있다는 불안감을 해소할 수 있는 처지에 이르지 못했기 때문이다.

3) 오스트레일리아

통화정책의 전환에 관한 세계적인 논쟁을 벌이고 있을 때, 오스트레일리아 연방은행(중앙은행)이 가장 먼저 금리를 인상한다고 밝혔다. 하지만 오스트레일리아 통화정책의 전환을 참고하는 문제에서 우리는 마땅히 오스트레일리아 경제의 특수성에 주의를 돌려야 만이 오스트레일리아 금리 인상이 글로벌 통화정책의 전환을 의미하느냐 하지 않느냐를 파악할 수 있다.

경제 위기에서, 오스트레일리아도 마찬가지로 부정적 충격을 면하기 어려웠다. 하지만 '오스트레일리아의 경제와 금융시스템은 그의 파트너 국가들이 금융위기가 발발하고 잇달아 불황이 발생했을 때보다 상황이 훨씬 좋았다.'[92]

우선, 오스트레일리아 금융시스템이 받은 직접적인 영향이 상대적으로 적어 신용대출이 급감하지 않았고 소비수요 하락으로 인한 효과가 비교적 적었다. 국내 경제 상황이 양호했기에 오스트레일리아 경제 위기 초기 큰 영향을 받지 않았으며, 경기부진을 유발한 진짜 원인은 최악의 국제적 불황이었다. 다음, 오스트레일리아 경제는 대체로 수출입에 의존하고 있었고, 자원 수출 분야는 더욱 그러했다.

---

92) Glenn Stevens,'Challenges for economic policy',BIS Review 93,2009.

따라서 중국과 같은 수입대국의 경제에 문제가 생기면서 오스트레일리아로부터의 총수요가 줄어들게 되었다. 그리고 이 기간 오스트레일리아 달러의 평가절상 역시 교역 조건을 향상시키면서 제품 전반의 외적 수요를 감소시켰다. 2009년 이후, 오스트레일리아의 주요 교역 파트너, 이를테면 중국이나 아시아 신흥국의 경제가 비교적 빨리 회복되자 오스트레일리아 경제도 상응하게 비교적 빨리 회복되었다. 끝으로, 위기 기간, 오스트레일리아의 금융시스템 역시 피해를 입지 않았다. 미국의 제로 금리 정책은 신용대출 금리를 인하하지 못했지만, 오스트레일리아의 저금리 정책은 신용대출 비용을 직접적으로 끌어내리는 작용을 하였다. 이는 금융시스템 운영 상황이 상대적으로 양호했기 때문이다. 심지어 Glenn Stevens(2009b) 오스트레일리아 연방은행 총재는, 미국 등의 국가에서 실행한 제로 금리에 가까운 저금리 정책은 금리로부터 신용을 컨트롤하는시스템이 효력을 상실했기 때문에 통화당국이 생각한 적합한 정책 목표가 결코 아니었다고 판단했다. 따라서 오스트레일리아는 통화 완화정책을 실행하는 전 기간에 금리가 낮기는 했지만 거의 제로에 가까웠던 미국 등의 국가보다는 금리가 높았다. 이밖에 2008년 말에 이르러서도 오스트레일리아는 인플레이션에 대한 불안감이 존재하기는 했지만, 글로벌 불경기로 인한 것이어서 경기가 호전됨에 따라 그 불안감도 사라졌다. 인플레이션이 재발하고 통화정책의 시차가 상응하게 발생하는 것을 예방하고자 오스트레일리아 연방은행은 그 어느 국가들보다도 먼저 금리를 인상했다.

세계 주요 경제체의 통화정책에 관한 연구를 통하여 우리는, 통화정책 전환이 정책 연구의 대상으로 부상하기는 했지만 아직까지 연구하고 준비하는 단계에 처해있다는 것을 밝혀냈다. 오스트레일리아가 가장 먼저 통화 완화정책을 조정할 수 있었던 것은 경제의 특수성 때문이다. 소규모 문호개방 국가로서의 오스트레일리아가 통화정책을 온화하게 조정했다고 하여 글로벌 통화정책의 전환이 실시 단계에 들어섰다는 의미는 아니다. 아울러 우리는 각국의 통화정책에 영향을 주는 근거가 주로 두 가지라는 점에 주목한 필요가 있는데 첫째는 인플레이션이고 다음은 실물경제이다. 향후 글로벌 인플레이션 속도와 경기회복 속도가 통화정책의 전환 속도를 결정할 수 있다. 인플레이션 목표와 고용 목표가 충돌이 생길 때 국가별로 주목하는 목표가 조금씩 다를 수 있다. 독일을 대표로 하는 유럽 국가들은 인플레이션 추세에 특별히 주목하지만, 미국은 현재까지 여전히 고용을 주요 목표로 간주하고 있다. 그러나 1980년대 제2차 오일쇼크 이후, 미국은 한때 고용을 줄이면서 인플레이션율을 인하하려 한 선례가 있다. 특히 정책 방향이 갈수록 분명해짐에 따라 통화 완화정책이 고용에 대한 촉진 작용이 날로 감소하면 인플레이션 통제를 주요 목표로 삼을 수도 있다.

3. 글로벌 통화 완화정책, 어떻게 전환할 것인가?

앞에서 언급한 것처럼, 이번 경제 위기 때 각국이 위기에 대처하려고 활용한 통화정책은 주로 세 가지였다. 첫째는 주로 금리를 인하하는 통상적 방법이었다. 둘째는 '양적 완화'와 '신용대출 완화'의 통화정책 그리고 일부 회사채를 매입하여 금융환경을 안정시키는 정책 등 이른바 '비통상적' 방법이 있었다. 셋째는 정책을 채택하고 시행하는데서 투명화(透明化)하여 신민들의 신뢰도를 유지하는 등의 보완책이었다. 그중 '양적 완화'는 주로 정부의 일부 장기 증권을 매입하여 장기금리를 인하하는 것을 가리키고, '신용대출 완화'는 주로 개인의 자산을 매입하여 신용대출 리스크의 프리미엄을 줄이는 것을 가리킨다.[93] 상응하게 통화정책을 긴축하는 책략이 바로 이른바 '오퍼레이션 트위스트'거나 '콜백(回調)'이다. Carlo Cottarelli-Jose Vi als(2009)은, 현 단계 중앙은행 통화정책의 핵심은 바로 '비통상적' 방법을 줄인 다음, 점차 오퍼레이션 트위스트하고 대차대조표를 재작성하고 긴축통화

---

93) Carlo Cottarelli and Jose Vi als,'A Strategy for Renormalizing Fiscal and Monetary Policies in Advanced Economies,'IMF SPN,2009/22.

수단을 준비하고 시민들과 정책 방향과 의도를 소통하고 확정함과 아울러 기대 인플레이션을 최종 확정하는 것이라고 언급한 적이 있다. 그러하다면 통화정책의 '콜백'에는 대체 어떠한 방법들이 있는가? [94]

통상적인 긴축통화정책은 전통적인 통화정책을 조정하는 방법이며, 또한 각국 중앙은행이 취할 수 있는 가장 직접적이고 가장 강력한 긴축 수단이다. 주로는 일부 정책적 수단을 가지고 시장의 유동성을 회수하는 방법으로서 역환매 조건부 약정, 중앙은행에서 어음을 발행하여 은행 지급준비율을 인상하는 등의 조치이다. 그중 은행 지급준비율 인상을 통해 은행 간 단기금융시장의 이율에 영향을 줌으로써 점차 경제 전반에 영향을 주는 방법으로서, 통상 가장 효과적인 긴축 수단이다. 이밖에 은행 담보 정책을 긴축하는 방법 역시 중앙은행의 주요 정책 수단이다. 특히 이번 경제 위기에서 중앙은행은 경제를 활성화하고자 담보 정책에 대한 완화 수준을 상당히 높였다.

세계적 범위에서 이처럼 급진적으로 각종 '비통상적' 운영 방법을 이용하여 금융 환경을 완화하는 것은 최초이기 때문에, '비통상적'으로 운영하는 '백콜'은 한 가지 새로운 정책과 관련되는 문제이기도 하다. 이 같은 정책의 장기적 영향을 어떻게 해소하고 어떻게 콜백할 것인가는 각국 중앙은행 정책 제정자들 앞에 놓인 큰 문제이다. 구체적으로 말하면, 비통상적인 운영으로 콜백하는 방법은, '비통상적 운영'을 통하여 방출한 유동성을 어떻게 회수하고 중앙은행 자체의 대차대조표를 어떻게 줄이느냐 하는 문제이다. 이 같은 콜백은 반드시 통상적인 금리 정책과 조율에 있어서 일치해야 하는데 그렇지 않으면 중앙은행의 장기 자산이 금리 인상이라는 리스크에 노출될 수 있다. 때문에 중앙은행은 단기 채무 비율이 더욱 높거나 장기 금리가 인상할 때 부분적 장기 자산을 매각하여 리스크를 줄일 필요가 있다.

---

94) Carlo Cottarelli and Jose Vi als,'A Strategy for Renormalizing Fiscal and Monetary Policies in Advanced Economies',IMF SPN,2009/22.

끝으로, 통화보완책을 놓고 볼 때, 시민들과의 양호한 소통을 보장하면서 양호한 시민들의 신뢰도를 가지고 기대 인플레이션율을 안정적으로 유지하는 것은 전반 긴축정책을 성공적으로 시행하는데 지극히 중요하다. 기대 인플레이션이 너무 높으면 긴축정책의 효과가 떨어지거나 심지어 더욱 심각한 인플레이션을 초래할 수 있으며, 기대 인플레이션이 너무 낮으면 회복 중에 있는 경기가 긴축으로 인한 충격을 받을 수 있다. 사실상 이것이 바로 긴축정책을 시행해야 하느냐의 결정적 문제이다.

긴축 통화정책을 어느 때 시행하느냐에 관해서 논쟁은 분분하지만 일치한 견해는 없다. 한 마디로 말하면, 통화정책을 조정할 때 통화정책의 시차, 잠재성장률(潛在産出)의 변화, 중앙은행 대차대조표의 리스크 및 국제 통화정책과의 조율 등 여러 가지를 고려해야 한다.

국내 요소를 놓고 볼 때, 통화정책의 시차는 통화 완화정책을 시행하고 로그아웃할 때 가장 중요한 요소의 하나이다. 실증연구는, 각국의 통화정책은 그 작용의 시차에 있어서 큰 차이가 존재하며, 통화정책이 인플레이션과 산출에 미치는 시차 역시 같지 않은데 통상 6개월 내지 2년 시간이 걸린다는 사실을 발견했다.[95] 이렇게 긴 시차는 중앙은행이 통화정책을 채택하는데 아주 큰 어려움을 가져다주었다. 만약 중앙은행이 인플레이션을 다스리거나 자산가격의 거품을 대처하기 위하는데 목적을 두었다면 시차의 관계로 인해 오히려 경기가 위축된 다음에 정책 효과가 드러날 수 있다. 바꾸어서 말해도 역시 그러하다. 잠재성장률이 이번 위기로 인해 하락했느냐는 정책 제정자들을 곤혹스럽게 하는 또 하나의 문제이다. 전통적인 테일러준칙에 따르면, 거시적 정책은 아웃풋 갭과 인플레이션율 사이에 균형 역할을 하여야 한다. 잠재성장률이 줄어든 상황에서는 아웃풋 갭을 고평가하여 인플레

---

95) Shin-Ichi Nishiyama,'Monetary Policy Lag,Zero Lower Bound,and Inflation Targeting,Bank of Canada Working Paper,2009,2.

이션 리스크를 고평가할 수 있다. 중앙은행의 대차대조표로 증가로 인한 리스크는 특히 중앙은행의 경제적인 독립성을 크게 감축시키어 물가 안정을 유지하는 방면의 능력을 제한했다.

국제 요소로 볼 때, 국제적으로 통화정책을 조율하는 것은 긴축 통화정책을 시행하는 시간표를 작성할 때 주의해야 할 또 한 가지 문제이다. 일반적인 상황에서, 글로벌 과잉유동성은 국가별 통화정책의 효율을 제한할 수 있다.[96] 때문에 한 국가가 일방적으로 긴축 통화정책을 시행할 경우 기타 국가의 통화 완화정책의 영향을 받을 수 있다. 또한 각국의 경기 회복 속도가 같지 않기 때문에 국제적으로 정책을 조율하는데 어느 정도 어려움을 가져다줄 수 있다.[97]

4. 중국 통화정책 조절할 필요가 있는가?

1970년대, 브레튼우즈체제가 와해된 후 각국은 통화정책을 환율 안정을 유지하는 것을 목표로 하던 데에서부터 완전고용과 물가 수준 안정 등의 국내 정책을 달성하는 데로 목표를 조정했다. 2008년, 중국의 통화정책 목표를 인플레이션을 억제하는 데로부터 고용을 안정시키는 데로 전환했다. 중국경제는 통화 완화정책과 재정 완화정책의 작용 하에서 이미 회복세가 나타났다. 통화 완화정책의 작용 하에서 2009년 상반기 중국 통화량과 신용 공급량은 사상 유례가 없는 급증을 이룩했다. 역사적 경험에 따르면, 단기적으로는 통화정책이 경제성장을 추진하는 효과가 있을 수 있지만, 장기적으로는 통화량 급증이 흔히 향후 인플레이션율 상승을 동반할 수 있다. 그리하여 국내 경제학자들은 일찍 2009년 상반기에 통화정책 관

---

96) Helge Berger and Thomas Harjes,'Does Global Liquidity Matter for Monetary Policy in the Euro Area',IMF working paper,2009.

97) Carlo Cottarelli and Jose Vi als,'A Strategy for Renormalizing Fiscal and Monetary Policies in Advanced Economies',IMF SPN,2009/22.

련 토론을 벌였다.

　기타 국가의 상황과 마찬가지로 중국의 통화정책을 역전할 필요가 있느냐 하는 통론의 근거도 마찬가지로 아웃풋 갭과 인플레이션 두 가지 요소였다. 현재 중국의 상황으로 볼 때 2009년 상반기 통화 완화정책의 작용 하에서 물가 수준이 상승세가 나타났다. 그래프 17-1에서는 계절 조정 후의 3개월 전월대비 연간 소비자물가지수(CPI) 상승률과 생산자물가지수(PPI) 상승률을 계산했다. 소비자물가지수를 놓고 볼 때, 2009년 3월에 이미 플러스 상승세를 보였고, 2009년 6-7월에 일시적으로 하락했다가 9월에 연 상승률이 약 1% 수준으로 반등했다. 생산자물가지수는 소비자물가지수에 비해 변동 폭이 더욱 컸다. 3개월간의 상승률로 놓고 볼 때, 생산자물가지수는 2009년 2월 하락폭이 둔화하다가 7월에 플러스 상승이 나타났고, 9월에 이르러 3개월 연 상승률이 약 6% 수준이었다. 따라서 인플레이션의 각도에서 볼 때, 현 단계 동기대비 데이터 생산자물가지수가 여전히 마이너스이기는 하지만 근 3개월 사이에 비교적 빠른 상승세를 보였다. 이는 적정 인플레이션이 나타날 수 있는 시간이 혹시 멀지 않았다는 것을 시사해 주고 있다.

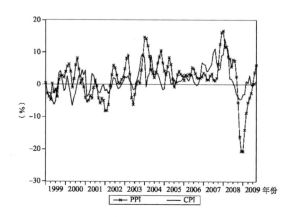

그래프 17-1   3개월 전월대비 연간 CPI율 상승률과 PPI 상승률

전통적인 통화정책은 그 목표에서 인플레이션을 제외한 외에 아웃풋 갭에도 주목하고 있다. 통화 완화정책과 재정 완화정책과 통화 완화정책의 작용 하에서 2009년 전 3개 분기 국내총생산은 동기 대비 7.7% 증가했을 뿐 아니라 분기에 따라 증가세를 보였다. 그중 1분기에는 6.1%, 2분기에는 7.9%, 3분기에는 8.9% 증가했다. 공업 증가치 역시 생산량의 변화 상황을 비교적 빨리 나타낼 수 있다.

그래프 17-2는 1999년 이후의 구정 연휴 요소와 계절 조정 후의 공업 아웃풋 갭을 가지고 3개월 연 증가율을 계산한 것이다. 2009년 9월, 공업 증가치 연율 환산은 약 14.5%로 연속 5개월 동안 상승했다. 지난 10년 동안 중국 공업 증가치의 평균 증가폭은 약 13.6%, 그중 1999-2002년의 인플레이션 긴축 기간을 포함하고 있다.

따라서 공업 증가치의 증가폭으로 볼 때, 현 단계의 증가폭이 별로 높은 것은 아니다. 이밖에 우리는 필터 방법을 가지고 공업 증가치의 아웃풋 갭을 계산했다. 2008년 3분기부터 공업 총생산은 잠재성장률보다 낮았는바, 아웃풋 갭이 가일 층 축소되기는 했지만 현 단계 달마다 추세치가 약 0.6%를 밑돌고 있어 연율 환산을 하면 연간 공업 증가치가 균형 생산량 7%보다 낮은 수준이다. 때문에 아웃풋 갭의 각도에서 볼 때, 가까운 시기 중국경제가 빠른 회복세를 보이고 있지는 하지만, 생산량 수준이 여전히 균형 생산량 수준보다 낮아 전기(前期)에 생산량 하락으로 조성된 영향을 완전히 해소하지 못하고 있다.

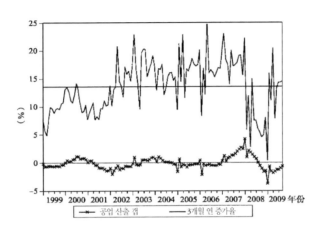

그래프 17-2 공업 샌출 갭과 3개월 연 증가율

인플레이션과 아웃풋 갭이라는 두 가지 방면을 종합해볼 때, 생산자물가지수가 비교적 빠른 상승세를 보이고 있기는 하지만, 소비자물가지수보다는 상승폭이 크지 않다. 이밖에 공업생산 상승률은 현재 여전히 잠재성장률보다 낮다. 위에서 서술한 두 가지 방면을 고려한다면, 현 단계의 거시적 경제 상황은 통화정책에 역전이 발생하는 것을 원하지 않는 듯싶다.

5. 향후 중국 통화정책이 직면해야 할 충격

위의 분석에 근거하여 우리는 현재 글로벌 통화 완화정책의 역전이 실질적인 실시단계에 들어서지 않았다는 것을 알 수 있다. 오스트레일리아 등의 소수 국가에서 금리 인상 정책을 시행했다고 하여 글로벌경제가 과열을 억제하기 위해 긴축 통화정책을 실행하는 시기에 들었다고 할 수 없다. 향후 글로벌 통화정책을 조정하는 방향에 영향을 주는 결정적 요소는 여전히 인플레이션과 고용 혹은 아웃풋 갭이다. 글로벌경제가 회복할 수 있는 여건이 안정됨에 따라 인플레이션이 통화정책을 조정하는데 영향을 주는 더욱 중요한 요소로 작용하게 될 것이다.

현 단계 중국은 아직 통화정책을 전면 조정할 수 있는 여건이 주어지지 않았다. 하지만 인플레이션은 여전히 향후 통화정책을 조정할 때 주목해야 할 중점 문제이다. 향후 단기적으로 중국 인플레이션에 영향을 주는 원인은, 국내 요소 뿐 아니라 국외 요소도 작용한다. 때문에 향후 통화정책을 채택할 때 다음과 같은 몇 가지 도전에 봉착할 수 있다.

(1) 국내 요소를 볼 때, 2010년 인플레이션에 영향을 주는 국내 요소로는 2009년 상반기 통화량의 효과가 점차 나타나고, 확대재정정책의 건설 프로젝트가 육속 가동하며, 그리고 공립 비영리기관(事業單位) 임금제도 개혁 등등이다.

(2) 국외 요소를 볼 때, 글로벌경제가 회복됨에 따라 글로벌 확장성 통화정책이 물, 에너지, 광물, 토지 등 자원성 제품(資源性産品) 가격을 인상시킬 수 있다.

원유가격을 예로 든다면, 2009년 9월까지 국제 원유가격은 2009년 초의 배럴당 40달러 내지 50달러로부터 80달러 안팎으로 인상했다. 기타 대종 상품가격도 이와 비슷한 추세가 나타났다. 중국은 제조대국이기 때문에 생산 원자재를 수입에 대량 의존해야 한다. 국제시장에서 대종 상품가격 상승은, 한편으로 수입 가격을 통하여 국내 물각 수준을 인상시킬 수 있고, 다른 한편으로 원가를 통하여 국내 수출 경쟁력에 영향을 미칠 수 있다. 중국 통화당국은 2008년 하반기에 봉착했던 것과 같은 경제성장폭이 둔화하고 수입 인플레이션이 상승하는 압력에 직면할 수 있다.

(3) 통화정책의 독립성 저하는 향후 통화정책의 효과를 약화시킬 수 있다.

개방이라는 조건 하에서, 자본 유동 수준이 증강함에 따라 국가 통화정책의 독립성이 지속적으로 저하했다. 2006년, 글로벌 유동성이 범람하는 배경 하에서, 중국의 긴축 통화정책으로 인한 핫머니 유입은 통화정책의 효과를 어느 정도 저하시켰다. 향후 중국이 통화정책을 조정함에 있어서 세계와 보조를 맞추지 않는다면 통화정책의 효과가 대대적으로 저하할 수 있다.

2008년 이후, 미연방준비은행은 금융위기가 실물경제에 미치는 충격을 억제하기 위해 금리를 연속 인하했다. 2009년, 미연방 기준금리는 0.25% 수준에 이르렀다. 경기가 안정된 조건 하에서 국제자본은 저금리 지역으로부터 고금리 지역으로 흘러들기 시작했다. 현재의 경제 형세를 놓고 볼 때, 중국경제 회복 속도는 유럽이나 미국보다 더욱 빠르다. 향후 중국 인플레이션이 기타 국가 특히 유럽이나 미국보다 먼저 발생할 경우 중국 통화정책 조정의 효과는 핫머니 유입으로 인하여 크게 저하, 2006-2007년의 상황으로 되돌아갈 수 있다.

이밖에, 이번 글로벌 확장성 통화정책의 한 가지 새로운 특징은 '비통상적' 통화완화정책을 각국에서 보편적으로 채택했다는 점이다. '비통상적' 통화정책은 중앙은행이 개인 증권을 매입하여 금융기구에 투자하는 등 중앙은행의 대차대조표에 큰 변화를 초래했다.

향후 미국이 금융자산 감소(減持)로 인해 자산 가격이 하락하고 장기 금리가 인상될 경우 중국의 금융시장에 새로운 충격을 초래하게 될 것이다.

참고문헌

참고 문헌

Borio,Andrew Filardo. "'Globalization and Inflation: New Cross-Country Evidence on the Global Determinants of Domestic Inflation",BIS Working Paper. 2007, p.227

Ciccarelli, Matteo, Benoit Mojon. "Global Inflation", The Review of Economics and Statistics. 2010, vol. 92, pp. 524-535

Gerlach, Stefan, Lars E. Svensson. "Money and Inflation in the Euro Area: A Case for Monetary Indicators?", Journal of Monetary Economics.2003,vol. 50, pp.1 649-1 672

Gordon,Robert J. "The Role of Wages in the Inflation Process", American Economic Review. 1988, vol.78, pp.276-283

Hasan, Mohammad S. "Monetary Growth and Inflation in China: A Reexamination", Journal of Comparative Economics. 1999, vol.27, pp.669-685

Ihrig,Jane, Steven Kamin, Deborah Lindner,Jaime Marquez. "Some Simple Tests of the Globalization and Inflation Hypothesis", International Finance. 2010, vol.13, pp.343-375

Laurence, Ball, Robert Moffitt. "Productivity Growth and the Phillips Curve", NBER Working Paper. 2001, pp.8 421

Mehra, Yash P. "Wage Growth and the Inflation Process: An Empirical Note", American Economic Review. 1991, vol.81, pp.931-937

Mehra, Yash P. "Predicting the Recent Behavior of Inflation Using Output Gap-Based Phillips Curves", Economic Quarterly. 2004, vol.90, pp.65-88

Mumtaz, Haroon, Paolo Surico. "Evolving International Inflation Dynamics: World and Country Specific Factors", Bank of England Working Paper. 2007

Rudebusch, Glenn D., Lars E. Svensson. "Euro System Monetary Targeting: Lessons from US Data", European Economic Review. 2002, vol.46, pp.417-442

Stock, James, Mark Watson. "Has the Business Cycle Changed and Why'", NBER Working Paper. 2002, p.9 127

Anderson, Leonall C., Jordan, Jerry L. "Monetary and Fiscal Actions: A Test of Their Relative Importance in Economic Stabilization", Federal Reserve Bank of St. Louis Review. 1968(November), pp.1124

Balbach, Anatol B. "How Controllable is Monetary Growth", Federal Reserve Bank of St. Louis Review. 1981, 63(4), pp.312

Bofinger, Peter. "Monetary Policy: Goals, Institutions, Strategies and Instruments", Oxford University Press. 2001.

Brunner, Karl. "The Role of Money and Monetary Policy", Federal Reserve Bank of St. Louis Review. 1968, 50(7), pp.824

Geiger, Michael. "Monetary Policy in China (1994—2004): Targets,Instruments and Their Effectiveness", W rzburg Economic Papers. 2006, No.68

Holmes, Alan R. "Operational Constraints on the Stabilization of Money Supply

Growth", Controlling Monetary Aggregates,Proceedings of the Monetary Conference.
Nantucket Islan, 1969, pp.6 582

Moore, Basil J.Horizontalists and Verticalists: The Macroeconomics of Credit Money,
Cambridge University Press. 1988

Nell, Kevin S. "The Endogenous/Exogenous Nature of South Africa s Money Supply
under Direct and Indirect Monetary Control Measures", Working Paper. 1999

Caporale, Guglielmo Maria, Nikitas P. "Causality and Forecasting in Incomplete
Systems", Journal of Forecasting, 1997, vol.16, pp.425-437

Clarida, Richard, Gal , Jordi, Gertler, Mark. "The Science of Monetary Policy: A New
Keynesian Perspective", Journal of Economic Literature. 1999, vol.37, pp.1 661-1 707

Clark, T. "Do Producer Prices Lead Consumer Prices?", Economic Review. 1995,
pp.25-39

Davidson, Mackinnon. "The Power of Bootstrap and Asymptotic Tests", Working
Papers. 2004, p.1 035

Guglielmo Maria Caporale, Margarita Katsimi, Nikitas Pittis. "Causality Links between
Consumer and Producer Prices: Some Empirical Evidence", Southern Economic
Journal. 2002, vol.68, pp.703-711

Hacker R. S., Hatemi~J, A. "Tests for Causality between Integrated Variables Based on
Asymptotic and Bootstrap Distributions: Theory and Application", Applied Economics.
2006, vol.38, pp.1 489-1 500

Hacker R. S., Hatemi~J,A. "A Test for Multivariate ARCH Effects", Applied Economics
Letters. 2005, vol.12, pp.411-417.

L tkepohl, H. "Non~causality due to omitted variables", Journal of Econometrics.
1982, vol.19, pp.367-378.

L tkepohl, H., Reimers, H. "Granger-causality in cointegrated VAR processes",
Economics Letters. 1992, vol. 40, pp.263-268.

Rambaldi, A. N., Doran, H. E. "Testing for Granger non-causality in cointegrated systems made easy", Working Papers. 1996, p.88.

Richard, Dion. "Indicator Models of Core Inflation for Canada", Working Papers. 1999, No.91-93.

Sims, C. A., Stock,J. H., Watson., M. W. "Inference in Linear Time Series Models with Some Unit Roots", Econometrica. 1990, vol.58, pp.133-144.

Silver, J. Lew, T. Dudley Wallace, "The lag relationship between wholesale and consumer pricesAn application of the Hatanaka-Wallace procedure" Journal of Econometrics. 1980, vol.12, pp.375-387.

Toda, H. Y., Phillips, P. C. B. "Vector Autoregressions and Causality", Econometrica. 1993, vol.61, pp.1 367-1 393.

Toda, H. Y., Phillips, P. C. B. "Vector Autoregressions and Causality: A Theoretical Overview and Simulation Study", Econometric Reviews. 1994, vol.13, pp.259-285.

Toda, Hiro Y., Yamamoto, T. "Statistical inference in vector autore-gressions with possibly integrated processes", Journal of Econometrics. 1995, vol.66, pp.225-250.

Triacca, U. "Non-causality: the role of the omitted variables", Economics Letters. 1998, vol.60, pp.317-320.

Yamada, Hiroshi, Toda, Hiro Y. 'Inference in possibly integrated vector autoregressive models: some finite sample evidence', Journal of Econometrics. 1998, vol.86, pp.55-95.

Zapata, Hector O., Rambaldi,Alicia N. "Monte Carlo Evidence on Cointegration and Causation", Oxford Bulletin of Economics & Statistics. 1997, vol.59, pp.255-298.

Tirole, Jean. The Theory of Industrial Organization, Cambridge: The MIT Press. 1988.

Spengler, Joseph. "Vertical Integration and Antitrust Policy", Journal of Political Economy. 1950, vol.58(4), pp.247-352.

Alexander, C. "Cointegration and Market Integration: An Application to the Indonesian

Rice Market", Journal of Development Studies. 1994, vol.30,pp. 303-328.

Asche. F., Bremines. H., Wessells. C. "Product Aggregation, Market Integration, and Relationships Between Prices: An Application to World Salmon Markets", American Journal of Agricultural Economics. 1999, vol.81, pp.568-581.

Dercon. S. "On Market Integration and Liberalization: Method and Application to Ethiopia", Journal of Development Studies. 1995, vol.32, pp.112-143.

Gonzalez-Rivera. G., Helfand. S. M. "The Extent,Pattern,and Degree of Market Integration: A Multivariate Approach for the Brazillian Rice Market", American Journal of Agricultural Economics. 2001, vol.83, pp.576-592.

Goodwin. B. "Multivariate Cointegration Tests and the Law of One Price in International Wheat Markets", Review of Agricultural Economics. 1992, vol.14, pp.117-124.

Goodwin. B., Piggott. N. "Spatial Market Integration in the Presence of Threshold Effects", American Journal of Agricultural Economics. 2001, vol.83, pp.302-317.

Trefler, D. "The Long and Short of the Canada-U.S. Free Trade Agreement", American Economic Review. 2004, vol. 94, No. 4, pp.870-895.

Trostle, R. "Global Agricultural Supply and Demand: Factors Contributing to the Recent Increase in Food Commodity Prices", USDA Report. 2008.

Barsky, R., L. Kilian. "Oil and the Macroeconomy since the 1970s", The Journal of Economic Perspectives. 2004, vol. 18, No. 4 (Autumn,2004), pp.115-134.

British Petroleum. "BP Statistical Review of World Energy", British Petroleum, London, 2010.

Masters, Michael W. "Testimony before the Committee on Homeland Security and Government Affairs", United State Senate, Washington, D. C., 2008, May 20.

Radetzki, M. A Handbook of Primary Commodities in the Global Economy, Cambridge, Cambridge University Press. 2008.

U.S. Geological Survey. "Mineral Commodity Summaries", various years, U.S. Geol. Survey, Washington, D. C.

Feenstra, Robert C. "Symmetric Pass-Through of Tariffs and Exchange Rates under Imperfect Competition: An Empirical Test", Journal of International Economics. August 1989, vol.27(1/2).

Krugman, P. "Pricing to Market when the Exchange Rate Changes", NBER Working Paper No.1 926, 1986 May.

Hermann Schnabl. "Structural Development of Germany, US,and Japan 1980—1990: A Qualitative Analysis Using MFA", in : M. L. Lahr & E. Dietzenbacher (eds),Input-Output Analysis: Frontiers and Extensions) Basingstoke, Palgrave. 2001.

Duchin, F. & Lange, G. "Technological Choices and Prices, and their Implications for the US Economy 1963—2000", Economic Systems Research. 1992, vol.4 (1).

Kurz, H. D., Salvadori, N. Theory of Production, Cambridge University Press, 1995.

Kennickell, A. B. "Ponds and Streams: Wealth and Income in the U.S.,1989 to 2007", Finance and Economics Discussion Series. 2009, No. 13, by Federal Reserve Board.

Bach, G. L., A. Ando. "The Redistribution Effects of Inflation", Review of Economics and Statistics. 1957, vol. 39, No.1, pp.113

Bach, G. L., J. B. Stephenson. "Inflation and the Redistribution of Wealth", Review of Economics and Statistics. 1974, vol.56, pp.113.

Blinder, A. H. Esaki. "Macroeconomic Activity and Income Distribution in the Postwar United States", Review of Economics and Statistics. 1978, vol.60, No.4, pp.604-609.

Brimmer,A. F. "Inflation and Income Distribution in the United States", Review of Economics and Statistics. 1971, vol.53, No.1, pp.37-48.

Budd. E. D. Seiders. "The Impact of Inflation on the Distribution of Income and Wealth", American Economic Review. 1971, vol.61, No.2, pp.128-138.

Chen, C., T. Tsaur, T. Rhai. "The Gini Coefficient and Negative Income", Oxford

Economic Papers. 1982, vol.34, No.3, pp.473-478.

De Nardi. M., E. French., J. B. Jones. "Why Do the Elderly Save? The Role of Medical Expenses", Journal of Political Economy. 2010, vol.118, No.1, pp.39-75.

Doepke. M. ,M. Schneider. "Inflation and the Redistribution of Nominal Wealth", Journal of Political Economy. 2006, vol.114, No.6, pp.1 069-1 097.

Hall,R. E. "The Stock Market and Capital Accumulation", American Economic Review. 2001, vol.91, No.5, pp.1 185-1 202.

McGrattan, E. R., E. C. Prescott. "Taxes, Regulations, and the Value of U. S. and U. K. Corporations", The Review of Economic Studies. 2005, vol.72, No.3, pp.767-796.

Meh, C. A., Y. Terajima. "Inflation Nominal Positions and Wealth Redistribution in Canada", Mimeo, Bank of Canada. 2008.

Meh, C. A., Y. Terajima. "Unexpected Inflation and Redistribution of Wealth in Canada", Bank of Canada Review. 2009 Spring, pp.43-50.

Meh, C. A. J. R os-Rull, Y. Terajima. "Aggregate and Welfare Effects of Redistribution of Wealth under Inflation and Price-level Targeting ", Journal of Monetary Economics. 2010, vol.57, No.6, pp.637-652.

Scholz. J. K. A. Seshadri., S. Khitatrakun. "Are Americans Saving 'Optimally' for Retirement?", Journal of Political Economy. 2006, vol. 114, No.4, pp.607-643.

Aiyagari, S. R. "Uninsured Idiosyncratic Risk and Aggregate Saving", The Quarterly Journal of Economics, 1994, vol.109, No.3, pp.659-684.

Algan, Y., E. Challe, X. Ragot. "Incomplete Markets and the Inflation-Output Tradeoff", Forthcoming of Economic Theory. 2009.

Algan, Y., X. Ragot. "Monetary Policy with Heterogeneous Agents and Borrowing Constraints", Forthcoming of Review of Economic Dynamics. 2009.

Bailey, M. J. "The Welfare Cost of Inflationary Finance", Journal of Political Economy. 1956, vol.64, No.2, pp.93-110.

Ball, L. "Why Does High Inflation Raise Inflation Uncertainty", Journal of Monetary Economics. 1992, vol.29, No.3, pp.371-388.

Berriel, T. C. "Nominal Portfolio Choice and Wealth Redistribution Effects of Inflation Surprises", Princeton Working Paper. 2010.

Bewley, T. F. "A Difficulty with the Optimum Quantity of Money", Econometrica. 1983, vol.51, No.5, pp.1 485-1 504.

Burdick, C. A. "A Transitional Anylysis of the Welfare Cost of Inflation", Federal Reserve Bank of Atlanta Working Paper. 1997, vol. 15-97.

Casta eda, A., J, D az-Gim nez, J. R os-Rull. "Accounting for the U.S. Earnings and Wealth Inequality", Journal of Political Economy. 2003, vol.111, No.4, pp.818-857.

Chen Y., F. Li, Z. Qiu. "Accounting for the Household Saving Rates in China", Renmin University of China Working Paper. 2010.

Chow, G. C., K. Li. "China s Economic Growth: 1952—2010", Economic Development and Cultural Change, 2002, vol.51, No.1, pp.247-256.

Chiu, J., M. Molico. "Uncertainty, Inflation, and Welfare", Bank of Canada Working Paper. 2008, No.13.

Cooley, T. F., G. D. Hansen. "The Inflation Tax in a Real Business Cycle Model", The American Economic Review. 1989, vol.79, No.4, pp.733-748.

Cysne, R. P. "An Intra-Household Approach to the Welfare Costs of Inflation", Getulio Vargas Foundation (Brazil) Working Paper. 2006, No.612.

Doepke, M., M. Schneider. "Inflation and the Redistribution of Nominal Wealth", Journal of Political Economy. 2006a, vol.114, No.6, pp.1 069-1 097.

Doepke, M., M. Schneider. "Inflation as a Redistribution Shock: Effects on Aggregate and Welfare", NBER Working Paper. 2006b, No.12319.

Erosa, A.,G. Ventura. "On Inflation as a Regressive Consumption Tax", Journal of Monetary Economics. 2002, vol.49, No.4, pp.761-795.

Freeman, S., E. R. Henriksen, F. E. Kydland. "The Welfare Cost of Inflation in the Presence of Inside Money", Chapter 1 in Monetary Policy in Low-Inflation Economies. 2010, pp.120.

Gomme, P. "Money and Growth Revisited: Measuring the Costs of Inflation in an Endogenous Growth Model", Journal of Monetary Economics. 1993, vol.32, No.1, pp.51-77.

Gomme, P. "Measuring the Welfare Costs of Inflation in a Life-cycle Model", Concordia University Working Paper. 2008, No.08-001.

Huggett, M. "The Risk-Free Rate in Heterogeneous-agent Incomplete-insurance Economies", Journal of Economic Dynamics and Control. 1993, vol.17, No.56, pp.953-969.

Krusell, P., A. Smith. "Income and Wealth Heterogeneity in the Macroeconomy", Journal of Political Economy. 1998, vol.106, No.5, pp.867-896.

Laidler, D. Taking Money Seriously, Cambridge: The MIT Press. 1990.

Lagos, R., R. Wright. "A Unified Framework for Monetary Theory and Policy Analysis", Journal of Political Economy. 2005, vol.113, No.3, pp.463-484.

Lucas, Jr. R. E. "Inflation and Welfare", Econometrica. 2000, vol.68, No.2, pp.247-274.

McCallum, B. T., M. S. Goodfriend. "Money: Theoretical Analysis of the Demand for Money", NBER Working Paper. 1987, No.2 157.

Meh, C. A., Y. Terajima. "Inflation,Nominal Portfolios and Wealth Redistribution in Canada", Bank of Canada Working Paper. 2008, No.19.

Meh, C., J. Rios-Rull, Y. Terajima. "Aggregate and Welfare Effects of Redistribution of Wealth Under Inflation and Price-Level Targeting", Forthcoming in Journal of Monetary Economics. 2010.

Heathcote, J., K. Storesletten, G. L. Violante. "Quantitative Macroeconomics with Heterogeneous Households", Annual Review of Economics. 2009, vol.1, No.1, pp.319-354.

Henriksen, E., F. E. Kydland. "Endogenous Money,Inflation and Welfare", Review of Economic Dynamics. 2010, vol.13, No.2, pp.470-486.

mrohorolu, A., E. Prescott. "Seigniorage as a Tax: A Quantitative Evaluation", Journal of Money, Credit and Banking. 1991, vol.23, No.3, pp.462-475.

mrohorolu, A. "The Welfare Cost of Inflation Under Imperfect Insurance", Journal of Economic Dynamics and Control. 1992, vol.16, No.1, pp.79-91.

Sidrauski, M. "Inflation and Economic Growth", Journal of Political Economy. 1967, vol.75, No.6, pp.796-810.

Tauchen, G. "Finite State Markov-Chain Approximations to Univariate and Vector Autogressions", Economic Letters. 1986, vol.20, No.2, pp.177-181.

Temple, J. "Inflation and Growth: Stories Short and Tall", Journal of Economic Surveys. 2000, vol.14, No.4, pp.395-426.

Beatty, T. K. M., Roed Larsen, E. "Using Engel curves to estimate bias in the Canadian CPI as a cost of living index", The Canadian Journal of Economics. 2005, vol.38 (2), pp.482-499.

Diewert, W. E., Nakamura, A. O. "Accounting for housing in a CPI", in: Diewert, W. E., Balk, B. M., Fixler, D., Fox, K. J., Nakamura, A. O. Price And Productivity Measurement, Housing, Trafford Press. 2009, vol. 1, pp.732.

Diewert, W. Erwin, Alice O. Nakamura, Leonard I. Nakamura. "The Housing Bubble and a New Approach to Accounting for Housing in a CPI", Journal of Housing Economics. 2009, No.18, pp.156-171.

Goodhart, C. "What weight should be given to asset prices in measurement of inflation?", Economic Journal. 2001, No.111, pp.335-356.

Katz, A. J. "Estimating dwelling services in the candidate countries: theoretical and practical considerations in developing methodologies based on a user cost of capital measure", in : Diewert, W. E., Balk, B. M., Fixler, D., Fox, K. J., Nakamura, A. O. Price and Productivity Measurement, Housing, Trafford Press. 2009, No.1, pp.33-50.

Larsen Roed E. "Does the CPI mirror the cost of living? Engel's Law suggests not in Norway", The Scandinavian Journal of Economics. 2007, No.109 (1), pp.177-195.

Poole, R., Ptacek, F., Verbrugge, R. "Treatment of owner-occupied housing in the CPI", in : Presented to the Federal Economic Statistics Advisory Committee on December 9, 2005.

Timothy K. M. Beatty, Erling Roed Larsen, Dag Einar Sommervoll. "Using House Prices to Compute the Price of Housing in the CPI", Economics Letters. 2010, No.106, pp.238-240.

Woolford, K. "Treatment of Owner-Occupied Housing in Australia : Concepts and Practices", Paper prepared for the OECD seminar 'Inflation Measures : Too High-Too Low-Internationally Comparable", Paris, 2005, vol.15.

Verbrugge, R. "The puzzling divergence of rents and user costs 1980—2004", Review of Income and Wealth. 2008, No.54 (4), pp.671-699.

Altissimo, F., Bilke, L., Levin, A., Math , T., Mojon, B. "Sectoral and aggregate inflation dynamics in the euro area", Journal of the European Economic Association 4 (23). 2006(April-May), pp.585-593.

Andrews Donald. "Tests for Parameter Instability and Structural Change with Unknown Change Point", Econometrica. 1993, vol.61, No.4, pp.821-856.

Andrews, D. W. K. Chen, H.-Y. "Approximately median-unbiased estimation of autoregressive models", Journal of Business and Economic Statistics. 1994, No.12 (2), pp.187-204.

Blinder, Alan S. "Measuring Short-Run Inflation for Central Bankers: Commentary", Federal Reserve Bank of St. Louis Review. May/June 1997, No.79(3), pp.157-160.

Bryan, M., S. Cecchetti. "The Consumer Price Index as a measure of inflation", Federal

Reserve Bank of Cleveland Economic Review. 1993, No.4, pp.15-24.

Bryan, M., S. Cecchetti. "Measuring core inflation", Chapter 6,in : N. G. Mankiw, ed., Monetary Policy, University of Chicago Press. 1994, pp.195-215.

Cutler, J. "Core Inflation in the UK", MPC Unit Discussion Paper. 2001, vol.3.

Demarco, A. "A new measure of core inflation for Malta", Central Bank of Malta Quarterly Review 2, 2004.

Dias, D., RobaloMarques, C. "Using mean reversion as a measure of persistence", ECB Working Paper Series. 2005, vol.450.

Dolmas, J. "Trimmed Mean PCE Inflation", Federal Reserve Bank of Dallas Working Paper. July 2005, No.05-06.

Gadzinski Gregory, Orlandi Fabrice. "Inflation Persistence in the European Union, the Euro Area, and the United States", European Central Bank Working Paper. 2004, No.414.

Gordon, R. J. "The Impact of Aggregate Demand on Prices", Brookings Papers on Economic Activity. 1975, No.3, pp.613-670.

Laurent, Bilke, Livio, Stracca. "A persistence-weighted measure of core inflation in the Euro area", Economic Modelling. 2007, No.24, pp. 1 032-1 047.

Mankikar, A., J. Paisley. "What Do Measures of Core Inflation Really Tell Us?", Bank of England Quarterly Bulletin. 2002 Winter, pp.373-383.

Okun, A. "Inflation : the problems and prospects before us", in : A. Okun, H. Fowler, M. Gilbert, eds., Inflation : the problems it creates and the policies it requires, New York University Press. New York, 1970, pp.353.

Perron, P. "Testing for a unit root in a time series with a changing mean", Journal of Business and Economic Statistics. 1990, No.8, pp.153-162.

Quah, D., S. Vahey. "Measuring core inflation", The Economic Journal. 1995, vol.105, pp.1 130-1 144.

Robert Rich, Charles Steindel. "A Comparison of Measures of Core Inflation", Federal Reserve Bank of New York Economic Policy Review. December 2007, pp.19-38.

Roger, Scott. "Core Inflation : Concepts, Uses and Measurement", Reserve Bank of New Zealand. 1998, G98/9.

Stock, J., M. Watson. "A probability model of the Coincident Economic Indicators", in : K. Lahiri, G. Moore (eds), Leading economic indicators : new approaches and forecasting records, Cambridge University Press (Cambridge). 1991, pp.63-89.

Wynne, M. "Core Inflation : A Review of Some Conceptual Issues", Federal Reserve Bank of Dallas Working Paper. No.9 903, June 1999.

Smith Julie. "Better Measures of Core Inflatiion?", Working Paper. 2007.

Rich Robert, Steindel Charles. "A Comparison of Measures of Core Inflation", Federal Reserve Bank of New York Economic Policy Review. December 2007, pp.19-38.

Marques, C. R., Neves, P. D., Sarmento, L. M. "Evaluating core inflation measures", Banco de Portugal Working Paper. 2000, No.300.

Folkertsma, C. K., Hubrich, K. "Performance of core inflation measures", De Nederlandsche Bank, Research Memorandum WO & E. 2000, No.639.

Vega, Juan-Luis, Wynne, Mark. "A First Assessment of Some Measures of Core Inflation for the Euro Area", German Economic Review. 2003, vol.4, Issue 3, pp.269-306.

Gal , J. "How well does the IS-LM model fit postwar U.S. data?", Quarterly Journal of Economics. 1992 May, pp.819-840.

Warne, A. "A common trends model : Identification,estimation and inference", IIES Working Paper. 1993, No.555, Stockholm University, http://www.iies.su.se/data/home/warnea

Donald L. Kohn. "Interactions between monetary and fiscal policy in the current situation", BIS Review. 2009a, No.63.

Donald L. Kohn. "The economic outlook", BIS Review. 2009 b, No.125.

Donald L. Kohn. "Monetary policy and asset prices revisited", BIS Review. Nov.19, 2008, No.144.

John C. Williams. "Heeding Daedalus: Optimal Inflation and the Zero Lower Bound", forthcoming in Brookings Papers on Economic Activity. September 1011, 2009.

IMF. "World Economic Outlook", Washington, Oct. 2009a.

IMF. "Regional Economic Outlook : Europe", Washington, May. 2009b.

IMF. "Regional Economic Outlook : Europe Security Recovery', Washington, Oct. 2009c.

Hermann Remsperger. "Stabilising the economy and the financial system—lessons and challenges for monetary policy and supervision", BIS Review. Oct. 21, 2008, No.129.

Glenn Stevens. "Challenges for economic policy", BIS Review. 2009a, No.93.

Glenn Stevens. "The road to recovery", BIS Review. 2009b, No.48.

Masaaki Shirakawa. "Financial system and monetary policy imple-mentation—long and winding evolution in the way of thinking", BIS Review. May 27, 2009, No.65.

Lorenzo Bini Smaghi. "Monetary policy and asset prices", BIS Review. Oct. 14, 2009, No.126.

Carlo Cottarelli, Jose Vi als. "A Strategy for Renormalizing Fiscal and Monetary Policies in Advanced Economies", IMF SPN. Sep. 22, 2009.

Shin-Ichi Nishiyama : "Monetary Policy Lag,Zero Lower Bound, and Inflation Targeting", Bank of Canada Working Paper. 2009, No.2.

Helge Berger, Thomas Harjes. "Does Global Liquidity Matter for Monetary Policy in the Euro Area", IMF Working Paper. 2009.

Lavoie. M. "A Primer on Endogenous Credit-Money", in:L.-P. Rochon and S. Rossi(eds), Modern Theories of Money : The Nature and Role of Money in Capitalist Economics.Edward Elagar Publishing, 2003.

Lavoie. M. "Endogenous Money: Accommodationist", in : P. Arestis and M.

Sawyer(eds), A Handbook of Alternative Monetary Economics. Edward Elgar Publishing, 2007.

Meltzer. Allan H. Lavoie. M. "Endogenous Money: Accommo-dationist", in : P. Arestis and M. Sawyer(eds), A Handbook of Alternative Monetary Economics. Edward Elgar Publishing, 2007.

Wray, L. Randall. Money and Credit in Capitalist Economies : The Endogenous Money Approach, Edward Elgar Publishing, 1990.

Enders, W. Applied Econometric Time Series, New York : Wiley. 1995.

Robinson, J. Essays in the Theory of Employment, Oxford : Basil Blackwell, 1949.

Friedman, M. Inflation. Causes and Consequences. New York : Asia Publishing House, 1963.

范愛軍, 韓青菲利普斯曲線与中國通貨膨脹動態擬合, 金融研究,2009(9)

紀敏, 本輪國內价格波動的外部冲擊因素考察. 金融研究, 2009(6)

中國社會科學院課題組, 外部冲擊下的中國通貨膨脹. 經濟研究, 2008(4)

王彩玲, 內生貨幣創造過程:理論闡述与實証檢驗. 南開經濟研究, 2002(4), pp.49-54

王蘭芳, 內生貨幣供給理論分析与實証檢驗. 南開經濟研究, 2001(3), pp.63-67

唐彬, 中國貨幣供給內生性分析. 統計与決策, 2006(3)

龔剛等, 論工資性收入占國民收入比例的演變. 管理世界, 2010(5)

賀力平, 樊綱, 胡嘉妮, 消費者价格指數和生産者价格指數:誰帶動誰? 經濟研究, 2008(11)

賀力平, 樊綱, 胡嘉妮, 消費者价格指數与生産者价格指數：對徐偉康商榷文章的回 意見, 經濟研究, 2010(5)

宋國靑, 貨幣供應量減少拉低CPI. 証券市場周刊, 2005, 05, 25.

徐偉康, 對《消費者价格指數与生産者价格指數:誰帶動誰》一文的質疑, 經濟研究, 2010(5)

張成思, 長期均衡,价格倒逼与貨幣驅動—我國上中下游价格傳導机制研究, 經濟研究, 2010(6)

聶輝華, 最优農業契約与中國農業産業化模式, 中國人民大學經濟學院工作論文, 2010

程國强, 胡冰川, 徐雪高, 新一輪農産品价格上漲的影響分析, 管理世界, 2008(1)

丁守海, 國際粮价波動對我國粮价的影響分析. 經濟科學, 2009(2)

胡冰川, 徐楓, 董曉霞. 國際農産品价格波動因素分析—基于時間序列的經濟計量模型. 中國農村經濟, 2009(7)

黃季焜, 仇煥广, 全球及區域生物能源發展:机遇与挑戰, 農業部2007生物質能源發展与農産品貿易研討會討論稿, 2007

課題組,. 國際市場粮价演變与國內粮价關系分析, 中國物价, 2007(8)

李國祥,. 全球農産品价格上漲及其對中國農産品价格的影響.農業展望, 2008(7)

林鑫, 何凌云, 安毅, 國際農産品价格波動對中國宏觀經濟影響效應研究—基于CGE模型. 中國農學通訊, 2010(19)

劉小銘, 我國粮食价格与居民消費价格關系研究. 經濟問題探索, 2008(4)

羅鋒, 牛宝俊. 國際農産品价格波動對國内農産品价格的傳遞效應—基于VAR模型的實証研究, 國際貿易問題, 2009(6)

盧鋒, 彭凱翔. 中國粮价与通貨膨脹關系(1987—1999). 經濟學季刊, 2002(4), vol.1

盧鋒, 謝亞. 我國粮食供求与价格走勢(1980—2007)—粮价波動,宏觀穩定及粮食安全問題探討, 管理世界, 2008(3)

仇煥广, 楊軍, 黃季焜, 生物燃料乙醇發展及其對近期粮食价格上漲的影響分析. 農業經濟問題, 2009(1)

吳泰岳, 李慧, 張鵬, 粮食价格与居民消費价格關系的統計分析—1997,1—2005,4年粮价与物价的實証分析, 數學的實踐与認識, 2006(5)

肖争艷, 安德燕, 易姬莉, 國際大宗商品价格會影響我國CPI嗎—基于BVAR模型的分析, 經濟理論与經濟管理, 2009(8)

張巨勇, 于秉圭, 方天, 我國農産品國内市場与國際市場价格整合研究, 中國農村經濟, 1999(9)

趙榮, 喬娟. 中美棉花期貨与現貨价格傳導關系比較分析, 中國農業大學學報, 2008(13)

鐘甫宁, 如何看待 前國際粮食价格的上漲, 上海交通大學安泰經濟与管理學院工作論文, 2008

周應恒, 鄒林剛, 中國大豆期貨市場与國際大豆期貨市場价格關系研究—基于VAR模型的實証分析, 農業技術經濟, 2007(1)

周章躍, 万广華, 論市場整合研究方法—兼評喩聞,黃季焜《從大米市場整合程度看我國粮食市場改革》一文, 經濟研究, 2008(3)

陳彦斌. 中國 前通貨膨脹形成原因經驗研究：2003—2007年, 經濟理論与經濟管

理, 2008(2)

馮俊新, 李稻葵, 汪進, 中國能源消耗路徑探討:理論模型及跨國經驗研究, 清華大學中國与世界經濟研究中心工作論文, 2010

馮俊新, 經濟發展与空間布局：城市化,經濟聚集和地區差距, 清華大學博士學位論文, 2009, 06

李雪姣, 劉偉, 海運費對我國進口鐵礦石价格的影響及對策, 水運管理, 2010, 08(32)

林伯强, 王鋒, 能源价格上漲對中國一般价格水平的影響, 經濟研究, 2009(12)：66-79

劉煜輝, 中國輸入型通脹特征明顯, 銀行家, 2007(10)

劉元春, 閆文濤. 前中國的通貨膨脹是輸入型的嗎, 載『中國人民大學經濟研究所,中國宏觀經濟分析与預測報告(2008年中期)分報告六』

盧鋒, 大國經濟与輸入型通脹論. 國際經濟評論, 2008(4)

錢成, 劉宇, 鐵礦石定价机制与价格波動研究—与其他大宗商品价格波動比較, 現代礦業, 2009, 05(5)

任澤平, 潘文卿, 劉起運, 原油价格波動對中國物价的影響—基于投入产出价格模型. 統計研究, 2007(11)

夏明, 能源价格調整對产業,物价与長期增長的影響—基于投入产出方法的定量分析与測算, 載中國人民大學經濟研究所,『中國宏觀經濟分析与預測報告(2007—2008)分報告十』

畢玉江, 朱鐘棣, 人民幣匯率變動對中國商品出口价格的傳遞效應. 世界經濟, 2007(5)

陳六傅, 劉厚俊, 人民幣匯率的价格傳遞效應—基于VAR模型的實証分析. 金融研究, 2007(4)

陳學彬, 李世剛, 芦東, 中國出口匯率傳遞率和盯市能力的實証研究. 經濟研究, 2007(12)

范金, 鄭慶武, 完善人民幣匯率形成机制對中國宏觀經濟影響的情景分析──一般均衡分析, 管理世界, 2004(7)

范志勇, 向弟海, 匯率和國際市場价格冲擊對國內价格波動的影響. 金融研究, 2006(2)

韓靑, 中國的价格貿易條件惡化─基于影響因素的經驗分析.世界經濟研究, 2007(10)

胡乃武, 殷獻民, 我國對外貿易的現狀,問題与對策. 經濟理論与經濟管理, 2003(2)

胡宗義, 劉亦文, 人民幣匯率變動的動態CGE分析. 經濟科學, 2009(1)

黃滿盈,中國价格貿易條件波動性研究.世界經濟, 2008(12)

劉亞, 李偉平, 楊宇俊, 人民幣匯率變動對我國通貨膨脹的影響:匯率傳遞視角的研究. 金融研究, 2008(3)

劉元春, 錢宗鑫, 中國CGE模型与人民幣升值. 經濟學動態, 2006(1)

羅忠洲, 匯率波動的貿易條件效應研究, 上海金融, 2005(20

倪克勤, 曹偉. 人民幣匯率變動的不完全傳遞研究:理論及實証. 金融研究, 2009(6)

施建淮,傅雄广,許偉, 人民幣匯率變動對我國价格水平的傳遞. 經濟研究, 2008(4)

王晋斌,李南,中國匯率傳遞效應的實証分析. 經濟研究, 2009(4)

許偉, 傅雄广, 人民幣名義有效匯率對進口价格的傳遞效應研究. 金融研究, 2008(9)

楊娉,人民幣匯率變動對我國各行業貿易條件的影響. 經濟評論, 2009(5)

趙玉敏, 郭培興, 王婷, 總体趨于惡化─中國貿易條件變化趨勢分析. 國際貿易, 2002(7)

陳彦斌,中國城鄕財富分布的比較分析. 金融研究, 2008(12)

陳彦斌, 霍震, 陳軍, 灾難風險与中國城鎭居民財産分布. 經濟研究, 2009(11)

樊綱. 通貨膨脹与收入差距, 經濟經緯, 1995(2)

李實, 魏衆, 丁賽, 中國居民財産分布不均等及其原因的經驗分析. 經濟研究, 2005(6)

李實, 羅楚亮, 中國城鄉居民收入差距的重新估計. 北京大學學報, 2007(2)

李若建, 通貨膨脹對城鎮居民收入的影響. 統計与預測, 1996(6)

厲以宁, 就業优先,兼顧物价穩定. 改革, 1994(2)

劉曉越, 通貨膨脹的再分配作用.數量經濟技術与經濟研究, 1989(10)

趙人偉, 我國居民收入分配和財産分布問題分析. 代財經, 2007(7)

陳利平, 通貨膨脹福利成本与消費攀比. 經濟學(季刊), 2003(3)

陳彦斌, 中國新凱恩斯菲利普斯曲線研究. 經濟研究, 2008(12)

陳彦斌, 陳軍.我國總消費不足的原因探析—基于居民財産持有的視角. 中國人民大學學報, 2009(6)

陳彦斌, 霍震, 陳軍, 災難風險与中國城鎮居民財産分布. 經濟研究, 2009(11)

陳彦斌, 馬莉莉, 中國通貨膨脹的福利成本研究. 經濟研究, 2007(4)

陳彦斌, 邱哲圣, 李方星. 宏觀經濟學新發展:Bewley模型. 經濟研究, 2010(7)

范從來, 菲利普斯曲線与我國現階段的貨幣政策目標. 管理世界, 2000(6)

杜海濤, 鄧翔. 流動性約束和不确定性狀態下的預防性儲蓄研究—中國城鄉居民的消費特征分析, 經濟學(季刊), 2005(1)

郭慶旺, 賈俊雪, 中國潛在産出与産出缺口的估算. 經濟研究, 2004(5)

黃祖輝, 劉西川, 程恩江, 貧困地區農戶正規信貸市場低参与程度的經驗解釋. 經濟研究, 2009(4)

李俊青, 韓其恒, 不完全資本市場,預防性儲蓄与通貨膨脹的福利成本分析. 經濟學(季刊), 2010(1)

龍志和, 周浩明, 中國城鎮居民預防性儲蓄實証研究. 經濟研究, 2000(11)

李銳, 李宁輝, 農戶借貸行爲及其福利效果分析. 經濟研究, 2004(12)

劉丹鶴, 唐詩磊, 李杜, 技術進步与中國經濟增長質量分析(1978—2007). 經濟問題, 2009(3)

劉金全, 邵欣 ■, 崔暢, '預防性儲蓄'動机的實証檢驗. 數量經濟技術經濟研究, 2003(1)

劉樹成, 論中國的菲利普斯曲線. 管理世界, 1997(6)

陸軍, 鐘丹, 泰勒規則在中國的協整檢驗. 經濟研究, 2003(8)

盧鋒, 彭凱翔, 中國粮价与通貨膨脹關系(1987—1999). 經濟學(季刊), 2002(3)

施建淮, 朱海婷, 中國城市居民預防性儲蓄及預防性動机强度:1999—2003. 經濟研究, 2004(10)

王少平, 涂正革, 李子奈, 預期增广的菲利普斯曲線及其對中國适用性檢驗. 中國社會科學, 2001(4)

吳漢洪, 崔永, 中國的鑄幣稅与通貨膨脹：1952—2004. 經濟研究, 2006(9)

吳衛星, 齊天翔, 流動性,生命周期与投資組合相异性—中國投資者行爲調查實証分析. 經濟研究, 2007(2)

謝平, 羅雄, 泰勒規則及其在中國貨幣政策中的檢驗. 經濟研究, 2002(3)

楊汝岱, 陳斌開, 高等教育改革,預防性儲蓄与居民消費行爲. 經濟研究, 2009(8)

易行健, 王俊海, 易君健, 預防性儲蓄動机强度的時序變化与地區差异—基于中國農村居民的實証研究. 經濟研究, 2008(2)

趙博, 雍家胜,菲利普斯曲線研究在中國的實証分析. 管理世界, 2004(9)

趙留彦, 中國核心通脹率与産出缺口經驗分析. 經濟學(季刊), 2006(3)

趙留彦, 通貨膨脹,政府收益与社會福利損失. 經濟學(季刊), 2008(1)

趙震宇, 在兩种不同理論框架下探討通脹率路徑的形成. 經濟學(季刊), 2006(10)

朱信凱, 劉剛, 二元金融体制与農戶消費信貸選擇—對合會的解釋与分析. 經濟研究, 2009(2)

况偉大, 中國存在住房支付困難嗎. 財貿經濟, 2010(11)

莫万貴, 在CPI中体現住房消費成本變動基本方法及國際比較.中國金融, 2007(12):5658

孫文凱, 廖理, 基于修正重 交易法的房地産价格指數的編制. 管理科學与統計決

策, 2007, 4(3):2331

王東, 我國居民消費价格指數与体系中居住類指數偏差現象的探討. 貿易經濟, 2008(2):5459

王軍平, 住房消費在CPI中的權重亟需提高. 价格理論与實踐, 2006a(2):3335

王軍平, 住房价格上漲對CPI的傳導效應—兼論我國CPI編制体系的缺陷. 經濟學家, 2006b(6):7882

周淸杰, 自有住房的双重性質及其費用在CPI中的處理. 經濟理論与經濟管理, 2008a(3): 2125

周淸杰, 自有住房与CPI的關系之謎:來自歐盟价格指數改革的啓示. 宏觀經濟研究, 2008b(7):7479

周淸杰, 等値租金法与CPI中自有住房費用的處理. 2010年工作論文

范躍進, 馮維江, 核心通貨膨脹測量及宏觀調控的有效性:對中國1995—2004的實証分析. 管理世界, 2005(5)

弗雷德里克 米什金, 標題通貨膨脹与核心通貨膨脹. 2007年10月20日在加拿大蒙特利爾'經濟周期,國際傳導和宏觀經濟政策'會議上的演講.轉引自:中國金融.2008(7)

簡澤, 中國核心通貨膨脹的估計. 數量經濟技術經濟研究, 2005(11)

王少平, 譚本艷.中國的核心通貨膨脹率及其動態調整行爲. 世界經濟, 2009(11)

張成思, 中國CPI通貨膨脹率子成分動態傳導机制研究. 世界經濟, 2009(11)

高善文, 在周期的拐点上:從數据看中國經濟的波動, 北京, 中國發展出版社, 2006

張成思, 金融計量學.大連, 東北財經大學出版社, 2008

武拉平, 農産品市場一体化研究, 北京, 中國農業出版社, 2000

馮連勇, 陳大恩.國際石油經濟學, 北京, 石油工業出版社, 2009

林伯强, 中國能源政策思考, 北京, 中國財政經濟出版社, 2009, 08

劉秀麗, 陳錫康. 中國,美國和日本産業結构變動規律之比較研究,轉引自: 許憲春,劉起運主編, 中國投入産出分析應用論文精萃, 北京中國統計出版社, 2004

曼昆, 宏觀經濟學(第五版), 北京, 中國人民大學出版社, 2005

國家統計局, 中國統計年鑒, 北京:中國統計出版社, 1998—2009

羅伯特 J 巴羅, 宏觀經濟學—現代觀点.沈志彦譯, 上海 , 上海人民出版社, 2008

列昂惕夫(1985), 美國經濟中大技術變革,物价,工資与資本報酬率.投入産出經濟學(中譯本), 北京, 中國統計出版社,1990

國家統計局城市司, 如何理解 前PPI和CPI漲幅差异較大的現象.

http://www.stats.gov.cn/tjyj/tjllyj/t20050817_402270768.htm.發布時間:20050817,訪問時間:20101201

* 在本章實際計算中我們取Sn(ρ)爲t檢驗統計量,這也是在GB方法第五步 中要取平滑后的臨界值函數与t檢驗函數交点的原因.

* 需要說明的是,盡管上述研究方法被國內一些研究采用,但在數据選擇上存在較大差异.國外研究采用环比數据,國內研究多采用同比數据;由于前后相鄰的兩个同比數据中存在較多的重疊部分,例如兩个前后相鄰的月度同比增長率有11个月份相同,因此使用同比數据存在高估通貨膨脹慣性的可能.

* 在國外研究中,往往將年通貨膨脹率作爲計量對象,事實上幷不會對除常數項之外的回歸系數造成實質影響.

*核心通貨膨脹樣本區間選取2005年之后的原因在于'烟酒'項統計始于2001年,滚動樣本長度48會造成最初4年數据損失.選取該樣本會造成核心通貨膨脹數据較短,影響核心通貨膨脹統計特征分析結論的穩健性.爲了增强結論的穩健性,我們通過除'烟酒'之外的7類項目合成2005年之前核心通貨膨脹,從而增加樣本觀察值,以增强基于慣性權重核心通貨膨脹統計特征結論的穩健性.

* 核心通貨膨脹測量的方法,參見上一章.

* 此外,還有大量文獻根據計算核心通貨膨脹的方法將其划分爲基于統計的計算方法和基于模型的計算方法兩大類,如Rich Robert and Steindel Charles,'A Comparison of Measures of Core Inflation',Federal Reserve Bank of New York Economic Policy Review,2007,December,1938.

* 關于這三种方法的簡單介紹,參見上一章.

* 關于存在的局限的具體介紹,參見上一章.

* 關于這几种測算核心通貨膨脹的方法的介紹,參見上一章.

* 具体計算工具采用Hansen(1999)提供的Matlab程序;借鑒Andrews(1993)未知斷点檢驗方法進行檢驗發現,'医療保健','交通通信'和'娛樂教育'三項分別在2002年10月,2001年1月和2000年9月出現結构變化,除此之外CPI其他各分項沒有顯著的結构變化,因此上述三項与其他商品慣性回歸方程不同.

* 各參數對應的分類与表16—2中的順序相同.

* Donald L Kohn, 'Monetary policy and asset prices revisited', BIS Review 144, 2008.

* Donald L Kohn, 'Interactions between monetary and fiscal policy in the current situation', BIS Review 63, 2009.

* Glenn Stevens, 'Challenges for economic policy', BIS Review 93, 2009.

* Carlo Cottarelli and Jose Vi als, 'A Strategy for Renormalizing Fiscal and Monetary Policies in Advanced Economies', IMF SPN, 2009/22.

* Carlo Cottarelli and Jose Vi als, 'A Strategy for Renormalizing Fiscal and Monetary Policies in Advanced Economies', IMF SPN, 2009/22.

* Shin-Ichi Nishiyama, 'Monetary Policy Lag, Zero Lower Bound, and Inflation Targeting', Bank of Canada Working Paper, 2009, 2.

* Helge Berger and Thomas Harjes, 'Does Global Liquidity Matter for Monetary Policy in the Euro Area'. IMF working paper, 2009.

* Carlo Cottarelli and Jose Vi als, 'A Strategy for Renormalizing Fiscal and Monetary Policies in Advanced Economies', IMF SPN, 2009/22.